ORAMOS CANTANDO
WE PRAY IN SONG

GIA PUBLICATIONS, INC.
CHICAGO

G-7400

7404 South Mason Avenue, Chicago, Illinois 60638
www.giamusic.com

Cover design and art by Andrew Schultz.

Book design based upon *Worship—Third Edition* by Michael Tapia.

The liturgical texts are reproduced by authority of the Committee on Divine Worship, United States Conference of Catholic Bishops.

In accordance with c. 827, permission to publish is granted on February 12, 2013 by Rev. Msgr. John F. Canary, Vicar General of the Archdiocese of Chicago. Permission to publish is an official declaration of ecclesiastical authority that the material is free from doctrinal and moral error. No legal responsibility is assumed by the grant of this permission.

De acuerdo al canon 827, la aprobación para publicar fue concedida el 12 de febrero de 2013 por Monseñor John Canary, Vicario General de la Arquidiócesis de Chicago. La aprobación para publicar es una declaración oficial de la autoridad eclesiástica competente en la que se establece que el material está libre de error doctrinal y moral. No se asumen responsabilidades legales por la concesión de esta aprobación.

ISBN 978-1-57999-969-8

1 2 3 4 5 6 7 8 9 10 11 12 13 14 15 16 17 18 19 20

PREFACE

Oramos Cantando / We Pray in Song is a hymnal and service book for use in the public prayer life of the Roman Catholic Church in the United States of America, and is intended especially for multicultural, bilingual (Anglo/Latino) parishes and communities. Far more than a collection of music in two different languages, it is a complete hymnal for the Latino community and a complete hymnal for the Anglo community under one cover, with the entirety of its contents, except for a few pieces of service music, presented in both Spanish and English.

The fruit of an eleven-year effort, *Oramos Cantando / We Pray in Song* addresses the increasingly multicultural nature of many Catholic liturgical assemblies in this country. Its realization is a tribute to the vision of Robert Batastini, former Vice President and Senior Editor of GIA Publications, to create a hymnal containing the best and most beloved traditional and contemporary music of Latino and Anglo communities–a hymnal that is complete in its core repertoire, service music, and psalmody, and theologically sound and poetic in both its original texts and translations.

The organization of *Oramos Cantando / We Pray in Song*, like other GIA hymnals, reflects the liturgical life of the Church. It begins with the Liturgy of the Hours, the daily prayer of the Church, edited in such a way as to enable parishes to celebrate the approved rites of Morning Prayer and Evening Prayer on Sundays and most solemnities, and Night Prayer each night.

Following the Liturgy of the Hours, the ample selection of seventy psalms and canticles includes psalmody for the rites and for the Liturgy of the Hours, specifically, most of the psalms and canticles for Morning Prayer and Evening Prayer II for all Sundays of the four-week cycle, and the nine psalms for Night Prayer. It also includes psalms for general use, among them settings that may be used as entrance, offertory, or communion processionals. Most of these are complete psalms from *The Revised Grail Psalms*–approved for liturgical use in the United States in 2008–and the 1970 psalter of the Conferencia Episcopal Española, the Spanish translation approved for liturgical use in the United States and which was included in the 1982 *Leccionario: Edición Hispanoamericana*.

The most widely used settings of psalms and canticles from the piano/guitar-based repertoire are present; many of these can be used as seasonal

PREFACIO

Oramos Cantando / We Pray in Song es un himnario y ritual para usarlo en la vida de oración pública en la Iglesia Católica Romana en los Estados Unidos de América, y está destinado especialmente para parroquias y comunidades multiculturales y bilingües (inglés y español). Mucho más que una colección de música en dos idiomas diferentes, es un himnario completo para la comunidad latina y un himnario completo para la comunidad angla bajo una sola cubierta, con todo su contenido presentado, tanto en español como en inglés, exceptuando unos cuantos arreglos de cantos adicionales para el ordinario de la misa.

El fruto de un esfuerzo de once años, *Oramos Cantando / We Pray in Song* se disiñó para muchas de las asambleas litúrgicas católicas, crecientemente multiculturales en naturaleza en este país. Su realización es un homenaje a la visión de Robert Batastini, antiguo Vice Presidente y Editor Principal de las Publicaciones GIA, quien deseaba crear un himnario que incluyera lo mejor y lo más apreciado de la música tradicional y contemporánea de las comunidades Latinas y Anglas–un himnario que fuera completo con un repertorio básico, con música para celebraciones litúrgicas, y con un salterio, y que fuera teológicamente sólido y poético en ambos textos, los originales y los de las traducciones.

La organización de *Oramos Cantando / We Pray in Song*, como los otros himnarios de GIA, refleja la vida litúrgica de la Iglesia. Empieza con la Liturgia de las Horas, la oración diaria de la Iglesia, editada de tal manera que capacita a las parroquias para celebrar los ritos aprobados para la Oración de la Mañana y para la Oración de la Tarde los domingos y la mayoría de las solemnidades, como también la Oración de la Noche para cada noche.

Después de la Liturgia de las Horas, la amplia selección de setenta salmos y cánticos incluye el salterio para los ritos y para la Liturgia de las Horas; específicamente: la mayoría de los salmos y cánticos para la Oración de la Mañana y para la Oración de la Tarde para todos los domingos del ciclo de cuatro semanas, y nueve salmos para la Oración de la Noche. También incluye los salmos de uso general, entre ellos hay algunos arreglos que pueden utilizarse durante las procesiones de entrada, del ofertorio, o de la comunión. La mayoría de éstos son salmos completos tomados de *The Revised Grail Psalms*–aprobados para uso litúrgico en los Estados Unidos en 2008–y psalms. An index of psalms and canticles provides extensive information on liturgical use.

All the psalms citations in the section of psalms and canticles, as well as throughout the hymnal, use the Hebrew numbering, not the Vulgate numbering or a combination of the two.

The section of Rites of the Church presents the sacramental rituals with an outline of each rite, catechetical descriptions, and musical elements such as responsorial psalms and ritual acclamations–material intended to enable the average worshiper to participate well in these liturgies.

The 2011 implementation of the English translation of the *Missale Romanum, editio tertio* is a significant factor in the development of this hymnal. Following the recommendation of the United States Conference of Catholic Bishops, the English Order of Mass is presented with the chants from the *Roman Missal*. Complementary chants have been supplied in Spanish. Eight complete Mass settings follow, including five fully bilingual, English-Spanish Masses, two English Masses, and the Latin Cantus Missae. Individual service music items conclude the section, with eucharistic acclamations from the same source grouped together.

Oramos Cantando / We Pray in Song contains 450 hymns that are attuned to the needs of the rites and liturgical calendar. Each text has undergone the scrutiny of its respective English or Spanish text review committee. Existing translations for about 200 hymns were studied and edited, and more than 250 new translations of hymns, and about 50 more of settings of psalms and canticles, were commissioned for this hymnal.

Sixteen translators participated in the effort, guided by translation principles that were developed to preserve the essential meaning and images of the original text while creating a translation that matched or even surpassed the poetry of the original. All metrical hymns were translated to preserve the meter of the text in the original language and to produce a corresponding rhyme scheme in the translation. Special thanks are due to Mary Louise Bringle, Ronald Krisman, Georgina Pando-Connolly, and George Lockwood for the great number of excellent translations they created.

The Lectionary section of the hymnal includes the first complete bilingual version of the lectionary psalms for the full three-year cycle of Sundays and major feasts (2004). Each setting uses the approved Spanish and English texts, and each may be sung in either language alone,

del salterio de 1970 de la Conferencia Episcopal Española, la traducción española aprobada para uso litúrgico en los Estados Unidos y que se incluyó en el *Leccionario: Edición Hispanoamericana* de 1982.

Los arreglos más ampliamente usados de los salmos y cánticos del repertorio básico para piano/guitarra están presentes; muchos de ellos se pueden usar como salmos de un tiempo particular. Se ofrece un índice de salmos y cánticos con información extensa para su uso litúrgico.

Todas las citas de los salmos en la sección de salmos y cánticos, como también en todo el himnario, usan la numeración hebrea, no la numeración en la Vulgata ni una combinación de las dos.

La sección de Ritos de la Iglesia presenta los ritos sacramentales con el esquema de cada rito, descripciones para la catequesis, y elementos musicales tales como salmos responsoriales y aclamaciones rituales–material que pretende capacitar a los fieles para su participación activa en estas liturgias.

La implementación en 2011 de la traducción al inglés del *Missale Romanum, editio tertia* fue un factor importante en el desarrollo de este himnario. Siguiendo la recomendación de la Conferencia de los Obispos Católicos de Estados Unidos, se presenta el Ordinario de la Misa en inglés con los cantos del *Roman Missal*. En español se han añadido cantos complementarios. Siguen ocho arreglos completos de la misa, incluyendo cinco totalmente bilingües, en español y en inglés, dos arreglos en inglés, y uno en latín: Cantus Missae. Elementos individuales de música para el ordinario de la Misa concluyen la sección, con las aclamaciones eucarísticas agrupadas según la fuente de donde provienen.

Oramos Cantando / We Pray in Song contiene 450 himnos que están en sintonía con las necesidades de los ritos y del calendario litúrgico. Cada texto ha pasado por el escrutinio de su respectivo comité de revisión de textos bien sea en inglés o en español. Se estudiaron y editaron las traducciones existentes de cerca de 200 himnos, y se comisionaron para este himnario más de 250 traducciones nuevas de himnos, y cerca de 50 arreglos más de salmos y cánticos.

Diez y seis traductores participaron en el esfuerzo, guiados por los principios de traducción que se desarrollaron para preservar el significado esencial y las imágines del texto original al mismo tiempo que creaban una traducción que igualara o aun superara la poesía del original. Todos los himnos métricos se tradujeron para preservar el or bilingually. For most of the refrains, the same melodic pattern was used for both languages, allowing for alternation of languages in most cases; for other refrains, counter-melodies were composed, allowing for the possibility of singing both languages at the same time. Tony Alonso, Ronald Krisman, or John Schiavone composed all but a few of the refrains. The tones used for the verses, found in a separate Lectionary Psalms volume for cantor and accompanist, are those of Michel Guimont.

By design, *Oramos Cantando / We Pray in Song* is a complete hymnal either for English-speaking liturgical assemblies, for Spanish-speaking assemblies, or for the increasing number of occasions when assemblies are bilingual. Providing nearly everything in both English and Spanish enables communities, even when worshipping in a single language, to recognize the contributions of all. Our singing of each other's liturgical music is an expression of the catholicity of our faith.

For bilingual and multicultural parishes through the United States, this hymnal is not only about the liturgical experience of today; it also opens the door to new possibilities. One such possibility–successfully experienced in places such as Taizé–is the simultaneous singing in multiple languages. For English-speakers and Spanish-speakers, that option can be found on every page of this hymnal. Another possibility is the greater use of plainsong in liturgical celebrations. In addition to music for the Order of Mass, other staples from the Church's heritage of chant are included, many in three languages: Latin, Spanish, and English.

Special recognition is given to Jeffry Mickus (hymnal coordinator, editing, typesetting, book layout), Michael Boschert (permissions editor), Kelly Dobbs-Mickus (editing, proofreading, indexing), Gail Gillispie (typesetting, proofreading), Clarence Reiels (proofreading), and Phil Roberts (typesetting). Acknowledgment is given to the members of the Spanish Text Review Committee (Sr. Rosa Maria Icaza, CCVI, and Dr. Dolores Martinez) and the English Text Review Committee (Neil Borgstrom, Michael Boschert, Kelly Dobbs-Mickus, and Randall Sensmeier); to Pedro Rubalcava of OCP Publications for facilitating the approval of translations of OCP-copyrighted texts; to Gabe Huck, whose concise ritual commentaries have stood the test of time; and to Sr. Rosa Maria Icaza, CCVI, for her expert translations of those commentaries and additional copy used in the hymnal.

metro del texto en el idioma original y producir un esquema rítmico correspondiente en la traducción. Se debe un agradecimiento especial a Mary Louise Bringle, Ronald Krisman, Georgina Pando-Connolly, y George Lockwood por crear un gran número de traducciones excelentes.

La sección del Leccionario dentro del himnario incluye la primera versión completa bilingüe de los salmos del leccionario para el ciclo completo de tres años de domingos y de fiestas principales (2004). Cada arreglo utiliza textos aprobados en español y en inglés, y cada uno puede cantarse completamente sólo en cualquier idioma, o en forma bilingüe. Para la mayoría de las antífonas se usa la misma frase melódica en ambos idiomas, permitiendo el alternar los idiomas en la mayoría de los casos; para otras antífonas, se compusieron contra-melodías, permitiendo la posibilidad de cantar en ambos idiomas al mismo tiempo. Tony Alonso, Ronald Krisman, o John Schiavone compusieron casi todas excepto unas cuantas de las antífonas. Los tonos utilizados para las estrofas, que se encuentran en el volumen separado de Salmos del Leccionario para el cantor y el acompañante, son los de Michel Guimont.

A propósito, *Oramos Cantando / We Pray in Song* es un himnario completo bien sea para asambleas litúrgicas que hablan español, para asambleas que hablan inglés, o para el creciente número de ocasiones cuando las asambleas son bilingües. Al ofrecer casi todo, tanto en inglés como en español, capacita a las comunidades, aun cuando ofrecen su culto en un solo idioma, el reconocer las contribuciones de todos. El cantar la música litúrgica de unos y otros es una expresión de la catolicidad de nuestra fe.

Para las parroquias bilingües y multiculturales en todos los Estados Unidos, este himnario no es sólo para la vida litúrgica de hoy; sino también abre la puerta a nuevas posibilidades. Una de esas posibilidades–experimentada con éxito en lugares como Taizé–es el cantar simultáneamente en varios idiomas. Para los que hablan inglés y para los que hablan español, esa opción puede encontrarse en cada página de este himnario. Otra posibilidad es un mayor uso de canto llano en celebraciones litúrgicas. Además de la música para el Ordinario de la Misa, se incluyen otras composiciones de canto llano que pertenecen a la herencia de la Iglesia, muchas de ellas en tres idiomas: latín, español, e inglés.

Con gratitud se reconoce especialmente a Jeffry Mickus (coordinador del himnario: edición, tipografía, diseño del libro), a Michael Boschert (editor de permisos), a Kelly Dobbs-

The committee as a whole wishes to single out Fr. Ronald Krisman for his steadfast dedication to this hymnal: project direction and organization, guidance in the work of translators and text review committees, extensive editorial work, and compilation of indexes. Special acknowledgment is given to Robert Batastini for initiating the project and directing it for five years, and for his expertise and wise counsel through its completion. Finally, the committee thanks Alec Harris, GIA's president and publisher, and David Anderson, vice president, for their constant support.

It is good to give thanks to the Lord,
to make music to your name, O Most High
(Ps. 92:2)

Oramos Cantando / We Pray in Song Committee
Rev. Ronald F. Krisman
General Editor and Project Director
Robert J. Batastini
Original Project Director
Rev. Juan J. Sosa
Dolores Martinez, Ph.D.
Donna Peña

Mickus (edición, corrección de pruebas, arreglo del índice de materias), a Gail Gillispie (tipografía, corrección de pruebas), a Clarence Reiels (corrección de pruebas), y a Phil Roberts (tipografía). Agradecemos la contribución de los miembros del Comité de Revisión de Textos en Español (Sor Rosa María Icaza, CCVI, y la Dra. Dolores Martínez) y del Comité de Revisión de Textos en Inglés (Neil Borgstrom, Michael Boschert, Kelly Dobbs-Mickus, y Randall Sensmeier); a Pedro Rubalcava de las Publicaciones de OCP por facilitar la aprobación de traducciones de textos con derechos de autor de OCP; a Gabe Huck, cuyos comentarios concisos sobre los ritos han resistido la prueba del tiempo; y a Sor Rosa María Icaza, CCVI, por sus traducciones expertas de esos comentarios y de copias adicionales usadas en el himnario.

El comité en su totalidad desea destacar al P. Ronald Krisman por su asidua dedicación a este himnario: dirección y organización del proyecto, guía en el trabajo de los traductores y de los comités que revisaron los textos, extenso trabajo como editor, y compilación de índices. Se reconoce especialmente a Robert Batastini por haber iniciado el proyecto y por dirigirlo por cinco años, y por su experiencia y sabios consejos hasta terminarlo. Finalmente, el comité agradece a Alec Harris, presidente y editor de GIA, y a David Anderson, vice-presidente, por su apoyo constante.

Es bueno dar gracias al Señor
y tocar para tu nombre, oh Altísimo
(Sal. 92:2)

Comité para *Oramos Cantando / We Pray in Song*
Rev. P. Ronald F. Krisman
Editor General y Director del Proyecto
Robert J. Batastini
Director Original del Proyecto
Rev. P. Juan J. Sosa
Dolores Martínez, Ph.D.
Donna Peña

Contents / Índice

Liturgy of the Hours / Liturgia de las Horas

Psalms and Canticles / Salmos y Cánticos

Rites of the Church / Ritos de la Iglesia

Mass / Misa

Hymns and Songs / Himnos y Cantos

Lectionary / Leccionario

Indexes / Índices

Liturgy of the Hours

1

When darkness gives way before the sun's light and a new day begins, people of all religions have had their rites of morning: words and songs and gestures with which to pray. It has been the same at the end of the day's light, and again in the last moments before sleep.

Christians, following the example of their Jewish ancestors, continued to pray at morning and evening and night. These moments are the hinges of daily life. As they came round each day they have been occasions to repeat what every child has learned by heart: words to praise God for a new morning, to thank the Father for Christ who is our light as evening comes, to invoke God's strong protection through the hours of night.

The daily prayers of Christians were fashioned at first from very simple things: the sign of the cross, the Lord's Prayer, a few verses and songs and short psalms, intercessions. And for most Christians morning and night remain times for such simple prayers always said by heart.

The pages of this section offer a form of daily prayer that grew from this same tradition. When Christians have gathered in the early morning, at day's end, just before retiring, the simple prayers for the individual have grown more elaborate. The daily assemblies of Christians gave shape to what became known as the divine office or "liturgy of the hours." In recent times, these prayers have been restored to some of their original simplicity and are again being prayed in parish churches and Christian households.

In using and in adapting the forms of morning, evening and night prayer given below, two things are especially important. First, these are not to be prayers which could be prayed any time. Rather, they are prayers (in word, song, gesture, silence) which are prompted by the morning itself, by the evening, by

Liturgia de las Horas

Cuando la oscuridad empieza a desaparecer por la luz del sol y amanece un nuevo día, toda persona de cualquier religión ha practicado ritos para invocar a Dios: palabras y cantos y gestos con los cuales reza. Lo mismo ha hecho al fin de la luz del día, y una vez más en los últimos momentos antes de dormirse.

Los cristianos, siguiendo el ejemplo de sus antepasados judíos, continúan rezando en la mañana, en la tarde y en la noche. Estos momentos son los goznes de la vida cotidiana. Al repetirse cada día, estos momentos han brindado la ocasión de volver a expresar lo que todo niño ha aprendido de memoria: palabras de alabanza a Dios por una nueva mañana, de agradecimiento al Padre por Cristo que es nuestra luz al acercarse la noche, de invocación por la protección fuerte de Dios a través de la horas de la noche.

Al principio, las oraciones diarias de los cristianos consistieron de cosas muy sencillas: la señal de la cruz, el Padrenuestro, unos cuantos versículos y cantos y salmos cortos, intercesiones. Y para la mayoría de los cristianos, la mañana y la noche permanecieron como momentos apropiados para tales oraciones sencillas dichas siempre de memoria.

Las páginas de esta sección ofrecen una forma de oración diaria que se desarrolló de esta misma tradición. Cuando los cristianos se reúnen en la mañana temprano, al fin del día, y antes de acostarse han elaborado las oraciones sencillas de cada persona. Las asambleas diarias de los cristianos dieron forma a lo que ha llegado a llamarse el oficio divino o "liturgia de las horas." En tiempos recientes, estas oraciones se han restaurado un tanto a su sencillez original y se han vuelto a rezar una vez más en parroquias y en hogares cristianos.

Al usar y al adaptar las formas de oración de la mañana, de la tarde y de la noche que se ofrecen aquí, hay dos cosas especialmente importantes. Primero, éstas no son oraciones que se puedan decir a the night. Their content and pace should reflect what is unique to each of these moments. Second, the assembly's parts in these prayers should be gradually learned by heart. Simplicity, repetition, and care for times of silence make it possible for these prayers to belong fully to those who assemble.

cualquier hora. Al contrario, son oraciones (expresadas con palabras, cantos, gestos, silencio) inspiradas por la mañana misma, por la tarde y por la noche. Su contenido y ritmo deben reflejar lo que es particular de cada uno de estos momentos. Segundo, gradualmente las partes de la asamblea en estas oraciones deben aprenderse de memoria. Su sencillez, repetición y cuidado de los momentos de silencio hacen posible que estas oraciones sean plenamente de los que se reúnen.

2 INVITATORY

The invitatory belongs at the very beginning of each day's prayer. It precedes either the Office of Readings or Morning Prayer. It consists of the dialogue below followed by Psalm 24, 67, 95, or 100. A setting of Psalm 67 is found at no. 49; settings of Psalm 95 are found at nos. 57 (with seasonal antiphons) and 58; settings of Psalm 100 are found at nos. 63, 64, and 65.

Stand. All make the sign of the cross on their lips.

INVITATORIO

El invitatorio pertenece al principio de la oración de cada día. Precede bien sea al Oficio de Lecturas o a la Oración de la Mañana. Consiste del diálogo siguiente seguido del Salmo 24, 67, 95 o 100. Un arreglo para cantar el Salmo 67 se encuentra en el número 49; arreglos para el Salmo 95 se encuentran en los números 57 (con las antífonas del tiempo) y 58; arreglos para el Salmo 100 se encuentran en los números 63, 64, y 65.

De pie. Todos hacen la señal de la cruz en los labios.

3 MORNING PRAYER

The Church's sense for how to pray in the morning comes from our Jewish heritage. Whatever the day, whatever the difficulties, the tradition has been to begin the day with praise for the Creator. The sign of the cross, first traced on the Christian at baptism, is again made to begin the new day and its prayer. In the hymn and the psalms, in the scripture and intercessions, each one who prays and the community together finds what it is to stand at the beginning of a new day as a Christian. The morning's prayer gives the day its meaning when, through the years, these prayers become one's own.

The following verse and response are omitted when the hour begins with the invitatory.

ORACIÓN DE LA MAÑANA

El sentido de la Iglesia para el rezo de la mañana viene de nuestra herencia judía. Sin importar el día, sin importar las dificultades, la tradición ha sido el comenzar el día con alabanza a nuestro creador. La señal de la cruz, trazada por primera vez sobre cada cristiano en su bautismo, se hace otra vez al empezar un nuevo día y su oración. En el himno y en los salmos, en la lectura e intercesiones, cada persona que ora y toda la comunidad junta encuentra lo que es estar de pie como cristianos al principio de un nuevo día. La oración de la mañana le da al día su significado cuando, a través de los años, estas oraciones se convierten en algo propio.

Cuando la hora empieza con el invitatorio, se omite el siguiente verso y la respuesta.

Stand. All make the sign of the cross. *De pie. Todos hacen la señal de la cruz.*

Presiding minister/El que preside: *Assembly/Asamblea:*

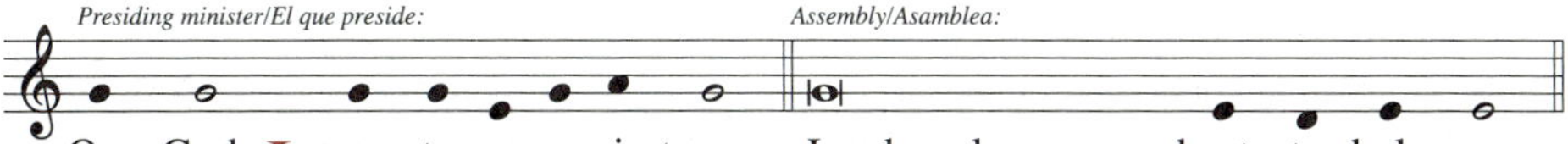

O God, ✠ come to my as-sis-tance. Lord, make haste to help me.
Dios mío, ✠ ven en mi au-xi - lio. Señor, date prisa en so - co - rrer - me.

All/Todos:

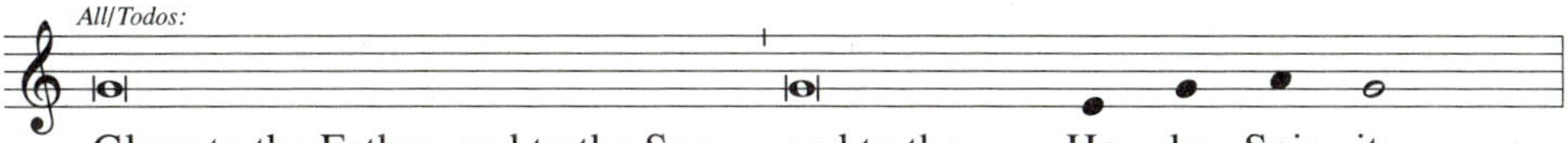

Glory to the Father, and to the Son, and to the Ho - ly Spir - it:
Gloria al Padre, y al Hijo, y al Espí - ri - tu San - to:

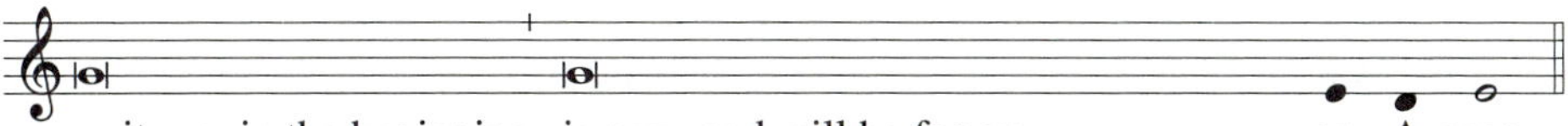

as it was in the beginning, is now, and will be for ev - er. A-men.
como era en el principio, ahora y siempre, por los siglos de los si-glos. A-mén.

Added outside Lent:
Se añade fuera de la Cuaresma:

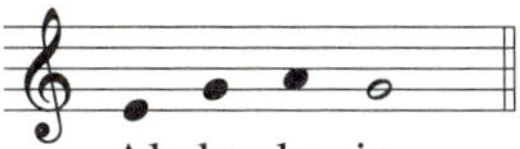

Al - le - lu - ia.
A - le - lu - ya.

Text: ICEL, © 1974

HYMN

This or another morning hymn (see nos. 693–696), or one related to the season or feast, may be sung.

HIMNO 4

Se puede cantar éste u otro himno matutino (véanse núms. 693–696), o uno relacionado con el tiempo litúrgico o la fiesta que se celebra.

1. Morn-ing has bro - ken Like the first morn - ing, Black-bird has
2. Sweet the rain's new fall Sun - lit from heav - en, Like the first
3. Mine is the sun-light! Mine is the morn - ing Born of the

1. Des - pun-ta el al - ba Del nue-vo dí - a, Can - tan las
2. Fres - ca es la llu - via Del al - to cie - lo; Ya la cam -
3. Sol re - ful - gen - te Da nue-va vi - da Ca - da ma -

spo - ken Like the first bird. Praise for the sing - ing! Praise for the
dew - fall On the first grass. Praise for the sweet-ness Of the wet
one light E - den saw play! Praise with e - la - tion, Praise ev - 'ry

a - ves Al Cre - a - dor; Tri - nos que bro - tan Ca - da ma -
pi - ña Vuel-ve a na - cer Y se des - pier - ta La tie-rra en-
ña - na Des - de el E - dén. Nues-tra a - la - ban - za Hoy e - le -

morn - ing! Praise for them, spring - ing Fresh from the Word!
gar - den, Sprung in com - plete - ness Where his feet pass.
morn - ing, God's re - cre - a - tion Of the new day!

ña - na, Pre - ces que e - ma - nan Del co - ra - zón.
te - ra Co - mo u - na nue - va Re - su - rrec - ción.
ve - mos; To - da al - bo - ra - da es Nue - va crea - ción.

Text: Eleanor Farjeon, 1881–1965, *The Children's Bells*, © David Higham Assoc., Ltd.; tr. by the editorial committee of *Albricias*, © 1987, David Higham Assoc., Ltd.
Music: BUNESSAN, 5 5 5 4 D; Gaelic melody; acc. by Robert J. Batastini, b.1942, © 1999, GIA Publications, Inc.

PSALMODY

The singing of one or more psalms is a central part of morning prayer. Psalm 63, which follows, is one of the premier morning psalms. Psalm 51 is commonly substituted for Psalm 63 on Wednesday and Friday, as well as during Lent. Other appropriate psalms for morning are Psalms 5, 8, 33, 42, 47, 66, 72, 80, 85, 93, 95, 98, 100, 118, 148, 149, and 150; and the two Canticles of Daniel.

SALMODIA

El cantar uno o más salmos es una parte central de la Oración de la Mañana. El salmo 63, que sigue, es uno de los salmos principales de la mañana. El salmo 51 comúnmente se sustituye al salmo 63 los miércoles y viernes, como también durante la cuaresma. Otros salmos apropiados para la mañana son salmos 5, 8, 33, 42, 47, 66, 72, 80, 85, 93, 95, 98, 100, 118, 148, 149, y 150; y los dos Cánticos de Daniel.

5 PSALM 63

SALMO 63

Sit / *Sentados*

Antiphon / Antífona

Psalm Tone / Tonada

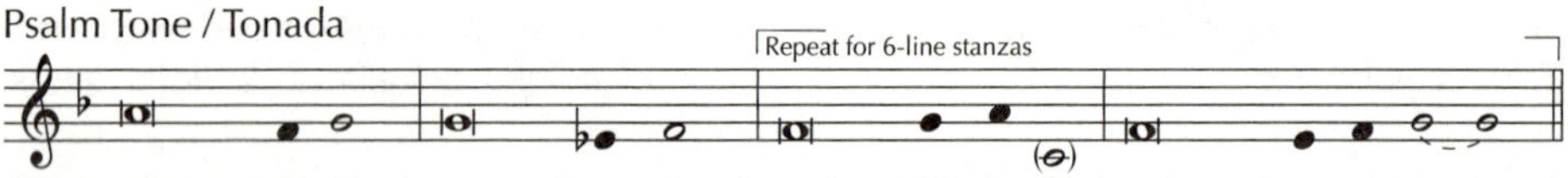

Verses / Estrofas

O God, you are my God; at dawn **I** seek you;
for you my soul **is** thirsting.
For you my flesh **is** pining,
like a dry, weary land **with**out water. ℟.

I have come before you in **the** sanctuary,
to behold your strength and **your** glory.
Your loving mercy is better **than** life;
my lips will **speak** your praise. ℟.

I will bless you all **my** life;
in your name I will lift up **my** hands.
My soul shall be filled as with **a** banquet;
with joyful lips, my **mouth** shall praise you. ℟.

When I remember you upon **my** bed,
I muse on you through the watches of **the** night.
For you have been **my** strength;
in the shadow of your wings **I** rejoice.
My soul **clings** fast to you;
your right **hand** upholds me. ℟.

Oh Dios, tú eres mi Dios, por ti ***ma****drugo,*
mi alma está sedienta ***de*** *ti;*
mi carne tiene ansia ***de*** *ti,*
*como tierra reseca, agosta****da****, sin agua.* ℟.

¡Cómo te contemplaba en el ***san****tuario*
viendo tu fuerza y ***tu*** *gloria!*
Tu gracia vale más que ***la*** *vida,*
*te alaba****rán*** *mis labios.* ℟.

*Toda mi vida te bende****ciré***
*y alzaré las manos in****vo****cándote.*
Me saciaré como de enjundia y de ***man****teca,*
y mis labios te alabarán ***ju****bilosos.* ℟.

En el lecho me acuerdo ***de*** *ti*
y velando medito ***en*** *ti,*
porque fuiste mi ***au****xilio,*
*y a la sombra de tus alas can****to*** *con júbilo;*
*mi alma está uni****da_a*** *ti,*
y tu diestra ***me*** *sostiene.* ℟.

Give praise to the Father **al**mighty,
to his Son, Jesus Christ, **the** Lord,
to the Spirit who dwells in **our** hearts,
both now and for ev**er**. Amen. ℟.

*Gloria a Dios, Padre omni**po**tente,*
*y a su Hijo, Jesucristo, el **Se**ñor,*
*y al Espíritu que habita en nues**tras** almas,*
*por los siglos de los si**glos**. Amén.* ℟.

PSALM PRAYER

After each psalm a moment of silence is observed. This may be followed by a psalm prayer, to which all respond: **Amen.**

ORACIÓN DESPUÉS DEL SALMO

Se observa un momento de silencio después de cada salmo. Éste puede ser seguido de una oración a la cual todos responden: **Amén.**

WORD OF GOD

A period of silence may follow the reading.

PALABRA DE DIOS

Se observa unos momentos de silencio después de la lectura.

GOSPEL CANTICLE

CÁNTICO EVANGÉLICO 6

Stand

De pie

Antiphon / Antífona

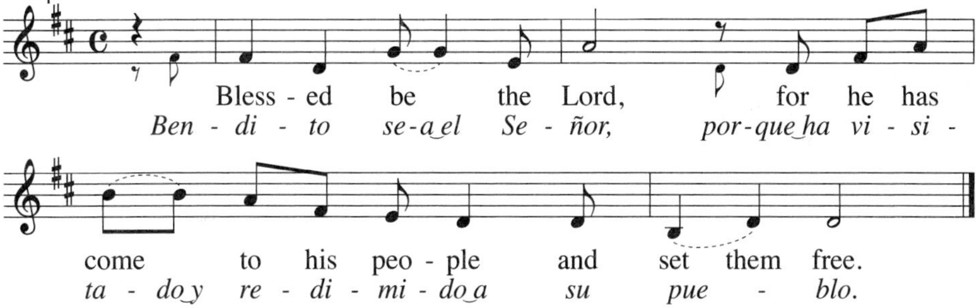

Psalm Tone / Tonada

Verses / Estrofas

All make the sign of the cross.
Blessed ✠ be the Lord, the **God** of Israel;
he has come to his people and set **them** free.
He has raised up for us a mighty **sav**ior,
born of the house of his **ser**vant David. ℟.

Through his holy prophets he prom**ised** of old
that he would save us from our enemies,
from the hands of all **who** hate us.
He promised to show mercy to our **fath**ers
and to remember his **ho**ly covenant. ℟.

Todos hacen la señal de la cruz.
*Bendito✠ sea el Señor, Dios de **Is**rael,*
*porque ha visitado y redimido a **su** pueblo,*
*suscitándonos una fuerza de salva**ción***
*en la casa de Da**vid**, su siervo,*
*según lo había predicho desde an**ti**guo*
*por boca de sus san**tos** profetas.* ℟.

Es la salvación que nos libra de nuestros enemigos
*y de la mano de todos los que **nos** odian;*
*realizando la miseri**cor**dia*
*que tuvo con **nues**tros padres,*
*recordando su santa a**lian**za*
y el juramento que juró a nuestro padre Abrahán. ℟.

This was the oath he swore to our **fa**ther
Abraham:
to set us free from the hands of **our**
enemies,
free to worship him without **fear**,
holy and righteous in his sight all the
days **of** our life. ℟.

You, my child, shall be called the prophet
of **the** Most High,
for you will go before the Lord to prepare
his way,
to give his people knowledge of sal**va**tion
by the forgiveness **of** their sins. ℟.

In the tender compassion **of** our God
the dawn from on high shall break **up**on
us,
to shine on those who dwell in darkness
and the shadow of **death**,
and to guide our feet into the **way** of
peace. ℟.

Glory to the Father, and **to** the Son,
and to the Ho**ly** Spirit:
as it was in the be**gin**ning,
is now, and will be fore**ver**. Amen. ℟.

*Para concedernos que, libres **de** temor,*
*arrancados de la mano de los **ene**migos,*
*le sirvamos con santidad y jus**ti**cia,*
*en su presencia, todos **nues**tros días.* ℟.

*Y a ti, niño, te llamarán profeta **del***
Altísimo,
porque irás delante del Señor a preparar
*sus **ca**minos,*
*anunciando a su pueblo la salva**ción**,*
*el perdón de **sus** pecados.* ℟.

Por la entrañable misericordia de
***nues**tro Dios,*
*nos visitará el sol que nace de **lo** alto,*
para iluminar a los que viven en
*tinieblas y en sombra de **muer**te,*
para guiar nuestros pasos por el camino
***de** la paz.* ℟.

*Gloria al Padre, **y** al Hijo,*
*y al Espíri**tu** Santo:*
*como era en el principio, ahora y **siem**pre,*
*por los siglos de los si**glos**. Amén.* ℟.

Text: Luke 1:68–79; *International Consultation on English Texts*; Spanish tr., © 1970, Conferencia Episcopal Española
Music: Refrain, Ronald F. Krisman, © 2011, GIA Publications, Inc.; verses, Michel Guimont, © 1994, GIA Publications, Inc.

7 INTERCESSIONS / PRECES

The following intercessions or similar ones may be used.

Se pueden usar las siguientes intercesiones u otras parecidas.

Cantor or presiding minister:
Cantor o el que preside:

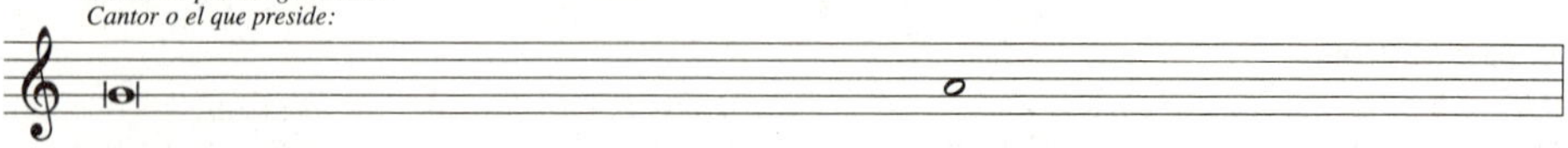

1. Show us your mercy, O Lord;
2. Clothe your ministers with righteousness;
3. Give peace, O Lord, in all the world;
4. Lord, keep this nation under your care;
5. Let your way be known upon earth;
6. Let not the needy, O Lord, be for - gotten;
7. Create in us clean hearts, O God;

1. Señor, muéstranos tu miseri - cordia;
2. Reviste a tus ministors de jus - ticia;
3. Establece, Señor, la paz en todo el mundo;
4. Protege, Señor, a esta na - ción;
5. Que se conozcan en la tierra tus ca - minos;
6. Señor, que no se olvide a los necesi - tados;
7. Señor, crea en nosotros un corazón limpio;

All/Todos:

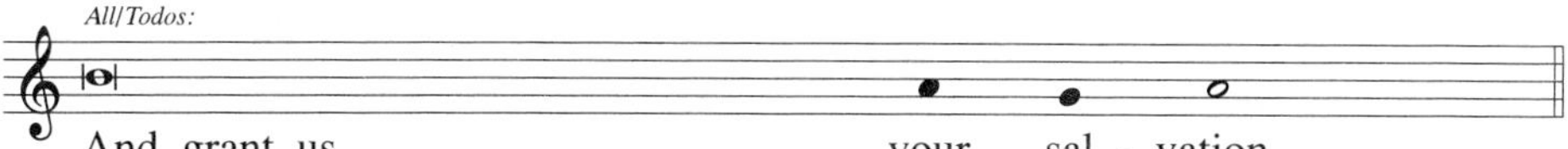

And grant us your sal - vation.
Let your people sing for joy.
For only in you can we live in safety.
And guide us in the way of jus - tice and truth.
Your saving health a - mong all nations.
Nor the hope of the poor be tak - en a - way.
And sustain us with your Ho - ly Spirit.

Y concédenos tu sal - va - ción.
Que cante tu pue - blo de júbilo.
Porque sólo en ti vivi - mos se - guros.
Y guíanos por la senda de justicia y de ver - dad.
Y entre los pueblos tu sal - va - ción.
Ni se arranque la esperanza a los pobres.
Y susténtanos con tu San - to Es - píritu.

Text: *The Book of Common Prayer;* tr. from *El Libro de Oración Común*
Music: *Praise God in Song,* © 1979, GIA Publications, Inc.

EL PADRENUESTRO THE LORD'S PRAYER 8

The two languages may be sung simultaneously. / Se pueden cantar simultaneamente ambos idiomas.

Música: Ronald F. Krisman, © 2010, GIA Publications, Inc.

Other settings of the Lord's Prayer may be found at nos. 233 and 342 (English), 266 (Latin), and 233 and 343 (Spanish).

Otros arreglos para cantar el Padrenuestro se encuentran en los núms. 233 y 342 (inglés), 266 (latín), y 233 y 343 (español).

CONCLUDING PRAYER

All respond: **Amen.**

ORACIÓN CONCLUSIVA

Todos responden: **Amén.**

9 DISMISSAL

DESPEDIDA

A

Text: English, ICEL, © 2010
Music: Amen, Michael Joncas, © 1979, GIA Publications, Inc.

10 *Dismissal, if the leader is not a priest or deacon:*

Despedida, si quien preside no es sacerdote ni diácono:

B

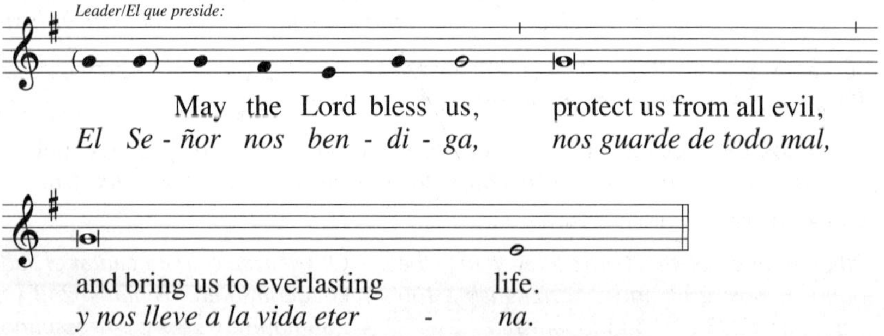

Text: English, ICEL, © 2010
Music: Amen, Michael Joncas, © 1979, GIA Publications, Inc.

All may conclude the celebration by exchanging a sign of peace.

Todos pueden concluir la celebración ofreciéndose un saludo de paz.

EVENING PRAYER

The Church gathers in the evening to give thanks for the day that is ending. In the earliest tradition, this began with the lighting of the lamps as darkness fell and with the hymn of praise of Christ who is "radiant Light . . . of God the Father's deathless face." The evening psalms and the Magnificat bring the day just past into focus for the Christian: "God has cast down the mighty from their thrones, and has lifted up the lowly"; "God has remembered the promise of mercy, the promise made to our ancestors." Prayers of intercession are almost always part of the Church's liturgy, but those which conclude evening prayer are especially important. As day ends, the Church again and again lifts up to God the needs and sorrows and failures of all the world. Such intercession is the daily task and joy of the baptized.

ORACIÓN DE LA TARDE 11

La Iglesia se reúne en la tarde para dar gracias por el día que termina. En la tradición primitiva, esto empezaba encendiendo las lámparas cuando caía la tarde y el himno de alabanza a Cristo quien es "Luz de gozo y resplandor . . . imagen celestial del Padre." Los salmos de la tarde y el Magnificat enfocan para los cristianos el día que está por terminar: "Dios derriba del trono a los poderosos y enaltece a los humildes"; "Dios se acuerda de la misericordia, como lo había prometido a nuestros padres." Las intercesiones casi siempre forman parte de la liturgia de la Iglesia, pero las que concluyen la oración de la tarde son especialmente importantes. Al terminar el día, una y otra vez la Iglesia eleva a Dios las necesidades y tristezas y faltas de todo el mundo. Esa intercesión es la tarea diaria y el gozo de los bautizados.

Stand. All make the sign of the cross.

De pie. Todos hacen la señal de la cruz.

A

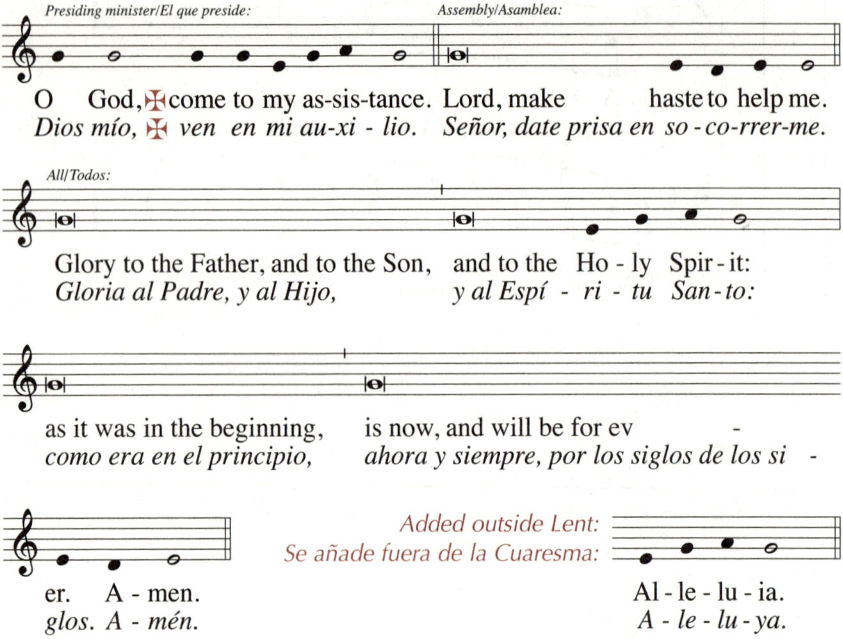

B

If Evening Prayer begins with a service of light (lucernarium), the following greeting may be used:

Si la oración de la tarde empieza con el rito de la luz (lucernarium), se puede usar el siguiente saludo:

HYMN

This or another evening hymn (see nos. 697 and 698), or one related to the season or feast, may be sung.

HIMNO

Se puede cantar éste u otro himno vespertino (véanse núms. 697 y 698), o uno relacionado con el tiempo litúrgico o la fiesta que se celebra.

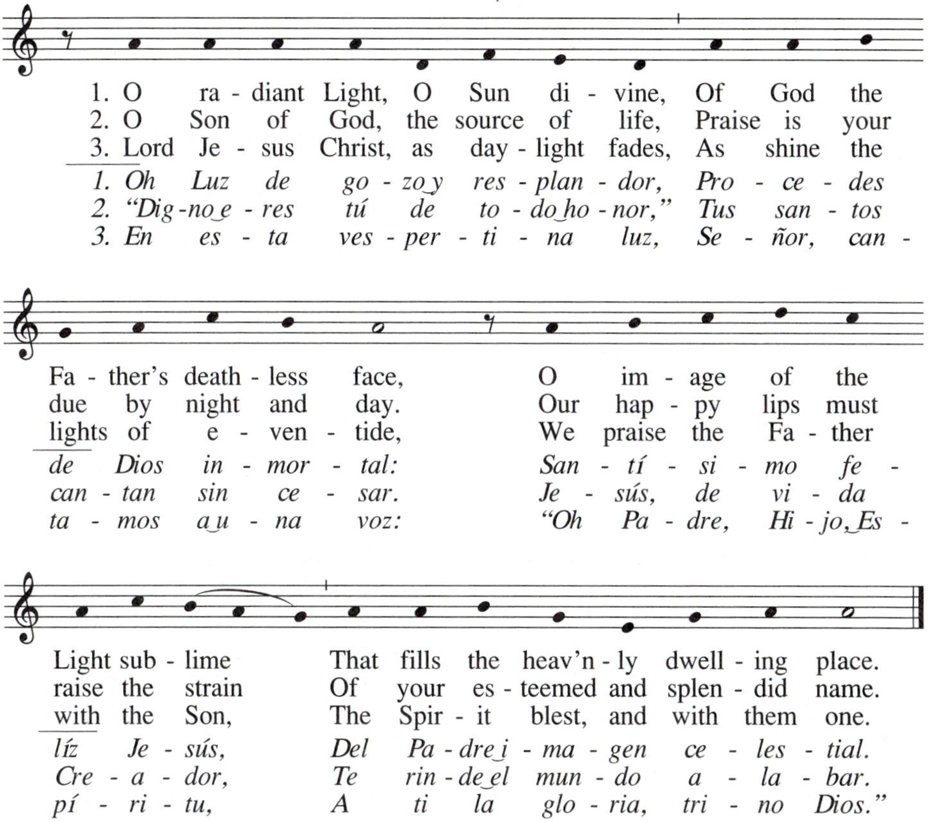

Text: *Phos hilaron*, Greek, c.200; English tr. by William G. Storey, ©; Spanish tr. by Ronald F. Krisman, © 2012, GIA Publications, Inc.
Music: JESU DULCIS MEMORIA, LM; Mode I; acc. by Richard Proulx, © 1975, GIA Publications, Inc.

If the lucernarium is celebrated, the evening thanksgiving is now sung.

Si se celebra el lucernarium, se canta ahora la acción de gracias vespertina.

PSALMODY

The singing of one or more psalms is a central part of evening prayer. Psalm 141, which follows, is one of the premier evening psalms. It is customary to use incense as it is sung. Other appropriate psalms for evening are Psalms 4, 19, 23, 27, 84, 91, 104, 110, 111, 112, 114, 115, 117, 118, 121, 122, 130, 136, 139, and 145; and the canticles from Revelation 19 and, during Lent, 1 Peter 2:21-24.

SALMODIA

El cantar uno o más salmos es una parte central de la Oración de la Tarde. El salmo 141, que sigue, es uno de los salmos principales para la tarde. Al cantarlo se acostumbra usar incienso. Otros salmos apropiados para la tarde son salmos 4, 19, 23, 27, 84, 91, 104, 110, 111, 112, 114, 115, 117, 118, 121, 122, 130, 136, 139, y 145; y los cánticos de Apocalypsis 19 y, durante la cuaresma, 1 Pedro 2:21-24.

14 SALMO 141 (SALMO DE INCIENSO) PSALM 141 (INCENSE PSALM)

Antífona / Antiphon

Estrofas / Verses

1. Señor, te llamo, ven a mí.
Escucha mi voz cuando te invoco.
Suba mi oración como incienso en tu presencia,
como incienso en tu presencia. ℟.

2. Coloca, Señor, una guardia en mi boca,
y vigilia la puerta de mis labios.
No me dejes inclinarme a la maldad, mi corazón a lo malo,
ni comer con los hombres malvados. ℟.

3. Que el justo me golpee, que el bueno me reprenda,
es un gran favor, oh Señor.
Pero que el óleo del impío no perfume mi cabeza;
seguiré rezando en sus desgracias. ℟.

4. Mis ojos, Señor, están vueltos a ti.
Señor, en ti me refugio.
Guarda mi vida, líbrame, Señor,
de la trampa de los malhechores. ℟.

5. Gloria al Padre, gloria al Hijo,
y gloria al Espíritu Santo,
como era en el principio, ahora y siempre,
por los siglos de los siglos. Amén. ℟.

1. I have called to you, O God, come quickly to help me.
Hear my voice when I call to you.
Let my prayer rise up like incense before you,
and my hands like an evening off'ring. ℟.

2. Set a guard on my mouth and guide my ev'ry word,
keep watch on the door of my lips.
Let me never turn my heart toward evil or revenge,
nor join the evil in their feasting. ℟.

3. When the just correct me, I take their words as kindness,
but the oil of the wicked will not touch me.
So I pray to you, O God, I pray to you, O God,
against their hateful ways. ℟.

4. To you, O God, I turn my eyes,
in you I find refuge and safety.
From the trap that has been set by those who wish me harm,
keep me safe, O God. ℟.

5. Glory to the Father, glory to the Son,
and glory to the Holy Spirit.
As it was in the beginning, is now and ever shall be,
world without end. Amen. ℟.

PSALM PRAYER

After each psalm a moment of silence is observed. This may be followed by a psalm prayer, to which all respond: **Amen.**

ORACIÓN DESPUÉS DEL SALMO

Se observa un momento de silencio después de cada salmo. Éste puede ser seguido de una oración a la cual todos responden: **Amén.**

WORD OF GOD

A period of silence may follow the reading.

PALABRA DE DIOS

Se observa unos momentos de silencio después de la lectura.

GOSPEL CANTICLE

Stand

CÁNTICO EVANGÉLICO 15

De pie

Antiphon / Antífona

Psalm Tone / Tonada

Verses / Estrofas

All make the sign of the cross.

My soul ✠ proclaims the greatness **of** the
Lord,
my spirit rejoices in **God** my Savior
for he has looked with favor on his **low**ly
servant. ℟.

From this day all generations will **call** me
blessed:
the Almighty has done great **things** for me,
and holy **is** his Name. ℟.

He has mercy on **those** who fear him
in every **gen**eration.
He has / shown the strength of **his** arm,
he has scattered the proud in **their** conceit.

He has cast down the mighty **from** their
thrones,
and has lifted **up** the lowly.
He has / filled the hungry with **good**
things,
and the rich he has sent **a**way empty.

Todos hacen la señal de la cruz.

Proclama ✠ mi alma la grandeza ***del***
Señor,
se alegra mi espíritu en Dios, mi ***sal****vador;*
porque ha mirado la humillación ***de***
su‿esclava. ℟.

*Desde ahora me felici**ta**rán*
*todas las ge**ne**raciones.*
Porque el Pode- / roso ha hecho obras
grandes ***por*** *mí:*
*su nom**bre** es santo.* ℟.

*Su misericordia lle**ga‿a** sus fieles*
*de generación en ge**ne**ración.*
Él hace pro- / ezas con ***su*** *brazo:*
dispersa a los soberbios de ***co****razón.* ℟.

Derriba del trono a los ***po****derosos*
y enaltece a ***los*** *humildes;*
a los ham- / brientos los colma ***de*** *bienes*
*y a los ricos los despi**de** vacíos.* ℟.

He has come to the help of his **ser**vant
Israel
for he has remembered his prom**ise** of
mercy,
the / promise he made to **our** fathers,
to Abraham and his chil**dren** for ever. ℟.

Glory to the Father, and **to** the Son,
and to the **Ho**ly Spirit:
as it / was in the **be**ginning,
is now, and will be for ev**er**. Amen. ℟.

*Auxilia a Isra**el**, su siervo,*
*acordándose de la mise**ri**cordia*
*—como lo ha- / bía prometido a nues**tros***
padres—
*en favor de Abrahán y su descenden**cia***
por siempre. ℟.

*Gloria al Padre, **y** al Hijo,*
*y al Espí**ri**tu Santo:*
*como / era en el principio, ahora **y** siempre,*
*por los siglos de los si**glos**. Amén.* ℟.

Text: Luke 1:46–55; *International Consultation on English Texts*; Spanish tr., © 1970, Conferencia Episcopal Española
Music: Refrain, Ronald F. Krisman, © 2011, GIA Publications, Inc.; verses, Michel Guimont, © 1994, GIA Publications, Inc.

16 INTERCESSIONS

The following intercessions or similar ones may be used.

PRECES

Se pueden usar las siguientes intercesiones u otras parecidas.

Cantor or presiding minister:
Cantor o el que preside:

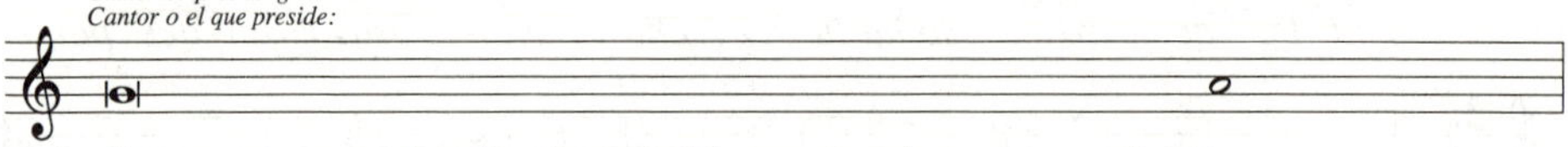

1. Save your people, Lord, and bless your in - heritance;
2. Give peace to your Church and to the whole world;
3. Grant us forgiveness of our sins and of - fenses;
4. Strengthen our communion with all your saints;
5. Heal the sick and comfort the lonely;
6. Remember all who have died in your mercy;
7. In you, Lord, is our hope;

1. Salva a tu pueblo, Señor, y bendice tu here - dad;
2. Concédele la paz a tu Iglesia y al mundo en - tero;
3. Perdónanos, Señor, nuestros pe - cados;
4. Fortalece nuestra comunión con todos tus santos;
5. Sana a los enfermos y consuela a los afli - gidos;
6. Recuerda a todos los que han muerto en tu miseri - cordia;
7. En ti, Señor, está nuestra con - fianza;

All/Todos:

Govern and uphold them, now and for - ever.
Make us your instruments of jus - tice and truth.
Have mercy on us, Lord, have mercy.
Bind us together by your Ho - ly Spirit.
Relieve the sufferings of all your people.
Welcome them into the light of your kingdom.
And we shall never hope in vain.

Gobiérnalos y defiéndelos pa - ra siempre.
Haznos tus instrumentos de verdad y jus - ticia.
Ten piedad de nosotros, Señor, ten pie - dad.
Mantennos unidos por tu Espí ri - tu Santo.
Remedia las penas de to - do tu pueblo.
Recíbelos en la luz de tu reino.
Que nuestra esperanza nunca se - a en vano.

Text: Adapted from *The Book of Common Prayer*; tr. by Rosa María Icaza, CCVI
Music: *Praise God in Song*, © 1979, GIA Publications, Inc.

EL PADRENUESTRO · THE LORD'S PRAYER 17

The two languages may be sung simultaneously. / Se pueden cantar simultaneamente ambos idiomas.

Other settings of the Lord's Prayer may be found at nos. 233 and 342 (English), 266 (Latin), and 233 and 343 (Spanish).

Otros arreglos para cantar el Padrenuestro se encuentran en los núms. 233 y 342 (inglés), 266 (latín), y 233 y 343 (español).

CONCLUDING PRAYER

All respond: **Amen.**

ORACIÓN CONCLUSIVA

Todos responden: **Amén.**

DISMISSAL · DESPEDIDA 18

A

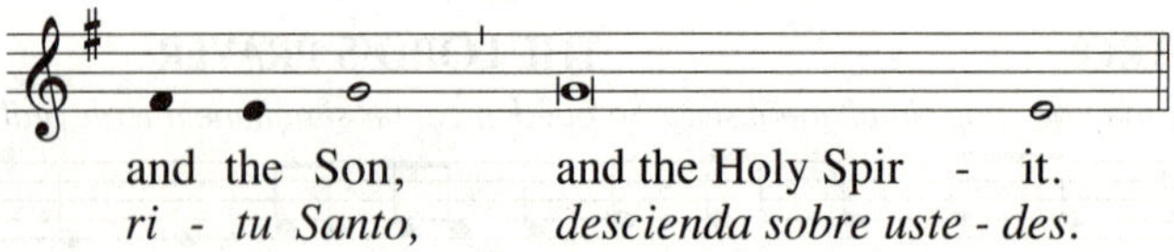

Text: English, ICEL, © 2010
Music: Amen, Michael Joncas, © 1979, GIA Publications, Inc.

19 *Dismissal, if the leader is not a priest or deacon:*

Despedida, si quien preside no es sacerdote ni diácono:

B

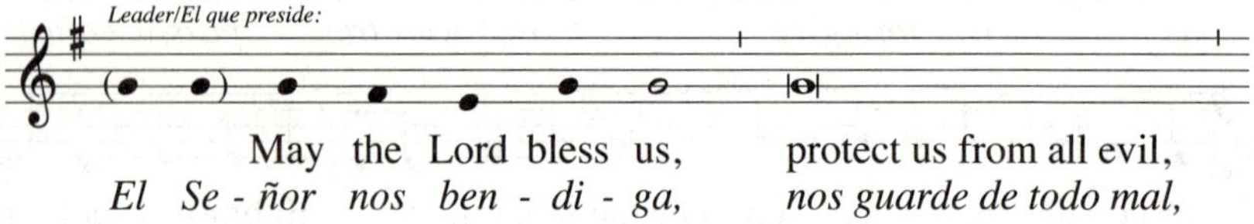

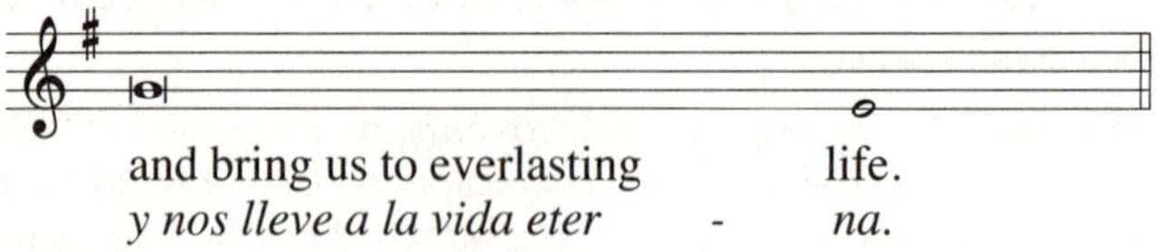

Text: English, ICEL, © 2010
Music: Amen, Michael Joncas, © 1979, GIA Publications, Inc.

All may conclude the celebration by exchanging a sign of peace.

Todos pueden concluir la celebración ofreciéndose un saludo de paz.

NIGHT PRAYER

The Church's prayers at night are direct and simple. The Christian remembers with sorrow the day's evil and failure, and places this before the mercy of God. Before surrendering to sleep, there is prayer for God's protection through the night and an expression of acceptance: "Now, Lord, you may dismiss your servant." The night prayer concludes by binding together the sleep of this night with the final falling asleep in the Lord: "May the all-powerful Lord grant us a restful night and a peaceful death." Night's last words are often a gentle invocation of our mother, "When this exile is ended, show us your womb's blessed fruit, Jesus."

ORACIÓN DE LA NOCHE 20

Las oraciones de la Iglesia para la noche son directas y sencillas. Los cristianos recuerdan con tristeza el mal y las faltas del día, y los pone ante la misericordia de Dios. Antes de entregarse al sueño, hay una oración pidiendo la protección de Dios a través de la noche y una expresión de aceptación: "Ahora, Señor, puedes despedir a tu siervo." La oración de la noche concluye vinculando el sueño de esta noche con el dormirse en el Señor al fin de la vida: "El Señor todopoderoso nos conceda una noche tranquila y una muerte santa." Las últimas palabras de la noche con frecuencia son una invocación tierna a nuestra Madre María: "Cuando se termine este exilio, muéstranos el fruto bendito de tu vientre, Jesús."

Stand. All make the sign of the cross.

De pie. Todos hacen la señal de la cruz.

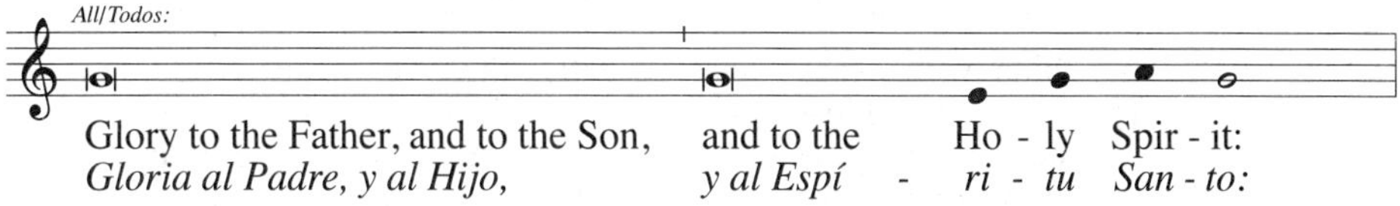

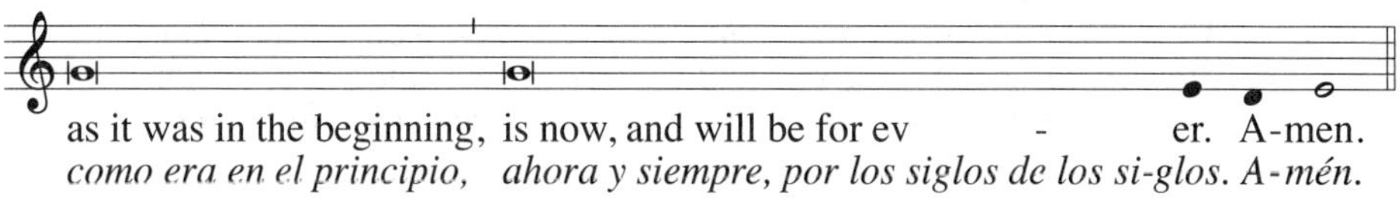

Added outside Lent:
Se añade fuera de la Cuaresma:

A brief examination of conscience may be made. At its conclusion, the following may be said:

Optional:

I confess to almighty God
and to you, my brothers and sisters,
that I have greatly sinned,
in my thoughts and in my words,
in what I have done and in what I have failed to do,

All strike their breast as they say:

through my fault, through my fault,
through my most grievous fault;
therefore I ask blessed Mary ever-Virgin,
all the Angels and Saints,
and you, my brothers and sisters,
to pray for me to the Lord our God.

Un breve examen de conciencia se puede hacer. Después se puede decir lo siguiente:

Opcional:

Yo confieso ante Dios todopoderoso
y ante ustedes, hermanos,
que he pecado mucho
de pensamiento, palabra, obra y omisión.

Golpeándose el pecho, dicen:

Por mi culpa, por mi culpa, por mi gran culpa.
Por eso ruego a santa María, siempre Virgen,
a los ángeles, y a los santos
y a ustedes, hermanos,
que intercedan por mí ante Dios, nuestro Señor.

21 HYMN

This or another evening hymn (see nos. 697 and 698), or one related to the season or feast, may be sung.

HIMNO

Se puede cantar éste u otro himno vespertino (véanse núms. 697 y 698), o uno relacionado con el tiempo litúrgico o la fiesta que se celebra.

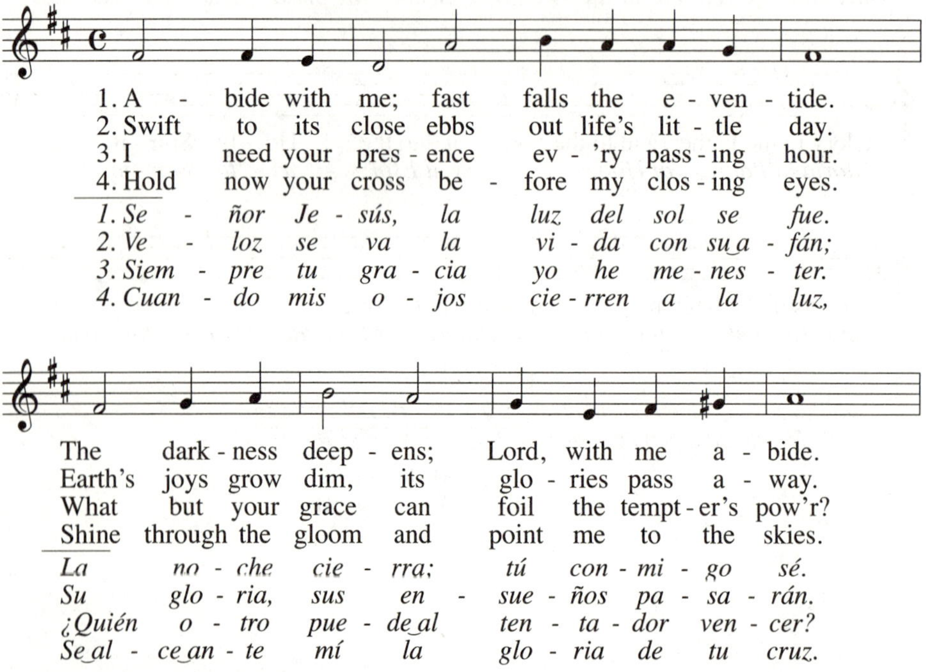

When other - er help - ers fail, and com - forts flee,
Change and de - cay in all a - round I see.
Who like your - self my guide and stay can be?
Heav'n's morn - ing breaks, and earth's vain shad - ows flee.

No hay o - tro am - pa - ro; ten, pues, com - pa - sión,
Mu - dan - za y muer - te ve - o en de - rre - dor.
Tan só - lo en ti mi guí - a en - con - tra - ré.
Pa - sen las som - bras, triun - fe al fin la fe.

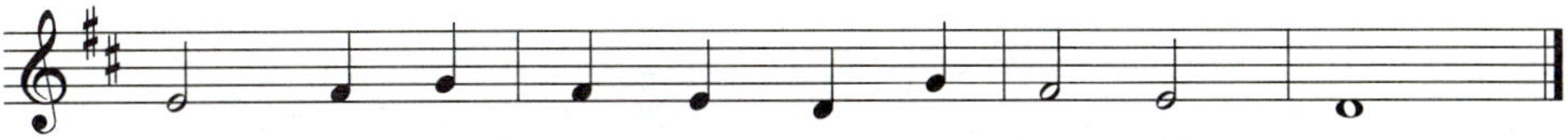

Help of the help - less, come a - bide with me.
Christ Je - sus, Sin - less One, a - bide with me.
Through cloud and sun - shine, Lord, a - bide with me.
In life, in death, O Christ, a - bide with me.

Y al des - va - li - do da con - so - la - ción.
Con - mi - go sé, ben - di - to Sal - va - dor.
En som - bra y sol, Se - ñor, con - mi - go sé.
Je - sús, con - mi - go en vi - da y muer - te, sé.

Text: Henry F. Lyte, 1793–1847, alt.; tr. by Tomás M. Westrup, alt., 1837–1909
Tune: EVENTIDE, 10 10 10 10; William H. Monk, 1823–1889; acc. by Ronald F. Krisman, b.1946,

PSALMODY

The proper psalms for Night Prayer are: Sunday, Psalm 91; Monday, Psalm 86; Tuesday, Psalm 143; Wednesday, Psalms 31 and 130; Thursday, Psalm 16; Friday, Psalm 88; and Saturday, Psalms 4 and 134.

All sit.

After the psalm a moment of silence is observed.

SALMODIA

Los salmos asignados para cada día son: para el domingo, salmo 91; para el lunes, salmo 86; para el martes, salmo 143; para el miércoles, salmo 31 y 130; para el jueves, salmo 16; para el viernes, salmo 88; y para el sábado, salmos 4 y 134.

Todos se sientan.

Se observa un momento de silencio después del salmo.

WORD OF GOD

A period of silence may follow the reading.

PALABRA DE DIOS

Se observa unos momentos de silencio después de la lectura.

22 RESPONSORY — RESPONSORIO

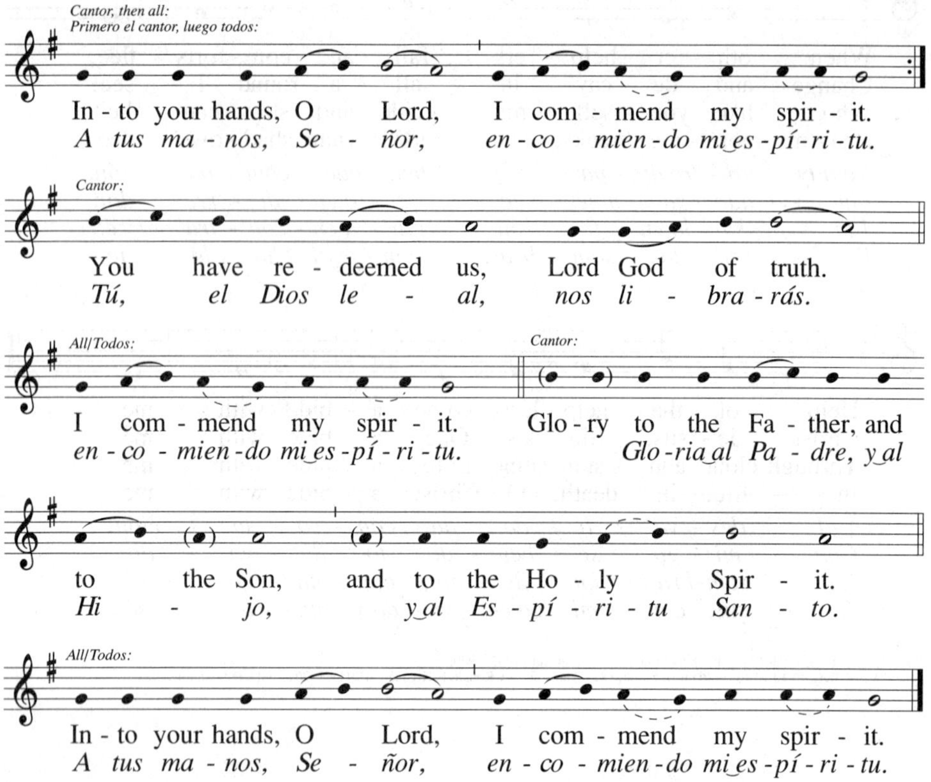

Text: *Liturgy of the Hours,* © 1974, ICEL; *Liturgia de las Horas*, © 1981, Comisión Episcopal Española de Liturgia
Music: Sarum tone, adapt. by Richard Proulx, © 1986, GIA Publications, Inc.

23 GOSPEL CANTICLE — CÁNTICO EVANGÉLICO

Stand — *De pie*

Antiphon / Antífona

Psalm Tone / Tonada

Verses / Estrofas

All make the sign of the cross.
Lord, ✠ now you let your servant **go** in peace;
your word has **been** fulfilled:
My own eyes have seen **the** salvation
which you have prepared in the sight of **ev**'ry people. ℟.

A light to reveal you **to** the nations
and the glory of your **peo**ple Israel.
Glory to the Father, and to the Son, and to the **Ho**ly Spirit:
as it was in the beginning, is now, and will be for ev**er**. Amen. ℟.

Todos hacen la señal de la cruz.
*Ahora, ✠ Señor, se**gún tu** promesa,*
*puedes dejar a tu siervo ir**se** en paz.*
*Porque mis ojos han visto a tu **Sal**vador,*
*a quien has presentado ante to**dos** los pueblos.* ℟.

*Luz para alumbrar **a las** naciones*
*y gloria de tu pueblo **Is**rael.*
*Gloria al Padre, y al Hijo, y al Espí**ri**tu Santo:*
como era en el principio, ahora y siempre,
*por los siglos de los si**glos**. Amén.* ℟.

Text: Luke 2:29–32, *International Consultation on English Texts*; antiphon, *Liturgy of the Hours*, © 1974, ICEL; Spanish antiphon and canticle, *Liturgia de la Horas*, © 1981, Comisión Episcopal Española de Liturgia
Music: Antiphon, Ronald F. Krisman, © 2012, GIA Publications, Inc.; tone, © 1987, ICEL

CONCLUDING PRAYER

All respond: **Amen.**

ORACIÓN CONCLUSIVA

Todos responden: **Amén.**

CONCLUSION

CONCLUSIÓN 24

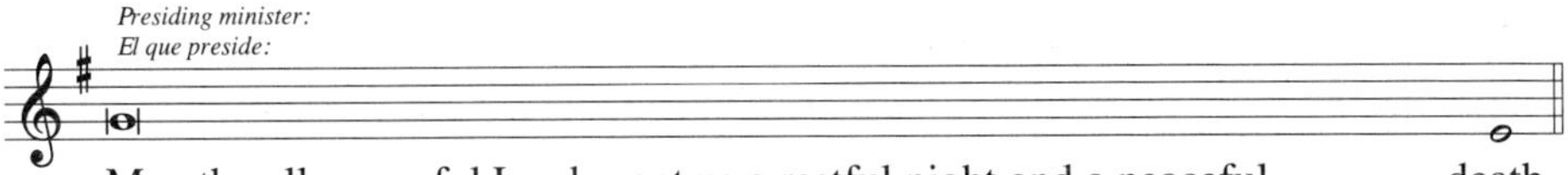

May the all-powerful Lord grant us a restful night and a peaceful death.
El Señor todopoderoso nos conceda una noche tranquila y una muerte san - ta.

Text: English, ICEL, © 1974
Music: Amen, Michael Joncas, © 1979, GIA Publications, Inc.

The Marian antiphon, "Salve Regina," no. 719, or during Easter season, "Regina Caeli," no. 444, may follow.

Sigue una antífona mariana, como "Salve Regina," núm. 719, o "Regina Caeli," núm. 444.

Psalms and Canticles

Salmos y Cánticos

25 Salmo 4

Antífona I / Antiphon I *(Night Prayer, Saturday, first psalm)*

Letra: *Liturgia de la Horas*, © 1981, Comisión Episcopal Española de Liturgia; *Liturgy of the Hours*, © 1974, ICEL
Música: Ronald F. Krisman, © 2012, GIA Publications, Inc.

Antífona II / Antiphon II

Letra: *Leccionario, Edición Hispanoamérica*, © 1970, 1972, Conferencia Episcopal Española; *Lectionary for Mass*, © 1969, 1981, 1997, ICEL
Música: Ronald F. Krisman, © 2012, GIA Publications, Inc.

Guimont Tone

Música: Michel Guimont, © 1994, GIA Publications, Inc.

1. [2] Escúchame cuando te invoco, Dios, defen**sor** mío;
   tú que en el aprieto me diste **an**chura,
   ten piedad de mí y escucha mi o**ra**ción.

2. [3] Y ustedes, ¿hasta cuándo ultraja**rán** mi‿honor.
   amarán la falsedad y buscarán el **en**gaño?

3. [4] Sépanlo: el Señor hizo milagros en **mi** favor,
   y el Señor me escuchará cuando **lo‿in**voque.

4. [5] Tiemblen y no pequen, reflexionen en el silencio **de** su lecho;
   [6] ofrezcan sacrificios legítimos y confíen en el **Se**ñor.

5. [7] Hay muchos que dicen: "¿Quién nos hará **ver** la dicha,
si la luz de tu rostro ha huido de **no**sotros?"

6. [8] Pero tú, Señor, has puesto en mi corazón más **a**legría
que si abundara en trigo y **en** vino.

7. [9] En paz me acuesto y en segui**da** me duermo,
porque tú sólo, Señor, me haces vivir **tran**quilo.

8. Gloria al Padre, y al Hijo, y al Espí**ri**tu Santo.
por los siglos de los siglos. **A**mén.

*1. [2] I called, the God of justice **gave** me answer;*
*from anguish you **re**leased me,*
*have mercy **and** hear me!*

*2. [3] Children of man, how long will my glory **be** dishonored,*
*will you love what is futile and seek what **is** false?*

*3. [4] Know that the LORD works wonders **for** his faithful one;*
*the LORD will hear me whenever **I** call him.*

*4. [5] Tremble, do not sin: ponder on your bed **and** be still.*
*[6] Offer right sacrifice, and trust in **the** LORD.*

*5. [7] "What can bring us happiness?" **ma**ny say.*
*Lift up the light of your face on us, **O** LORD.*

*6. [8] You have put into my heart a **great**er joy*
*than abundance of grain and new wine can **pro**vide.*

*7. [9] In peace I will lie down and **fall** asleep,*
*for you alone, O LORD, make me dwell **in** safety.*

*8. Give praise to the Father, the Son and **Ho**ly Spirit,*
*both now and for ages unending. **A**men.*

26 Psalm 8

Antiphon I / Antífona I

Text: The Grail, © 1963, The Grail, GIA Publications, Inc., agent; tr. by Ronald F. Krisman, © 2012, GIA Publications, Inc.
Music: A. Gregory Murray, OSB, © 1963, The Grail, GIA Publications, Inc., agent

Antiphon II / Antífona II

Text: The Grail, © 1963, The Grail, GIA Publications, Inc., agent; tr. by Ronald F. Krisman, © 2012, GIA Publications, Inc.
Music: A. Gregory Murray, OSB, © 1963, The Grail, GIA Publications, Inc., agent

Conception Abbey Tone

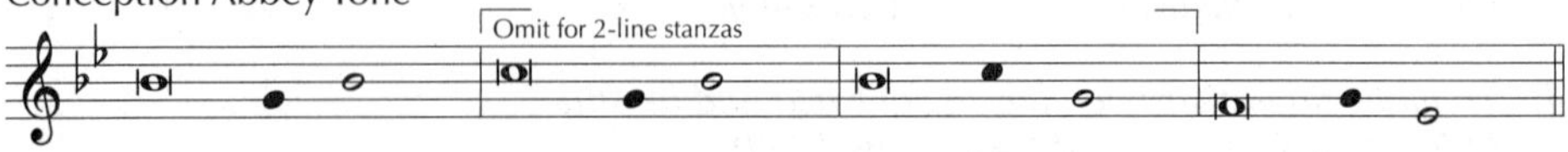

Music: Gregory J. Polan, OSB, © 2010, Conception Abbey, admin. by GIA Publications, Inc.

Gelineau Tone

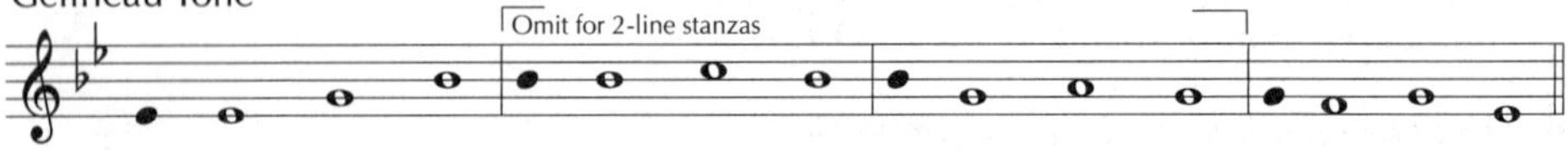

Music: Joseph Gelineau, SJ, © 1963, The Grail, GIA Publications, Inc., agent

1. [*2] O **Lord**, our **Lord**, how majes**tic**
is your **name** through **all** the **earth**!

2. Your **maj**esty is **set** above the **hea**vens.
[3] From the **mouths** of **chil**dren and of **babes**
you **fash**ioned praise to **foil** your **en**emy,
to **si**lence the **foe** and the **re**bel.

3. [4] When I see the **hea**vens, the **work** of your **fin**gers,
the **moon** and the **stars** which you ar**ranged**,
[5] what is **man** that you should **keep** him in **mind**,
the son of **man** that you **care** for **him**?

*1. [*2] Se**ñor**, dueño **nues**tro, ¡qué_admi**ra**ble*
*es tu **nom**bre en **to**da la **tie**rra!*

*2. Ensal**zas**te tu majes**tad** sobre los **cie**los.*
*[3] Las **bo**cas de **ni**ños de **pe**cho*
*re**cuer**dan tu po**der** a tus con**tra**rios*
*que con**fun**den a_ene**mi**gos y re**bel**des.*

*3. [4] Cuando con**tem**plo la **o**bra de tus **de**dos,*
*el **cie**lo, la **lu**na_y las es**tre**llas,*
*[5] ¿qué es el **hom**bre, para que te_a**cuer**des de **él**,*
*el ser hu**ma**no, para **dar**le po**der**?*

**Omitted when Antiphon I is used.*

4. [6] Yet you have **made** him little **low**er
than the **an**gels;
with **glo**ry and **hon**or you **crowned** him,
[7] gave him **pow**er over the **works** of your **hands**:
you put **all** things **un**der his **feet**,

5. [8] **All** of them, **sheep** and **ox**en,
yes, **ev**en the **cat**tle of the **fields**,
[9] birds of the **air**, and **fish** of the **sea**
that **make** their **way** through the **wa**ters.

6.* [10] O **Lord**, our **Lord**, how maj**est**ic
is your **name** through **all** the **earth**!

7. Give **glo**ry to the **Fa**ther Al**mighty**,
to his **Son**, Jesus **Christ** the **Lord**,
to the **Spir**it who **dwells** in our **hearts**,
both **now** and for **ev**er. A**men**.

*4. [6] Lo hi**cis**te poco‿infe**rior** a los **án**geles,*
*lo coro**nas**te de **glo**ria‿y digni**dad**,*
*[7] le **dis**te el mando **so**bre tus **o**bras,*
*bajo sus **pies to**do lo some**tis**te:*

*5. [8] Re**ba**ños de o**ve**jas y **to**ros,*
*y **has**ta las **bes**tias del **cam**po,*
*[9] las **a**ves del **cie**lo, y los **pe**ces*
*que **tra**zan **sen**das por el **mar**.*

6. [10] Se**ñor**, dueño **nues**tro, ¡qué‿admi**ra**ble*
*es tu **nom**bre en **to**da la **tie**rra!*

*7. Gloria‿a **Dios**, **Pa**dre‿omnipo**ten**te*
*y‿a su **Hi**jo, Jesu**cris**to, el Se**ñor**,*
*y‿al Es**pí**ritu que‿ha**bi**ta‿en nuestras **al**mas,*
*por los **si**glos de los **si**glos. A**mén**.*

27 Psalm 16

Antiphon I / Antífona I *(Night Prayer, Thursday)*

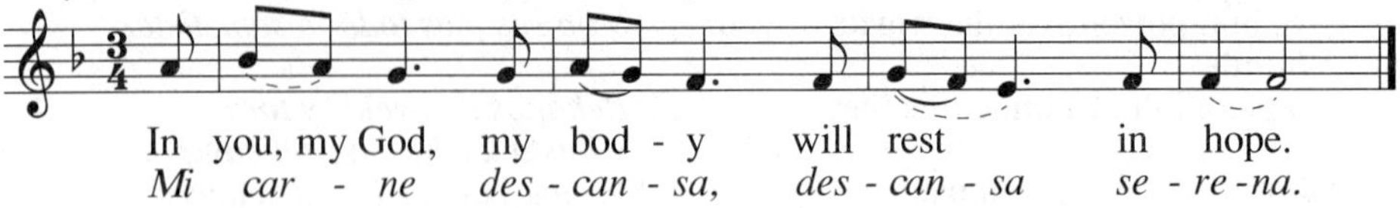

Antiphon II*

Antífona II*

**Antiphons may be sung simultaneously.*

Antiphon III / Antífona III*

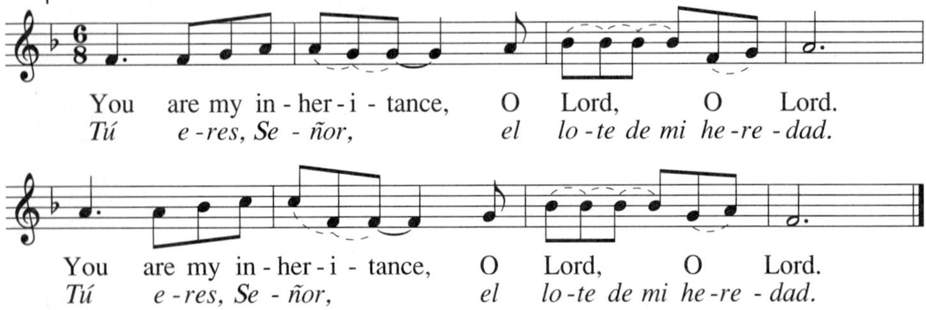

**For a bilingual antiphon, sing the first half in one language, and the second half in the other.*

Guimont Tone

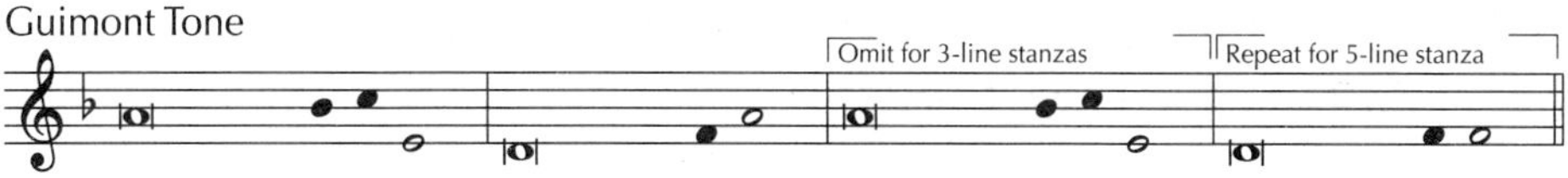

1. Preserve **me**, O God,
for in you I **take** refuge.
2 I say to the LORD, "You **are** my Lord.
My happiness lies in you **a**lone."

2. 3 As for the holy ones who dwell **in** the land,
they are noble, and in them is all my **de**light.
4 Those who choose other gods in**crease** their sorrows.
I will not take part in their offerings **of** blood.
Nor will I take their names upon **my** lips.

3. 5 O LORD, it is you who are my por**tion** and cup;
you yourself who secure **my** lot.
6 Pleasant places are marked **out** for me:
a pleasing heritage indeed **is** mine!

4. 7 I will bless the LORD who **gives** me counsel,
who even at night directs **my** heart.
8 I keep the LORD be**fore** me always;
with him at my right hand, I shall not **be** moved.

5. 9 And so, my heart rejoices, my **soul** is glad;
even my flesh shall rest **in** hope.
10 For you will not abandon my **soul** to hell,
nor let your holy one see **cor**ruption.

6. 11 You will show me the **path** of life,
the fullness of joy in **your** presence,
at your right hand, bliss **for**ever.

7. Give praise to the Fa**ther** Almighty,
to his Son, Jesus Christ **the** Lord,
to the Spirit who dwells **in** our hearts,
both now and for ever. **A**men.

1. 1 *Protégeme, Dios mío, que me refu**gio** en ti;*
2 *yo digo al Señor: "Tú eres **mi** bien."*
3 *Los dioses y señores **de** la tierra*
*no me sa**tis**facen.*

2. 4 *Multiplican **las** estatuas*
*de dioses **ex**traños;*
*no derramaré sus libaciones **con** mis manos,*
*ni tomaré sus nombres en **mis** labios.*

3. 5 *El Señor es el lote de mi heredad **y** mi copa;*
*mi suerte está en **tu** mano:*
6 *me ha tocado un lo**te** hermoso,*
*me encanta mi he**re**dad.*

4. 7 *Bendeciré al Señor, que **me**‿aconseja,*
*hasta de noche me instruye inter**na**mente.*
8 *Tengo siempre presente **al** Señor,*
*con él a mi derecha no vaci**la**ré.*

5. 9 *Por eso se me alegra el corazón, se gozan **mis** entrañas,*
*y mi carne descansa **se**rena.*
10 *Porque no me entregarás **a** la muerte,*
*ni dejarás a tu fiel conocer la co**rrup**ción.*

6. 11 *Me enseñarás el sendero **de** la vida,*
*me saciarás de gozo en tu **pre**sencia,*
*de alegría perpetua a tu **de**recha.*

7. *Gloria al Padre, **y** al Hijo,*
*y al Espíri**tu** Santo.*
*Como era en el principio, aho**ra** y siempre,*
*por los siglos de los siglos. **A**mén.*

28 Psalm 16: Keep Me Safe, O God / Protégeme, Dios Mío

Antiphon / Antífona*

Verses / Estrofas

1. For it is you who are my portion and cup,
it is you who hold me fast.
I keep you, Lord, ever in my sight.
With you at my right hand I shall stand firm.

2. And so my heart is glad, my soul thrills with joy;
my whole being rests secure.
You will not leave my soul among the dead,
nor let your faithful servant know decay.

3. You will show me the path of life,
the fullness of joy in your presence,
at your right hand, happiness forever,
at your right hand, happiness forever.

1. El Señor es el lote de mi_heredad;
y mi suerte_está en sus manos.
Tengo siempre presente_al Señor,
con él a mi lado no vacilaré.

2. Se me_alegran el corazón y_el alma,
y mi cuerpo vivirá tranquilo.
Porque tú no me_abandonarás a la muerte,
ni dejarás que sufra yo la corrupción.

3. Me_enseñarás el sendero de la vida,
me saciarás de gozo_en tu presencia,
de_alegría perpetua_a tu derecha,
de_alegría perpetua_a tu derecha.

*For a bilingual antiphon, sing the text in italics.

Psalm 19: Lord, You Have the Words / Tienes Tú, Señor 29

Antiphon / Antífona

Verses / Estrofas

1. The law of the Lord is perfect, refreshing the soul;
   the Lord's rule is to be trusted, the simple find wisdom.

2. The fear of the Lord is holy, abiding for ever;
   the decrees of the Lord are true, all of them just.

3. The precepts of the Lord are right, they gladden the heart,
   the command of the Lord is clear, giving light to the eye.

4. They are worth more than gold, than the finest gold,
   sweeter than honey, than honey from the comb.

1. La ley de Dios es perfecta y‿es descanso del alma;
el precepto del Señor es fiel, e instruye‿al ignorante.

2. La voluntad de Dios es pura y‿eternamente‿estable;
sus juicios son verdaderos y‿enteramente justos.

3. Los mandatos del Señor son rectos y‿alegran el corazón;
la norma del Señor es límpida, y da luz a los ojos.

4. Más preciosos que‿el oro, el oro fino;
más dulces que la miel de‿un panal que destila.

30 Psalm 22: My God, My God / Dios Mío, Dios Mío

Antiphon / Antífona

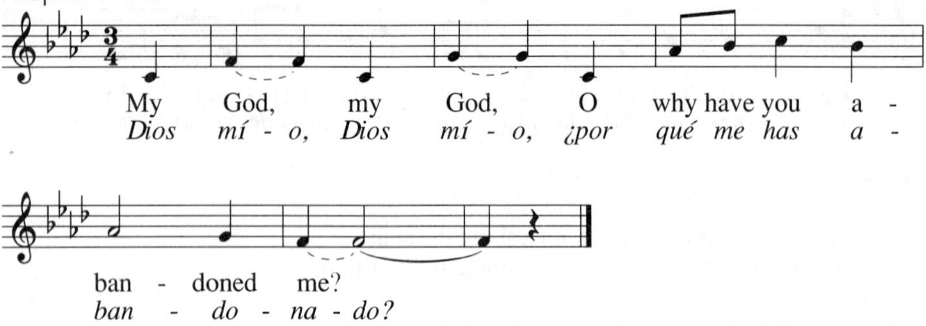

Verses / Estrofas

1. All who see me laugh at me, they mock me and they shake their heads:
   "He relied on the Lord, let the Lord be his refuge."

2. As dogs around me, they circle me about.
   Wounded me and pierced me, I can number all my bones.

3. My clothing they divided, for my garments casting lots.
   O Lord, do not desert me, but hasten to my aid.

4. I will praise you to my people, and proclaim you in their midst.
   O fear the Lord, my people, give glory to God's name.

1. De la gente soy burla, se ríen de mí, diciendo:
"Acudió al Señor; que_él lo salve si lo ama."

2. Malhechores me rodean, y como perros me_acosan.
Pies y manos me taladran, y mis huesos puedo contar.

3. Mi ropa se reparten, y mi túnica echan a suerte.
Pero tú, Señor, no te_alejes, ven pronto_a socorrerme.

4. Contaré tu fama_a mis hermanos, en su medio te alabaré.
Teman al Señor, sus fieles, alábenlo por siempre.

Salmo 23: Nada Me Falta / My Shepherd Is the Lord 31

Antífona / Antiphon*

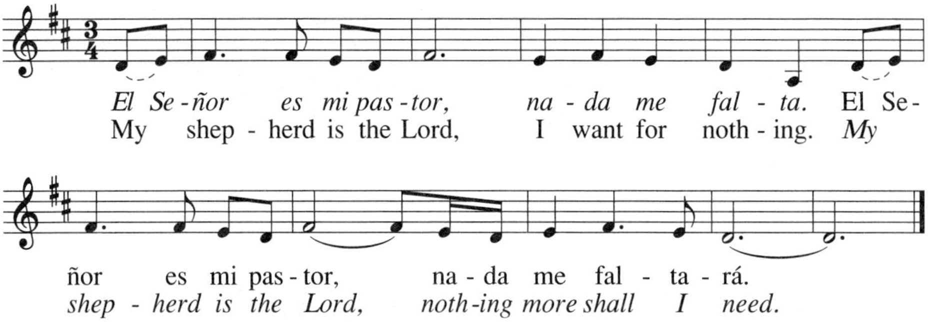

Estrofas / Verses

1. El Señor es mi pastor, nada me falta: en verdes praderas me hace recostar;
me conduce hacia fuentes tranquilas y repara mis fuerzas.

2. Él me guía por senderos justos, por el honor de su nombre.
Aunque camine por cañadas oscuras, nada temo: tú vas conmigo;
tu vara y tu cayado me sosiegan.

3. Tú preparas una mesa delante de mí, enfrente de mis enemigos;
tú me unges la cabeza con perfume, y mi copa rebosa.

4. Tu bondad y tu clemencia, ellas me‿acompañan todos los días de mi vida,
y‿habitaré en la casa, la casa del Señor por siempre.

1. My shepherd is the Lord; I have all I need:
green are the pastures where he gives me repose,
calm and soothing are the waters where he leads me to revive my spirit.

2. He guides me in paths of righteousness, true to his name.
Though I walk in death's dark valley, no evil will I fear.
You are with me by my side; your rod and your staff give me comfort.

3. You prepare a lavish feast, spreading it before me,
while my enemies are there looking on.
You anoint my head with oil; you fill my cup so full it runs over.

4. May goodness and loving-kindness, these alone, pursue me each day,
each moment that I have to live.
In the house of the Lord I will dwell for ever and ever.

**For a bilingual antiphon, sing the text in italics.*

32 Psalm 23

Antiphon I / Antífona I

Text: Psalm 23; The Grail; tr., anonymous
Music: Joseph Gelineau, SJ

Antiphon II / Antífona II

Text: Psalm 23, The Grail, © 1963, The Grail, GIA Publications, Inc., agent; tr. by Ronald F. Krisman, © 2012, GIA Publications, Inc.
Music: A. Gregory Murray, OSB, © 1963, The Grail, GIA Publications, Inc., agent

Antiphon III / Antífona III

Text: *Lectionary for Mass,* © 1969, 1981, 1997, ICEL; tr. by Ronald F. Krisman, © 2012, GIA Publications, Inc.
Music: Richard Proulx, © 1975, GIA Publications, Inc.

Antiphon IV / Antífona IV

Text: *Lectionary for Mass,* © 1969, 1981, 1997, ICEL; tr. by Ronald F. Krisman, © 2012, GIA Publications, Inc.
Music: Robert J. Batastini, © 1975, GIA Publications, Inc.

Conception Abbey Tone

Music: Gregory J. Polan, OSB, © 2010, Conception Abbey, admin. by GIA Publications, Inc.

Gelineau Tone

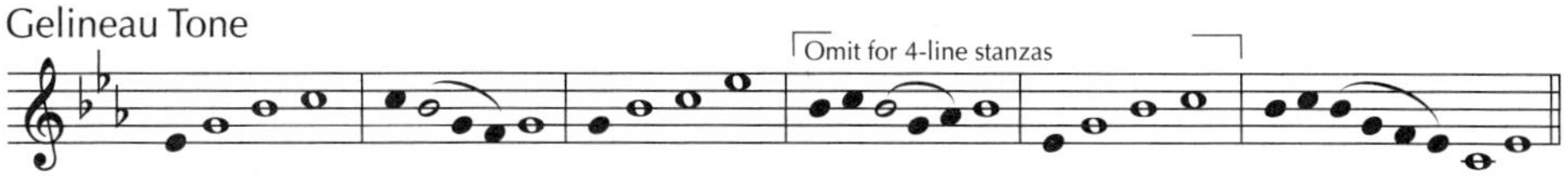

Music: Joseph Gelineau, SJ, © 1963, The Grail, GIA Publications, Inc., agent

1. The **LORD** is my **shep**herd;
there is **noth**ing I shall **want**.
[2] **Fresh** and **green** are the **pas**tures
where he **gives** me re**pose**.
Near **rest**ful **wa**ters he **leads** me;
[3] **he** re**vives** my **soul**.

2. He **guides** me a**long** the right **path**,
for the **sake** of his **name**.
[4] **Though** I should **walk** in the **val**ley
of the **shad**ow of **death**,
no **e**vil would I **fear**, for you are
with me.
Your **crook** and your **staff** will give
me **com**fort.

3. [5] You have pre**pared** a **ta**ble be**fore** me
in the **sight** of my **foes**.
My **head** you have a**noint**ed with **oil**;
my **cúp** is over**flow**ing.

4. [6] Surely **good**ness and **mer**cy shall
follow me
all the **days** of my **life**.
In the **LORD's** own **house** shall I **dwell**
for **length** of days un**end**ing.

5. To the **Fa**ther and **Son** give **glo**ry,
give **glo**ry to the **Spir**it.
To God who **is**, who **was**, and who **will**
be,
for **ev**er and **ev**er.

1. [1] *El **Se**ñor es mi pas**tor;***
*nada me **fal**ta.*
[2] *En praderas de **hier**ba **tier**na*
*él me **ha**ce repo**sar**.*
*A las **a**guas de des**can**so me **guía**,*
*y mi **al**ma recon**for**ta.*

2. [3] *Él me **guí**a por ve**re**das de jus**ti**cia,*
*por a**mor** de su **nom**bre.*
[4] *Aunque ca**mi**ne por ca**ña**das os**cu**ras,*
*nin**gún** **mal** teme**ré**.*
*Junto‿a **mí** tu **va**ra‿y tu ca**ya**do:*
*ellos me con**for**tan.*

3. [5] *Tú pre**pa**ras ante **mí** una **me**sa,*
*frente‿a‿a**que**llos que me **o**dian.*
*Tú per**fu**mas con **ó**leo mi ca**be**za,*
*desbor**dan**do‿está mi **co**pa.*

4. [6] *Tu **gra**cia‿y tu fa**vor** me segui**rán***
*por los **dí**as de mi **vi**da.*
*Habita**ré** en la **ca**sa del Se**ñor***
*a lo **lar**go de los **dí**as.*

5. *Gloria‿a **Dios** **Pa**dre‿omnipo**ten**te,*
*y‿a su **Hi**jo, Jesu**cris**to,*
*Y‿al Es**pí**ritu que ha**bi**ta‿en nuestras*
***al**mas,*
*por los **si**glos de los **si**glos.*

Text: Psalm 23; *The Revised Grail Psalms,* © 2010, Conception Abbey and The Grail, admin. by GIA Publications, Inc.; Salmo 23, tr. anonymous

33 Salmo 23

Antífona*

Antiphon*

Guimont Tone

1. [1] El Señor es mi pastor, na**da** me falta:
[2] en verdes praderas me hace **re**costar;
me conduce hacia fuen**tes** tranquilas
y repa**ra** mis fuerzas.

2. [3] Me guía por el sen**de**ro justo,
por el honor **de** su nombre.
[4] Aunque camine por caña**das** oscuras,
nada temo, porque tú **vas** conmigo:
tu vara y tu cayado **me** sosiegan.

3. [5] Preparas una me**sa‿an**te mí,
enfrente de mis **e**nemigos,
me unges la cabeza **con** perfume,
y mi co**pa** rebosa.

4. [6] Tu bondad y tu misericordia **me‿a**compañan
todos los días **de** mi vida,
y habitaré en la casa **del** Señor,
por **años** sin término.

5. Gloria al Padre, **y** al Hijo,
y al Espí**ri**tu Santo.
Como era en el principio, aho**ra** y siempre,
por los siglos de los si**glos**. Amén.

**The antiphons may be sung simultaneously.*

*1. The LORD is my shepherd; there is nothing **I** shall want.*
*2 Fresh and green are the pastures where he gives **me** repose.*
*Near restful wa**ters** he leads me;*
*3 he re**vives** my soul.*

*2. He guides me along **the** right path,*
*for the sake **of** his name.*
*4 Though I should walk in the valley of the shad**ow** of death,*
*no evil would I fear, for **you** are with me.*
*Your crook and your staff will **give** me comfort.*

*3. 5 You have prepared a ta**ble** before me*
*in the sight **of** my foes.*
*My head you have anoint**ed** with oil;*
*my cup is **o**verflowing.*

*4. 6 Surely goodness and mer**cy** shall follow me*
*all the days **of** my life.*
*In the LORD's own house **shall** I dwell*
*for length of **days** unending.*

*5. Glory to the Father, and **to** the Son,*
*and to the **Ho**ly Spirit:*
*as it was in **the** beginning,*
*is now, and will be for ev**er**. Amen.*

34 Psalm 23: Shepherd Me, O God / Guíame, Señor

Antiphon / Antífona

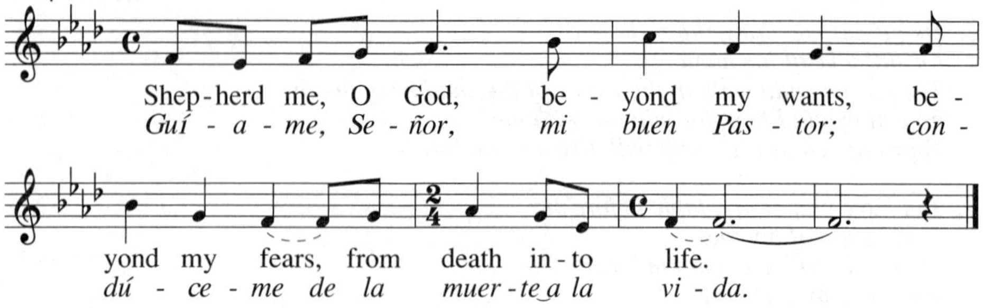

Verses / Estrofas

1. God is my shepherd, so nothing shall I want;
I rest in the meadows of faithfulness and love;
I walk by the quiet waters of peace.

2. Gently you raise me and heal my weary soul;
you lead me by pathways of righteousness and truth;
my spirit shall sing the music of your name.

3. Though I should wander the valley of death, I fear no evil, for you are at my side;
your rod and your staff, my comfort and my hope.

4. You have set me a banquet of love in the face of hatred,
crowning me with love beyond my pow'r to hold.

5. Surely your kindness and mercy follow me all the days of my life;
I will dwell in the house of my God forevermore.

1. Tú_eres mi pastor, y nada me falta: en verdes praderas me haces reposar.
Hacia fuentes tranquilas me quieres conducir.

2. Cuán tiernamente mi alma fortaleces; por siempre me guías por sendas de verdad;
se_alegra mi_espíritu en tu santo nombre.

3. Aunque camine por cañadas oscuras, no temo nada, porque tú vas conmigo.
Tu vara_y tu cayado: ellos me sosiegan.

4. Tú preparas una mesa_ante mí, enfrente de mis enemigos;
me_unges la cabeza, y mi copa rebosa.

5. Me_acompañarán tu bondad y tu merced todos los días de mi vida.
Habitaré en la casa del Señor por años sin término.

Text: Psalm 23; Marty Haugen, b.1950; tr. by Ronald F. Krisman, b.1946
Tune: Marty Haugen, b.1950

Psalm 25: To You, O Lord / A Ti, Señor 35

Antiphon / Antífona

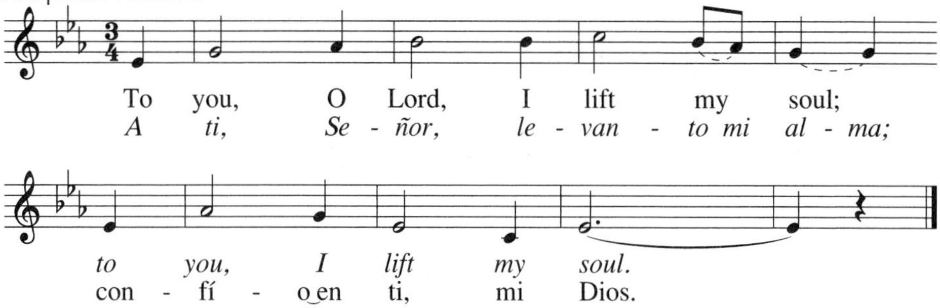

Verses / Estrofas

1. Lord, make me know your ways, teach me your paths
   and keep me in the way of your truth, for you are God, my Savior.

2. For the Lord is good and righteous, revealing the way to those who wander,
   gently leading the poor and the humble.

3. To the ones who seek the Lord, who look to God's word, who live God's love,
   God will always be near, and will show them mercy.

1. En tu verdad, Señor, guía mis pasos,
hazme caminar con lealtad; ven, sálvame, Dios mío.

2. El Señor es bueno‿y recto, mostrando‿a los pecadores la senda;
a los pobres enseña su camino.

3. Los que buscan al Señor, siguiendo su luz, viviendo‿en su‿amor,
junto‿a Dios estarán, y verán su clemencia.

**For a bilingual antiphon, sing the text in italics.*

36 Psalm 27: The Lord Is My Light / Mi Luz y Salvación

Antiphon / Antífona

Verses / Estrofas

1. The Lord is my light and my help; whom should I fear?
The Lord is the stronghold of my life; before whom should I shrink?

2. There is one thing I ask of the Lord; for this I long:
to live in the house of the Lord all the days of my life.

3. I believe I shall see the goodness of the Lord in the land of the living;
hope in God, and take heart. Hope in the Lord!

1. El Señor es mi luz y salvación, ¿a quién temeré?
El Señor es la defensa de mi vida, ¿quién me‿hará temblar?

2. Le pido‿al Señor una cosa, eso buscaré:
habitar en la casa del Señor por los días de mi vida.

3. La bondad del Señor, mi Dios, espero ver en el país de la vida;
confía en el Señor, espera‿en el Señor.

Text: Psalm 27:1–2, 4, 13–14; David Haas; tr. by Ronald F. Krisman
Music: David Haas

Salmo 31:2–6 37

Antífona / Antiphon *(Night Prayer, Wednesday, first psalm)*

Guimont Tone

1. [2] A ti, Señor, **me‿a**cojo:
no quede yo nunca de**frau**dado;
tú, que eres justo, ponme a **sal**vo,
[3] inclina tu oído **ha**cia mí;
ven apri**sa‿a** librarme.

2. Sé la roca de mi **re**fugio,
un baluarte donde **me** salve,
[4] tú que eres mi roca y mi ba**luar**te;
por tu nombre dirígе**me** y guíame:

3. [5] Sácame de la red que me han **ten**dido,
porque tú eres mi **am**paro.
[6] A tus manos encomiendo mi es**pí**ritu:
Tú, el Dios leal, me **li**brarás.

4. Gloria al Padre, y **al** Hijo,
y al Espíri**tu** Santo.
Como era en el principio, ahora y **siem**pre,
por los siglos de los si**glos**. Amén.

*1. [2] In you, O LORD, I **take** refuge.*
*Let me never be put **to** shame.*
*In your justice, set me **free**;*
*[3] incline your ear to me, and speed**i**ly rescue me.*

*2. Be a rock of refuge **for** me,*
*a mighty stronghold **to** save me.*
*[4] For you are my rock, my **strong**hold!*
*Lead me, guide me, for the sake **of** your name.*

*3. [5] Release me from the snare they **have** hidden,*
*for you indeed are **my** refuge.*
*[6] Into your hands I commend my **spir**it.*
*You will redeem me, O LORD, O **faith**ful God.*

*4. Glory to the Father, and to **the** Son,*
*and to the Ho**ly** Spirit:*
*as it was in the be**gin**ning,*
*is now, and will be for ev**er**. Amen.*

38 Psalm 33: Let Your Mercy Be on Us / Señor, Que Tu Misericordia

Antiphon I / Antífona I

Antiphon II / Antífona II

Antiphon III / Antífona III

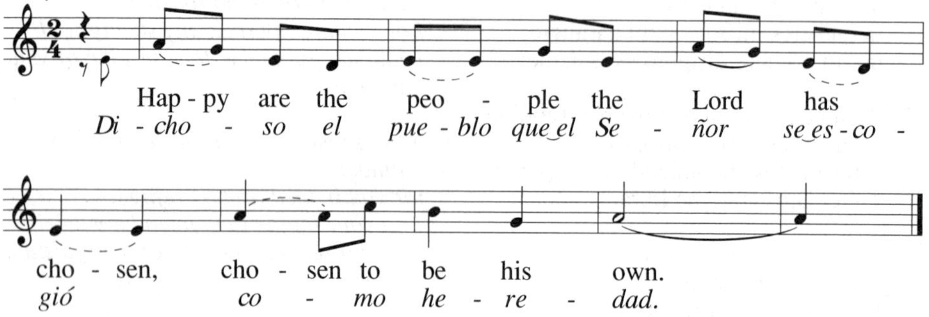

Verses / Estrofas

1. Your words, O God, are truth indeed, and all your works are ever faithful;
   you love justice and right, your compassion fills all creation.

2. See how the eye of God is watching, ever guarding all who wait in hope,
   to deliver them from death and sustain them in time of famine.

3. Exult, you just, in the Lord, for praise is the song of the righteous!
   How happy the people of God, the ones whom God has chosen!

4. Our soul is waiting for God, for God is our help and our shield.
   May your kindness, O God, be upon us who place our hope in you.

1. *La palabra del Señor es recta, y todas sus acciones son leales;*
la justicia él ama, y la tierra su gracia llena.

2. *Los ojos de Dios ven a sus fieles, los que‿esperan su misericordia;*
los rescata de la muerte y sacia en tiempo de‿hambre.

3. *Festejen, justos, al Señor, es propio de los buenos alabarlo.*
Dichoso el pueblo de Dios, que él se‿escogió como‿heredad.

4. *Aguardamos al Señor: él es nuestro auxilio y‿escudo;*
que tu‿amor, Señor, esté con nosotros, como lo‿esperamos de ti.

39 Psalm 34: The Cry of the Poor / Escucha el Señor del Pobre el Clamor

Antiphon / Antífona

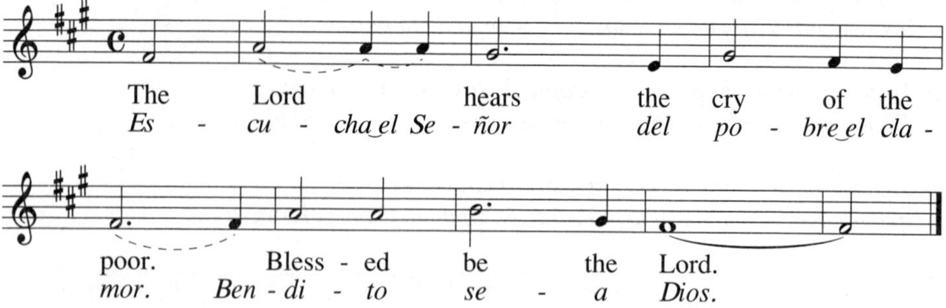

Verses / Estrofas

1. I will bless the Lord at all times, with praise ever in my mouth.
   Let my soul glory in the Lord, who will hear the cry of the poor.

2. Let the lowly hear and be glad: the Lord listens to their pleas;
   and to hearts broken, God is near, who will hear the cry of the poor.

3. Every spirit crushed, God will save; will be ransom for their lives;
   will be safe shelter for their fears, and will hear the cry of the poor.

4. We proclaim your greatness, O God, your praise ever in our mouth;
   every face brightened in your light, for you hear the cry of the poor.

1. Al Señor yo bendigo por siempre, su_alabanza_está siempre en mi boca.
Se gloría mi alma_en el Señor. Él escucha del pobre_el clamor.

2. Los humildes lo_escuchan y se_alegran: el Señor responde_a los que ruegan.
Dios se_acerca a los quebrantados. Él escucha del pobre_el clamor.

3. A los abatidos salva Dios. Él redime las vidas de sus siervos,
Y los libra de todas sus angustias. Él escucha del pobre_el clamor.

4. Tu grandeza, Señor, proclamamos. Tu_alabanza_está siempre_en nuestra boca.
Todo rostro brilla por tu luz, porque_escuchas del pobre_el clamor.

Text: Psalm 34:2–3, 6–7, 18–19, 23; John Foley, SJ; tr. by Ronald F. Krisman
Music: John Foley, SJ

Psalm 34: Taste and See / Gusten y Vean 40

Antiphon / Antífona

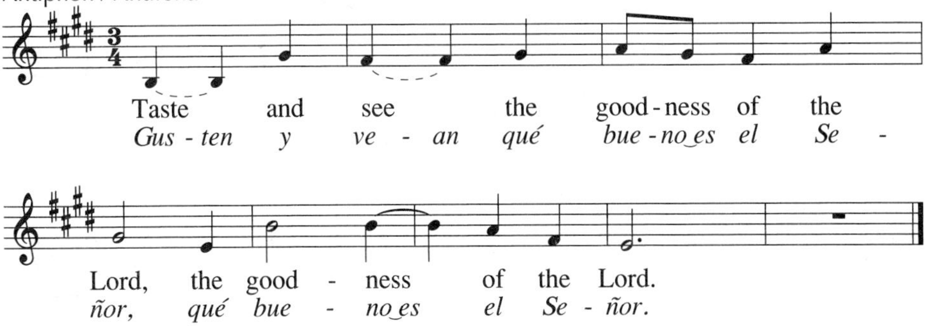

Verses / Estrofas

1. I will bless the Lord at all times, God's praise ever in my mouth.
   Glory in the Lord for ever, and the lowly will hear and be glad.

2. Glory in the Lord with me, let us together extol God's name.
   I sought the Lord, who answered me and delivered me from all my fears.

3. Look to God that you might be radiant with joy,
   and your faces free from all shame.
   The Lord hears the suffering souls, and saves them from all distress.

1. Al Señor bendigo en todo tiempo, su_alabanza siempre en mi boca.
Mi Dios es la gloria de mi vida, los humildes se_alegran al oírlo.

2. Glorifíquenlo conmigo, y ensalcemos su santo nombre.
Cuando lo busco, me responde, y me libra de mis temores.

3. Mírenlo, y quedarán radiantes con gozo, y sus caras no se avergonzarán.
El pobre gritó, lo oyó el Señor. Lo salvó de sus angustias.

41 Psalm 34: Look to God / Los Que Miran a Dios

Psalm 51: Be Merciful, O Lord / Por Tu Bondad, Perdónanos 42

Antiphon / Antífona*

Verses / Estrofas

1. Have mercy on me, God, in your kindness, in your compassion, blot out my offense.
   O wash me more and more from my guilt and my sorrow,
   and cleanse me from all of my sin.

2. My offenses, truly I know them, and my sins are always before me;
   against you alone have I sinned, O Lord, what is evil in your sight I have done.

3. Create in me a clean heart, O God, put your steadfast spirit in my soul.
   Cast me not away from your presence, O Lord, and take not your spirit from me.

4. Give back to me the joy of your salvation, let your willing spirit bear me up
   and I shall teach your way to the ones who have wandered,
   and bring them all home to your side.

1. Dios mío, ten piedad por tu bondad, por tu gran corazón borra mi culpa;
oh, lávame de todos mis delitos, Señor; purifícame de mis pecados.

2. Pues yo reconozco mi culpa, mi pecado está ante mí;
contra ti, contra ti sólo pequé, Señor; cometí la maldad que‿aborreces.

3. Oh, crea‿en mí un corazón sincero, con espíritu firme renuévame;
no me‿arrojes lejos de tu rostro, mi Dios, no me quites tu‿espíritu santo.

4. Dame tu salvación que regocija, y mantén en mí un alma generosa;
enseñaré tus sendas a los malhechores; los pecadores volverán a ti.

**For a bilingual setting, sing the text in italics.*

43 Psalm 51

Antiphon I / Antífona I

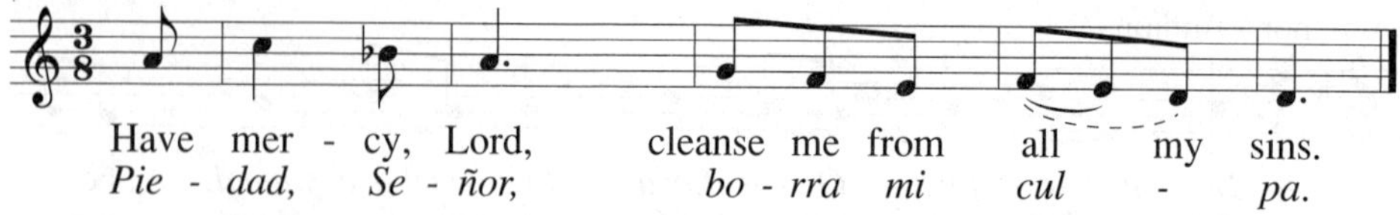

Text: Psalm 51, The Grail, © 1963, The Grail, GIA Publications, Inc., agent; tr. by Ronald F. Krisman, © 2012, GIA Publications, Inc.
Music: Joseph Gelineau, SJ, © 1963, The Grail, GIA Publications, Inc., agent

Antiphon II / Antífona II

Text: *Lectionary for Mass,* © 1969, 1981, 1997, ICEL; tr. by Ronald F. Krisman, © 2012, GIA Publications, Inc.
Music: Patricia Craig, © 1975, GIA Publications, Inc.

Antiphon III / Antífona III

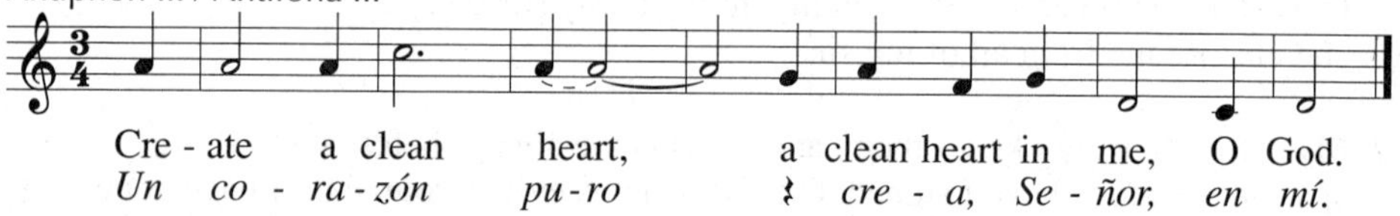

Text: *Lectionary for Mass*, © 1969, 1981, 1997, ICEL; tr. by Ronald F. Krisman, © 2012, GIA Publications, Inc.
Music: Frank Schoen, alt., © 1975, GIA Publications, Inc.

Antiphon IV / Antífona IV

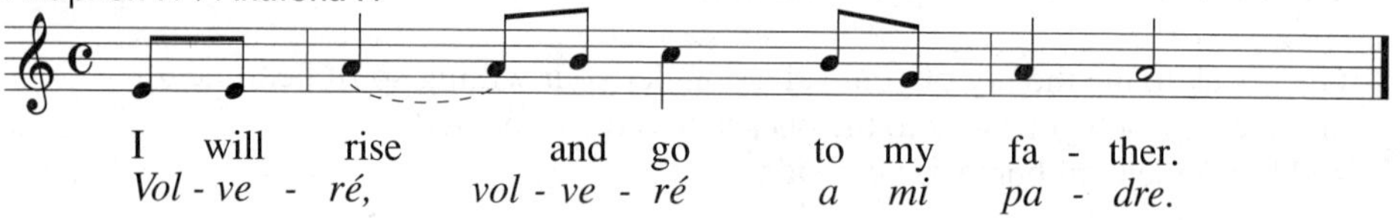

Text: *Lectionary for Mass*, © 1969, 1981, 1997, ICEL; tr. by Ronald F. Krisman, © 2012, GIA Publications, Inc.
Music: James J. Chepponis, © 1986, GIA Publications, Inc.

Antiphon V / Antífona V

Text: *Praise God in Song*, © 1979, GIA Publications, Inc.; tr. by Ronald F. Krisman, © 2012, GIA Publications, Inc.
Music: Michael Joncas, acc. by Robert J. Batastini, © 1979, 1995, GIA Publications, Inc.

Conception Abbey Tone

Music: Gregory J. Polan, OSB, © 2010, Conception Abbey, admin. by GIA Publications, Inc.

Gelineau Tone

Music: Joseph Gelineau, SJ, © 1963, The Grail, GIA Publications, Inc., agent

1.[3] Have mercy on me, O God,
according to your merciful love;
according to your great compassion,
blot out my transgressions.
[4] Wash me completely from my iniquity,
and cleanse me from my sin.

2.[5] My transgressions, truly I know them;
my sin is always before me.
[6] Against you, you alone, have I sinned;
what is evil in your sight I have done.
So you are just in your sentence,
without reproach in your judgment.

3.[7] O see, in guilt I was born,
a sinner when my mother conceived
me.
[8] Yes, you delight in sincerity of heart;
in secret you teach me wisdom.
[9] Cleanse me with hyssop, and I shall
be pure;
wash me, and I shall be whiter than
snow.

4.[10] Let me hear rejoicing and gladness,
that the bones you have crushed may
exult.
[11] Turn away your face from my sins,
and blot out all my guilt.

5.[12] Create a pure heart for me, O God;
renew a steadfast spirit within me.
[13] Do not cast me away from your
presence;
take not your holy spirit from me.

6.[14] Restore in me the joy of your
salvation;
sustain in me a willing spirit.
[15] I will teach transgressors your ways,
that sinners may return to you.

7.[16] Rescue me from bloodshed, O God,
God of my salvation,
and then my tongue shall ring out
your justice.
[17] O LORD, open my lips
and my mouth shall proclaim your
praise.

8.[18] For in sacrifice you take no delight;
burnt offering from me would not
please you.
[19] My sacrifice to God, a broken spirit:
a broken and humbled heart,
O God, you will not spurn.

1.[3] Misericordia, mi Dios, por tu bondad,
por tu inmensa compasión borra mi
culpa;
[4] oh, lávame de todos mis delitos,
y purifícame de mis pecados.

2.[5] Pues yo reconozco mi culpa,
tengo siempre presente mi pecado:
[6] contra ti, contra ti solo pequé,
cometí la maldad que aborreces.
En la sentencia tendrás razón,
resultarás, en el juicio, inocente.

3.[7] Mira, en la culpa nací,
pecador me concibió mi madre.
[8] Tú quieres rectitud de corazón,
y me enseñas en secreto lo que‿es
sabio.
[9] Rocíame con hisopo‿y purifícame;
quedaré más blanco que la nieve.

4.[10] Hazme oír el júbilo y gozo,
que se alegren los huesos
quebrantados.
[11] Aleja de tu vista mi pecado,
borra en mí toda culpa.

5.[12] Crea en mí, oh Dios, un corazón
puro,
con espíritu firme renuévame;
[13] no me‿arrojes lejos de tu rostro,
no me quites tu santo espíritu.

6.[14] Dame tu salvación que regocija,
mantén en mí un alma generosa;
[15] enseñaré a los malvados tus
caminos,
los pecadores volverán a ti.

7.[16] Líbrame, Dios mi Salvador,
de la sangre líbrame, oh Dios,
y cantará mi lengua tu justicia.
[17] Señor, me abrirás los labios,
y mi boca proclamará tu alabanza.

8.[18] Los sacrificios no te satisfacen:
un holocausto, no lo querrías.
[19] Ofreceré un espíritu quebrantado;
un corazón quebrantado‿y humillado,
tú no lo desprecias.

9. [20] In your good **plea**sure, show **fa**vor
to **Si**on;
re**build** the **walls** of Je**ru**salem.
[21] **Then** you will de**light** in right
sacrifice,
burnt **o**fferings **whol**ly con**sumed**.
Then you will be **o**ffered young **bulls**
on your **al**tar.

10. Give **glo**ry to the **Fa**ther Al**might**y,
to his **Son**, Jesus **Christ** the **Lord**,
to the **Spir**it who **dwells** in our **hearts**,
both **now** and fore**ver**. A**men**.

*9. [20] Se**ñor**, favorece a **Sión**,*
*edifica de **nue**vo sus mu**ra**llas:*
*acepta**rás** entonces **los** sacrificios,*
*[21] o**fren**das y **holocaus**tos,*
*sobre tu_al**tar** se_inmola**rán** novillos.*

*10. Gloria_a **Dios**, **Pa**dre_omnipo**ten**te,*
*y_a su **Hi**jo, Jesu**cris**to, el Se**ñor**,*
*y_al Es**pí**ritu que_**ha**bi**ta**_en nuestras*
almas,
*por los **si**glos de los **si**glos. A**mén**.*

Text: Psalm 51, *The Revised Grail Psalms*, © 2010, Conception Abbey and The Grail, admin. by GIA Publications, Inc.; Salmo 51, © 1970, Conferencia Episcopal Española

Salmo 51: Misericordia, Señor, Hemos Pecado / Be Merciful, O Lord 44

Antífona Bilingüe / Bilingual Antiphon

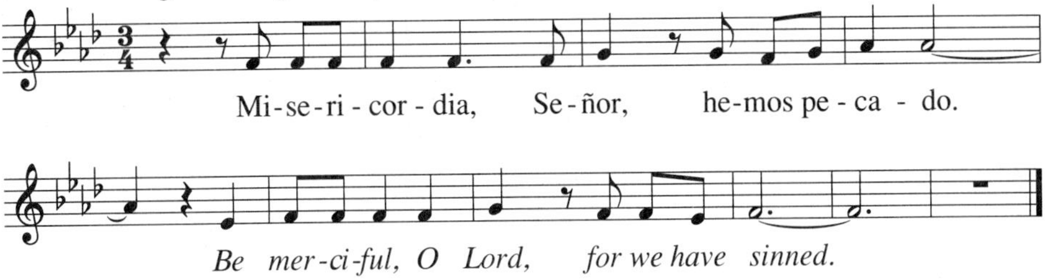

Estrofas / Verses

1. Misericordia, Dios mío, por tu bondad; por tu inmensa compasión borra mi culpa.
   Lava del todo mi delito, todo mi delito, limpia mi pecado.

2. Pues la culpa que‿he hecho reconozco, tengo siempre presente mi pecado;
   contra ti sólo pequé, contra ti, Señor, contra ti, cometí la maldad que‿aborreces.

3. Oh Dios, crea‿en mí un corazón puro, renuévame con espíritu firme;
   no me arrojes lejos de tu rostro, no me quites tu santo‿espíritu.

4. Dame tu salvación que regocija, mantén en mí un alma generosa;
   líbrame de la muerte, mi Salvador, y mi boca cantará tu‿alabanza.

1. O God, have mercy on me in your goodness;
in your compassion wipe out my offense.
Thoroughly wash me from my guilt,
wash me from my guilt; cleanse me of all my sin.

2. I acknowledge my sin and my offenses for they are always before me.
Against you alone have I sinned, against you alone have I sinned.
I have done what is evil in your sight.

3. O God, create for me a clean heart, renew in me a steadfast spirit.
Cast me not out from your presence, my God, do not take from me your holy spirit.

4. Restore my joy in your salvation; sustain a willing spirit within me!
Rescue me from death, my saving God, and my mouth will proclaim your praise!

45 Psalm 63:2–9

Antiphon I / Antífona I

Text: *Lectionary for Mass,* © 1969, 1981, 1997, ICEL; tr. by Ronald F. Krisman, © 2012, GIA Publications, Inc.
Music: Richard Proulx, © 1975, GIA Publications, Inc.

Antiphon II / Antífona II

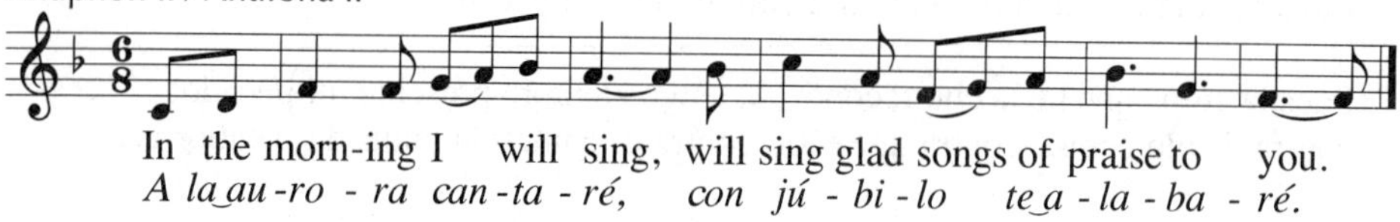

Text: *Praise God in Song;* Spanish tr. by Ronald F. Krisman
Music: David Clark Isele
© 1979, tr. 2012, GIA Publications, Inc.

Conception Abbey Tone

Music: Gregory J. Polan, OSB, © 2010, Conception Abbey, admin. by GIA Publications, Inc.

Gelineau Tone

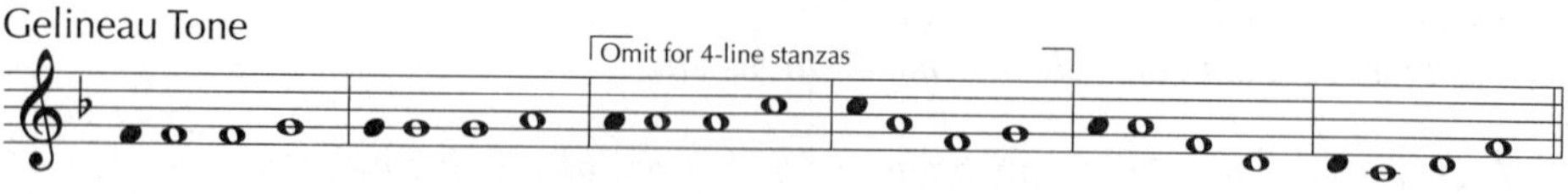

Music: Joseph Gelineau, SJ, © 1963, The Grail, GIA Publications, Inc., agent

1. [2] O **God**, you are my **God**; at dawn I **seek** you;
for **you** my **soul** is **thirst**ing.
For **you** my **flesh** is **pin**ing,
like a **dry**, weary **land** without **wa**ter.
[3] I have **come** before **you** in the **sanc**tuary,
to be**hold** your **strength** and your **glo**ry.

2. [4] Your loving **mer**cy is **bet**ter than **life**;
my **lips** will **speak** your **praise**.
[5] I will **bless** you **all** my **life**;
in your **name** I will **lift** up my **hands**.
[6] My **soul** shall be **filled** as with a **ban**quet;
with joyful **lips**, my **mouth** shall **praise** you.

1. [2] *Oh* ***Dios****, tú eres mi* ***Dios****, por ti ma****dru****go,*
mi ***al****ma está se****dien****ta de* ***ti****;*
mi ***car****ne tiene* ***an****sia de* ***ti****,*
*como tierra re****se****ca, agos****ta****da, sin* ***a****gua.*
[3] *¡Cómo te* ***con****templaba* ***en*** *el san****tua****rio*
vien*do tu* ***fuer****za y tu* ***glo****ria!*

2. [4] *Tu* ***gra****cia vale* ***más*** *que la* ***vi****da,*
te *alaba****rán*** *mis* ***la****bios.*
[5] *Toda mi* ***vi****da* ***te*** *bende****ci****ré*
*y alza****ré*** *las* ***ma****nos invo****cán****dote.*
[6] *Me sacia****ré*** *como de en****jun****dia y de man****te****ca,*
y mis ***la****bios te alaba****rán*** *jubi****lo****sos.*

3. [7] When I re**mem**ber **you** upon my **bed**,
I muse on **you** through the **watch**es
of the **night**.
[8] For **you** have **been** my **strength**;
in the **shad**ow of your **wings** I re**joice**.
[9] My **soul** clings **fast** to **you**;
your right **hand** up**holds** me.

4. Give **praise** to the **Fa**ther Al**mighty**,
to his **Son**, Jesus **Christ** the **Lord**,
to the **Spir**it who **dwells** in our **hearts**,
both **now** and for **ev**er. **Amen**.

3. [7] *En el **le**cho me a**cuer**do de **ti***
*y ve**lan**do me**di**to en **ti**,*
*porque **fuis**te **mi** au**xi**lio,*
[8] *y‿a la **som**bra de tus **a**las canto con*
***jú**bilo;*
*mi **al**ma está **u**nida a **ti**,*
[9] *y tu **dies**tra **me** sos**tie**ne.*

*4. Gloria‿a **Dios**, **Pa**dre‿omnipo**ten**te,*
*y‿a su **Hi**jo, Jesu**cris**to, el **Se**ñor,*
*y‿al Es**pí**ritu que‿ha**bi**ta‿en nuestras*
***al**mas,*
*por los **si**glos de los **si**glos. **A**mén.*

Text: Psalm 63:2–9; *The Revised Grail Psalms*; © 2010, Conception Abbey and The Grail, admin. by GIA Publications, Inc.; Salmo 63:2–9, © 1970, Conferencia Episcopal Española

46 Psalm 63: My Soul Is Thirsting / Señor, Mi Alma Está Sedienta

Antiphon / Antífona*

Verses / Estrofas

1. O God, you are my God whom I seek; O God, you are my God whom I seek;
for you my flesh pines, my soul thirsts like the earth,
parched, lifeless, without water.

2. Thus have I gazed toward you in your holy place to see your power and your glory.
Your kindness is a greater good than life itself; my lips will glorify you.

3. Thus will I bless you while I live; lifting up my hands I will call upon your name.
As with a banquet shall my soul be satisfied;
with exultant lips my mouth shall praise you.

4. For you have been my help, you have been my help;
in the shadow of your wings I shout for joy.
My soul clings fast to you; your right hand holds me firm;
in the shadow of your wings I sing for joy.

1. Señor, tú‿eres mi Dios, por ti madrugo; mi alma‿está sedienta de ti;
mi carne tiene ansia, ansia de ti, como tierra reseca, sin agua.

2. ¡Cómo te contemplaba en tu santo templo, viendo tu fuerza y tu gloria!
Tu gracia vale más que la vida misma; te‿alabarán, Señor, mis labios.

3. Te bendeciré toda mi vida; alzaré las manos y te invocaré.
De lo mejor se saciará mi alma; y por siempre, mi Señor, te‿alabaré.

4. En ti medito porque fuiste mi auxilio, y‿a tu sombra yo canté con gozo.
Se‿estrecha‿a ti mi alma con abrazo fuerte; tu diestra me da seguridad.

*For a bilingual setting, sing the text in italics.

Psalm 63: Your Love Is Finer Than Life / Señor, Mi Alma Está Sedienta de Ti 47

Antiphon / Antífona

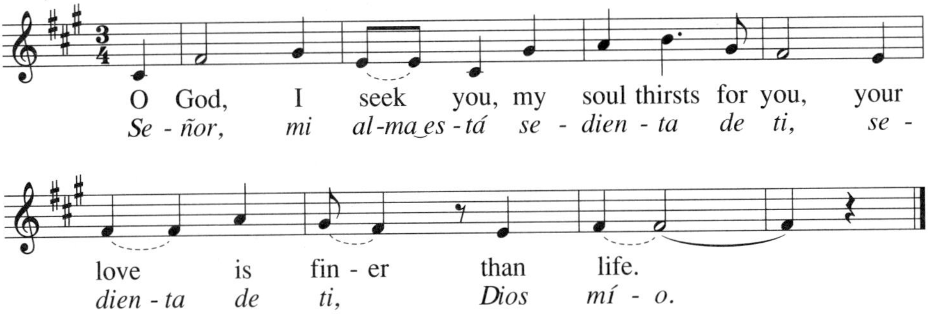

Verses / Estrofas

1. As a dry and weary desert land, so my soul is thirsting for my God,
   and my flesh is faint for the God I seek, for your love is more to me than life.

2. I think of you when at night I rest, I reflect upon your steadfast love,
   I will cling to you, O Lord my God, in the shadow of your wings I sing.

3. I will bless your name all the days I live, I will raise my hands and call on you,
   my joyful lips shall sing your praise, you alone have filled my hungry soul.

1. Como tierra seca, sin agua, mi‿alma tiene sed de ti, Señor;
vale más tu‿amor que la vida; languidece‿en pos de ti mi ser.

2. En ti medito‿en mi cama, recordando tu fidelidad;
y‿a la sombra de tus alas cantaré; tu diestra‿es mi seguridad.

3. Te bendeciré mientras viva, alzaré las manos, mi Señor;
sin cesar mis labios te‿alabarán, y me saciaré de lo mejor.

Text: Psalm 63, Marty Haugen; tr. by Ronald F. Krisman
Music: Marty Haugen

48 Psalm 66: Let All the Earth / Toda la Tierra, Canten al Señor

Antiphon / Antífona*

Verses / Estrofas

1. Cry out in joy to the Lord, all peoples on earth,
sing to the praise of God's name, proclaiming forever,
"tremendous your deeds for us."

2. Leading your people safe through fire and water,
bringing their souls to life, we sing of your glory, your love is eternal.

3. Hearken to me as I sing my love of the Lord,
who answers the prayer of my heart. God leads me in safety, from death unto life.

1. Todos los pueblos, aclamen al Señor, honren su nombre glorioso;
con himnos proclamen: "¡tus obras son grandes!"

2. Nos ayudaste pasar por fuego‿y por agua, nos has devuelto la vida;
a ti toda gloria, eterno‿es tu‿amor.

3. Les contaré lo que Dios ha hecho conmigo: mi oración escuchó,
me guía seguro de la muerte‿a la vida.

**For a bilingual setting, sing the text in italics.*

Text: Psalm 66:1–3, 12, 16; Marty Haugen; tr. by Ronald F. Krisman
Music: Marty Haugen

Psalm 67: The Earth Has Yielded Its Fruit / La Tierra Ha Dado Su Fruto 49

Antiphon I / Antífona I

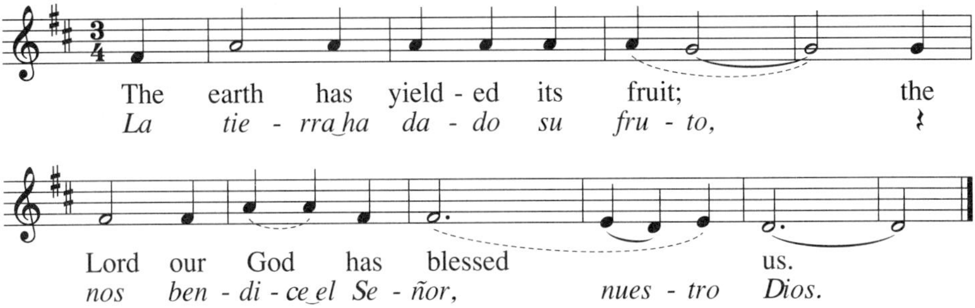

Antiphon II / Antífona II

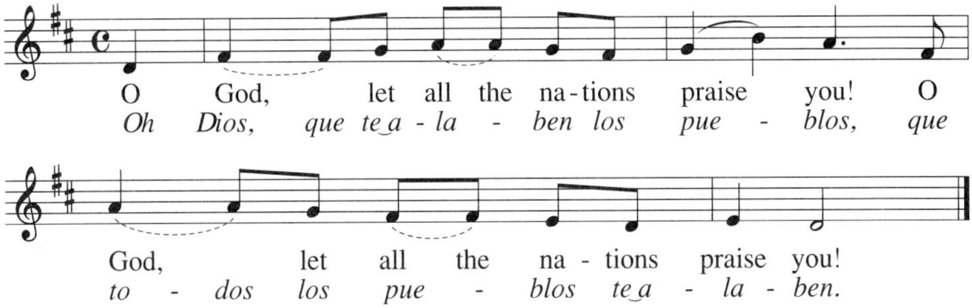

Guimont Tone

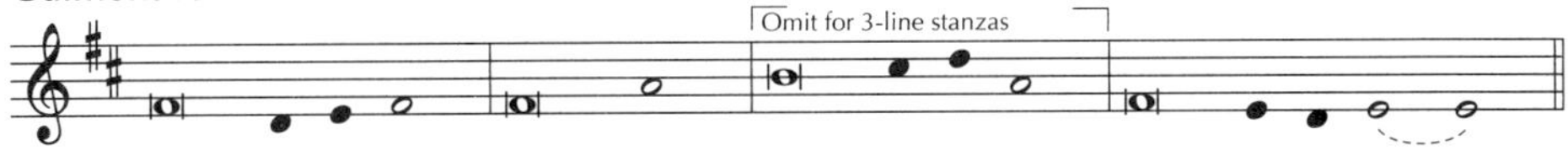

1. O God, be gra**cious** and bless us
   and let your face shed its light up**on** us.
   So will your ways be known **up**on earth
   and all nations learn **your** salvation.

2. Let the nations be glad and **shout** for joy,
   with uprightness you rule the **peo**ples;
   you guide the na**tions** on earth.

3. Let the peoples praise **you**, O God;
   let all the peoples **praise** you.
   May God still give **us** his blessing
   that all the ends of the earth **may** revere him.

4. Give praise to the Fa**ther** Amighty,
   to his Son, Jesus Christ the **Lord**,
   to the Spirit who dwells **in** our hearts,
   both now and for ev**er**. Amen.

1. El Señor tenga piedad y ***nos*** *bendiga,*
*ilumine su rostro sobre no**so**tros;*
conozca la tierra ***tus*** *caminos,*
todos los pueblos tu ***sal****vación.*

2. Que canten de alegría ***las*** *naciones,*
*porque riges el mundo con jus**ti**cia,*
riges los pueblos con ***rec****titud*
y gobiernas las naciones ***de*** *la tierra.*

*3. Oh Dios, que te ala**ben** los pueblos,*
*que todos los pueblos te͜ a**la**ben.*
Que Dios ***nos*** *bendiga;*
*que le teman hasta los con**fi**nes del orbe.*

4. Gloria al Padre, ***y*** *al Hijo,*
y al Espíritu ***San****to.*
*Como era en el principio, aho**ra** y siempre,*
*por los sigos de los si**glos**. Amén.*

Text: Psalm 67:2–3, 5, 6 and 8; English antiphons, *Lectionary for Mass*, © 1969, 1981, 1997, ICEL; verses, *The Revised Grail Psalms*, © 2010, Conception Abbey and The Grail, admin. by GIA Publication, Inc.; Spanish text, *Leccionario, Edición Hispanoamérica*, © 1970, 1972, Conferencia Episcopal Española
Music: Antiphon I, Ronald F. Krisman, and antiphon II, Tony E. Alonso, © 2004, GIA Publications, Inc.; verses, Michel Guimont, © 1994, GIA Publications, Inc.

50 Psalm 84

Antiphon I / Antífona I

Text: Psalm 84:2, The Grail, © 1963, The Grail, GIA Publications, Inc., agent; tr. by Ronald F. Krisman, © 2012, GIA Publications, Inc.
Music: A. Gregory Murray, OSB, © 1963, The Grail, GIA Publications, Inc., agent

Antiphon II / Antífona II

Text: *Simple Gradual*, © 1968, ICEL; tr. by Ronald F. Krisman, © 2012, GIA Publications, Inc.
Music: Ronald F. Krisman, © 2011, GIA Publications, Inc.

Conception Abbey Tone

Music: Gregory J. Polan, OSB, © 2010, Conception Abbey, admin. by GIA Publications, Inc.

Gelineau Tone

Music: Joseph Gelineau, SJ, © 1963, The Grail, GIA Publications, Inc., agent

1. [2]How **love**ly is your **dwell**ing **place**,
O Lord of **hosts**.

2. [3]My **soul** is **long**ing and **yearn**ing
for the **courts** of the **Lord**.
My **heart** and my **flesh** cry **out**
to the **liv**ing **God**.

3. [4]**E**ven the **spar**row finds a **home**,
and the **swal**low a **nest** for her**self**
in which she **sets** her **young**, at your
altars,
O Lord of **hosts**, my **king** and my
God.

*1. [2]¡Qué deseables **son** tus mo**ra**das,*
*Señor de **los** ej**ér**citos!*

*2. [3]Mi **al**ma se consume y an**he**la*
*los atrios **del** Se**ñor**,*
*mi cora**zón y** mi **car**ne*
*reto**zan por** el Dios **vi**vo.*

*3. [4]Hasta el go**rrión** ha encon**tra**do una*
***ca**sa;*
*la golon**dri**na, un **ni**do por sus po**llue**los:*
*tus al**ta**res, Se**ñor** de los e**jér**citos,*
*Rey **mío y** Dios **mí**o.*

4. [5] Blessed are **they** who **dwell** in your **house**,
forever **sing**ing your **praise**.
[6] Blessed the **peo**ple whose **strength** is in **you**,
whose **heart** is **set** on pilgrim **ways**.

5. [7] As they **go** through the **Ba**ca **Val**ley,
they **make** it a **place** of **springs**;
the **au**tumn rain **co**vers it with **pools**.
[8] They **walk** with **ev**er-growing **strength**;
the God of **gods** will ap**pear** in **Si**on.

6. [9] O LORD **God** of **hosts**, hear my **prayer**;
give **ear**, O **God** of **Ja**cob.
[10] Turn your **eyes**, O **God**, our **shield**;
look on the **face** of your a**noint**ed.

7. [11] One **day** with**in** your **courts**
is **bet**ter than a **thous**and **else**where.
The **thresh**old of the **house** of **God**
I pre**fer** to the **dwell**ings of the **wick**ed.

8. [12] For the LORD **God** is a **sun**, a **shield**;
the LORD will **give** us his **fa**vor and **glo**ry.
He will **not** with**hold** any **good**
to **those** who **walk** without **blame**.

9. [13] O **LORD** of **hosts**, how **bless**ed
is the **man** who **trusts** in **you**!

10. Give **praise** to the **Fa**ther Al**migh**ty,
to his **Son**, Jesus **Christ** the **Lord**,
to the **Spir**it who **dwells** in our **hearts**,
both **now** and for **ev**er. **A**men.

*4. [5] Di**cho**sos los que **vi**ven en tu **ca**sa,*
*y **pue**den ala**bar**te por **siem**pre.*
*[6] Di**cho**sos los que‿en**cuen**tran en ti su **fuer**za*
*al prepa**rar** su **pe**regrina**ción**.*

*5. [7] Cuando atra**vie**san **á**ridos **va**lles,*
***los** con**vier**ten en **o**asis,*
*una bendi**ción** como la **llu**via tem**pra**na;*
*[8] ca**mi**nan de ba**luar**te en ba**luar**te*
*hasta **ver** a **Dios** en **Sión**.*

*6. [9] **Se**ñor de los e**jér**citos, es**cú**chame;*
*a**tién**deme, **Dios** de Ja**cob**.*
*[10] **Fí**jate, oh **Dios**, en nuestro‿Es**cu**do,*
***mi**ra el **ros**tro de tu‿Un**gi**do.*

*7. [11] Vale **más** un **dí**a en tus **a**trios*
*que **mil fue**ra de **e**llos;*
*yo pre**fie**ro el um**bral** de tu **ca**sa*
*a vi**vir** con **los** mal**va**dos.*

*8. [12] Porque‿el Se**ñor** es **sol** y es**cu**do,*
*él **da** la **gra**cia y la **glo**ria;*
*el Se**ñor** no **nie**ga sus **bie**nes*
*a **los** de con**duc**ta inta**cha**ble.*

*9. [13] ¡**Se**ñor de **los** e**jér**citos,*
*dichoso‿el **hom**bre que con**fí**a en **ti**!*

*10. Gloria‿a **Dios**, **Pa**dre‿omnipo**ten**te,*
*y‿a su **Hi**jo, Jesu**cris**to, el Se**ñor**,*
*y‿al Es**pí**ritu que‿**ha**bita‿en nuestras **al**mas,*
*por los **si**glos de los **si**glos. A**mén**.*

Psalm 85: Lord, Let Us See Your Kindness / Muéstranos Tu Misericordia 51

Antiphon / Antífona*

Verses / Estrofas

1. Let us hear what our God proclaims: Peace to the people of God,
   salvation is near to the ones who fear God.

2. Kindness and truth, justice and peace;
   truth shall spring up as the water from the earth,
   justice shall rain from the heavens.

3. The Lord will come and you shall know his love,
   justice shall walk in his pathways, salvation the gift that he brings.

1. Escuchemos lo que dice‿el Señor: "Paz a los fieles de Dios,
y la salvación a su santo pueblo."

2. Paz y bondad, merced y verdad;
brotará de la tierra la fidelidad, y lloverá la justicia.

3. Vendrá el Señor con dones de su‿amor:
al frente‿estará la justicia, y la salvación seguirá.

**For a bilingual setting, sing the text in italics.*

52 Salmo 86

Antífona I / Antiphon I *(Night Prayer, Monday)*

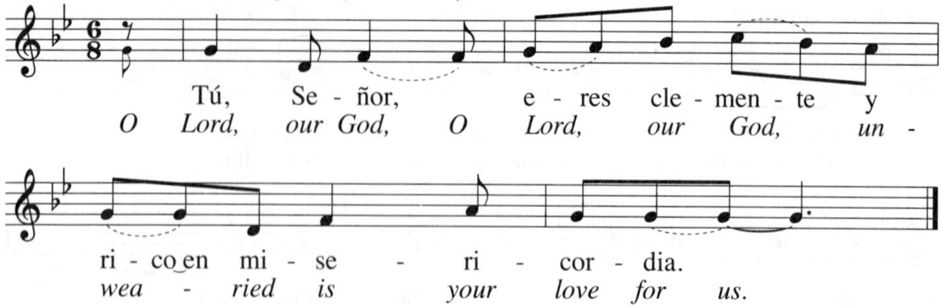

Letra: *Liturgia de la Horas*, © 1981, Comisión Episcopal Española de Liturgia; *Liturgy of the Hours*, © 1974, ICEL
Música: Ronald F. Krisman, © 2012, GIA Publications, Inc.

Antífona II / Antiphon II

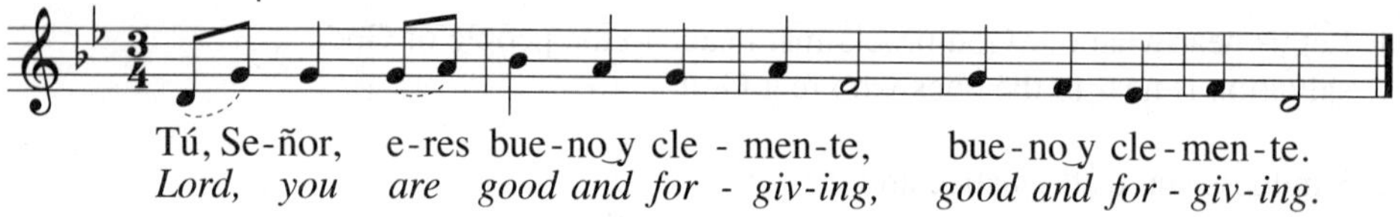

Letra: *Leccionario, Edición Hispanoamérica*, © 1970, 1972, Conferencia Episcopal Española; *Lectionary for Mass*, © 1969, 1981, 1997, ICEL
Música: John Schiavone, © 2004, GIA Publications, Inc.

Guimont Tone

Música: Michel Guimont, © 1994, GIA Publications, Inc.

1. [1]Inclina tu oído, Señor, es**cú**chame,
que soy un pobre desam**pa**rado;
[2]protege mi vida, que soy **un** fiel tuyo;
salva a tu siervo, que confía **en** ti.

2. [3]Tú eres mi Dios, piedad de mí, Se**ñor**,
que a ti te estoy llamando todo **el** día;
[4]alegra el alma **de** tu siervo,
pues levanto mi alma ha**cia** ti.

3. [5]Porque tú, Señor, eres bueno y
cle**men**te,
rico en misericordia con los que te
invocan.
[6]Señor, escucha mi **o**ración,
atiende a la voz de **mi** súplica.

4. [7]En el día del peligro te **lla**mo,
y tú me **es**cuchas.
[8]No tienes igual entre los dio**ses**,
Señor,
ni hay obras como **las** tuyas.

*1. Turn your ear, O Lord, and **an**swer me,*
*for I am poor **and** needy.*
*[2]Preserve my soul, for **I** am faithful;*
*save the servant who trusts in you, **my***
God.

*2. [3]Have mercy on me, O **Lord**,*
*for I cry to you all the **day** long.*
*[4]Gladden the soul **of** your servant,*
*for I lift up my soul to you, **O** Lord.*

*3. [5]O Lord, you are good and for**giv**ing,*
*full of mercy to all **who** call to you.*
*[6]Give ear, O Lord, **to** my prayer,*
*and attend to my voice in sup**pli**cation.*

*4. [7]In the day of distress, I will **call** to you,*
*and surely you **will** answer me.*
*[8]Among the gods there is none like **you**,*
O Lord,
*nor works to compare **with** yours.*

5. [9]Todos los pueblos ven**drán**
a postrarse en tu presencia, **Se**ñor;
[10]bendeci**rán** tu nombre:
"Grande eres tú, y haces ma**ra**villas;
tú eres el úni**co** Dios."

6. [11]Enséñame, Señor, tu ca**mi**no,
para que siga tu **ver**dad;
mantén mi cora**zón** entero
en el temor de **tu** nombre.

7. [12]Te alabaré de todo corazón, Dios **mí**o;
daré gloria a tu nombre **por** siempre,
[13]por tu gran piedad pa**ra** conmigo,
porque me salvaste del abismo
profundo.

8. [14]Dios mío, unos soberbios se levantan
contra **mí**,
una banda de insolentes atenta contra
mi vida,
sin tenerte en cuenta **a** ti.

9. [15]Pero tú, Señor, Dios clemente y
misericor**dio**so,
lento a la cólera, rico en piedad y **le**al,
[16]mírame, ten compasión **de** mí.

10. Da fuerza a tu **sier**vo,
salva al hijo de tu **es**clava;
[17]dame una se**ñal** propicia,
que la vean mis adversaries y se
a**ver**güencen,
porque tú, Señor, me ayudas y
consuelas.

11. Gloria al Padre, y al **Hi**jo,
y al Espíri**tu** Santo.
Como era en el principio, aho**ra** y
siempre,
por los siglos de los siglos. **A**mén.

5. [9]All the nations you have made shall
come;
*they will bow down before you, **O** LORD,*
*[10]and glori**fy** your name,*
*for you are great and do marvel**ous***
deeds,
*you who alone **are** God.*

*6. [11]Teach me, O LORD, your **way**,*
*so that I may walk in **your** truth,*
*single-hearted to fear **your** name.*

7. [12]I will praise you, LORD my God, with
*all my **heart**,*
*and glorify your name **for**ever.*
*[13]Your mercy to me **has** been great;*
you have saved me from the depths of
***the** grave.*

8. [14]The proud have risen against me,
*O **God**;*
*a band of the ruthless seeks **my** life.*
*To you they pay **no** heed.*

9. [15]But you, O God, are compassionate
*and **gra**cious,*
*slow to anger, **O** LORD,*
*abundant in mercy **and** fidelity;*
*[16]turn and take pity **on** me.*

*10. O give your strength to your **ser**vant,*
*and save the son of **your** handmaid.*
*[17]Show me the sign **of** your favor,*
*that my foes may see to **their** shame*
that you, O LORD, give me comfort
***and** help.*

*11. Glory to the Father, and to the **Son**,*
and to the Holy Spirit:
*as it was in **the** beginning,*
*is now, and will be for ever. **A**men.*

53 Psalm 88

Antiphon *(Night Prayer, Friday)*

Antífona

Guimont Tone

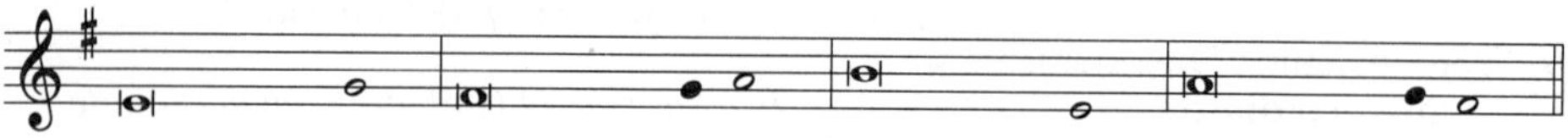

1. 2 O LORD and God of my sal**va**tion,
I cry before you day **and** night.
3 Let my prayer come into your **pres**ence.
Incline your ear to **my** cry.

2. 4 For my soul is filled with **e**vils;
my life is on the brink of **the** grave.
5 I am reckoned as one in the **tomb**;
I am like a warrior with**out** strength,

3. 6 like one roaming among the **dead**,
like the slain lying in **their** graves,
like those you remember no **more**,
cut off, as they are, from **your** hand.

4. 7 You have laid me in the depths of the **pit**,
in regions that are dark **and** deep.
8 Your anger weighs down up**on** me;
I am drowned beneath **your** waves.

5. 9 You have taken away my **friends**;
to them you have made **me** hateful.
Imprisoned, I cannot es**cape**;
10 my eyes are sunken **with** grief.

*1. 2 Señor, Dios mío, de día te pido au**xi**lio,*
*de noche grito en tu **pre**sencia;*
*3 llegue hasta ti mi **sú**plica,*
*inclina tu oído a mi **cla**mor.*

*2. 4 Porque mi alma está colmada de des**di**chas,*
*y mi vida está al borde del **a**bismo;*
*5 ya me cuentan con los que bajan a la **fo**sa,*
*soy como un **in**válido.*

*3. 6 Tengo mi cama entre los **muer**tes,*
*como los caídos que yacen en el **se**pulcro,*
*de los cuales ya no guardas me**mo**ria,*
*porque fueron arrancados de **tu** mano.*

*4. 7 Me has colocado en lo hondo de la **fo**sa,*
*en las tinieblas **del** fondo;*
*8 tú cólera pesa sobre **mí**,*
*me echas encima todas **tus** olas.*

*5. 9 Has alejado de mí a mis cono**ci**dos,*
*me has hecho repugnante pa**ra** ellos:*
*encerrado, no puedo sa**lir**,*
*10 y los ojos se me nublan de **pe**sar.*

6. I call to you, LORD, all day **long**;
to you I stretch out **my** hands.
[11]Will you work your wonders for the **dead**?
Will the shades rise up **to** praise you?

7. [12]Will your mercy be told in the **grave**,
or your faithfulness in the place of **per**dition?
[13]Will your wonders be known in the **dark**,
your justice in the land of **ob**livion?

8. [14]But I, O LORD, cry out to **you**;
in the morning my prayer comes **be**fore you.
[15]Why do you reject me, O **LORD**?
Why do you hide your face **from** me?

9. [16]I am wretched, close to death from my **youth**.
I have borne your trials; I **am** numb.
[17]Your fury has swept down up**on** me;
your terrors have utterly **de**stroyed me.

10. [18]They surround me all the day like a **flood**;
together they close in **a**gainst me.
[19]Friend and neighbor you have taken a**way**:
my one companion **is** darkness.

11. Glory to the Father, and to the **Son**,
and to the Ho**ly** Spirit:
as it was in the be**gin**ning,
is now, and will be for ever. **A**men.

*6. Todo el día te estoy invo**can**do,*
*tendiendo las manos ha**cia** ti.*
[11] *¿Harás tú maravillas por los **muer**tos?*
*¿Se alzarán las sombras para dar**te** gracias?*

7. [12] *¿Se anuncia en el sepulcro tu miseri**cor**dia,*
*o tu fidelidad en el reino de **la** muerte?*
[13] *¿Se conocen tus maravillas en la ti**nie**bla,*
*o tu justicia en el país del **ol**vido?*

8. [14] *Pero yo te pido au**xi**lio,*
*por la mañana irá a tu encuentro **mi** súplica.*
[15] *¿Por qué, Señor, me re**cha**zas,*
*y me escondes **tu** rostro?*

9. [16] *Desde niño fui desgraciado y en**fer**mo,*
*me doblo bajo el peso de tus **te**rrores,*
[17] *pasó sobre mí tu in**cen**dio,*
*tus espantos me han con**su**mido.*

10. [18] *Me rodean como las aguas todo el **día**,*
*me envuelven todos **a** una;*
[19] *alejaste de mí amigos y compa**ñe**ros:*
*mi compañía son las **ti**nieblas.*

*11. Gloria al Padre, y al **Hi**jo,*
*y al Espíri**tu** Santo.*
*Como era en el principio, ahora y **siem**pre,*
*por los siglos de los siglos. **A**mén.*

Psalm 91: Be with Me / Acompáñame 54

Antiphon / Antífona*

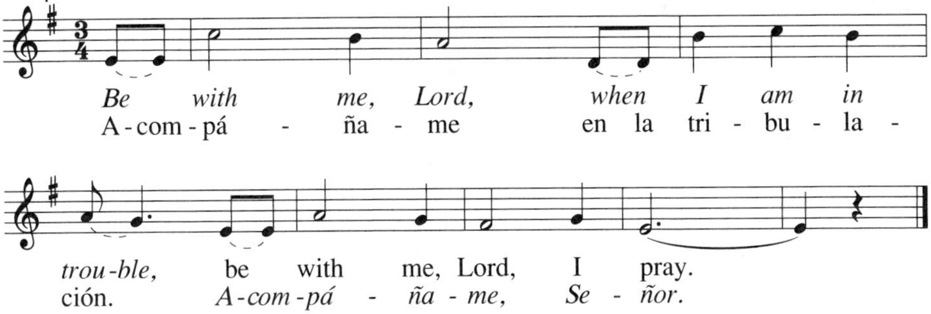

Verses / Estrofas

1. You who dwell in the shelter of the Lord, Most High,
who abide in the shadow of our God,
say to the Lord: "My refuge and fortress, the God in whom I trust."

2. No evil shall befall you, no pain come near,
for the angels stand close by your side,
guarding you always and bearing you gently, watching over your life.

3. Those who cling to the Lord live secure in God's love,
lifted high, those who trust in God's name,
call on the Lord who will never forsake you.
God will bring you salvation and joy.

*1. Tú que vives al amparo del Altísimo, y descansas a la sombra de Dios,
dile‿al Señor: "Mi refugio, mi‿alcázar, Dios mío, confío en ti."*

*2. Ni temor ni dolor a ti no te‿alcanzará, pues sus ángeles a tu lado‿están
siempre guardándote en tus caminos; te sostendrán en sus manos.*

*3. El Señor guardará‿a los que‿en él confiarán,
porque ellos conocen su nombre;
me‿invocarán y les responderé; les hará ver su salvación.*

*For a bilingual setting, sing the text in italics.

Text: Psalm 91:1–2, 10–11, 14–15, Marty Haugen; tr. by Ronald F. Krisman
Music: Marty Haugen

55 Salmo 91

Antífona I / Antiphon I *(Night Prayer, Sunday)*

Letra: *Liturgia de la Horas*, © 1981, Comisión Episcopal Española de Liturgia; *Liturgy of the Hours*, © 1974, ICEL
Música: Ronald F. Krisman, © 2012, GIA Publications, Inc.

Antífona II

Antiphon II

Letra: *Leccionario, Edición Hispanoamérica*, © 1970, 1972, Conferencia Episcopal Española; *Lectionary for Mass*, © 1969, 1981, 1997, ICEL
Música: Ronald F. Krisman, © 2004, GIA Publications, Inc.

Guimont Tone

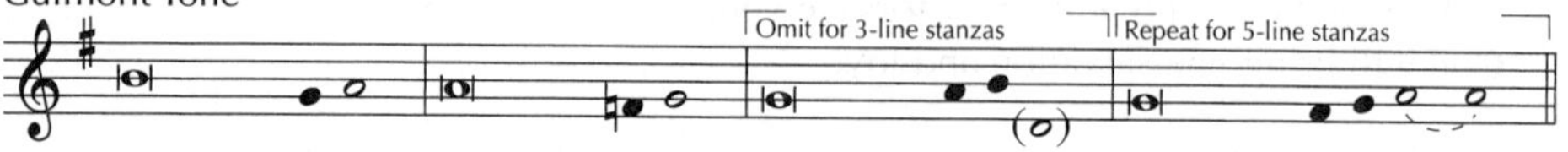

Música: Michel Guimont, © 1994, GIA Publications, Inc.

1. [1]Tú que habitas al amparo del
Altísimo,
que vives a la sombra del
Omni**po**tente,
[2]di al Señor: "Refugio mío, alcá**zar**
mío,
Dios mío, confí**o** en ti."

2. [3]Él te librará de la red del ca**za**dor,
de la peste **fu**nesta.
[4]Te cubrirá con **sus** plumas,
bajo sus alas te re**fu**giarás:
su brazo es escudo y **ar**madura.

3. [5]No temerás el espanto **noc**turno,
ni la flecha que vuela **de** día,
[6]ni la peste que se desliza en las
tinieblas,
ni la epidemia que devasta a
mediodía.

1. [1]He who dwells in the shelter of the
***Most** High,*
*and abides in the shade of the **Al**mighty,*
*[2]says to the LORD, "**My** refuge,*
*my stronghold, my God in **whom I***
trust!"

*2. [3]He will free you from the snare of **the***
fowler,
*from the destruc**tive** plague;*
*[4]he will conceal you with **his** pinions,*
*and under his wings you **will** find refuge.*
*His faithfulness is buck**ler** and shield.*

*3. [5]You will not fear the terror of **the** night,*
*nor the arrow that flies **by** day,*
*[6]nor the plague that prowls in **the** darkness,*
*nor the scourge that lays **waste** at noon.*

4. [7]Caerán a tu izquier**da** mil,
diez mil a tu **de**recha;
a ti no te al**can**zará.

5. [8]Nada más mirar con **tus** ojos,
verás la paga de los **mal**vados,
[9]porque hiciste del Señor tu **re**fugio,
tomaste al Altísimo **por** defensa.

6. [10]No se te acercará la **des**gracia,
ni la plaga llegará hasta **tu** tienda,
[11]porque a sus ángeles ha da**do** órdenes
para que te guarden en **tus** caminos.

7. [12]Te llevarán en **sus** palmas,
para que tu pie no tropiece en **la** piedra;
[13]caminarás sobre áspides **y** víboras,
pisotearás leones **y** dragones.

8. [14]"Se puso junto a mí: lo li**bra**ré;
lo protegeré porque conoce **mi** nombre,
[15]me invocará y lo escu**cha**ré.
"Con él estaré en la tri**bu**lación,
lo defenderé, lo glori**fi**caré.

9. [16]Lo saciaré de lar**gos** días
y le haré ver mi sal**va**ción."
Gloria al Padre, y al Hijo, y al Espíri**tu** Santo,
por los siglos de los si**glos**. Amén.

*4. [7]A thousand may fall at **your** side,*
*ten thousand fall at **your** right:*
*you it will nev**er** approach.*

*5. [8]Your eyes have only **to** look*
*to see how the wicked are **re**paid.*
*[9]For you, O LORD, are **my** refuge.*
*You have made the Most **High** your dwelling.*

*6. [10]Upon you no evil **shall** fall,*
*no plague approach **your** tent.*
*[11]For you has he commanded **his** angels*
*to keep you in **all** your ways.*

*7. [12]They shall bear you upon **their** hands,*
*lest you strike your foot against **a** stone.*
*[13]On the lion and the viper you **will** tread,*
*and trample the young lion **and** the serpent.*

*8. [14]Since he clings to me in love, I **will** free him,*
*protect him, for he knows **my** name.*
*[15]When he calls on me, I **will** answer him;*
*I will be with him **in** distress;*
*I will deliver him, and **give** him glory.*

*9. [16]With length of days I will **con**tent him;*
*I will show him my sav**ing** power.*
*To the Father, the Son and Ho**ly** Spirit*
*give praise for ev**er**. Amen.*

56 Psalm 93

Antiphon I / Antífona I

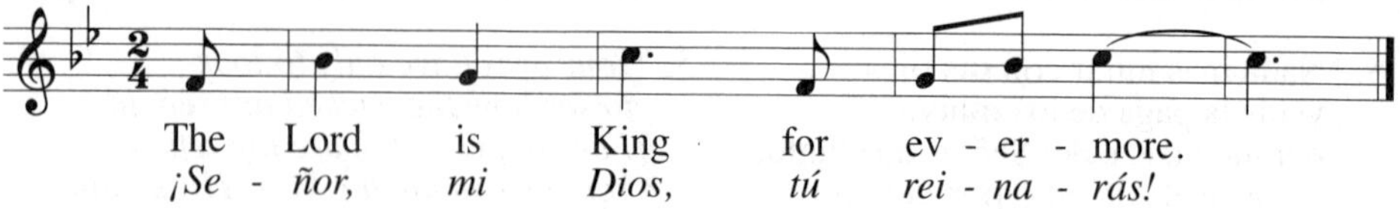

Text: Psalm 93, The Grail, © 1963, The Grail, GIA Publications, Inc., agent; tr. by Ronald F. Krisman, © 2012, GIA Publications, Inc.
Music: A. Gregory Murray, OSB, © 1963, The Grail, GIA Publications, Inc., agent

Antiphon II / Antífona II

Music: A. Gregory Murray, OSB, © 1963, The Grail, GIA Publications, Inc., agent

Antiphon III

Antífona III

Text: *Lectionary for Mass*, © 1969, 1981, 1997, ICEL; *Leccionario, Edición Hispanoamérica*, © 1970, 1972, Conferencia Episcopal Española
Music: Tony E. Alonso, © 2004, GIA Publications, Inc.

Conception Abbey Tone

Music: Gregory J. Polan, OSB, © 2010, Conception Abbey, admin. by GIA Publications, Inc.

Gelineau Tone

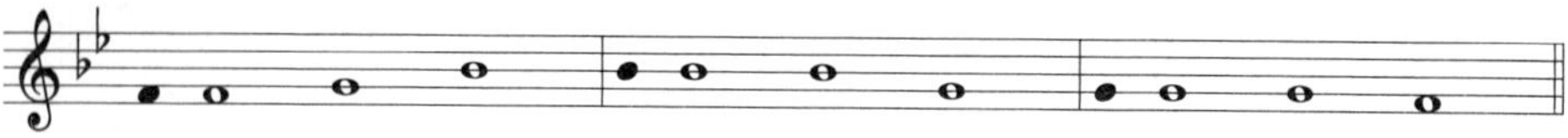

Music: Joseph Gelineau, SJ, © 1963, The Grail, GIA Publications, Inc., agent

1. [1] The LORD is **king**, with **ma**jesty en**robed**.
The LORD has **robed** him**self** with **might**;
he has **gird**ed him**self** with **pow**er.

2. The **world** you made **firm**, not to be **moved**;
[2] your **throne** has stood **firm** from of **old**.
From all e**ter**nity, O **LORD**, you **are**.

3. [3] The **floods** have **lift**ed up, O **LORD**,
the **floods** have **lift**ed up their **voice**;
the **floods** have **lift**ed up their **thun**der.

4. [4] **Great**er than the **roar** of mighty **wa**ters,
more **glo**rious than the **surg**ings of the **sea**,
the **LORD** is **glo**rious on **high**.

5. [5] **Tru**ly your de**crees** are to be **trust**ed.
Holiness is **fit**ting to your **house**,
O **LORD**, until the **end** of **time**.

6. Give **glo**ry to the **Fa**ther Al**might**y,
to his **Son**, Jesus **Christ** the **Lord**,
to the **Spir**it who **dwells** in our **hearts**.

*1. [1] Dios **rei**na, ves**ti**do de majes**tad**,*
*el Se**ñor**, ves**ti**do de po**der**,*
*el Se**ñor**, ce**ñi**do de po**der**.*

*2. **Fir**me‿está el **or**be‿y no va**ci**la.*
*[2] Tu **tro**no‿está **fir**me desde **siem**pre,*
*y **tú**, Señor, **e**res e**ter**no.*

*3. [3] Le**van**tan los **rí**os, Se**ñor**,*
*le**van**tan los **rí**os su **voz**,*
*le**van**tan los **rí**os su fra**gor**.*

*4. [4] Pero **más** que la voz de **a**guas cauda**lo**sas,*
*más po**ten**te que‿el ole**a**je del **mar**,*
*más po**ten**te en el **cie**lo‿es el Se**ñor**.*

*5. [5] Tus man**da**tos son **fie**les y se**gu**ros;*
*la santi**dad** es el a**dor**no de tu **ca**sa,*
*Se**ñor**, por **dí**as sin **tér**mino.*

*6. Gloria‿a **Dios**, **Pa**dre‿omnipo**ten**te,*
*y‿a su **Hi**jo, Jesu**cris**to, el Se**ñor**,*
*y‿al Es**pí**ritu que‿ha**bi**ta‿en nuestras **al**mas.*

57 Psalm 95

Antiphon I / Antífona I: Advent / Adviento

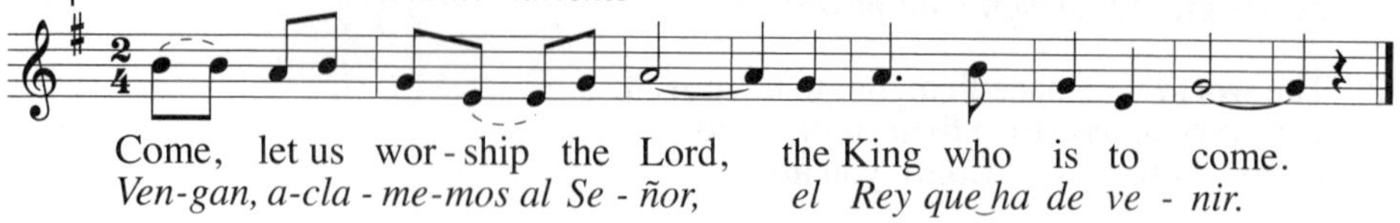

Antiphon II / Antífona II: Christmas / Navidad

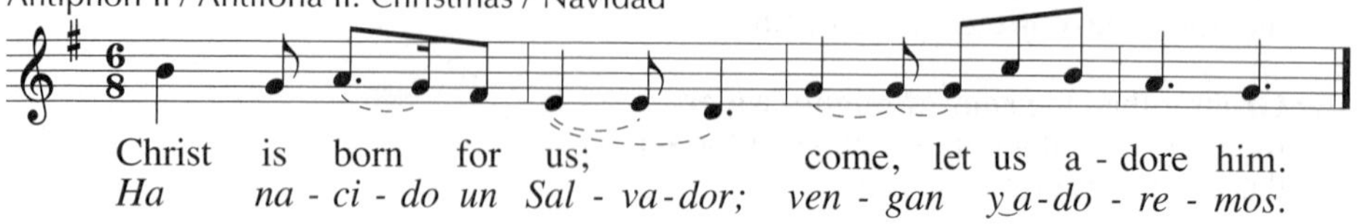

Antiphon III / Antífona III: Lent / Cuaresma

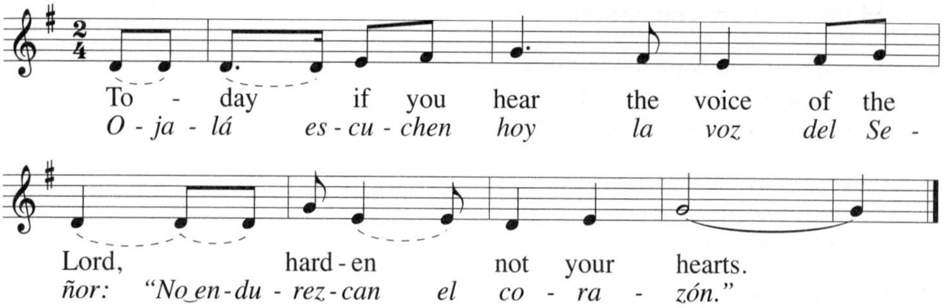

Antiphon IV / Antífona IV: Easter / Pascua

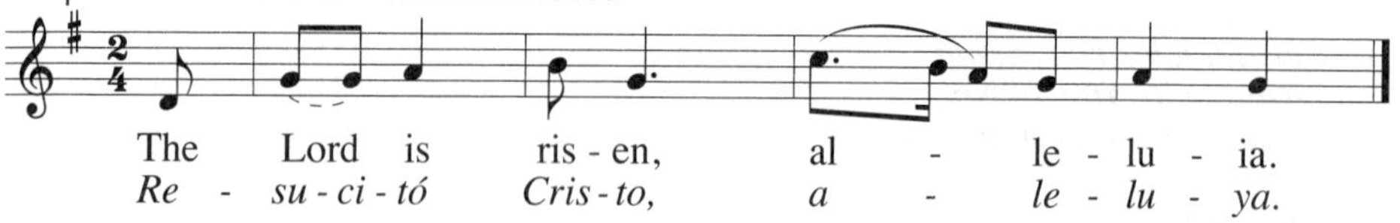

Antiphon V / Antífona V: General

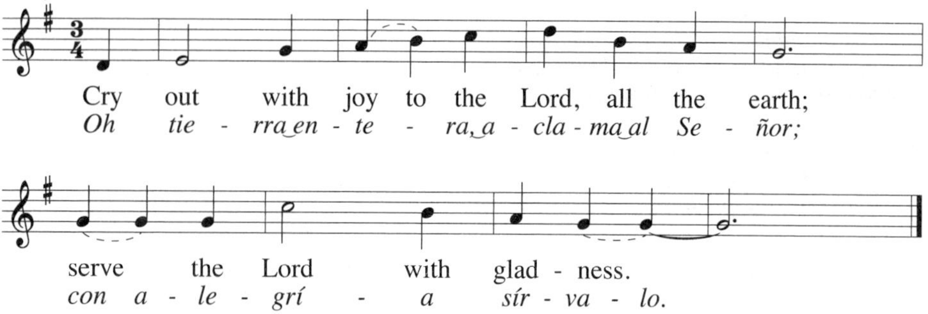

Psalm Tone

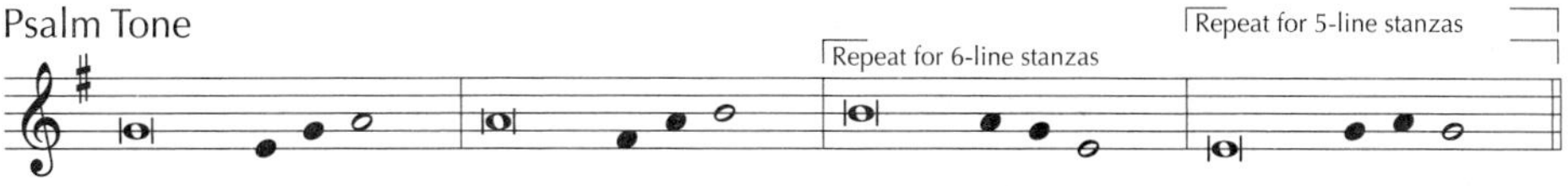

1. 1 Come, let us ring out our joy **to** the LORD;
hail the **rock** who saves us.
2 Let us come into his presence, **giv**ing thanks;
let us hail him with a **song** of praise.

2. 3 A mighty God **is** the LORD,
a great king a**bove** all gods.
4 In his hands are the depths **of** the earth;
the heights of the moun**tains** are his.
5 To him belongs the sea, **for** he made it,
and the dry land that he shaped **by** his hands.

3. 6 O come; let us bow **and** bend low.
Let us kneel before the **God** who made us,
7 for he **is** our God
and we the people who belong **to** his pasture,
the flock that is led **by** his hand.

4. O that today you would listen **to** his voice!
8 "Harden not your hearts **as** at Meribah,
as on that day at Massah **in** the desert
9 when your forebears put me **to** the test;
when they tried me, though they **saw** my work.

5. 10 For forty years I wearied of that **gen**eration,
and I said, 'Their hearts **are** astray;
this people does not **know** my ways.'
11 Then I took an oath **in** my anger,
'Never shall they en**ter** my rest.'"

6. Give praise to the Fa**ther** Almighty,
to his Son, Jesus **Christ** the Lord,
to the Spirit who dwells **in** our hearts,
both now and for ev**er**. Amen.

1. 1 Vengan, aclamemos ***al*** *Señor,*
demos vítores a la Roca ***que*** *nos salva;*
*2 entremos a su presencia dán****do****le gracias,*
*aclamándo****lo*** *con cantos.*

2. 3 Porque el Señor es ***un*** *Dios grande,*
*soberano de to****dos*** *los dioses:*
4 tiene en su mano las simas ***de*** *la tierra,*
son suyas las cumbres ***de*** *los montes;*
5 suyo es el mar, porque ***él*** *lo hizo,*
*la tierra firme que modela****ron*** *sus manos.*

*3. 6 Entren, postrémo****nos*** *por tierra,*
bendiciendo al Señor, ***crea****dor nuestro.*
7 Porque él es ***nues****tro Dios,*
*y noso****tros*** *su pueblo,*
el rebaño ***que*** *él guía.*

4. 8 Ojalá escuchen ***hoy*** *su voz:*
"No endurezcan el corazón como en ***Me****ribá,*
9 como el día de Masá en ***el*** *desierto;*
*cuando sus padres me pusie****ron*** *a prueba*
*y me tentaron, aunque habían vis****to*** *mis obras.*

*5. 10 Durante cua****ren****ta años*
*aquella generación me asque****ó****, y dije:*
"Es un pueblo de corazón ***ex****traviado,*
11 que no reconoce ***mi*** *camino;*
por eso he jurado ***en*** *mi cólera*
que no entrarán en ***mi*** *descanso."*

*6. Gloria a Dios, Padre omni****po****tente,*
y a su Hijo, Jesucristo, ***el*** *Señor,*
y al Espíritu que habita en ***nues****tras almas*
por los siglos de los ***si****glos. Amén.*

58 Psalm 95: If Today You Hear God's Voice / Ojalá Escuchen Hoy

Antiphon / Antífona*

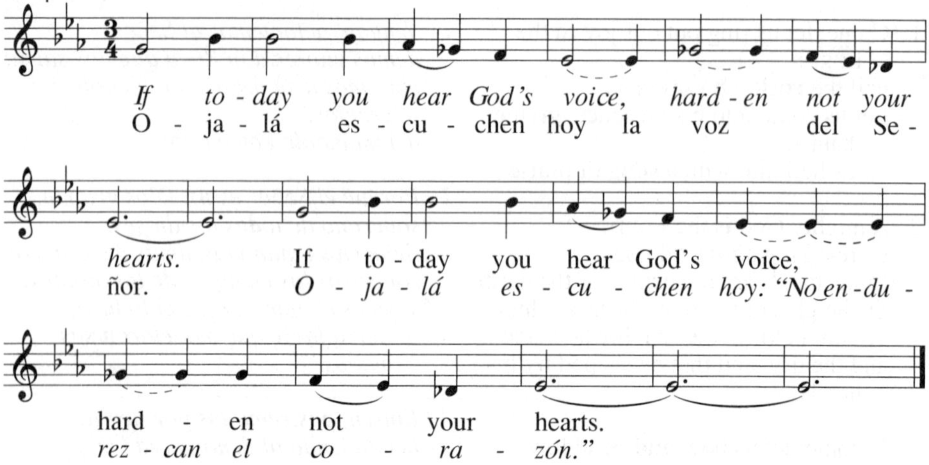

Verses / Estrofas

1. Come, ring out our joy to the Lord, hail the rock who saves us,
 let us come now before our God, with songs let us hail the Lord.

2. Come, let us bow and bend low, let us kneel before God who made us,
 for here is our God; we the people, the flock that is led by God's hand.

3. O that today you would hear God's voice, "Harden not your hearts,
 as on that day in the desert, when your parents put me to the test."

1. Aclamemos al Señor, la Roca que nos salva;
 entremos a su presencia, con cánticos dándole gracias.

2. Entren, postrémonos ante el Señor, bendiciendo al Dios que nos hizo.
 Somos nosotros su pueblo, las ovejas de su rebaño.

3. Ojalá escuchen su voz: "No endurezcan el corazón,
 como el día en el desierto, cuando me tentaron sus padres."

*For a bilingual setting, sing the text in italics.

Text: Psalm 95:1–2, 6–7, 8–9; David Haas; tr. by Ronald F. Krisman
Music: David Haas

Psalm 96: Today Is Born Our Savior / Hoy Día Nos Ha Nacido un Salvador 59

Antiphon / Antífona*

Verses / Estrofas

1. Sing to the Lord a new song; sing to the Lord, all you lands.
   Sing to the Lord; bless his name.

2. Announce his salvation, day after day. Tell his glory among the nations;
   Among all peoples, his wondrous deeds.

3. Let the heavens be glad and the earth rejoice; let the sea and what fills it resound;
   let the plains be joyful and all that is in them!
   Then shall all the trees of the forest exult.

4. They shall exult before the Lord, for he comes; for he comes to rule the earth.
   He shall rule the world with justice and the peoples with his constancy.

1. Canten un cántico nuevo, canten a Dios, el Señor;
canten, bendigan su nombre.

2. Proclamen su gloria a las naciones, sus maravillas a todos los pueblos,
y día tras día su salvación.

3. Que se‿alegren los cielos, y se goce la tierra, retumbe el mar y cuanto lo llena;
salten de gozo el campo y todos sus frutos, manifiesten los bosques regocijo.

4. Póstrense ante el Señor, que ya llega, ya llega‿a regir la tierra:
regirá con justicia el orbe y los pueblos con fidelidad.

**For a bilingual setting, sing the text in italics.*

60 Psalm 96: Proclaim to All the Nations / Cuenten a Todos los Pueblos

Antiphon I / Antífona I*

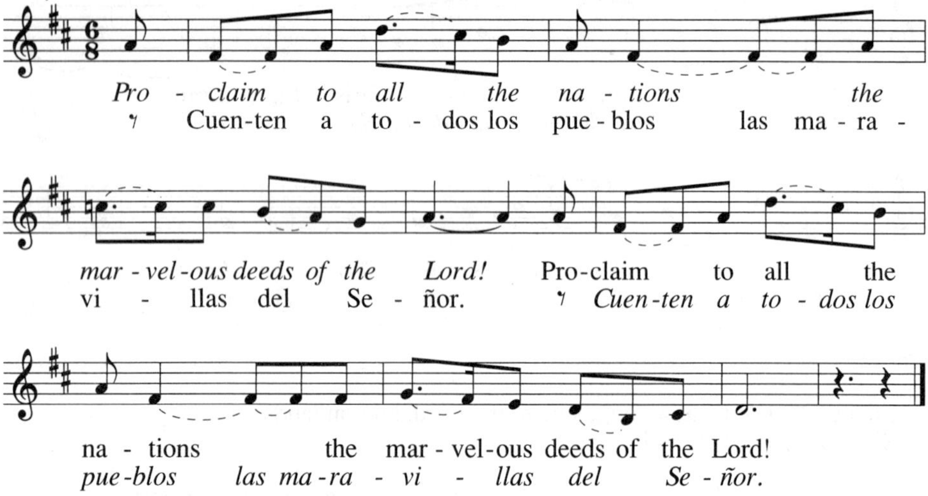

Antiphon II / Antífona II

Verses / Estrofas

1. Sing to the Lord a new song. Sing to the Lord all you lands!
   Sing to the Lord with all your heart, and bless God's name!

2. Announce salvation day by day, God's glory throughout the earth!
   Among all the people in every land, God's wondrous deeds!

3. Give to the Lord, you nations, praise to the Lord of all!
   Sing glory and praise and sing to the name, above all names!

4. Worship the Lord, and tremble, proclaim the one who reigns!
   Say to the nations: "The Lord is King;" who rules with justice!

**For a bilingual setting, sing the text in italics.*

1. Canten un cántico nuevo, canten a Dios, el Señor.
Cántenle, pueblos de toda la tierra, bendigan su nombre.

2. Anuncien la salvación de Dios, día tras día su gloria:
A todos los pueblos, en cada nación, sus maravillas.

3. Todos los pueblos, aclamen al Señor y su gloria‿y poder.
Aclamen el nombre del Señor, su santo nombre.

4. Adoren a Dios y tiemblen, digan, "Nuestro Señor es rey.
Él rige la tierra‿y todos los pueblos con rectitud."

61 Psalm 98: All the Ends of the Earth / Los Confines del Mundo

Antiphon I / Antífona I*

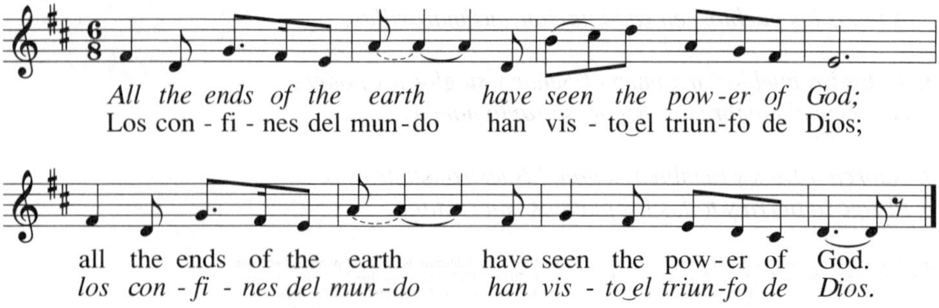

Antiphon II / Antífona II*

Antiphon III / Antífona III*

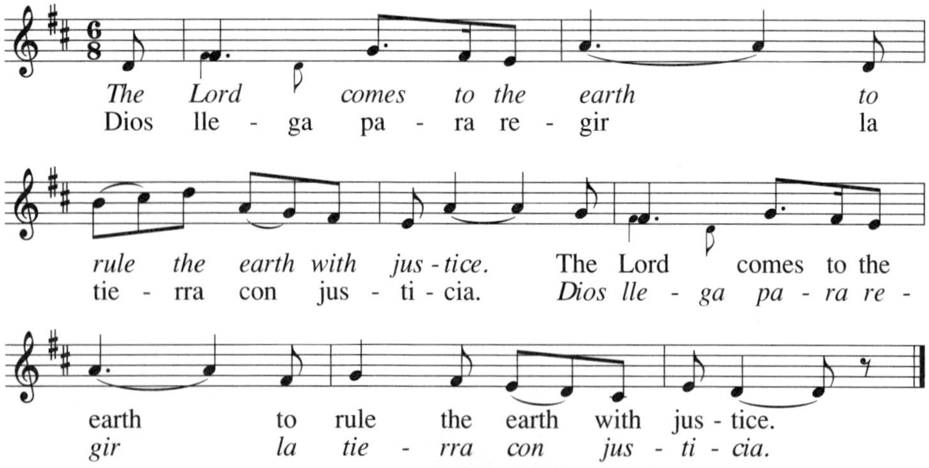

*For a bilingual setting, sing the text in italics.

Verses / Estrofas

1. Sing to the Lord a new song, for God has done wondrous deeds;
   whose right hand has won the vict'ry for us, God's holy arm.

2. The Lord has made salvation known, and justice revealed to all,
   remembering kindness and faithfulness to Israel.

3. All of the ends of earth have seen salvation by our God.
   Joyfully sing out all you lands, break forth in song.

4. Sing to the Lord with harp and song, with trumpet and with horn.
   Sing in your joy before the king, the king, our Lord.

1. Canten un cántico nuevo, a Dios, quien ha hecho grandezas.
Su diestra ganó la salvación, su santo brazo.

2. Dios reveló su salvación, y su justicia mostró;
se‿acordó de su‿amor y su lealtad a Israel.

3. La tierra‿ha contemplado la victoria de nuestro Dios.
Aclamen y griten al Señor; vitoreen, toquen.

4. Tañan la cítara para‿el Señor, suenen los instrumentos:
al son de trompetas y cuernos, aclamen al Señor y Rey.

Text: Psalm 98:1, 2–3, 3–4, 5–6, David Haas, Marty Haugen; tr. by Ronald F. Krisman
Music: David Haas, Marty Haugen; antiphons II, III adapt. by Diana Kodner

62 Salmo 98

Antífona*

Antiphon*

Guimont Tone

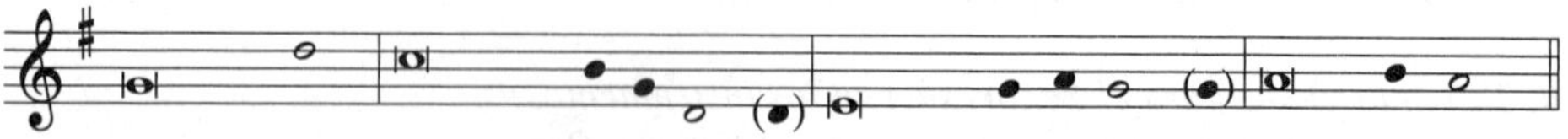

1. [1]Canten al Señor un cántico **nue**vo,
porque ha hecho **ma**ravillas:
su / diestra le ha dado **la** victoria,
su san**to** brazo.

2. [2]El Señor da a conocer su vic**to**ria,
revela a las naciones **su** justicia:
[3]se acor- / dó de su misericordia y su fi**de**lidad
en fa- / vor de la casa de Is**ra**el.

3. Los confines de la tierra han contem**pla**do
la victoria de **nues**tro Dios.
[4]A- / clamen al Señor, **tierra** entera;
griten, vitore**en**, toquen.

4. [5]Tañan la cítara para el Se**ñor**,
suenen los **in**strumentos:
[6]con cla- / rines y al son **de** trompetas
a- / clamen al Rey y **Se**ñor.

5. [7]Retumbe el mar y cuanto con**tie**ne,
la tierra y cuantos **la** habitan;
[8]a- / plau**dan** los ríos,
a- / clamen **los** montes.

1. O sing a new song to the ***LORD,***
for he ***has*** *worked wonders.*
His right / hand and his ***ho****ly arm*
have / brought ***sal****vation.*

*2. [2]The LORD has made known his sal****va****tion,*
has shown his deliverance ***to*** *the nations.*
*[3]He has re- / membered his mer****ci****ful love*
and his / truth for the house ***of*** *Israel.*

3. All the ends of the earth have ***seen***
the salvation ***of*** *our God.*
[4]Shout to the LORD, ***all*** *the earth;*
break / forth into joyous song, and sing out ***your*** *praise.*

4. [5]Sing psalms to the LORD with the ***harp,***
with the harp and the ***sound*** *of song.*
[6]With / trumpets and the sound ***of*** *the horn,*
raise a / shout before the King, ***the*** *LORD.*

5. [7]Let the sea and all within it ***thun****der;*
the world, and ***those*** *who dwell in it.*
[8]Let the rivers ***clap*** *their hands,*
and the / hills ring out ***their*** *joy*

**The antiphons may be sung simultaneously.*

6. [9]Aclamen al **Señor**,
que llega para re**gir** la tierra.
Regi- / rá el orbe **con** justicia
y los / pueblos con rec**ti**tud.

7. Gloria al Padre, y al **Hi**jo,
y al Espí**ri**tu Santo.
Como / era en el principio, aho**ra** y siempre,
por los / siglos de los siglos. **A**mén.

6. [9]At the presence of the LORD, *for he* ***comes****,*
he comes to ***judge*** *the earth.*
He will / judge the ***world*** *with justice,*
and the / peoples ***with*** *fairness.*

7. Glory to the Father, and to the ***Son****,*
and to the ***Ho****ly Spirit:*
as it / was in ***the*** *beginning,*
is / now, and will be for ever. ***A****men.*

63 Psalm 100

Antiphon I / Antífona I

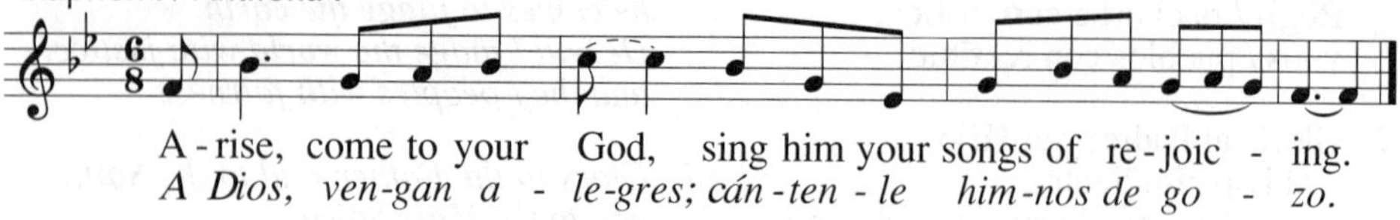

Text: Joseph Gelineau, SJ, © 1963, The Grail, GIA Publications, Inc., agent; tr. by Ronald F. Krisman, © 2012, GIA Publications, Inc.
Music: Joseph Gelineau, SJ, © 1963, The Grail, GIA Publications, Inc., agent

Antiphon II / Antífona II

Music: A. Gregory Murray, OSB, © 1963, The Grail, GIA Publications, Inc., agent

Conception Abbey Tone

Music: Gregory J. Polan, OSB, © 2010, Conception Abbey, admin. by GIA Publications, Inc.

Gelineau Tone

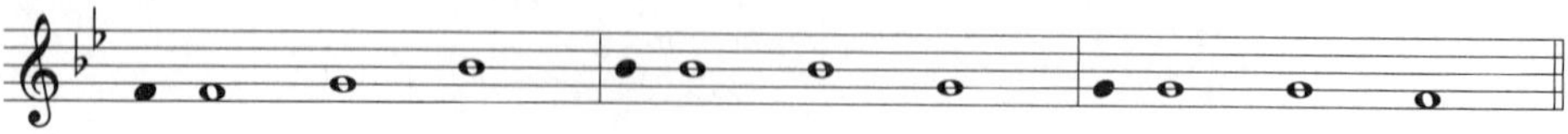

Music: Joseph Gelineau, SJ, © 1963, The Grail, GIA Publications, Inc., agent

1. Cry out with **joy** to the **Lord**, all the **earth**.
[2] **Serve** the **Lord** with **glad**ness.
Come be**fore** him, **sing**ing for **joy**.

2. [3] Know that **he**, the **Lord**, is **God**.
He **made** us; we be**long** to **him**.
We are his **peo**ple, the **sheep** of his **flock**.

3. [4] **En**ter his **gates** with thanks**giv**ing
and his **courts** with **songs** of **praise**.
Give **thanks** to him, and **bless** his **name**.

4. [5] In**deed**, how **good** is the **Lord**,
eter**nal** his **mer**ciful **love**.
He is **faith**ful from **age** to **age**.

5. Give **praise** to the **Fa**ther Al**migh**ty,
to his **Son**, Jesus **Christ** the **Lord**,
to the **Spir**it who **dwells** in our **hearts**.

*1. [2] A**cla**ma al Se**ñor**, tierra en**te**ra,*
***sir**van al Se**ñor** con ale**grí**a,*
*en**tren** en su **tem**plo jubi**lo**sos.*

*2. [3] **Se**pan que‿el Se**ñor** es **Dios**;*
*él nos **hi**zo y no**so**tros somos **su**yos,*
*su **pue**blo y o**ve**jas de su re**ba**ño.*

*3. [4] **En**tren por sus **puer**tas dando **gra**cias,*
*en sus **a**trios **cán**tenle **him**nos,*
*ala**ban**do al Se**ñor** y bendi**cién**dolo.*

*4. [5] **Dios**, el Se**ñor**, es **bue**no,*
*e**ter**na es **su** miseri**cor**dia,*
*y **su** fideli**dad** no tiene **tér**mino.*

*5. Gloria‿a **Dios**, **Pa**dre‿omnipo**ten**te,*
*y‿a su **Hi**jo, Jesu**cris**to, el Se**ñor**,*
*y‿al Es**pí**ritu que‿**ha**bita‿en nuestras **al**mas.*

Text: Psalm 100; *The Revised Grail Psalms*; © 2010, Conception Abbey and The Grail, admin. by GIA Publications, Inc.; Salmo 100, © 1970, alt., Conferencia Episcopal Española

Psalm 100: We Are God's People / Somos Su Pueblo   64

Ostinato Refrain / Estribillo

Verses / Estrofas

1. Cry out with joy to the Lord, all you lands, all you lands.
   Serve the Lord now with gladness, come before God singing for joy!

2. Know that the Lord is God! Know that the Lord is God,
   who made us, to God we belong, God's people, the sheep of the flock!

3. Go, now within the gates giving thanks, giving thanks.
   Enter the courts singing praise, give thanks and bless God's name!

4. Indeed, how good is the Lord, whose mercy endures for ever,
   for the Lord is faithful, is faithful from age to age!

1. Tierra entera, aclama al Señor, al Señor.
Sírvanlo con alegría, jubilosos lleguen a Dios.

2. ¡Nuestro Señor es Dios! ¡Nuestro Señor es Dios!
Nos hizo, y somos su pueblo, y ovejas de su rebaño.

3. Entren por sus puertas dándole gracias, dando gracias.
En atrios suyos alaben y bendigan al Señor.

4. Cuán bueno es Dios, el Señor. Eterna es su misericordia.
Por los siglos de los siglos dura su fidelidad.

Text: Psalm 100:1–2, 3, 4, 5, David Haas, © 1983, GIA Publications, Inc.; verses tr. by Ronald F. Krisman, © 2005, GIA Publications, Inc.;
Spanish refrain, *Leccionario, Edición Hispanoamérica*, © 1970, 1972, Conferencia Episcopal Española
Music: David Haas, © 1983, GIA Publications, Inc.

65 Salmo 100

Antífona / Antiphon*

Guimont Tone

1. [2] Aclama al Señor, **tierra**‿entera,
sirvan al Señor con a**le**gría,
entren en su presen**cia** con vítores.

2. [3] Sepan que el Se**ñor** es Dios:
que él nos hizo y so**mos** suyos,
su pueblo y ovejas de **su** rebaño.

3. [4] Entren por sus puertas con ac**ción** de gracias,
por sus atrios **con** himnos,
dándole gracias y bendicien**do** su nombre:

4. [5] "El Se**ñor** es bueno,
su misericordia es **e**terna,
su fidelidad por todas **las** edades."

5. Gloria a Dios Padre, **que** nos hizo,
gloria a Dios Hijo Sal**va**dor,
gloria a Dios Espíri**tu** divino.

1. Cry out with joy to the L*ORD,* ***all*** *the earth.*
[2] *Serve the* L*ORD* ***with*** *gladness.*
*Come before him, sing****ing*** *for joy.*

2. [3] *Know that he, the* **LORD**, *is God.*
He made us; we belong ***to*** *him.*
We are his people, the sheep ***of*** *his flock.*

3. [4] *Enter his gates* ***with*** *thanksgiving*
and his courts with songs ***of*** *praise.*
Give thanks to him, and ***bless*** *his name.*

4. [5] *Indeed, how good* ***is*** *the* L*ORD,*
*eternal his merci****ful*** *love.*
He is faithful from ***age*** *to age.*

*5. Give praise to the Fa****ther*** *Almighty,*
to his Son, Jesus Christ ***the*** *Lord,*
to the Spirit who dwells ***in*** *our hearts.*

For a bilingual antiphon, sing the first half in one language, followed by the second half in the other.

Psalm 103: The Lord Is Kind and Merciful / El Señor Es Compasivo 66

Bilingual Antiphon / Antífona Bilingüe

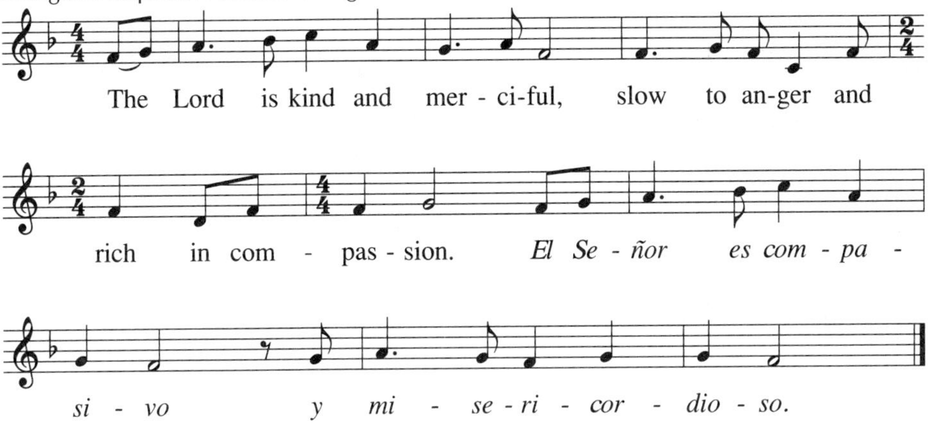

Verses / Estrofas

1. Bless the LORD, O my soul,
 and all within me, his holy name.
 Bless the LORD, O my soul,
 and never forget all his benefits.

2. It is the LORD who forgives
 all your sins,
 who heals every one of your ills,
 who redeems your life from
 the grave,
 who crowns you with mercy and
 compassion.

3. The LORD is compassionate and
 gracious,
 slow to anger and rich in mercy.
 He does not treat us according
 to our sins,
 nor repay us according to our faults.

4. As far as the east is from the west,
 so far from us does he remove our
 transgressions.
 As a father has compassion on his
 children,
 the LORD's compassion is on those
 who fear him.

1. Bendice‿alma mía, al Señor,
y todo mi ser a su santo nombre.
Bendice‿alma mía, al Señor,
y no‿olvides sus beneficios.

2. El perdona todas tus culpas
y cura todas tus enfermedades;
él rescata tu vida de la fosa
y te colma de gracia‿y ternura.

3. El Señor es lento‿a la ira
y rico en clemencia.
No nos trata como merecen nuestros
pecados
ni nos paga según nuestras culpas.

4. Como dista‿el oriente del ocaso,
así‿aleja de nosotros nuestros delitos.
Como‿un padre siente ternura por sus
hijos,
siente‿el Señor ternura por sus fieles.

67 Psalm 103: The Lord Is Kind and Merciful / El Señor Es Compasivo

Antiphon / Antífona

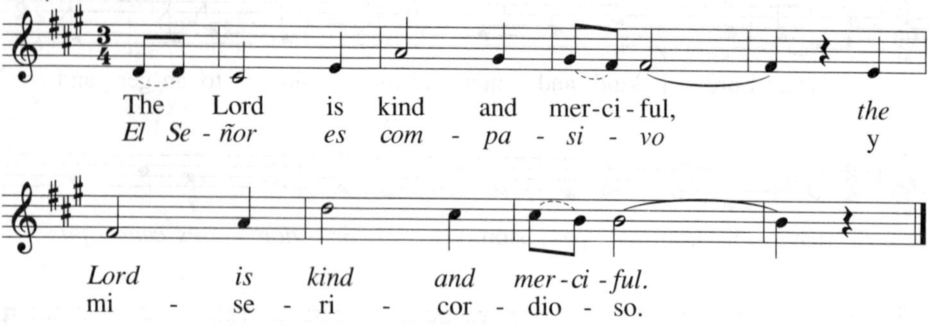

Verses / Estrofas

1. Bless the Lord, O my soul, and all my being bless God's name;
bless the Lord, and forget not God's benefits.

2. God pardons all your iniquities, and comforts your sorrows,
redeems your life from destruction and crowns you with kindness.

3. Merciful, merciful, and gracious is our God;
slow to anger, abounding in kindness.

1. Bendice, alma mía, al santo nombre del Señor;
alábalo y no‿olvides sus favores.

2. Perdona todas tus culpas y cura tus dolencias,
rescatándote de la tumba, y colmándote de gracia.

3. Tierno, misericordioso‿es nuestro Dios;
lento‿a la ira, rico‿en clemencia.

*For a bilingual setting, sing the text in italics.

Psalm 104: Lord, Send Out Your Spirit / Señor, Envía Tu Espíritu 68

Antiphon / Antífona

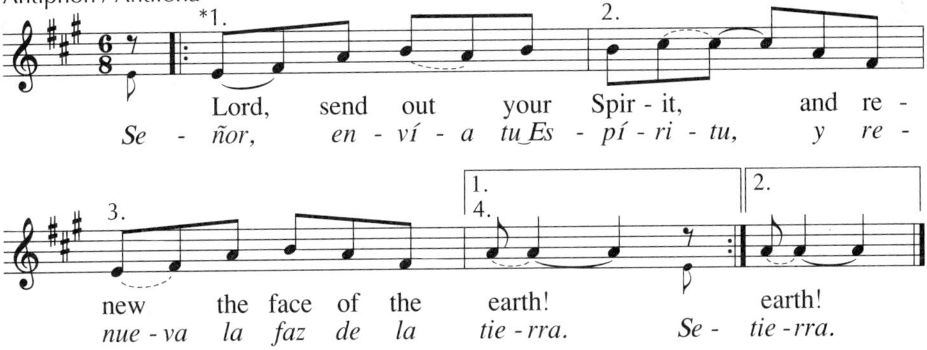

Verses / Estrofas

1. Bless the Lord, O my soul; O Lord, my God, you are great indeed!
How manifold are your works, O Lord! The earth is full of your creatures!

2. If you take away their breath, they die and they return to their dust.
When you send forth your Spirit of life, they are created in your sight!

3. May his glory last for all time; may the Lord be glad in his works.
Pleasing to him will be my theme; I will be glad in the Lord!

1. Mi alma, bendice al Señor: ¡Dios mío, qué grande eres tú!
Cuántas son tus obras, Señor; la tierra_está llena de tus criaturas.

2. Si les retiras el aliento, ellos expiran; vuelven al polvo.
Si tú envías tu_aliento, los creas, y_así repueblas la faz de la tierra.

3. Gloria_a Dios, gloria por siempre, goce_el Señor con sus obras.
Que mi poema le sea_agradable, y yo me_alegraré con el Señor.

**May be sung as a canon. For a bilingual refrain, sing the English through the first ending, followed by the Spanish on the repeat.*

69 Salmo 110:1–5, 7

Antífona I / Antiphon I

Letra: Salmo 110:1, *Liturgia de la Horas*, © 1981, Comisión Episcopal Española de Liturgia; *Liturgy of the Hours*, © 1974, ICEL
Música: Ronald F. Krisman, © 2012, GIA Publications, Inc.

Antífona II / Antiphon II

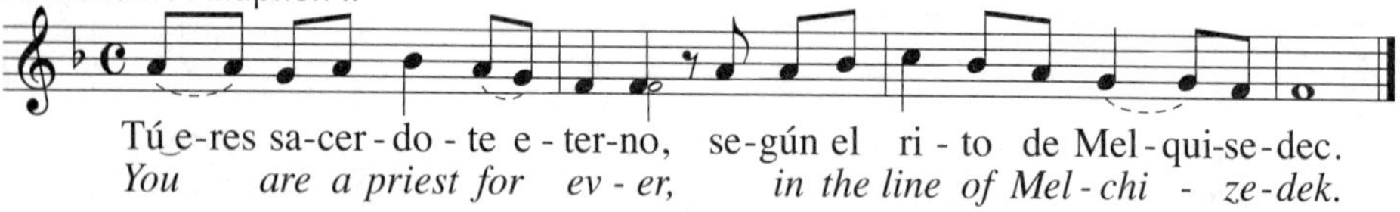

Letra: *Leccionario, Edición Hispanoamérica*, © 1970, 1972, Conferencia Episcopal Española; *Lectionary for Mass*, © 1969, 1981, 1997, ICEL
Música: Ronald F. Krisman, © 2004, GIA Publications, Inc.

Guimont Tone

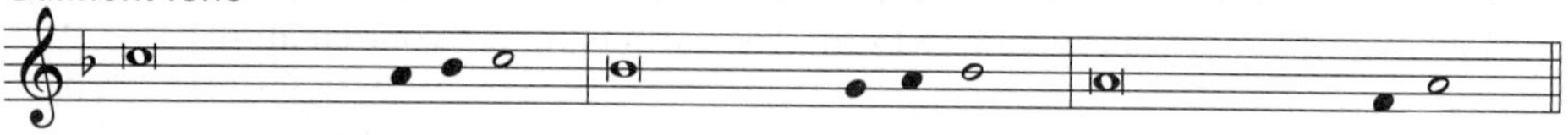

Música: Michel Guimont, © 1994, GIA Publications, Inc.

1. [1]Oráculo del Señor a **mi** Señor:
"Siéntate a **mi** derecha,
y haré de tus enemigos estrado de **tus** pies."

2. [2]Desde Sión extenderá **el** Señor
el poder **de** tu cetro:
somete en la batalla a tus e**ne**migos.

3. [3]"Eres príncipe desde el día de tu **na**cimiento,
entre esplendo**res** sagrados;
yo mismo te engendré, como rocío,
antes de **la‿au**rora."

4. [4]El Señor lo ha jurado y no **se‿a**rrepiente:
"Tú eres sacer**do**te‿eterno,
según el rito de Melqui**se**dec."

5. [5]El Señor a tu derecha, el día **de** su ira,
[7]quebrantará **a** los reyes.
En su camino beberá del torrente,
por eso levantará la **ca**beza.

6. Gloria al Padre, y al Hijo, y al Espí**ri**tu Santo.
Como era en el principio, aho**ra** y siempre,
por los siglos de los siglos. **A**mén.

*1. The LORD's revelation **to** my lord:*
*"Sit at **my** right hand,*
*until I make your foes **your** footstool."*

*2. [2]The LORD will **send** from Sion*
*your scep**ter** of power:*
*rule in the midst of **your** foes.*

*3. [3]With you is **prince**ly rule*
*on the day **of** your power.*
*In holy splendor, from the womb before the dawn, I have **be**gotten you.*

*4. [4]The LORD has sworn an oath he **will** not change:*
*"You are a **priest** forever,*
*in the line of **Mel**chizedek."*

*5. [5]The Lord, standing **at** your right,*
*shatters kings in the day **of** his wrath.*
*[7]He shall drink from the stream by the wayside, and therefore he shall lift up **his** head.*

*6. Glory to the Father, and to the Son, and to the **Ho**ly Spirit:*
*as it was in **the** beginning,*
*is now, and will be for ever. **A**men.*

Letra: Salmo 110:1–5, 7 © 1970, Conferencia Episcopal Española; Psalm 110:1–5, 7, *The Revised Grail Psalms*, © 2010, Conception Abbey y The Grail, admin. por GIA Publications, Inc.

Psalm 116: Our Blessing-Cup / El Cáliz Que Bendecimos 70

Bilingual Antiphon / Antífona Bilingüe

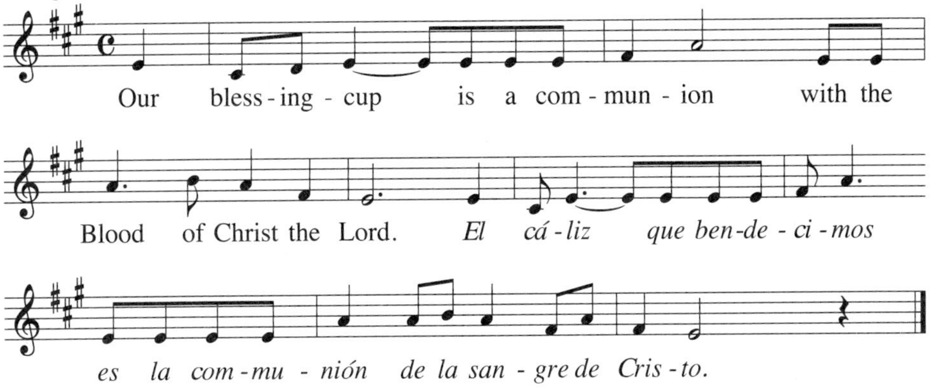

Verses / Estrofas

1. How can I repay the Lord the goodness God has shown to me?
   The cup of blessing I raise; I call upon God's name.

2. Painful to the eyes of God, the death of faithful servants.
   I am your servant, your child; you rescued me from death.

3. Thanks and praise I will offer God, and call upon your name, Lord.
   I will fulfill my vows to the Lord in the presence of God's people.

1. ¿Cómo le pagaré al Señor, mi Dios, todo el bien que me ha hecho?
Alzaré la copa de la salvación, e invocaré el nombre del Señor.

2. Al Señor, que penoso es la muerte de sus fieles.
Soy tu sirviente, tu hijo: rompiste mis cadenas.

3. Te ofreceré mis gracias, Dios, invocando tu nombre.
Cumpliré mis promesas al Señor en presencia de todo su pueblo.

71 Psalm 117: Holy Is God, Holy and Strong / Santo, Santo Dios

Antiphon / Antífona

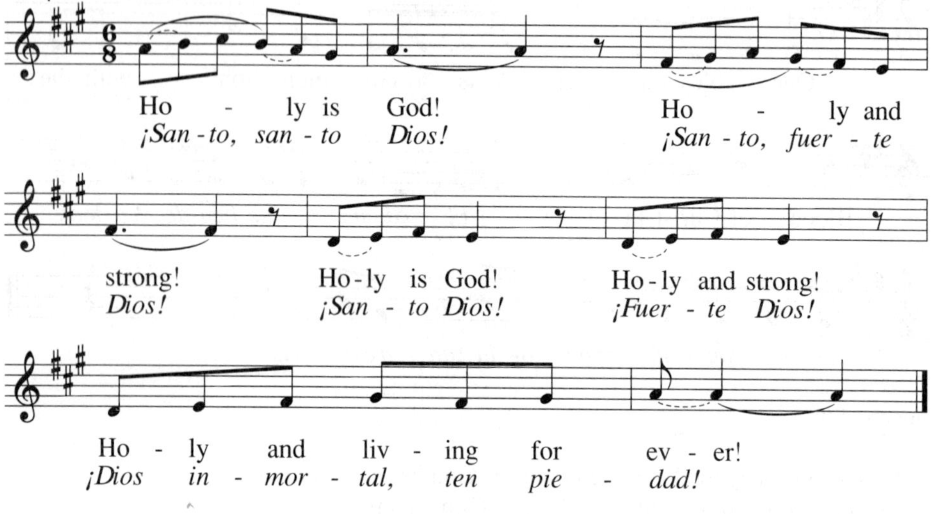

Verses / Estrofas

1. O praise the Lord, all you nations, acclaim God, all you peoples!
   Strong is God's love for us; the Lord is faithful for ever!

2. Give glory to the Father Almighty, to his Son Jesus Christ the Lord,
   to the Spirit who dwells in our hearts, both now and for ever. Amen!

1. Alaben al Señor, aclámenlo, pueblos de toda la tierra.
Firme‿es su merced, y dura por siempre su fidelidad.

2. Honor a Dios Padre‿eterno, y‿a su Hijo, Cristo Jesús,
Y‿al Espíritu Consolador, por todos los siglos. Amén.

Psalm 118: Let Us Rejoice / Éste Es el Día 72

Antiphon*

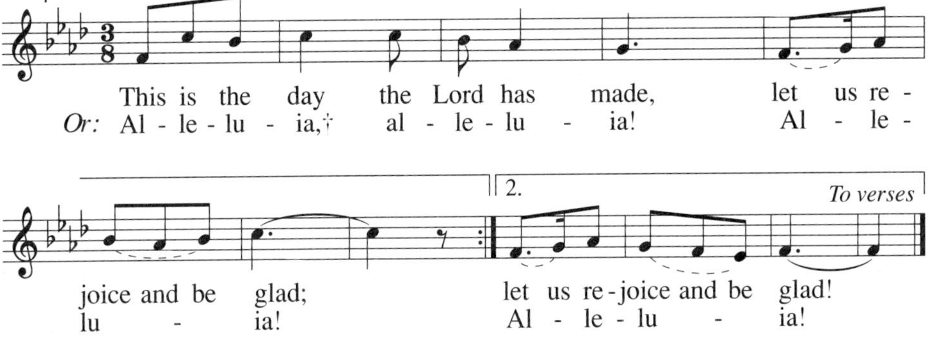

Antífona

Verses / Estrofas

1. Give thanks to the Lord, for God is good; God's mercy endures for ever.
   Let the house of Israel say: "God's mercy endures for ever."

2. The hand of the Lord has struck with power, God's right hand is exalted.
   I shall not die, but live anew, declaring the works of the Lord.

3. The stone which the builders rejected has become the cornerstone.
   The Lord of love and mercy has brought wonder to our eyes!

1. Den gracias a Dios, el buen Señor, eterna_es su misericordia.
Diga la casa de Israel: "Eterna_es su misericordia."

2. La diestra de Dios es excelsa, la diestra de Dios es potente.
No_he de morir, yo viviré; las obras de Dios contaré.

3. La piedra que fue desechada es ahora la piedra_angular.
El Señor es quien lo_ha hecho, y_es un milagro patente.

**For a bilingual refrain, sing the English through the first ending, followed by the Spanish with the second ending.*
†Or: ¡Aleluya!

73 Psalm 121: Our Help Comes from the Lord / El Auxilio Me Viene del Señor

Antiphon / Antífona

Verses / Estrofas

1. I lift up my eyes to the mountains: from where shall come my help?
My help shall come from the Lord who made heaven and earth.

2. May God never allow you to stumble! Let God sleep not, your guard.
Neither sleeping nor slumbering, God, Israel's guard.

3. The Lord is your guard and your shade: and at your right side stands.
By day the sun shall not smite you nor the moon in the night.

4. The Lord will guard you from evil: God will guard your soul.
The Lord will guard your going and coming both now and for ever.

5. Glory to the Father, and to the Son, and to the Holy Spirit:
as it was in the beginning, is now, and will be for ever. Amen.

1. Levanto mis ojos a los montes: ¿de dónde me vendrá el auxilio?
El auxilio me viene del Señor, que hizo‿el cielo‿y la tierra.

2. No permite que resbale tu pie, tu guardián no duerme;
no duerme ni reposa el guardián de‿Israel.

3. El Señor te guarda‿a su sombra, está a tu derecha;
de día no te dañará el sol, ni la luna de noche.

4. El Señor te guarda de todo mal, él guarda tu alma;
él guarda tus entradas y salidas, ahora y por siempre.

5. Gloria‿al Padre, y‿al Hijo, y‿al Espíritu Santo.
Como era‿en el principio, y‿es ahora, y‿habrá de ser por siempre. Amén.

Psalm 122: Let Us Go Rejoicing / Vamos Todos Alegres 74

Antiphon / Antífona*

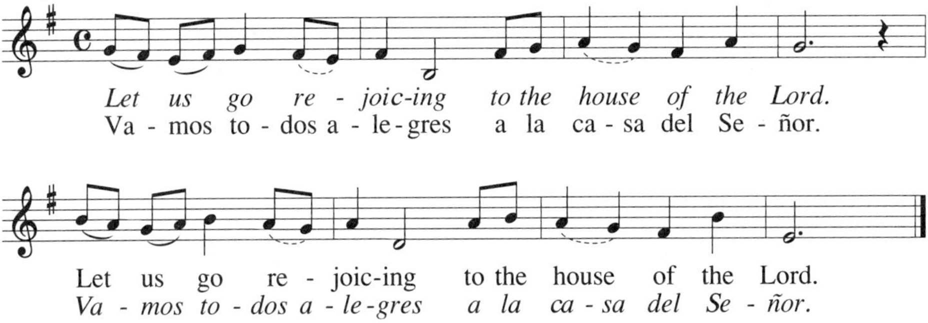

Verses / Estrofas

1. I rejoiced when I heard them say: "Let us go to the house of the Lord."
   And now our feet are standing within your gates, O Jerusalem.

2. Jerusalem is a city built with unity and strength.
   It is there, it is there that the tribes go up, the tribes of the Lord.

3. For Israel's law is to praise God's name and there to give God thanks.
   There are set the judgment thrones for all of David's house.

4. Pray for the peace of Jerusalem! "May those who love you prosper.
   May peace ever reign within your walls, and wealth within your buildings!"

5. For love of my family and love of my friends, I pray that peace be yours.
   For love of the house of the Lord our God I pray for your good.

1. Me‿alegré cuando me dijeron: "¡Vamos a la casa del Señor!"
Ya‿están pisando nuestros pies tus umbrales, Jerusalén.

2. Jerusalén está fundada como ciudad bien compacta.
Allá las tribus suben, las tribus del Señor.

3. Según la costumbre de‿Israel, a celebrar el nombre del Señor.
En ella‿están las cortes de justicia, en el palacio de David.

4. Deseen la paz a Jerusalén: "Que prosperan aquellos que te‿aman.
Que reine la paz entre tus muros, en tus palacios seguridad."

5. Por mis hermanos y‿amigos voy a decir: "La paz contigo."
Por la casa del Señor, nuestro Dios, pediré para ti la felicidad.

**For a bilingual setting, sing the text in italics.*

75 Psalm 128: Blest Are Those Who Love You / Dichosos Los Que Te Aman

Antiphon I / Antífona I

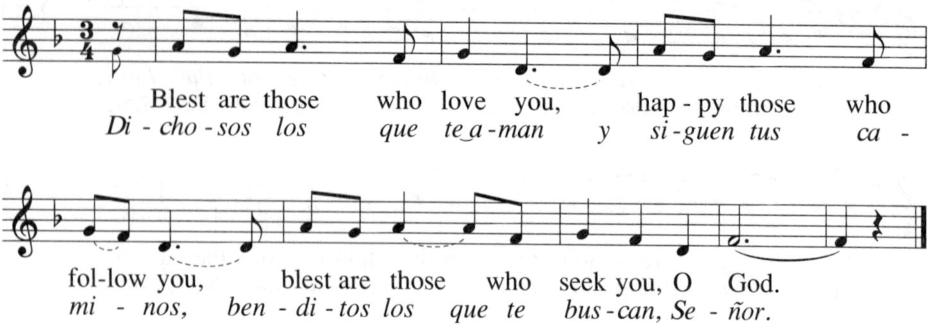

Antiphon II / Antífona II

Verses / Estrofas

1. Happy all those who fear the Lord, and walk in God's pathway;
   you will find what you long for: the riches of our God.

2. Your spouse shall be like a fruitful vine in the midst of your home,
   your children flourish like olive plants rejoicing at your table.

3. May the blessings of God be yours all the days of your life,
   may the peace and the love of God live always in your heart.

1. Dichosos los que temen al Señor y siguen sus caminos;
hallarán lo que buscan: las riquezas del Señor.

2. Tu mujer como fecunda vid en medio de tu casa,
y como brotes de olivo tus hijos a tu mesa.

3. Que el Señor los bendiga por todos los días;
que la paz y el amor de Dios estén con ustedes.

Text: Psalm 128:1–2, 3, 5; Marty Haugen; tr. by Ronald F. Krisman
Music: Marty Haugen; antiphon II adapt. by Diana Kodner

Psalm 130: With the Lord There Is Mercy / De Dios Viene la Misericordia 76

Antiphon / Antífona

Verses / Estrofas

1. From out of the depths, I cry unto you,
Lord, hear my voice, come hear my prayer;
O let your ear be open to my pleading.

2. If you, O Lord, should mark our guilt,
then who could stand within your sight?
But in you is found forgiveness for our failings.

3. Just as those who wait for the morning light,
even more I long for the Lord, my God,
whose word to me shall ever be my comfort.

1. A ti grito, Señor, desde‿el abismo,
mi Señor, escúchame;
está atento a mi voz suplicante.

2. Si no te‿olvidas de nuestras culpas,
oh Señor, ¿quién podrá vivir?
Mas de ti procede la misericordia.

3. Mi alma‿aguarda‿al Señor, mi Dios,
más que‿el centinela la‿aurora;
su palabra es por siempre mi consuelo.

77 Salmo 130

Antífona I / Antiphon I *(Night Prayer, Wednesday, second psalm)*

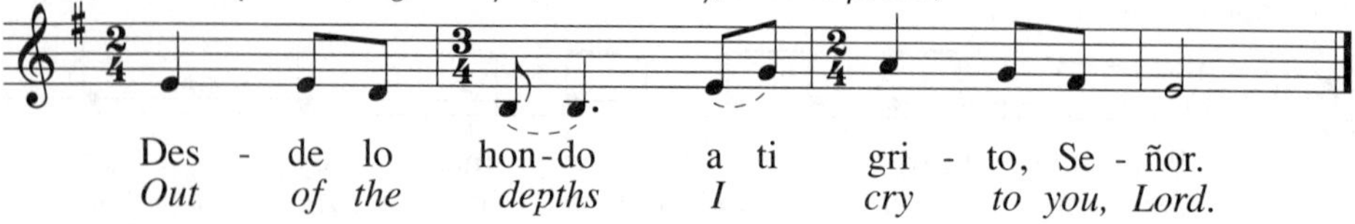

Letra: *Liturgia de la Horas*, © 1981, Comisión Episcopal Española de Liturgia; *Liturgy of the Hours*, © 1974, ICEL
Música: Ronald F. Krisman, © 2012, GIA Publications, Inc.

Antífona II / Antiphon II*

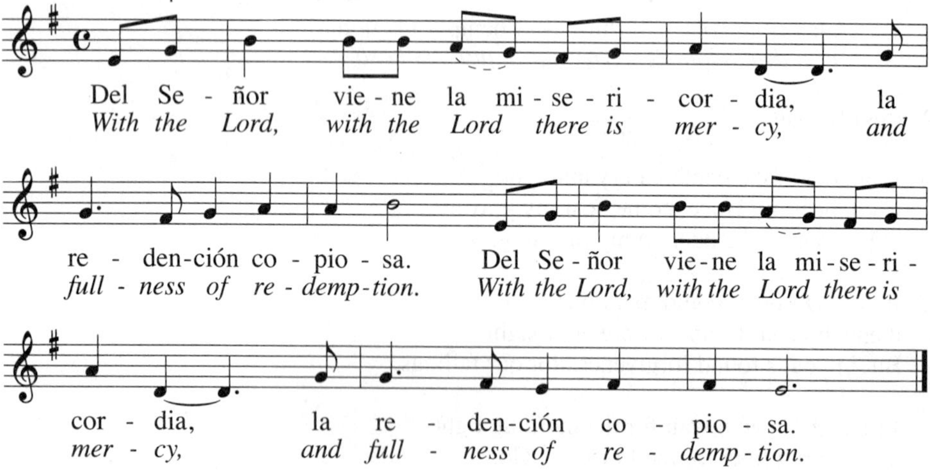

Letra: *Leccionario, Edición Hispanoamérica,* © 1970, 1972, Conferencia Episcopal Española; *Lectionary for Mass*, © 1969, 1981, 1997, ICEL
Música: Ronald F. Krisman, © 2004, GIA Publications, Inc.

Guimont Tone

Música: Michel Guimont, © 1994, GIA Publications, Inc.

1. [1]Desde lo hondo a ti grito, Se**ñor**;
[2]Señor, escu**cha** mi voz;
estén tus oídos a**ten**tos
a la voz **de** mi súplica.

2. [3]Si llevas cuentas de los delitos, Se**ñor**,
¿quién podrá **re**sistir?
[4]Pero de ti procede el per**dón**,
y así infun**des** respeto.

3. [5]Mi alma espera en el Se**ñor**,
espera en **su** palabra;
[6]mi alma aguarda al Se**ñor**,
más que el centine**la** la aurora.

*1. Out of the depths I cry to you, O **Lord**;*
*[2]Lord, **hear** my voice!*
*O let your ears be at**ten**tive*
*to the sound **of** my pleadings.*

*2. [3]If you, O Lord, should mark ini**qui**ties,*
*Lord, **who** could stand?*
*[4]But with you is found for**give**ness,*
*that you may **be** revered.*

*3. [5]I long for you, O **Lord**,*
*my soul longs **for** his word.*
*[6]My soul hopes in the **Lord***
*more than watch**men** for daybreak.*

For a bilingual antiphon, sing the first half in English, followed by the second half in Spanish.

4. Aguarde Israel al **Señor**,
[7]como el centine**la** la aurora.
Porque del Señor viene la miseri**cor**dia,
la reden**ción** copiosa;
[8]y él redimirá a Isra**el**
de todos **sus** delitos.

5. Gloria al Padre, y al **Hi**jo,
y al Espí**ri**tu Santo.
Como era en el principio, ahora y **siem**pre,
por los siglos de los si**glos**. Amén.

*4. More than watchmen for **day**break,*
*[7]let Israel hope **for** the LORD.*
*For with the LORD there is **mer**cy,*
*in him is plenti**ful** redemption.*
*[8]It is he who will redeem **I**srael*
*from all **its** iniquities.*

*5. To the Father Almighty give **glo**ry,*
*give glory **to** his Son,*
*to the Spirit most Holy give **praise**,*
*whose reign **is** for ever.*

Salmo 134 78

Antífona / Antiphon *(Night Prayer, Saturday, second psalm)*

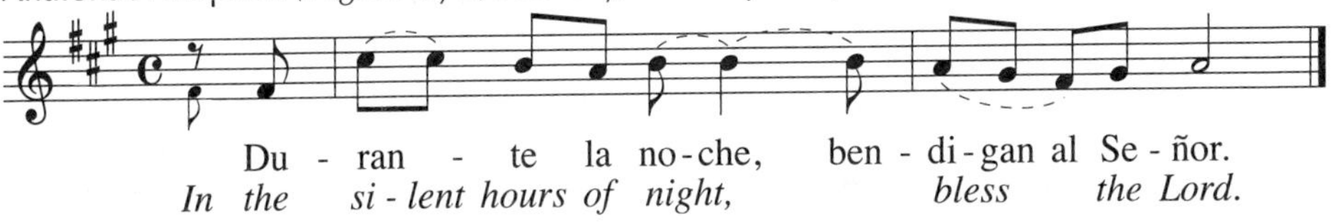

Guimont Tone

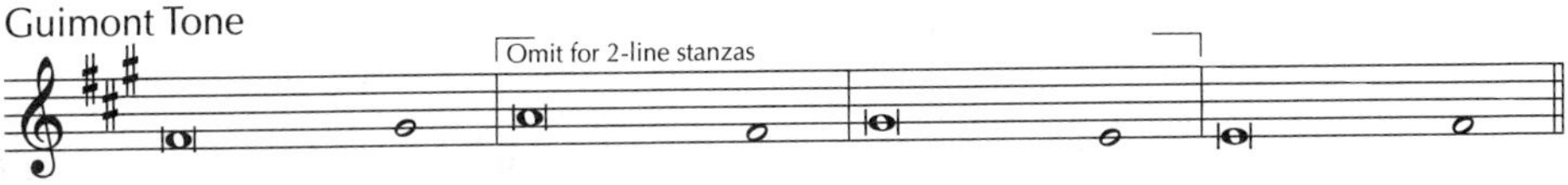

1. [1]Y ahora bendigan al **Señor**,
los siervos del Se**ñor**,
los que pasan la **no**che
en la casa del Se**ñor**.

2. [2]Levanten las manos hacia el san**tua**rio
y bendigan al Se**ñor**.

3. [3]El Señor te bendiga desde **Sión**,
el que hizo cielo y **tie**rra.

4. Gloria al Padre, y al **Hi**jo,
y al Espíritu **San**to.
Como era en el principio, ahora y **siem**pre,
por los siglos de los siglos. **Amén**.

*1. O come, bless the **LORD**,*
*all you servants of the **LORD**,*
*who stand by night in the **courts***
*of the house of the **LORD**.*

*2. [2]Lift up your hands to the **ho**ly place*
*and bless the **LORD**.*

*3. [3]May the Lord bless you from **Si**on,*
*he who made both heaven and **earth**.*

*4. Glory to the Father, and to the **Son**,*
*and to the Holy **Spir**it:*
*as it was in the be**gin**ning,*
*is now, and will be for ever. **A**men.*

79 Salmo 143

Antífona / Antiphon *(Night Prayer, Tuesday)*

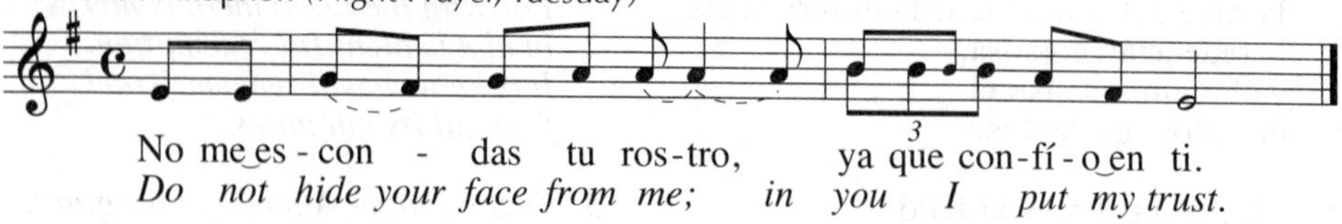

Letra: *Liturgia de la Horas*, © 1981, Comisión Episcopal Española de Liturgia; *Liturgy of the Hours*, © 1974, ICEL
Música: Ronald F. Krisman, © 2012, GIA Publications, Inc.

Guimont Tone

Música: Michel Guimont, © 1994, GIA Publications, Inc.

1.[1] Señor, escucha mi ora**ción**;
tú, que eres fiel, atiende a mi **sú**plica;
tú, que eres justo, es**cú**chame.
[2] No llames a juicio a tu **sier**vo,
pues ningún hombre vivo es inocente
frente a **ti**.

2.[3] El enemigo me persigue a **muer**te,
empuja mi vida al se**pul**cro,
me confina a las ti**nie**blas
como a los muertos ya olvi**da**dos.
[4] Mi aliento desfa**lle**ce,
mi corazón dentro de mí está **yer**to.

3.[5] Recuerdo los tiempos an**ti**guos,
medito todas tus ac**cio**nes,
considero las obras de tus **ma**nos
[6] y extiendo mis brazos hacia **ti**:
tengo sed de ti como tierra re**se**ca.

4.[7] Escúchame en seguida, Se**ñor**,
que me falta el a**lien**to.
No me escondas tu **ros**tro,
igual que a los que bajan a la **fo**sa.

5.[8] En la mañana hazme escuchar tu
gracia,
ya que confío en **ti**.
Indícame el camino que he de se**guir**,
pues levanto mi alma a **ti**.

*1. O Lord, listen to my **prayer**;*
*turn your ear to my ap**peal**.*
You are faithful, you are just; give
***an**swer.*
*[2] Do not call your servant to **judg**ment,*
for in your sight no one living is
***jus**tified.*

*2.[3] The enemy pursues my **soul**;*
*he has crushed my life to the **ground**.*
*He has made me dwell in **dark**ness,*
*like the dead, long for**got**ten.*
*[4] Therefore my spirit **fails**;*
*my heart is desolate with**in** me.*

*3.[5] I remember the days that are **past**;*
*I ponder all your **works**.*
*I muse on what your hand has **wrought**,*
*[6] and to you I stretch out my **hands**.*
Like a parched land my soul thirsts
*for **you**.*

*4.[7] O Lord, make haste and **an**swer me,*
*for my spirit fails with**in** me.*
*Do not hide your face from **me**,*
lest I become like those who go down
*into the **grave**.*

5.[8] In the morning, let me know your
*loving **mer**cy,*
*for in you I place my **trust**.*
*Make me know the way I should **walk**;*
*to you I lift up my **soul**.*

6.[9] Líbrame del enemigo, **Señor**,
que me refugio en **ti**.
[10] Enséñame a cumplir tu volun**tad**,
ya que tú eres mi **Dios**.
[11] Tu espíritu, que es **bue**no,
me guíe por tierra **lla**na.

7. Por tu nombre, Señor, consérvame **vi**vo;
por tu clemencia, sácame de la an**gus**tia.

8. Gloria al Padre, y al **Hi**jo,
y al Espíritu **San**to.
Como era en el principio, ahora y **siem**pre,
por los siglos de los siglos. **Amén**.

*6.[9] Rescue me, O LORD, from my **foes**;*
*to you have I fled for **re**fuge.*
*[10] Teach me to do your **will**,*
*for you are my **God**.*
*[11] Let your good spirit **guide** me*
*upon ground that is **le**vel.*

*7. LORD, save my life for the sake of your **name**;*
*in your justice, lead my soul out of dis**tress**.*

*8. Give praise to the Father Al**migh**ty,*
*to his Son, Jesus Christ the **Lord**,*
*to the Spirit who dwells in our **hearts**,*
*both now and for ever. **A**men.*

80 Psalm 145: I Will Praise Your Name / Bendeciré Tu Nombre

Antiphon / Antífona*

Verses / Estrofas

1. I will give you glory, my God above, and I will bless your name for ever.
Ev'ry day I will bless and praise your name for ever.

2. The Lord is full of grace and mercy, who is kind and slow to anger.
God is good in ev'ry way and full of compassion.

3. Let all your works give you thanks, O Lord,
and let all the faithful bless you.
Let them speak of your might, O Lord, the glory of your kingdom.

4. The Lord is faithful in word and deed,
and always near, his name is holy.
Lifting up all those who fall, God raises up the lowly.

1. Mi Dios y rey, te celebraré; bendeciré tu santo nombre.
Cada día alabaré tu nombre_eternamente.

2. El Señor es tierno y clemente; lleno_está de_amor paciente;
Dios es bueno para todos, él es cariñoso.

3. Que tus criaturas te den gracias, y tus fieles te bendigan,
proclamando tu_esplendor, la gloria de tu reino.

4. A sus palabras Dios es fiel, y_en sus acciones bondadoso.
Él sostiene_a los que caen, y_a los que ya se doblan.

**For a bilingual setting, sing the text in italics.*

Text: Psalm 145:1–2, 8–9, 10–11, 13b–14; David Haas; tr. by Ronald F. Krisman
Music: David Haas

Psalm 150 81

Antiphon I / Antífona I

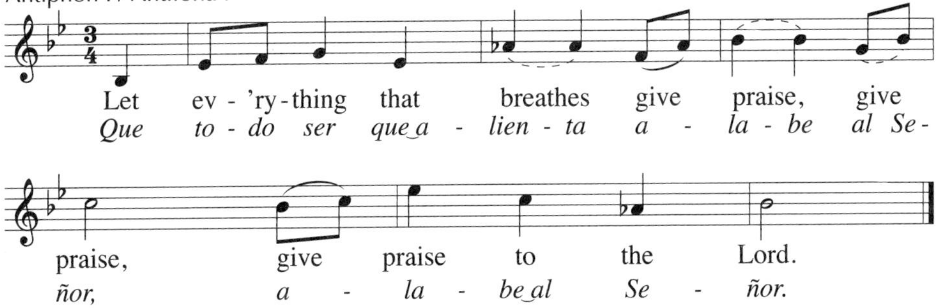

Antiphon II / Antífona II

Conception Abbey Tone

Gelineau Tone

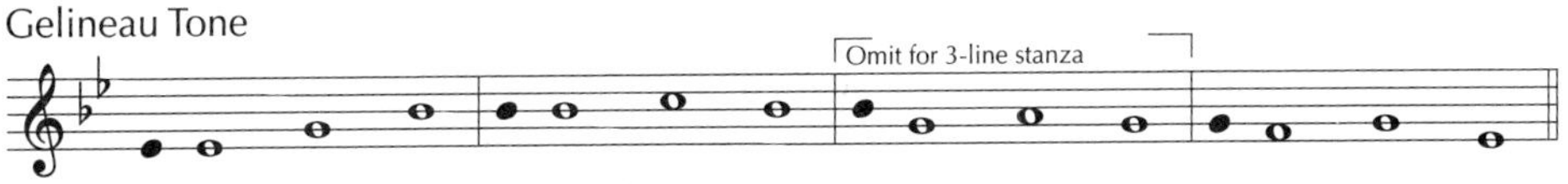

1. [1] Praise **God** in his **ho**ly **place**;
praise him in his **migh**ty **fir**mament.
[2] **Praise** him for his **pow**erful **deeds**;
praise him for his **bound**less **gran**deur.

2. [3] O **praise** him with **sound** of **trum**pet;
praise him with **lute** and **harp**.
[4] **Praise** him with **tim**brel and **dance**;
praise him with **strings** and **pipes**.

3. [5] O **praise** him with re**sound**ing **cym**bals;
praise him with **clash**ing of **cym**bals.
[6] Let **ev**erything that **breathes** praise the **LORD**!

4. Give **praise** to the **Fa**ther Al**migh**ty,
to his **Son**, Jesus **Christ** the **Lord**,
to the **Spir**it who **dwells** in our **hearts**,
both **now** and for **ev**er. **A**men.

*1. [1] Ala**ben** al Se**ñor** en su **tem**plo,
a**lá**benlo en su **fuer**te firma**men**to.
[2] A**lá**benlo por sus **o**bras mag**ní**ficas,
a**lá**benlo por su_in**men**sa gran**de**za.*

*2. [3] A**lá**benlo to**can**do trom**pe**tas,
a**lá**benlo con **ar**pas y **cí**taras,
[4] a**lá**benlo con tam**bo**res y **dan**zas,
a**lá**benlo con **trom**pas y **flau**tas.*

*3. [5] A**lá**benlo con pla**ti**llos so**no**ros,
a**lá**benlo con pla**ti**llos vi**bran**tes.
[6] **To**do **ser** que a**lien**ta
a**la**be **al** Se**ñor**.*

*4. Gloria_a **Dios**, **Pa**dre_omnipo**ten**te,
y_a su **Hi**jo, Jesu**cris**to, el Se**ñor**,
y_al Es**pí**ritu que_ha**bi**ta_en nuestras **al**mas,
por los **si**glos de los **si**glos. A**mén**.*

82 Éxodo 15: Cantemos al Señor / Let Us Sing to the Lord

Antífona Bilingüe / Bilingual Antiphon

Estrofas / Verses

1. Mi fuerza‿y mi poder es el Señor, él fue mi salvación.
   Es mi Dios: yo lo‿alabaré; el Dios de mis padres: yo lo‿ensalzaré.

2. El Señor es un guerrero. Los carros del Faraón los lanzó al mar,
   ahogó en el mar a sus mejores capitanes.

3. Las olas los cubrieron, bajaron hasta‿el fondo como piedras.
   Tu diestra, Señor, es terrible, tritura‿al enemigo.

4. Los introduces y los plantas en el monte de tu heredad, del que hiciste tu trono;
   santuario, Señor, que fundaron tus manos. Reinarás por siempre jamás.

1. My strength and my courage is the Lord, who has been my savior.
My God I praise without end. The God of my father, I will extol forever.

2. The Lord is a warrior! Great is God's name!
Pharoah's army God cast into the sea;
the elite of his army were all drowned in the sea.

3. The waters covered them, they sank like a stone.
Your right hand, O Lord, rich in pow'r,
your right hand, O Lord, has shattered the enemy.

4. Those whom you redeemed passed through;
you planted them on the mountain that you have made your own,
the place you made your home, Lord, the sanctuary your hands established.
You will reign forever and ever!

Isaiah 12: You Will Draw Water Joyfully / Sacarán Aguas con Alegría 83

Bilingual Antiphon / Antífona Bilingüe

Verses / Estrofas

1. God indeed is my Savior; I am confident and fearless.
   My courage is the Lord, for God has been my savior!

2. Proclaim God's name to the nations, tell the world of God's works.
   Praise the Lord, all you people, how glorious is God's name!

3. Sing the wonders God works, make them known in ev'ry land.
   O people of Zion, shout: the holy one is among you.

1. Vean al Dios que me salva, con él estoy seguro.
¡Mi fuerza y protección, el Señor es mi salvación!

2. ¡Denle las gracias a Dios, invoquen su nombre,
proclamen sus hazañas, a todos proclamen su nombre!

3. Canten a Dios por sus proezas, anúncienlas a toda la tierra.
Habitantes de Sión se alegran: "Contigo está el Dios de Israel."

84 Daniel 3:52–57

Antífona / Antiphon*

Guimont Tone

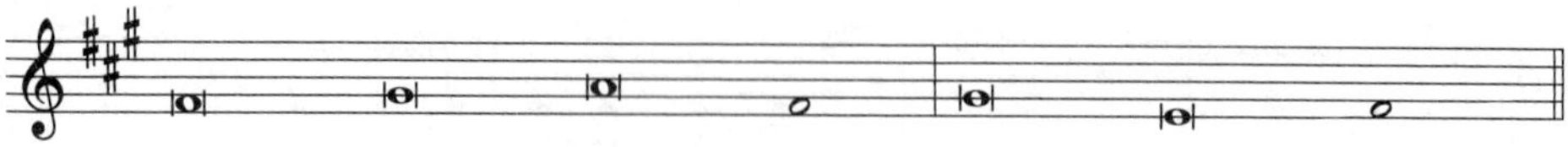

1. [52] Bendito eres, Se**ñor**, **Dios** de nuestros **pa**dres:
alabado y exal**ta**do eterna**men**te.

2. Bendito tu **nom**bre **san**to y glo**rio**so:
alabado y exal**ta**do por los siglos de los **si**glos.

3. [53] Bendito **e**res en el **tem**plo de tu santa **glo**ria:
alabado y glorifi**ca**do eterna**men**te.

4. [54] Bendito **e**res sobre el **tro**no de tu **rei**no:
alabado y exal**ta**do eterna**men**te.

5. [55] Bendito eres tú, que sen**ta**do sobre querubines son**de**as los a**bis**mos:
alabado y exal**ta**do eterna**men**te.

6. [56] Bendito **e**res en la **bó**veda del **cie**lo:
alabado y glorifi**ca**do eterna**men**te.

7. [57] Criaturas todas del Se**ñor**, ben**di**gan al Se**ñor**:
ensálcenlo con **him**nos por los **si**glos.

**For a bilingual setting, sing the text in italics.*

1. [52] *Blessed are **you**, O Lord, the **God** of our **fa**thers,*
*praiseworthy and ex**alt**ed above all for**ev**er.*

2. *Blessed is your **ho**ly and **glo**rious **name**,*
*praiseworthy and ex**alt**ed above all for all **a**ges.*

3. [53] *Blessed are **you** in the **tem**ple of your holy **glo**ry,*
*praiseworthy and **glo**rious above all for**ev**er.*

4. [54] *Blessed are **you** on the **throne** of your **king**dom,*
*praiseworthy and ex**alt**ed above all for**ev**er.*

5. [55] *Blessed are you who look into the **depths** from your **throne** upon the **cher**ubim,*
*praiseworthy and ex**alt**ed above all for**ev**er.*

6. [56] *Blessed are **you** in the **fir**mament of **hea**ven,*
*praiseworthy and **glo**rious for**ev**er.*

7. [57] *Bless the **Lord**, all you **works** of the **Lord**,*
*praise and ex**alt** him above all for**ev**er.*

Daniel 3:57–88 85

Ostinato Refrain / Estribillo

*Choose either part

Text: Daniel 3:57–88; Taizé Community
Tune: Jacques Berthier, 1923–1994

86 Lucas 1:46–55: Mi Alma Glorifica al Señor / Glorify the Lord, My Soul

to - do pue - de, cu - yo nom - bre‿es: San - to.
só a los que pien - san que son al - go.
jó de sí va - cí - os a los ri - cos.

pow - er - ful is God, whose name is Ho - ly.
haugh - ty and the proud of heart are scat - tered.
ones who had been rich are emp - ty - hand - ed.

4. Acogió a Israel su‿humilde siervo,
acordándose de su misericordia,
como‿había prometido‿a nuestros padres,
a‿Abrahán y descendencia para siempre.

5. Demos gloria‿a Dios porque‿él es nuestro Padre,
y‿a su Hijo que murió para salvarnos,
y‿al Espíritu que‿habita‿entre nosotros,
ahora‿y siempre por los siglos infinitos.

4. God has given help to Israel, his servant,
for the Lord is ever mindful of his mercy,
as was promised to the ones who came before us:
faithful Abraham and Sarah and their children.

5. Glory be to God: the Father of all mercies,
and the Son who suffered death for our salvation,
with the Spirit, who for ever dwells within us;
as it was, is now, and shall be for all ages.

Letra: Lucas 1:46–55; Alejandro Mejía, n.1937; tr. por Ronald F. Krisman, n.1946
Música: Alejandro Mejía, n.1937

87 Luke 1:46–53: My Soul Gives Glory / Mi Alma Glorifica a Dios

Text: Luke 1:46–53; Mary Louise Bringle, b.1953, © 2004, GIA Publications, Inc.; tr. by Georgina Pando-Connolly, b.1946, © 2012, GIA Publications, Inc.
Music: MAGNIFICAT, LMD; Michael Joncas; acc. by Mark V. Smith, © 1979, 1986, 1988, GIA Publications, Inc.

Luke 1:46–55: Magnificat 3 88

Antiphon

Verses

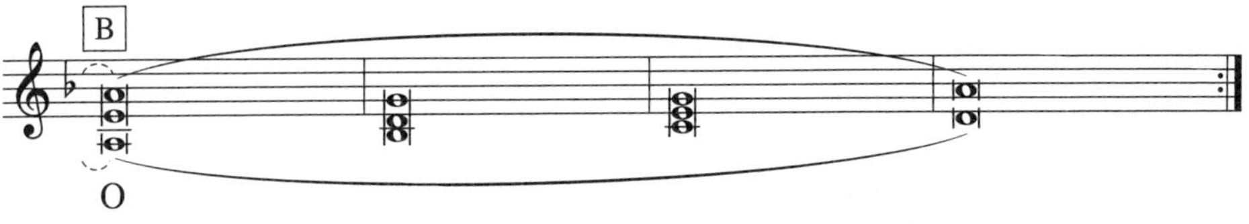

Text: Luke 1:46–55; Taizé Community
Tune: Taizé Community

89 Luke 1:46–55: The Almighty Has Done Great Things / El Poderoso Ha Hecho

Bilingual Antiphon / Antífona Bilingüe

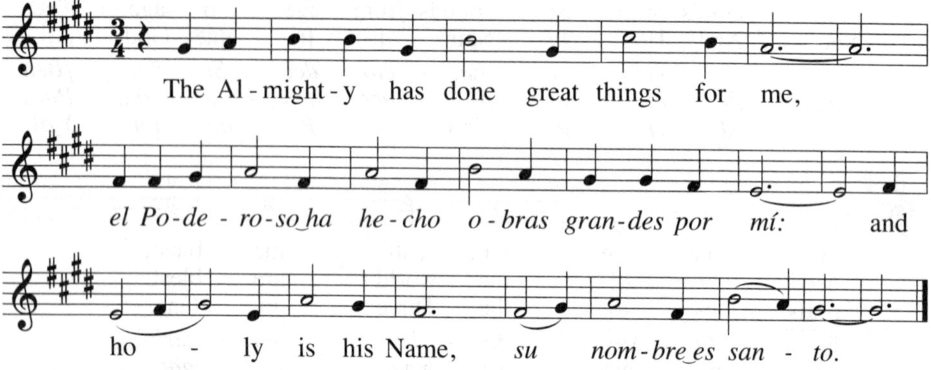

Text: *Lectionary for Mass*, © 1969, 1981, 1997, ICEL; *Leccionario, Edición Hispanoamérica*, © 1970, 1972, Conferencia Episcopal Española
Music: Ronald F. Krisman, © 2004, GIA Publications, Inc.

Guimont Tone

Music: Michel Guimont, © 1994, GIA Publications, Inc.

1. My soul proclaims the greatness **of** the Lord,
my spirit rejoices in **God** my Savior.

2. For he has looked with favor on his **low**ly servant.
From this day all generations will **call** me blessed:
the Almighty has done great **things** for me,
and holy **is** his Name.

3. He has mercy on **those** who fear him
in every **gen**eration.
He has shown the strength **of** his arm,
he has scattered the proud in **their** conceit.

4. He has cast down the mighty **from** their thrones,
and has lifted **up** the lowly.
He has filled the hungry **with** good things,
and the rich he has sent **a**way empty.

5. He has come to the help of his **ser**vant Israel
for he has remembered his prom**ise** of mercy,
the promise he made **to** our fathers,
to Abraham and his chil**dren** for ever.

6. Glory to the Father, and **to** the Son,
and to the **Ho**ly Spirit:
as it was in **the** beginning,
is now, and will be for ev**er**. Amen.

1. Proclama mi alma la grandeza ***del*** *Señor,*
se alegra mi espíritu en Dios, mi ***sal****vador.*

2. Porque ha mirado la humillación ***de*** *su‿esclava.*
*Desde ahora me felicitarán todas las ge****ne****raciones.*
*Porque el Poderoso ha hecho obras gran****des*** *por mí:*
su ***nom****bre‿es santo.*

*3. Y su misericordia lle****ga‿a*** *sus fieles*
*de generación en ge****ne****ración.*
Él hace proezas ***con*** *su brazo:*
dispersa a los soberbios de ***co****razón.*

4. Derriba del trono a los ***po****derosos*
y enaltece a ***los*** *humildes;*
*a los hambrientos los col****ma*** *de bienes*
*y a los ricos los despi****de*** *vacíos.*

*5. Auxilia a Isra****el****, su siervo,*
*acordándose de la mi****se****ricordia*
—como lo había prometido a ***nues****tros padres—*
*en favor de Abrahán y su descenden****cia*** *por siempre.*

6. Gloria al Padre, ***y*** *al Hijo,*
*y al Espí****ri****tu Santo:*
*como era en el principio, aho****ra*** *y siempre,*
*por los siglos de los si****glos****. Amén.*

Text: Luke 1:46–55; *International Consultation on English Texts*; Spanish tr., *Leccionario, Edición Hispanoamérica*,

90 Luke 1:68–79: Now Bless the God of Israel / Bendito el Dios de Israel

Text: *Benedictus*, Luke 1:68–79; Ruth Duck, © 1992, GIA Publications, Inc.; tr. by Georgina Pando-Connolly, © 2012, GIA Publications, Inc.
Music: FOREST GREEN, CMD; English melody; harm. by Ralph Vaughan Williams, 1872–1958, alt.

Lucas 2:29–32: Cántico de Simeón / Canticle of Simeon 91

Antífona I / Antiphon I

Antífona II / Antiphon II

Tonada / Psalm Tone

1. Ahora, Señor, se**gún tu** promesa,
   puedes dejar a tu siervo ir**se** en paz.
   Porque mis ojos han visto a tu **Sal**vador,
   a quien has presentado ante to**dos** los pueblos.

2. Luz para alumbrar **a las** naciones
   y gloria de tu pueblo **Is**rael.
   Gloria al Padre, y al Hijo, y al Espí**ri**tu Santo.
   Como era en el principio, ahora y siempre,
   por los siglos de los si**glos**. Amén.

*1. Lord, now you let your servant **go** in peace;*
*your word has **been** fulfilled:*
*My own eyes have seen **the** salvation*
*which you have prepared in the sight of **ev**'ry people.*

*2. A light to reveal you **to** the nations*
*and the glory of your **peo**ple Israel.*
*Glory to the Father, and to the Son, and to the **Ho**ly Spirit:*
*as it was in the beginning, is now, and will be for ev**er**. Amen.*

92 Philippians 2:6–11: Jesus Christ Is Lord! / ¡Cristo Jesús Es Señor!

Antiphon / Antífona

Verses / Estrofas

1. Although he was in the form of God,
he did not claim equality with God as something to be grasped.
But Jesus chose to empty himself and take the form of a slave,
human and broken like one of us, human and broken like one of us.

2. Found to be of human form, Jesus humbled himself,
obediently accepting death, death on a cross.
Because of this, God greatly exalted him
and gave him the name above all names, the name above all names.

3. So that at the name of Jesus, ev'ry knee should humbly bend
in heaven, and on earth, and under the earth,
and ev'ry tongue proclaim and sing to the glory of God the Father:
"Jesus Christ is Lord! Jesus Christ is Lord!"

1. Jesucristo, a pesar de su condición divina,
no consideró esta igualdad con Dios como algo que debía guardar celosamente.
Al contrario, se despojó de su rango y tomó la condición de esclavo,
pasando por uno de tantos, pasando por uno de tantos.

2. Y así, actuando como un hombre cualquiera,
se rebajó hasta someterse incluso a la muerte, y una muerte de cruz.
Por eso Dios lo levantó sobre todo y le concedió el "Nombre-sobre-todo-nombre,"
el "Nombre-sobre-todo-nombre."

3. Al nombre de Jesús toda rodilla se doble en el cielo,
en la tierra, en el abismo, y toda lengua proclame, para gloria de Dios Padre:
"¡Cristo es el Señor! ¡Cristo es el Señor!"

Text: Philippians 2:6–11; David Haas, alt.; tr. by Ronald F. Krisman
Music: David Haas

1 Peter 2:21–24 93

Antiphon / Antífona

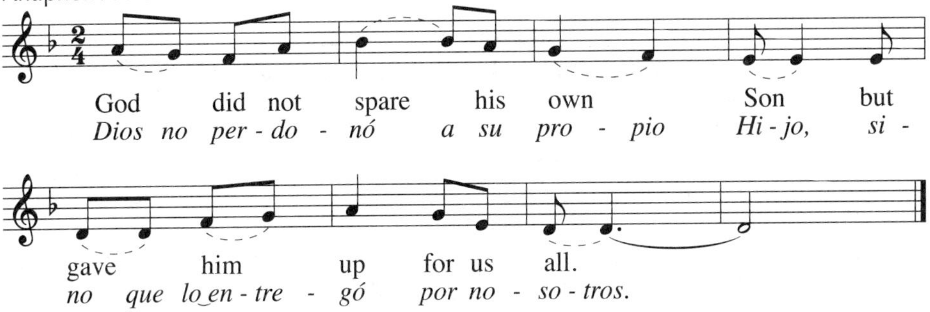

Conception Abbey Tone

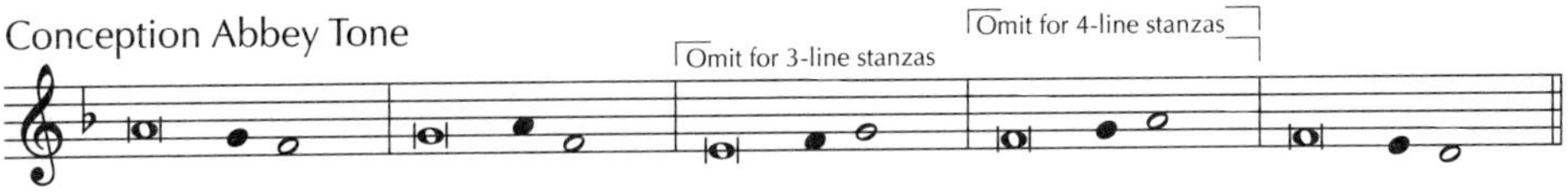

1. Christ suffered **for** you,
and left you an **ex**ample
to have you follow in **his** footsteps.

2. He did **no** wrong;
no deceit was found in **his** mouth.
When he was **in**sulted
he returned **no** insult.

3. When he was made **to** suffer,
he did not counter **with** threats.
Instead he delivered him**self** up
to the One who judg**es** justly.

4. In his **own** body
he brought your sins to **the** cross,
so that all of us, dead **to** sin,
could live in accord with **God's** will.
By his wounds you **were** healed.

5. Glory to the Father, and to **the** Son,
and to the Ho**ly** Spirit:
as it was in the **be**ginning,
is now, and will be for ever. **A**men.

*1. Cristo padeció por **no**sotros,*
*dejándonos un **e**jemplo*
*para que sigamos **sus** huellas.*

*2. Él no cometió **pe**cado*
*ni encontraron engaño en **su** boca;*
*cuando lo in**sul**taban,*
*no devolvía el **in**sulto.*

*3. En su **pa**sión*
*no profería a**me**nazas;*
*al contrario, se **po**nía*
*en manos del que juzga jus**ta**mente.*

*4. Cargado con nuestros **pe**cados,*
*subió **al** leño,*
*para que, muertos al **pe**cado,*
*vivamos para la **jus**ticia.*
*Sus heridas nos han **cu**rado.*

*5. Gloria al Padre, y **al** Hijo,*
*y al Espíri**tu** Santo.*
*Como era en el principio, ahora **y** siempre,*
*por los siglos de los siglos. **A**mén.*

94 Revelation 19: All Power Is Yours / Honor a Ti

Antiphon / Antífona

All pow'r is yours, Lord God, our might - y King, al - le - lu - ia!
¡Ho - nor a ti, nues - tro Se - ñor y rey, a - le - lu - ya!

Refrain I / Respuesta I

Al - le - lu - ia, al - le - lu - ia!
¡A - le - lu - ya, a - le - lu - ya!

Verses / Estrofas

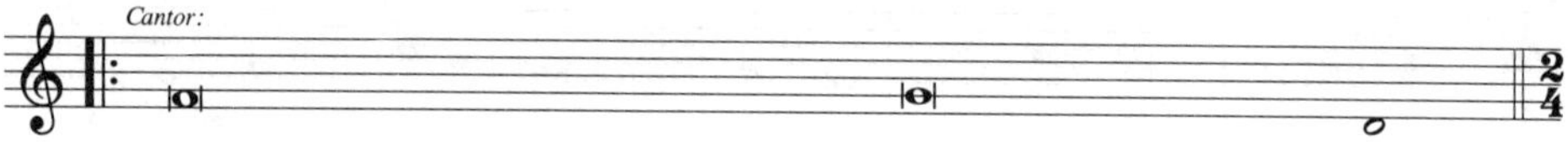

1. Salvation, glory, and	power to our	God:
2. Sing praise to our God,	all you his	servants,
3. The Lord our all-powerful	God is	King;
4. The wedding feast of the	Lamb has be -	gun,
5. Glory to the Father, and to the	Son, and to the Holy	Spirit:
1. La salvación y la gloria y el po -	*der son de nuestro*	*Dios,*
2. Alaben al Señor, sus	*siervos*	*todos,*
3. Porque reina el Señor, nuestro Dios,	*dueño de*	*todo,*
4. Llegó la	*boda del Cor -*	*dero,*
5. Gloria al Padre, y al Hijo, y al Es -	*píritu*	*Santo,*

Refrain II / Respuesta II

Al - le - lu - ia!
¡A - le - lu - ya!

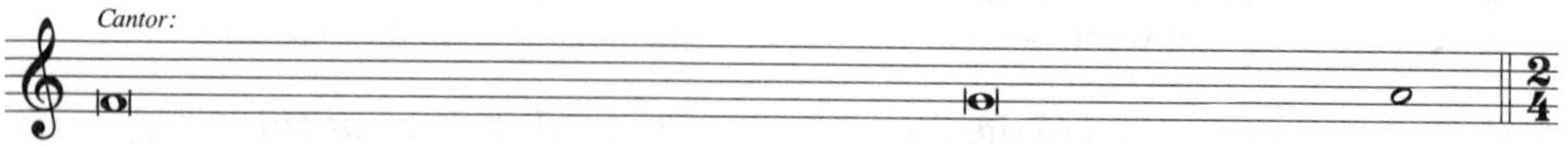

his judgments are	honest and	true.
all who worship him reverently,	great and	small.
let us rejoice, sing	praise, and give him	glory.
and his bride is pre -	pared to	welcome him.
as it was in the beginning, is now, and will be for	ever. A -	men.
porque sus juicios son verda -	*deros y*	*justos.*
los que le temen, pe -	*queños y*	*grandes.*
alegrémonos y gocemos y	*démosle*	*gracias.*
su esposa se ha	*embelle -*	*cido.*
como era en el principio, ahora y siempre, por los siglos de los	*siglos. A -*	*mén.*

Refrain I / Respuesta I

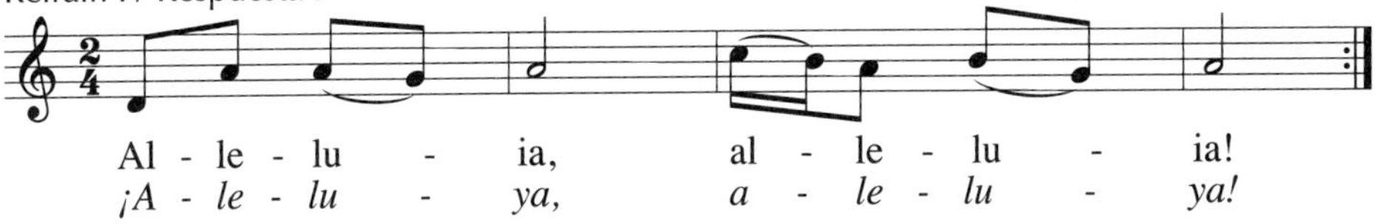

Rites of the Church / Ritos de la Iglesia

95

Christian Initiation of Adults

The passage of an adult into the Christian community takes place over an extended period of time. The members of the local Church, the catechists and sponsors, the clergy and the diocesan bishop take part in the journey from inquiry through the catechumenate to baptism, confirmation and eucharist. With their example the candidates are invited to pray, to reflect on the word of God, to fast and to join in the community's practice of charity. They are to learn the way of Jesus from the members of the Church.

This journey of the candidates and community is marked by liturgical rites; thus the community publicly acknowledges, encourages and strengthens the candidates. The first of these is the rite of becoming catechumens. It concludes the sometimes lengthy period during which those who have come to ask about the way of the Church and the life of a Christian have heard the gospel proclaimed and seen it practiced. Those who then feel called to walk in this way of Christ's Church ask to begin the journey toward baptism. If the Church judges the inquirers ready, they are accepted into the order of catechumens.

Those who have entered the catechumenate are already part of the household of Christ. During this time the catechumens are to hear and reflect on God's word, to learn the teachings and practices of the Church, to become gradually accustomed to the ways of prayer and discipline in the Church, to observe and to join in the good works of Christians. Ordinarily the catechumens are present on Sunday for the liturgy of the word and may be dismissed after the homily—to continue prayer and study with their catechists—since they cannot join in the Eucharist.

Rites of exorcism and blessing may be celebrated during the catechumenate.

Iniciación Cristiana de Adultos

El paso de un adulto a la comunidad cristiana tiene lugar durante un período extenso de tiempo. Los miembros de la Iglesia diocesana, los catequistas y esponsores, el clero y el obispo diocesano participan en el camino de la búsqueda al catecumenado, y luego al bautismo, confirmación y eucaristía. Con su ejemplo invitan a los candidatos a orar, a reflexionar sobre la palabra de Dios, a ayunar y a unirse a la comunidad en la práctica de la caridad. Deben aprender el camino de Jesús de los miembros de la Iglesia.

Este caminar de los candidatos y la comunidad está marcado por ritos litúrgicos; así, la comunidad reconoce, anima, y fortalece públicamente a los candidatos. El primer rito se celebra cuando entran en el catecumenado. Esta ceremonia concluye el período, que a veces es largo, durante el cual los que han venido a preguntar sobre el modo de ser Iglesia y sobre la vida de un cristiano han escuchado la proclamación del evangelio y lo han visto practicado en la vida diaria. Entonces, aquellos que se sienten llamados a caminar de este modo en la Iglesia de Cristo piden empezar a prepararse para recibir el bautismo. Si la Iglesia juzga que los buscadores están listos, los acepta en el orden de los catecúmenos.

Los que han entrado en el catecumenado ya son parte de la familia de Cristo. Durante este período, los catecúmenos deben escuchar y reflexionar sobre la palabra de Dios, aprender las enseñanzas y prácticas de la Iglesia para acostumbrarse gradualmente a los modos de oración y disciplina en la Iglesia, observar y unirse en las buenas obras de los cristianos. Generalmente los catecúmenos están presentes los domingos durante la liturgia de la palabra y se les puede despedir después de la homilía—para continuar orando y estudiando con sus catequistas—puesto que no pueden participar en la eucaristía.

Through such rites the Church prays that the catechumens will be purified, strengthened against all evil and thus eagerly grow in faith and good works. The very presence of the catechumens—at the Sunday liturgy, in these special rites and in everyday life—is itself a source of strength and blessing to the faithful.

Each year as Lent begins, the bishop, with the help of the local pastor and others involved with the catechumens, is to call those catechumens who are judged ready to prepare themselves for baptism at the Easter Vigil. Thus the catechumens become the "elect," the chosen, and for the forty days of Lent they make preparations: praying, fasting, doing good works. All the faithful join them in this. On several Sundays in Lent the rites of scrutiny take place when the assembled Church prays over the elect. During Lent also the catechumens may publicly receive the words of the Church's creed and of the Lord's Prayer.

Good Friday and Holy Saturday are days of prayer, fasting and preparation for the rites of the Easter Vigil. On the night between Saturday and Sunday, the Church assembles to keep vigil and listen to many readings from Scripture. Then the catechumens are called forward for baptism and confirmation. These rites are found in the Easter Vigil.

The newly baptized, now called neophytes, take a special place in the Sunday Eucharist throughout the fifty days of Eastertime. This is a time for deepening their incorporation into the Church.

All of these stages of initiation take place in the midst of the community. In various rites, the faithful show the Christian life to the inquirers and catechumens. In turn, the faithful are strengthened and challenged in their faith by the presence of the catechumens.

Those who seek to belong to the Roman Catholic Church and who are already baptized may participate in the catechesis and in some of the rites of the catechumenate but they are not baptized again. Rather, they are received into the full communion of the Roman Catholic Church.

Se pueden celebrar los ritos de exorcismo y bendición durante el catecumenado. A través de estos ritos la Iglesia pide que los catecúmenos sean purificados, fortalecidos contra toda mal y así crezcan con entusiasmo en la fe y en las obras buenas. La misma presencia de los catecúmenos—en la liturgia dominical, en estos ritos especiales, y en la vida diaria—es una fuente de fuerza y bendición para los feligreses.

Cada año al empezar la cuaresma, el obispo, con la ayuda del párroco local y de otros involucrados con los catecúmenos, debe llamar a esos catecúmenos que se creen listos para prepararse para el bautismo en la Vigilia Pascual. Así los catecúmenos se convierten en "elegidos," los escogidos, y por los cuarenta días de la cuaresma se preparan orando, ayunando, haciendo obras buenas. Todos los fieles se unen a ellos en esto. Durante varios domingos de cuaresma, se celebran los ritos de escrutinio en los que la Iglesia reunida ora por los elegidos. También durante la cuaresma, los catecúmenos pueden recibir el texto del credo de la Iglesia y del Padrenuestro.

El Viernes Santo y el Sábado Santo son días de oración, ayuno y preparación para los ritos de la Vigilia Pascual. La noche entre el sábado y el domingo, la Iglesia se reúne para la vigilia y escucha muchas lecturas bíblicas. Luego se llama a los catecúmenos para que se acerquen a recibir el bautismo y la confirmación. Estos ritos se encuentran en la Vigilia Pascual.

Ahora los recién bautizados se llaman neófitos y tienen un lugar especial en la eucaristía dominical durante los cincuenta días de Pascua. Este es el período por profundizar su incorporación en la Iglesia.

Todos estos pasos de iniciación se celebran en medio de la comunidad. En varios ritos, los fieles muestran la vida cristiana a los buscadores y catecúmenos. A su vez, los fieles se fortalecen y son desafiados en su fe por la presencia de los catecúmenos.

Los que desean pertenecer a la Iglesia católica romana y ya están bautizados pueden participar en la catequesis y en algunos de los ritos del catecumenado pero no se les bautiza otra vez. Más bien, se les recibe en la comunión plena de la Iglesia católica romana.

96 ACCEPTANCE INTO THE ORDER OF CATECHUMENS

INTRODUCTORY RITES

An appropriate psalm or song may be sung as the priest goes to meet the candidates and their sponsors.

The priest greets the assembly: candidates, sponsors, members of the parish. The candidates are asked what it is that they seek from God's Church, and each replies.

CANDIDATES' FIRST ACCEPTANCE OF THE GOSPEL

The priest solemnly asks if the candidates are ready to begin walking the way of the gospel. The sponsors and all present are asked if they stand ready to assist the candidates as they strive to know and follow Christ. All respond: **We are.**

After a brief prayer, all may sing the following acclamation:

ACEPTACIÓN EN LA ORDEN DE LOS CATECÚMENOS

RITOS INICIALES

Se puede cantar un salmo o himno apropiado cuando el sacerdote va a saludar a los candidatos y a sus esponsores.

El sacerdote saluda a la asamblea: candidatos, esponsores, miembros de la parroquia. Se pregunta a los candidatos qué es lo que buscan de la Iglesia de Dios, y cada uno contesta.

PRIMERA ACEPTACIÓN DEL EVANGELIO POR LOS CANDIDATOS

El sacerdote pregunta solemnemente si los candidatos están listos para empezar a caminar en este modo de vivir según el evangelio. Se pregunta a los esponsores y a todos los presentes si están listos para ayudar a los candidatos en sus esfuerzos por conocer y seguir a Cristo. Todos responden: **Sí, estamos dispuestos.**

Después de una oración breve, todos cantan la siguiente aclamación:

SIGNING OF THE CANDIDATES WITH THE CROSS

The sign of the cross marks the candidates for their new way of life. The priest signs each on the forehead saying:

N., receive the cross on your forehead.
It is Christ himself who now strengthens you
with this sign of his love.
Learn now to know him and follow him.

All sing the following or another suitable acclamation:

SIGNACIÓN DE LOS CANDIDATOS CON LA CRUZ 97

La señal de la cruz marca a los candidatos para su nuevo estilo de vida. El sacerdote hace la señal de la cruz en la frente de cada candidato, diciendo:

N., recibe la señal de la cruz en la frente:
Cristo mismo te fortalece
con este signo de su amor.
Aprende ahora a conocerle y a seguirle.

Todos cantan la siguiente u otra aclamación apropiada:

Text: *Rite of Christian Initiation of Adults*, © 1985, ICEL; *Rito de la Iniciación Cristiana de Adultos*, © 1991, USCCB
Music: Marty Haugen, © 1995, GIA Publications, Inc.

Sponsors and others also sign the candidates. Ears and eyes and other senses may also be signed. The priest prays that the catechumens may share in the saving power of the cross. The acclamation above may be repeated as necessary.

También los esponsores y otras personas hacen la señal de la cruz en la frente de los candidatos. Se puede hacer la señal de la cruz también en los oídos y ojos y en otros sentidos. El sacerdote ora para que los catecúmenos compartan en el poder salvador de la cruz. Se puede repetir la aclamacióm anterior si es necesario.

INVITATION TO THE CELEBRATION OF THE WORD OF GOD

If the assembly processes to the place for the liturgy of the word, an appropriate psalm or hymn may be sung.

INVITACIÓN A LA CELEBRACIÓN DE LA PALABRA DE DIOS

Si la asamblea va en procession al lugar de la liturgia de la palabra, se canta un salmo o himno apropiado.

LITURGY OF THE WORD

There may be one or more readings from Scripture, together with a responsorial psalm. After the homily, a Bible may be given to the new catechumens for their study and prayer throughout the time of the catechumenate.

LITURGIA DE LA PALABRA 98

Puede leerse uno o más pasajes de la sagrada escritura, y cantarse el salmo responsorial. Después de la homilía, se puede entregar una biblia a los catecúmenos nuevos para su estudio y oración durante el período del catecumenado.

INTERCESSIONS FOR THE CATECHUMENS

All join in prayer for the new catechumens.

SÚPLICAS POR LOS CATECÚMENOS

Todos se unen en oración pidiendo por los nuevos catecúmenos.

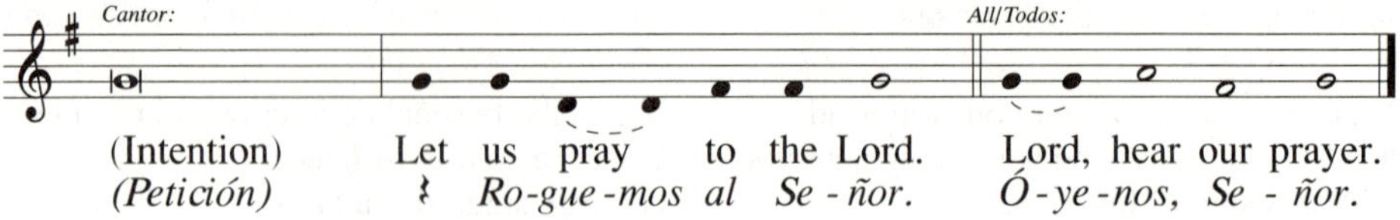

Music: Byzantine chant

If the Eucharist is to be celebrated, the catechumens are first dismissed. For music to accompany the dismissal, see below.

Si se celebra la Eucaristía, se despide primero a los catecúmenos. Para la música que acompañe a la despedida, véase más abajo.

99 RITES OF THE CATECHUMENATE

DISMISSAL OF THE CATECHUMENS

When the catechumens are present at Mass, they are usually dismissed after the homily. Only when they have been baptized are they able to join the faithful in the reception of the eucharist. After their dismissal, the catechumens remain together and are joined by their catechists or others to pray and reflect on the scripture readings.

RITOS DEL CATECUMENADO

DESPEDIDA DE LOS CATECÚMENOS

Cuando los catecúmenos están presentes para la Misa, generalmente se les despide después de la homilía. Sólo cuando han sido bautizados son capaces de unirse a los feligreses en la recepción de la eucaristía. Después de la despedida, los catecúmenos permanecen juntos y sus catequistas u otras personas se unen a ellos para orar y reflexionar sobre las escrituras.

The following may be sung to accompany the dismissal:

Se puede cantar lo siguiente mientras salen:

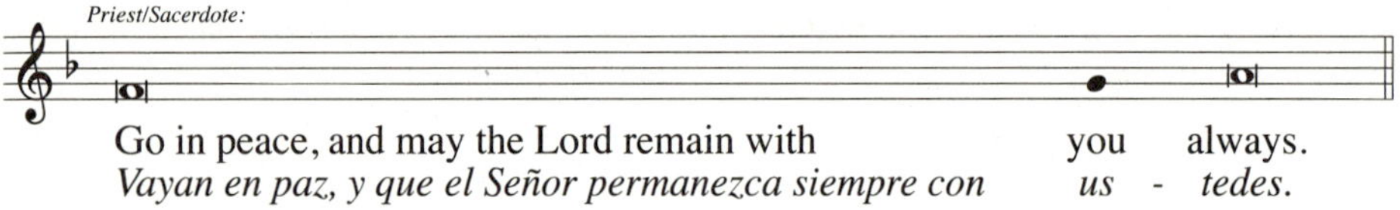

Text: *Rite of Christian Initiation of Adults*, © 1985, ICEL; *Rito de la Iniciación Cristiana de Adultos*, alt., © 1991, USCCB
Music: Lynn Trapp, © 1991, MorningStar Music Publishers

CELEBRATIONS OF THE WORD OF GOD

On Sundays, after the catechetical sessions, before the beginning of a new liturgical season, and at other times the catechumens and others may join for liturgy: song, reading of Scripture, psalmody, prayer and silence are normally part of such a service.

CELEBRACIONES DE LA PALABRA DE DIOS

Los domingos, o después de las sesiones catequéticas, o antes del comienzo de un nuevo tiempo litúrgico, o en otras ocasiones, los catecúmenos y otras personas pueden unirse para celebrar esta liturgia. Normalmente forman parte de esa celebración: un canto, una(s) lectura(s) bíblica(s), salmodia, oraciones, y momentos de silencio.

MINOR EXORCISMS

At appropriate times during the catechumenate, the catechists or other approved ministers may lead the community in prayers of exorcism over the catechumens. These prayers acknowledge the struggle against evil and ask that God strengthen the catechumens.

EXORCISMOS MENORES

En momentos apropiados durante el catecumenado, los catequistas u otros ministros aprobados pueden dirigir a la comunidad en oraciones de exorcismo sobre los catecúmenos. Estas oraciones reconocen la lucha de los catecúmenos contra el mal y piden que Dios los fortalezca.

BLESSINGS OF THE CATECHUMENS

Prayers of blessing and the laying on of hands may take place whenever the catechumens gather for instruction or other purposes. Catechists or other approved ministers ask these blessings over the catechumens.

BENDICIONES DE LOS CATECÚMENOS

Se puede bendecir e imponer las manos cuando los catecúmenos se reúnen para la instrucción o para otros fines. Los catequistas u otros ministros aprobados bendicen a los catecúmenos.

ANOINTINGS AND PRESENTATIONS

During the catechumenate or during Lent, the candidates may be anointed with the oil of catechumens as a sign of strength given for their struggle to live the gospel. At some point in this time they are publicly presented with the Church's treasury of prayer and faith, the Our Father and the Creed.

UNCIONES DE LOS CATECÚMENOS Y LAS ENTREGAS

Durante el catecumenado o durante la cuaresma, los candidatos pueden ser ungidos con el óleo de los catecúmenos como un signo de fortaleza otorgado para sus esfuerzos por vivir el evangelio. En algún momento en esta etapa se les entrega el tesoro de la Iglesia para la oración y la proclamación de fe: el Padrenuestro y el Credo.

RITE OF ELECTION OR ENROLLMENT OF NAMES

At the beginning of Lent, it is the responsibility of the bishop to call those who are judged ready to prepare for the sacraments of initiation at Easter. The bishop is to consult first with the pastors, catechists and others. The rite of election may take place at the cathedral. If the rite takes place in the parish church, the bishop may designate the pastor to act in his place.

RITO DE ELECCIÓN O INSCRIPCIÓN DE NOMBRES

Al empezar la cuaresma, es la responsabilidad del obispo de llamar a los que se juzga que están listos para prepararse para recibir en la Pascua los sacramentos de iniciación cristiana. El obispo debe consultar primero con los párrocos, catequistas y otras personas. Se puede tener el rito en la catedral. Si el rito se tiene en la parroquia, el obispo puede designar al párroco para que actúe en su lugar.

This rite is also called the "Enrollment of Names." Each candidate now gives his/her name, or writes it down. When all have been enrolled, the bishop says: "You have been chosen to be initiated into the sacred mysteries at the Easter Vigil." He then speaks to them and to their sponsors about their lenten preparation for baptism.

While or immediately after the candidates have signed their names, an appropriate hymn or acclamation (e.g., nos. 729 and 736) may be sung.

Este rito también se llama "Inscripción de nombres." Ahora cada candidato dice o escribe su nombre. Cuando todos lo han hecho, el obispo dice: "N. y N., ahora los declaro miembros de los elegidos, para ser iniciados en los sagrados misterios durante la próxima Vigilia Pascual." Luego les habla a ellos y a sus esponsores sobre su preparación cuaresmal para el bautismo.

Mientras o inmediatamente después de que los candidatos han firmado su nombre, se puede cantar un himno apropiado o una aclamación (por ejemplo, núms. 729 y 736).

100 SCRUTINIES

The scrutinies occur on the Third, Fourth and Fifth Sundays of Lent. The elect are called before the community for exorcism and prayer. If the Intercessions for the Elect are chanted, the assembly may respond with:

ESCRUTINIOS

Los escrutinios tienen lugar el Tercero, Cuarto y Quinto Domingo de Cuaresma. Se llama a los elegidos frente a la comunidad para un exorcismo y oración. Si se cantan las Súplicas por los Elegidos, la asamblea puede responder con:

Music: Jacques Berthier, © 1998, Les Presses de Taizé, GIA Publications, Inc., agent

PREPARATORY RITES

Various preparation rites take place during the day on Holy Saturday. These include prayer, recitation of the Creed, and the rite of Ephphetha (opening of ears and mouth).

RITOS PREPARATORIOS

Se tienen varios ritos preparatorios durante el día del Sábado Santo. Estos incluyen oración, la recitación del Símbolo (el Credo), y el rito del Effetá (el abrir oídos y boca).

SACRAMENTS OF INITIATION

The sacraments of initiation take place at the Easter Vigil.

SACRAMENTOS DE INICIACIÓN

Se celebran los sacramentos de iniciación durante la Vigilia Pascual.

PERIOD OF MYSTAGOGIA

"Mystagogia" refers to the fifty-day period of postbaptismal catechesis and celebration when the newly baptized are gradually drawn by the community into the fullness of Christian life and prayer. The newly baptized retain a special place in the assembly and are mentioned in the prayers of intercession. A special celebration, on Pentecost or just before, may mark the conclusion of the whole period of initiation.

ETAPA DE MISTAGOGIA

"Mistagogia" se refiere a la catequesis y a la celebración postbautismal de cincuenta días cuando la comunidad les ayuda a los recién bautizados a participar plenamente de la vida y oración cristiana. Los recién bautizados mantienen un lugar especial en la asamblea y se les menciona en las oraciones de los fieles. Una celebración especial, en Pentecostés o inmediatamente antes, puede marcar la conclusión de todo el período de iniciación.

Baptism of Children

Children are baptized in the faith of the Church: of parents, godparents, the local parish, the Church throughout the world, the saints. Bringing their children for baptism, the parents profess their commitment to make a home where the gospel is lived. And the godparents and all members of the community promise to support the parents in this. Thus the children enter the waters of baptism and so are joined to this people, all baptized into the death and resurrection of Christ.

Baptism is celebrated above all at the Easter Vigil, but also on other Sundays, for Sunday is the Lord's Day, the day when the Church gathers to proclaim the paschal mystery. Baptism is always celebrated in an assembly of members of the Church and may take place at Sunday Mass.

RECEPTION OF THE CHILDREN

The people may sing a psalm or hymn suitable for the occasion as the priest/deacon goes to meet the parents and godparents at the entrance of the church, or as all process into the church.

The parents and godparents are welcomed by all. The priest/deacon asks the names of the children and questions the parents about their own expectations and willingness to take on the responsibilities this baptism brings. The godparents are asked if they are ready to assist the parents in their responsibilities as Christian mothers and fathers.

With joy, then, the priest/deacon, the parents and godparents make the sign of the cross on the child's forehead as the priest or deacon says: "I claim you for Christ our Savior by the sign of his cross."

If there is to be a procession to the place where Scripture will be read, the following antiphon, or a hymn, may be sung.

Bautismo de Niños 101

Los niños y niñas son bautizados en la fe de la Iglesia: de sus padres, de sus padrinos, de la parroquia local, de la Iglesia en todo el mundo, de los santos. Al llevar a sus hijos para que se les bautice, los padres y madres profesan su compromiso de tener un hogar donde se vive el evangelio. Y los padrinos, las madrinas, y todos los miembros de la comunidad prometen apoyar a los padres y madres en esto. Así los niños entran en las aguas del bautismo y se unen a este pueblo de todos los bautizados en la muerte y resurrección de Cristo.

El bautismo se celebra especialmente en la Vigilia Pascual, pero también en otros domingos, puesto que el domingo es el día del Señor, el día cuando la Iglesia se reúne para proclamar el misterio pascual. El bautismo debe celebrarse siempre en medio de una asamblea de los miembros de la Iglesia, y se puede celebrar durante la Misa del domingo.

RECEPCIÓN DE LOS NIÑOS 102

Los feligreses pueden cantar un salmo o himno apropiado para la ocasión cuando el sacerdote/diácono va saludar a los padres y padrinos a la entrada de la iglesia, o cuando todos entran en la iglesia.

Todos les dan la bienvenida a los padres y padrinos. El sacerdote o diácono pregunta los nombres de los niños e interroga a los padres sobre sus propias expectaciones y disposición al asumir las responsabilidades que este bautismo implica. Se les pregunta a los padrinos si están dispuestos a ayudar a los padres con sus responsabilidades como madres y padres cristianos.

Luego, con gozo, el sacerdote/diácono, los padres y los padrinos hacen la señal de la cruz en la frente de cada niño mientras el sacerdote/diácono dice: "La comunidad cristiana te recibe con gran alegría. En nombre de ella yo te marco con la señal de la cruz."

Si va a haber una procesión al lugar donde se proclamará la Sagrada Escritura, se puede cantar la siguiente antífona o un himno.

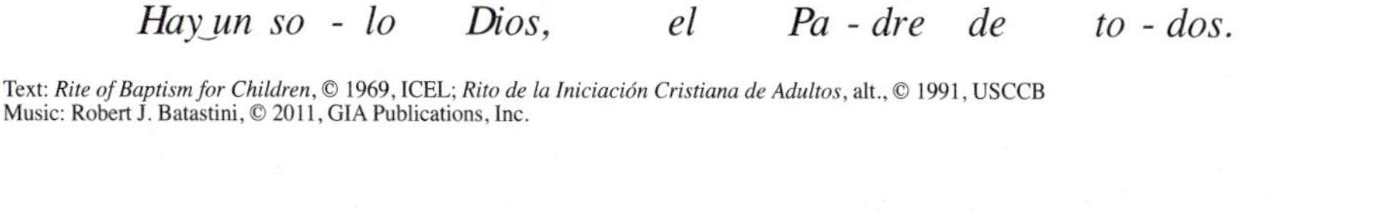

Text: *Rite of Baptism for Children*, © 1969, ICEL; *Rito de la Iniciación Cristiana de Adultos*, alt., © 1991, USCCB
Music: Robert J. Batastini, © 2011, GIA Publications, Inc.

103 LITURGY OF THE WORD

LITURGIA DE LA PALABRA

FIRST READINGS

One or more passages from Scripture are read. At the conclusion of each:

Reader: The word of the Lord.
Assembly: **Thanks be to God.**

PRIMERA(S) LECTURA(S)

Se lee uno o más pasajes de la Sagrada Escritura. Al terminar cada uno:

Lector: Palabra de Dios.
Asamblea: **Te alabamos, Señor.**

RESPONSORIAL PSALM

The following psalm may follow the first reading:

SALMO RESPONSORIAL

El siguiente salmo puede cantarse después de la primera lectura:

Refrain / Respuesta

Text: *Lectionary for Mass*, © 1969, 1981, 1997, ICEL; *Leccionario, Edición Hispanoamérica*, © 1970, 1972, Conferencia Episcopal Española
Music: Ronald F. Krisman, © 2004, GIA Publications, Inc.

Verses / Estrofas

The Lord is my light and my salvation;
whom shall I fear?
The Lord is the stronghold of my life;
whom should I dread? ℟.

There is one thing I ask of the Lord,
only this do I seek:
to live in the house of the Lord
all the days of my life,
to gaze on the beauty of the Lord,
to inquire at his temple. ℟.

I believe I shall see the Lord's goodness
in the land of the living.
Wait for the Lord; be strong;
be stouthearted, and wait for the Lord! ℟.

El Señor es mi luz y mi salvación,
¿a quién temeré?
El Señor es la defensa de mi vida,
¿quién me hará templar? ℟.

Una cosa pido al Señor, eso buscaré:
habitar en la casa del Señor por los días
de mi vida,
gozar de la dulzura del Señor,
contemplando su templo. ℟.

Espero gozar de la dicha del Señor
en el país de la vida.
Espera en el Señor, sé valiente,
ten ánimo, espera en el Señor. ℟.

Text: Psalm 27:1, 4, 13–14, *The Revised Grail Psalms*, © 2010, Conception Abbey and The Grail, admin. por GIA Publications, Inc. Salmo 27:1, 4, 13–14, © 1970, Conferencia Episcopal Española
Music: Michel Guimont, © 1994, GIA Publications, Inc.

Additional responsorial psalms for Baptism of Children are listed in the Index of Psalms and Canticles, no. 1037.

Se encuentran otros salmos responsoriales para el Bautismo de Niños en el Índice de Salmos y Cánticos, núm. 1037.

GOSPEL

EVANGELIO 104

Before the gospel reading, an acclamation is sung:

Antes de la lectura del evangelio, se canta una aclamación:

Music: Chant Mode VI; acc. by Richard Proulx, © 1985, GIA Publications, Inc.

During Lent:

Durante la Cuaresma:

Text: *Lectionary for Mass*, © 1969, 1981, 1997, ICEL; *Leccionario, Edición Hispanoamérica*, © 1970, 1972, Conferencia Episcopal Española
Music: Marty Haugen, © 1995, GIA Publications, Inc.

Deacon:* The Lord be with you.
Assembly: **And with your spirit.**
Deacon: A reading from the holy Gospel according to N.
Assembly: **Glory to you, O Lord.**

After the reading:

Deacon: The Gospel of the Lord.
Assembly: **Praise to you, Lord Jesus Christ.**

**Or priest*

Diácono:* El Señor esté con ustedes.
Asamblea: **Y con tu espíritu.**
Diácono: Lectura del santo evangelio según san N.
Asamblea: **Gloria a ti, Señor.**

Después de la lectura:

Diácono: Palabra del Señor.
Asamblea: **Gloria a ti, Señor Jesús.**

**O sacerdote*

INTERCESSIONS

ORACIÓN DE LOS FIELES 105

All join in prayer for the Church, the needs of the world, the poor, the children to be baptized and their parents.

Todos se unen en oración por la Iglesia, las necesidades del mundo, los niños que se van a bautizar y sus padres y madres.

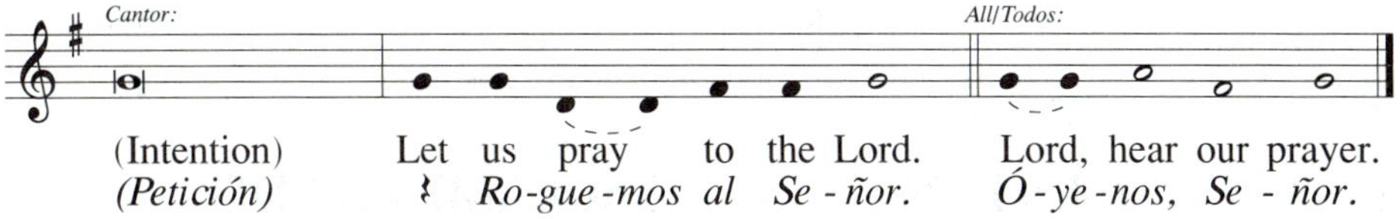

Music: Byzantine chant

This prayer concludes with the litany of the saints, which may include the patron saints of the children and of the local Church. (Such additional saints' names are inserted between numbers 4 and 5.)

Esta oración concluye con la letanía de los santos que puede incluir el santo patrono de los niños y de la Iglesia diocesana y la parroquia. (Estos nombres adicionales de los santos se insertan entre los núms. 4 y 5.)

1. Holy Mary, Mother of God, pray for us.
2. Saint John the Bap - tist, pray for us.
3. Saint Jo - seph, pray for us.
4. Saint Peter and Saint Paul, pray for us.
Additional saints
5. All holy men and women, Saints of God, pray for us.

1. Santa María, Madre de Dios, rue - ga por no - sotros.
2. San Juan Bau - tis - ta, rue - ga por no - sotros.
3. San Jo - sé, rue - ga por no - sotros.
4. San Pedro y San Pa - blo, rue-guen por no - sotros.
Santos y santas adicionales
5. Todos los santos y santas de Dios, rue-guen por no - sotros.

106 PRAYER OF EXORCISM AND ANOINTING

The priest/deacon stands before the parents with their infants and prays that God deliver these children from the power of evil. The children may be anointed with the oil of catechumens, an anointing which makes them strong for their struggle against evil in their lives. Or, the priest/deacon may lay hands on each child to show the love and concern the Church has for them. If there is a procession to the baptistry, the following may be sung:

EXORCISMO Y UNCIÓN PREBAUTISMAL

El sacerdote/diácono está de pie ante los padres con sus bebés, y pide que Dios libre a estos niños del poder del maligno. Los niños pueden ser ungidos con el óleo de los catecúmenos. Esta unción los hace fuertes para su lucha contra el mal en su vida. O el sacerdote/diácono puede imponer las manos sobre cada niño o niña para mostrar el amor y la preocupación que la Iglesia tiene por ellos. Si hay una procesión al bautisterio, se puede cantar el siguiente canto:

We come to you, Lord Je - sus, fill us with your life.
A ti ve - ni - mos, Cris - to: con - cé-de-nos vi - vir en ti,

Make us chil - dren of the Fa - ther and one in you.
Y se - re - mos tus hi - jos a - dop - ti - vos.

107 SACRAMENT OF BAPTISM

BLESSING AND INVOCATION OF GOD OVER BAPTISMAL WATER

When all are gathered at the font, the priest/deacon leads a blessing of the water, unless the baptismal water has already been blessed.

SACRAMENTO DEL BAUTISMO

BENDICIÓN DEL AGUA E INVOCACIÓN A DIOS

Cuando todos se han reunido cerca de la pila, el sacerdote/diácono dirige la bendición del agua, a no ser que el agua bautismal ya se ha bendecido.

RENUNCIATION OF SIN AND PROFESSION OF FAITH

The priest/deacon then questions the parents and godparents, and they make a renunciation of sin and evil and profess their faith. The assembly listens to their responses. The priest/deacon then invites all to give their assent to this profession of faith, using the following formulary or a suitable song by which the community expresses its faith with a single voice.

RENUNCIA Y PROFESIÓN DE FE

Luego el sacerdote/diácono pregunta a los padres y padrinos, y ellos renuncian al pecado y al maligno y profesan su fe. La asamblea escucha sus respuestas. El sacerdote/diácono los invita luego a todos a que expresen su asentimiento a esta profesión de fe, usando el siguiente formulario u otro canto apropiado:

Text: *Rite of Baptism for Children*, © 1969, ICEL; *Ritual del Bautismo de Niños*, © 1970, Comisión Episcopal Española de Liturgia

BAPTISM

One by one, the infants are brought to the font by their parents. There the parents express their desire to have their child baptized in the faith of the Church which they have professed. The infant is then immersed in the water three times (or water is poured over the infant's head three times) as the priest/deacon says: "N., I baptize you in the name of the Father, and of the Son, and of the Holy Spirit." All may respond to each baptism with an acclamation.

BAUTISMO 108

Los padres y madres traen uno por uno a los niños/niñas a la pila. Allí los padres y madres expresan su deseo de que su hijo/hija sea bautizado/a en la fe de la Iglesia que ellos han profesado. Entonces se sumerge al infante en el agua tres veces (o se derrama el agua en la cabeza del infante tres veces) mientras el sacerdote/diácono dice: "N., yo te bautizo en el nombre del Padre, y del Hijo, y del Espíritu Santo." Todos pueden responder a cada bautismo con una aclamación.

*May be sung in canon.

Text: ICEL, © 1969; tr. by Ronald F. Krisman, © 2006, GIA Publications, Inc.
Music: Howard Hughes, SM, © 1977, ICEL

109 *During Lent:* / *Durante la Cuaresma:*

Cantor, then all:
Primero el cantor, luego todos:

110 ANOINTING WITH CHRISM

The priest/deacon anoints each child on the crown of the head with holy chrism, a mixture of oil and perfume. The word "Christ" means "anointed." The baptized child has been "Christ-ed" and the sweet smell of the anointing reminds all of this.

UNCIÓN POSTBAUTISMAL CON EL SANTO CRISMA

El sacerdote/diácono unge a cada infante en la coronilla con el santo crisma , una mezcla de aceite y perfume. La palabra "Cristo" significa "ungido." El niño o niña bautizado ha sido hecho otro cristo y el suave olor de la unción les recuerda esto a todos.

CLOTHING WITH THE BAPTISMAL GARMENT AND GIVING OF THE CANDLE

The infants are then clothed in baptismal garments and a candle for each of the newly baptized is lighted from the paschal candle.

IMPOSICIÓN DE LA VESTIDURA BLANCA Y ENTREGA DE LA VELA ENCENDIDA

Luego se impone en los infantes la vestidura bautismal y se enciende con el fuego del cirio pascual una vela para cada uno de los recién bautizados.

(Optional) EPHPHETHA

The priest/deacon may touch the ears and mouth of each child: "May Jesus soon touch your ears to receive his word, and your mouth to proclaim his faith."

EFFETÁ (Opcional)

El sacerdote/diácono puede tocar los oídos y boca de cada infante: "El Señor Jesús te conceda, a su tiempo, escuchar su palabra y profesar la fe."

CONCLUSION AND BLESSING

If baptism is celebrated at Mass, the liturgy continues with the Eucharist. Otherwise, all process to the altar, carrying lighted candles. The above acclamation may be sung again during this procession. All then pray the Lord's Prayer, the parents are blessed, after which all respond: **Amen***, and the liturgy concludes with a hymn of praise and thanksgiving.*

CONCLUSIÓN DEL RITO, BENDICIÓN Y DESPEDIDA

Si el bautismo se celebra dentro de la Misa, la liturgia continúa con la eucaristía. De otra manera, todos van hacia el altar, llevando velas encendidas. Se puede cantar la aclamación anterior otra vez durante la procesión. Luego todos rezan el Padrenuestro, se bendice a los padres y a las madres, después de eso, todos responden: **Amén***, y la liturgia concluye con un himno de alabanza y acción de gracias.*

Holy Communion outside Mass

When for good reason Communion cannot be received at Mass, the faithful may share in the paschal mystery through the liturgy of the word and the reception of Holy Communion.

INTRODUCTORY RITES

An appropriate hymn or psalm may be sung.

GREETING

If the minister is a priest or deacon, the usual form of greeting is used:

Assembly: **And with your spirit.**

If the minister is not a priest or deacon, another form of greeting may be used:

Assembly: **Blessed be God for ever.**

PENITENTIAL ACT

The minister invites silent reflection and repentance. After some silence:

Assembly:
I confess to almighty God
and to you, my brothers and sisters,
that I have greatly sinned,
in my thoughts and in my words,
in what I have done and in what I have failed to do,
All strike their breast as they say:
through my fault, through my fault,
through my most grievous fault;
therefore I ask blessed Mary ever-Virgin,
all the Angels and Saints,
and you, my brothers and sisters,
to pray for me to the Lord our God.

The forms found at nos. 152 and 153 may also be used.

Sagrada Comunión fuera de la Misa 111

Cuando por alguna buena razón no se puede recibir la comunión durante la Misa, los fieles pueden compartir en el misterio pascual por medio de la liturgia de la palabra y la recepción de la sagrada comunión.

RITOS INICIALES 112

Se puede cantar un himno o salmo apropiado.

SALUDO

Si el ministro es un sacerdote o diácono, se usa la forma normal del saludo:

Asamblea: **Y con tu espíritu.**

Si el ministro no es un sacerdote ni diácono, se puede usar otra fórmula para el saludo:

Asamblea: **Bendito sea el Señor por siempre.**

ACTO PENITENCIAL

El ministro invita a una reflexión en silencio y al arrepentimiento. Después de unos momentos de silencio:

Asamblea:
Yo confieso ante Dios todopoderoso
y ante ustedes, hermanos,
que he pecado mucho
de pensamiento, palabra, obra y omisión.
Golpeándose el pecho, dicen:
Por mi culpa, por mi culpa, por mi gran culpa.
Por eso ruego a santa María, siempre Virgen,
a los ángeles, a los santos
y a ustedes, hermanos,
que intercedan por mí ante Dios, nuestro Señor.

Se pueden usar también las fórmulas que se encuentran en los núms. 152 y 153.

113 CELEBRATION OF THE WORD OF GOD

FIRST READINGS

One or more passages from Scripture are read. At the conclusion of each:

Reader: The word of the Lord.
Assembly: **Thanks be to God.**

RESPONSORIAL PSALM

An appropriate psalm may follow the first reading.

114 GOSPEL

Before the gospel reading, an alleluia or Lenten acclamation is sung.

[*Deacon*:* The Lord be with you.
Assembly: **And with your spirit.**]
Reader: A reading from the holy Gospel according to N.
Assembly: **Glory to you, O Lord.**

After the reading:

Reader: The Gospel of the Lord.
Assembly: **Praise to you, Lord Jesus Christ.**

**Or priest*

115 INTERCESSIONS

The assembly joins in prayer for the needs of the world, of the poor, and of the Church.

116 HOLY COMMUNION

The minister invites all to join in the Lord's Prayer, then to exchange a sign of peace. The minister then raises the eucharistic bread and all respond to the invitation.

Assembly:
**Lord, I am not worthy
that you should enter under my roof,
but only say the word
and my soul shall be healed.**

CELEBRACIÓN DE LA PALABRA DE DIOS

PRIMERA(S) LECTURA(S)

Se lee uno o más pasajes de la Sagrada Escritura. Al terminar cada uno:

Lector: Palabra de Dios
Asamblea: **Te alabamos, Señor.**

SALMO RESPONSORIAL

Un salmo apropiado puede cantarse después de la primera lectura.

EVANGELIO

Antes de la lectura del evangelio, se canta un aleluya o una aclamación cuaresmal.

[*Diácono*:* El Señor esté con ustedes.
Asamblea: **Y con tu espíritu.**]
Lector: Lectura del santo evangelio según san N.
Asamblea: **Gloria a ti, Señor.**

Después de la lectura:

Lector: Palabra del Señor.
Asamblea: **Gloria a ti, Señor Jesús.**

**O sacerdote*

PLEGARIA UNIVERSAL

La asamblea se une en oración por las necesidades del mundo, de los pobres, y de la Iglesia.

SAGRADA COMUNIÓN

El ministro invita a todos a unirse en la oración del Padrenuestro, luego al intercambio del saludo de paz. Entonces el ministro eleva el Pan eucarístico y todos responden a la invitación.

Asamblea:
**Señor, no soy digno
de que entres en mi casa,
pero una palabra tuya
bastará para sanarme.**

A psalm or hymn may be sung during Communion. Afterwards, there may be a period of silence or the singing of a psalm or hymn. The minister then recites a concluding prayer.

Se canta un salmo o himno durante la comunión. Después, hay unos momentos de silencio o el canto de un salmo o himno. Luego el ministro dice la oración final.

CONCLUDING RITE

All are blessed and dismissed.

Presiding minister: Go in the peace of Christ.

Assembly: **Thanks be to God.**

RITO DE CONCLUSIÓN

Se bendice a todos y se les despide.

El ministro que preside: Pueden ir en paz.

Asamblea: **Demos gracias a Dios.**

117 Eucharistic Exposition and Benediction

"Exposition of the holy eucharist...is intended to acknowledge Christ's marvelous presence in the sacrament. Exposition invites us to the spiritual union with him that culminates in sacramental communion. Thus it fosters very well the worship which is due to Christ in spirit and in truth.

This kind of exposition must clearly express the cult of the blessed sacrament in its relationship to the Mass. The plan of the exposition should carefully avoid anything which might somehow obscure the principal desire of Christ in instituting the eucharist, namely, to be with us as food, medicine, and comfort" (*Holy Communion and Worship of the Eucharist outside of Mass*, #82).

Exposición y Bendición Eucarística

"La exposición de la santísima Eucaristía... lleva a los fieles a reconocer en ella la maravillosa presencia de Cristo y les invita a la unión de corazón con él, que culmina en la comunión sacramental. Así promueve adecuadamente el culto en espíritu y en verdad que le es debido.

Hay que procurar que en tales exposiciones el culto del santísimo Sacramento manifieste, aun en los signos externos, su relación con la Misa. En el ornato y en el modo de la exposición evítese cuidadosamente todo lo que pueda oscurecer el deseo de Cristo, que instituyó la Eucaristía ante todo para que fuera nuestro alimento, nuestro consuelo y nuestro remedio" (*Ritual de la Sagrada Comunión y del Culto a la Eucaristía fuera de la Misa*, #82).

118 EXPOSITION

As the priest or deacon prepares the holy eucharist for adoration, the following or another suitable song is sung:

EXPOSICIÓN

Mientras el sacerdote o diácono prepara al Santísimo Sacramento para la adoración, se canta el siguiente himno u otro canto apropiado:

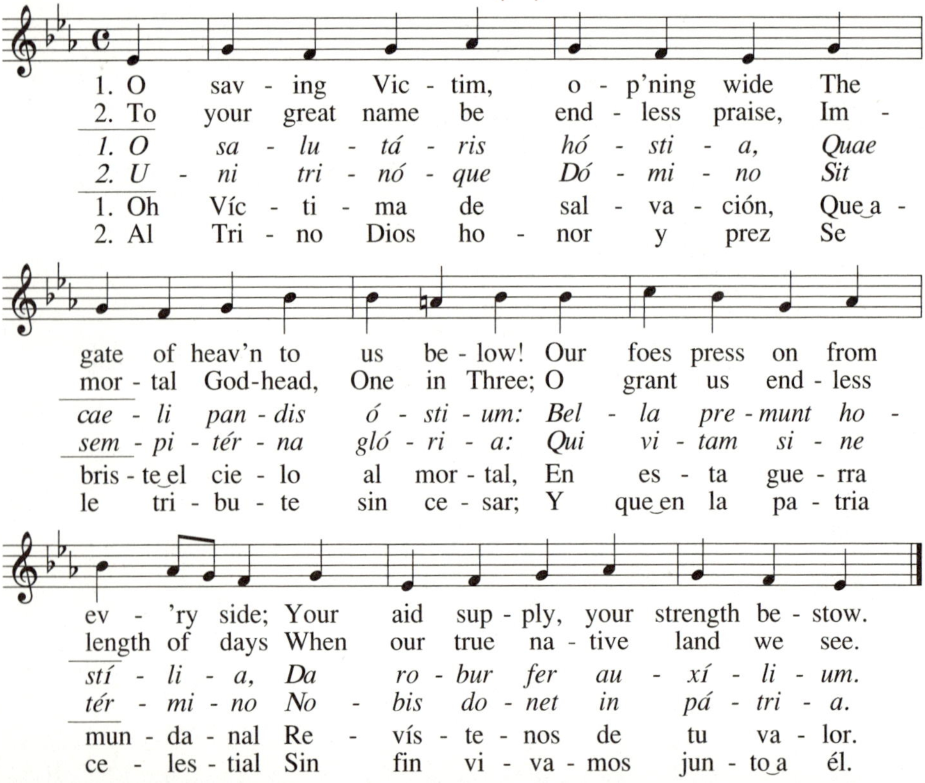

Text: *O salutaris hostia*, Thomas Aquinas, 1225–1274; English tr. by Edward Caswall, 1814–1878 and John Mason Neale, 1818–1866, alt.; Spanish tr., anonymous
Tune: DUGUET, LM; Dieudonné Duguet, 1794–1849

ADORATION

During the adoration there are prayers, songs, scripture readings, and possibly a homily to develop a better understanding of the eucharistic mystery. Silent prayer is also encouraged. If time allows, the Liturgy of the Hours may be celebrated here.

ADORACIÓN 119

Durante la adoración hay oraciones, cantos, lecturas bíblicas, y posiblemente una homilía para desarrollar una comprensión mejor del misterio eucarístico. También se anima a la oración en silencio. Si el tiempo lo permite, se puede celebrar aquí la Liturgia de las Horas.

BENEDICTION

As the priest or deacon incenses the Blessed Sacrament, the following or another appropriate hymn or song may be sung:

BENDICIÓN 120

Mientras el sacerdote o diácono inciensa al Santísimo Sacramento, se puede entonar el siguiente himno u otro canto apropiado:

Text: Thomas Aquinas, 1225–1274; English tr. by James Quinn, SJ, 1919–2010, © 1969. James Quinn, SJ. Selah Publishing Co., Inc., North American agent; Spanish tr., anonymous
Music: ST. THOMAS, 8 7 8 7 8 7; John F. Wade, 1711–1786

After a prayer, the priest or deacon blesses the assembly with the Blessed Sacrament.

Después de un momento de oración, el sacerdote o diácono bendice a la asamblea con el Santísimo Sacramento.

121 REPOSITION

As the priest or deacon replaces the Sacrament in the tabernacle, the assembly may sing or say the following acclamations:

Blessed be God.
Blessed be his holy name.
Blessed be Jesus Christ, true God and true man.
Blessed be the name of Jesus.
Blessed be his most sacred heart.
Blessed be his most precious blood.
Blessed be Jesus in the most holy sacrament of the altar.
Blessed be the Holy Spirit, the Paraclete.
Blessed be the great Mother of God, Mary most holy.
Blessed be her holy and immaculate conception.
Blessed be her glorious assumption.
Blessed be the name of Mary, virgin and mother.
Blessed be Saint Joseph, her most chaste spouse.
Blessed be God in his angels and in his saints.

LA RESERVA

Mientras el sacerdote o diácono regresa al Santísimo Sacramento al tabernáculo la asamblea puede cantar o decir las siguientes aclamaciones:

Bendito sea Dios.
Bendito sea su santo nombre.
Bendito sea Jesucristo, verdadero Dios y verdadero hombre.
Bendito sea el nombre de Jesús.
Bendito sea su sacratísimo Corazón.
Bendita sea su preciosísima Sangre.
Bendito sea Jesús en el Santísimo Sacramento del altar.
Bendito sea el Espíritu Santo Paráclito.
Bendita sea la gran Madre de Dios, María Santísima.
Bendita sea su santa e inmaculada Concepción.
Bendita sea su gloriosa Asunción.
Bendito sea el nombre de María, Virgen y Madre.
Bendito sea San José, su castísimo esposo.
Bendito sea Dios en sus ángeles y en sus santos.

Reconciliation of Several Penitents

Reconciliación de Varios Penitentes

122

The sacrament of penance, also called the sacrament of reconciliation, may be celebrated with one penitent or with many. The latter form, the communal penance service, is a gathering of a few or a large number of Christians. Together they listen to Scripture, sing psalms and hymns, pray, individually confess their sins and receive absolution, then praise God whose mercy and love are greater than our evil. In the rite of penance, the members of the Church confront the struggle that was entered at baptism. There has been failure, evil done and good undone, but the penitent Church comes again and again to name and renounce its sins and to return to the way of the Lord.

El sacramento de la penitencia, también llamado el sacramento de reconciliación, puede celebrarse con un penitente o con varios. Esta última, la celebración comunitaria de la penitencia, es la reunión de unos o muchos cristianos. Juntos escuchan lecturas bíblicas, cantan salmos y himnos, oran, confiesan individualmente sus pecados y reciben la absolución, luego alaban a Dios cuya misericordia y amor son más grandes que nuestro pecado. En el rito de la penitencia, los miembros de la Iglesia confrontan la lucha en la que se empezó en el bautismo. Ha habido fallas, se ha hecho el mal y se ha dejado de hacer el bien, pero la Iglesia penitente viene una y otra vez a decir y renunciar sus pecados y a regresar al camino del Señor.

INTRODUCTORY RITES

An appropriate hymn or psalm may be sung (see nos. 775–787).

RITOS INICIALES

123

Se puede cantar un himno o salmo apropiado (véanse núms. 775–787).

GREETING

The priest greets the assembly, using these or similar words:

Priest: Grace to you and peace from God our Father and the Lord Jesus Christ.

Assembly: **And with your spirit.**

SALUDO

El sacerdote saluda a la asamblea usando estas u otras palabras:

Sacerdote: La gracia y la paz de parte de Dios, nuestro Padre, y de Jesucristo, el Señor, estén con todos ustedes.

Asamblea: **Y con tu espíritu.**

OPENING PRAYER

After silent prayer, the priest concludes the gathering rite with a solemn prayer.

ORACIÓN COLECTA

Después de una oración en silencio, el sacerdote concluye el rito inicial con una oración solemne.

124 CELEBRATION OF THE WORD OF GOD

CELEBRACIÓN DE LA PALABRA DE DIOS

FIRST READINGS

One or more passages from Scripture are read. At the conclusion of each:

Reader: The word of the Lord.
Assembly: **Thanks be to God.**

PRIMERA(S) LECTURA(S)

Se lee uno o más pasajes de la Sagrada Escritura. Al terminar cada uno:

Lector: Palabra de Dios
Asamblea: **Te alabamos, Señor.**

RESPONSORIAL PSALM

The following psalm may follow the first reading:

SALMO RESPONSORIAL

El siguiente salmo puede cantarse después de la primera lectura:

Refrain / Respuesta

Verses / Estrofas

Out of the depths I cry to you, O Lord;
Lord, hear my voice!
O let your ears be attentive
to the sound of my pleadings. ℟.

If you, O Lord, should mark iniquities,
Lord, who could stand?
But with you is found forgiveness,
that you may be revered. ℟.

I long for you, O Lord,
my soul longs for his word.
My soul hopes in the Lord
more than watchmen for daybreak. ℟.

For with the Lord there is mercy,
in him is plentiful redemption.
It is he who will redeem Israel
from all its iniquities. ℟.

Desde lo hondo a ti grito, Señor;
Señor, escucha mi voz;
estén tus oídos atentos
a la voz de mi súplica. ℟.

Si llevas cuentas de los delitos, Señor,
¿quién podrá resistir?
Pero de ti procede el perdón,
y así infundes respeto. ℟.

Mi alma espera en el Señor,
espera en su palabra;
mi alma aguarda al Señor,
más que el centinela la‿aurora. ℟.

Porque del Señor viene la misericordia,
la redención copiosa;
y él redimirá a Israel
de todos sus delitos. ℟.

Additional responsorial psalms for Reconciliation of Several Penitents are listed in the Index of Psalms and Canticles, no. 1037.

Se encuentran otros salmos responsoriales para la Reconciliación de Varios Penitentes en el Índice de Salmos y Cánticos, núm. 1037.

GOSPEL

EVANGELIO

125

Before the gospel reading, an acclamation is sung:

Antes de la lectura del evangelio, se canta una aclamación:

Music: Chant Mode VI; acc. by Richard Proulx, © 1985, GIA Publications, Inc.

During Lent:

Durante la Cuaresma:

Text: *Lectionary for Mass*, © 1969, 1981, 1997, ICEL; *Leccionario, Edición Hispanoamérica*, © 1970, 1972, Conferencia Episcopal Española
Music: Marty Haugen, © 1995, GIA Publications, Inc.

Deacon:* The Lord be with you.
Assembly: **And with your spirit.**
Deacon: A reading from the holy Gospel according to N.
Assembly: **Glory to you, O Lord.**

After the reading:

Deacon: The Gospel of the Lord.
Assembly: **Praise to you, Lord Jesus Christ.**

**Or priest*

Diácono:* El Señor esté con ustedes.
Asamblea: **Y con tu espíritu.**
Diácono: Lectura del santo evangelio según san N.
Asamblea: **Gloria a ti, Señor.**

Después de la lectura:

Diácono: Palabra del Señor.
Asamblea: **Gloria a ti, Señor Jesús.**

**O sacerdote*

HOMILY

HOMILÍA

EXAMINATION OF CONSCIENCE

In silence or through some other manner all reflect on their lives with sorrow for their sins.

EXAMEN DE CONCIENCIA

En silencio o de alguna otra manera reflexionan todos sobre su vida con dolor por sus pecados.

126 SACRAMENT OF PENANCE

GENERAL CONFESSION OF SINS

Kneeling (or with another posture that expresses sorrow), all join in confession. This form may be used:

Assembly:

**I confess to almighty God
and to you, my brothers and sisters,
that I have greatly sinned,
in my thoughts and in my words,
in what I have done and in what I have failed to do,**

All strike their breast as they say:

**through my fault, through my fault,
through my most grievous fault;
therefore I ask blessed Mary ever-Virgin,
all the Angels and Saints,
and you, my brothers and sisters,
to pray for me to the Lord our God.**

SACRAMENTO DE LA PENITENCIA

CONFESIÓN GENERAL DE LOS PECADO

De rodillas (o en alguna otra postura que exprese dolor), todos se reúnen en la confesión. Se puede usar la siguiente fórmula:

Assembly:

**Yo confieso ante Dios todopoderoso
y ante ustedes, hermanos,
que he pecado mucho
de pensamiento, palabra, obra y omisión.**

Golpeándose el pecho, dicen:

**Por mi culpa, por mi culpa, por mi gran culpa.
Por eso ruego a santa María, siempre Virgen,
a los ángeles, y a los santos
y a ustedes, hermanos,
que intercedan por mí ante Dios, nuestro Señor.**

127

Standing, all join in a litany using one of the following responses, or a song asking God's mercy. The Lord's Prayer is then recited or sung. (See nos. 167, 342 and 343)

A **We pray you, hear us.**

B **Lord, be merciful to me, a sinner.**

C **Lord, have mercy.**

De pie, todos se unen en la letanía usando una de las siguientes respuestas, o un canto implorando la misericordia de Dios. Se recita o canta luego el Padrenuestro. (Véanse núms. 167, 342 y 343)

A **Te rogamos, óyenos.**

B **Ten compasión de nosotros, pecadores.**

C **Señor, ten piedad.**

128 INDIVIDUAL CONFESSION AND ABSOLUTION

One by one the penitents approach the priest confessors. All confess their sins, accept some fitting act of satisfaction and the counsel of the confessor. Then the priest extends his hands over the penitent's head and speaks the prayer of absolution, concluding: "Through the ministry of the Church may God give you pardon and peace, and I absolve you from your sins in the name of the Father, and of the Son, and

CONFESIÓN Y ABSOLUCIÓN INDIVIDUAL

Uno por uno, los penitentes se acercan a los sacerdotes para confesarse. Cada uno confiesa sus pecados, acepta algún acto apropiado de penitencia, y el consejo del confesor. Luego el sacerdote extiende las manos sobre la cabeza del penitente y dice la oración de absolución, terminando: "Dios te conceda, por el ministerio de la Iglesia, el perdón y la paz. Y yo te absuelvo de tus pecados en el nombre del Padre, of the Holy Spirit." The penitent responds, "Amen." (Note: On those occasions when general absolution is permitted, the rest of the rite remains the same.)

PROCLAMATION OF PRAISE FOR GOD'S MERCY

The priest invites all to give thanks and to show by their lives—and in the life of the whole community—the grace of repentance. A psalm, canticle or hymn may be sung to proclaim God's mercy.

CONCLUDING PRAYER OF THANKSGIVING

This prayer is spoken by the priest.

BLESSING AND DISMISSAL

The priest blesses all present and the deacon or other minister dismisses the assembly. All respond: **Thanks be to God.**

y del Hijo, y del Espíritu Santo." El (la) penitente responde: "Amén." (Nota: En esas ocasiones cuando se permite la absolución general, el resto del rito permanece igual.)

ACCIÓN DE GRACIAS POR LA MISERICORDIA DE DIOS 129

El sacerdote invita a todos a dar gracias y a mostrar con su vida—y en la vida de toda la comunidad—la gracia del arrepentimiento. Se puede cantar un salmo, cántico o himno para proclamar la misericordia de Dios.

ORACIÓN FINAL DE ACCIÓN DE GRACIAS

El sacerdote dice esta oración.

BENDICIÓN Y DESPEDIDA

El sacerdote bendice a todos los presentes y el diácono u otro ministro despide a la asamblea. Todos responden: **Demos gracias a Dios.**

 # Anointing of the Sick

Unción de los Enfermos

The sacrament of the anointing of the sick is celebrated when a Christian's health is seriously impaired by sickness or old age. Through the anointing with the blessed oil of the sick, the Church supports those who struggle against illness or injury and continues the healing work of Christ. The anointing is intended to bring hope and comfort to those anointed and, to the gathered assembly of family and friends, a spirit of support and sharing in the sufferings of their brothers and sisters.

The anointing may be celebrated within Mass or outside Mass. In either case a liturgy of the word precedes the anointing. Following is the rite of anointing within Mass.

Se celebra el sacramento de la unción de los enfermos cuando la salud de un/a cristiano/a está seriamente en peligro por enfermedad o edad avanzada. Por medio de la unción con el óleo bendecido de los enfermos, la Iglesia apoya a los que luchan contra la enfermedad o heridas y continúa la obra sanadora de Cristo. La unción tiene el propósito de impartir esperanza y consuelo a los ungidos y, a la asamblea reunida de familiares y amigos, un espíritu de apoyo y solidaridad en los sufrimientos de sus hermanos y hermanas.

Se puede celebrar la unción dentro o fuera de la Misa. En cualquier caso, la liturgia de la palabra precede a la unción. En seguida está el rito de la unción dentro de la Misa.

131 INTRODUCTORY RITES

An appropriate hymn or psalm may be sung (see nos. 788 and 789).

GREETING

After all make the sign of the cross, the priest greets the assembly, using these or similar words:

Priest: The grace of our Lord Jesus Christ, and the love of God, and the communion of the Holy Spirit be with you all.

Assembly: **And with your spirit.**

The priest introduces the celebration, and the penitential act may follow (see Order of Mass, nos. 152 and 153). Then, after a period of silence, he says the opening prayer, to which all respond: **Amen**.

RITOS INICIALES

Se puede cantar un himno o salmo apropiado (véanse núms. 788 y 789).

SALUDO

Después de que todos se santiguan, el sacerdote saluda a la asamblea usando estas u otras palabras:

Sacerdote: La gracia y la paz de parte de Dios, nuestro Padre, y de Jesucristo, el Señor, estén con todos ustedes.

Asamblea: **Y con tu espíritu.**

El sacerdote introduce la celebración; puede seguir el acto penitencial (véase: Ordinario de la Misa, núms. 152 y 153). Luego, después de un momento de silencio, reza la colecta, a la cual todos responden: **Amén**.

132 LITURGY OF THE WORD

FIRST READINGS

One or more passages from Scripture are read. At the conclusion of each:

Reader: The word of the Lord.
Assembly: **Thanks be to God.**

LITURGIA DE LA PALABRA

PRIMERA(S) LECTURA(S)

Se lee uno o más pasajes de la Sagrada Escritura. Al terminar cada uno:

Lector: Palabra de Dios
Asamblea: **Te alabamos, Señor.**

RESPONSORIAL PSALM

The following psalm may follow the first reading:

SALMO RESPONSORIAL

El siguiente salmo puede cantarse después de la primera lectura:

Refrain / Respuesta

Verses / Estrofas

In you, O Lord, I take refuge;
let me never be put to shame.
In your justice, rescue me, free me;
incline your ear to me and save me. ℟.

It is you, O Lord, who are my hope,
my trust, O Lord, from my youth.
On you I have leaned from my birth;
from my mother's womb, you have
been my help. ℟.

My mouth is filled with your praise,
with your glory, all the day long.
Do not reject me now that I am old;
when my strength fails do not forsake me. ℟.

But as for me, I will always hope,
and praise you more and more.
My mouth will tell of your justice,
and all the day long of your salvation. ℟.

A ti, Señor, me acojo:
no quede yo derrotado para siempre;
tú que eres justo, líbrame y ponme a salvo,
inclina a mí tu oído, y sálvame. ℟.

Porque tú, Dios mío, fuiste mi esperanza
y mi confianza, Señor, desde mi juventud.
En el vientre materno ya me apoyaba en ti,
en el seno tú me sostenías. ℟.

Llena estaba mi boca de tu alabanza
y de tu gloria, todo el día.
No me rechaces ahora en la vejez,
me van faltando las fuerzas, no me
abandones. ℟.

Yo, en cambio, seguiré esperando,
redoblaré tus alabanzas;
mi boca contará tu auxilio,
y todo el día tu salvación. ℟.

Additional responsorial psalms for Anointing of the Sick are listed in the Index of Psalms and Canticles, no. 1037.

Se encuentran otros salmos responsoriales para la Unción de los Enfermos en el Índice de Salmos y Cánticos, núm. 1037.

GOSPEL

Before the gospel reading, an acclamation is sung:

EVANGELIO 133

Antes de la lectura del evangelio, se canta una aclamación:

During Lent:

Durante la Cuaresma:

Text: *Lectionary for Mass*, © 1969, 1981, 1997, ICEL; *Leccionario, Edición Hispanoamérica*, © 1970, 1972, Conferencia Episcopal Española
Music: Marty Haugen, © 1995, GIA Publications, Inc.

Deacon:* The Lord be with you.
Assembly: **And with your spirit.**
Deacon: A reading from the holy Gospel according to N.
Assembly: **Glory to you, O Lord.**

After the reading:

Deacon: The Gospel of the Lord.
Assembly: **Praise to you, Lord Jesus Christ.**

**Or priest*

Diácono:* El Señor esté con ustedes.
Asamblea: **Y con tu espíritu.**
Diácono: Lectura del santo evangelio según san N.
Asamblea: **Gloria a ti, Señor.**

Después de la lectura:

Diácono: Palabra del Señor.
Asamblea: **Gloria a ti, Señor Jesús.**

**O sacerdote*

HOMILY

HOMILÍA

134 LITURGY OF ANOINTING

LITURGIA DE LA UNCIÓN

LITANY

The assembly joins in prayers for the sick and for those who care for them. Each petition concludes with "Lord, have mercy," and all repeat:

LETANÍA

La asamblea se une en oración por los enfermos y por los que los cuidan. Cada petición termina con "Señor, ten piedad," y todos repiten:

LAYING ON OF HANDS

The priest silently lays hands on the head of each sick person in a gesture of prayer, healing and solidarity.

IMPOSICIÓN DE LAS MANOS

En silencio el sacerdote impone las manos sobre la cabeza de cada persona enferma como un gesto de oración, sanación y solidaridad.

PRAYER OVER THE OIL

If the oil is already blessed, the priest leads a prayer of thanksgiving over it. After each invocation:

ORACIÓN SOBRE EL ÓLEO 135

Si ya se ha bendecido el óleo, el sacerdote dice una oración de acción de gracias sobre él. Después de cada invocación:

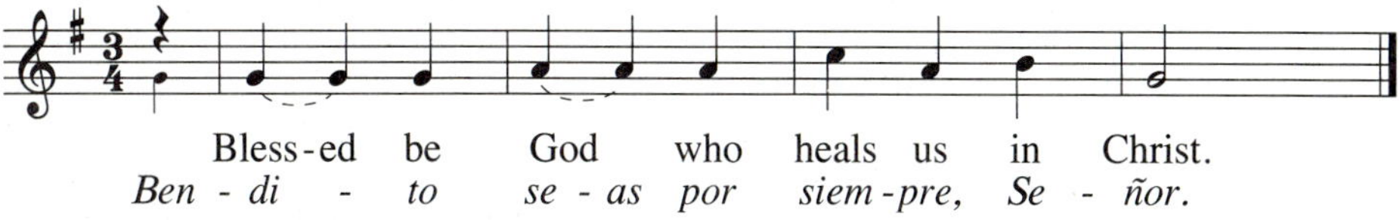

Text: *Pastoral Care of the Sick: Rites of Anointing and Viaticum*, © 1982, ICEL; *Leccionario, Edición Hispanoamérica*, © 1970, 1972, Conferencia Episcopal Española
Music: Paul M. French, © 2011, GIA Publications, Inc.

If the oil is not blessed, the priest says the prayer of blessing.

Si el óleo no ha sido bendecido, el sacerdote dice la oración de bendición.

ANOINTING

The priest anoints each sick person on the forehead, saying:

Through this holy anointing may the Lord in his love and mercy help you with the grace of the Holy Spirit.

Assembly: **Amen.**

The priest anoints the hands of each sick person, saying:

May the Lord who frees you from sin
save you and raise you up.

Assembly: **Amen.**

The priest may anoint other parts of the body.

UNCIÓN 136

El sacerdote unge la frente de cada persona enferma, diciendo:

Por esta santa unción y por su bondadosa misericordia te ayude el Señor con la gracia del Espíritu Santo.

Asamblea: **Amén.**

El sacerdote unge las manos de cada persona enferma, diciendo:

Para que, libre de tus pecados, te conceda
la salvación y te conforte en tu enfermedad.

Asamblea: **Amén.**

El sacerdote puede ungir otras partes del cuerpo.

PRAYER AFTER ANOINTING

The priest prays for those who have been anointed. Then the liturgy of the eucharist is celebrated with special prayers for the sick (see Order of Mass, no. 160).

If the rite of anointing is celebrated outside Mass, the liturgy begins with the greeting, introduction, and penitential act (or sacrament of penance). After the scripture readings a period of silence is observed, or the priest gives a brief homily. The liturgy of anointing is celebrated as above. Then the Lord's Prayer is recited or sung, the liturgy of Holy Communion may follow, and a final blessing is given.

ORACIÓN DESPUÉS DE LA UNCIÓN

El sacerdote reza por los que han sido ungidos. Luego se celebra la liturgia de la eucaristía con oraciones especiales para los enfermos (véase: Ordinario de la Misa, núm. 160).

Si el rito de la unción se celebra fuera de la Misa, la liturgia empieza con el saludo, la introducción, y el acto penitencial (o el sacramento de la penitencia). Después de las lecturas bíblicas se observa un momento de silencio, o el sacerdote ofrece una homilía breve. Después se celebra la liturgia de la unción como se indica arriba. Luego se recita o canta el Padrenuestro, puede seguir la liturgia de la Sagrada Comunión, y se imparte la bendición final.

137 Marriage

The mutual and lifelong commitment of a man and a woman in marriage is viewed by the Church as a sacred covenant. When two Christians marry, it is also a sacrament, an effective sign of the presence of God in the world and a symbol of Christ's love for his Church. In the sacrament of matrimony God's special graces are given to the couple to live out "in mutual and lasting fidelity" the vows they make to each other and to God in the presence of the Christian community.

At their wedding the bride and groom themselves are the ministers of the sacrament to each other; the priest or deacon who presides over the wedding serves as the authorized witness of the Church and prays the nuptial blessing of the Church over the spouses.

The rite of marriage may be celebrated at Mass or outside of Mass. In either case the rite begins with a liturgy of the word: the proclamation of God's faithful love by means of readings from Scripture and a reflection on them (the homily). The following elements are included in all celebrations.

Matrimonio

La Iglesia considera como una alianza sagrada el compromiso mutuo y para toda la vida entre un hombre y una mujer en el matrimonio. Cuando dos cristianos se casan, es también un sacramento, un signo efectivo de la presencia de Dios en el mundo y un símbolo del amor de Cristo por su Iglesia. En el sacramento del matrimonio Dios concede gracias especiales a la pareja para que vivan "en fidelidad mutua y permanente" los votos que se hicieron uno a otro y a Dios en la presencia de la comunidad cristiana.

En su boda, la novia y el novio son ellos mismos los ministros del sacramento uno para el otro; el sacerdote o el diácono que preside la boda sirve como un testigo autorizado de la Iglesia e imparte la bendición nupcial de la Iglesia sobre los esposos.

El rito del matrimonio puede celebrarse dentro o fuera de la Misa. En ambos casos el rito empieza con una liturgia de la palabra: la proclamación del amor fiel de Dios por medio de lecturas de la Biblia y una reflexión sobre ellas (la homilía). Los siguientes elementos se incluyen en todas las celebraciones.

138 INTRODUCTORY RITES

An appropriate hymn or psalm may be sung (see nos. 790–793).

GREETING

After all make the sign of the cross, the priest greets the assembly, using these or similar words:

Priest: The grace of our Lord Jesus Christ, and the love of God, and the communion of the Holy Spirit be with you all.

Assembly: **And with your spirit.**

OPENING PRAYER

The priest or deacon introduces the celebration and, after a period of silence, says the opening prayer, to which all respond: **Amen**. *All then sit.*

RITOS INICIALES

Se puede cantar un himno o salmo apropiado (véanse núms. 790–793).

SALUDO

Después de que todos se santiguan, el sacerdote saluda a la asamblea usando estas u otras palabras:

Sacerdote: La gracia y la paz de parte de Dios, nuestro Padre, y de Jesucristo, el Señor, estén con todos ustedes.

Asamblea: **Y con tu espíritu.**

ORACIÓN COLECTA

El sacerdote o diácono introduce la celebración y, después de un período de silencio, dice la colecta, a la cual todos responden: **Amén**. *Luego, todos se sientan.*

LITURGY OF THE WORD

LITURGIA DE LA PALABRA 139

FIRST READINGS

One or more passages from Scripture are read. At the conclusion of each:

Reader: The word of the Lord.
Assembly: **Thanks be to God.**

PRIMERA(S) LECTURA(S)

Se lee uno o más pasajes de la Sagrada Escritura. Al terminar cada uno:

Lector: Palabra de Dios
Asamblea: **Te alabamos, Señor.**

RESPONSORIAL PSALM

The following psalm may follow the first reading:

SALMO RESPONSORIAL

El siguiente salmo puede cantarse después de la primera lectura:

Refrain / Respuesta

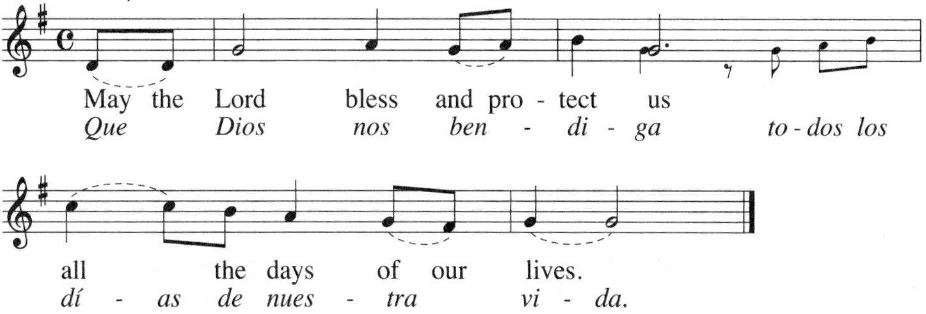

Verses / Estrofas

Blessed are all who fear the Lord,
and walk in his ways!
By the labor of your hands you shall eat.
You will be blessed and prosper. ℟.

Your wife like a fruitful vine
in the heart of your house;
your children like shoots of the olive
around your table. ℟.

Indeed thus shall be blessed
the man who fears the Lord.
May the Lord bless you from Sion.
May you see Jerusalem prosper
all the days of your life! ℟.

Dichoso el que teme al Señor
y sigue sus caminos.
Comerás del fruto de tu trabajo,
serás dichoso, te irá bien. ℟.

Tu mujer, como vid fecunda,
en medio de tu casa;
tus hijos, como renuevos de olivo,
alrededor de tu mesa. ℟.

Ésta es la bendición del hombre
que teme al Señor.
Que el Señor te bendiga desde Sión,
que veas la prosperidad de Jerusalén
todos los días de tu vida. ℟.

Additional responsorial psalms for Marriage are listed in the Index of Psalms and Canticles, no. 1037.

Se encuentran otros salmos responsoriales para el Matrimonio en el Índice de Salmos y Cánticos, núm. 1037.

140 GOSPEL

EVANGELIO

Before the gospel reading, all stand as an acclamation is sung:

Antes de la lectura del evangelio, todos se ponen de pie para cantar una aclamación:

Music: Chant Mode VI; acc. by Richard Proulx, © 1985, GIA Publications, Inc.

During Lent:

Durante la Cuaresma:

Text: *Lectionary for Mass*, © 1969, 1981, 1997, ICEL; *Leccionario, Edición Hispanoamérica*, © 1970, 1972, Conferencia Episcopal Española
Music: Marty Haugen, © 1995, GIA Publications, Inc.

Deacon:* The Lord be with you.
Assembly: **And with your spirit.**
Deacon: A reading from the holy Gospel according to N.
Assembly: **Glory to you, O Lord.**

After the reading:

Deacon: The Gospel of the Lord.
Assembly: **Praise to you, Lord Jesus Christ.**

**Or priest*

Diácono:* El Señor esté con ustedes.
Asamblea: **Y con tu espíritu.**
Diácono: Lectura del santo evangelio según san N.
Asamblea: **Gloria a ti, Señor.**

Después de la lectura:

Diácono: Palabra del Señor.
Asamblea: **Gloria a ti, Señor Jesús.**

**O sacerdote*

HOMILY *(All sit)*

HOMILÍA *(Todos están sentados)*

141 RITE OF MARRIAGE

After the homily all stand. The priest or deacon invites the couple to declare to each other their consent to enter into marriage, and receives the couple's vows in the name of the Church. Wedding rings, a sign of love and fidelity, may be blessed and exchanged and, according to particular customs, other rituals expressing the couple's union may be added.

In the prayer of the faithful the Church prays for the needs of the world, the local community, and the newly married couple. A common response to each petition is: **Lord, hear our prayer.**

RITO DE MATRIMONIO

Después de la homilía todos se ponen de pie. El sacerdote o diácono invita a la pareja a declararse uno a otro su consentimiento para entrar en el matrimonio, y recibe los votos de la pareja en el nombre de la Iglesia. Se pueden bendecir e intercambiar las alianzas (anillos de matrimonio), signos de amor y fidelidad, y se pueden añadir, según la costumbre particular del lugar, otros ritos que expresen la unión de la pareja.

En la oración de los fieles la Iglesia ora por las necesidades del mundo, de la comunidad local, y por la pareja que se acaba de casar. Una respuesta común a cada petición es: **Señor, escucha nuestra oración.**

If the liturgy of the eucharist does not follow the rite of marriage, the priest or deacon prays the nuptial blessing at the end of the prayer of the faithful. The celebration concludes with the Lord's Prayer and a final blessing.

When the liturgy of the eucharist follows the rite of marriage, the nuptial blessing is given after the Lord's Prayer before Holy Communion. Everything else follows the Order of Mass, beginning with the presentation and preparation of the gifts. The bride and groom may bring the bread and wine to the altar. See Order of Mass, no. 160.

Si no sigue la liturgia de la eucaristía al rito del matrimonio, el sacerdote o diácono imparte la bendición nupcial al fin de la oración de los fieles. La celebración termina con el Padrenuestro y una bendición final.

Cuando la liturgia de la eucaristía sigue al rito de matrimonio, se imparte la bendición nupcial después del Padrenuestro antes de la Sagrada Comunión. Todo lo demás sigue el Ordinario de la Misa, empezando con la presentación y preparación de las ofrendas. La novia y el novio pueden llevar el pan y el vino al altar. Véase el Ordinario de la Misa, núm. 160.

THE LORD'S PRAYER

Assembly:

**Our Father, who art in heaven,
hallowed be thy name;
thy kingdom come,
thy will be done
on earth as it is in heaven.
Give us this day our daily bread,
and forgive us our trespasses,
as we forgive those who trespass
against us;
and lead us not into temptation,
but deliver us from evil.**

EL PADRENUESTRO

Asamblea:

**Padre nuestro, que estás en el cielo,
santificado sea tu Nombre;
venga a nosotros tu reino;
hágase tu voluntad en la tierra como en
el cielo.
Danos hoy nuestro pan de cada día;
perdona nuestras ofensas,
como también nosotros perdonamos
a los que nos ofenden;
no nos dejes caer en la tentación,
y líbranos del mal.**

BLESSING AND DISMISSAL

All respond to each part of the blessing: **Amen.**

Deacon or priest: Go in peace.
Assembly: **Thanks be to God.**

A hymn or instrumental music may follow.

BENDICIÓN Y DESPEDIDA

Todos responden a cada parte de la bendición: **Amén**.

Diácono o sacerdote: Pueden ir en paz.
Asamblea: **Demos gracias a Dios.**

Puede seguir un himno o una pieza de música instrumental.

142 Funerals

The rites which surround the death of a Christian extend from Viaticum (the last Holy Communion) and final prayers before death through the wake service and funeral liturgy to the burial of the body or cremated remains. In all of this the community affirms its faith in the communion of saints and the resurrection of the dead. The family and friends are helped in their time of sorrow with prayer and song. Thus they express present grief even as they hold to the Church's lasting hope.

The funeral liturgy may be celebrated within Mass or outside Mass. In either case the rite begins with a liturgy of the word. The following elements are included in all celebrations.

143 INTRODUCTORY RITES

GREETING

All stand as the priest (or deacon) greets the assembly at the door, using these or other words.

Priest: Grace to you and peace from God our Father and the Lord Jesus Christ.

Assembly: **And with your spirit.**

The body is sprinkled with holy water, a reminder of baptism. The family or pall bearers spread the pall, a garment like that which the Christian received at baptism, over the body. The funeral procession then moves into the church accompanied by an appropriate hymn or psalm.

OPENING PRAYER

After silent prayer, the priest concludes the introductory rites with a solemn prayer, to which all respond: **Amen**. *All then sit.*

144 LITURGY OF THE WORD

FIRST READINGS

One or more passages from Scripture are read. At the conclusion of each:

Reader: The word of the Lord.
Assembly: **Thanks be to God.**

Exequias

Los ritos que rodean la muerte de un cristiano se extienden desde el Viático (última comunión) y oraciones finales antes de la muerte hasta el velorio y la Misa exequial, hasta el entierro del cuerpo o de las cenizas. En todo esto la comunidad afirma su fe en la comunión de los santos y en la resurrección de los muertos. En estos momentos de dolor se ayuda a la familia y a los amigos con la oración y el canto. Así expresan su dolor aunque creen en la esperanza eterna de la Iglesia.

La liturgia exequial puede celebrarse dentro o fuera de la Misa. En cualquier caso el rito comienza con la liturgia de la palabra. Los siguientes elementos se incluyen en todas las celebraciones.

RITOS INICIALES

SALUDO

El sacerdote (o el diácono) saluda a la asamblea en la puerta, usando éstas o palabras semejantes.

Sacerdote: La gracia y la paz de parte de Dios, nuestro Padre, y de Jesucristo, el Señor, estén con todos ustedes.

Asamblea: **Y con tu espíritu.**

Se rocía el cuerpo con agua bendita, como un recuerdo del bautismo. La familia o los portadores del féretro extienden sobre el ataúd el palio, una vestidura como la que el cristiano recibió en el bautismo. Entonces, la procesión exequial entra en la iglesia acompañada de un himno o salmo apropiado.

ORACIÓN COLECTA

Después de una oración en silencio, el sacerdote concluye los ritos iniciales con una oración solemne, a la cual todos responden: **Amén**. *Luego, todos se sientan.*

LITURGIA DE LA PALABRA

PRIMERA(S) LECTURA(S)

Se lee uno o más pasajes de la Sagrada Escritura. Al terminar cada uno:

Lector: Palabra de Dios
Asamblea: **Te alabamos, Señor.**

RESPONSORIAL PSALM

The following psalm may follow the first reading:

SALMO RESPONSORIAL

El siguiente salmo puede cantarse después de la primera lectura:

Refrain / Respuesta

Verses / Estrofas

The Lord is my shepherd;
there is nothing I shall want.
Fresh and green are the pastures
where he gives me repose.
Near restful waters he leads me;
he revives my soul. ℟.

He guides me along the right path,
for the sake of his name.
Though I should walk in the valley
 of the shadow of death,
no evil would I fear, for you are with me.
Your crook and your staff will give
 me comfort. ℟.

You have prepared a table before me
in the sight of my foes.
My head you have anointed with oil;
my cup is overflowing. ℟.

Surely goodness and mercy shall follow
 me
all the days of my life.
In the Lord's own house shall I dwell
for length of days unending. ℟.

El Señor es mi pastor, nada me falta:
en verdes praderas me hace recostar;
me conduce hacia fuentes tranquilas
y repara mis fuerzas. ℟.

Me guía por el sendero justo,
por el honor de su nombre.
Aunque camine por cañadas oscuras,
nada temo, porque tú vas conmigo:
tu vara y tu cayado
me sosiegan. ℟.

Preparas una mesa‿ante mí,
enfrente de mis enemigos;
me unges la cabeza con perfume,
y mi copa rebosa. ℟.

Tu bondad y tu misericordia me‿acompañan
todos los días de mi vida,
y habitaré en la casa del Señor
por años sin término. ℟.

Additional responsorial psalms for Funerals are listed in the Index of Psalms and Canticles, no. 1037.

Se encuentran otros salmos responsoriales para Exequias en el Índice de Salmos y Cánticos, núm. 1037.

145 GOSPEL

Before the gospel reading, all stand as an acclamation is sung:

EVANGELIO

Antes de la lectura del evangelio, todos se ponen de pie para cantar una aclamación:

Music: Chant Mode VI; acc. by Richard Proulx, © 1985, GIA Publications, Inc.

During Lent:

Durante la Cuaresma:

Text: *Lectionary for Mass*, © 1969, 1981, 1997, ICEL; *Leccionario, Edición Hispanoamérica*, © 1970, 1972, Conferencia Episcopal Española
Music: Marty Haugen, © 1995, GIA Publications, Inc.

Deacon:* The Lord be with you.
Assembly: **And with your spirit.**
Deacon: A reading from the holy Gospel according to N.
Assembly: **Glory to you, O Lord.**

Diácono:* El Señor esté con ustedes.
Asamblea: **Y con tu espíritu.**
Diácono: Lectura del santo evangelio según san N.
Asamblea: **Gloria a ti, Señor.**

After the reading:

Deacon: The Gospel of the Lord.
Assembly: **Praise to you, Lord Jesus Christ.**

**Or priest*

Después de la lectura:

Diácono: Palabra del Señor.
Asamblea: **Gloria a ti, Señor Jesús.**

**O sacerdote*

HOMILY *(All sit)*

HOMILÍA *(Todos están sentados)*

146 PRAYER OF THE FAITHFUL

All join in prayer for the deceased, for grieving family members and friends, and for the needs of the Church and the world.

ORACIÓN DE LOS FIELES

Todos se unen en oración por el/la difunto/a, por los parientes y amigos dolientes, y por las necesidades de la Iglesia y del mundo.

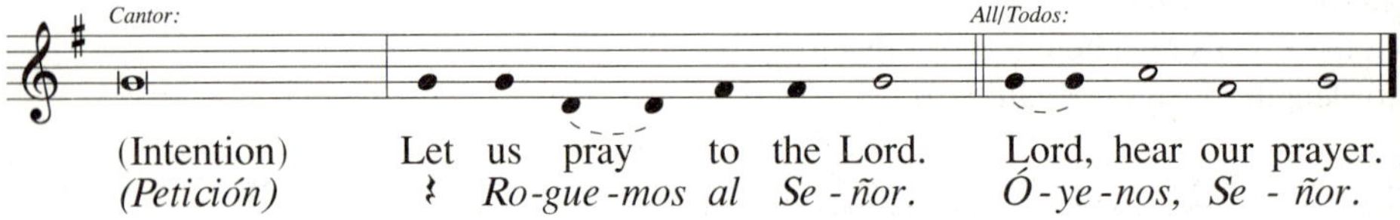

Music: Byzantine chant

If the funeral liturgy is celebrated within Mass, the liturgy of the eucharist follows (see Order of Mass, no. 160). During the eucharistic prayer, special remembrance is made of the deceased. Following the prayer after communion, the funeral liturgy concludes with the final commendation (next page).

Si se celebra la liturgia exequial dentro de la Misa, sigue la liturgia de la eucaristía (véase Ordinario de la Misa, núm. 160). Durante la plegaria eucarística, se recuerda especialmente al difunto (a la difunta). Después del rito de la comunión, la liturgia exequial concluye con la última despedida (próxima página).

When the funeral liturgy is celebrated outside Mass, the final commendation follows the prayer of the faithful.

Cuando se celebra la liturgia exequial fuera de la Misa, la última despedida sigue a la oración de los fieles.

FINAL COMMENDATION

ÚLTIMA DESPEDIDA 147

The ministers and assembly gather around the body of the deceased. After an invitation to prayer, all pray silently. The coffin may then be sprinkled with holy water and incensed, or this may take place during or after the song of farewell.

Los ministros y la asamblea se reúnen alrededor del cuerpo del difunto (de la difunta). Después de una invitación a la oración, todos oran en silencio. Luego, se puede rociar el ataúd con agua bendita y se inciensa, o esto puede llevarse a cabo durante o después del cántico de despedida.

SONG OF FAREWELL

The following or another appropriate responsory (see nos. 795 and 796) or song may be sung.

CÁNTICO DE DESPEDIDA

Se puede cantar el siguiente responsorio o un otro responsorio (véanse núms. 795 y 796) o canto apropiado.

Refrain / Respuesta

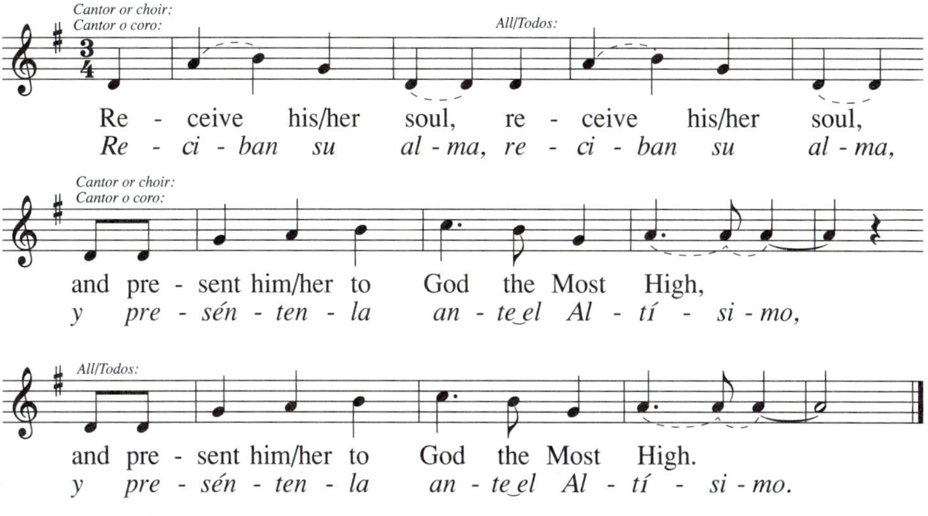

Verses / Estrofas

1. Saints of God, come to his/her aid!
   Hasten to meet him/her, angels of the Lord!

2. May Christ, who called you, take you to himself;
   may angels lead you to the bosom of Abraham.

3. Eternal rest grant unto him/her, O Lord,
   and let perpetual light shine upon him/her.

1. ¡Vengan en su ayuda, santos de Dios!
   ¡Salgan a su encuentro, ángeles del Señor!

2. Cristo, que te llamó, te reciba;
   y los ángeles te conduzcan al regazo de Abrahán.

3. Concédele, Señor, el descanso eterno,
   y brille para ella/él la luz perpetua.

148 PRAYER OF COMMENDATION

At the conclusion of the prayer all respond: **Amen.**

ORACIÓN DE DESPEDIDA

Al terminar la oración todos dicen: **Amén.**

PROCESSION TO THE PLACE OF COMMITTAL

The deacon or priest says: In peace let us take our brother/sister to his/her place of rest.

PROCESIÓN AL LUGAR DE SEPULTURA

El diácono o sacerdote dice: Unidos en oración, acompañemos a nuestro hermano (nuestra hermana) al lugar de su sepultura.

149 SONG

As the assembly leaves the church, the following or another appropriate responsory (see nos. 797 and 798) or song may be sung.

CANTO

Mientras la asamblea sale de la iglesia, se puede cantar el siguiente responsorio o un otro responsorio (véanse núms. 797 y 798) o canto apropiado.

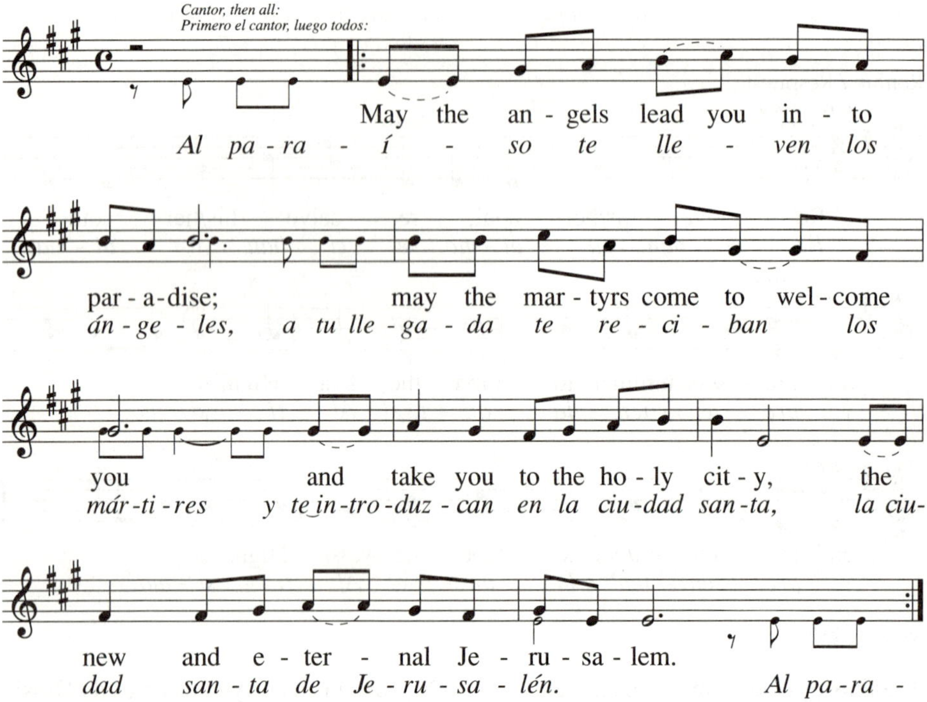

Mass

Order of Mass

The Church gathers on the Lord's Day to listen to Scripture, to offer prayers, to give thanks and praise to God while recalling God's gifts in creation and saving deeds in Jesus, and to share in Holy Communion.

In these rites of word and eucharist, the Church keeps Sunday as the Lord's Day, the day of creation and resurrection, the "eighth day" when the fullness of God's kingdom is anticipated. The Mass or eucharistic celebration of the Christian community has rites of gathering, of word, of eucharist, of dismissal. All those who gather constitute the assembly. One member of this assembly who has been ordained to the presbyterate or episcopate, the priesthood, leads the opening and closing prayers and the eucharistic prayer, and presides over the whole assembly. A member ordained to the diaconate may assist, read the gospel, and preach. Other members of the assembly are chosen and trained for various ministries: These are the readers, servers, ushers, musicians, communion ministers. All of these assist the assembly. It is the assembly itself, all those present, that does the liturgy.

The Order of Mass which follows is familiar to all who regularly join in this assembly. It is learned through repetition. This Order of Mass leaves many decisions to the local community, and others are determined by the various seasons of the liturgical year.

INTRODUCTORY RITES

The rites which precede the liturgy of the word assist the assembly to gather as a community. They prepare that community to listen to Scripture and to celebrate the Eucharist together. The procession and entrance song are ways of expressing the unity and spirit of the assembly.

Misa

Ordinario de la Misa 150

La Iglesia se reúne en el Día del Señor para escuchar las Sagradas Escrituras, para ofrecer oraciones, dar gracias y alabanzas a Dios recordando los dones de Dios en la creación y los hechos salvadores en Jesús, y para recibir la Sagrada Comunión.

En estos ritos de la palabra y de la eucaristía, la Iglesia guarda el domingo como el Día del Señor, el día de la creación y resurrección, el "octavo día" cuando se anticipa la plenitud del reino de Dios. La Misa, la celebración eucarística de la comunidad cristiana, tiene ritos de saludo, de palabra, de eucaristía, de despedida. Todos los que se reúnen constituyen la asamblea. Un miembro de esta asamblea que ha sido ordenado al presbiterado o episcopado, al sacerdocio, dirige las oraciones al principio y al fin y la plegaria eucarística, y preside sobre toda la asamblea. Un miembro ordenado al diaconado puede ayudar, proclamar el evangelio, y predicar. Se escogen a otros miembros de la asamblea y se les forma para ejercer varios ministerios: Estos son los lectores, acólitos, ujieres, músicos, ministros de la comunión. Todos estos ayudan a la asamblea. La asamblea misma, todos los presentes, es la que celebra la liturgia.

El Ordinario de la Misa que sigue es conocido por todos los que regularmente se reúnen en esta asamblea. Se aprende por la repetición. Este Ordinario de la Misa deja muchas decisiones a la comunidad local y otras están fijadas por los diferentes tiempos del año litúrgico.

RITOS INICIALES

Los ritos que preceden a la liturgia de la palabra ayudan a la asamblea a reunirse como comunidad. Preparan a esa comunidad para escuchar las Sagradas Escrituras y para celebrar juntos la eucaristía. La procesión y el canto de entrada son maneras de expresar la unidad y el espíritu de la asamblea.

GREETING

All make the sign of the cross.

Priest: In the name of the Father, and of the Son, and of the Holy Spirit.

After the sign of the cross one of the greetings is given.

A *Priest:*
The grace of our Lord Jesus Christ,
and the love of God,
and the communion of the Holy Spirit
be with you all.

B *Priest:*
Grace to you and peace from God
our Father
and the Lord Jesus Christ.

C *Priest:* The Lord be with you.
(*Bishop:* Peace be with you.)

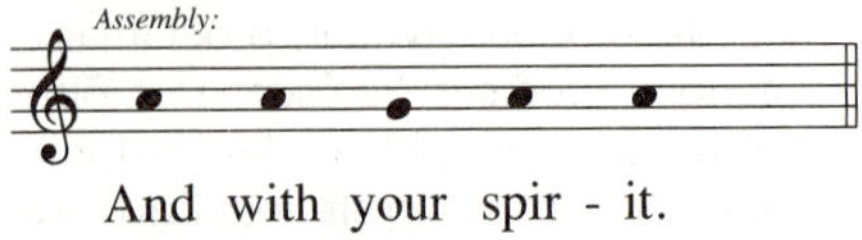

151 BLESSING AND SPRINKLING OF HOLY WATER

On Sundays, especially during the season of Easter, instead of the penitential act below, the blessing and sprinkling of holy water may take place.

152 PENITENTIAL ACT

The priest invites all to be mindful of their sins and of the great mercy of God. After a time of silence, one of the following forms is used.

A *Assembly:*
I confess to almighty God
and to you, my brothers and sisters,
that I have greatly sinned,
in my thoughts and in my words,
in what I have done and in what I
have failed to do,

SALUDO

Todos hacen la señal de la cruz.

Sacerdote: En el nombre del Padre, y del Hijo, y del Espíritu Santo.

Después de santiguarse se usa uno de los siguientes saludos.

A *Sacerdote:*
La gracia de nuestro Señor Jesucristo,
el amor del Padre
y la comunión del Espíritu Santo
estén con todos ustedes.

B *Sacerdote:*
La gracia y la paz de parte de Dios,
nuestro Padre,
y de Jesucristo, el Señor,
estén con todos ustedes.

C *Sacerdote:* El Señor esté con ustedes.
(*Obispo:* La paz esté con ustedes.)

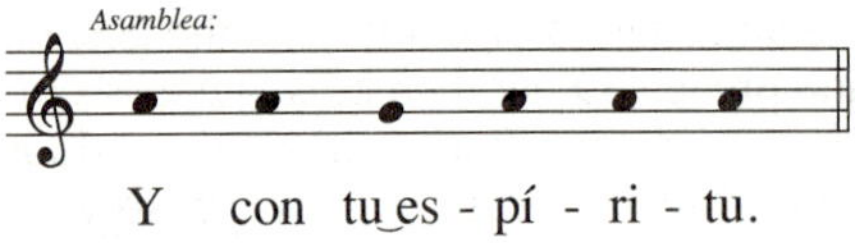

BENDICIÓN Y ASPERSIÓN DEL AGUA

El rito de la bendición y aspersión del agua puede reemplazar el acto penitencial los domingos, especialmente durante el tiempo pascual. Durante la aspersión se entona un canto apropiado.

ACTO PENITENCIAL

El sacerdote invita a todos a recordar sus pecados y la gran misericordia de Dios. Después de unos momentos de silencio, se usa una de las siguientes fórmulas.

A *Asamblea:*
Yo confieso ante Dios todopoderoso
y ante ustedes, hermanos,
que he pecado mucho
de pensamiento, palabra, obra y
omisión.

All strike their breast as they say:

through my fault, through my fault,
through my most grievous fault;
therefore I ask blessed Mary ever-Virgin,
all the Angels and Saints,
and you, my brothers and sisters,
to pray for me to the Lord our God.

Golpeándose el pecho, dicen:

Por mi culpa, por mi culpa, por mi gran culpa.
Por eso ruego a santa María, siempre Virgen,
a los ángeles, a los santos
y a ustedes, hermanos,
que intercedan por mí ante Dios, nuestro Señor.

B

Priest/Sacerdote: *Assembly/Asamblea:*

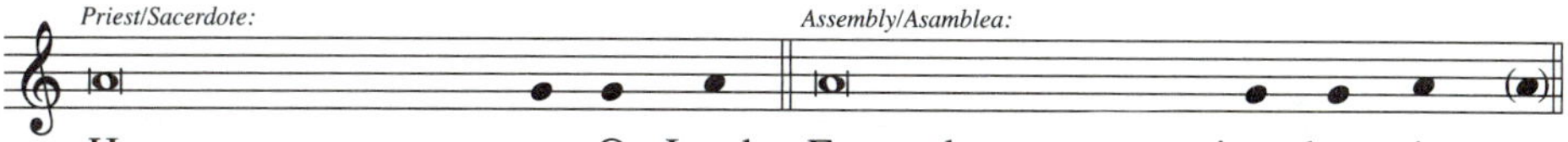

Have mercy on us, O Lord. For we have sinned a-gainst you.
Señor, ten misericordia de no-sotros. Porque hemos pecado con-tra ti.

Priest/Sacerdote: *Assembly/Asamblea:*

Show us, O Lord, your mer - cy. And grant us your sal - va-tion.
Muéstranos, Señor, tu mi - se - ri - cor - dia. Y danos tu sal - va - ción.

C

Priest, deacon or cantor, then all:
Primero el sacerdote, diácono o cantor, luego todos:

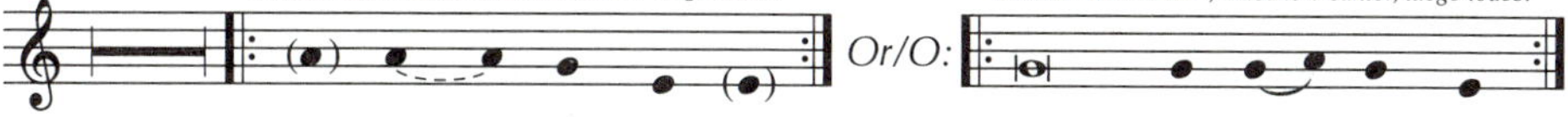

(Invocation) Lord, have mer-cy.
Christ, have mer-cy.
Lord, have mer-cy.

(Invocación) Se - ñor, ten pie - dad.
Cris - to, ten pie - dad.
Se - ñor, ten pie - dad.

Or/O:

Kýrie, e - lé - i - son.
Christe, e - lé - i - son.
Kýrie, e - lé - i - son.

Priest: May almighty God...everlasting life.

Assembly:

A - men.

Sacerdote: Dios todopoderoso...vida eterna.

Asamblea:

A - mén.

KYRIE

Unless form C of the penitential act has been used, the Kyrie follows.

SEÑOR, TEN PIEDAD

153

A no ser que se use la fórmula penitencial C, sigue el Kyrie (Señor, ten piedad).

Priest, deacon, or cantor, then all: *Priest, deacon, or cantor, then all:*

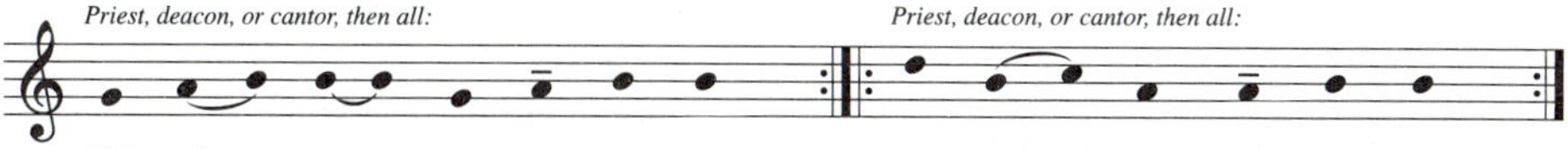

Ký - ri - e, e - lé - i - son. Chri - ste, e - lé - i - son.

Priest, deacon, or cantor; all repeat or sing longer conclusion:

Ký-ri - e, e - lé - i-son.

Ký-ri - e, e - lé - i - son.

Or:

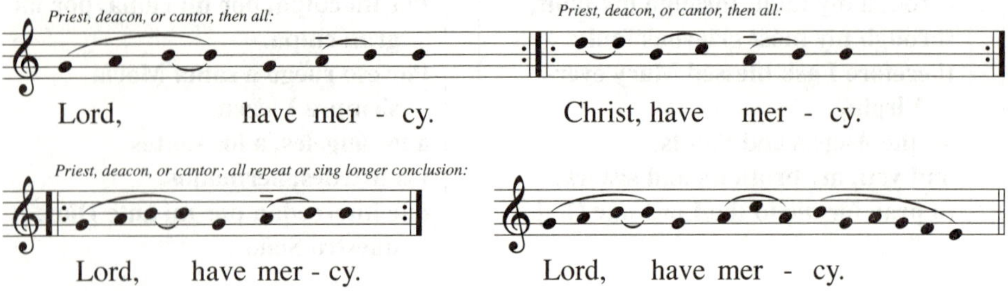

O:

154 GLORIA

The Gloria is omitted during Advent, Lent, and most weekdays.

**Glory to God in the highest,
and on earth peace to people of good will.**

**We praise you,
we bless you,
we adore you,
we glorify you,
we give you thanks for your great glory,
Lord God, heavenly King,
O God, almighty Father.**

**Lord Jesus Christ, Only Begotten Son,
Lord God, Lamb of God, Son of the Father,
you take away the sins of the world,
have mercy on us;
you take away the sins of the world,
receive our prayer;
you are seated at the right hand of the Father,
have mercy on us.**

**For you alone are the Holy One,
you alone are the Lord,
you alone are the Most High,
Jesus Christ,
with the Holy Spirit,
in the glory of God the Father. Amen.**

GLORIA

Se omite el Gloria durante Adviento, Cuaresma, y la mayoría de los días feriales.

**Gloria a Dios en el cielo,
y en la tierra paz a los hombres
que ama el Señor.**

**Por tu inmensa gloria
te alabamos, te bendecimos,
te adoramos, te glorificamos,
te damos gracias,
Señor Dios, Rey celestial,
Dios Padre todopoderoso.**

**Señor, Hijo único, Jesucristo.
Señor Dios, Cordero de Dios, Hijo del Padre;
tú que quitas el pecado del mundo,
ten piedad de nosotros;
tú que quitas el pecado del mundo,
atiende nuestra súplica;
tú que estás sentado a la derecha del Padre,
ten piedad de nosotros;
porque sólo tú eres Santo,
sólo tú Señor,
solo tú Altísimo, Jesucristo,
con el Espíritu Santo
en la gloria de Dios Padre. Amén.**

COLLECT

After the invitation from the priest, all pray in silence for a while. The introductory rites conclude with the proper opening prayer to which all respond: **Amen.**

LITURGY OF THE WORD

When the Church assembles, the book containing Scripture (*Lectionary for Mass*) is opened and all listen as the readers and deacon (or priest) read from the places assigned. The first reading is normally from the Hebrew Scriptures (Old Testament), the second from the letters of the New Testament, and the third from the Book of Gospels. Over a three-year cycle, the Church reads through the letters and gospels and a portion of the Hebrew Scriptures. During the Sundays of Ordinary Time, the letters and gospels are read in order, each Sunday continuing near the place where the previous Sunday's readings ended. During Advent/Christmas and Lent/Easter, the readings are those which are traditional and appropriate to these seasons.

The Church listens to and—through the weeks and years—is shaped by the word of God. Those who have gathered for the Sunday liturgy are to give their full attention to the words of the reader. A time of silence and reflection follows each of the first two readings. After the first reading, this reflection continues in the singing of the psalm. A homily, bringing together the scripture readings and the life of the community, follows the gospel. The liturgy of the word concludes with the dismissal of the catechumens, the creed and the prayers of intercession. In the latter, the assembly continues its constant work of recalling and praying for the universal Church and all those in need.

This reading and hearing of the word—simple things that they are—are the foundation of the liturgical celebration. The public reading of Scripture and the rituals which surround this—silence and psalm and acclamation, posture and gesture, preaching and litany of intercession—gather the Church generation after generation. They gather and sustain and gradually make of us the image of Christ.

ORACIÓN COLECTA

Después de la invitación por el sacerdote, todos oran por unos momentos. Los ritos iniciales concluyen con la oración colecta propia, a la cual todos responden: **Amén.**

LITURGIA DE LA PALABRA 155

Cuando se reúne la Iglesia, se abre el libro que contiene las Sagradas Escrituras (el leccionario) y todos escuchan cuando los lectores y el diácono (o sacerdote) leen de los lugares asignados. La primera lectura normalmente es de las Escrituras hebreas (Antiguo Testamento), la segunda de las cartas en el Nuevo Testamento, y la tercera del Libro de los Evangelios. Durante un ciclo de tres años, la Iglesia lee las cartas y evangelios y una parte de las Escrituras hebreas. Durante los domingos del Tiempo Ordinario las cartas y los evangelios se leen en orden, cada domingo continúa cerca del lugar donde terminó la lectura el domingo anterior. Durante Adviento/Navidad y Cuaresma/Pascua, las lecturas son tradicionales y apropiadas a estos tiempos.

La Iglesia escucha y—a través de las semanas y años—es moldeada por la palabra de Dios. Los que se han reunido para la liturgia dominical deben poner toda su atención a las palabras del lector. Unos momentos de silencio y reflexión siguen cada una de las dos lecturas. Después de la primera lectura, esta reflexión continúa con el canto de un salmo. La homilía, que une las lecturas con la vida de la comunidad, sigue al evangelio. La liturgia de la palabra concluye con la despedida de los catecúmenos, el credo y la oración universal. En esta última, la asamblea continúa su trabajo constante de recordar y orar por la Iglesia universal y por todos los necesitados.

Esta lectura y este escuchar la palabra—tan sencillas como son—son la base de la celebración litúrgica. La lectura pública de las Sagradas Escrituras y los ritos que las rodean—silencio y salmo y aclamación, postura y gestos, predicación y letanía de peticiones—reúne a la Iglesia generación tras generación. Reúnen y sostienen y gradualmente nos hacen la imagen de Cristo.

FIRST READING

After the reading:

PRIMERA LECTURA

Después de la lectura:

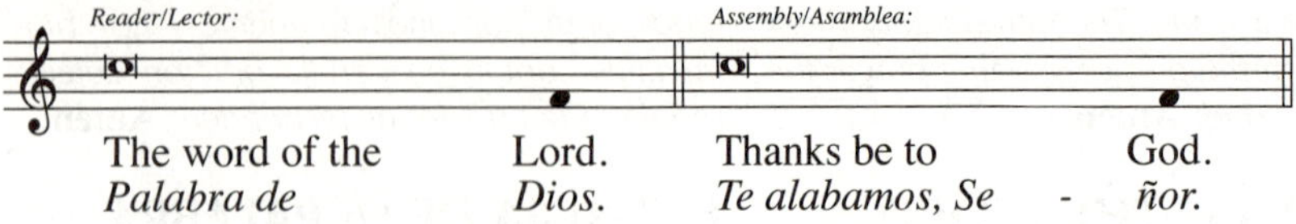

After a period of silence, the responsorial psalm is sung.

Después de unos momentos de silencio, se canta el salmo responsorial.

SECOND READING

After the reading:

SEGUNDA LECTURA

Después de la lectura:

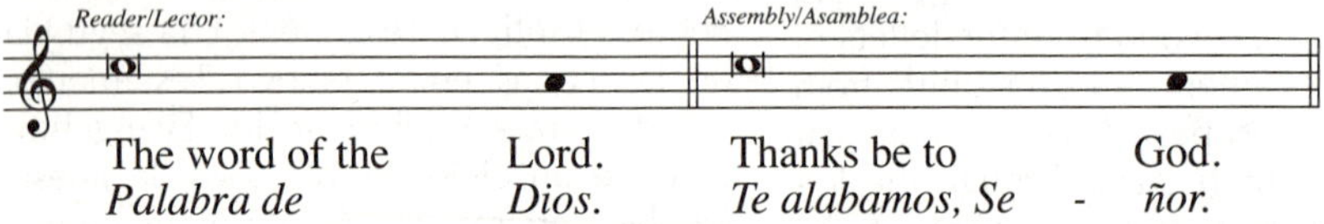

A time of silence follows the reading.

Unos momentos de silencio siguen a la lectura.

156 GOSPEL

Before the gospel, an acclamation is sung.

EVANGELIO

Antes del evangelio se canta una aclamación.

During Lent:

Durante la cuaresma:

Before the gospel:

Antes del evangelio:

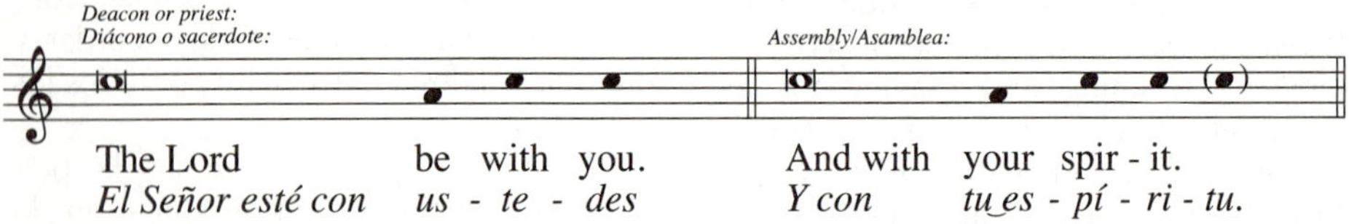

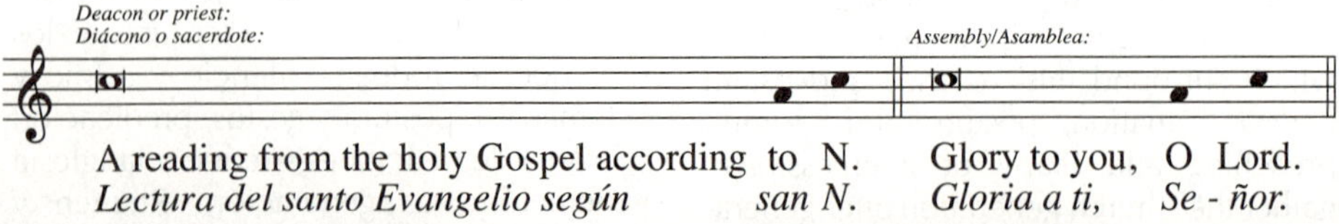

After the reading:

Después de la lectura:

HOMILY

PROFESSION OF FAITH

Musical settings can be found at nos. 175 and 258.

I believe in one God,
the Father almighty,
maker of heaven and earth,
of all things visible and invisible.

I believe in one Lord Jesus Christ,
the Only Begotten Son of God,
born of the Father before all ages.
God from God, Light from Light,
true God from true God,
begotten, not made, consubstantial with the Father;
through him all things were made.
For us men and for our salvation
he came down from heaven,
All bow at the following words up to and including: and became man.
and by the Holy Spirit was incarnate of the Virgin Mary,
and became man.

For our sake he was crucified under Pontius Pilate,
he suffered death and was buried,
and rose again on the third day
in accordance with the Scriptures.
He ascended into heaven
and is seated at the right hand of the Father.
He will come again in glory
to judge the living and the dead
and his kingdom will have no end.

I believe in the Holy Spirit, the Lord, the giver of life,
who proceeds from the Father and the Son,

HOMILÍA

PROFESIÓN DE FE 157

Se encuentra un arreglo musical en latín, núm. 258.

Creo en un solo Dios,
Padre todopoderoso,
Creador del cielo y de la tierra,
de todo lo visible y lo invisible.

Creo en un solo Señor, Jesucristo,
Hijo único de Dios,
nacido del Padre antes de todos los siglos:
Dios de Dios, Luz de Luz,
Dios verdadero de Dios verdadero,
engendrado, no creado,
de la misma naturaleza del Padre,
por quien todo fue hecho;
que por nosotros, los hombres,
y por nuestra salvación
bajó del cielo,
En las palabras que siguen, hasta "se hizo hombre," todos se inclinan.
y por obra del Espíritu Santo
se encarnó de María, la Virgen,
y se hizo hombre;
y por nuestra causa fue crucificado
en tiempos de Poncio Pilato;
padeció y fue sepultado,
y resucitó al tercer día, según las Escrituras,
y subió al cielo,
y está sentado a la derecha del Padre;
y de nuevo vendrá con gloria
para juzgar a vivos y muertos,
y su reino no tendrá fin.

Creo en el Espíritu Santo,
Señor y dador de vida,
que procede del Padre y del Hijo,
que con el Padre y el Hijo

who with the Father and the Son is adored and glorified,
who has spoken through the prophets.

I believe in one, holy, catholic and apostolic Church.
I confess one Baptism for the forgiveness of sins
and I look forward to the resurrection of the dead
and the life of the world to come. Amen.

recibe una misma adoración y gloria,
y que habló por los profetas.

Creo en la Iglesia,
que es una, santa, católica y apostólica.
Confieso que hay un solo bautismo
para el perdón de los pecados.
Espero la resurrección de los muertos
y la vida del mundo futuro. Amén.

158 *Instead of the Nicene Creed, especially during Lent and the Easter season, the Apostles' Creed may be used:*

I believe in God,
the Father almighty,
Creator of heaven and earth,
and in Jesus Christ, his only Son, our Lord,
All bow at the following words up to and including: the Virgin Mary.
who was conceived by the Holy Spirit,
born of the Virgin Mary,
suffered under Pontius Pilate,
was crucified, died and was buried;
he descended into hell;
on the third day he rose again from the dead;
he ascended into heaven,
and is seated at the right hand of God the Father almighty;
from there he will come to judge the living and the dead.

I believe in the Holy Spirit,
the holy catholic Church,
the communion of saints,
the forgiveness of sins,
the resurrection of the body,
and life everlasting. Amen.

En lugar del símbolo niceno-constantinopolitano, especialmente en el tiempo de Cuaresma y en la Cincuentena pascual, se puede usar el Símbolo de los Apóstoles.

Creo en Dios, Padre todopoderoso,
Creador del cielo y de la tierra.

Creo en Jesucristo, su único Hijo, nuestro Señor,
En las palabras que siguen, hasta "María Virgen," todos se inclinan.
que fue concebido por obra y gracia del Espíritu Santo,
nació de santa María Virgen,
padeció bajo el poder de Poncio Pilato,
fue crucificado, muerto y sepultado,
descendió a los infiernos,
al tercer día resucitó de entre los muertos,
subió a los cielos
y está sentado a la derecha de Dios, Padre todopoderoso.
Desde allí ha de venir a juzgar a vivos y muertos.
Creo en el Espíritu Santo,
la santa Iglesia católica,
la comunión de los santos,
el perdón de los pecados,
la resurrección de la carne
y la vida eterna. Amén.

159 PRAYER OF THE FAITHFUL

The people respond to each petition as follows, or according to local practice.

Deacon or cantor: Let us pray to the Lord.

PLEGARIA UNIVERSAL

La asamblea responde a cada petición como sigue, o según la costumbre local.

Diácono o cantor: Roguemos al Señor.

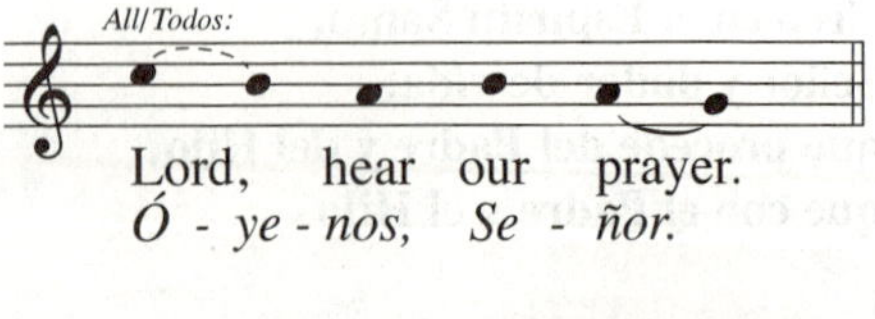

Or:

LITURGY OF THE EUCHARIST

To celebrate the Eucharist means to give God thanks and praise. When the altar has been prepared with the bread and wine, the assembly joins the priest in remembering the gracious gifts of God in creation and God's saving deeds. The center of this is the paschal mystery, the death of our Lord Jesus Christ which destroyed the power of death and his rising which brings us life. That mystery into which we were baptized we proclaim each Sunday at the Eucharist. It is the very shape of Christian life. We find this in the simple bread and wine which stir our remembering and draw forth our prayer of thanksgiving. "Fruit of the earth and work of human hands," the bread and wine become our Holy Communion in the Body and Blood of the Lord. We eat and drink and so proclaim that we belong to one another and to the Lord.

The members of the assembly quietly prepare themselves even as the table is prepared. The priest then invites all to lift up their hearts and join in the eucharistic prayer. All do this by giving their full attention and by singing the acclamations from the "Holy, Holy, Holy" to the great "Amen." Then the assembly joins in the Lord's Prayer, the sign of peace and the "Lamb of God" litany which accompanies the breaking of bread. Ministers of communion assist the assembly to share the Body and Blood of Christ. A time of silence and prayer concludes the liturgy of the eucharist.

LITURGIA EUCARÍSTICA 160

Celebrar la Eucaristía significa dar gracias y alabanzas a Dios. Cuando se ha preparado el altar con el pan y el vino, la asamblea se une al sacerdote para recordar los dones gratuitos de Dios en la creación y las obras salvadoras de Dios. El centro de esto es el misterio pascual, la muerte de nuestro Señor Jesucristo que destruyó el poder de la muerte y su resurrección que nos trae vida. Cada domingo en la eucaristía proclamamos ese misterio en el cual fuimos bautizados. Es lo que modela la misma vida cristiana. Encontramos esto en el simple pan y vino que nos hace recordar y evoca nuestra oración de agradecimiento. "Fruto de la tierra y del trabajo de tu pueblo," el pan y el vino se convierten en nuestra Sagrada Comunión, en el Cuerpo y la Sangre del Señor. Comemos y bebemos y por lo tanto proclamamos que pertenecemos unos a otros, y al Señor.

Los miembros de la asamblea se preparan silenciosamente mientras se prepara el altar. El sacerdote entonces invita a todos a levantar el corazón y unirse en la plegaria eucarística. Todos hacen esto brindándole su atención completa y cantando las aclamaciones desde el "Santo, Santo" hasta el gran "Amén." Entonces la asamblea se une en el Padrenuestro, el saludo de paz y la letanía del "Cordero de Dios" que acompaña la fracción del pan. Los ministros de comunión ayudan a la asamblea a recibir el Cuerpo y la Sangre de Cristo. Un momento de silencio y oración concluye la liturgia de la eucaristía.

PRESENTATION AND PREPARATION OF THE GIFTS

Bread and wine are brought to the altar and the deacon or priest prepares these gifts. If there is no music, the prayers may be said aloud, and all may respond: **Blessed be God for ever.** *The priest then invites all to pray.*

PREPARACIÓN DEL ALTAR Y DE LAS OFRENDAS

Se llevan al altar el pan y el vino y el diácono o sacerdote preparan estas ofrendas. Si no hay música, las oraciones se pueden decir en voz alta, y todos pueden responder: **Bendito seas por siempre Señor.** *El sacerdote luego invita a todos a orar.*

Priest:
Pray, brethren (brothers and sisters),
that my sacrifice and yours
may be acceptable to God,
the almighty Father.

Sacerdote:
Oren, hermanos y hermanas,
para que este sacrificio, mío y de ustedes,
sea agradable a Dios,
Padre todopoderoso.

The people rise and reply:
Se levanta la asamblea, que responde:

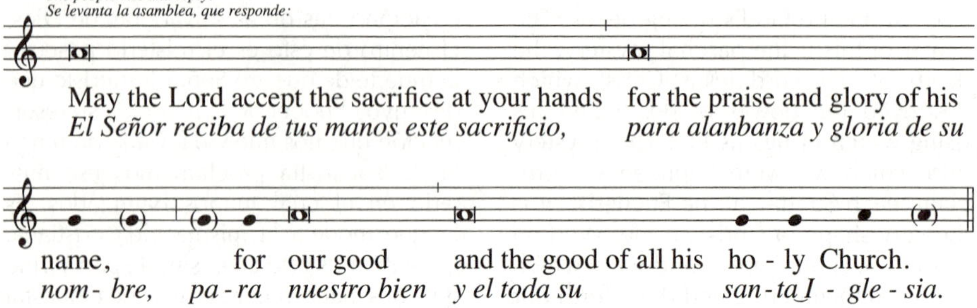

The priest says the prayer over the offerings and all respond: **Amen.**

El sacerdote hace la oración sobre las ofrendas y todos responden: **Amén.**

161 EUCHARISTIC PRAYER

PLEGARIA EUCARÍSTICA

The central prayer of the Mass begins with this dialogue between priest and assembly.

La oración central de la Misa comienza con este saludo e invitación entre el sacerdote y la asamblea.

Or/O:

The Holy, Holy, Holy acclamation is sung to conclude the introduction to the eucharistic prayer.

Se canta la aclamación del Santo para concluir la introducción a la plegaria eucarística. 162

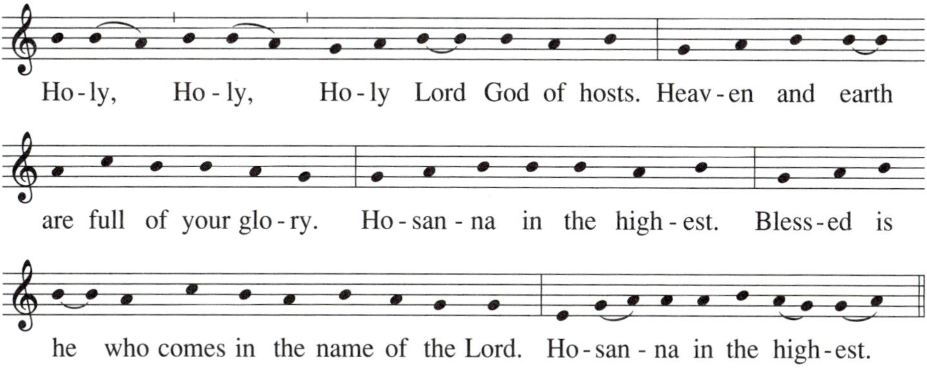

Or/O:

One of the following acclamations follows the priest's invitation: "The mystery of faith."

Una de las siguientes aclamaciones sigue a la invitación del sacerdote en estas o semejantes palabras: "Éste es el misterio de la fe." 163

A

Or/O:

164

B

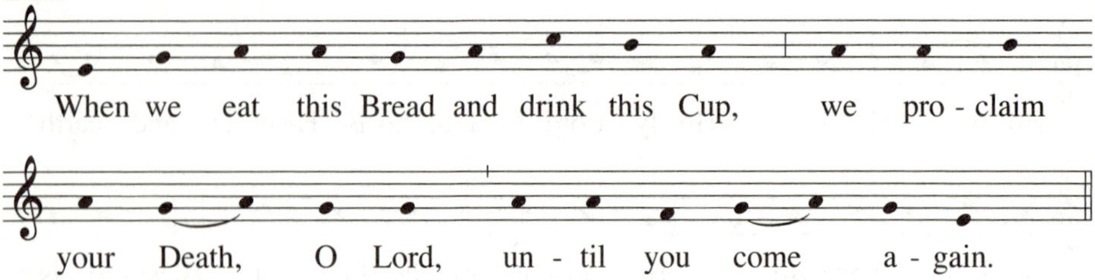

Or/O:

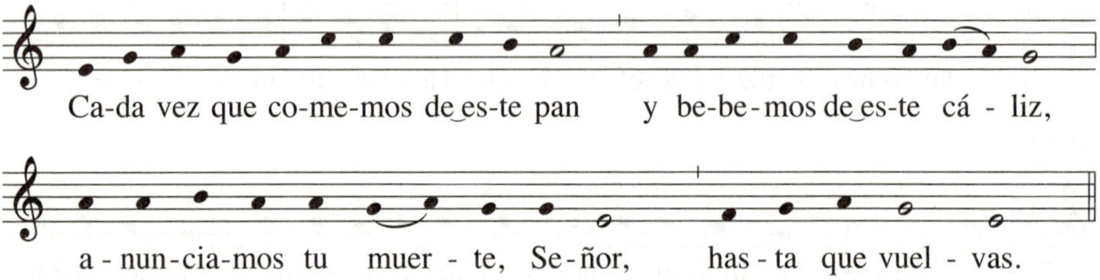

165

C

Or/O:

166 *The eucharistic prayer concludes:*

Priest:
Through him, and with him, and in him,
O God, almighty Father,
in the unity of the Holy Spirit,
all glory and honor is yours,
for ever and ever.

La plegaria eucarística concluye:

Sacerdote:
Por Cristo, con él y en él,
a ti, Dios Padre omnipotente,
en la unidad del Espíritu Santo,
todo honor y toda gloria
por los siglos de los siglos.

Or/O:

COMMUNION RITE

The priest invites all to join in the Lord's Prayer.

RITO DE LA COMUNIÓN 167

El sacerdote invita a todos a unirse en el Padrenuestro.

The two languages may be sung simultaneously. / Se pueden cantar simultaneamente ambos idiomas.

Priest: Deliver us, Lord...and the coming of our Savior, Jesus Christ.

Sacerdote: Líbranos de todos los males… nuestro Salvador, Jesucristo.

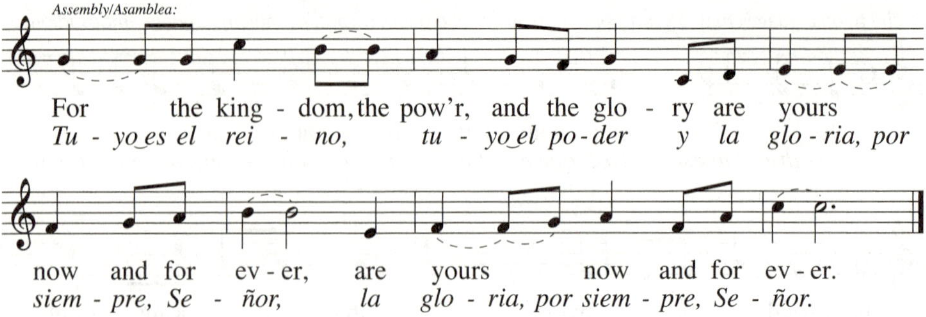

Music: *Misa Una Santa Fe,* Ronald F. Krisman, © 2010, GIA Publications, Inc.

SIGN OF PEACE

Priest: Lord Jesus Christ, who said... for ever and ever.

RITO DE LA PAZ

Sacerdote: Señor Jesucristo, que dijiste… por los siglos de los siglos.

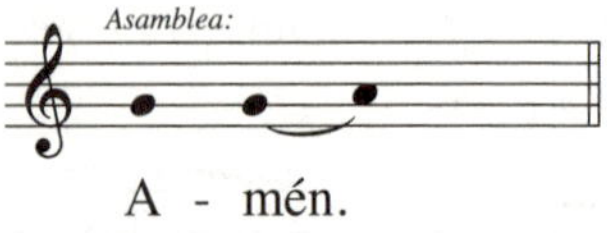

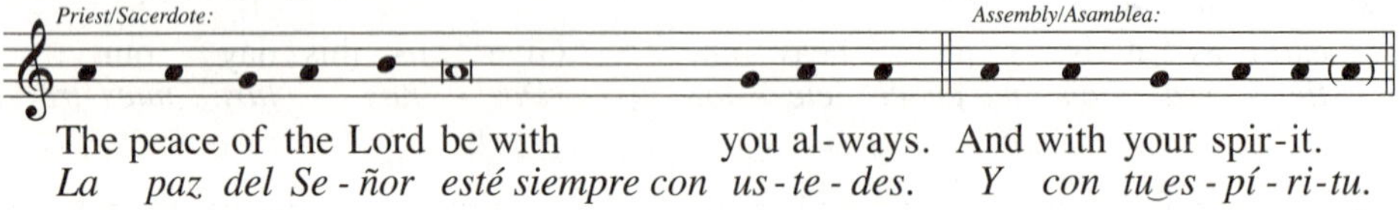

Deacon or priest:
Let us offer each other the sign of peace.

Diácono o sacerdote:
Dense fraternalmente la paz.

All exchange a sign of peace.

Todos intercambian un saludo de paz.

168 *Then the eucharistic bread is solemnly broken and the consecrated bread and wine are prepared for Holy Communion. The litany "Lamb of God" is sung during the breaking of the bread.*

Luego se parte solemnemente el pan eucarístico y se preparan el pan y el vino consagrados para la Sagrada Comunión. Durante la fracción del pan se canta la letanía "Cordero de Dios."

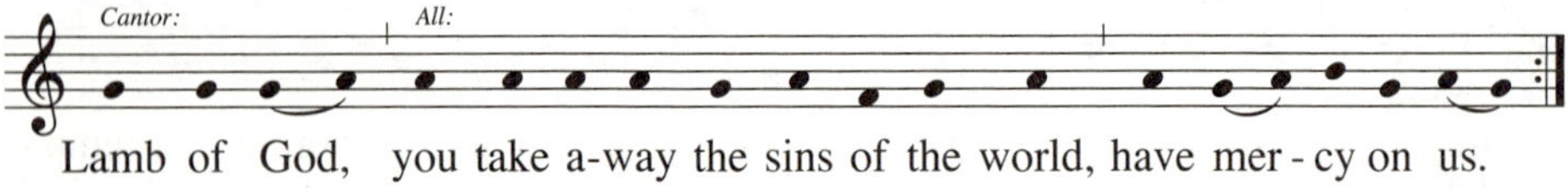

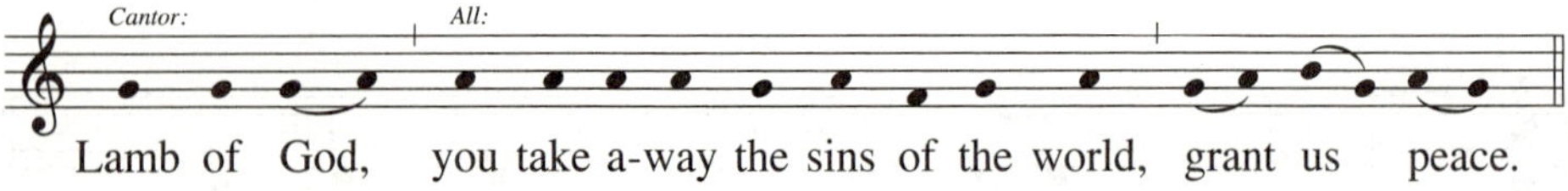

Or/O:

The priest then invites all to share in Holy Communion. All respond to the invitation.

Assembly:
Lord, I am not worthy
that you should enter under my roof,
but only say the word
and my soul shall be healed.

Minister of communion:
The Body (Blood) of Christ.
Communicant: **Amen.**

While the priest is receiving the Body of Christ, the communion song or psalm begins. After communion, a time of silence is observed or a song of thanksgiving is sung. The rite concludes with the prayer after communion to which all respond: **Amen.**

El sacerdote entonces invita a todos a recibir la Sagrada Comunión. Todos responden a la invitación.

Asamblea:
Señor, no soy digno
de que entres en mi casa,
pero una palabra tuya
bastará para sanarme.

Ministro de Comunión:
El Cuerpo (la Sangre) de Cristo.
Comulgante: **Amén.**

Cuando el sacerdote comulga el Cuerpo de Cristo, comienza el canto o salmo de comunión. Después de la comunión, se observa un momento de silencio o se canta un himno de acción de gracias. El rito concluye con la oración después de la comunión a la que todos responden: **Amén.**

CONCLUDING RITES

The liturgy of the eucharist ends very simply. There may be announcements of events and concerns for the community, then the priest gives a blessing and the assembly is dismissed.

RITO DE CONCLUSIÓN 169

La liturgia de la eucaristía concluyen muy simplemente. Puede que haya anuncios de eventos o avisos de interés para la comunidad, entonces el sacerdote da una bendición a la asamblea y la despide.

GREETING AND FINAL BLESSING

SALUDO Y BENDICIÓN

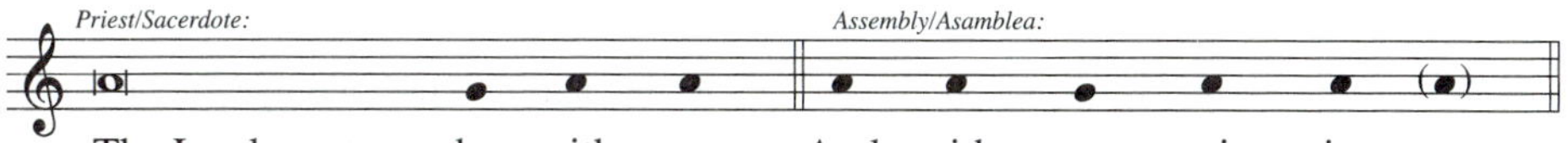

When a bishop blesses the people, he adds the following:

Cuando el obispo bendice a la asamblea agrega lo siguiente:

Bishop/Obispo: *Assembly/Asamblea:*

Our help is in the name of the Lord. Who made heaven and earth.
Nuestro auxilio es el nombre del Se - ñor. Que hizo el cielo y la tie-rra.

The blessing may be in a simple or solemn form. All respond to the blessing or to each part of the blessing:

Assembly:

A - men.

La bendición puede ser en forma simple o solemne. Todos responden a la bendición o a cada parte de la bendición:

Asamblea:

A - mén.

DISMISSAL

The deacon or priest then dismisses the assembly:

A Go forth, the Mass is ended.

B Go and announce the Gospel of the Lord.

C Go in peace, glorifying the Lord by your life.

Assembly:

Thanks be to God.

DESPEDIDA

El diácono o sacerdote entonces despide a la asamblea:

A En el nombre del Señor, pueden ir en paz.

B La alegría del Señor sea nuestra fuerza. Pueden ir en paz.

C Glorifiquen al Señor con su vida. Pueden ir en paz.

Assamblea:

De - mos gra - cias a Dios.

D

Deacon or priest:
Diácono o sacerdote: *Assembly/Asamblea:*

Go in peace. Thanks be to God.
Pue-den ir en paz. De-mos gra - cias a Dios.

EASTER DISMISSAL

The deacon or priest then dismisses the assembly:

A Go forth, the Mass is ended, alleluia, alleluia.

B Go in peace, alleluia, alleluia.

DESPEDIDA PASCUAL

El diácono o sacerdote entonces despide a la asamblea:

A Pueden ir en paz, aleluya, aleluya.

B Anuncien a todos la alegría del Señor resucitado. Pueden ir en paz, aleluya, aleluya.

Assembly/Asamblea:

Thanks be to God, al - le - lú - ia, al - le - lú - ia.
Demos gracias a Dios, a - le - lu - ya, a - le - lu - ya.

Additional Chants

SIMPLE CHANTS

GREETING

Priest: In the name of the Father, and of the Son, and of the Holy Spirit.

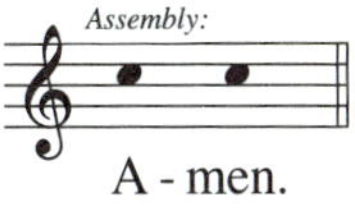

A *Priest:*
The grace of our Lord Jesus Christ,
and the love of God,
and the communion of the Holy Spirit
be with you all.

B *Priest:*
Grace to you and peace from God our Father
and the Lord Jesus Christ.

C *Priest:* The Lord be with you.
(*Bishop:* Peace be with you.)

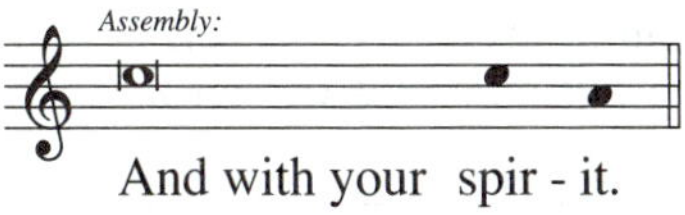

Cantos Llanos Adicionales

CANTOS LLANOS SIMPLES

SALUDO 170

Sacerdote: En el nombre del Padre, y del Hijo, y del Espíritu Santo.

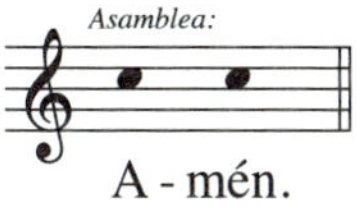

A *Sacerdote:*
La gracia de nuestro Señor Jesucristo,
el amor del Padre
y la comunión del Espíritu Santo
estén con todos ustedes.

B *Sacerdote:*
La gracia y la paz de parte de Dios, nuestro Padre,
y de Jesucristo, el Señor,
estén con todos ustedes.

C *Sacerdote:* El Señor esté con ustedes.
(*Obispo:* La paz esté con ustedes.)

PENITENTIAL ACT / ACTO PENITENCIAL 171

B

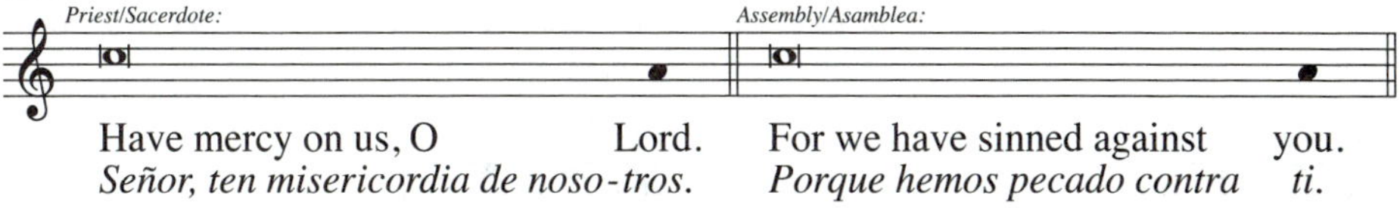

C

Priest, deacon, or cantor, then all:
Primero el sacerdote, diácono o cantor, luego todos:

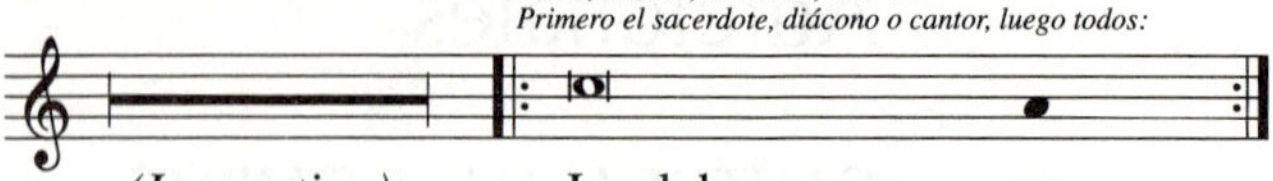

(Invocation) Lord, have mer - cy.
Christ, have mer - cy.
Lord, have mer - cy.

(Invocación) *Señor, ten pie - dad.*
Cristo, ten pie - dad.
Señor, ten pie - dad.

Priest: May almighty God...everlasting life.

Assembly:

A - men.

Sacerdote: Dios todopoderoso...vida eterna.

Asamblea:

A - mén.

172 GREETING AND FINAL BLESSING SALUDO Y BENDICIÓN

Priest/Sacerdote: *Assembly/Asamblea:*

The Lord be with you. And with your spir - it.
El Señor esté con us - te - des. *Y con tu es - pí - ri - tu.*

When a bishop blesses the people, he adds the following:

Cuando el obispo bendice a la asamblea agrega lo siguiente:

Bishop/Obispo: *Assembly/Asamblea:*

Blessed be the name of the Lord. Now and for ev - er.
Bendito sea el nombre del Se - ñor. *Ahora y por todos los si - glos.*

Bishop/Obispo: *Assembly/Asamblea:*

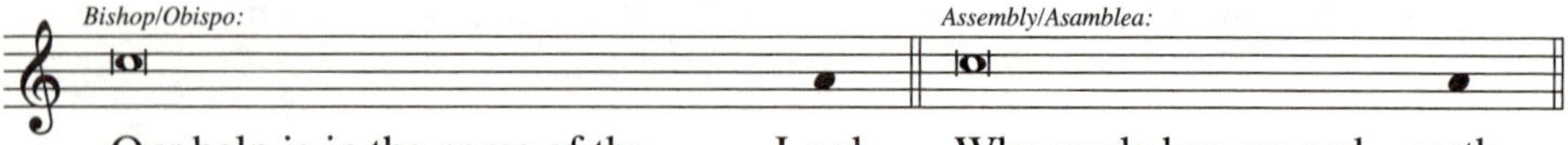

Our help is in the name of the Lord. Who made heaven and earth.
Nuestro auxilio es el nombre del Se - ñor. *Que hizo el cielo y la tie - rra.*

The blessing may be in a simple or solemn form. All respond to the blessing or to each part of the blessing:

Assembly:

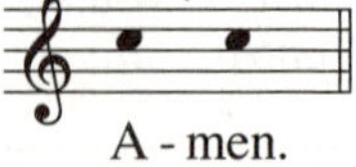

A - men.

La bendición puede ser en forma simple o solemne. Todos responden a la bendición o a cada parte de la bendición:

Asamblea:

A - mén.

GLORIA 173

Text: *The Roman Missal*
Music: *The Roman Missal*

174 GLORIA

Glo - ria a Dios en el cie - lo, y en la tie - rra paz a los hom-bres
que a - ma el Se - ñor. Por tu in - men - sa glo - ria te a - la - ba - mos,
te ben - de - ci - mos, te a - do - ra - mos, te glo - ri - fi - ca-mos,
te da - mos gra-cias, Se - ñor Dios, Rey ce - les-tial, Dios Pa - dre
to - do - po - de - ro - so. Se - ñor, Hi - jo ú - ni - co, Je - su - cris - to,
Se - ñor Dios, Cor - de - ro de Dios, Hi - jo del Pa - dre;
tú que qui - tas el pe - ca - do del mun-do, ten pie-dad de no - so - tros;
tú que qui - tas el pe - ca - do del mun-do, a - tien - de nues-tra sú - pli - ca;
tú que es - tás sen - ta - do a la de - re - cha del Pa - dre, ten pie-dad de
no - so - tros; por-que só - lo tú e - res San - to, só - lo tú Se - ñor,
só - lo tú Al - tí - si - mo, Je - su - cris - to, con el Es - pí - ri - tu San - to
en la glo - ria de Dios Pa - dre. A - mén.

CREDO I

175

I be - lieve in one God, the Fa-ther al-might-y, mak-er of
heav-en and earth, of all things vis - i-ble and in-vis - i-ble.
I be-lieve in one Lord Je - sus Christ, the Only Be - got-ten
Son of God, born of the Father be - fore all a - ges.
God from God, Light from Light, true God from true God,
be - got-ten, not made, con-sub-stan-tial with the Fa-ther;
through him all things were made. For us men and for our sal-va-tion
All bow
he came down from heav-en, and by the Ho-ly Spir-it was in-car-nate
of the Vir - gin Mar - y, and be - came man.
For our sake he was cru - ci - fied un - der Pon-tius Pi-late,
he suffered death and was bur-ied, and rose a-gain on the third day

Text: *The Roman Missal*
Music: *The Roman Missal*

Setting One: Mass of Creation

Arreglo Uno: Misa de la Creación

PENITENTIAL ACT

ACTO PENITENCIAL 176

Priest, deacon, or cantor, then all:
Primero sacerdote, diácono, o cantor, luego todos:

Priest, deacon, or cantor, then all:
Primero sacerdote, diácono, o cantor, luego todos:

Priest, deacon, or cantor, then all:
Primero sacerdote, diácono, o cantor, luego todos:

Priest: May almighty God...everlasting life.
Sacerdote: Dios todopoderoso…la vida eterna.

Cantor, then all:
Primero cantor, luego todos:

177 GLORIA

Refrain / Estribillo

Verses / Estrofas

1. We praise you,
we bless you,
we adore you,
we glorify you,
we give you thanks for your great glory,
Lord God, heavenly King,
O God, almighty Father.

2. Lord Jesus Christ, Only Begotten Son,
Lord God, Lamb of God, Son of the Father,
you take away the sins of the world,
have mercy on us;
you take away the sins of the world,
receive our prayer;
you are seated at the right hand of the Father,
have mercy on us.

3. For you alone are the Holy One,
you alone are the Lord,
you alone are the Most High,
Jesus Christ,
with the Holy Spirit,
in the glory of God the Father.
Amen.

1. Por tu inmensa gloria te alabamos,
te bendecimos,
te adoramos,
te glorificamos,
te damos gracias,
Señor Dios, Rey celestial,
Dios Padre todopoderoso.

2. Señor, Hijo único, Jesucristo,
Señor Dios, Cordero de Dios, Hijo del Padre;
tú que quitas el pecado del mundo,
ten piedad de nosotros;
tú que quitas el pecado del mundo,
a tiende nuestra súplica;
tú que estás sentado a la derecha del Padre,
ten piedad de nosotros.

3. Porque sólo tú eres Santo,
sólo tú Señor,
sólo tú Altísimo,
Jesucristo,
con el Espíritu Santo
en la gloria de Dios Padre.
Amén.

GOSPEL ACCLAMATION — ACLAMACIÓN ANTES DEL EVANGELIO 178

LENTEN GOSPEL ACCLAMATION — ACLAMACIÓN ANTES DEL EVANGELIO DURANTE LA CUARESMA 179

PRAYER OF THE FAITHFUL — ORACIÓN DE LOS FIELES 180

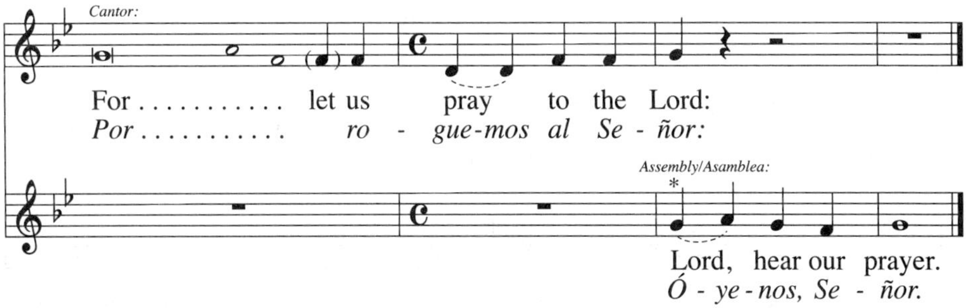

*For a bilingual response, sing in one language and repeat in the other.

181 HOLY, HOLY, HOLY — SANTO, SANTO, SANTO

Text: English, ICEL, © 2010
Music: *Mass of Creation,* Marty Haugen; adapt. by Tony E. Alonso, © 1984, 1985, 2010, 2013, GIA Publications, Inc.

182 HOLY, HOLY, HOLY

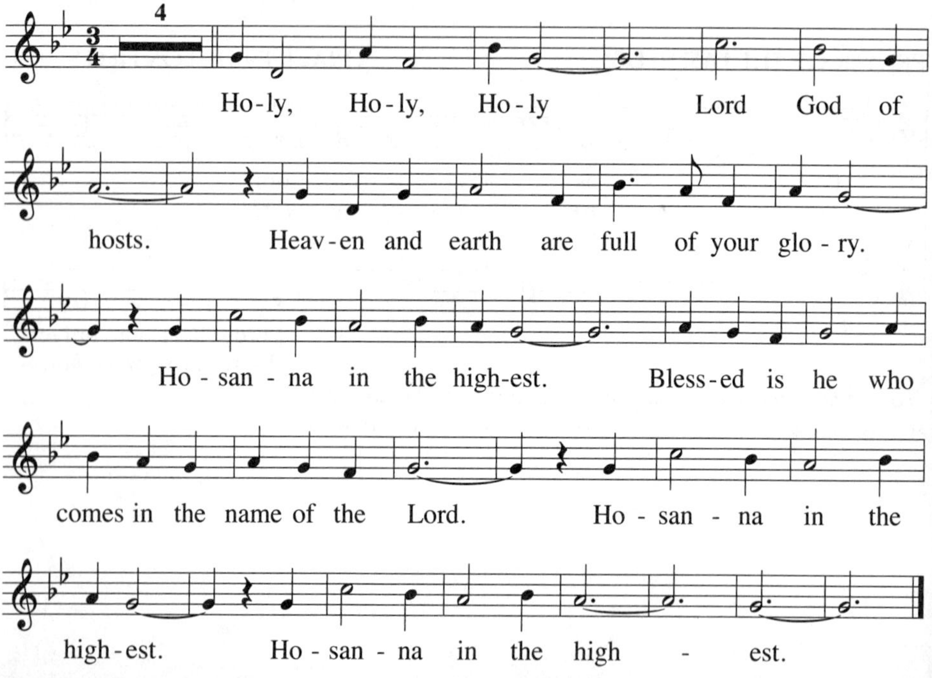

Text: ICEL, © 2010
Music: *Mass of Creation,* Marty Haugen, © 1984, 1985, 2010, GIA Publications, Inc.

MEMORIAL ACCLAMATION A — ACLAMACIÓN AL MEMORIAL A 183

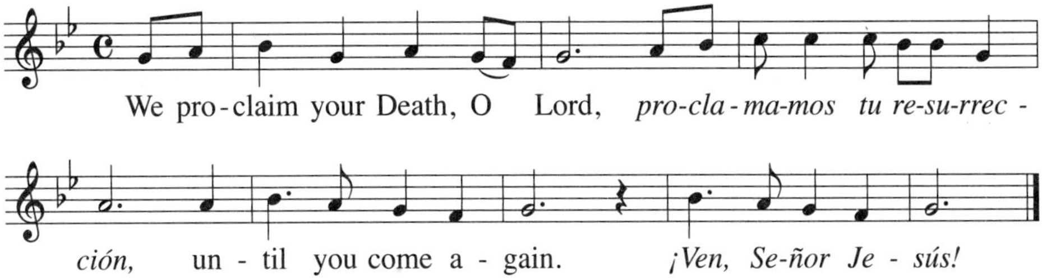

Text: English, ICEL, © 2010
Music: *Mass of Creation,* Marty Haugen; adapt. by Tony E. Alonso, © 2010, 2013, GIA Publications, Inc.

MEMORIAL ACCLAMATION A 184

Text: ICEL, © 2010
Music: *Mass of Creation,* Marty Haugen, © 2010, GIA Publications, Inc.

MEMORIAL ACCLAMATION B — ACLAMACIÓN AL MEMORIAL B 185

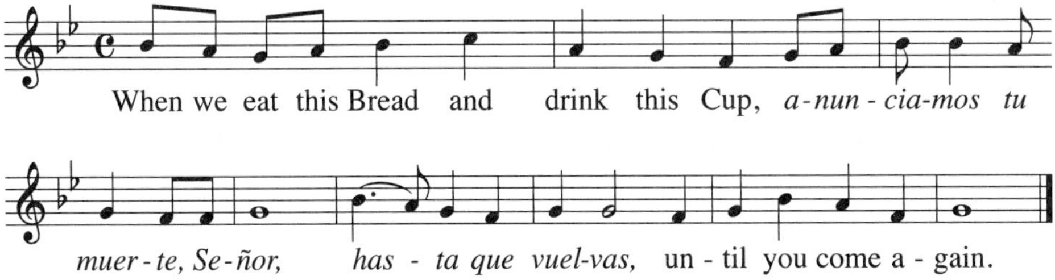

Text: English, ICEL, © 2010
Music: *Mass of Creation,* Marty Haugen; adapt. by Tony E. Alonso, © 2010, 2013, GIA Publications, Inc.

MEMORIAL ACCLAMATION B 186

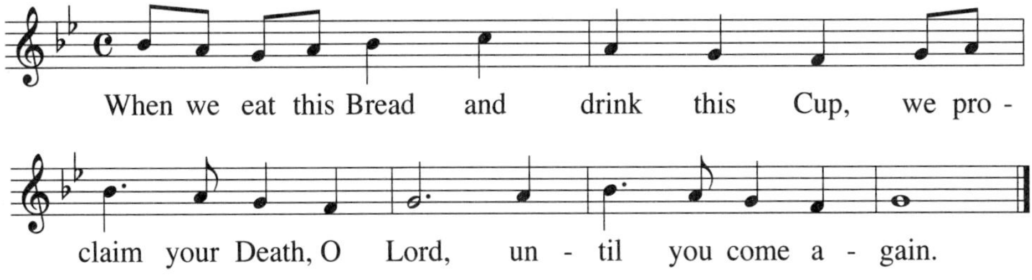

Text: ICEL, © 2010
Music: *Mass of Creation,* Marty Haugen, © 2010, GIA Publications, Inc.

187 MEMORIAL ACCLAMATION C — ACLAMACIÓN AL MEMORIAL C

Text: English, ICEL, © 2010
Music: *Mass of Creation,* Marty Haugen; adapt. by Tony E. Alonso, © 2010, 2013, GIA Publications, Inc.

188 MEMORIAL ACCLAMATION C

Text: ICEL, © 2010
Music: *Mass of Creation,* Marty Haugen, © 2010, GIA Publications, Inc.

189 AMEN — AMÉN

Music: *Mass of Creation*, Marty Haugen; adapt. by Tony E. Alonso, © 1984, 1985, 2010, 2013, GIA Publications, Inc.

LAMB OF GOD — CORDERO DE DIOS 190

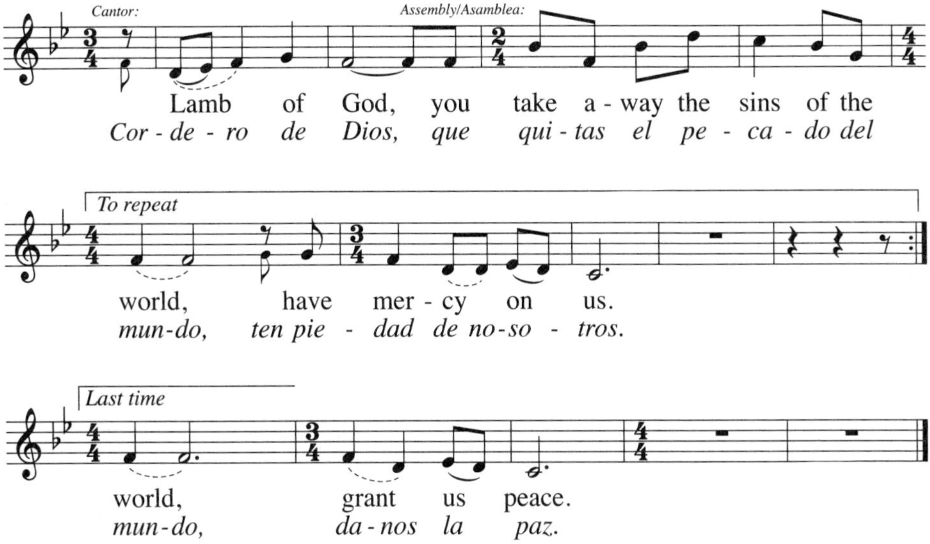

Setting Two: Mass for the Life of the World

Arreglo Dos: Misa para la Vida del Mundo

191 PENITENTIAL ACT — ACTO PENITENCIAL

Music: *Mass for the Life of the World,* Joe Camacho, David Haas; acc. by Rob Glover, © 1993, GIA Publications, Inc.

192 GLORIA

Refrain / Estribillo

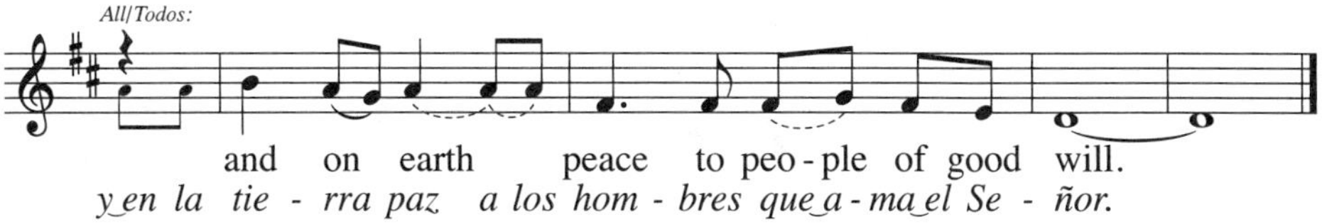

Verses / Estrofas

1. We praise you,
we bless you,
we adore you,
we glorify you,
we give you thanks for your great glory,
Lord God, heavenly King,
O God, almighty Father.

1. Por tu inmensa gloria te alabamos,
te bendecimos,
te adoramos,
te glorificamos,
te damos gracias,
Señor Dios, Rey celestial,
Dios Padre todopoderoso.

2. Lord Jesus Christ, Only Begotten Son,
Lord God, Lamb of God,
Son of the Father,
you take away the sins of the world,
have mercy on us;
you take away the sins of the world,
receive our prayer;
you are seated at the right hand of the Father,
have mercy on us.

2. Señor, Hijo único, Jesucristo,
Señor Dios, Cordero de Dios, Hijo del Padre;
tú que quitas el pecado del mundo,
ten piedad de nosostros;
tú que quitas el pecado del mundo,
atiende nuestra súplica;
tú que estás sentado a la derecha del Padre,
ten piedad de nosotros.

3. For you alone are the Holy One,
you alone are the Lord,
you alone are the Most High,
Jesus Christ,
with the Holy Spirit,
in the glory of God the Father. Amen.

3. Porque sólo tú eres Santo,
sólo tú Señor,
sólo tú Altísimo, Jesucristo,
con el Espíritu Santo
en la gloria de Dios Padre. Amén.

GOSPEL ACCLAMATION — ACLAMACIÓN ANTES DEL EVANGELIO 193

194 PRAYER OF THE FAITHFUL — ORACIÓN DE LOS FIELES

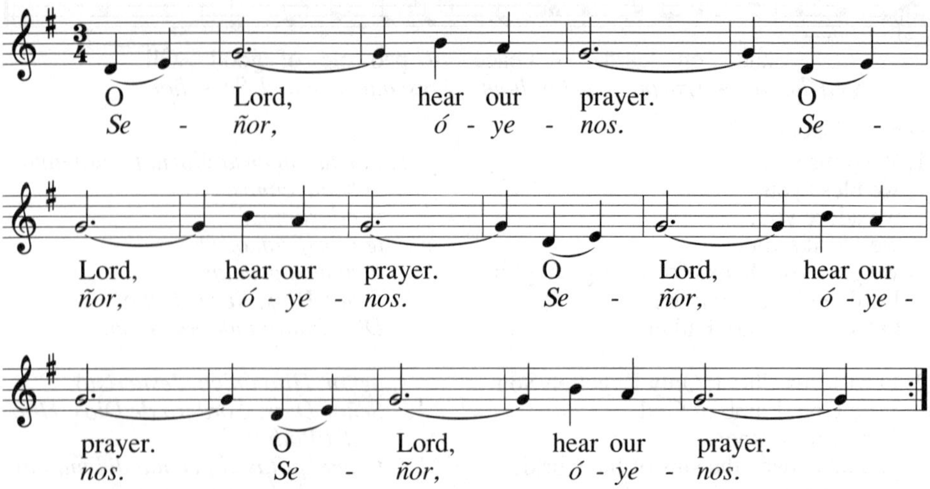

Music: *Mass for the Life of the World,* David Haas, arr. by Rob Glover, © 1993, GIA Publications, Inc.

195 HOLY, HOLY, HOLY — SANTO, SANTO, SANTO

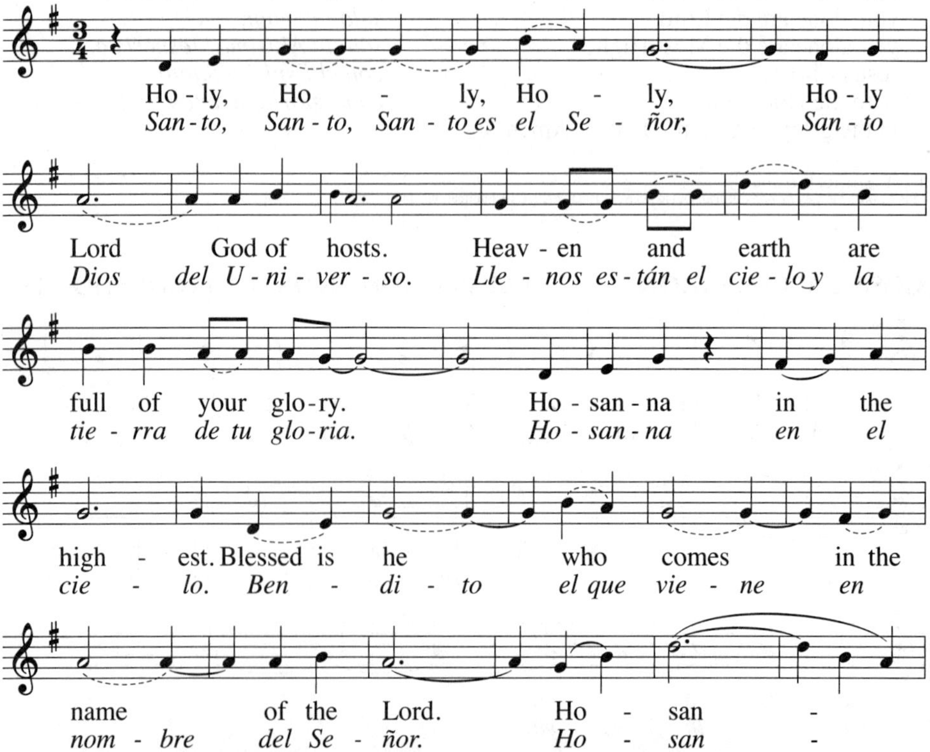

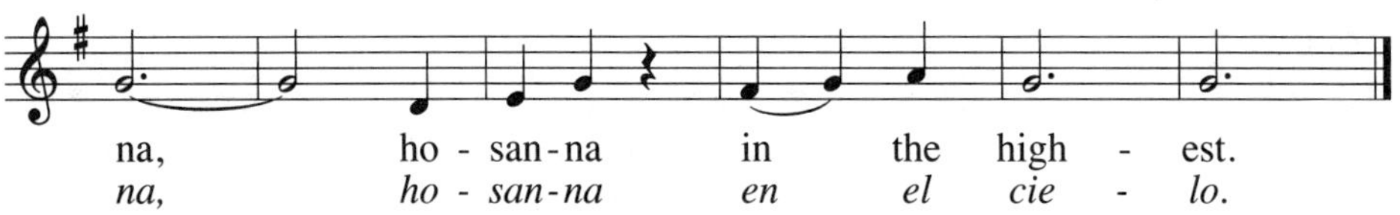

Text: English, ICEL, © 2010
Music: *Mass for the Life of the World*, David Haas, choral arr. by Rob Glover, © 1993, 2010, GIA Publications, Inc.

MEMORIAL ACCLAMATION A — ACLAMACIÓN AL MEMORIAL A 196

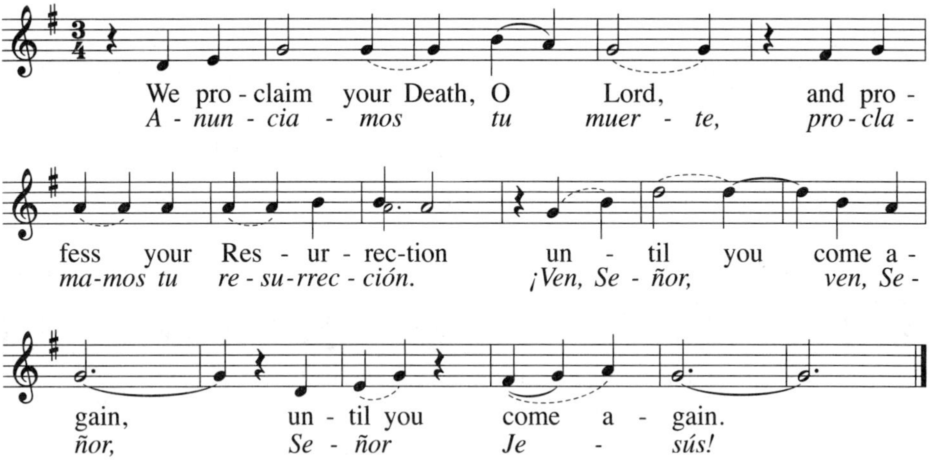

Text: English, ICEL, © 2010
Music: *Mass for the Life of the World,* David Haas, © 2010, GIA Publications, Inc.

MEMORIAL ACCLAMATION B — ACLAMACIÓN AL MEMORIAL B 197

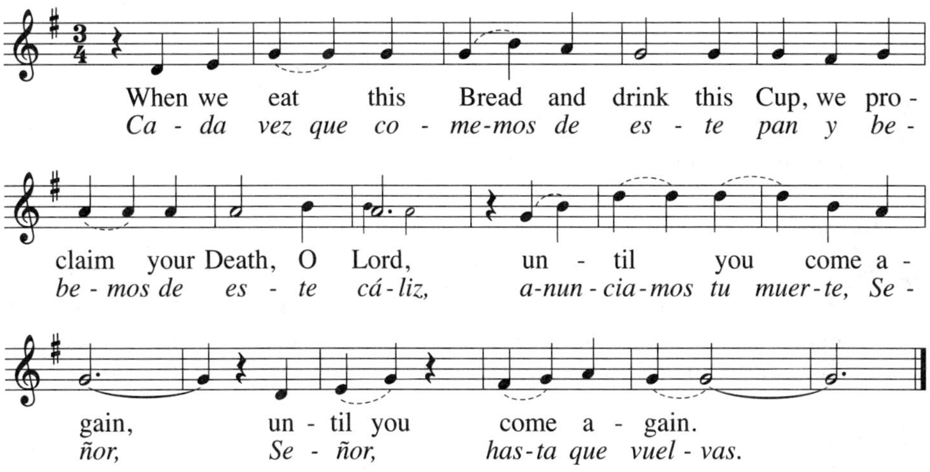

Text: English, ICEL, © 2010
Music: *Mass for the Life of the World*, David Haas, © 2010, GIA Publications, Inc.

198 MEMORIAL ACCLAMATION C — ACLAMACIÓN AL MEMORIAL C

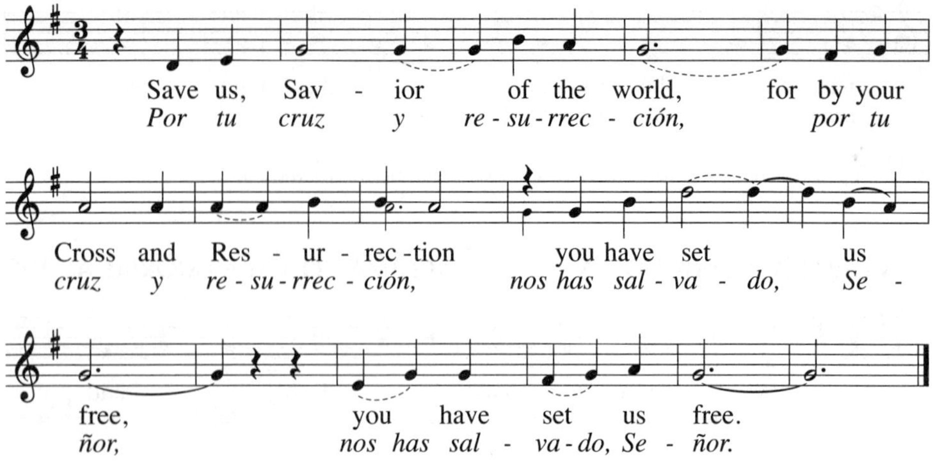

Text: English, ICEL, © 2010
Music: *Mass for the Life of the World,* David Haas, © 2010, GIA Publications, Inc.

199 AMEN — AMÉN

Music: *Mass for the Life of the World,* David Haas, arr. by Rob Glover, © 1993, GIA Publications, Inc.

200 LAMB OF GOD — CORDERO DE DIOS

Music: *Mass for the Life of the World,* David Haas, © 1987, 1993, GIA Publications, Inc.

Setting Three: One Holy Faith Mass

Arreglo Tres: Misa Una Santa Fe

PENITENTIAL ACT

ACTO PENITENCIAL 201

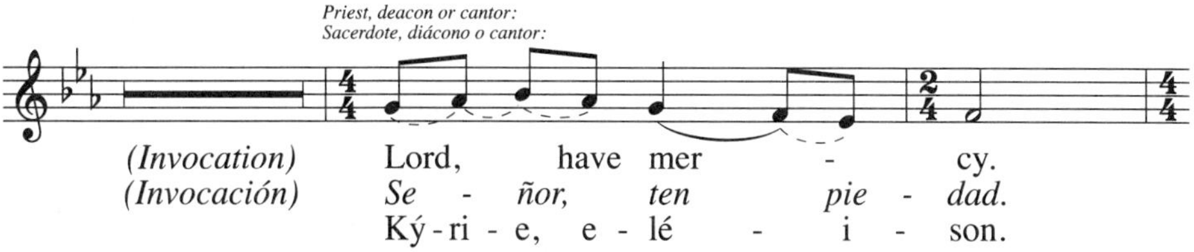

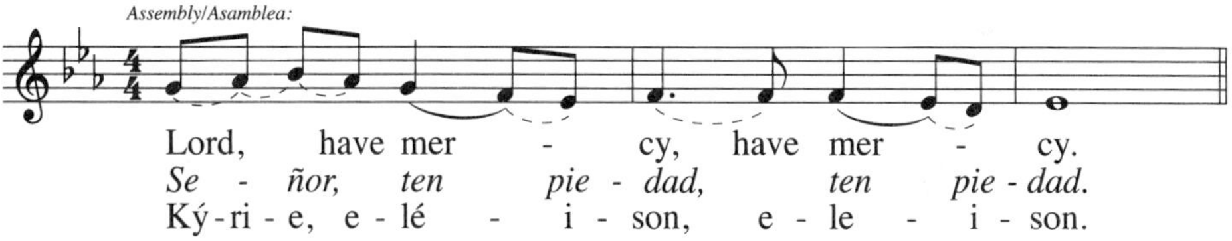

Priest: May almighty God…everlasting life.
Sacerdote: Dios todopoderoso...vida eterna.

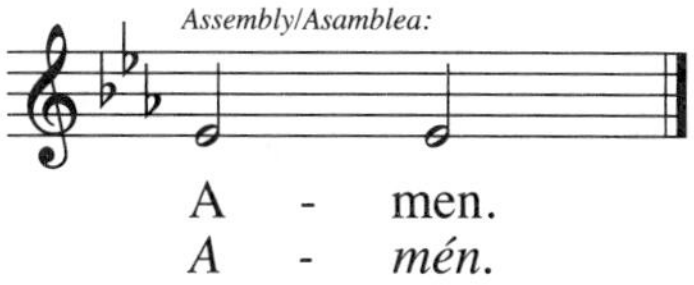

202 GLORIA

Refrain / Estribillo
Optional repeat
To verses
Glo - ry to God in the high - est,
Glo - ria a Dios en el cie - lo,
glo - ry to God in the high - est,
glo - ria a Dios en el cie - lo,
and on earth peace to peo - ple of good will.
y en la tie - rra paz a los hom - bres que a - ma el Se - ñor.
of good will.
que a - ma el Se - ñor.
Verse 1 / Estrofa 1
1. We praise you, we bless you, we a - dore you, we glo - ri - fy you, we give you thanks for your great glo - ry, Lord God, heav - en - ly King,
1. Por tu in - men - sa glo - ria te a - la - ba - mos, te ben - de - ci - mos, te a - do - ra - mos, te glo - ri - fi - ca - mos, te da - mos gra - cias, Se - ñor Dios, Rey ce - les - tial,

D.C.
O God, al - might - y Fa - ther.
Dios Pa - dre to - do - po - de - ro - so.
Verse 2 / Estrofa 2
2. Lord Je - sus Christ, On - ly Be -
2. Se - ñor, Hi - jo ú - ni - co, Je - su -
got - ten Son, Lord God, Lamb of God,
cris - to, Se - ñor Dios, Cor - de - ro de Dios,
Son of the Fa - ther, you take a - way the
Hi - jo del Pa - dre; tú que qui - tas el pe -
sins of the world, have mer - cy on us; you
ca - do del mun - do, ten pie - dad de no - so - tros; tú que
take a - way the sins of the world, re - ceive our
qui - tas el pe - ca - do del mun - do, a - tien - de nues - tra
prayer; you are seat - ed at the
sú - pli - ca; tú que es - tás sen - ta - do a la de -
right hand of the Fa - ther, have mer - cy on
re - cha del Pa - dre, ten pie - dad de no -
D.C.
us, have mer - cy on us.
so - tros, ten pie - dad de no - so - tros.

Text: English, ICEL, © 2010
Music: *Misa Una Santa Fe,* Ronald F. Krisman, © 2010, GIA Publications, Inc.

GOSPEL ACCLAMATION — ACLAMACIÓN ANTES DEL EVANGELIO 203

Music: *Misa Una Santa Fe,* Ronald F. Krisman, © 2010, GIA Publications, Inc.

LENTEN GOSPEL ACCLAMATION — ACLAMACIÓN ANTES DEL EVANGELIO DURANTE LA CUARESMA 204

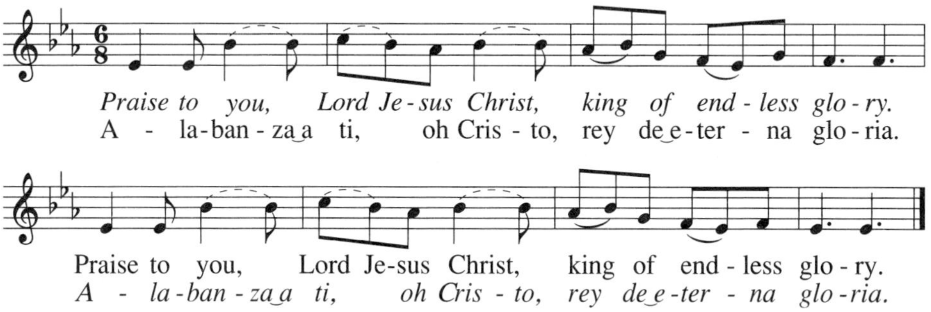

For a bilingual refrain, sing the words in italics.

Text: English, ICEL, © 1969
Music: *Misa Una Santa Fe,* Ronald F. Krisman, © 2010, GIA Publications, Inc.

PRAYER OF THE FAITHFUL — ORACIÓN DE LOS FIELES 205

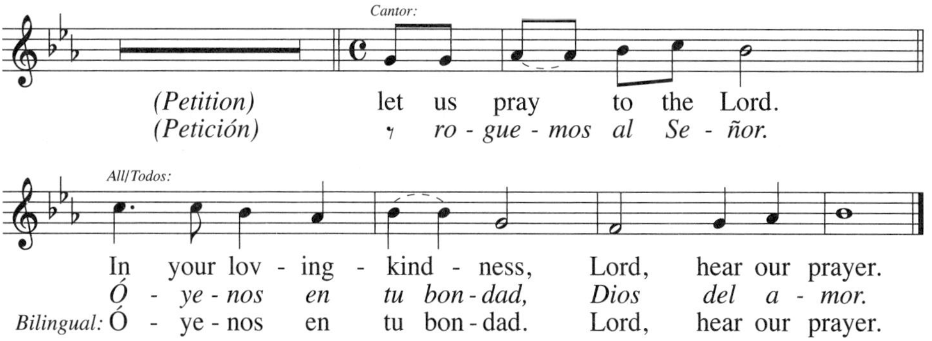

Music: *Misa Una Santa Fe,* Ronald F. Krisman, © 2010, GIA Publications, Inc.

206 SANTO, SANTO, SANTO — HOLY, HOLY, HOLY

san - na en el cie - lo. Ho - san - na en el
san - na in the high - est. Ho - san - na in the
san - na in the high - est. Ho - san - na in the
cie - lo. Ben - di - to el que
high - est. Bless - ed is he who
high - est. Ben - di - to el que
vie - ne en nom - bre del Se - ñor. Ho -
comes in the name of the Lord. Ho -
vie - ne en nom - bre del Se - ñor. Ho -
san - na en el cie - lo. Ho - san - na en el
san - na in the high - est. Ho - san - na in the
san - na en el cie - lo. Ho - san - na en el
cie - lo. Ho - san - na en el cie - lo. Ho -
high - est. Ho - san - na in the high - est. Ho -
cie - lo. Ho - san - na en el cie - lo. Ho -
san - na en el cie - lo.
san - na in the high - est.
san - na en el cie - lo.

207 ACLAMACIÓN AL MEMORIAL A — MEMORIAL ACCLAMATION A

Letra: Inglés, ICEL, © 2010
Música: *Misa Una Santa Fe*, Ronald F. Krisman, © 2010, GIA Publications, Inc.

208 ACLAMACIÓN AL MEMORIAL B — MEMORIAL ACCLAMATION B

Letra: Inglés, ICEL, © 2010
Música: *Misa Una Santa Fe*, Ronald F. Krisman, © 2010, GIA Publications, Inc.

ACLAMACIÓN AL MEMORIAL C — MEMORIAL ACCLAMATION C 209

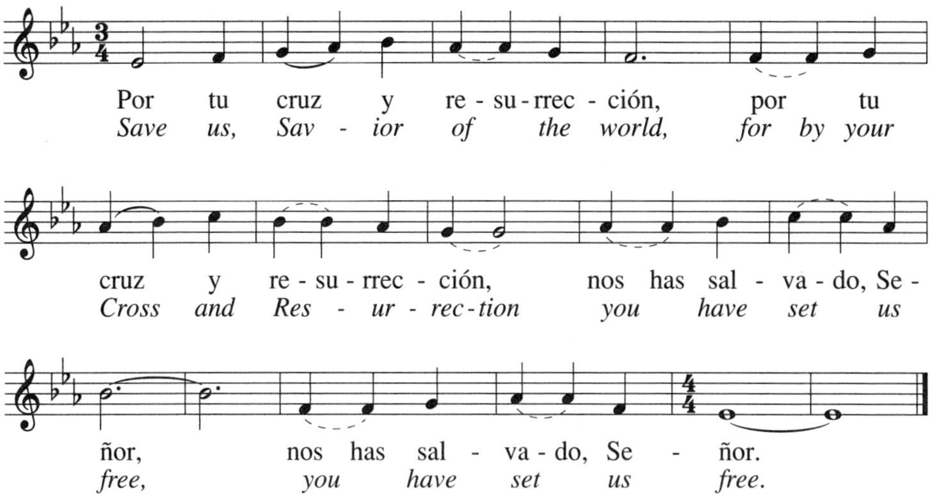

Letra: Inglés, ICEL, © 2010
Música: *Misa Una Santa Fe*, Ronald F. Krisman, © 2010, GIA Publications, Inc.

AMÉN — AMEN 210

Música: *Misa Una Santa Fe*, Ronald F. Krisman, © 2010, GIA Publications, Inc.

211 EL PADRENUESTRO — THE LORD'S PRAYER

The two languages may be sung simultaneously. / Se pueden cantar simultaneamente ambos idiomas.

Sacerdote: Líbranos de todos los males...nuestro Salvador, Jesucristo.
Priest: Deliver us, Lord...and the coming of our Savior, Jesus Christ.

212 LAMB OF GOD — CORDERO DE DIOS

Music: *Misa Una Santa Fe,* Ronald F. Krisman, © 2010, GIA Publications, Inc.

Setting Four: Mass of Saint Joseph

Arreglo Cuatro: Misa de San José

KYRIE 213

Or/O:

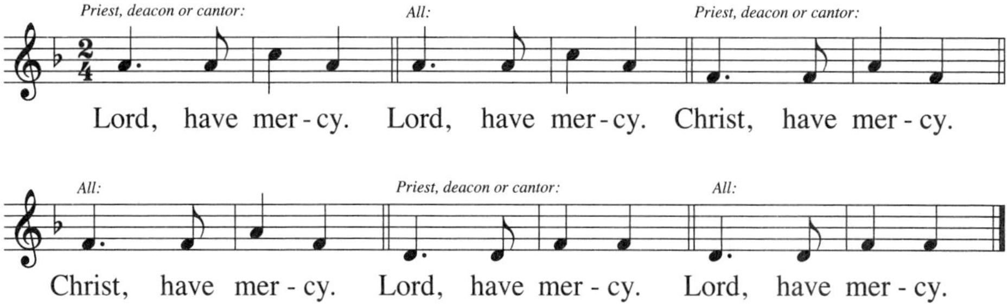

214 GLORIA

Estribillo / Refrain

Estrofas / Verses

1. Por tu inmensa gloria
te alabamos, te bendecimos,
te adoramos, te glorificamos,
te damos gracias,
Señor Dios, Rey celestial,
Dios Padre todopoderoso.

2. Señor, Hijo único, Jesucristo,
Señor Dios, Cordero de Dios, Hijo del Padre;
tú que quitas el pecado del mundo,
ten piedad de nosostros;
tú que quitas el pecado del mundo,
atiende nuestra súplica;
tú que estás sentado a la derecha del Padre,
ten piedad de nosotros.

3. Porque sólo tú eres Santo,
sólo tú Señor,
sólo tú Altísimo, Jesucristo,
con el Espíritu Santo
en la gloria de Dios Padre. Amén.

*1. We praise you,
we bless you,
we adore you,
we glorify you,
we give you thanks for your great glory,
Lord God, heavenly King,
O God, almighty Father.*

*2. Lord Jesus Christ, Only Begotten Son,
Lord God, Lamb of God, Son of the Father,
you take away the sins of the world,
have mercy on us;
you take away the sins of the world,
receive our prayer;
you are seated at the right hand of the Father,
have mercy on us.*

*3. For you alone are the Holy One,
you alone are the Lord,
you alone are the Most High,
Jesus Christ,
with the Holy Spirit,
in the glory of God the Father. Amen.*

215 ACLAMACIÓN ANTES DEL EVANGELIO GOSPEL ACCLAMATION

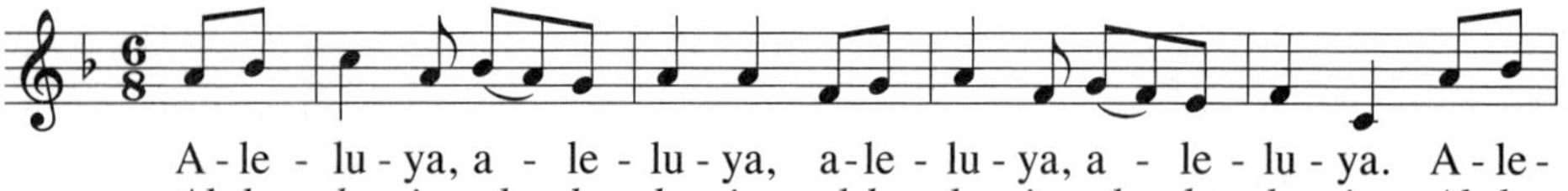

Música: *Misa de San José,* Howard Hughes, SM, © 1976, GIA Publications, Inc.

SANTO, SANTO, SANTO — HOLY, HOLY, HOLY 216

Letra: Inglés, ICEL, © 2010
Música: *Misa de San José,* Howard Hughes, SM, © 1976, 2012, GIA Publications, Inc.

217 ACLAMACIÓN AL MEMORIAL A — MEMORIAL ACCLAMATION A

Letra: Inglés, ICEL, © 2010
Música: *Misa de San José,* Howard Hughes, SM, © 1976, 2012, GIA Publications, Inc.

218 ACLAMACIÓN AL MEMORIAL B — MEMORIAL ACCLAMATION B

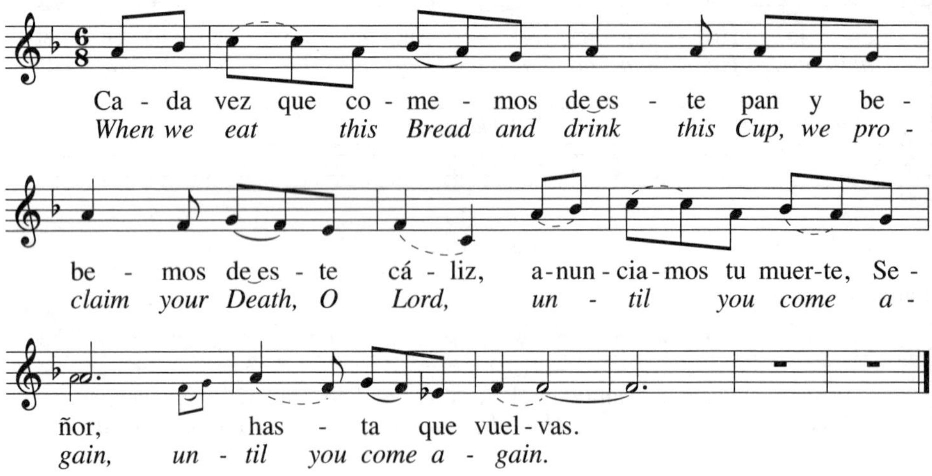

Letra: Inglés, ICEL, © 2010
Música: Basada de *Misa de San José*, Howard Hughes, SM; adapt. por Ronald F. Krisman, © 2012, GIA Publications, Inc.

219 AMÉN — AMEN

Música: *Misa de San José,* Howard Hughes, SM, © 1976, GIA Publications, Inc.

CORDERO DE DIOS | LAMB OF GOD 220

Setting Five: Misa Luna

Arreglo Cinco: Misa Luna

221 SPRINKLING SONG — CANTO PARA LA ASPERSIÓN

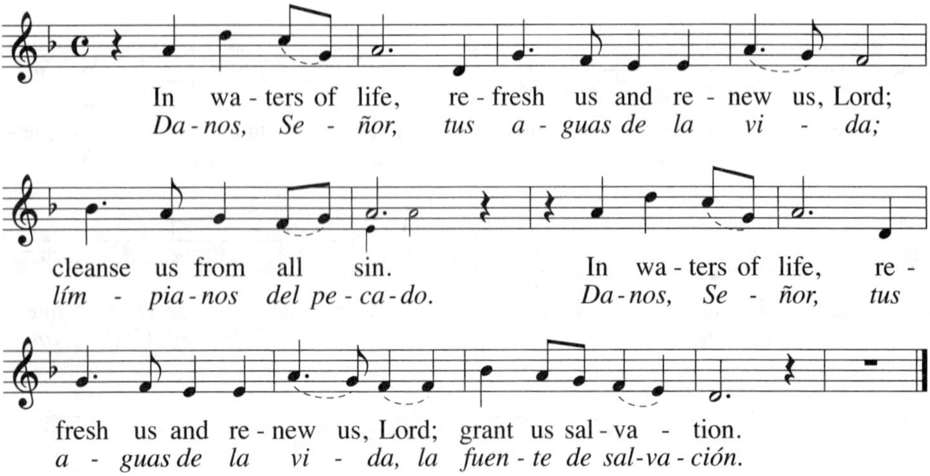

Text: Peter M. Kolar
Music: *Misa Luna*, Peter M. Kolar

222 KYRIE

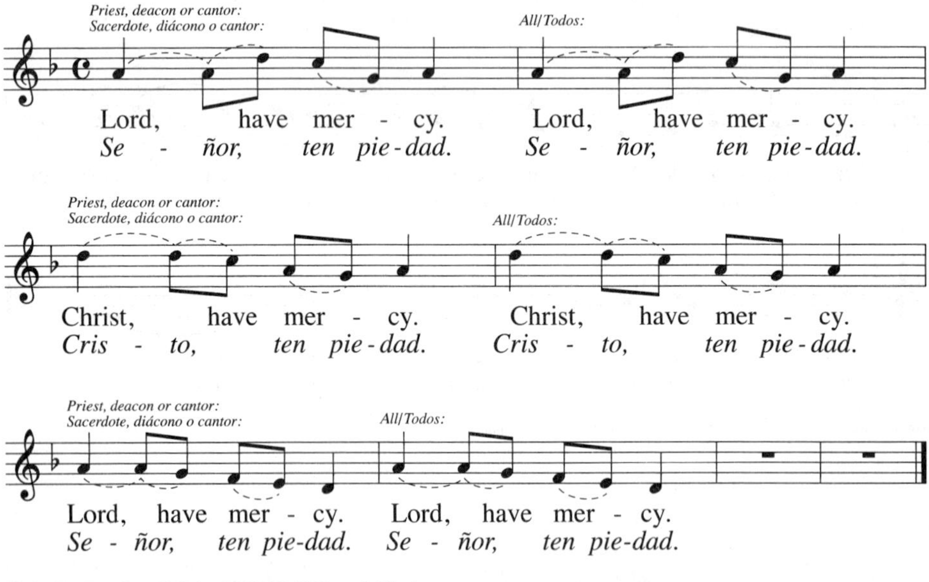

Music: *Misa Luna*, Peter M. Kolar,

GLORIA

Refrain

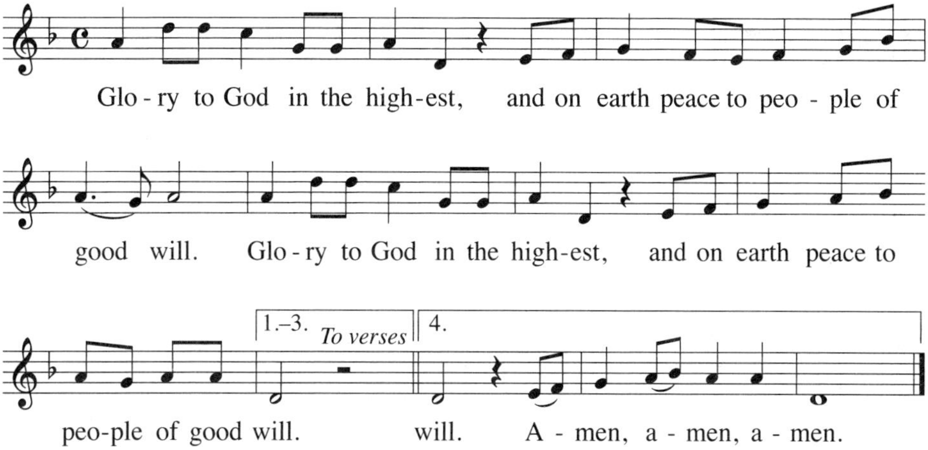

Verses

1. We praise you,
we bless you,
we adore you,
we glorify you,
we give you thanks for your great glory,
Lord God, heavenly King,
O God, almighty Father.

2. Lord Jesus Christ, Only Begotten Son,
Lord God, Lamb of God, Son of the Father,
you take away the sins of the world,
have mercy on us;
you take away the sins of the world,
receive our prayer;
you are seated at the right hand of the Father,
have mercy on us.

For you alone are the Holy One,
3. you alone are the Lord,
you alone are the Most High,
Jesus Christ,
with the Holy Spirit,
in the glory of God the Father.

224 GLORIA

Estribillo

Estrofas

1. Por tu inmensa gloria
   te alabamos, te bendecimos,
   te adoramos, te glorificamos,
   te damos gracias, Señor.

2. Señor Dios, Rey celestial,
   Dios Padre todopoderoso.
   Señor, Hijo único, Jesucristo,
   Señor Dios, Cordero de Dios,
   tú, el Hijo del Padre.

3. Tú que quitas el pecado del mundo,
   ten piedad de nosotros;
   tú que quitas el pecado del mundo,
   atiende nuestra súplica;
   tú que estás sentado a la derecha del Padre,
   ten piedad de nosotros.

4. Porque sólo tú eres Santo,
   sólo tú Señor,
   sólo tú Altísimo, Jesucristo,
   con el Espíritu Santo
   en la gloria de Dios Padre. Amén.

GOSPEL ACCLAMATION — ACLAMACIÓN ANTES DEL EVANGELIO 225

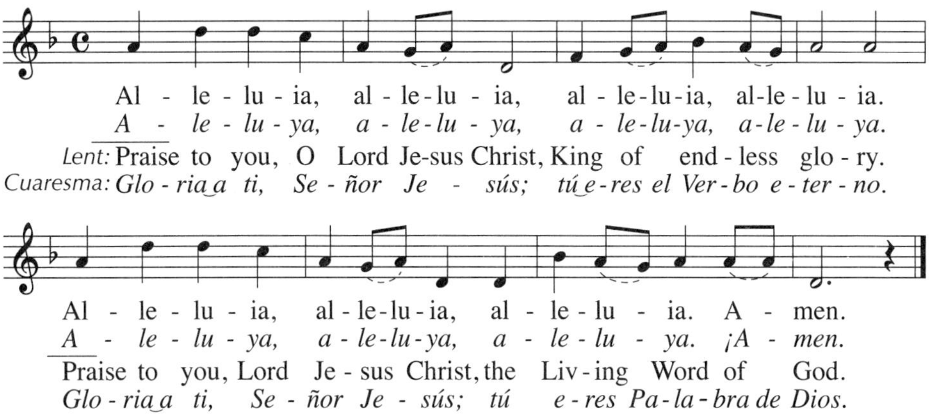

PRAYER OF THE FAITHFUL — ORACIÓN DE LOS FIELES 226

HOLY, HOLY, HOLY — SANTO, SANTO, SANTO 227

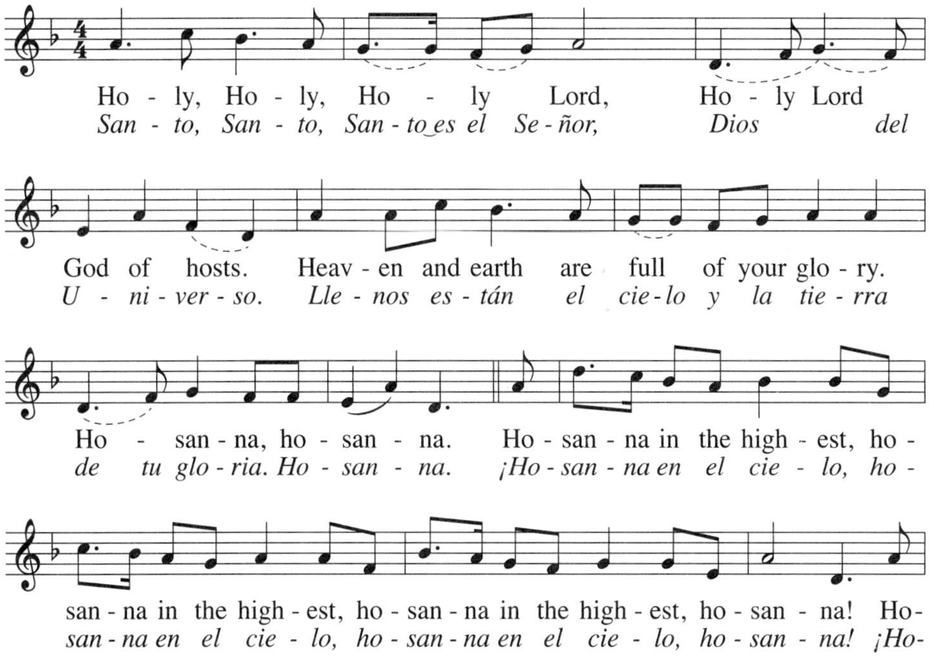

Text: English, ICEL, © 2010
Music: *Misa Luna*, Peter M. Kolar, © 1998, 2010, World Library Publications

228 MEMORIAL ACCLAMATION A — ACLAMACIÓN AL MEMORIAL A

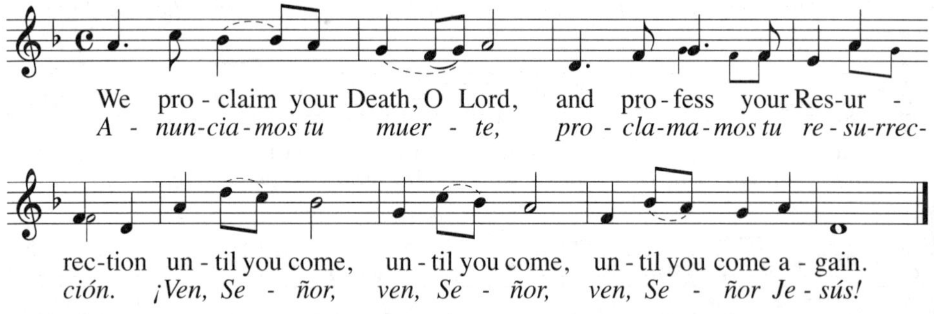

Text: English, ICEL, © 2010
Music: *Misa Luna*, Peter M. Kolar, © 2010, World Library Publications

MEMORIAL ACCLAMATION B — ACLAMACIÓN AL MEMORIAL B 229

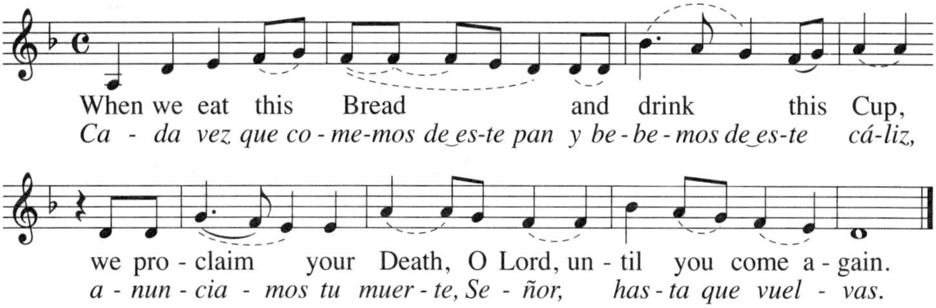

Text: English, ICEL, © 2010
Music: *Misa Luna*, Peter M. Kolar, © 2010, World Library Publications

MEMORIAL ACCLAMATION C — ACLAMACIÓN AL MEMORIAL C 230

Text: English, ICEL, © 2010
Music: *Misa Luna*, Peter M. Kolar, © 2010, World Library Publications

ACLAMACIÓN AL MEMORIAL C 231

Música: *Misa Luna*, Peter M. Kolar, © 1998, World Library Publications

232 AMEN — AMÉN

Music: *Misa Luna*, Peter M. Kolar, © 1998, World Library Publications

233 THE LORD'S PRAYER — EL PADRENUESTRO

Priest: Deliver us, Lord...and the coming of our Savior, Jesus Christ.
Sacerdote: Líbranos de todos los males...nuestro Salvador, Jesucristo.

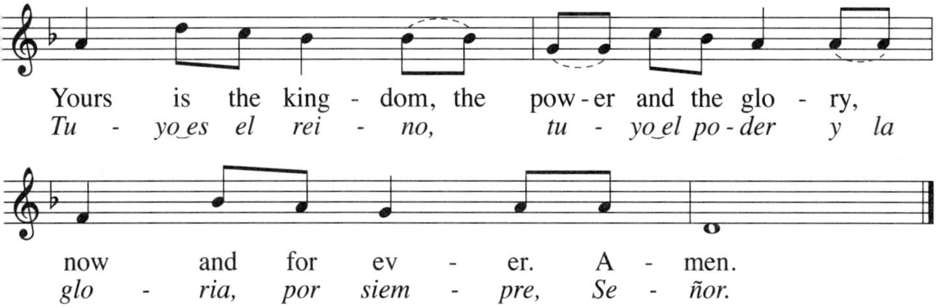

Music: *Misa Luna*, Peter M. Kolar, © 1998, World Library Publications

LAMB OF GOD — CORDERO DE DIOS 234

Music: *Misa Luna*, Peter M. Kolar, © 1998, World Library Publications

Setting Six: Unity Mass

235 PENITENTIAL ACT

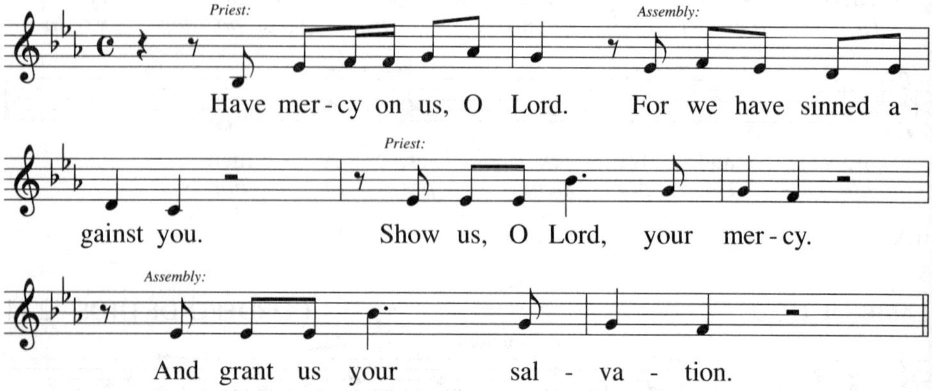

Priest: May almighty God...everlasting life.

Text: ICEL, © 2010
Music: *Unity Mass,* Norah Duncan IV, © 2010, GIA Publications, Inc.

236 KYRIE

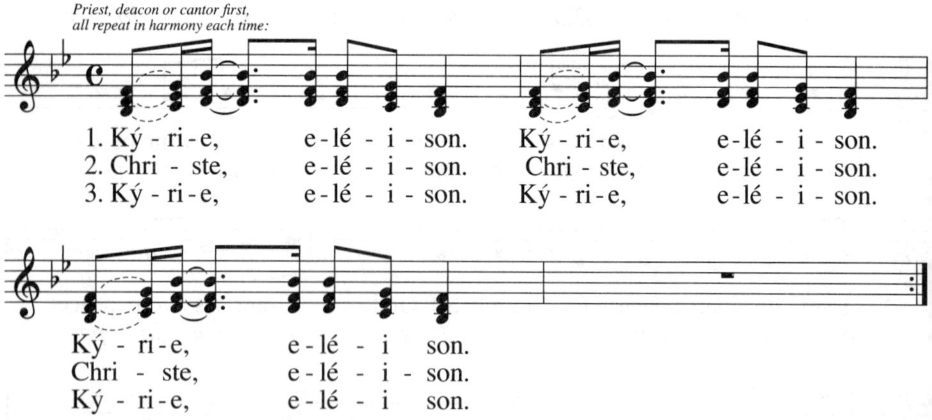

Music: *Unity Mass,* Norah Duncan IV, © 2010, GIA Publications, Inc.

GLORIA

237

Refrain

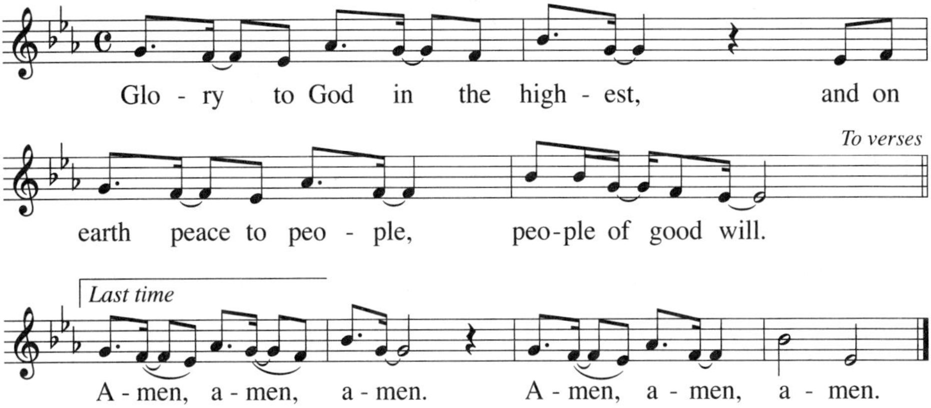

Verses

1. We praise you,
   we bless you,
   we adore you,
   we glorify you,
   we give you thanks for your great glory,
   Lord God, heavenly King,
   O God, almighty Father.

2. Lord Jesus Christ, Only Begotten Son,
   Lord God, Lamb of God, Son of the Father,
   you take away the sins of the world,
   have mercy on us;
   you take away the sins of the world,
   receive our prayer;
   you are seated at the right hand of the Father,
   have mercy on us.

3. For you alone are the Holy One,
   you alone are the Lord,
   you alone are the Most High,
   Jesus Christ,
   with the Holy Spirit,
   in the glory of God the Father.
   Amen.

238 GOSPEL ACCLAMATION

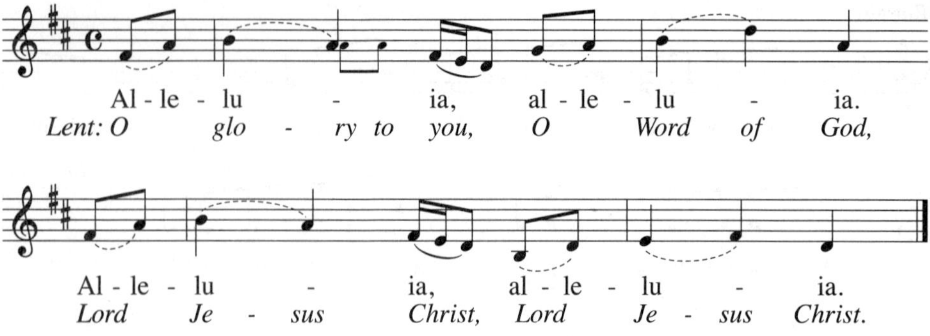

Text: ICEL, © 1969
Music: *Unity Mass,* Norah Duncan IV, © 2010, GIA Publications, Inc.

239 HOLY, HOLY, HOLY

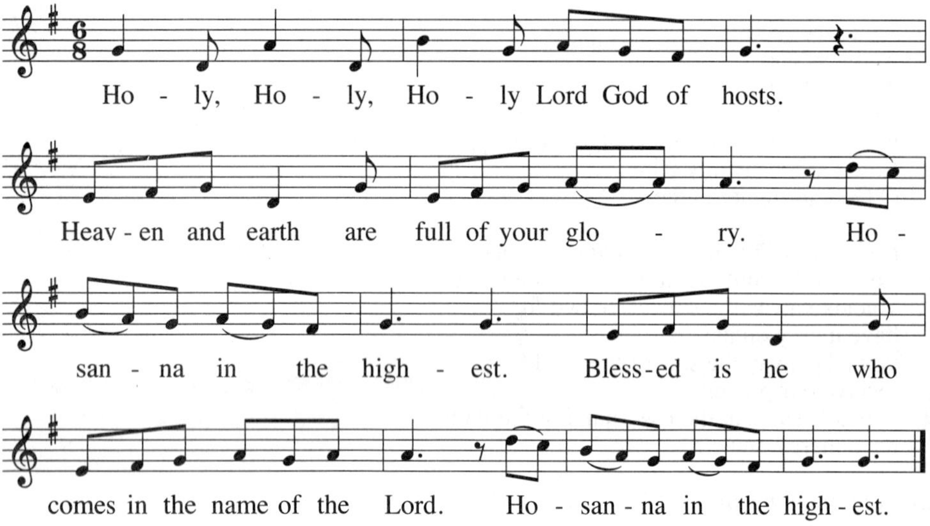

Text: ICEL, © 2010
Music: *Unity Mass,* Norah Duncan IV, © 2010, GIA Publications, Inc.

240 MEMORIAL ACCLAMATION A

Text: ICEL, © 2010
Music: *Unity Mass,* Norah Duncan IV, © 2010, GIA Publications, Inc.

MEMORIAL ACCLAMATION B

241

Text: ICEL, © 2010
Music: *Unity Mass,* Norah Duncan IV, © 2010, GIA Publications, Inc.

MEMORIAL ACCLAMATION C

242

Text: ICEL, © 2010
Music: *Unity Mass,* Norah Duncan IV, © 2010, GIA Publications, Inc.

AMEN

243

Music: *Unity Mass,* Norah Duncan IV, © 2010, GIA Publications, Inc.

LAMB OF GOD

244

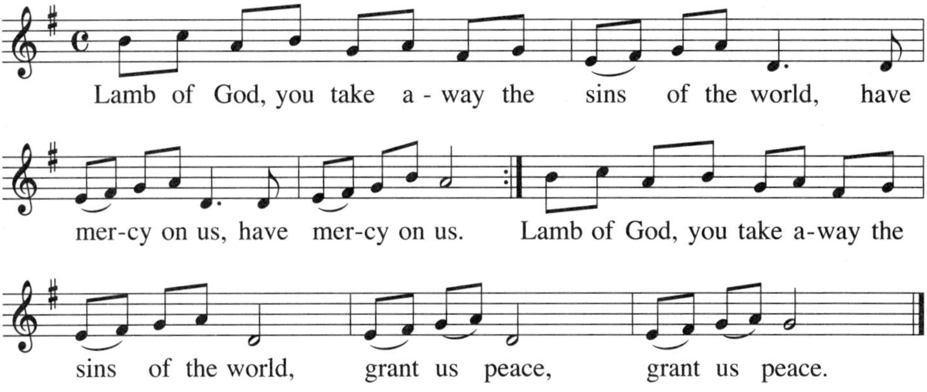

Music: *Unity Mass,* Norah Duncan IV, © 2010, GIA Publications, Inc.

Setting Seven: Missa Pacem

245 PENITENTIAL ACT

Music: *Missa Pacem,* L. Randolph Babin, © 2004, 2010, GIA Publications, Inc.

246 GLORIA

Refrain

Verses

1. We praise you,
   we bless you,
   we adore you,
   we glorify you,
   we give you thanks for your great glory,
   Lord God, heavenly King,
   O God, almighty Father.

2. Lord Jesus Christ, Only Begotten Son,
   Lord God, Lamb of God, Son of the Father,
   you take away the sins of the world,
   have mercy on us;
   you take away the sins of the world,
   receive our prayer;
   you are seated at the right hand of the Father,
   have mercy on us.

3. For you alone are the Holy One,
   you alone are the Lord,
   you alone are the Most High,
   Jesus Christ,
   with the Holy Spirit,
   in the glory of God the Father.
   Amen.

Text: ICEL, © 2010
Music: *Missa Pacem,* L. Randolph Babin, © 2004, 2010, GIA Publications, Inc.

GOSPEL ACCLAMATION

247

Music: *Missa Pacem,* L. Randolph Babin, © 2004, GIA Publications, Inc.

HOLY, HOLY, HOLY

248

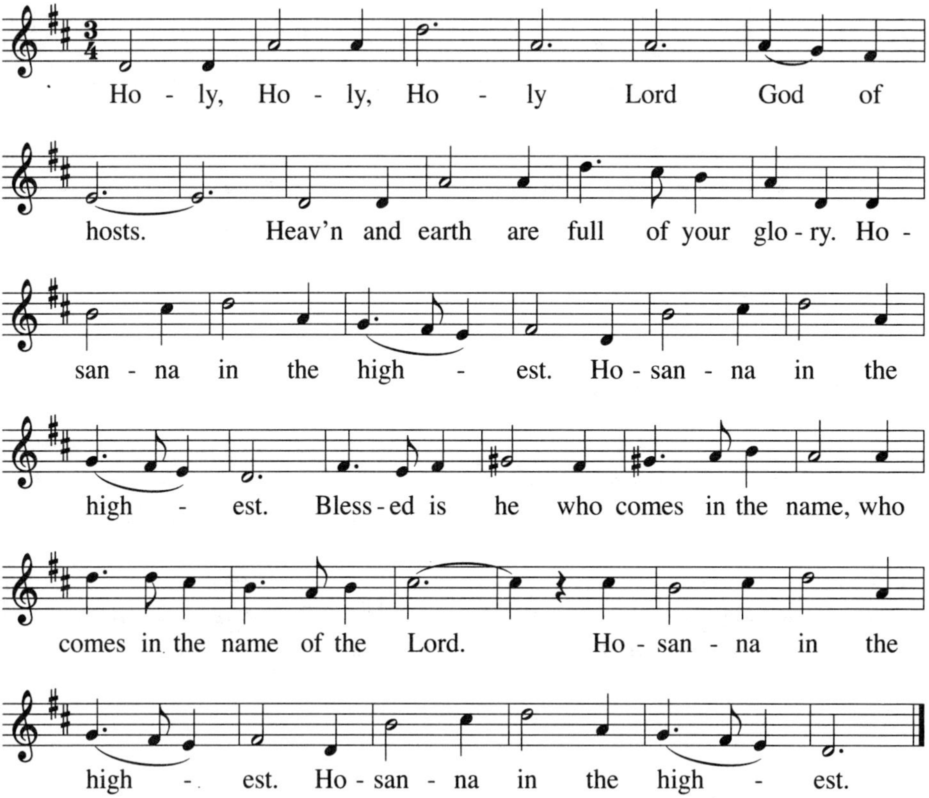

Text: ICEL, © 2010
Music: *Missa Pacem,* L. Randolph Babin, © 2004, 2010, GIA Publications, Inc.

249 MEMORIAL ACCLAMATION A

Text: ICEL, © 2010
Music: *Missa Pacem,* L. Randolph Babin, © 2010, GIA Publications, Inc.

250 MEMORIAL ACCLAMATION B

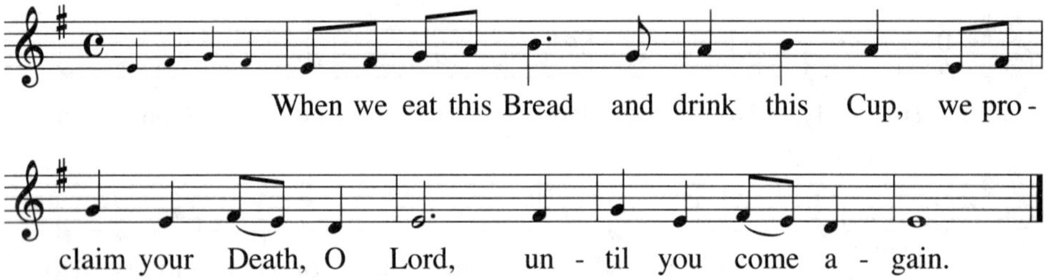

Text: ICEL, © 2010
Music: *Missa Pacem,* L. Randolph Babin, © 2010, GIA Publications, Inc.

251 MEMORIAL ACCLAMATION C

Text: ICEL, © 2010
Music: *Missa Pacem,* L. Randolph Babin, © 2010, GIA Publications, Inc.

252 AMEN

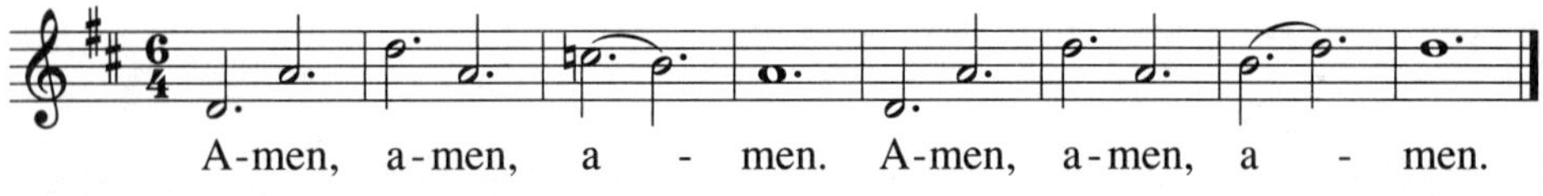

Music: *Missa Pacem,* L. Randolph Babin, © 2004, GIA Publications, Inc.

LAMB OF GOD

253

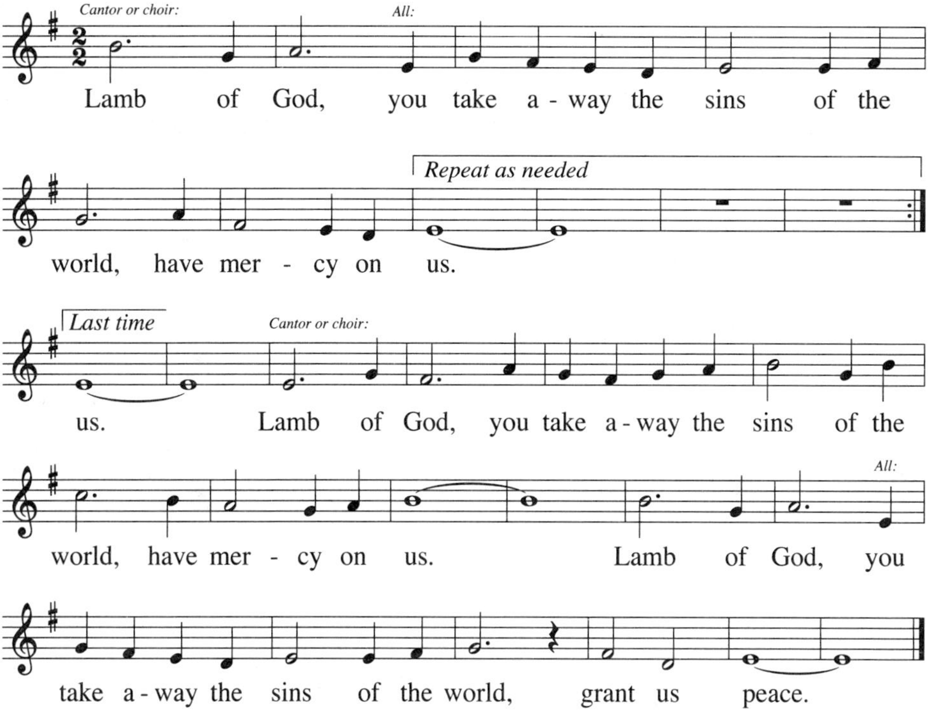

Music: *Missa Pacem,* L. Randolph Babin, © 2004, GIA Publications, Inc.

Setting Eight: Cantus Missae

254 KYRIE

255 GLORIA

LITURGY OF THE WORD

FIRST READINGS

256

After the first reading:

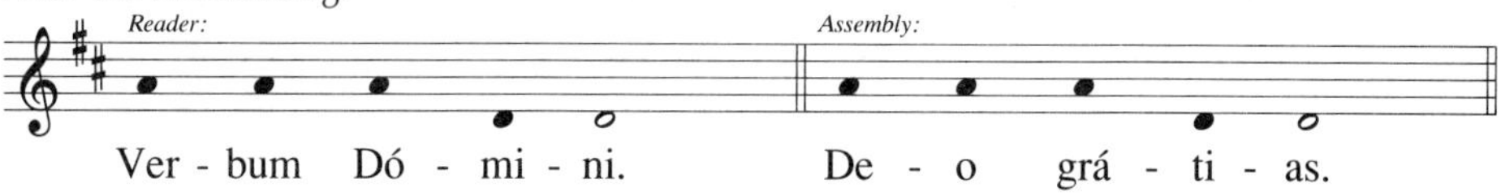

After the second reading or if there is only one reading before the gospel:

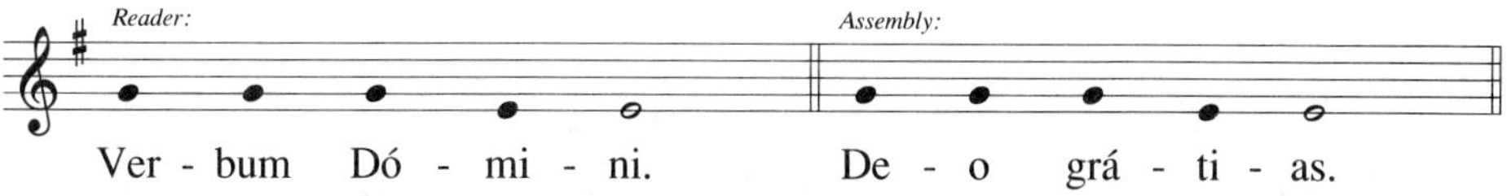

257 GOSPEL

Before the gospel reading:

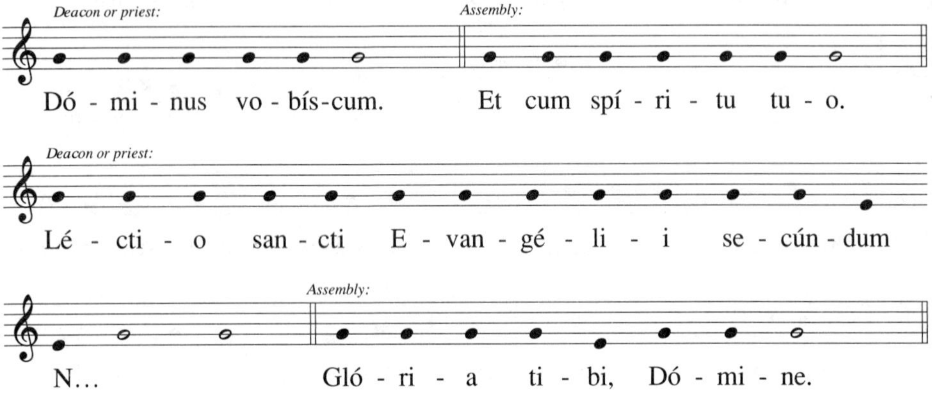

After the reading:

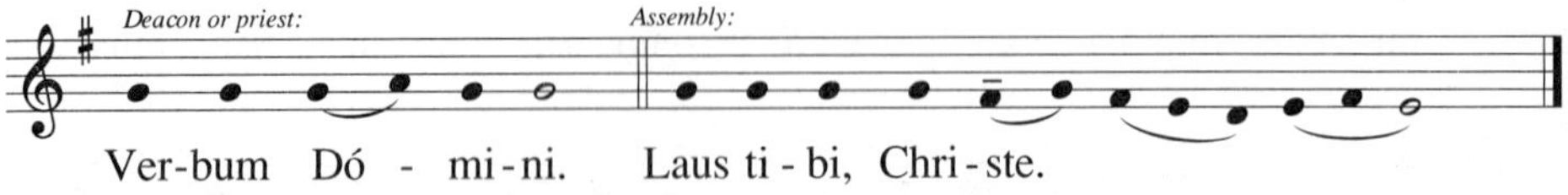

258 CREDO

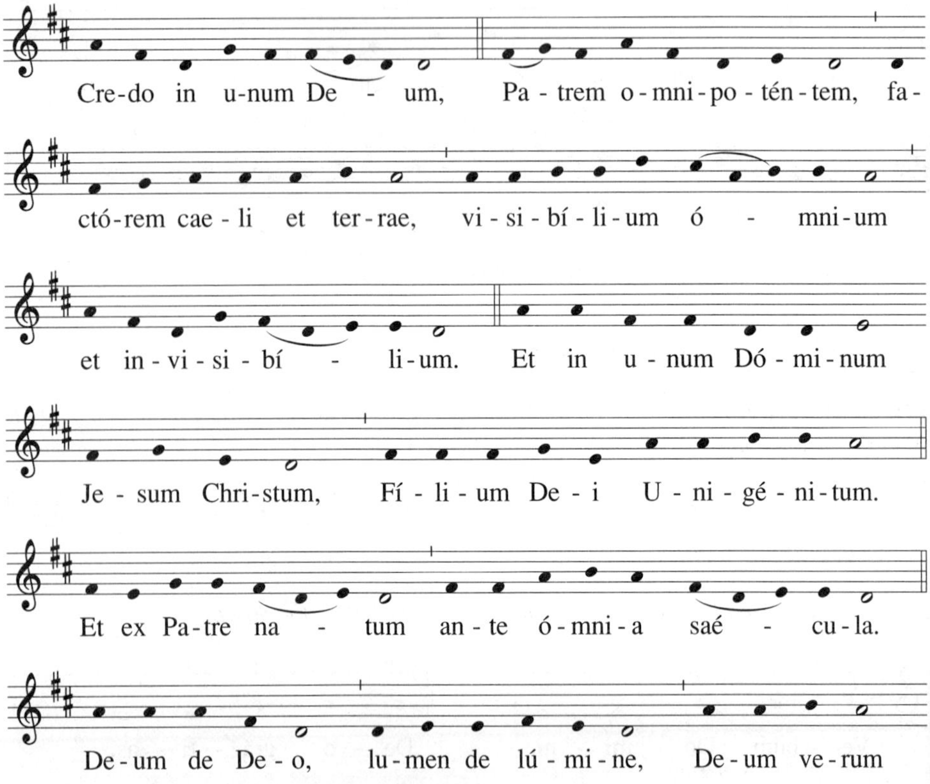

de De-o ve-ro. Gé-ni-tum, non fa - ctum, con-sub-stan-ti -
á - lem Pa - tri: per quem ó - mni - a fa - cta sunt.
Qui pro-pter nos hó-mi-nes et pro-pter no-stram sa - lú - tem de -
All bow
scén-dit de cae-lis. Et in-car-ná-tus est de Spí-ri-tu
San - cto ex Ma-rí - a Vír-gi - ne, et ho-mo fa-ctus est.
Cru - ci - fí - xus é - ti - am pro no - bis sub
Pón - ti - o Pi - lá - to; pas - sus et se - púl - tus est.
Et re - sur - ré - xit tér - ti - a di - e, se - cún-dum Scri-ptú - ras.
Et a - scén - dit in cae - lum, se-det ad déx-te-ram Pa - tris.
Et í - te-rum ven - tú - rus est cum gló - ri - a, ju - di - cá - re
vi - vos et mór - tu - os, cu - ius re - gni non e - rit fi - nis.
Et in Spí - ri-tum San-ctum, Dó - mi-num et vi - vi - fi - cán-tem:

Music: Vatican Edition III; acc. by Richard Proulx, © 1995, GIA Publications, Inc.

259 PRAYER OF THE FAITHFUL

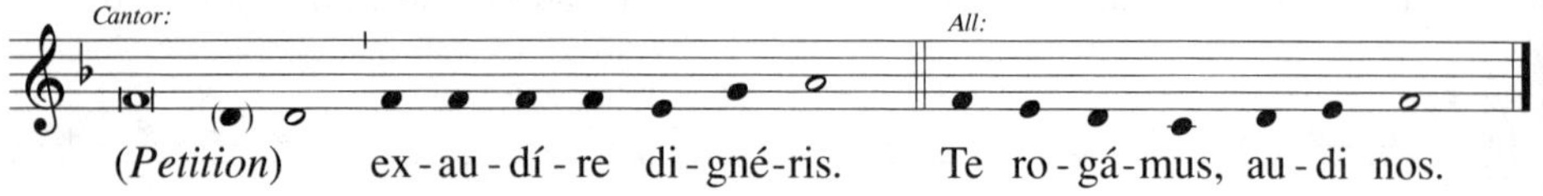

LITURGY OF THE EUCHARIST

260 PREFACE DIALOGUE

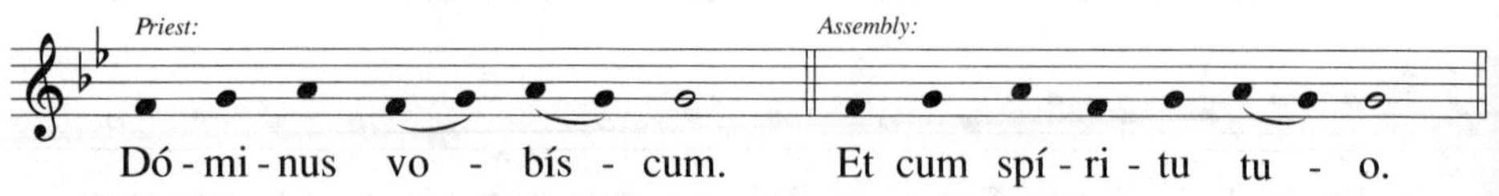

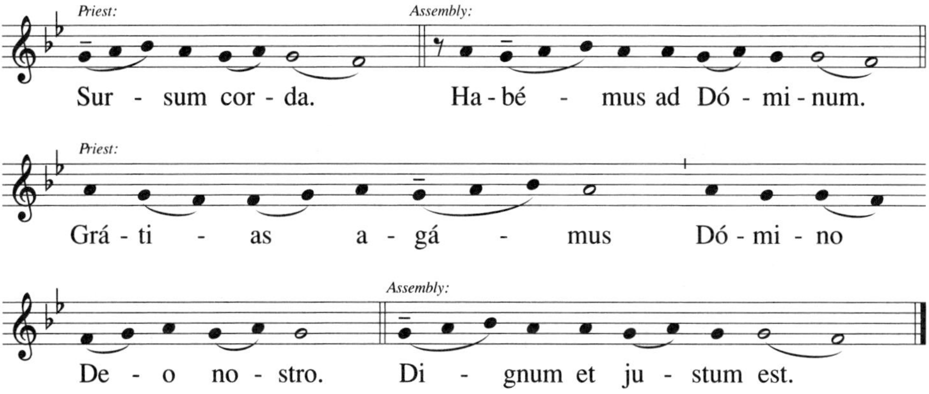

SANCTUS

261

A

Music: Vatican Edition VIII; acc. by Richard Proulx, © 1995, GIA Publications, Inc.

262 SANCTUS

B

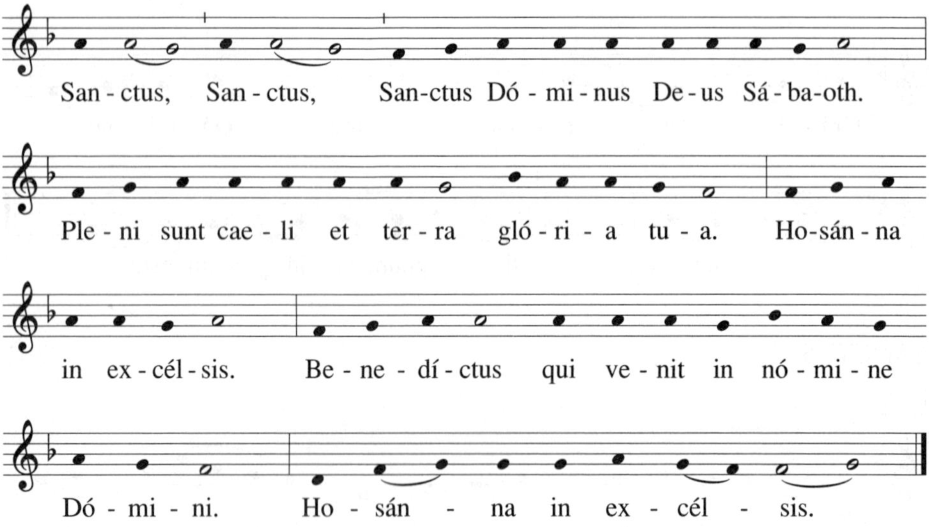

Music: Vatican Edition XVIII; acc. by Richard Proulx, © 1995, GIA Publications, Inc.

263 MEMORIAL ACCLAMATION

A

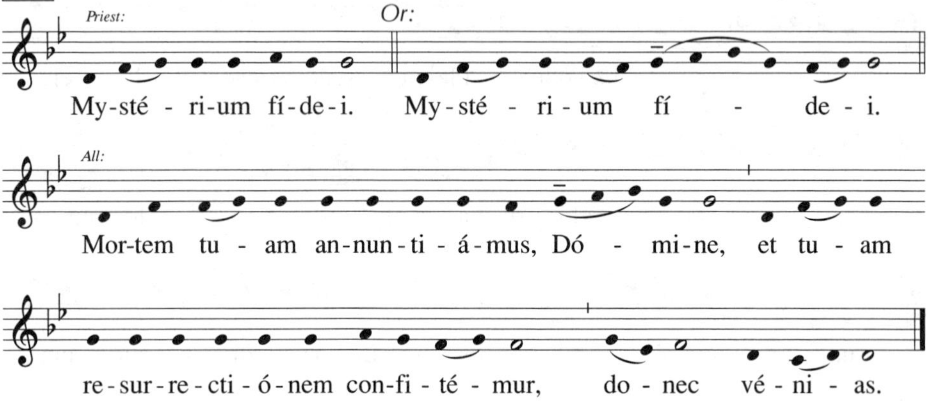

Music: Vatican Edition; acc. by Richard Proulx, © 1995, GIA Publications, Inc.

264 MEMORIAL ACCLAMATION

B

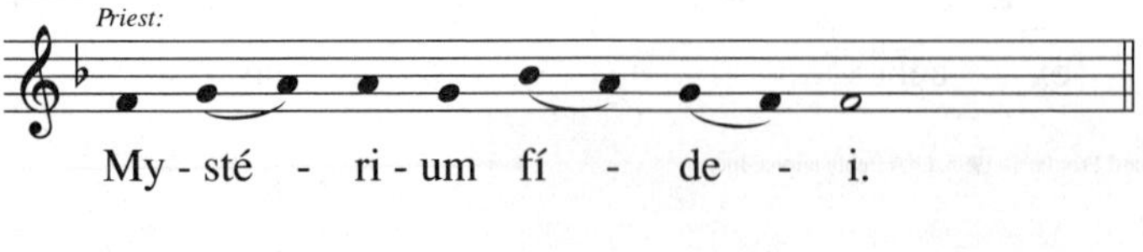

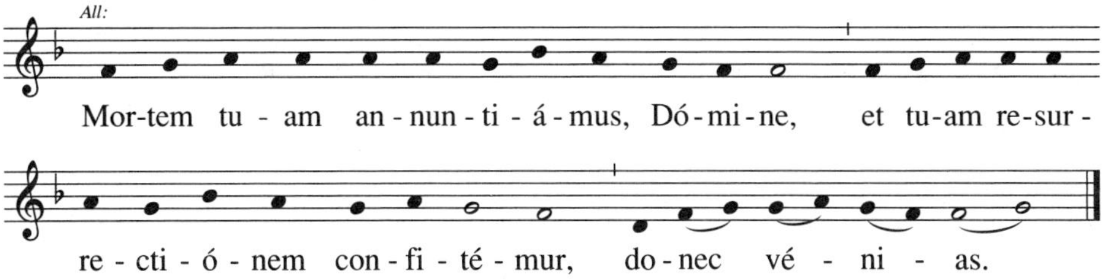

AMEN 265

After the doxology:

COMMUNION RITE

THE LORD'S PRAYER 266

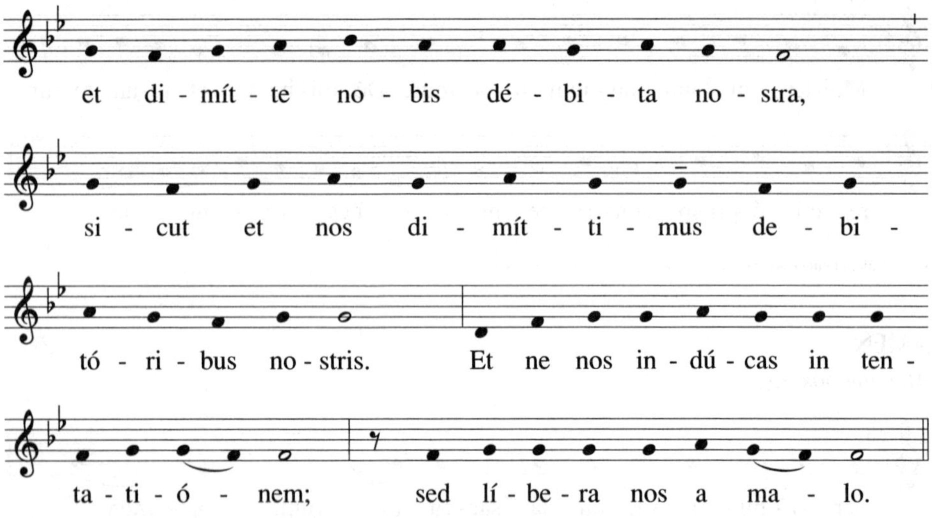

Priest: Líbera nos...Jesu Christi.

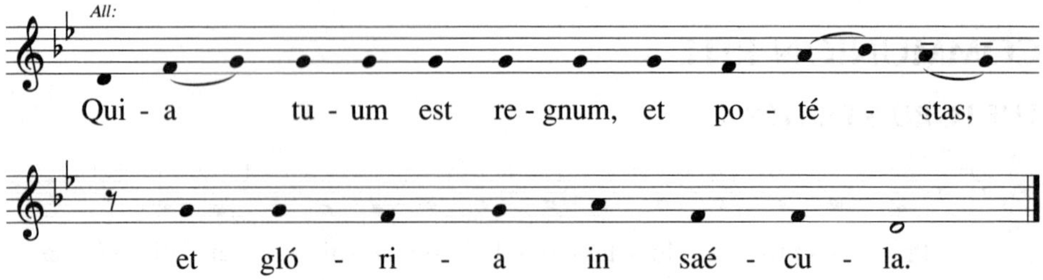

267 SIGN OF PEACE

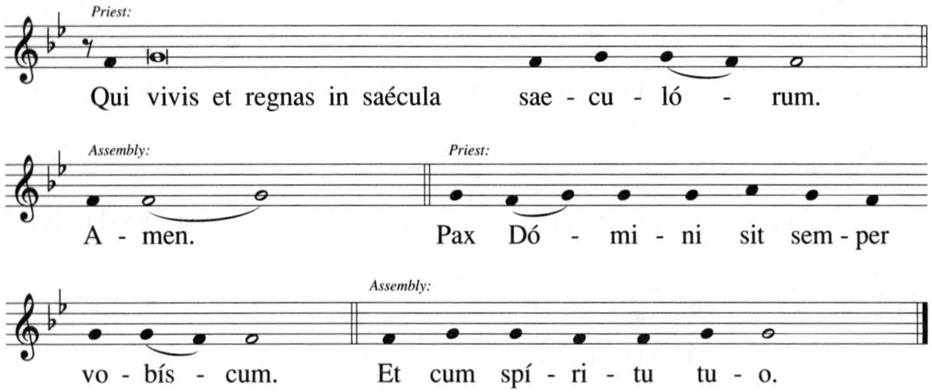

AGNUS DEI

268

A

Music: Vatican Edition VIII; acc. by Richard Proulx, © 1995, GIA Publications, Inc.

AGNUS DEI

269

B

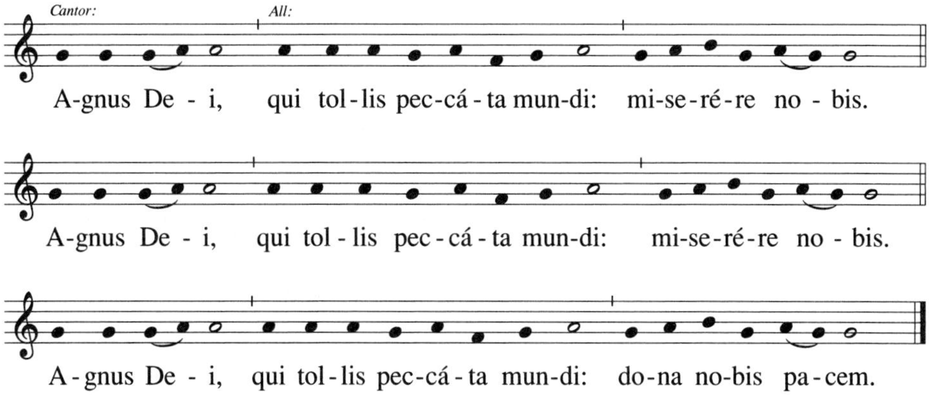

Music: Vatican Edition XVIII; acc. by Richard Proulx, © 1995, GIA Publications, Inc.

CONCLUDING RITES

270 DISMISSAL

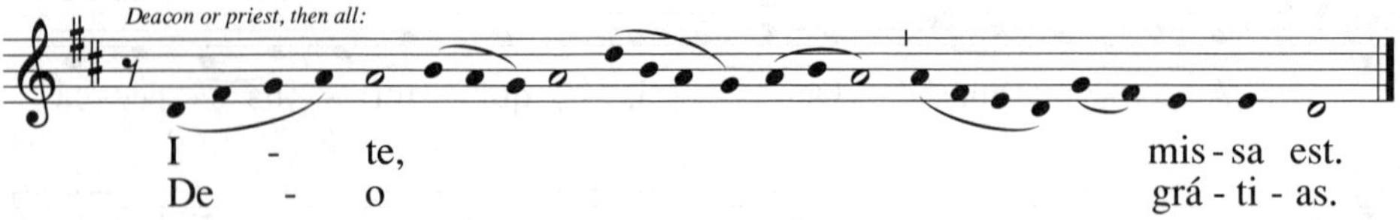

Music: Vatican Edition VIII; acc. by Richard Proulx, © 1995, GIA Publications, Inc.

Or:

For Easter Sunday and the octave of Easter:

SPRINKLING SONG CANTO PARA LA ASPERSIÓN 271

272 SPRINKLING SONG — CANTO PARA LA ASPERSIÓN

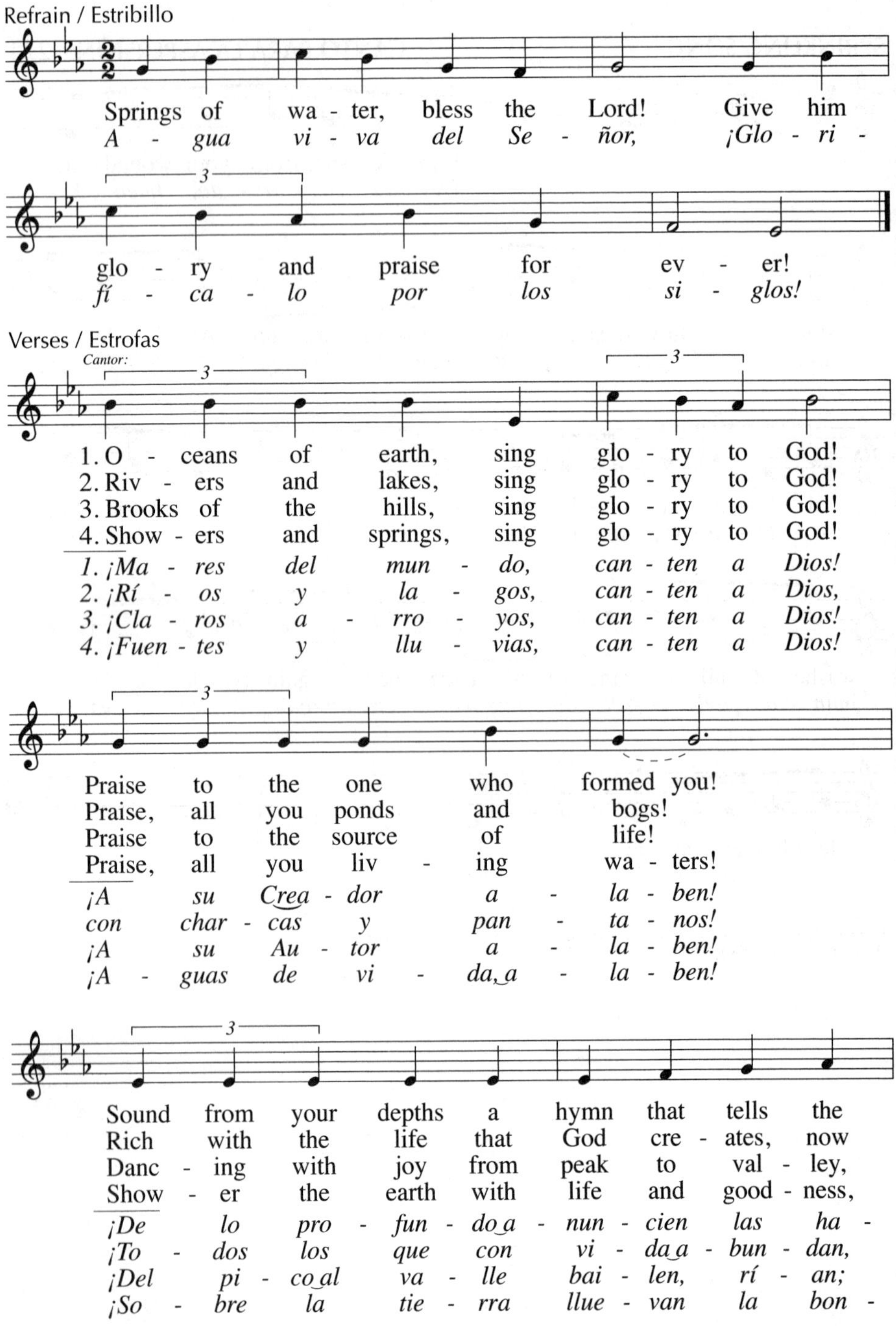

Text: Refrain trans. © 1973, ICEL; additional text by Marty Haugen, © 1994, GIA Publications, Inc.; Spanish tr. by Ronald F. Krisman, © 2012, GIA Publications, Inc.
Music: Marty Haugen, © 1994, GIA Publications, Inc.

SPRINKLING SONG — CANTO PARA LA ASPERSIÓN 273

Text: Psalm 51:9; Daniel 3:64–68, 78; Ezekiel 36:25, 26, 28 and 47:1–2, 9; 1 Peter 2:9; Michael Joncas; tr. by Ronald F. Krisman
Music: Michael Joncas
© 1988, tr. 2012, GIA Publications, Inc.

274 SPRINKLING SONG

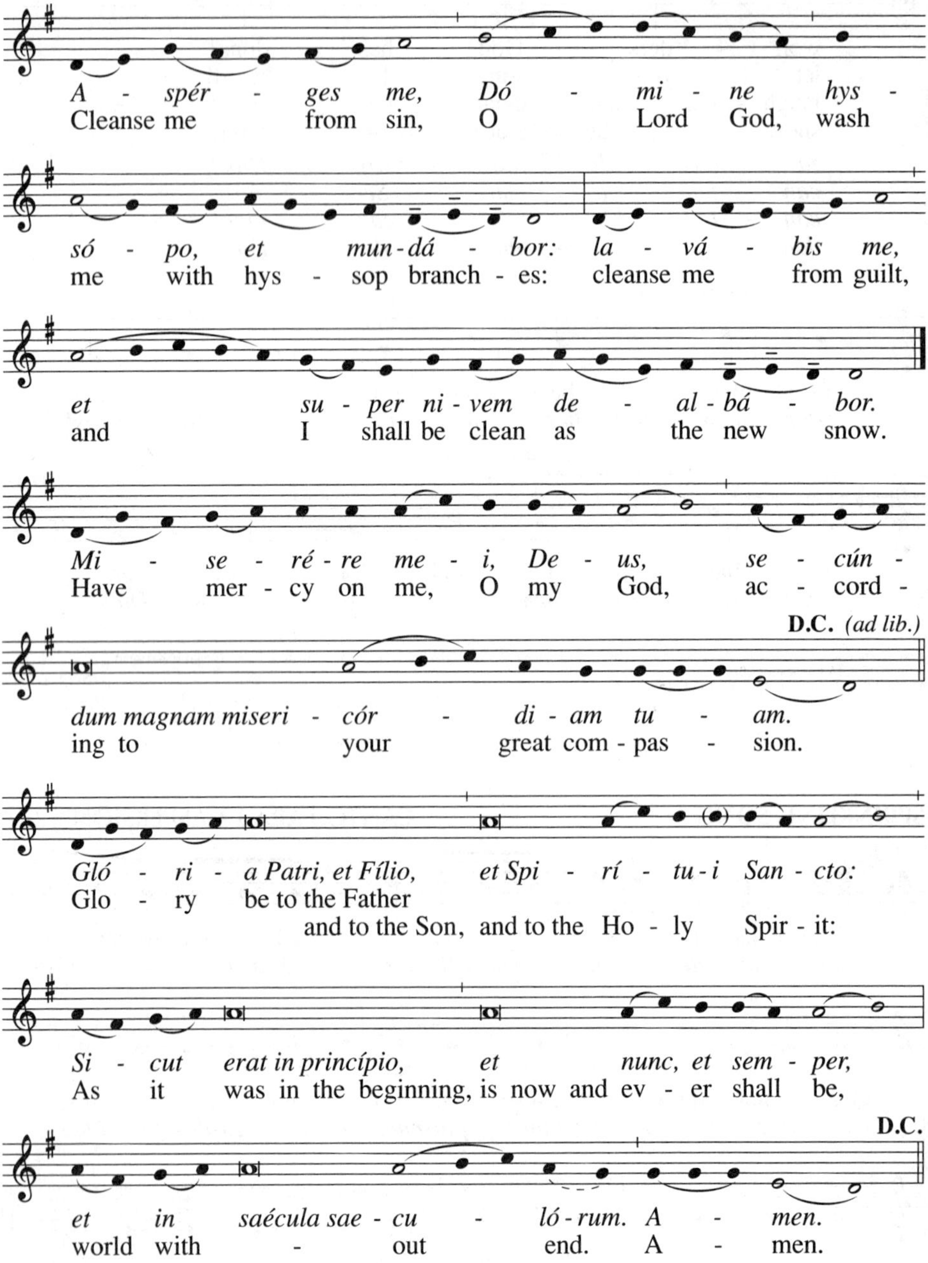

Text: *Roman Missal*; Psalm 51:9, 1; trans. by Richard Proulx, © 1975, GIA Publications, Inc.
Music: Vatican Edition, Mode VII; adapt. by Richard Proulx, © 1975, GIA Publications, Inc.

KYRIE

275

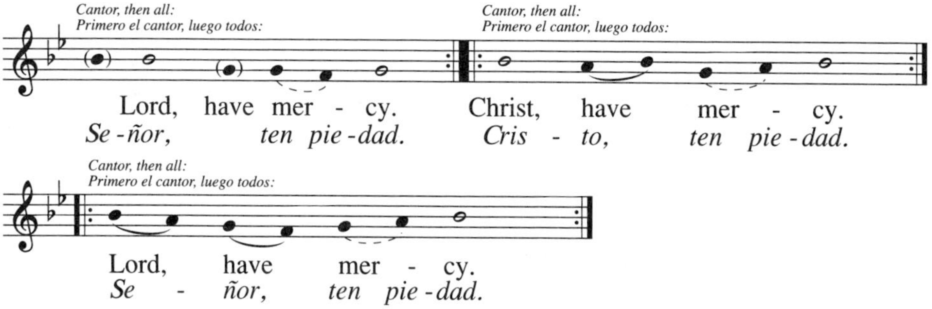

Music: *Litany of the Saints;* adapt. by Richard Proulx, © 1971, GIA Publications, Inc.

Or:

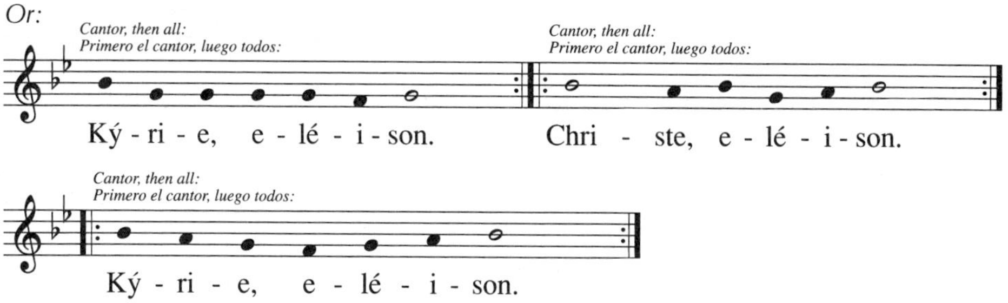

Music: *Litany of the Saints;* adapt. by Richard Proulx, © 1971, GIA Publications, Inc.

KYRIE

276

Music: Russian Orthodox; arr. by John L. Bell, © 1990, Iona Community, GIA Publications, Inc., agent

277 KYRIE

Music: Norah Duncan IV, © 2011, GIA Publications, Inc.

KYRIE

278

Música: *Misa Popular*; acomp. por Paul A. Tate, © 2012, GIA Publications, Inc.

KYRIE

279

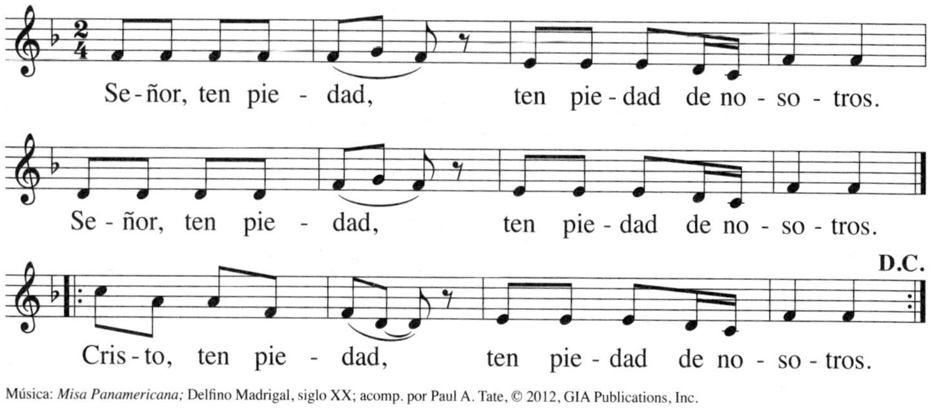

Música: *Misa Panamericana;* Delfino Madrigal, siglo XX; acomp. por Paul A. Tate, © 2012, GIA Publications, Inc.

280 GLORIA

All:
Glo - ry to God in the high - est, and on
earth peace to peo - ple of good will. We praise you, we
bless you, we a - dore you, we glo-ri - fy you, we
give you thanks for your great glo - ry, Lord God,
heav - en - ly King, O God, al - might-y Fa-ther.
Choir (Cong. ad lib.):
Lord Je-sus Christ, On - ly Be-got-ten Son, Lord God, Lamb of
God, Son of the Fa-ther, you take a-way the
sins of the world, have mer - cy on us;
you take a-way the sins of the world, re - ceive our prayer;
you are seat-ed at the right hand of the Fa - ther, have
mer - cy on us.

Text: ICEL, © 2010
Music: *Holy Name of Jesus Gloria*, Norah Duncan IV, © 2011, GIA Publications, Inc.

281 GLORIA

I (Cantor o coro)
Glo - ria a Dios en el cie - lo, y en la tie - rra paz a los hom-bres
que a - ma el Se - ñor.
II (Asamblea)
Por tu in - men - sa glo - ria te a - la - ba - mos,
te ben - de - ci - mos,
I
te a - do - ra - mos, te glo - ri - fi - ca - mos,
te da - mos gra - cias,
II
Se - ñor Dios, Rey ce - les - tial, Dios Pa - dre
to-do-po-de-ro-so.
I
Se-ñor, Hi - jo ú - ni - co, Je-su-cris-to, Se-ñor Dios,
Cor - de - ro de Dios, Hi - jo del Pa - dre;
II
tú que qui-tas el pe-ca-do del
mun-do, ten pie-dad de no-so-tros;
I
tú que qui-tas el pe-ca-do del
mun-do, a - tien - de nues - tra sú - pli - ca;
II
tú que es-tás sen - ta - do
a la de-re-cha del Pa - dre, ten pie-dad de no-so-tros.
I
Por-que só-lo
tú e-res San-to, só-lo tú Se-ñor, só-lo tú Al-tí-si-mo, Je - su-cris-to,
II
con el Es-pí-ri-tu San-to en la glo-ria de Dios Pa-dre.
Más Lento
A - mén.

GLORIA

I (Cantor or choir)
Glo-ry to God in the high-est, and on earth peace to peo-ple of good will.
II (Assembly)
We praise you, we bless you, we a-dore you,
I
we glo-ri-fy you,
we give you thanks for your great glo-ry,
II
Lord God, heav'n-ly King,
O God, al-might-y Fa-ther.
I
Lord Je-sus Christ,
On-ly Be-got-ten Son, Lord God, Lamb of God, Son of the Fa-ther,
II
you take a-way the sins of the world, have mer-cy on us;
I
you take a-way the sins of the world, re-ceive our prayer;
II
you are seat-ed at the right hand of the Fa-ther,
have mer-cy on us.
I
For you a-lone are the Ho-ly One,
you a-lone are the Lord, you a-lone are the Most High, Je-sus Christ,
II
with the Ho-ly Spir-it, in the glo-ry of God the Fa-ther.
Slower
A-men.

283 GLORIA

All:
Glo-ry to God in the high - est, and on earth peace to peo-ple of good
will. We praise you, we bless you, we a - dore you, we
glo-ri - fy you, we give you thanks for your great glo - ry,
Lord God, heav'n-ly King, O God, al - might-y Fa - ther.
Choir (Congr. ad lib):
Lord Je-sus Christ, On - ly Be-got - ten Son, Lord God,
Lamb of God, Son of the Fa - ther, you take a - way the
sins of the world, have mer - cy on us; you
take a - way the sins of the world, re - ceive our
prayer; you are seat - ed at the right hand of the
Fa - ther, have mer - cy on us.
All:
For you a-lone are the Ho - ly One, you a - lone are the Lord,

Text: ICEL, © 2010
Music: *A New Mass for Congregations,* Carroll T. Andrews, revised by Ronald F. Krisman, © 1970, 2011, GIA Publications, Inc.

CHILDREN'S DISMISSAL FOR LITURGY OF THE WORD / DESPEDIDA DE LOS NIÑOS PARA LA LITURGIA DE LA PALABRA 284

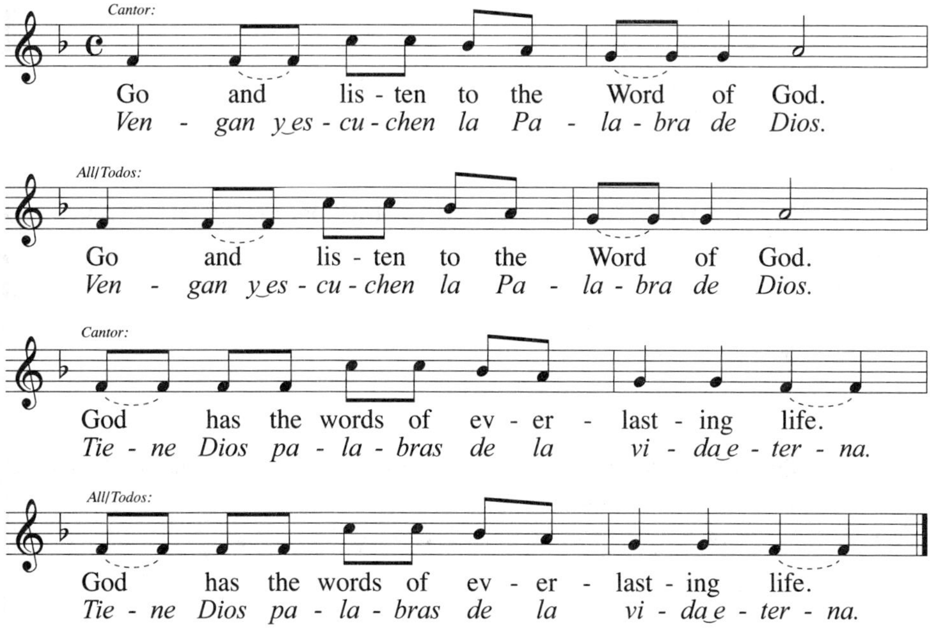

Text: Robert J. Batastini, b.1942; tr. by Ronald F. Krisman, b. 1946
Tune: Robert J. Batastini, b.1942
© 2003, tr. 2012, GIA Publications, Inc.

GOSPEL ACCLAMATION / ACLAMACIÓN ANTES DEL EVANGELIO 285

Music: Chant Mode VI; acc. by Richard Proulx, © 1985, GIA Publications, Inc.

286 GOSPEL ACCLAMATION ACLAMACIÓN ANTES DEL EVANGELIO

Music: A. Gregory Murray, OSB, © 1958, The Grail, GIA Publications, Inc., agent

287 GOSPEL ACCLAMATION ACLAMACIÓN ANTES DEL EVANGELIO

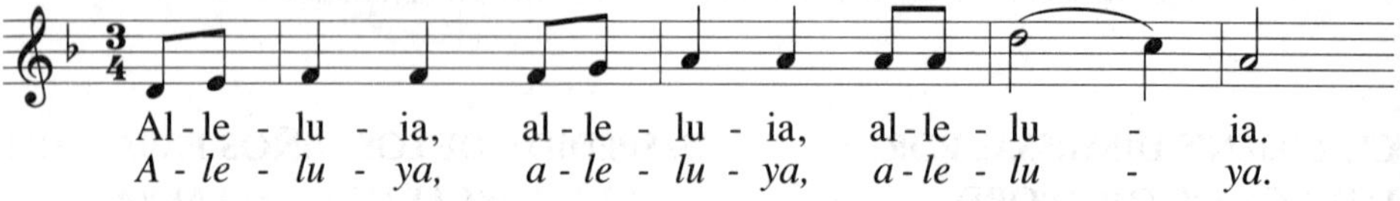

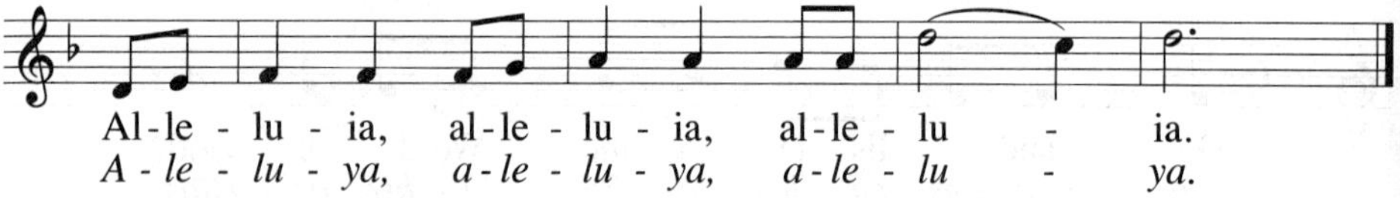

Music: Alleluia 7; Jacques Berthier, © 1984, Les Presses de Taizé, GIA Publications, Inc., agent

288 GOSPEL ACCLAMATION ACLAMACIÓN ANTES DEL EVANGELIO

Music: O FILII ET FILIAE, Mode II; acc. by Richard Proulx, © 1975, GIA Publications, Inc.

289 GOSPEL ACCLAMATION ACLAMACIÓN ANTES DEL EVANGELIO

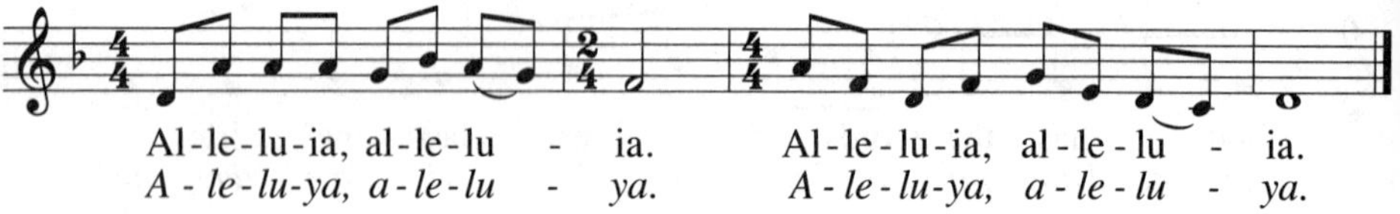

Music: Based on VENI EMMANUEL, Stephen Pishner, © 2000, GIA Publications, Inc.

290 GOSPEL ACCLAMATION ACLAMACIÓN ANTES DEL EVANGELIO

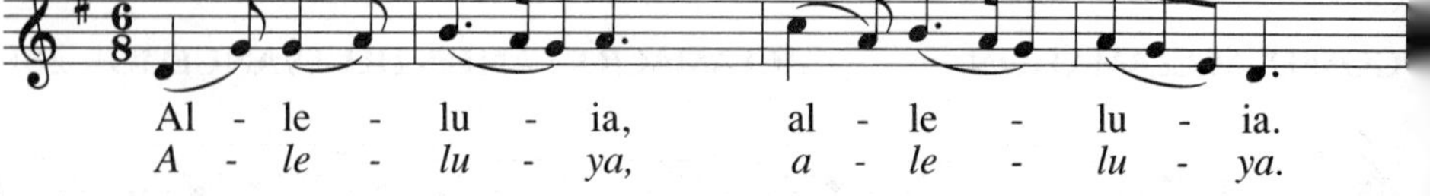

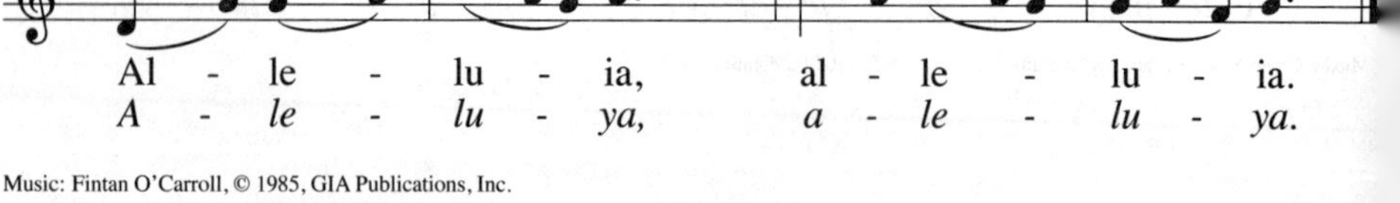

Music: Fintan O'Carroll, © 1985, GIA Publications, Inc.

ACLAMACIÓN ANTES DEL EVANGELIO GOSPEL ACCLAMATION 291

Música: Anónima; acomp. por Ronald F. Krisman, © 2012, GIA Publications, Inc.

ACLAMACIÓN ANTES DEL EVANGELIO 292

Estribillo

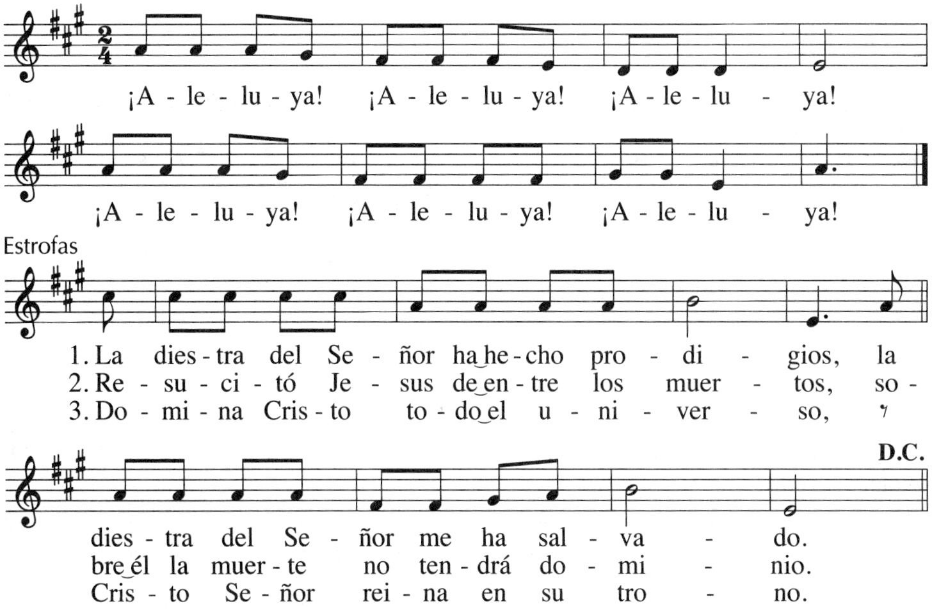

Música: *Misa Popular*; acomp. por Paul A. Tate, © 2012, GIA Publications, Inc.

GOSPEL ACCLAMATION ACLAMACIÓN ANTES DEL EVANGELIO 293

Music: *Festival Alleluia,* James J. Chepponis, © 1999, MorningStar Music Publishers

294 GOSPEL ACCLAMATION — ACLAMACIÓN ANTES DEL EVANGELIO

Text: Verses by Marty Haugen, b.1950; tr. by Thomas Enneking, OSC, © 1990, GIA Publications, Inc.
Music: Traditional Caribbean, arr. by John L. Bell, © 1990, Iona Community, GIA Publications, Inc., agent; acc. by Marty Haugen, © 1993, GIA Publications, Inc.

295 ACLAMACIÓN ANTES DEL EVANGELIO — GOSPEL ACCLAMATION

Música: *Aleluya Hondureño*, arr. por Rob Glover, © 1997, GIA Publications, Inc.

296 GOSPEL ACCLAMATION — ACLAMACIÓN ANTES DEL EVANGELIO

Refrain / Estribillo

Verse Responses / Respuestas

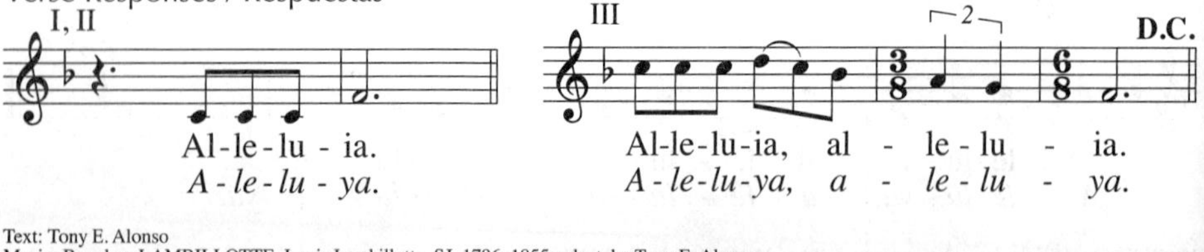

Text: Tony E. Alonso
Music: Based on LAMBILLOTTE, Louis Lambillotte, SJ, 1796–1855; adapt. by Tony E. Alonso

GOSPEL ACCLAMATION — ACLAMACIÓN ANTES DEL EVANGELIO 297

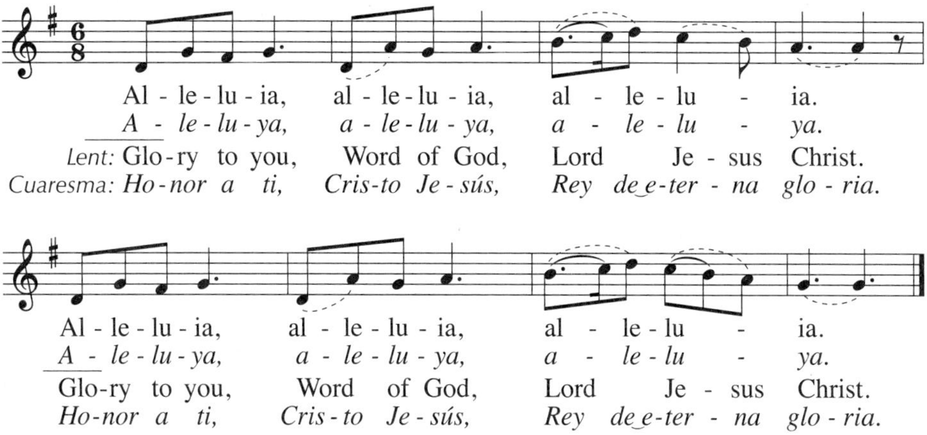

Text: English Lenten refrain, ICEL, © 1969
Music: *Jubilation Mass,* James J. Chepponis, © 1999, GIA Publications, Inc.

GOSPEL ACCLAMATION — ACLAMACIÓN ANTES DEL EVANGELIO 298

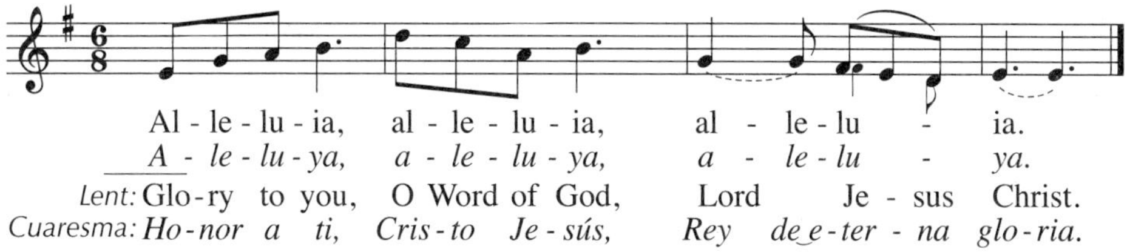

Text: English Lenten refrain, ICEL, © 1969
Music: *Mass of Light,* David Haas, © 1988, GIA Publications, Inc.

LENTEN GOSPEL ACCLAMATION — ACLAMACIÓN ANTES DEL EVANGELIO DURANTE LA CUARESMA 299

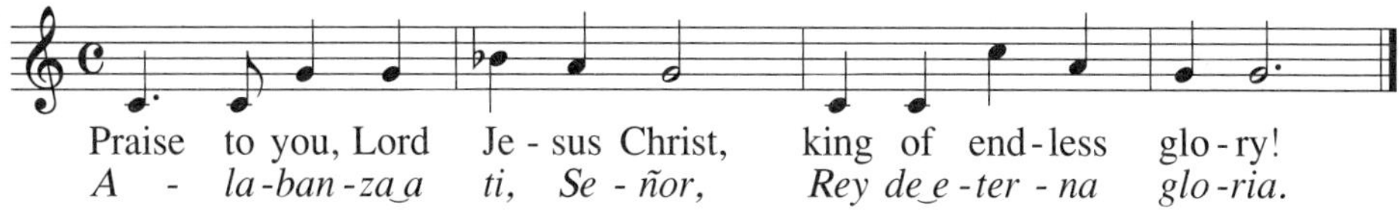

Text: English, ICEL, © 1969
Music: Frank Schoen, © 1970, GIA Publications, Inc.

LENTEN GOSPEL ACCLAMATION — ACLAMACIÓN ANTES DEL EVANGELIO DURANTE LA CUARESMA 300

Text: English, ICEL, © 1969
Music: Marty Haugen, © 1995, GIA Publications, Inc.

301 LENTEN GOSPEL ACCLAMATION — ACLAMACIÓN ANTES DEL EVANGELIO DURANTE LA CUARESMA

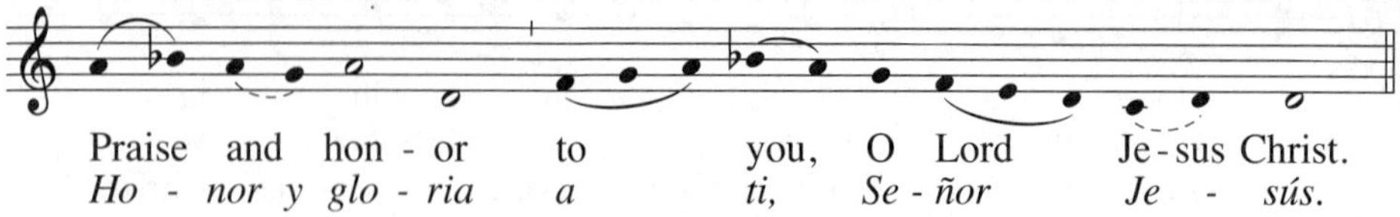

Text: English, ICEL, © 1969
Music: *Kyrie Orbis Factor*, acc. by David Hurd, © 1979, GIA Publications, Inc.

302 PRAYER OF THE FAITHFUL — PLEGARIA UNIVERSAL

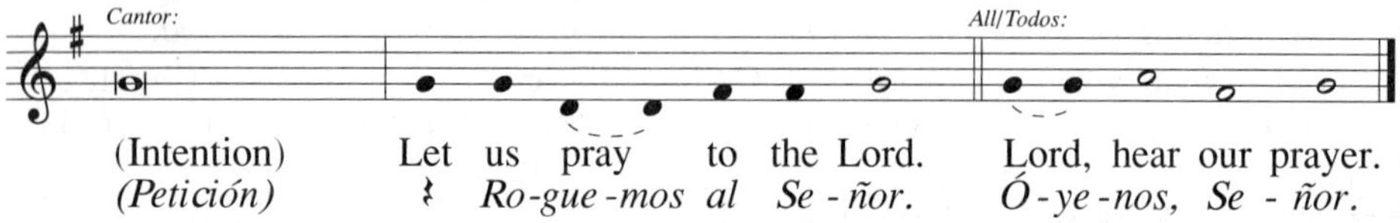

Music: Byzantine chant

303 PRAYER OF THE FAITHFUL — PLEGARIA UNIVERSAL

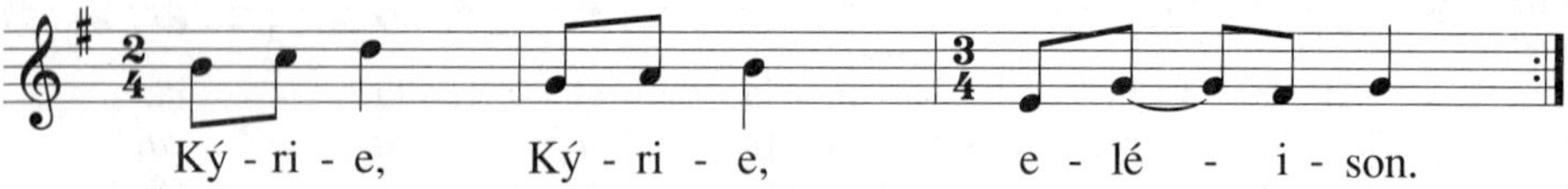

Music: Jacques Berthier, © 1980, Les Presses de Taizé, GIA Publications, Inc., agent

304 PRAYER OF THE FAITHFUL

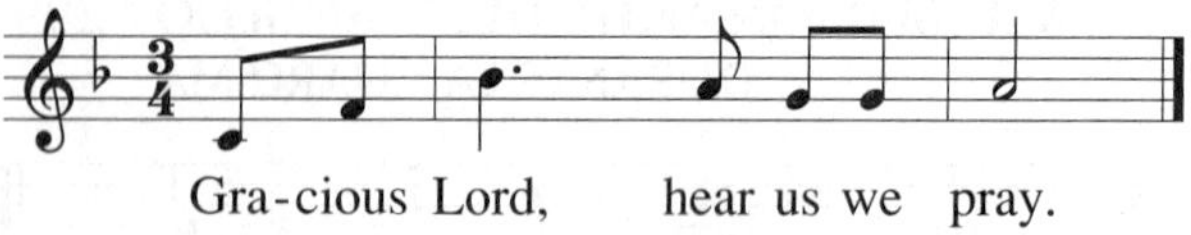

Music: Ronald F. Krisman, © 1977, GIA Publications, Inc.

305 PRAYER OF THE FAITHFUL — PLEGARIA UNIVERSAL

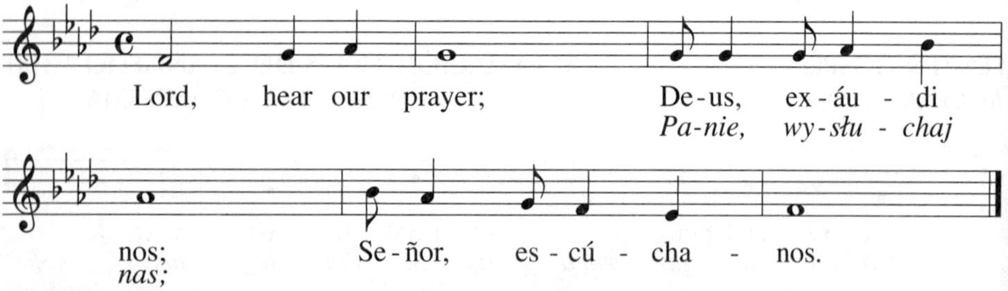

Music: Michael Hay, © 1994, World Library Publications

PRAYER OF THE FAITHFUL — PLEGARIA UNIVERSAL 306

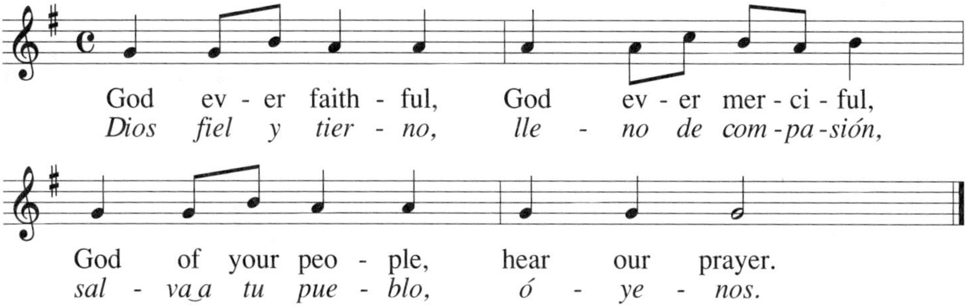

Text: Michael Joncas; tr. by Ronald F. Krisman
Music: *Mass for John Carroll*, Michael Joncas

PRAYER OF THE FAITHFUL — PLEGARIA UNIVERSAL 307

Music: Carol Browning,

PRAYER OF THE FAITHFUL — PLEGARIA UNIVERSAL 308

Music: Jacques Berthier,

PRAYER OF THE FAITHFUL — PLEGARIA UNIVERSAL 309

Text: Ray East
Music: Ray East

310 SANTO, SANTO, SANTO–MISA EMANUEL

ACLAMACIÓN AL MEMORIAL A 311

Música: Basada en *Missa Emmanuel*, Richard Proulx; adapt. por Ronald F. Krisman, © 2012, GIA Publications, Inc.

ACLAMACIÓN AL MEMORIAL B 312

Música: Basada en *Missa Emmanuel*, Richard Proulx; adapt. por Ronald F. Krisman, © 2012, GIA Publications, Inc.

ACLAMACIÓN AL MEMORIAL C 313

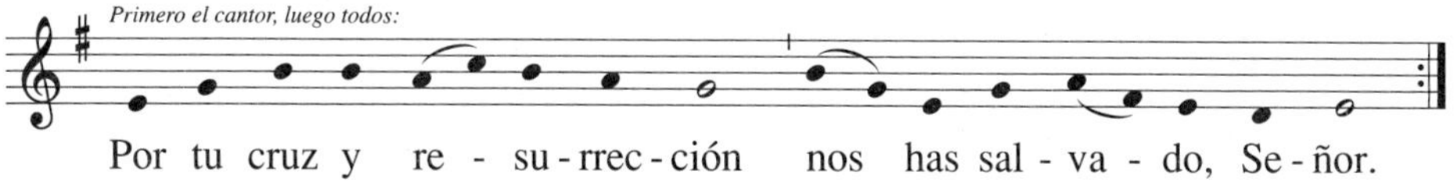

Música: Basada en *Missa Emmanuel*, Richard Proulx; adapt. por Ronald F. Krisman, © 2012, GIA Publications, Inc.

AMÉN 314

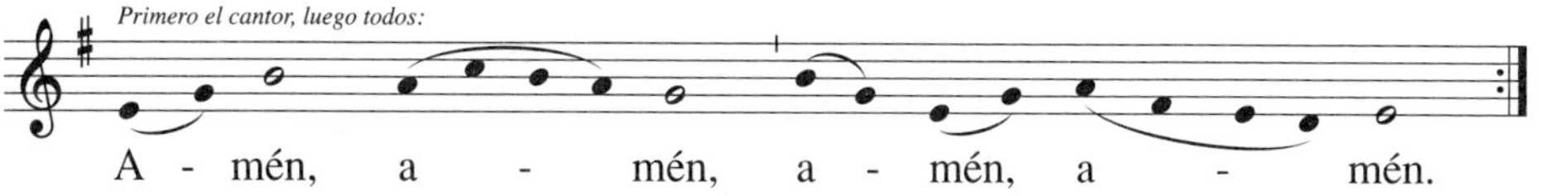

Música: *Missa Emmanuel*, Richard Proulx, © 1991, 2002, GIA Publications, Inc.

315 HOLY, HOLY, HOLY–MISSA EMMANUEL

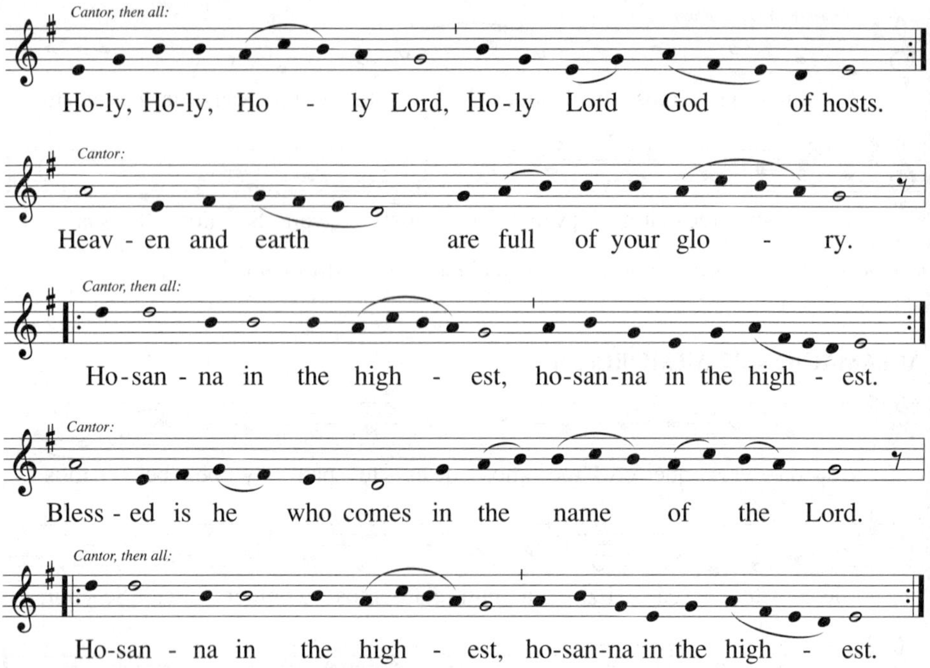

Text: ICEL, © 2010
Music: *Missa Emmanuel,* Richard Proulx, © 1991, 2010, GIA Publications, Inc.

316 MEMORIAL ACCLAMATION A

Text: ICEL, © 2010
Music: *Missa Emmanuel,* adapt. by Robert J. Batastini, © 2011, GIA Publications, Inc.

317 MEMORIAL ACCLAMATION B

Text: ICEL, © 2010
Music: *Missa Emmanuel,* adapt. by Ronald F. Krisman, © 2012, GIA Publications, Inc.

MEMORIAL ACCLAMATION C 318

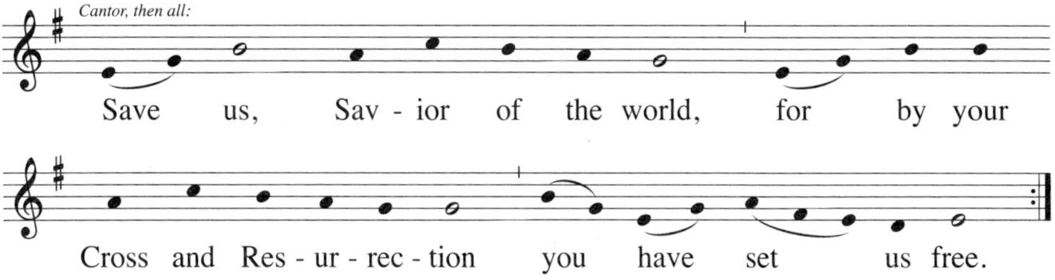

Music: *Missa Emmanuel,* adapt. by Ronald F. Krisman, © 2012, GIA Publications, Inc.

AMEN 319

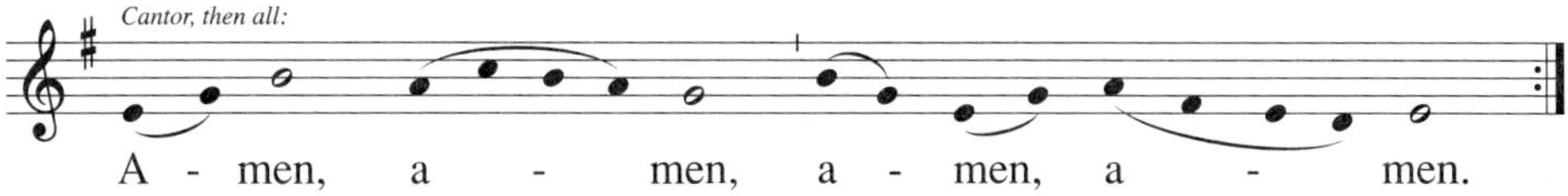

Music: *Missa Emmanuel,* Richard Proulx, © 1991, 2002, GIA Publications, Inc.

HOLY, HOLY, HOLY–LAND OF REST 320

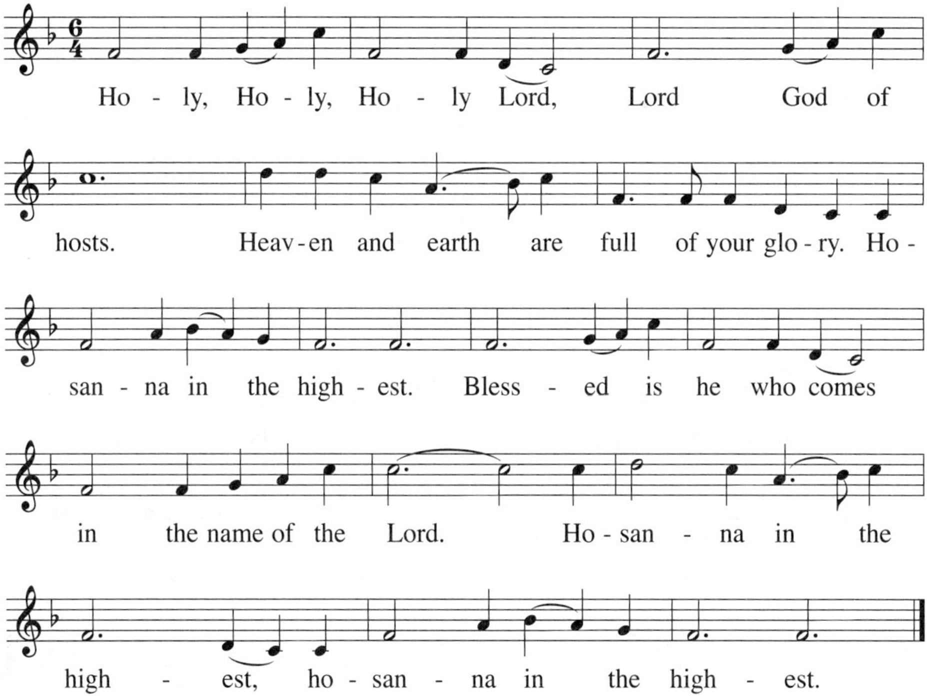

Text: ICEL, © 2010
Music: *Land of Rest*, adapt. by Marcia Pruner, © 1980, alt., Church Pension Fund; acc. by Richard Proulx, © 1986, 2011, GIA Publications, Inc.; choral arr. by Kelly Dobbs-Mickus, © 2004, GIA Publications, Inc.

321 MEMORIAL ACCLAMATION B

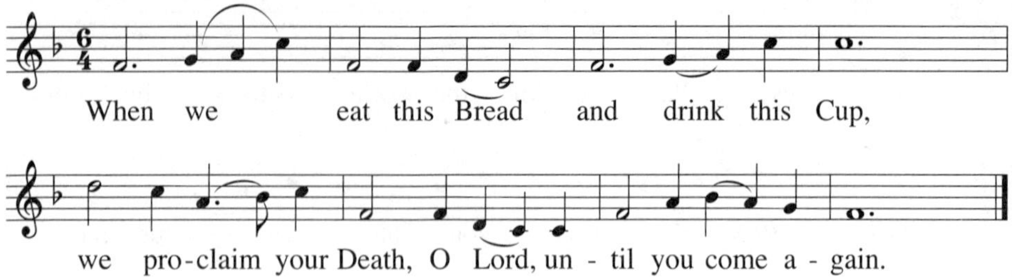

Text: ICEL, © 2010
Music: *Land of Rest,* acc. by Richard Proulx, © 1986, GIA Publications, Inc.; choral arr. and adapt. by Kelly Dobbs-Mickus, © 2004, 2011, GIA Publications, Inc.

322 AMEN

Music: *Land of Rest,* adapt. by Richard Proulx, © 1986, GIA Publications, Inc.; choral arr. by Kelly Dobbs-Mickus, © 2004, GIA Publications, Inc.

323 HOLY, HOLY, HOLY–A COMMUNITY MASS

Text: ICEL, © 2010
Music: *A Community Mass,* Richard Proulx, © 1971, GIA Publications, Inc.

MEMORIAL ACCLAMATION A

324

Text: ICEL, © 2010
Music: *A Community Mass,* Richard Proulx, © 2010, GIA Publications, Inc.

AMEN

325

Music: *A Community Mass,* Richard Proulx, © 1971, 1977, GIA Publications, Inc.

MEMORIAL ACCLAMATION B

326

Text: ICEL, © 2010
Music: *A Community Mass,* Richard Proulx, © 1988, 2010, GIA Publications, Inc.

AMEN

327

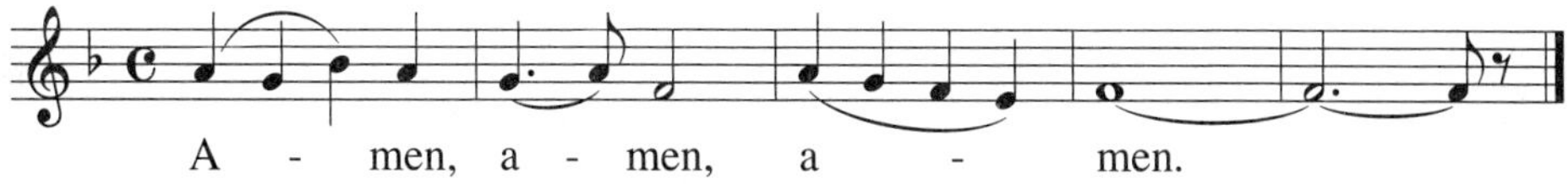

Music: *A Community Mass,* Richard Proulx (adapt.), © 1971, 2011, GIA Publications, Inc.

328 HOLY, HOLY, HOLY–DEUTSCHE MESSE — SANTO, SANTO, SANTO

For a bilingual setting, sing the words in italics.

Text: English, ICEL, © 2010
Music: *Deutsche Messe,* Franz Schubert, 1797–1828, adapt. by Richard Proulx, © 1985, 1989, 2010, GIA Publications, Inc.

MEMORIAL ACCLAMATION A — ACLAMACIÓN AL MEMORIAL A 329

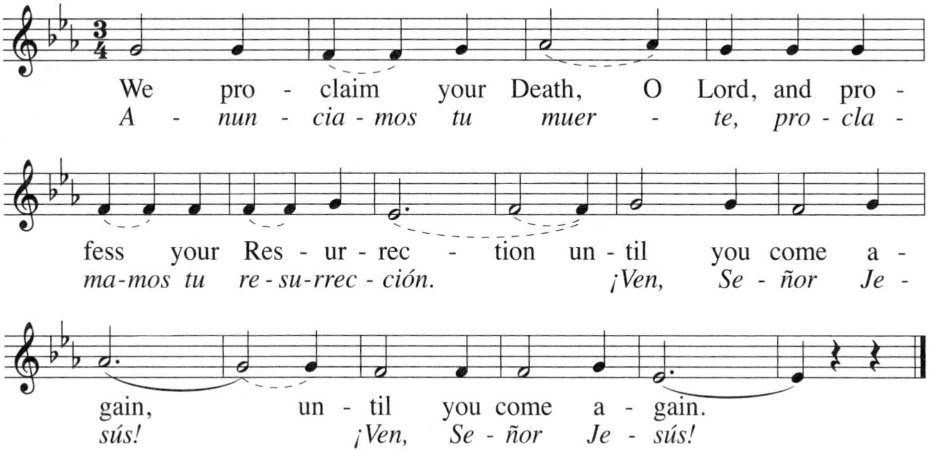

Text: English, ICEL, © 2010
Music: *Deutsche Messe*, Franz Schubert, 1797–1828, adapt. by Ronald F. Krisman, © 2012, GIA Publications, Inc.

MEMORIAL ACCLAMATION B — ACLAMACIÓN AL MEMORIAL B 330

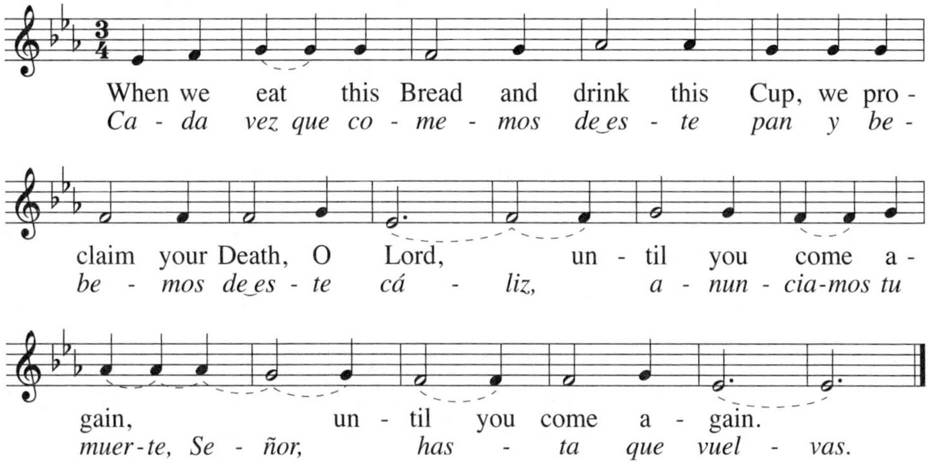

Text: English, ICEL, © 2010
Music: *Deutsche Messe*, Franz Schubert, 1797–1828, adapt. by Ronald F. Krisman, © 2012, GIA Publications, Inc.

331 MEMORIAL ACCLAMATION C — ACLAMACIÓN AL MEMORIAL C

Text: English, ICEL, © 2010
Music: *Deutsche Messe*, Franz Schubert, 1797–1828, adapt. by Ronald F. Krisman, © 2012, GIA Publications, Inc.

332 AMEN — AMÉN

Music: *Deutsche Messe,* Franz Schubert, 1797–1828, adapt. by Richard Proulx, © 1985, 1989, GIA Publications, Inc.

333 HOLY, HOLY, HOLY–MASS OF THE ANGELS AND SAINTS

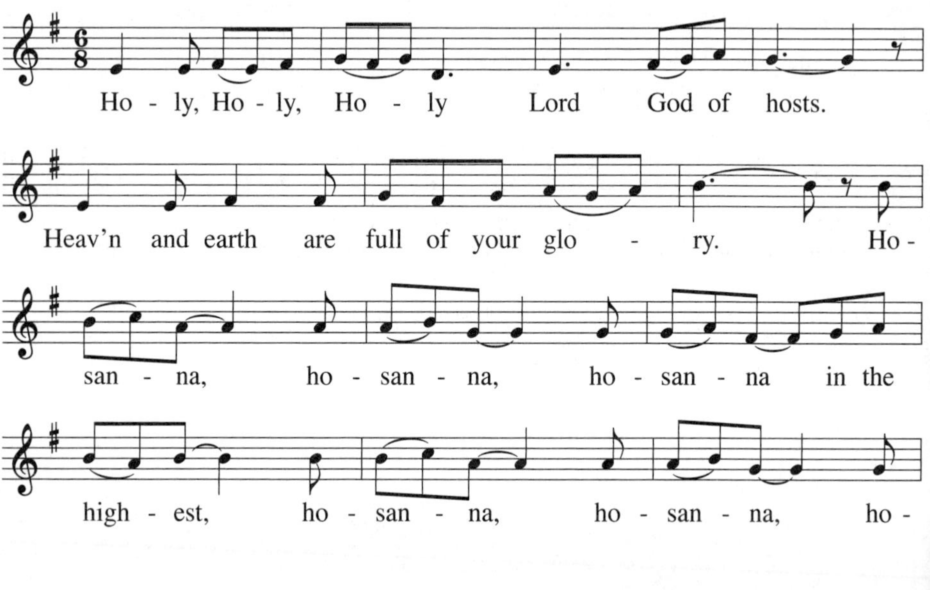

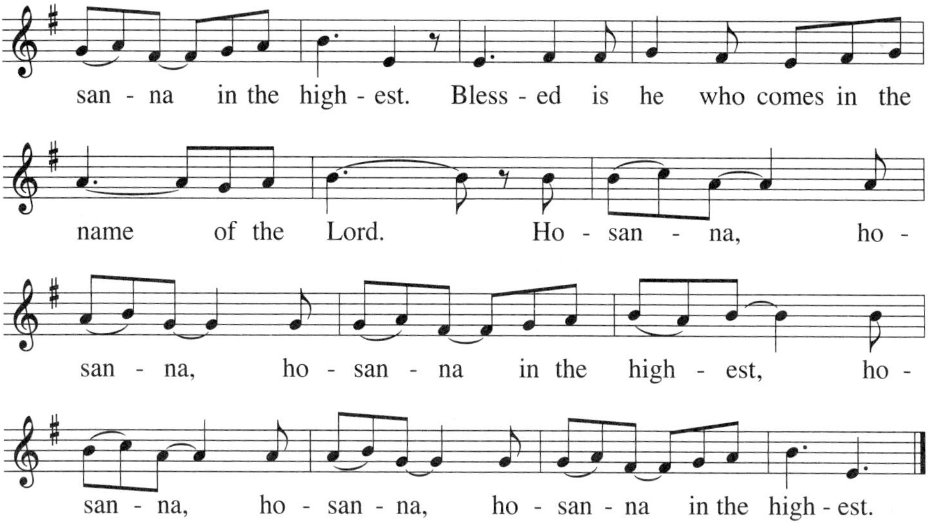

Text: ICEL, © 2010
Music: *Mass of the Angels and Saints,* Steven R. Janco, © 1996, 2010, GIA Publications, Inc.

MEMORIAL ACCLAMATION C 334

Text: ICEL, © 2010
Music: *Mass of the Angels and Saints,* Steven R. Janco, © 2010, GIA Publications, Inc.

AMEN 335

Music: *Mass of the Angels and Saints,* Steven R. Janco, © 1996, GIA Publications, Inc.

336 HOLY, HOLY, HOLY–SANTO SANTO, SANTO, SANTO

*For a bilingual setting, sing the words in italics.

MEMORIAL ACCLAMATION A — ACLAMACIÓN AL MEMORIAL A 337

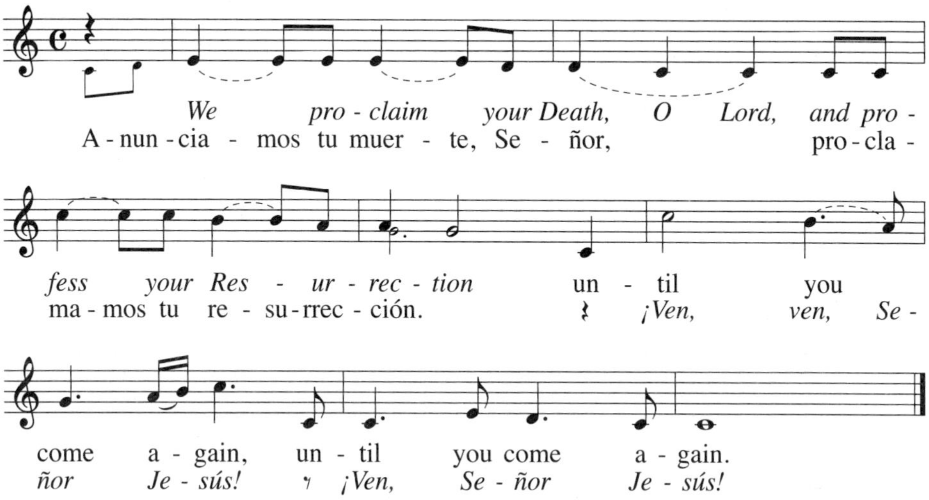

For a bilingual setting, sing the words in italics.

Text: English, ICEL, © 2010
Music: *Santo*; Argentine folk melody; adapt. by Marty Haugen, © 2001, 2012, GIA Publications, Inc.

AMEN — AMÉN 338

Music: *Santo*; Argentine folk melody; adapt. by Marty Haugen, © 2001, 2012, GIA Publications, Inc.

339 SANTO, SANTO, SANTO–MISA PANAMERICANA

Música: *Misa Panamericana (Mariachi);* Ramón Noble, siglo XX; acomp. por Paul A. Tate,

ACLAMACIÓN AL MEMORIAL B 340

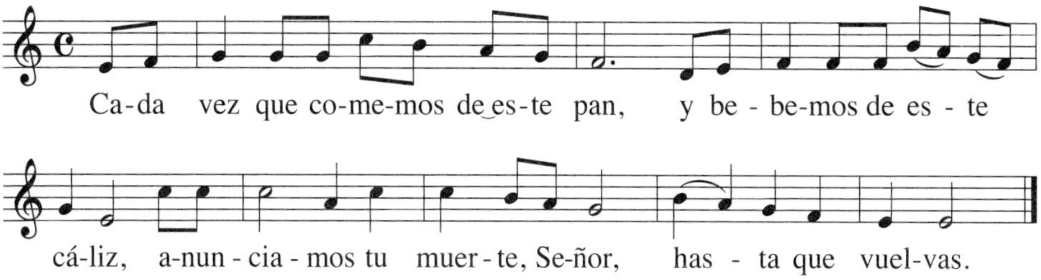

Música: *Misa Panamericana*; adapt. por Ronald F. Krisman, acomp. por Paul A. Tate, © 2012, GIA Publications, Inc.

AMÉN 341

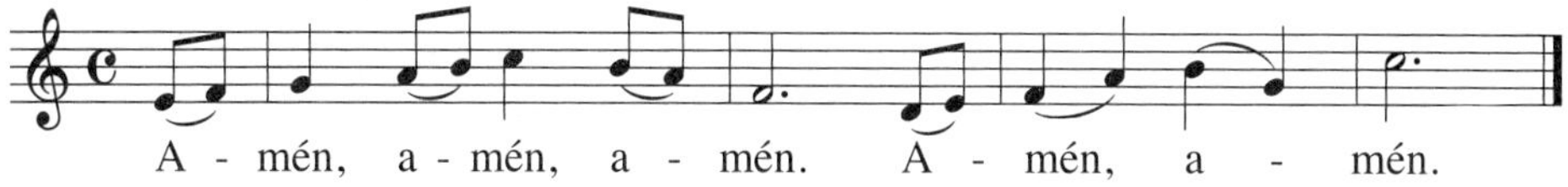

Música: *Misa Panamericana*; adapt. por Ronald F. Krisman, acomp. por Paul A. Tate, © 2012, GIA Publications, Inc.

THE LORD'S PRAYER 342

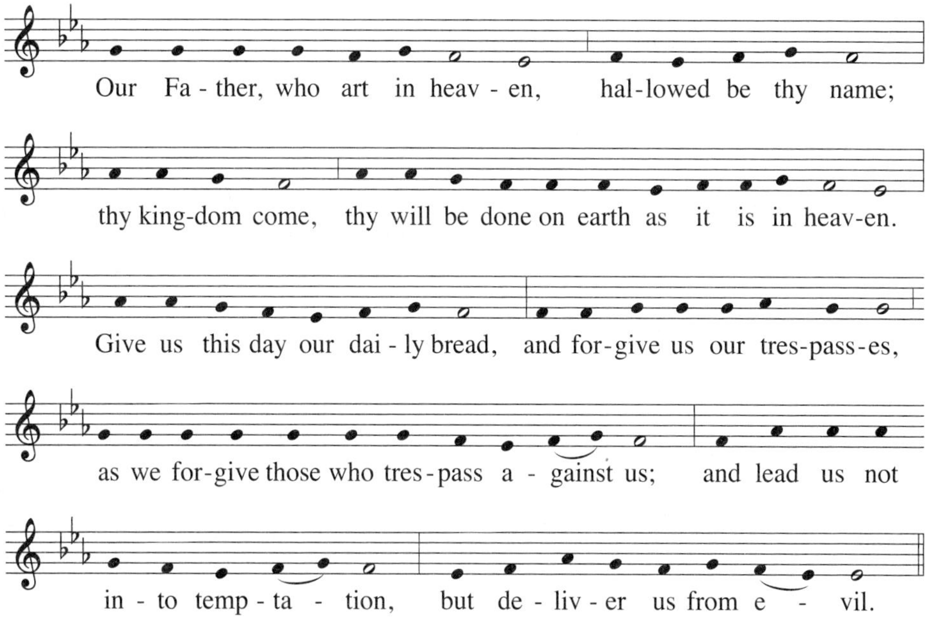

Priest: Deliver us, Lord…and the coming of our Savior, Jesus Christ.

Music: Traditional chant, adapt. by Robert Snow, 1964; acc. by Robert J. Batastini, © 1975, 1993, GIA Publications, Inc.

343 EL PADRENUESTRO

Sacerdote: Líbranos de todos los males...nuestro Salvador Jesucristo.

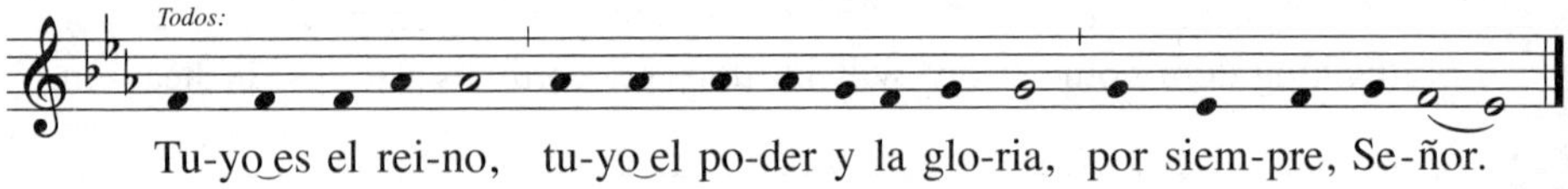

344 LAMB OF GOD

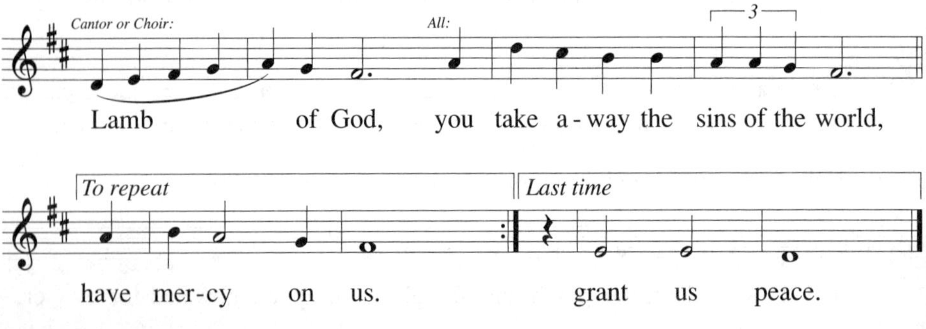

LAMB OF GOD

345

Music: Norah Duncan IV, © 2011, GIA Publications, Inc.

LAMB OF GOD

346

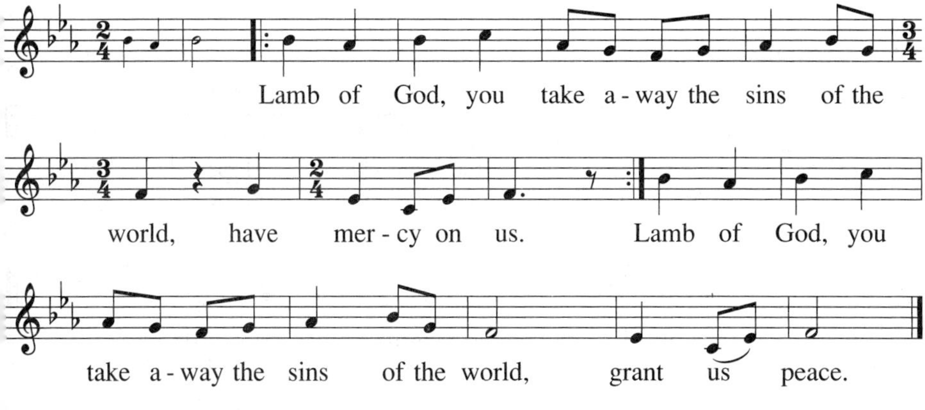

Music: *A Community Mass,* Richard Proulx, © 1971, 1977, GIA Publications, Inc.

347 LAMB OF GOD

Music: *Mass of the Angels and Saints*, Steven R. Janco, © 1996, GIA Publications, Inc.

348 CORDERO DE DIOS

Música: *Misa Mariachi*; acomp. por Paul A. Tate, © 2012, GIA Publications, Inc.

349 CORDERO DE DIOS

Música: *Misa Popular*; acomp. por Paul A. Tate, © 2012, GIA Publications, Inc.

LAMB OF GOD — CORDERO DE DIOS 350

English

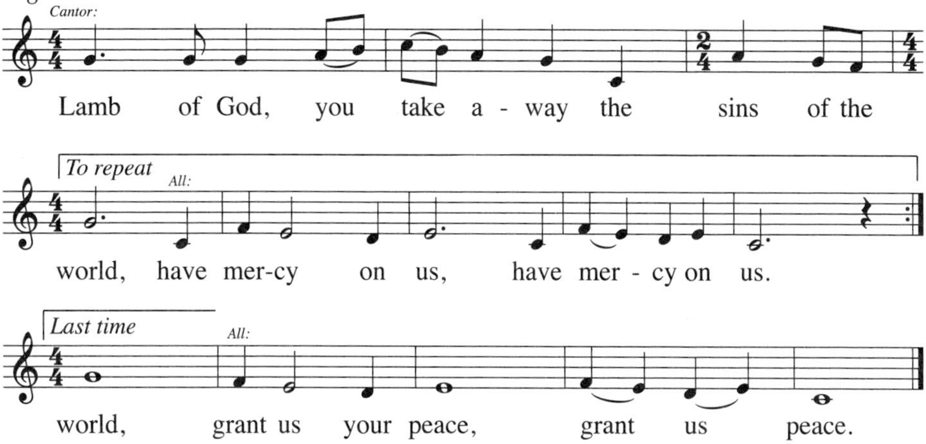

Spanish

Music: *Santo;* Argentine folk melody; adapt. by Marty Haugen, © 2001, GIA Publications, Inc.

351 O Come, O Come, Emmanuel / Oh Ven, Oh Ven, Emanuel

4. O come, O Rod of Jesse's stem,
From ev'ry foe deliver them
That trust your mighty power to save,
And give them vict'ry o'er the grave.

5. O come, O Key of David, come,
And open wide our heav'nly home;
Make safe the way that leads on high,
And close the path to misery.

6. O come, O Dayspring from on high
And cheer us by your drawing nigh;
Disperse the gloomy clouds of night,
And death's dark shadow put to flight.

7. O come, Desire of nations, bind
In one the hearts of humankind;
O bid our sad divisions cease,
And be for us our King of Peace.

4. Oh ven, tú, Vara de_Isaí,
Redime_al pueblo infeliz
Del poderío infernal,
Y dale vida celestial.

5. Oh ven, tú, Llave de David,
Abre_el celeste_hogar feliz;
Haz que lleguemos bien allá,
Y cierra_el paso_a la maldad.

6. Oh ven, Aurora Matinal,
Y con tu_adviento sin igual,
Disipa toda_oscuridad,
Y_alúmbrenos tu claridad.

7. Anhelo de los pueblos, ven;
En ti podremos paz tener;
De crueles guerras líbranos,
Y reine soberano Dios.

Text: *Veni, veni Emmanuel*; Latin 9th C.; English tr. by John M. Neale, 1818–1866, alt.; Spanish tr. vss. 1, 4, 5, Alfred Ostrom, 1868–1941, © 1964, Publicaciones *El Escudo*; vss. 2, 7, Federico J. Pagura, b.1923, © 1962; vss. 3, 6, Dimas Planas-Belfort, 1934–1992, © 2012, Editorial Avance Luterano
Tune: VENI EMMANUEL, LM with refrain; Mode I; adapt. by Thomas Helmore, 1811–1890; acc. by Richard Proulx, 1937–2010, © 1975, GIA Publications, Inc.

352 Toda la Tierra / All Earth Is Hopeful

1. To - da la tie - rra es - pe - ra‿al Sal - va - dor
2. Di - ce‿el pro - fe - ta al pue - blo de‿Is - ra - el:
3. Mon - tes y va - lles ha - brá que pre - pa - rar;
4. En un pe - se - bre Je - sús a - pa - re - ció

1. All earth is hope - ful, the Sav - ior comes at last!
2. Peo - ple of Is - rael, you heard the proph - et tell:
3. Moun - tains and val - leys will have to be pre - pared;
4. We first saw Je - sus a ba - by in a crib.

Y‿el sur - co‿a - bier - to, la o - bra del Se - ñor; Es el
"De ma - dre vir - gen ya vie - ne E - ma - nuel." Se - rá
Nue - vos ca - mi - nos te - ne - mos que tra - zar; El Se -
Pe - ro‿en el mun - do es - tá pre - sen - te hoy. Vi - ve

Fur - rows lie o - pen for God's cre - a - tive task: This, the
"A vir - gin moth - er will bear Em - man - u - el." She con -
New high - ways o - pened, new pro - to - cols de - clared. Al - most
This same Lord Je - sus to - day has come to live In our

mun - do que lu - cha por la li - ber - tad, Re - cla - ma jus -
"Dios con no - so - tros," her - ma - no se - rá, Con él la‿es - pe -
ñor es - tá cer - ca, hay que‿ir - lo‿a‿en - con - trar, Y to - das las
en - tre los pue - blos, con e - llos es - tá; Y vuel - ve de

la - bor of peo - ple who strug - gle to see How God's truth and
ceived him, "God with us," our broth - er, whose birth Re - stores hope and
here! God is near - ing, in beau - ty and grace! All clear ev - 'ry
world; he is pres - ent, in neigh - bors we see Our Je - sus is

ti - cia y bus - ca la ver - dad.
ran - za al mun - do vol - ve - rá.
puer - tas a - brir de par en par.
nue - vo a dar - nos li - ber - tad.

jus - tice set ev - 'ry - bod - y free.
cour - age to chil - dren of this earth.
gate - way, in haste, come out in haste!
with us, and ev - er sets us free.

Letra: Alberto Taulé, 1932–2007; tr. por Madeleine Forell Marshall, n.1946
Música: TAULÉ, 11 11 12 12; Alberto Taulé, 1932–2007; arm. por Skinner Chávez-Melo, 1944–1992

The King Shall Come When Morning Dawns / El Rey Vendrá al Amanecer 353

1. The King shall come when morn - ing dawns And
2. Not, as of old, a lit - tle child, To
3. O bright - er than the ris - ing morn When

1. El Rey ven - drá_al a - ma - ne - cer, Del
2. Cual ni - ño dé - bil no ven - drá Pa -
3. Más re - gio_a - ún ha - brá de ser A -

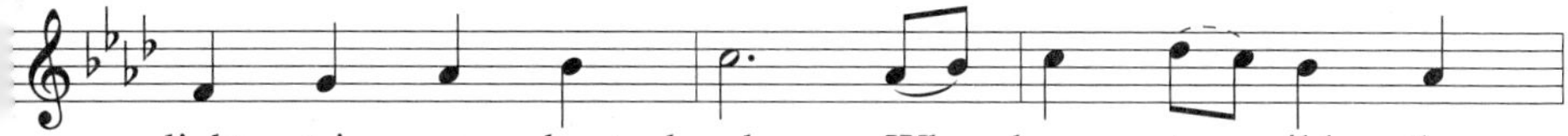

light tri - um - phant breaks, When beau - ty gilds the
suf - fer and to die, But crowned with glo - ry
he, vic - to - rious, rose And left the lone - some

al - ba_al des - pun - tar: Y_el sol a la vi - da
cien - te_a pa - de - cer; Mas co - ro - na - do
quel dí - a fi - nal Que cuan - do Cris - to

east - ern hills And life to joy a - wakes.
like the sun That lights the morn - ing sky.
place of death, De - spite the rage of foes.

con su luz Le lla - me_a des - per - tar.
cual el sol Que_es rey del dí - a_al na - cer.
re - gre - só Del an - tro se - pul - cral.

4. O brighter than that glorious morn
Shall this fair morning be,
When Christ, our King, in splendor comes
And we his face shall see!

5. The King shall come when morning dawns
And light and beauty brings.
Hail, Christ, the Lord! Your people pray:
Come quickly, King of kings.

4. Más bello_aún será_el Señor
En gloria_y majestad
Cuando su faz pueda mirar
Su_amante cristiandad.

5. El Rey vendrá_al amanecer,
Con divinal fulgor.
Tu grey eleva su_oración:
"¡Ven pronto, buen Señor!"

Text: John Brownlie, 1857–1925, alt.; tr. by Dimas Planas-Belfort, 1934–1992, alt., © 1989, Editorial Avance Luterano
Tune: MORNING SONG, CM; Wyeth's *Repository of Sacred Music*, 1813, alt.; arr. by Robert J. Batastini, b.1942, © 1994, GIA Publications, Inc.

354 Ábranse los Cielos / Open Wide the Heavens

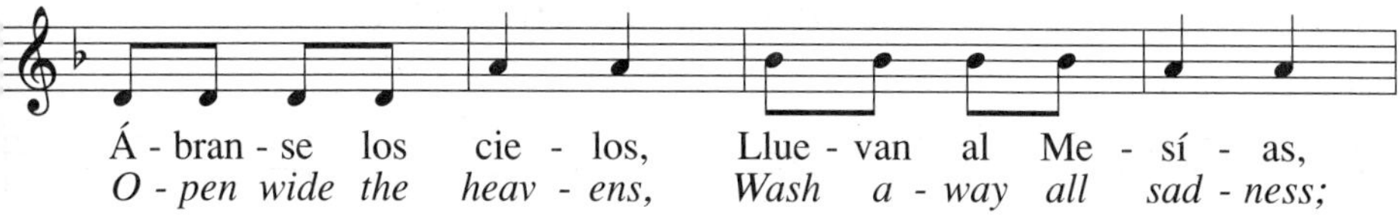

Letra: Tradicional; tr. por Ronald F. Krisman, n.1946, © 2012, GIA Publications, Inc.
Música: NOËL SUISSE, 6 6 11 11 11 6 6 6 6 11; villancico francés; arm. por Ronald F. Krisman, n.1946, © 2012, GIA Publications, Inc.

Come, O Long-Expected Jesus / 355
Ven, Jesús Muy Esperado

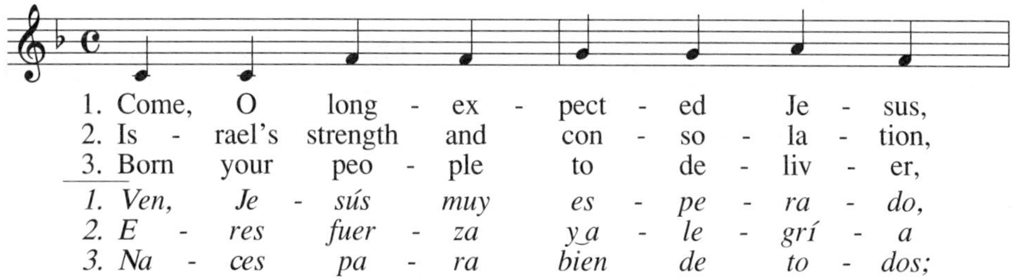

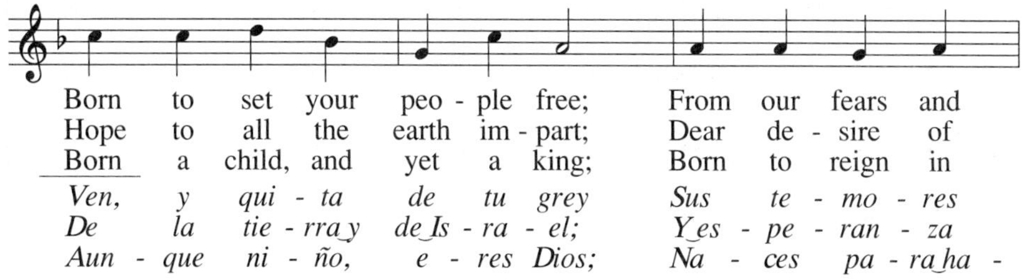

*buenas

4. By your own eternal Spirit
Rule in all our hearts alone;
By your all-sufficient merit
Raise us to your glorious throne.

4. Con tu_Espíritu divino
Reina_en todo corazón,
Y tu gracia nos conduzca
A tu trono de_esplendor.

Text: Haggai 2:7; Charles Wesley, 1707–1788, alt.; tr. by Lorenzo Álvarez, 1897–1969, © David Andrés Álvarez
Tune: STUTTGART, 8 7 8 7; Christian F. Witt, 1660–1716; adapt. by Henry J. Gauntlett, 1805–1876

356 A Voice Cries Out / Del Yermo un Grito

Verse 1 / Estrofa 1

Refrain / Estribillo
A voice cries out in the wil - der - ness: "Prepare a way for the Lord!"
Del yer - mo un gri - to en al - ta voz: "¡Pre - pa - ren el ca - mi - no de Dios!"
A voice cries out in the wil - der - ness: "Make straight a high - way for God!"
Del yer - mo un gri - to en al - ta voz: "¡En - de - re - cen la cal - za - da de Dios!"
Verse 2 / Estrofa 2
2. Ev - 'ry val - ley is made a plain, ev - 'ry moun - tain is lev - eled; the glo - ry of God shall then be re - vealed, and the na - tions will sing in praise.
2. To - dos los va - lles se - rán e - le - va - dos, to - dos los mon - tes, re - ba - ja - dos. La glo - ria de Dios se re - ve - la - rá, las na - cio - nes la ve - rán.
D.S.

Verse 3 / Estrofa 3
3. A voice shouts: "Cry!" O what shall I cry? All
3. U - na voz di - ce: "¡Gri - ta!" "¿Qué de - bo gri - tar?"
flesh is like grass and its flow - ers: the
To - da car - ne es hier - ba: la
grass may with - er, the flow - ers may fade, but the
hier - ba se se - ca, se mar - chi - ta la flor; la pa -
D.S.
Word of the Lord is for - ev - er.
la - bra de Dios per - ma - ne - ce.
Verse 4 / Estrofa 4
4. Zi - on, shout from the moun - tain top, lift up your
4. Su - be, Si - ón, a la ci - ma del mon - te, al - za la
voice, O Je - ru - sa - lem, and say to the peo - ple of
voz, oh Je - ru - sa - lén. A - nun - cia sin mie - do, y

Text: Isaiah 40:1–11; Michael Joncas, b.1951; tr. by Ronald F. Krisman, b.1946
Tune: Michael Joncas, b.1951

357 Cantemos Todos, Cantemos / Together Let Us Sing Praises

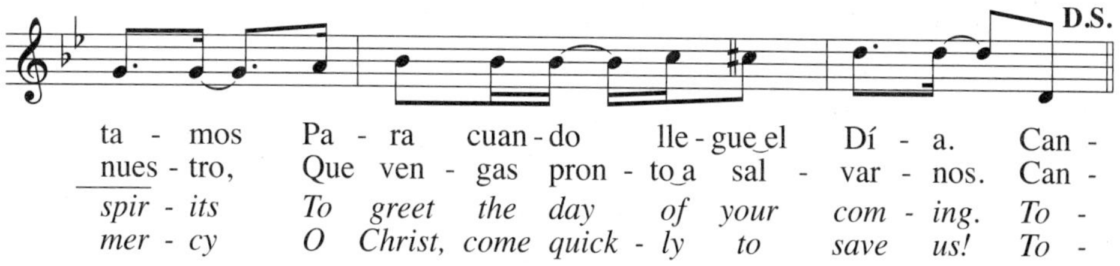
D.S.
ta - mos Pa - ra cuan - do lle - gue el Dí - a. Can -
nues - tro, Que ven - gas pron - to a sal - var - nos. Can -
spir - its To greet the day of your com - ing. To -
mer - cy O Christ, come quick - ly to save us! To -

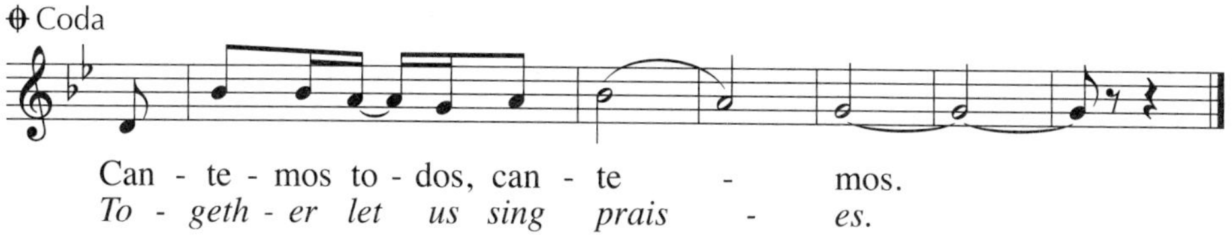
Coda
Can - te - mos to - dos, can - te - mos.
To - geth - er let us sing prais - es.

358 En Nombre del Cielo / In the Name of Heaven

Afuera *(From Outside)*

1. En nom - bre del cie - lo Les pi -
2. No sean in - hu - ma - nos, Ten - gan
3. Ve - ni - mos ren - di - dos Des - de
4. Po - sa - da te pi - de, A - ma -

1. In the name of heav - en I come
2. Don't be so cold - heart - ed. Harsh - ness
3. From our home in Naz - 'reth, Man - y
4. Lodg - ing, please, we seek here. Can you

do po - sa - da. Pues no pue - de‿an - dar
ca - ri - dad, Que‿el Dios de los cie -
Na - za - rét. Yo soy car - pin - te -
do ca - se - ro, Por só - lo‿u - na no -

seek - ing lodg - ing, With my dear wife Mar -
is dis - tress - ing. Show in - stead some kind -
miles we came. Car - pen - try's my trade.
take us in? Just one night, I beg

Mi es - po - sa‿a - ma - da.
los Se la pre - mia - rá.
ro De nom - bre Jo - sé.
che La Rei - na del Cie - lo.

y; I've grown tired from walk - ing.
ness. God will grant you bless - ing.
Jo - seph is my name.
you. Shel - ter heav - en's queen.

5. Mi‿esposa‿es María;
Es Reina del Cielo
Y Madre va‿a ser
Del Divino Verbo.

5. My wife's name is Mary.
She is Queen of Heaven.
Through her as the Mother
God's own Son is given.

6. Dios pague, señores,
Su gran caridad;
Que los colme‿el cielo
De felicidad.

6. For your care and kindness,
God will soon repay you.
Those who share so freely
Shall find joy this day.

Adentro *(From Inside)*

5. ¿Eres tú José?
¿Tu esposa es María?
Entren, peregrinos,
No los conocía.

6. Dichosa la casa
Que alberga este día
A la Virgen pura,
La hermosa María.
Se continúa hasta la estrofa 7

5. You are truly Joseph?
And your wife is Mary?
Now we know you, pilgrims.
Come, find rest, you weary!

6. Happy is the house
Where at last you tarry,
Blest to offer shelter
To the Virgin Mary.
Continue to verse 7

Al abrir las puertas *(When opening the doors)*

O Come, Divine Messiah! / ¡Divino Mesías! El Mundo Anhela

359

Text: *Venez, divin Messie;* Abbé Simon-Joseph Pellegrin, 1663–1745; English tr. by Sr. Mary of St. Philip, SND, 1825–1904, alt.; Spanish tr. by Ronald F. Krisman, b.1946, © 2005, GIA Publications, Inc.
Tune: VENEZ, DIVIN MESSIE, 7 8 7 6 with refrain; French carol 16th C.; harm by Healey Willan, 1880–1968, © 1958, The Basilian Fathers, assigned to Ralph Jusko Publications, Inc.

360 My Soul in Stillness Waits / En el Silencio Te Aguardo

you; Come, light the hearts of all in dark and
Word; Come, make us whole, be com - fort to our
you, Our hope re - born in dy - ing and in

zón. Ven, con tu luz, a los que_es - tán en
ti. Ven y res - táu - ra - nos, sé nues - tro con -
ti. Y por tu pas - cua da - nos la_es - pe -
ción. Dios de la paz, en - sé - ña - nos tus
ñor. So - mos el pue - blo que Dios es - co -
dor. Es - tás a - quí, Se - ñor de las es -

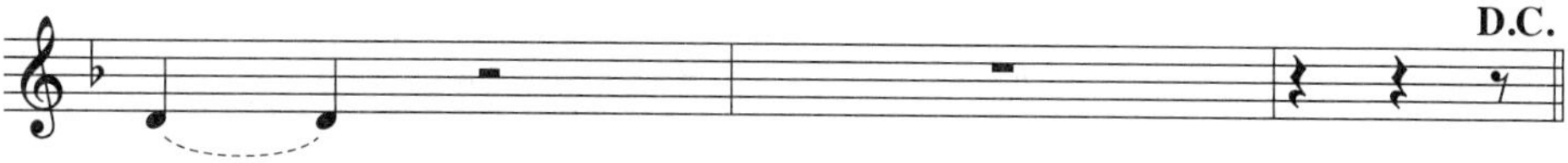

shad - ow.
hearts.
ris - ing.

som - bras.
sue - lo.
ran - za.
sen - das.
gió.
tre - llas.

Verses 4–6

4. O Key of Knowledge, guide us in our pilgrimage;
   we ever seek, yet unfulfilled remain;
   open to us the pathway of your peace.

5. Come, let us bow before the God who made us;
   let ev'ry heart be opened to the Lord,
   for we are all the people of his hand.

6. Here we shall meet the Maker of the heavens,
   Creator of the mountains and the seas,
   Lord of the stars, and present to us now.

Text: Psalm 95 and "O" Antiphons; Marty Haugen, b.1950; tr. by Ronald F. Krisman, b.1946
Tune: Marty Haugen, b.1950

361 People, Look East / Pueblos, al Este Hay Que Mirar

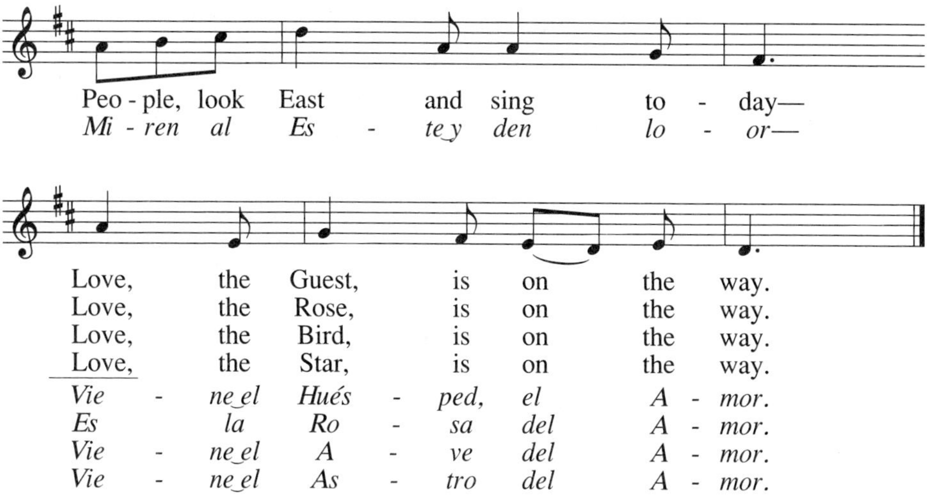

5. Angels announce with shouts of mirth
Him who brings new life to earth.
Set ev'ry peak and valley humming
With the word, the Lord is coming.
People, look East and sing today—
Love, the Lord, is on the way.

5. Ángeles gritan con bondad
Al que trae la͜ eternidad.
Que cada cima͜ y voz resuene
Con el son que Cristo viene.
Miren al Este͜ y den loor—
Viene Cristo, el Amor.

362 Preparen el Camino / Make Ready a Highway

Que ya vie - ne‿el Sal - va - dor."
Y re - ci - ban al Se - ñor."
Co - mo Dios nos da‿el per - dón.
Mien - tras vuel - va‿el Re - den - tor.

For your Sav - ior now is near."
And pre - pare to greet the Lord."
Must be - come our way of life.
"Come, O Lord," your peo - ple call.

Wait for the Lord / Contemplaré Tu Vida en Mí 363

Ostinato Refrain / Estribillo

Wait for the Lord, whose day is near.
Con - tem - pla - ré tu vi - da‿en mí.
Polish: Pan blis - ko jest, o - cze - kuj Go.
Italian: *Cri - sto Ge - sù io spe - ro‿in Te.*
Vietnamese: Hãy biết đợi Chúa Đây ngày gần rồi

Wait for the Lord: be strong, take heart!
Con - tem - pla - ré, Se - ñor, tu‿a - mor.
Pan blis - ko jest, w Nim ser - ca moc!
Sei tu Si - gnor la pa - ce del cuor.
Chờ mong Thiên Chúa: tâm trí kiên cường.

364 El Dios de Paz / Peace-Giving God

Estrofas / Verses

Estribillo / Refrain

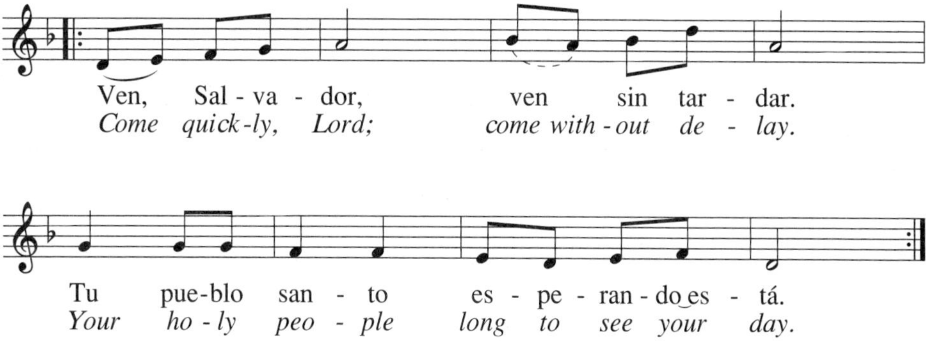

4. Brilla‿en la noche nueva‿Aurora,
   Sol de justicia, Sol de paz.
   Toda la‿humanidad añora
   Al que la viene a salvar.

4. Bring to our night your radiant dawning,
   Christ, Sun of Righteousness and Peace.
   Nations and peoples seek your justice,
   Crying with prayers that never cease:

5. Nuestro Señor vendrá un día,
   Lleno de gracia‿y majestad,
   Para llevar al pueblo suyo
   Hacia su reino celestial.

5. Lord, come at last in flesh to save us,
   Filled with majestic grace and love,
   Leading and lifting all your children
   Up to your joyous courts above!

365 Like a Shepherd / Como Pastor

Verse 3 / Estrofa 3

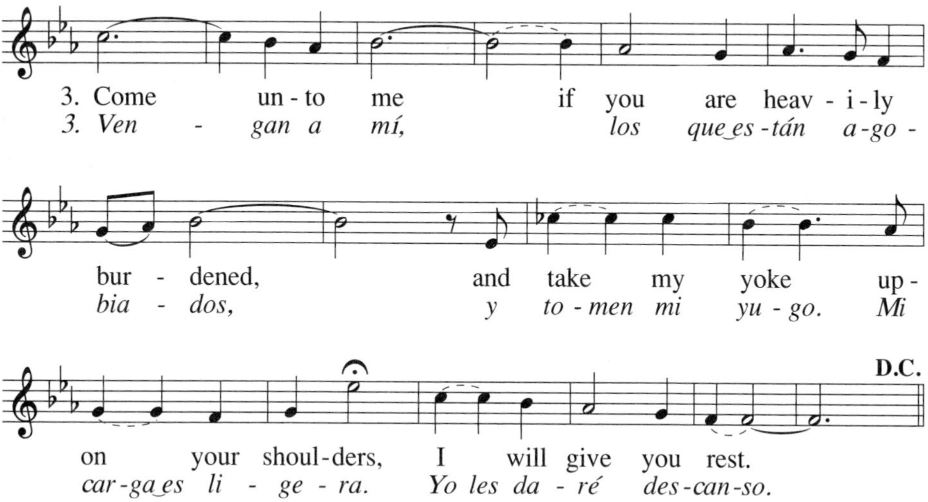

Text: Isaiah 40:9ff, Ezekiel 34:11, Matthew 11:28ff; Bob Dufford, SJ, b.1943; tr. by Ronald F. Krisman, b.1946
Tune: Bob Dufford, SJ, b.1943; acc. by Theophane Hytrek, OSF, 1915–1992, alt.

366 Awake! Awake, and Greet the New Morn / ¡Despiértate! Ya Sale el Sol

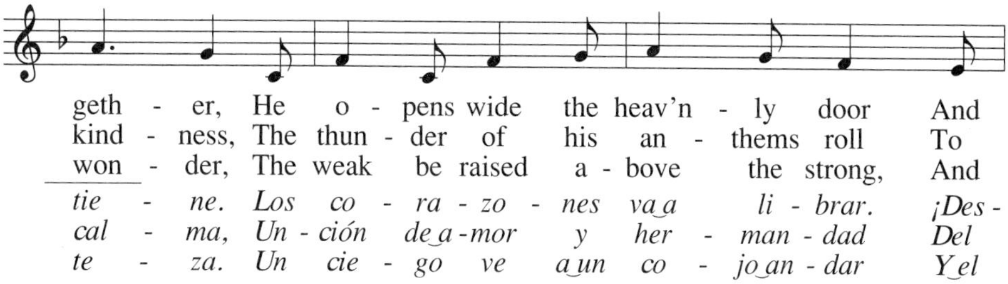

4. Rejoice, rejoice, take heart in the night,
Though dark the winter and cheerless,
The rising sun shall crown you with light;
Be strong and loving and fearless.
Love be our song and love our prayer
And love our endless story.
May God fill ev'ry day we share
And bring us at last into glory.

4. Alégrate, ven a celebrar,
La noche brinda consuelo.
No temas ese frío invernal
Pues Dios derrite tu hielo.
Ama, sé libre, y ten valor,
Él va a cambiar tu historia,
Que en nuestras obras haya amor,
Y Cristo nos lleve a la gloria.

Text: Marty Haugen, b.1950; tr. by Georgina Pando-Connolly, b.1946
Tune: REJOICE, REJOICE, 9 8 9 8 8 7 8 9; Marty Haugen, b.1950

367 Jesucristo, Palabra del Padre / Jesus, Word from the Father

Estribillo / Refrain

4. Con María la‿Iglesia te‿aguarda
Con anhelos de‿esposa‿y de madre
Y reúne‿a sus hijos en vela,
Para juntos poder esperarte.
¡Ven, Señor...

5. Cuando vengas, Señor, en tu gloria,
Que podamos salir a tu‿encuentro
Y‿a tu lado vivamos por siempre,
Dando gracias al Padre‿en el reino.
¡Ven, Señor...

4. We, with Mary, the nightwatch are keeping
With the joy of a bride and a mother.
There is darkness, but no time for sleeping
As we wait to greet Christ with each other.
Come, O Lord...

5. On the day you return in your glory
We will greet you with songs of thanksgiving,
And will tell, in your Kingdom, the story
Of our God, in whose life we are living.
Come, O Lord...

368 Creator of the Stars of Night / De las Estrellas, Creador

Verses / Estrofas

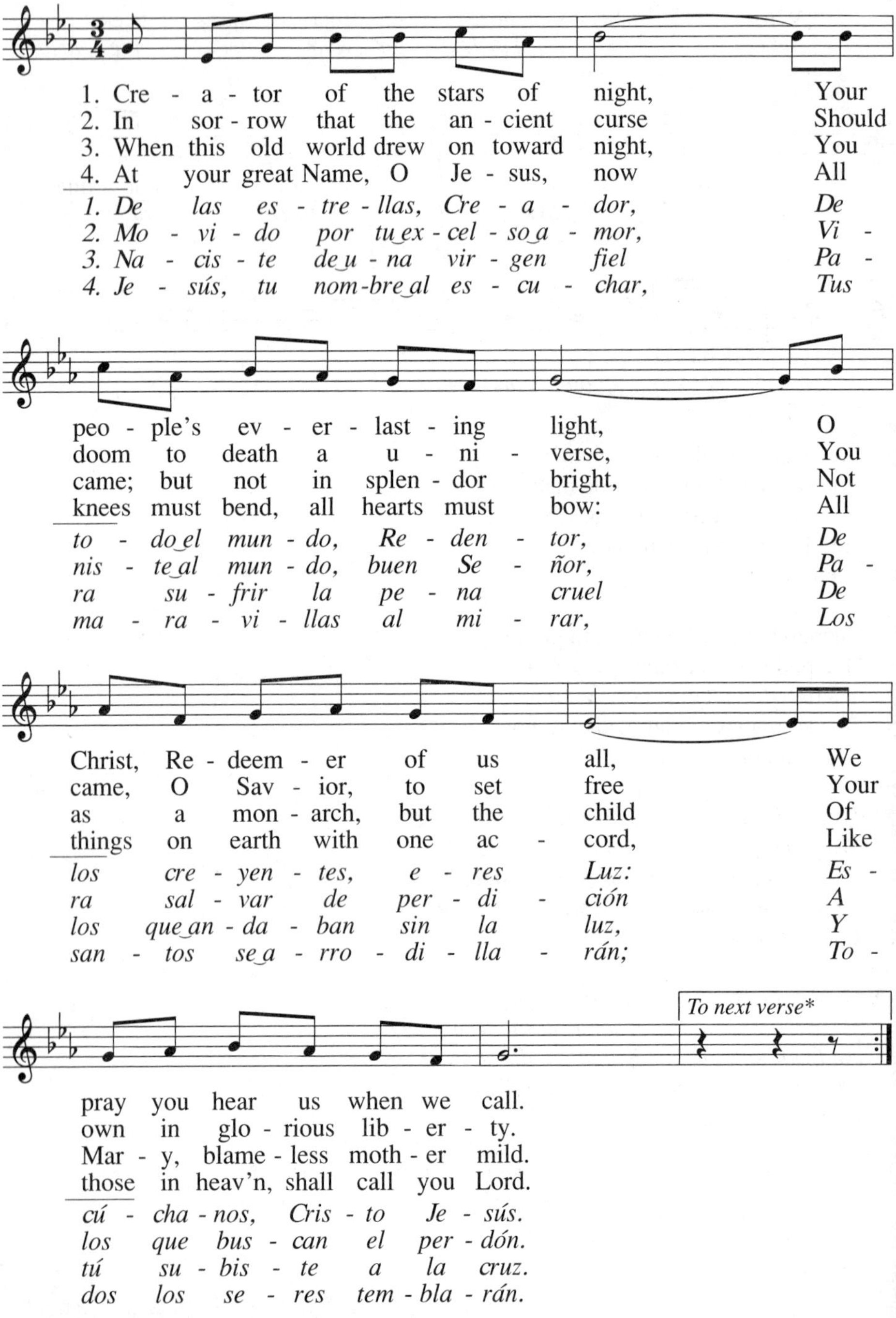

**Hymn may be sung without refrain.*
**Se pueden cantar las estrofas sin estribillo.*

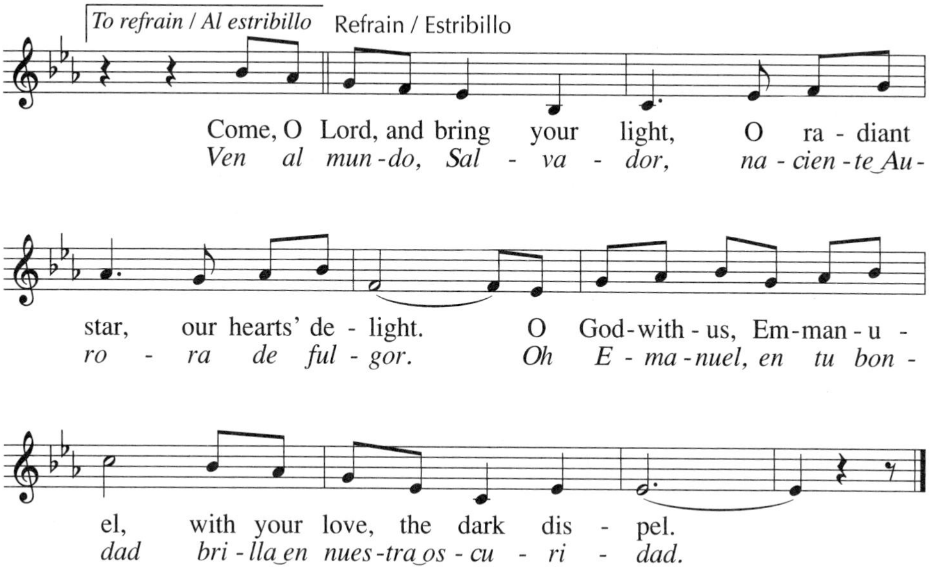

5. Come in your holy might, we pray,
Redeem us for eternal day;
Defend us while we dwell below
From all assaults of our dread foe.

6. To God the Father, God the Son,
And God the Spirit, Three in One,
Praise, honor, might, and glory be
From age to age eternally.

5. Gran Juez, de todo corazón
Te suplicamos con tesón,
Y, cuando_al mundo volverás,
Defiéndenos de Satanás.

6. Al Padre, fuente de bondad,
Al Hijo, célica verdad,
Y_al eternal Consolador:
Te damos gloria_y todo_honor.

369 On Jordan's Bank / Junto al Jordán

1. On Jor - dan's bank the Bap - tist's cry An -
2. Then cleansed be ev - 'ry life from sin; Make
3. For you are our sal - va - tion, Lord, Our

1. Jun - to‿al Jor - dán se‿o - ye‿el cla - mor De
2. Rec - to‿ha de ser el pro - ce - der Del
3. Cual nues - tra so - la re - den - ción Te‿a -

noun - ces that the Lord is nigh; A - wake and heark-en,
straight the way for God with - in, And let each heart pre -
ref - uge and our great re - ward; With - out your grace we

Juan Bau - tis - ta,‿el pre - cur - sor. A - nun - cia que ya
pue - blo que‿aho - ra‿as - pi - ra‿a ser El tem - plo de su‿ha -
co - ge nues - tro co - ra - zón, Pues sin tu gra - cia,

for he brings Glad tid - ings of the King of kings.
pare a home Where such a might - y guest may come.
waste a - way Like flow'rs that with - er and de - cay.

vie - ne‿A - quél Que‿ha - brá de ser nues - tro‿E - ma - nuel.
bi - ta - ción Y‿ob - je - to de su re - den - ción.
Sal - va - dor, Fa - lle - ce cual mar - chi - ta flor.

4. To heal the sick stretch out your hand,
And bid the fallen sinner stand;
Shine forth and let your light restore
Earth's own true loveliness once more.

5. All praise to you, eternal Son,
Whose advent has our freedom won,
Whom with the Father we adore,
And Holy Spirit, evermore.

4. Rescátanos ya del sufrir;
No nos permitas sucumbir.
Y que tu‿esplendorosa faz
Al mundo‿alumbre‿y traiga paz.

5. Jesús, que viene con virtud
Y cuyo‿adviento trae salud,
El Padre y‿el Consolador
Reciban gloria, prez y‿honor.

Text: *Jordanis oras praevia*; Charles Coffin, 1676–1749; English tr. by John Chandler, 1806–1876, alt.; Spanish tr. by Dimas Planas-Belfort, b.1934,

Tune: WINCHESTER NEW, LM; adapt. from *Musikalisches Handbuch*, Hamburg, 1690

Vamos Todos a Belén / Let Us Go to Bethlehem 370

Estribillo / Refrain

Estrofas / Verses

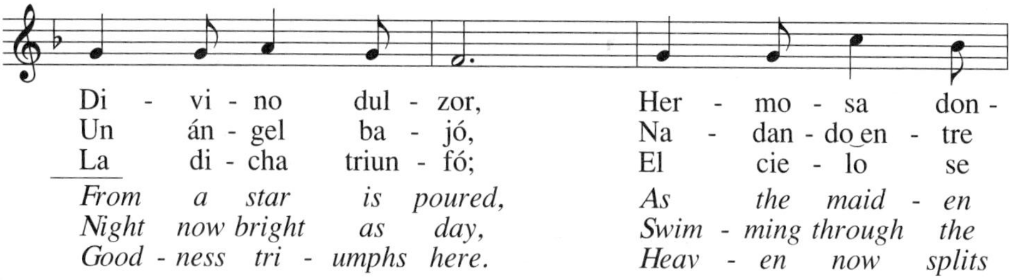

4. Felices suspiros
Mi pecho dará,
Y ardiente mi lengua
Tu amor cantará.

4. All is comfort! All is peace!
Now with happy sighs
Heart and voice send grateful love
Singing through the skies.

371 Angels We Have Heard on High / Un Angelical Cantar

Text: *Les anges dans nos campagnes;* French, c. 18th C.; English tr. from *Crown of Jesus Music,* London, 1862; Spanish tr. by Dimas Planas-Belfort, 1934–1992, © 2012, Editorial Avance Luterano
Tune: GLORIA, 7 7 7 7 with refrain; French traditional

Go Tell It on the Mountain / Ve, Grita en la Montaña 372

Refrain / Estribillo

Text: African American spiritual; verses by John W. Work, Jr., 1872–1925; tr. by Anita González, alt., ©
Tune: GO TELL IT ON THE MOUNTAIN, 7 6 7 6 with refrain; African American spiritual; harm. by Robert J. Batastini, b.1942, © 1995, GIA Publications, Inc.

373 Hark! The Herald Angels Sing / Se Oye un Son en Alta Esfera

"Christ is born in Beth - le - hem!"
Je - sus, our Em - man - u - el.
Born to give us sec - ond birth.

Con el co - ro de Be - lén;
A Je - sús, Rey y Se - ñor!
A la cruz fue a mo - rir.

Hark! The her - ald an - gels sing, "Glo - ry to the new-born King!"
Can - ta la ce - les - te voz: "¡En los cie - los glo - ria a Dios!"

Text: Charles Wesley, 1707–1788, alt.; tr. by Federico Fliedner, 1845–1901, alt.
Tune: MENDELSSOHN, 77 77 D with refrain; Felix Mendelssohn, 1809–1847

Gloria, Gloria 374

Canon

Gló - ri - a, gló - ri - a, in ex - cél - sis De - o!

Gló - ri - a, gló - ri - a, al - le - lú - ia, al - le - lú - ia!

375 Joy to the World / Al Mundo Paz

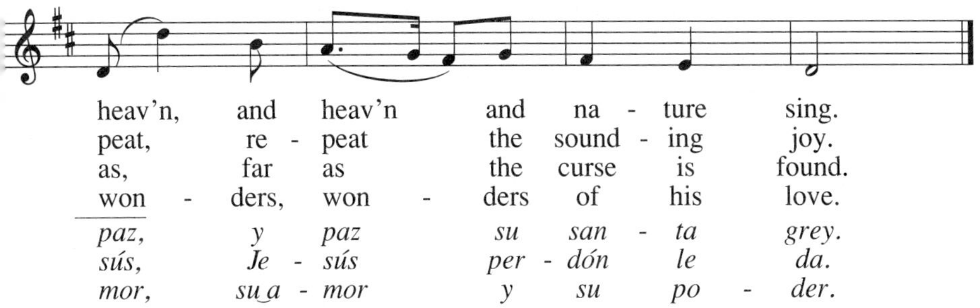

Text: Psalm 98; Isaac Watts, 1674–1748; tr., anonymous
Tune: ANTIOCH, CM with repeat; arr. from George F. Handel, 1685–1759, in T. Hawkes' *Collection of Tunes*, 1833

Gloria, Gloria, Gloria / Glory, Glory, Glory 376

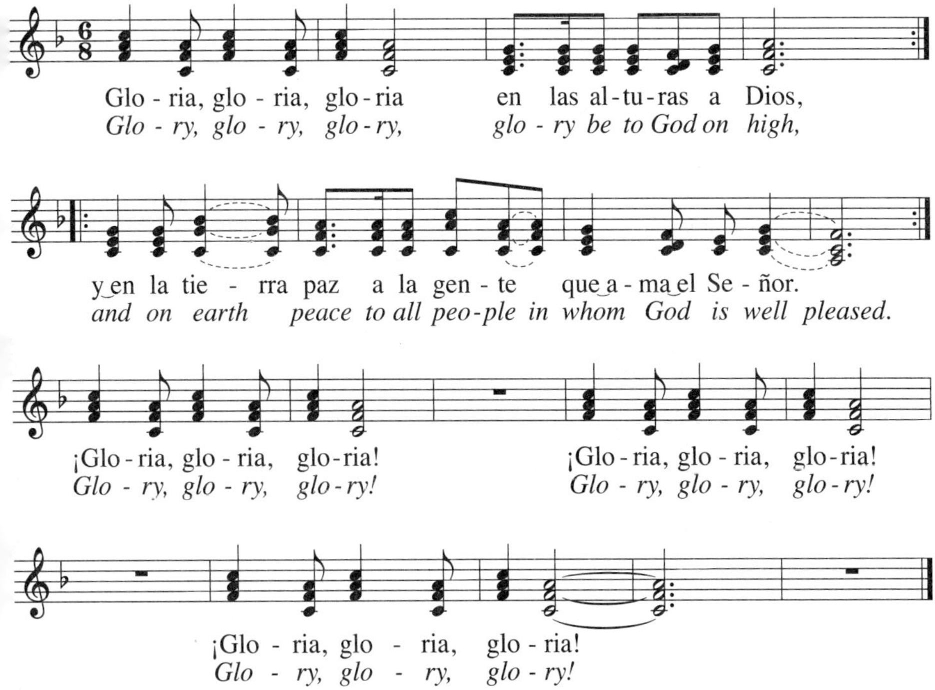

Letra: Basada en Lucas 2:14; Pablo Sosa, n.1933
Música: Pablo Sosa, n.1933

377 Night of Silence / Noche de Silencio

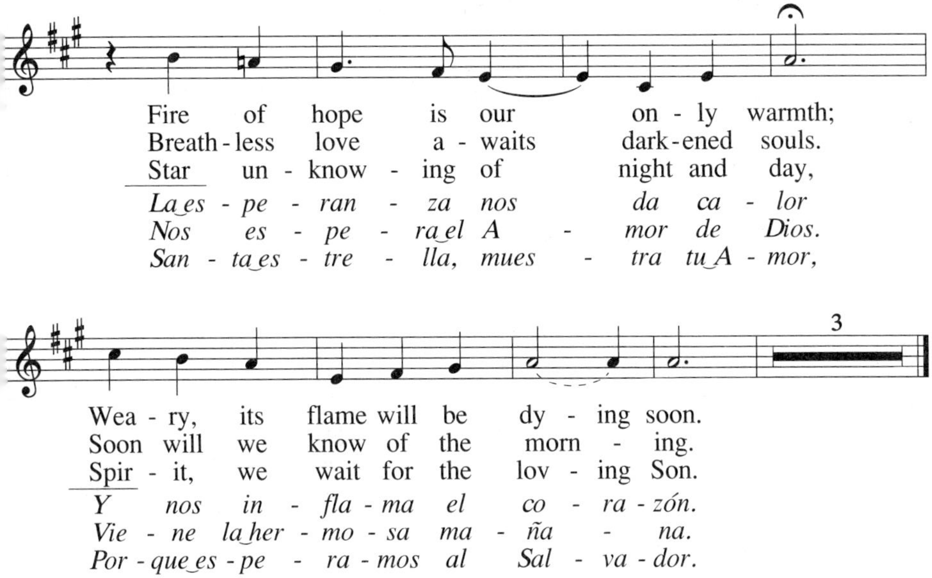

Text: Daniel Kantor, b.1960; tr. by Jeffrey Judge
Tune: Daniel Kantor, b.1960

378 Silent Night / Noche de Paz

Text: *Stille Nacht, heilige Nacht;* Joseph Mohr, 1792–1848; English tr. by John F. Young, 1820–1885; Spanish tr. by Federico Fliedner, 1845–1901
Tune: STILLE NACHT, 66 89 66; Franz X. Gruber, 1787–1863

Star-Child / Niño: Es Astro 379

Verses / Estrofas

Text: Shirley Erena Murray, b.1931, © 1994, Hope Publishing Company; tr. by Raquel Gutiérrez-Achón and George Lockwood, b.1946, © 1997, Hope Publishing Company
Tune: NOAH'S SONG, 4 5 4 5 with refrain; Ronald F. Krisman, b.1946, © 2003, GIA Publications, Inc.

380 O Come, All Ye Faithful / Adeste Fideles / Venid, Fieles Todos

1. O come, all ye faith - ful, joy - ful and tri - um - phant, O
2. God of God, Light of Light,

1. Ad - é - ste fi - dé - les, laé - ti, tri - um - phán - tes, Ve -
2. De - um de De - o, Lu - men de Lú - mi-ne

1. Ve - nid, fie - les to - dos, a Be - lén mar - che - mos De
2. El que‿es Hi - jo‿e - ter - no del e - ter - no Pa - dre, Y

come ye, O come ye to Beth - le - hem;
Lo! He comes forth from the Vir - gin's womb.

ní - te, ve - ní - te in Béth - le - hem.
Ge - stant pu - él - lae ví - sce - ra.

go - zo triun - fan - tes, y lle - nos de‿a - mor; Y‿al
Dios ver - da - de - ro que‿al mun - do cre - ó, Al

Come and be - hold him, born the King of an - gels;
Our ver - y God, be - got - ten not cre - a - ted,

Na - tum vi - dé - te, Re - gem an - ge - ló - rum.
De - um ve - rum, gé - ni - tum, non fa - ctum.

Rey de los cie - los con - tem - plar po - dre - mos;
se - no vir - gí - neo vi - no de‿u - na ma - dre;

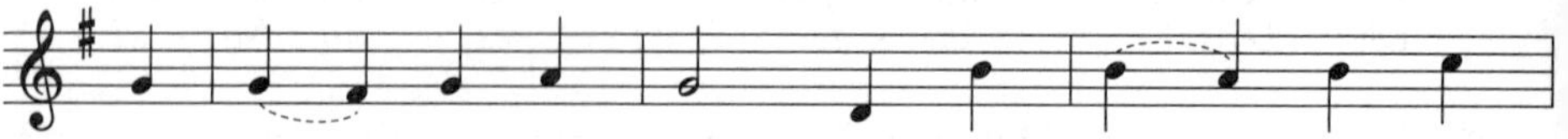

O come, let us a - dore him, O come, let us a -
Ve - ní - te a - do - ré - mus, ve - ní - te a - do -
Ve - nid, a - do - re - mos, ve - nid, a - do -

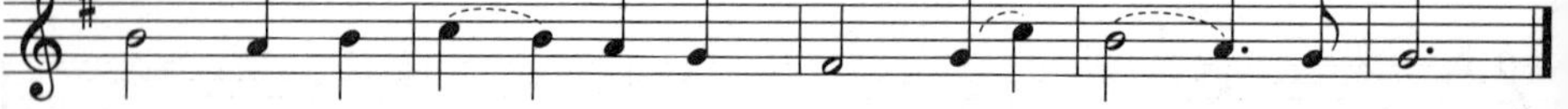

dore him, O come, let us a - dore him, Christ, the Lord!
ré - mus, ve - ní - te a - do - ré - mus Dó - mi - num.
re - mos, ve - nid, a - do - re - mos a Cris - to‿el Se - ñor.

3. Sing, choirs of angels,
sing in exultation,
Sing, all ye citizens of heav'n above!
Glory to God, all
glory in the highest;

4. Yea, Lord, we greet thee,
born this happy morning,
Jesus, to thee be all glory giv'n;
Word of the Father,
now in flesh appearing;

3. Cantet nunc io,
chorus angelórum,
Cantet nunc aula caeléstium.
Glória, glória in excélsis Deo.

4. Ergo qui natus
Die hodiérna,
Jesu tibi sit glória.
Patris aetérnae verbum caro factum.

3. Cantad jubilosas,
célicas criaturas:
Resuenen los cielos con vuestra canción;
¡Al Dios bondadoso,
gloria en las alturas;

4. Jesús, celebramos
tu bendito nombre
Con himnos solemnes de grato loor;
Por siglos eternos
todo ser te adore;

Text: *Adeste fideles;* John F. Wade, c.1711–1786; English tr. by Frederick Oakeley, 1802–1880, alt.; Spanish tr. by Juan Bautista Cabrera, 1837–1916
Tune: ADESTE FIDELES, Irregular with refrain; John F. Wade, c.1711–1786

Away in a Manger / Allá en el Pesebre 381

1. A - way in a man - ger, no crib for a bed,
2. The cat - tle are low - ing; the ba - by a - wakes,
3. Be near me, Lord Je - sus; I ask you to stay
1. A - llá en el pe - se - bre, do na - ce Je - sús,
2. La va - ca mu - gien - do des - pier - ta al Se - ñor,
3. Oh Cris - to, pe - di - mos hoy tu ben - di - ción,

The lit - tle Lord Je - sus laid down his sweet head.
But lit - tle Lord Je - sus, no cry - ing he makes.
Close by me for - ev - er, and love me, I pray.
La cu - na de pa - ja nos vier - te gran luz.
Mas no llo - ra el Ni - ño pues es pu - ro a - mor.
Ro - ga - mos que a - tien - das a nues - tra o - ra - ción.

The stars in the bright sky looked down where he lay,
I love you, Lord Je - sus! Look down from the sky
Bless all the dear chil - dren in your ten - der care,
Es - tre - llas le - ja - nas del cie - lo al mi - rar
¡Oh vé - la - nos, Cris - to Je - sús, sin ce - sar!
A to - dos, oh Cris - to, nos mues - tras a - mor,

The lit - tle Lord Je - sus, a - sleep on the hay.
And stay by my cra - dle till morn - ing is nigh.
And fit us for heav - en, to live with you there.
Se in - cli - nan go - zo - sas su lum - bre a pres - tar.
Y siem - pre fe - li - ces ha - bre - mos de es - tar.
No - so - tros te a - ma - mos tam - bién, Sal - va - dor.

Text: Sts. 1, 2, anonymous, st. 3, John T. McFarland, 1851–1913, alt.; tr. by George P. Simmonds, 1890–1991
Tune: MUELLER, 11 11 11 11; James R. Murray, 1841–1905; harm. by Robert J. Batastini, b.1942,

382 O Little Town of Bethlehem / Oh, Pueblecito de Belén

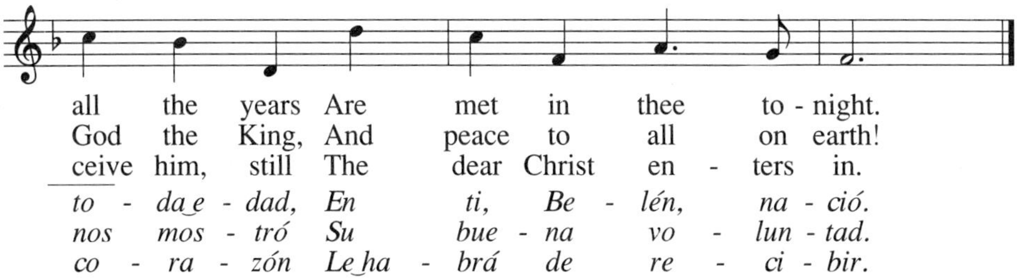

4. O holy Child of Bethlehem,
Descend to us, we pray;
Cast out our sin and enter in,
Be born in us today.
We hear the Christmas angels
The great glad tidings tell;
O come to us, abide with us,
Our Lord Emmanuel!

4. ¡Oh Santo Niño de Belén!
Desciende con tu amor;
En nuestras vidas nace hoy
Librándolas del mal.
Angélicos cantores
Te anuncian al nacer,
Ven con nosotros a morar,
Oh Cristo, Emanuel.

Text: Phillips Brooks, 1835–1893; tr. by Tomás M. Westrup, 1837–1909, alt.
Tune: ST. LOUIS, 8 6 8 6 7 6 8 6; Lewis H. Redner, 1831–1908

383 Of the Father's Love Begotten / Fruto del Amor Divino

1. Of the Fa - ther's love be - got - ten
2. O that birth for ev - er bless - ed,
3. This is he whom seers and sag - es
4. Let the heights of heav'n a - dore him;

1. Fru - to del a - mor di - vi - no,
2. ¡Cuán ben - di - to na - ci - mien - to,
3. Es el mis - mo que‿el pro - fe - ta
4. Las le - gio - nes ce - les - tia - les

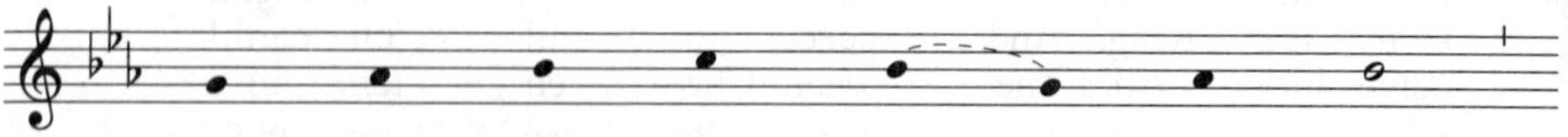

Ere the worlds be - gan to be,
When the Vir - gin, full of grace,
Sang of old with one ac - cord,
An - gel hosts, his prais - es sing;

Gé - ne - sis de la cre - a - ción;
Pues la vir - gen con - ci - bió,
Vis - lum - bra - ra‿en su vi - sión,
Aho - ra can - ten su lo - or;

He is Al - pha and O - me - ga,
O - ver - shad - owed by the Spir - it,
Whom the voic - es of the proph - ets
Pow'rs, do - min - ions, bow be - fore him

Él es Al - fa y‿es O - me - ga,
Por la gra - cia del Es - pí - ri - tu,
Y‿en - cen - die - ra‿en el sal - mis - ta
Los do - mi - nios hoy le‿a - do - ren

He the source, the end - ing he
Bore the Sav - ior of our race;
Prom - ised in their faith - ful word;
And ex - tol our God and King;

Es prin - ci - pio‿y con - clu - sión
Al que‿al mun - do re - di - mió!
La más al - ta‿ins - pi - ra - ción;
Co - mo Rey y Re - den - tor;

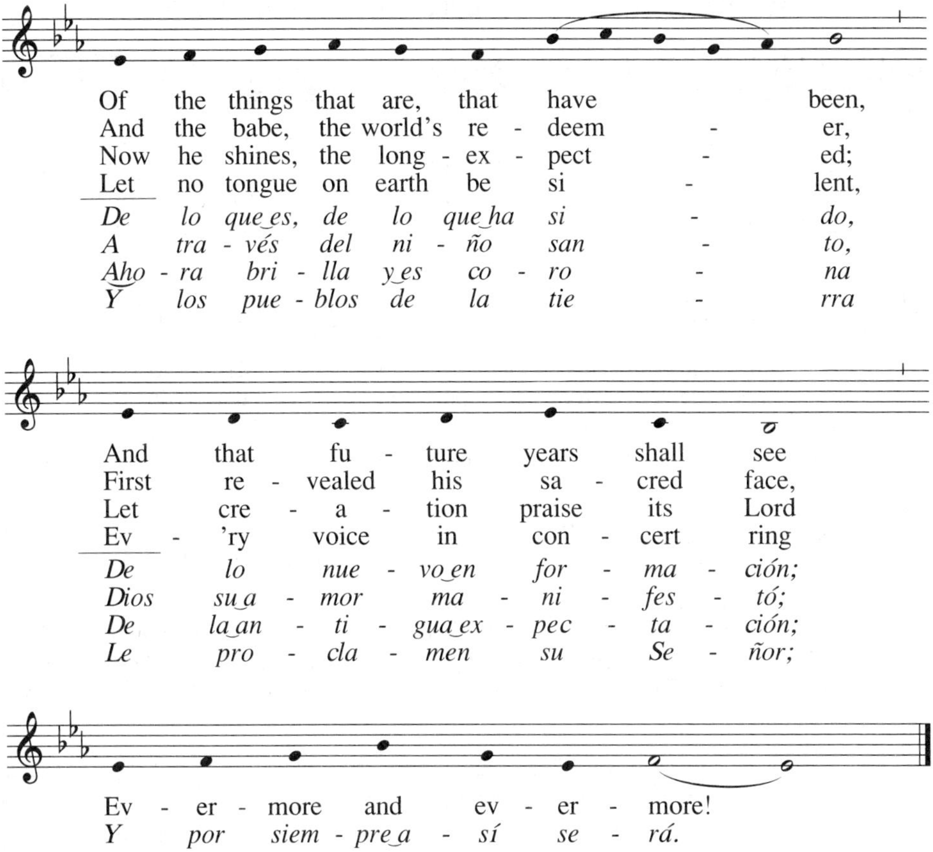

5. Christ, to you, with God the Father,
And the Spirit, One in Three,
Hymn and chant and high thanksgiving
And unwearied praises be:
Honor, glory, and dominion,
And eternal victory
Evermore and evermore!

5. Cristo_a ti, con Dios el Padre,
Y_al Espíritu de_amor,
Himnos de_alabanza_y gloria
Tributamos con loor;
Tuyos el poder, la honra,
La victoria y_el honor;
Y por siempre_así será.

Text: *Corde natus ex Parentis*; Aurelius Prudentius, 348-413; English tr. by John M. Neale, 1818–1866, and Henry W. Baker, 1821–1877, alt.; Spanish tr. sts. 1, 3, 4 by Federico J. Pagura, b.1923, © 1962; sts. 2, 5 by Skinner Chávez-Melo, 1944–1992, © Estate of Skinner Chávez-Melo
Tune: DIVINUM MYSTERIUM, 8 7 8 7 8 7 7; 12th C.; Mode V; acc. by Richard Proulx, 1937–2010, © 1985, GIA Publications, Inc.

384 Pastores, a Belén / Let's Go to Bethlehem

Letra: Tradicional de Puerto Rico; tr. por Ronald F. Krisman, n.1946, © 2012, GIA Publications, Inc.
Música: Traditional de Puerto Rico; arm. por Ronald F. Krisman, n.1946, © 2012, GIA Publications, Inc.

385 Vamos, Pastores, Vamos / Now Let Us Go, O Shepherds

Estribillo / Refrain

Estrofas / Verses

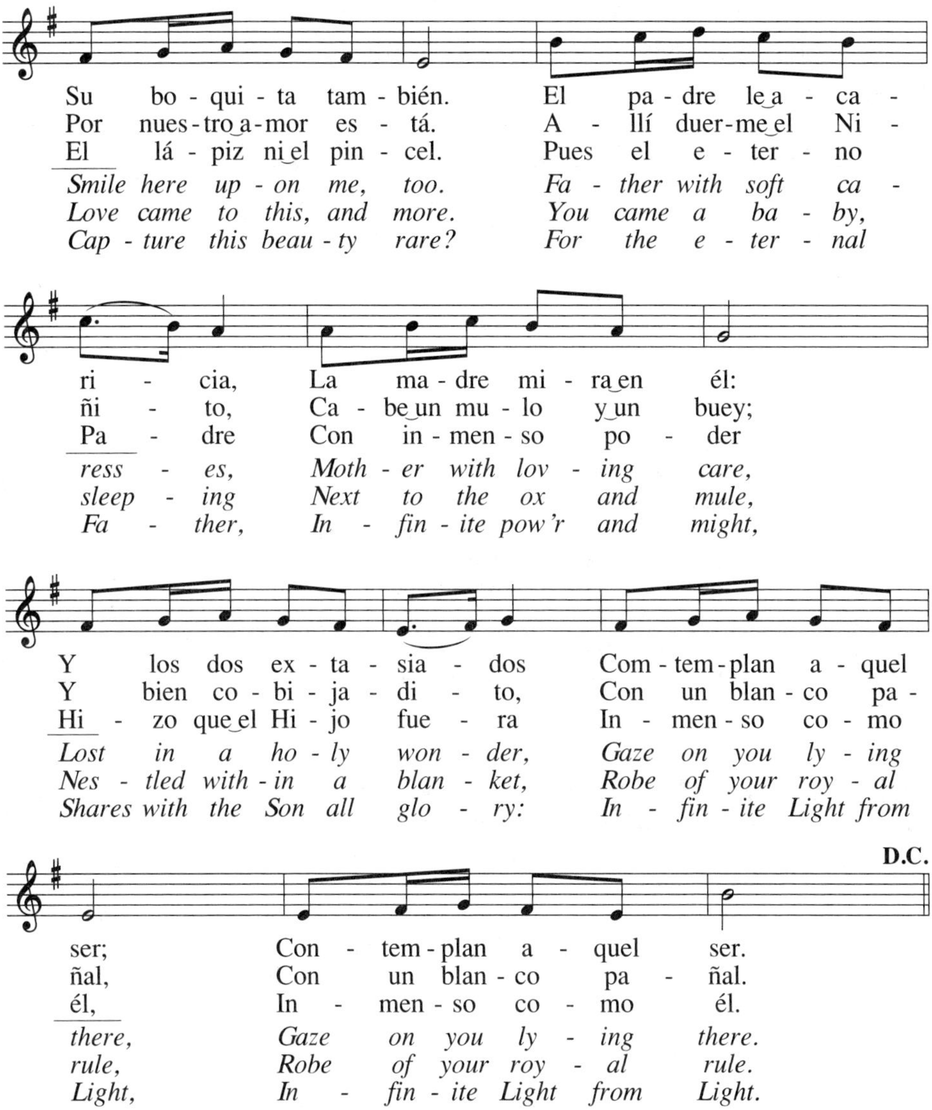

4. Yo pobre pastorcillo
Al Niño le diré,
No la buena ventura,
Eso no puede ser;
Le diré me perdone
Lo mucho que pequé,
Y‿en la mansión eterna
Un ladito me dé,
Un ladito me dé.

4. Come to this humble shepherd;
Come, Jesus, speak to me,
Though I cannot imagine
Goodness so kind and free.
Tell me that you forgive me
All, whether great or small;
Give me a home eternal
There in your banquet hall,
There in your banquet hall.

386 The Virgin Mary Had a Baby Boy / Nació de María Virgen un Bebé

Verses / Estrofas

Refrain / Estribillo

387 Ya Llegó la Nochebuena / Christmas Eve Is Coming Quickly

Ha Nacido el Niño Dios / Il Est Né / He Is Born! Now the Child Has Come! 388

Text: French carol, 19th C.; English tr. by Andrew Donaldson, b.1951, © 1997; Spanish tr. by J. Alfonso Lockward, © 1996, Abingdon Press
Tune: IL EST NÉ, 8 9 8 8 with refrain; French carol, 18th C.; harm. by Carlton R. Young, b.1926, © 1989, The United Methodist Publishing House

389 Hacia Belén / Mary Journeyed with Her Husband

Letra: Anónima; tr. por Mary Louise Bringle, n.1953, © 2005, GIA Publications, Inc.
Musica: HACIA BELÉN, 8 8 8 8 con estribillo; tradicional de Puerto Rico; arm. por Ronald F. Krisman, n.1946, © 2005, GIA Publications, Inc.

Infant Holy, Infant Lowly / Niño Santo, Niño Manso 390

391 The First Nowell / Un Ángel Fue Quien Vino a Traer

1. The first No - well the an - gel did say Was to
2. They look - ed up and saw a star Shin - ing
3. And by the light of that same star Three
4. This star drew nigh to the north-west, O'er

1. Un án - gel fue quien vi - no a tra - er A los
2. Al ver la luz que les cir - cun - dó, Yu - na es-
3. La mis - ma luz, en tie - rra o - rien - tal, A tres
4. Si - guie - ron, pues, el as - tro de luz Por muy

cer - tain poor shep - herds in fields as they lay; In
in the east be - yond them far; And
wise men came from coun - try far; To
Beth - le - hem it took its rest; And

bue - nos pas - to - res, de Cris - to el na - tal; Con
tre - lla que da - ba ful - gor sin i - gual; Al
re - yes muy sa - bios la nue - va a - nun - ció; Y
lar - go ca - mi - no más lle - nos de fe; Y en

fields where they lay keep - ing their sheep, On a
to the earth it gave great light, And
seek for a king was their in - tent, And to
there it did both stop and stay Right

gran - de paz ve - la - ban su grey U - na
ver lu - cir la no - che cual sol, Muy a -
sin tar - dar qui - sie - ron ha - llar Al au -
el ho - gar do vi - ví - a Je - sús Se de -

cold win - ter's night that was so deep.
so it con - tin - ued both day and night.
fol - low the star where - ev - er it went.
o - ver the place where Je - sus lay.

no - che se - re - na de frí - o in - ver - nal.
le - gres can - ta - ron el him - no de paz.
tor de la es - tre - lla de ra - ro ful - gor.
tu - vo la es - tre - lla sin par de Be - lén.

5. Then entered in those wise men three,
Full reverently upon their knee,
And offered there in his presence
Their gold and myrrh and frankincense.
Nowell, Nowell...

6. Then let us all with one accord
Sing praises to our heavenly Lord,
Who made the heav'ns and earth of naught,
And with his blood our life has bought.
Nowell, Nowell...

5. Los Reyes, pues, entraron con fe
Y le dieron incienso‿oro‿y mirra‿a Jesús;
Al ver en él al Rey de‿Israel
Que venía‿a sufrir para darnos salud.
Noel, Noel...

6. Cantemos hoy con mucho fervor
Al divino Jesús que nació en Belén;
Pues él de luz la noche vistió
Y desea llevarnos con él al Edén.
Noel, Noel...

Text: English carol, 17th C.; tr. by Lorenzo Álverez, 1897–1969, © David Andrés Álvarez
Tune: THE FIRST NOWELL, Irregular with refrain; English melody; harm. from *Christmas Carols New and Old*, 1871

392 As with Gladness Men of Old / Con Gran Gozo y Candor

1. As with glad - ness men of old Did the guid - ing
2. As with joy - ful steps they sped To that low - ly
3. As they of - fered gifts most rare At that man - ger

1. Con gran go - zo y can - dor Ma - gos vie - ron
2. Al pe - se - bre los gui - ó De la͜ es - tre - lla
3. Te que - re - mos o - fre - cer Nues - tras vi - das,

star be - hold; As with joy they hailed its light,
man - ger - bed, There to bend the knee be - fore
crude and bare; So may we this ho - ly day,

el bri - llar De un as - tro de͜ es - plen - dor,
el ful - gor; Pues que - rí - an a - do - rar
oh Se - ñor, Cual los ma - gos del a - yer

Lead - ing on - ward, beam - ing bright; So, most glo - rious
Him, whom heav'n and earth a - dore; So may we with
Drawn to you with - out de - lay, All our cost - liest

Que su sen - da͜ i - lu - mi - nó, Has - ta͜ el ni - ño
Y sus do - nes pre - sen - tar A Je - sús, el
Que͜ o - fre - cie - ron con fer - vor Mi - rra,͜ in - cien - so,

Lord, may we Ev - er - more your splen - dor see.
hur - ried pace Run to seek your throne of grace.
treas - ures bring, Christ, to you, our heav'n - ly King.

Rey, Je - sús, El di - vi - no Sal - va - dor.
ni - ño Rey, El di - vi - no Sal - va - dor.
o - ro,͜ a - mor Al di - vi - no Sal - va - dor.

4. Holy Jesus, every day
Keep us in the narrow way;
And when earthly things are past,
Bring our ransomed souls at last
Where they need no star to guide,
Where no clouds your glory hide.

4. Guíanos con puro͜ amor
Por tu senda, buen Señor;
De͜ esta vida al cesar,
Tú nos lleves a morar
A tu celestial hogar,
Oh, divino Salvador.

What Child Is This / ¿Qué Niño Es Éste? 393

Text: William C. Dix, 1837–1898, alt.; tr. by Angel M. Mergal, 1909–1971
Tune: GREENSLEEVES, 8 7 8 7 with refrain; English melody, 16th C.; harm. by John Stainer, 1840–1901

394 Songs of Thankfulness and Praise / Gratitud y Prez al Rey

4. Grant us grace to see you, Lord,
Present in your holy word.
By that grace which you endow,
Help us imitate you now,
That we, pure like you, may be
At your great epiphany;
And may praise you, ever blest,
God in flesh made manifest.

4. ¡Tu palabra, oh buen Jesús,
Nos infunda vida y luz;
Nos anime a reflejar
Tu pureza que es sin par;
Y en la epifanía final
Con el coro celestial
Cantaremos tu loor:
Encarnado Dios de amor!

Text: Christopher Wordsworth, 1807–1885, alt.; tr. by Dimas Planas-Belfort, b.1934,
Tune: SALZBURG, 77 77 D; Jakob Hintze, 1622–1702, alt; harm. by J. S. Bach, 1685–1750

395 We Three Kings of Orient Are / Del Oriente Venimos Tres

4. Myrrh is mine: its bitter perfume
Breathes a life of gathering gloom;
Sorrowing, sighing, Bleeding, dying,
Sealed in the stone-cold tomb.

5. Glorious now behold him arise,
King and God and Sacrifice;
"Alleluia, Alleluia!"
Sounds through the earth and skies.

4. Ha venido‿al mundo la luz,
Mirra yo le‿ofrezco‿a Jesús;
Mirra pura, Amargura,
Símbolo de la cruz.

5. Rey supremo, Dios Salvador,
Cielo‿y tierra te dan loor.
¡Aleluya! ¡Aleluya!
Cantemos con fervor.

Text: Matthew 2:1–11; John H. Hopkins, Jr., 1820–1891, alt.; tr. by Effie Chastain de Naylor, alt.
Tune: KINGS OF ORIENT, 88 44 6 with refrain; John H. Hopkins, Jr., 1820–1891

396 Los Magos Que Llegaron a Belén / The Magi Came to Bethlehem

Estribillo / Refrain

Letra: Manuel Fernández Juncos, 1846–1928; tr. por Ronald F. Krisman, n.1946, © 2012, GIA Publications, Inc.
Música: LOS MAGOS, 12 12 12 12 11 11 con estribillo; Aguinaldo puertorriqueño; arm. por Ronald F. Krisman, n.1946, © 2012, GIA Publications, Inc.

397 When Jesus Came to Jordan / Cuando al Jordán Fue Cristo

Text: Fred Pratt Green, 1903–2000, © 1980, Hope Publishing Company; tr. by Alberto Merubia, b.1919, © 1996, Hope Publishing Company
Tune: ELLACOMBE, 7 6 7 6 D; *Gesangbuch der Herzogl,* Wirtemberg, 1784

Somebody's Knockin' at Your Door / Tocando a Tu Puerta Está 398

Text: African American spiritual; tr. by Evelyn Robert-Olivieri, b.1940, alt., ©
Tune: SOMEBODY'S KNOCKIN', Irregular; African American spiritual; harm. by Richard Proulx, 1937–2010, © 1986, GIA Publications, Inc.

399 Seek the Lord / Busquen a Dios

Text: Fred Pratt Green, 1903–2000, © 1989, Hope Publishing Company; tr. by George Lockwood, b.1946, © 1997, Hope Publishing Company
Tune: LEAP DAY, 8 7 8 7 D; Ronald F. Krisman, b.1946, © 2012, GIA Publications, Inc.

400 Again We Keep This Solemn Fast / Hagan Ayuno y Oración

1. A - gain we keep this sol - emn fast, A
2. The law and proph - ets from of old In
3. More spar - ing, there - fore, let us make The

1. Ha - gan a - yu - no y‿o - ra - ción, De‿an -
2. Pro - fe - tas y la‿an - ti - gua ley Pre -
3. Pues, con ma - yor fru - ga - li - dad Co -

gift of faith from a - ges past, These for - ty days that,
fig - ured ways this Lent fore - told, Which Christ, all a - ges'
words we speak, the food we take, Our sleep, our laugh-ter,

ta - ño‿es de la fe un don; Es la Cua - res - ma
vie - ron es - te tiem - po‿en fe; Que Cris - to,‿el Guí - a
ma - mos por ne - ce - si - dad; Du - ran - te ri - sas

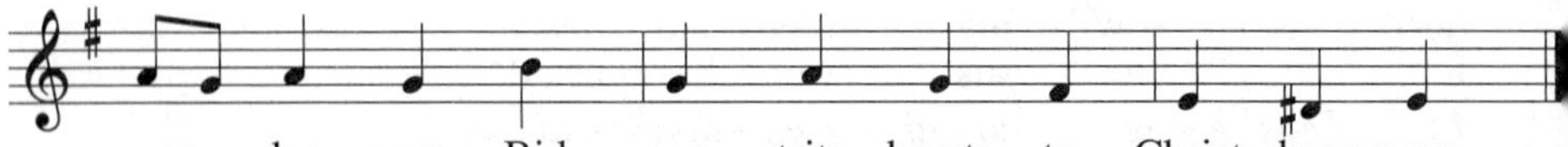

year by year, Bid con - trite hearts to Christ draw near.
Lord and Guide, In these last days has sanc - ti - fied.
ev - 'ry sense; Learn peace through ho - ly pen - i - tence.

que,‿en a - mor, Nos u - ne‿en ca - ri - dad y‿ar - dor.
y‿el Se - ñor, Lo san - ti - fi - ca con hon - or.
y‿el so - laz, Por pe - ni - ten - cia,‿ha - lle - mos paz.

4. Let us avoid each harmful way
That lures the careless mind astray;
By watchful prayer our spirits free
From scheming of the Enemy.

4. Danos la fuerza de‿evitar
La tentación y‿el descuidar;
Libéranos, con tu amor,
Del Enemigo‿engañador.

5. We pray, O blessed Three in One,
Our God while endless ages run,
That this, our Lent of forty days,
May bring us growth and give you praise.

5. Oramos, Santa Trinidad,
El Dios de toda‿eternidad,
Que la Cuaresma,‿en tu favor,
Nos dé bondad, y‿a ti, loor.

Text: *Ex more docti mystico*; ascr. to St. Gregory the Great, c.540–604; English tr. by Peter J. Scagnelli, b.1949, after John M. Neale, 1818–1866, ; Spanish tr. by George Lockwood, b.1946,
Tune: ERHALT UNS HERR, LM; Klug's *Geistliche Lieder*, 1543; harm. by J. S. Bach, 1685–1750

Forty Days and Forty Nights / 401
Por Cuarenta Días, Señor

1. For - ty days and for - ty nights You were fast - ing
2. Shall not we your sor - row share And from world - ly
3. Then, if Sa - tan on us press, Flesh or spir - it
4. So shall we have peace di - vine; Ho - lier glad - ness

1. Por cua - ren - ta días, Se - ñor, Te‿a - par - tas - te
2. ¿No‿es de - ber el com - par - tir, Lo mun - da - no
3. Cuan-do‿el fie - ro ten - ta - dor Nos a - ta - que
4. Só - lo‿a - sí ten - dre - mos paz, Di - cha san - ta,

in the wild; For - ty days and for - ty nights
joys ab - stain, Fast - ing with un - ceas - ing prayer,
to as - sail, Vic - tor in the wil - der - ness,
ours shall be. 'Round us, too, shall an - gels shine,

a‿a - yu - nar. Fuis - te‿en e - sos días, Se - ñor,
re - sis - tir, Y‿a - yu - nar pa - ra‿a - pren - der
sin ce - sar, Tú, del yer - mo ven - ce - dor,
li - ber - tad. Án - ge - les tam - bién ven - drán

Tempt - ed, and yet un - de - filed.
Strong with you to suf - fer pain?
Grant we may not faint nor fail!
Such as served you faith - ful - ly.

Tan ten - ta - do sin pe - car.
La pa - cien - cia‿en el su - frir?
No nos de - jes fra - ca - sar.
A ro - dear - nos con leal - tad.

5. Keep, O keep us, Savior dear,
Ever constant by your side,
That with you we may appear
At the‿eternal Eastertide.

5. Haznos, Cristo, persistir
Junto‿a ti hasta‿el final
Y contigo residir
En la Pascua eternal.

Text: George H. Smyttan, 1822–1870, alt.; tr. by Georgina Pando-Connolly, b.1946,
Tune: HEINLEIN, 7 7 7 7; attr. to Martin Herbst, 1654–1681, *Nürnbergisches Gesangbuch,* 1676

402 Hear Us, Almighty Lord / Attende Domine / Escúchanos, Señor

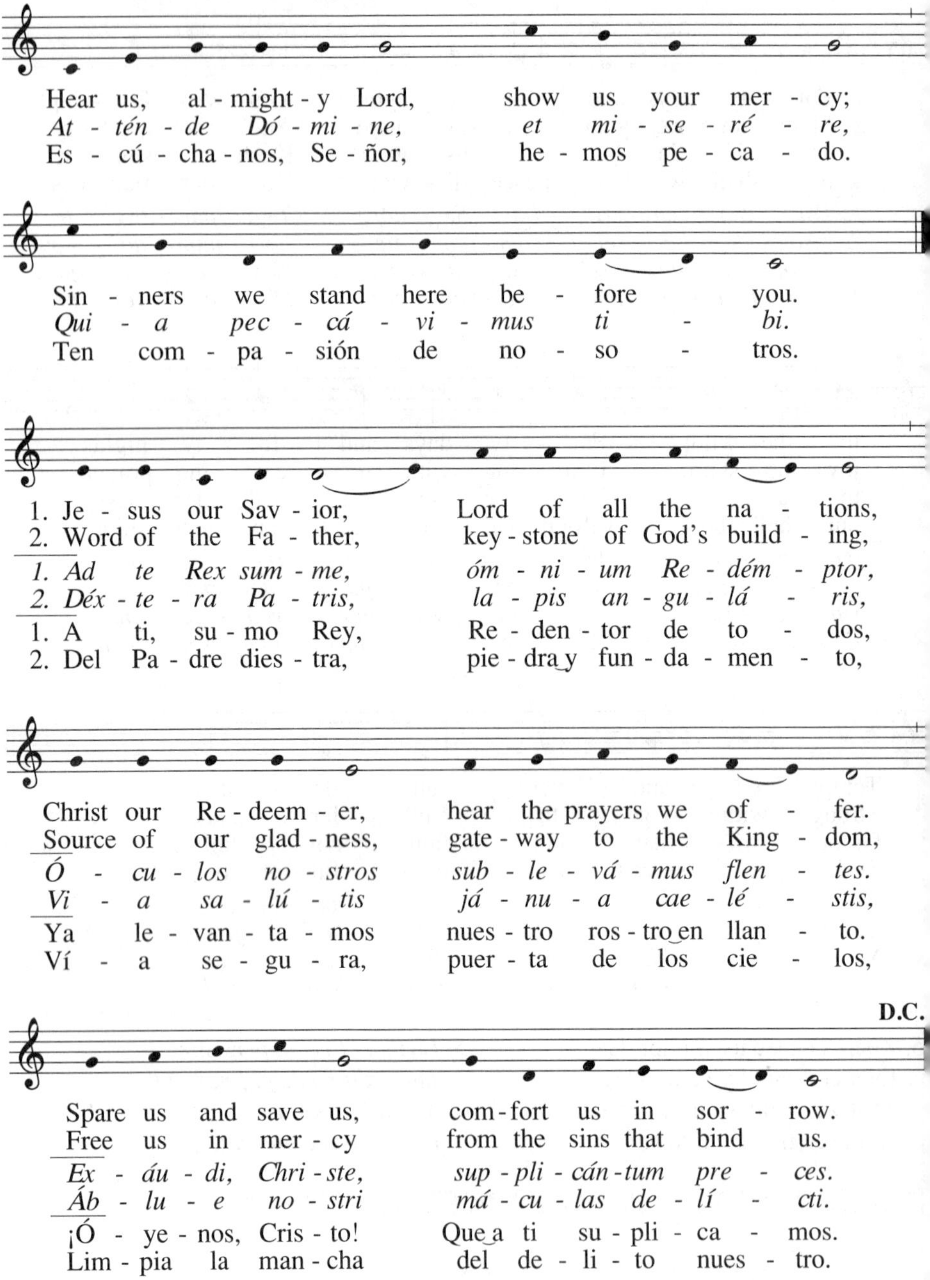

3. God of compassion, Lord of might and splendor,
Graciously listen, hear our cries of anguish.
Touch us and heal us where our sins have wounded.

4. Humbly confessing that we have offended,
Stripped of illusions, naked in our sorrow,
Pardon, Lord Jesus, those your blood has ransomed.

5. Innocent captive, you were led to slaughter,
Sentenced by sinners when they brought false witness.
Keep from damnation those your death has rescued.

3. Rogámus, Deus, tuam majestátem:
Áuribus sacris gémitus exáudi;
Crímina nostra plácidus indúlge.

4. Tibi fatémur crímina admíssa,
Contríto corde pándimus occúlta;
Tua, Redémptor, píetas ignóscat.

5. Ínnocens captus, nec repúgnans ductus,
Téstibus falsis, pro ímpiis damnátus:
Quos redemísti, tu consérva, Christe.

3. Te rogamos, Dios, ante tu‿alto trono,
Que‿oigas benigno los gemidos nuestros,
Y los pecados tu clemencia‿ignore.

4. Confesándote los pecados hechos,
Arrepentidos de lo‿oculto‿estamos;
¡Oh Jesucristo! tu piedad los borre.

5. Tú, que‿inocente, preso‿estar quisiste.
Falsos testigos, manso soportaste.
Tus redimidos, ¡oh Jesús, conserva!

Text: *Attende Domine*, Latin, 10th C.; English tr. by Ralph Wright, OSB, b.1938, © 1980, ICEL; Spanish tr., anonymous
Tune: ATTENDE DOMINE, 11 11 11 with refrain; Mode V; acc. by Richard Proulx, 1937–2010, © 1973, GIA Publications, Inc.

403 Perdona a Tu Pueblo, Señor / Forgive Us, Your People, O Lord

4. Por los tres clavos que te clavaron,
Y las espinas que te punzaron:
Perdónale, Señor.

5. Por las tres horas de tu‿agonía,
En que por Madre diste‿a María:
Perdónale, Señor.

6. Por la‿abertura de tu costado,
No‿estés eternamente‿enojado:
Perdónale, Señor.

7. Por ese‿amor que nos redimía
Y‿es nuestra fuerza de cada día:
Perdónale, Señor.

4. For dignity we mock with our thorns,
O Christ;
For outcast ones we jeer at and scorn,
O Christ: Forgive us, holy Lord.

5. For hours you spent in pain on the cross,
O Christ;
With Mary, comfort all stunned by loss,
O Christ: Forgive us, holy Lord.

6. For all the sorrows borne on your path,
O Christ;
Look not upon your people with wrath,
O Christ: Forgive us, holy Lord.

7. With love that draws us back when
we stray, O Christ;
Redeeming us afresh every day,
O Christ: Forgive us, holy Lord.

Letra: Anónima; tr. por Mary Louise Bringle, n.1953,
Música: Anónima; arm. por Ronald F. Krisman, n.1946,

This Is the Time of Fulfillment! / ¡Se Ha Cumplido el Tiempo! 404

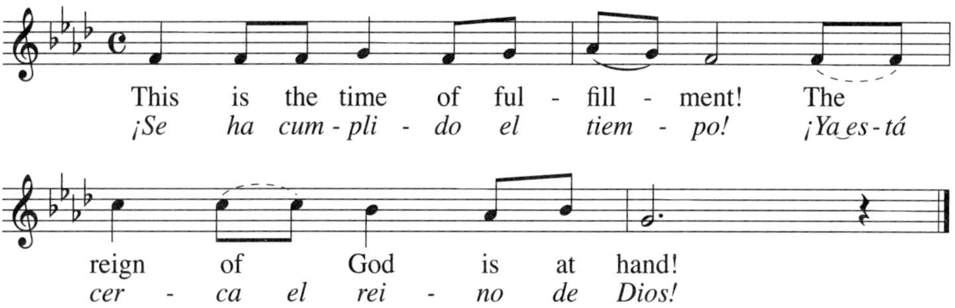

Text: Mark 1:15, James J. Chepponis, b.1956; tr. by Ronald F. Krisman, b.1946
Tune: James J. Chepponis, b.1956

405 Perdón, Oh Dios Mío / Have Mercy, Have Mercy

Estribillo / Refrain

Estrofas / Verses

tan - ta mal - dad, de tan - ta mal - dad.
sús, per - do - nad, Je - sús, per - do - nad!
mí͜ has - ta͜ ex - pi - rar, por mí͜ has - ta͜ ex - pi - rar.
Dios de bon - dad, oh Dios de bon - dad!

weight of my sin, the weight of my sin.
Je - sus, for - give. Lord Je - sus, for - give.
cross borne for me, a cross borne for me.
God, in your love, O God, in your love.

Letra: Tradicional; tr. por Mary Louise Bringle, n.1953, © 2012, GIA Publications, Inc.
Música: Tradicional; arm. por Ronald F. Krisman, n.1946, © 2012, GIA Publications, Inc.

Return to God / Volvamos Hoy a Nuestro Dios 406

Refrain / Estribillo

Re - turn to God with all your heart, the source of grace and
Vol - va - mos hoy a nues - tro Dios, Se - ñor de to - da

mer - cy; come seek the ten - der faith - ful - ness of God.
gra - cia, bus - can - do su per - dón y le - al - tad.

Verses / Estrofas

1. Now the time of grace has come,
the day of salvation;
come and learn now the way of our God.

2. I will take your heart of stone
and place a heart within you,
a heart of compassion and love.

3. If you break the chains of oppression,
if you set the pris'ner free;
if you share your bread with the hungry,
give protection to the lost;
give a shelter to the homeless,
clothe the naked in your midst,
then your light shall break forth
like the dawn.

1. Día de la salvación,
y tiempo favorable;
caminemos por las sendas de Dios.

2. Quitaré tu corazón de piedra;
te daré un corazón
de amor y compassión.

3. Si tú rompes vínculos injustos,
y͜ a los presos das libertad;
ofreciendo pan al hambriento,
protección al extraviado;
dando͜ abrigo͜ a quien está
sin techo,
y vestido al desnudo;
surgirá tu luz como la͜ aurora.

Text: Marty Haugen, b.1950; tr. by Ronald F. Krisman, b.1946
Tune: Marty Haugen, b.1950

407 The Glory of These Forty Days / Estos Cuarenta Días Hoy

4. Then grant, O God, that we may, too,
Return in fast and prayer to you.
Our spirits strengthen with your grace,
And give us joy to see your face.

4. Permítenos, Señor, también
En prez y ayuno a ti volver;
Y por tu gracia y tu poder
En júbilo tu rostro ver.

Text: *Clarum decus jejunii;* St. Gregory the Great, c.540–604; English tr. by Maurice F. Bell, 1862–1947, © Oxford University Press; Spanish tr. by Victor Jortack, © 1998, Augsburg Fortress (North America)
Tune: ERHALT UNS HERR, LM; Klug's *Geistliche Lieder*, 1543; harm. by Ronald F. Krisman, b.1946, © 2011, GIA Publications, Inc.

Pequé, Pequé, Dios Mío / O God of Love, Have Mercy 408

Estrofas Adicionales / Additional Verses

5. Por tu costado abierto, piedad...
6. Por tu agonía santa, piedad...
7. Por tu madre afligida, piedad...
8. Jesús, a ti pedimos, piedad...
9. Tú eres nuestro guía, piedad...

5. Your side was pierced to cleanse us, forgive...
6. What agony you suffered, forgive...
7. What grief your mother carried, forgive...
8. We call to you for mercy, forgive...
9. With loving care you guide us, forgive...

409 Tree of Life / En el Árbol de la Vida

5. Christ, you lead and we shall follow,
Stumbling though our steps may be.
One with you in joy and sorrow,
We the river, you the sea,
We the river, you the sea.

5. Te seguimos, Cristo, guía,
No nos dejes tropezar.
En tristeza y‿alegría,
¡Somos río, tú‿eres mar,
Somos río, tú‿eres mar!

Text: Marty Haugen, b.1950; tr. by Georgina Pando-Connolly, b.1946
Tune: THOMAS, 8 7 8 77; Marty Haugen, b.1950

Lord, Who throughout These Forty Days / En Tu Cuaresma, Oh Salvador 410

1. Lord, who through - out these for - ty days For
2. As you with Sa - tan did con - tend And
3. As you did hun - ger and did thirst, So

1. En tu cua - res - ma‿oh Sal - va - dor, O -
2. Con per - sis - ten - cia‿y con te - són Lo -
3. Con ham - bre‿y sed, en o - ra - ción Al -

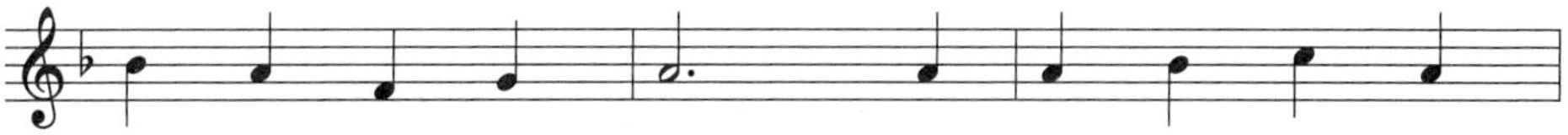

us did fast and pray, Teach us to o - ver -
did the vic - t'ry win, O give us strength in
teach us, gra - cious Lord, To die to self, and

ras - te‿en pri - va - ción. A - rre - pen - ti - dos,
gra - ste tú ven - cer. En la Pa - la - bra,
zas - te‿a - ún la voz. En - sé - ña - nos la‿ab -

come our sins, And close by you to stay.
you to fight, In you to con - quer sin.
on - ly live By your most ho - ly word.

lí - bra - nos De nues - tra per - di - ción.
co - mo tú, Con - cé - de - nos cre - er.
ne - ga - ción Que nos a - cer - ca‿a Dios.

4. And through these days of penitence,
And through your Passiontide,
For evermore, in life and death,
O Lord, with us abide.

4. En estos días de‿ayunar
Y‿en los de tu pasión,
Por siempre‿habita, buen Señor,
En nuestro corazón.

5. Abide with us that, when this life
Of suffering is past,
An Easter of unending joy
We may attain at last!

5. En nuestra vida cuaresmal
Prepáranos, Señor,
Para la Pascua‿en que sin fin
Cantemos tu loor.

Text: Claudia F. Hernaman, 1838–1898, alt.; sts. 1–3, 5 tr. by Dimas Planas-Belfort, 1934–1992, © 2012, Editorial Avance Luterano;
st. 4 tr. by Rosa María Icaza, CCVI, © 2012, GIA Publications, Inc.
Tune: ST. FLAVIAN, CM; John Day's *Psalter,* 1562

411 Jerusalem, My Destiny / Mi Destino, Jerusalén

Refrain / Estribillo

Verses / Estrofas

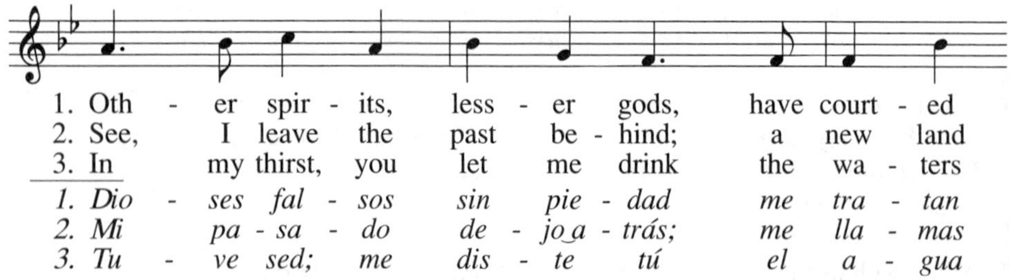

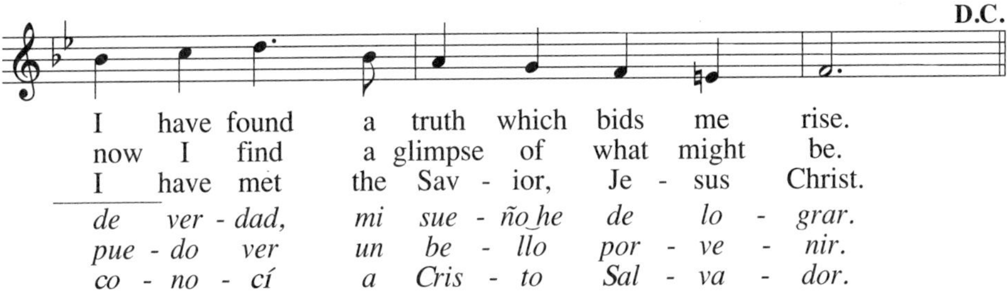

4. All the worlds I have not seen
you open to my view.
Here among you I have found
a vision, bright and new.

5. To the tombs I went to mourn
the hope I thought was gone.
Here among you I awoke
to unexpected dawn.

4. Lo que no pensé lograr,
lo que no conocí,
A tu lado alcancé:
la gloria descubrí.

5. A las tumbas fui, lloré
un sueño que murió.
A tu lado desperté,
el alba me sonrió.

Text: Rory Cooney, b.1952; tr. by Georgina Pando-Connolly, b.1946
Tune: Rory Cooney, b.1952

412 From Ashes to the Living Font / Por el Sendero Cuaresmal

1. From ash - es to the liv - ing font Your
2. Through fast - ing, prayer, and char - i - ty Your
3. *Insert appropriate stanza*
4. From ash - es to the liv - ing font Your

1. Por el sen - de - ro cua - res - mal Tu͜ I -
2. Por el ca - mi - no de͜ o - ra - ción, A -
3. *Se usa la estrofa apropiada*
4. Por el sen - de - ro cua - res - mal, La

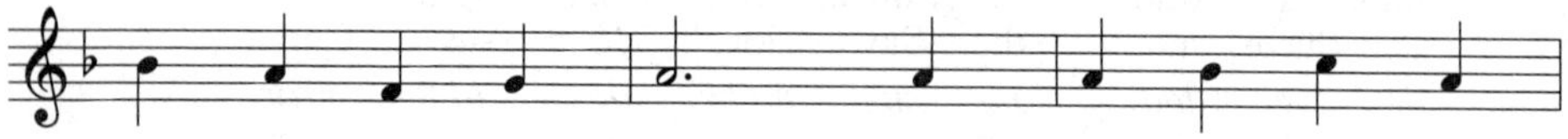

Church must jour - ney, Lord, Bap - tized in grace, in
voice speaks deep with - in, Re - turn - ing us to

Church must jour - ney still, Through cross and tomb to
gle - sia va, Se - ñor, Ha - cia la fuen - te
yu - no͜ y ca - ri - dad, Tu voz nos lle - ga͜ al

cruz, y la pa - sión, Tu͜ I - gle - sia͜ a - pren - de͜ a

grace re - newed By your most ho - ly word.
ways of truth And turn - ing us from sin.

Eas - ter joy, In Spir - it - fire ful - filled.
bau - tis - mal, En gra - cia y͜ en tu͜ a - mor.
co - ra - zón Y lle - va͜ a la ver - dad.

ce - le - brar Tu gran re - su - rrec - ción.

Sundays I & II / Domingos I & II

3. From desert to the mountaintop
In Christ our way we see,
So, tempered by temptation's might
We might transfigured be.

3. Por el desierto͜ hasta͜ alcanzar
La cumbre con Jesús,
Frenados por la tentación,
Cambiados por su luz.

Sunday III / Domingo III

3. For thirsting hearts let waters flow,
Our fainting souls revive;
And at the well your waters give
Our everlasting life.

3. Tu agua calma nuestra sed,
Nos puede revivir;
Al pozo vamos a beber,
La vida‿a recibir.

Sunday IV / Domingo IV

3. We sit beside the road and plead,
"Come, save us, David's son!"
Now with your vision heal our eyes,
The world's true Light alone.

3. En el sendero‿esperaré,
Buscando ver, sanar;
Si tú me tocas, yo podré
Tu rostro contemplar.

Sunday V / Domingo V

3. Our graves split open, bring us back,
Your promise to proclaim;
To darkened tombs call out, "Arise!"
And glorify your name.

3. Las fosas abre, Redentor;
Queremos regresar
Resucitados por tu‿amor,
Tu gloria proclamar.

Text: Alan J. Hommerding, b.1956, © 1994, World Library Publications; tr. by Georgina Pando-Connolly, b.1946, © 2012, World Library Publications
Tune: ST. FLAVIAN, CM; John Day's *Psalter,* 1562

413 Hosea / Oseas

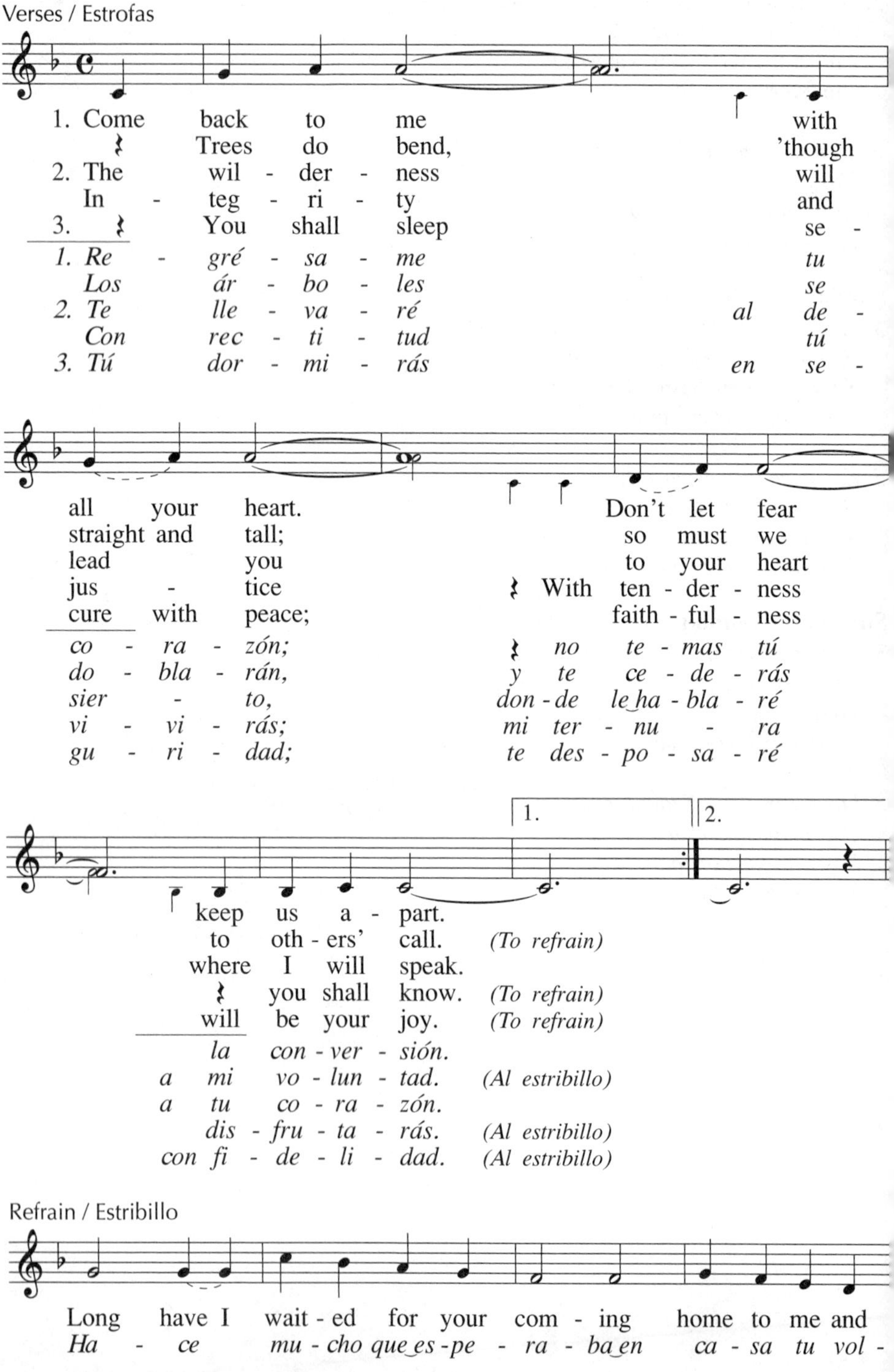

liv - ing deep - ly our new life.
ver y nues - tro con - vi - vir.

Parce Domine / Spare Us, Gracious Lord / Ten Piedad, Señor 414

Par - ce Dó - mi - ne, par - ce pó - pu - lo tu - o:
Spare us, gra - cious Lord, spare your peo - ple, who have sinned:
Ten pie - dad, Se - ñor, de tu pue - blo ten pie - dad:

ne in ae - tér - num i - ra - scá - ris no - bis.
spare us, lest we face your re - proach for - ev - er.
no nos de - jes ver tu re - pro - che_e - ter - no.

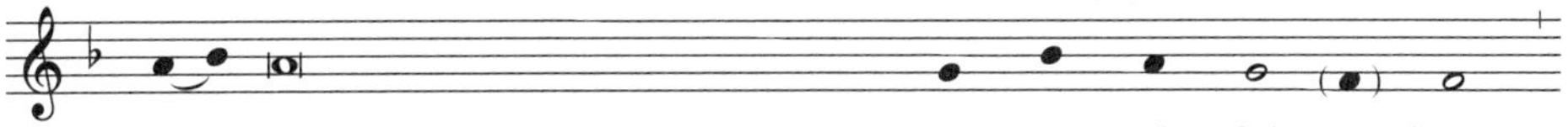

1. Have mercy on me, O God, according to your mer - ci - ful love;
2. Wash me completely from my in - iq - ui - ty,
3. My transgressions, tru - ly I know them;
4. A - gainst you, you a - lone, have I sinned;
5. Cre - ate a pure heart for me, O God;

1. Mi - sericordia, Dios mí - o, por tu bon - dad,
2. La - va del to - do mi de - li - to,
3. Pues yo reco - noz - co mi cul - pa,
4. Con - tra tí, contra tí só - lo pe - qué,
5. Oh Dios, crea en mí un co - ra - zón pu - ro,

D.C.

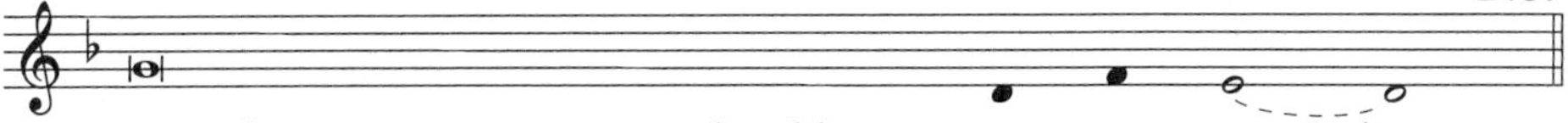

according to your great compassion, blot out my trans - gres - sions.
and cleanse me from my sin.
my sin is always be - fore me.
what is evil in your sight I have done.
renew a steadfast spirit with - in me.

por tu inmensa compasión bo - rra mi cul - pa.
limpia mi pe - ca - do.
tengo siempre presente mi pe - ca - do.
cometí la maldad que a - bo - rre - ces.
renuévame por dentro con espí - ri - tu fir - me.

415 Remember You Are Dust / Del Polvo Eres Tú

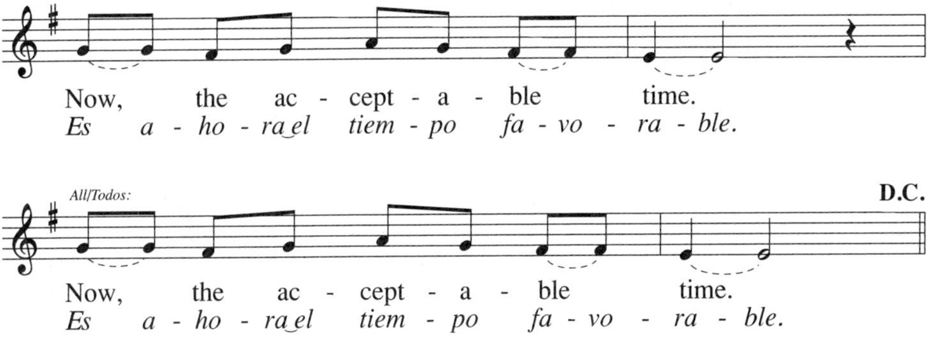

**The following are verse tropes for the season of Lent:*

Seek the God of compassion…
Live in kindness and mercy…
Trust in God and be faithful…
Praise the God of salvation…
Let us bow down in worship…

**Los siguientes son tropos adicionales para el uso durante la Cuaresma:*

Busca_al Dios de compasión...
Sé amable, sé clemente...
En tu Redentor confía...
A tu Salvador alaba...
Rinde culto_a tu Señor...

416 At the Cross Her Station Keeping / Junto al Pie de la Cruz Santa

1. At the cross her sta - tion keep - ing, Mar - y stood in
2. While she wait - ed in her an - guish, See - ing Christ in
3. With what pain and des - o - la - tion, With what no - ble
4. Ev - er pa - tient in her yearn - ing, Though her tear - filled

1. Jun - to al pie de la Cruz san - ta Que del Hi - jo el
2. ¿Qué pe - sar se i - gua - la - rí - a A la pe - na
3. En su - pre - mo sa - cri - fi - cio Par - ti - ci - pa
4. Ma - dre, lle - na de a - mar - gu - ra, O - jos de mi -

sor - row, weep - ing, When her Son was cru - ci - fied.
tor - ment lan - guish, Bit - ter sor - row pierced her heart.
res - ig - na - tion, Mar - y watched her dy - ing Son.
eyes were burn - ing, Mar - y gazed up - on her Son.

cuer - po a - guan - ta, Con do - lor su Ma - dre es - tá.
de Ma - rí - a Al mi - rar - le a - go - ni - zar?
del su - pli - cio y la an - gus - tia de Je - sús.
rar el llan - to Con que llo - ra el co - ra - zón.

5. Who, that sorrow contemplating,
On that passion meditating,
Would not share the Virgin's grief?

6. Christ she saw, for our salvation,
Scourged with cruel acclamation,
Bruised and beaten by the rod.

7. Christ she saw with life-blood failing,
All her anguish unavailing,
Saw him breathe his very last.

8. Mary, fount of love's devotion,
Let me share with true emotion
All the sorrow you endured.

9. Virgin, ever interceding,
Hear me in my fervent pleading:
Fire me with your love of Christ.

10. Mother, may this prayer be granted:
That Christ's love may be implanted
In the depths of my poor soul.

11. At the cross, your sorrow sharing,
All your grief and torment bearing,
Let me stand and mourn with you.

12. Fairest maid of all creation,
Queen of hope and consolation,
Let me feel your grief sublime.

13. Virgin, in your love befriend me,
At the Judgment Day defend me.
Help me by your constant prayer.

14. Savior, when my life shall leave me,
Through your mother's prayers receive me
With the fruits of victory.

15. Let me to your love be taken,
Let my soul in death awaken
To the joys of Paradise.

5. Las angustias que sufría
Cristo‿en cruz, ¿quién osaría
Con su madre compartir?

6. Por nosotros lo‿azotaron
Y con saña se mofaron
Del que diose por amor.

7. Madre santa dolorosa,
Que la sangre de tu Hijo
Nos alcance su perdón.

8. Y‿el dolor por el pecado
Que‿en la Cruz habrá clavado
A quien inocente fue.

9. Madre santa, he causado
Tu dolor y‿el de tu Hijo,
Me confieso pecador.

10. Por tu corazón que llora,
En el nuestro‿haz tú, Señora,
El amor a Dios crecer.

11. Eres Madre dolorosa
Roca firme junto‿al Hijo
Que se‿entrega por amor.

12. Velo‿ahora cómo‿expira
Y le‿escucha cuál suspira:
"¡Padre, todo se cumplió!"

13. Y‿en el día del gran juicio
Séanos tu amor propicio
Y no‿habremos de temer.

14. Cuando llegue nuestra hora,
Sé tú nuestra valedora
Y‿el Señor tendrá piedad.

15. ¡Oh, Jesús, consuelo‿y guía,
Ilumina, con María,
Nuestra senda terrenal!

417 All Glory, Laud, and Honor / A Ti Honor y Gloria

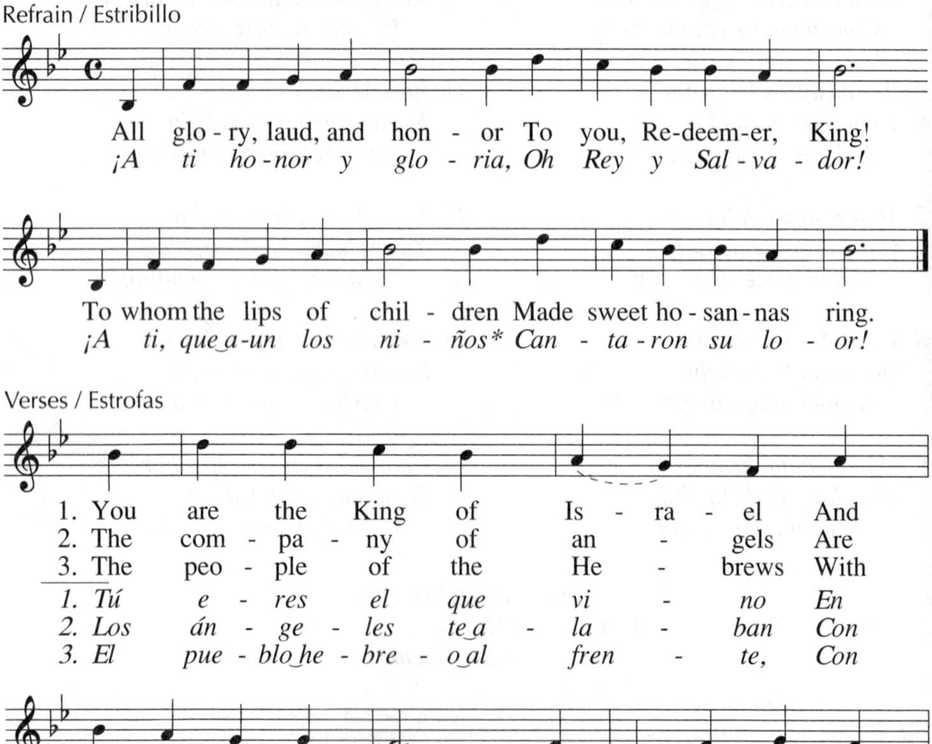

*las niñas

4. To you, before your passion,
They sang their hymns of praise.
To you, now high exalted,
Our melody we raise.

4. A ti, sus loas fueron
Anuncio de pasión:
Sus preces aceptaste,
Las nuestras oye hoy.

5. Their praises you accepted;
Accept the prayers we bring,
Great source of love and goodness,
Our Savior and our King.

5. A ti, ya exaltado,
Cantámoste canción,
Te damos el tributo
De nuestro corazón.

Text: *Gloria, laus et honor;* Theodulph of Orleans, c. 760–821; English tr. by John M. Neale, 1818–1866, alt.; Spanish tr. and adapt. by Juanita R. de Balloch, b.1894
Tune: ST. THEODULPH, 7 6 7 6 D; Melchior Teschner, 1584–1635

Hosanna 418

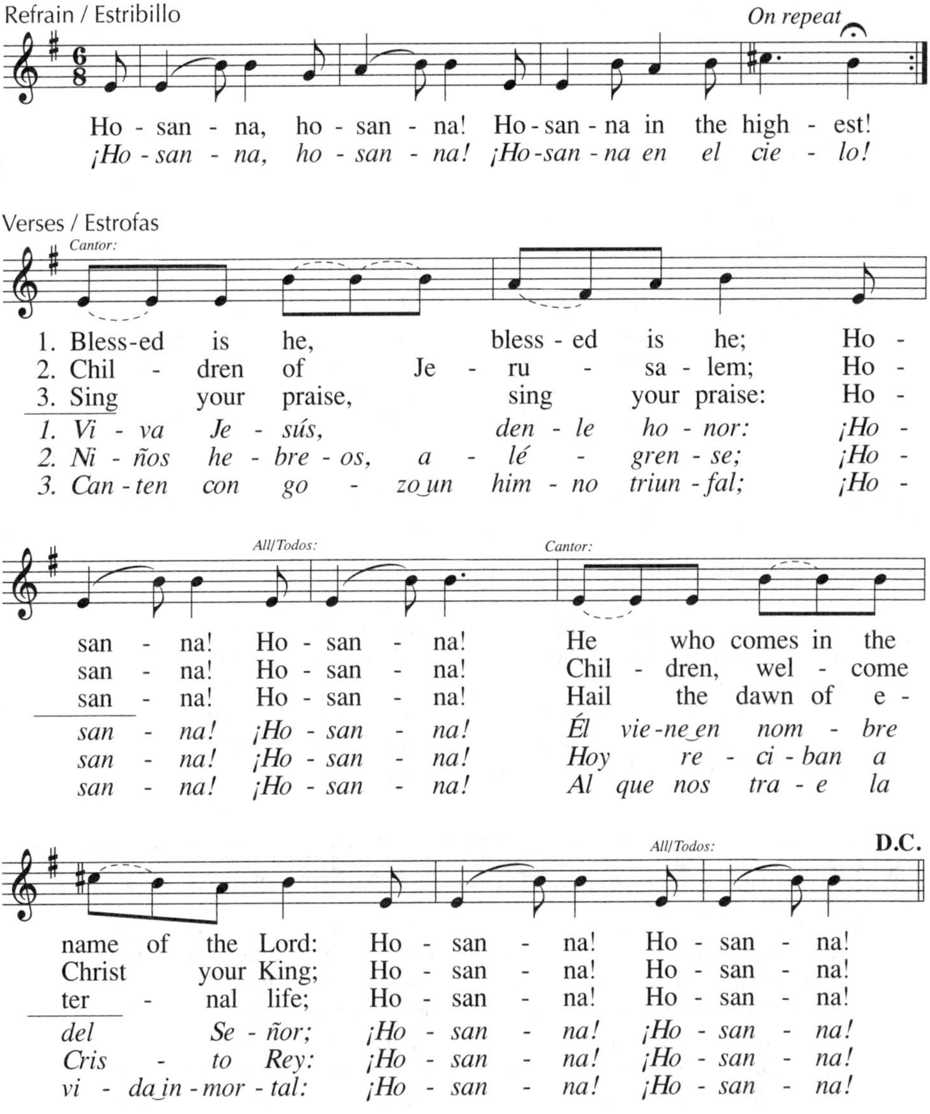

Text: Scott Soper, b.1961; tr. by Ronald F. Krisman, b.1946
Tune: Scott Soper, b.1961

419 Bendito el Rey Que Viene / Blest Is the King Who Comes

1. ¡Ben - di - to‿el Rey que vie - ne‿en el
2. ¡Ben - di - to‿el Rey que vie - ne‿en el
3. ¡Ben - di - to‿el Rey que vie - ne‿en el
4. ¡Ben - di - to‿el Rey que vie - ne‿en el

1. Blest is the King who comes in the
2. Blest is the King who comes in the
3. Blest is the King who comes in the
4. Blest is the King who comes in the

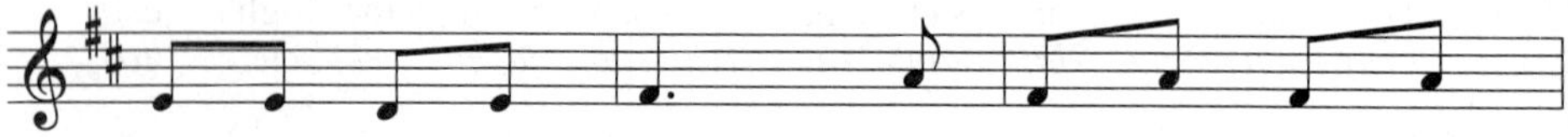

nom - bre del Se - ñor! ¡Al - zad, al - zad las
nom - bre del Se - ñor! ¡A - ten - tos los o -
nom - bre del Se - ñor! Que mues - tra‿a los hu -
nom - bre del Se - ñor! Que‿o - fre - ce‿a los can -

name of God, the Lord! Lift high, lift high the
name of God, the Lord! Give ear, give ear, and
name of God, the Lord! Re - veal - ing to the
name of God, the Lord! The tired and worn he

puer - tas del du - ro co - ra - zón! No
í - dos, a - ten - tos a su voz! Pues
mil - des la faz del san - to Dios; A
sa - dos des - can - so‿y sal - va - ción. Es

por - tals of ev - 'ry heart of stone. For
lis - ten, O hark - en to his voice. A -
hum - ble his coun - te - nance di - vine. To
of - fers sal - va - tion and re - pose. He's

vie - ne re - ves - ti - do de su ro - pa - je
¡ay del que‿or - gu - llo - so no quie - re per - ci -
quien le‿han si - do da - das la glo - ria y‿el po -
man - so y‿es hu - mil - de y‿en su ser - vi - cio‿es -

not ar - rayed in gar - ments of roy - al - ty he
las, for us, it's vain, if we turn and will not
him all might is giv - en, all glo - ry, and all
meek, and in his serv - ice we know that we can

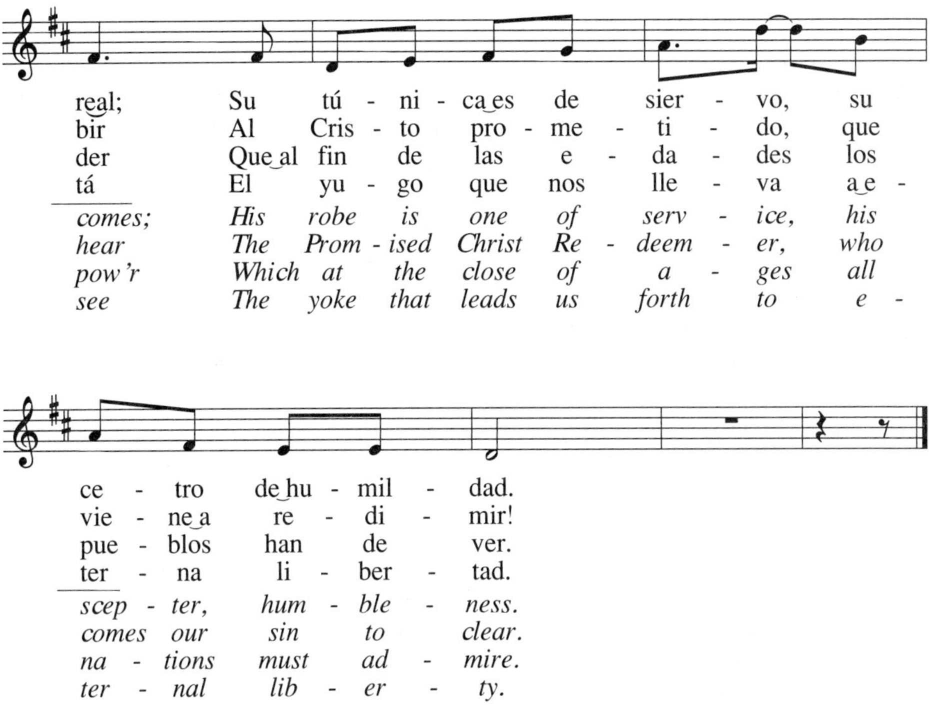
real; Su tú - ni - ca‿es de sier - vo, su
bir Al Cris - to pro - me - ti - do, que
der Que‿al fin de las e - da - des los
tá El yu - go que nos lle - va a‿e -
comes; His robe is one of serv - ice, his
hear The Prom - ised Christ Re - deem - er, who
pow'r Which at the close of a - ges all
see The yoke that leads us forth to e -
ce - tro de‿hu - mil - dad.
vie - ne‿a re - di - mir!
pue - blos han de ver.
ter - na li - ber - tad.
scep - ter, hum - ble - ness.
comes our sin to clear.
na - tions must ad - mire.
ter - nal lib - er - ty.

420 Mantos y Palmas / Filled with Excitement

Estrofas / Verses

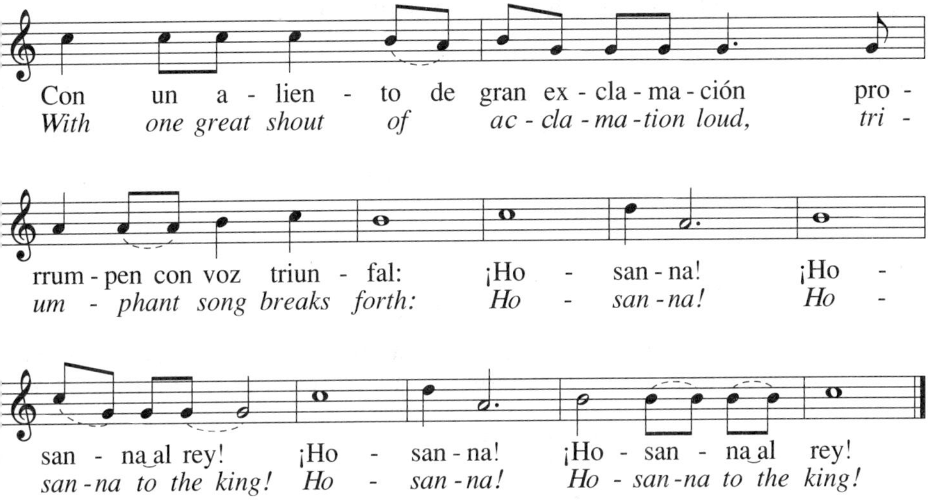

Letra: Rubén Ruíz Ávila, n.1945; tr. por Gertrude C. Suppe, 1911–2007
Música: HOSANNA, 10 10 10 10 con estribillo; Rubén Ruíz Ávila, n.1945; arr. por Alvin Schutmaat, 1921–1988

Stay Here and Keep Watch / Estén Despiertos, Quédense 421

Ostinato Refrain / Estribillo*

*For a bilingual refrain, sing the text in italics.
*Para el estribillo bilingüe, cántese el texto en cursiva.

Text: Matthew 26:38–40; Taizé Community
Tune: Jacques Berthier, 1923–1994

422 So You Must Do / Deberán Hacer

Coda

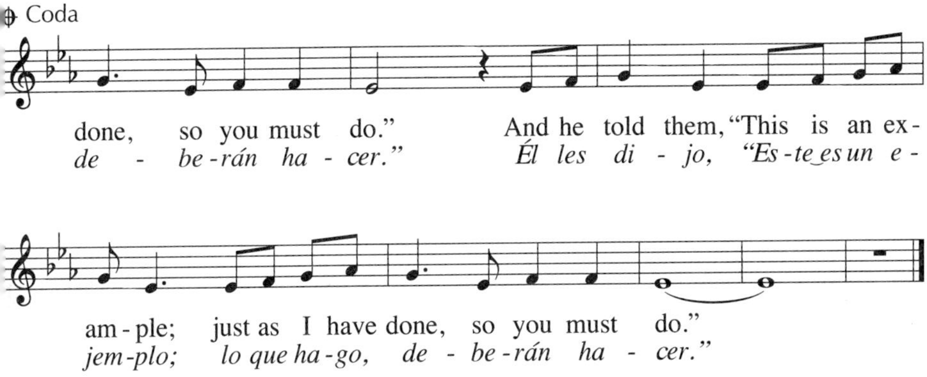

Text: John 13:1–15, adapt. by Marty Haugen, b.1950; tr. by Ronald F. Krisman, b.1946
Tune: Marty Haugen, b.1950

Stay with Me / Velaré contigo, Señor 423

Ostinato Refrain / Estribillo

Text: Matthew 26:36–42; Taizé Community
Tune: Jacques Berthier, 1923–1994

424 Un Mandamiento Nuevo / Love One Another

5. Lo que‿hacemos al hermano
A Dios mismo se lo‿hacemos.
Si‿al enfermo visitamos
A Dios mismo consolamos.

6. En la vida y‿en la muerte
Dios nos ama para siempre.
Gloria‿al Padre, gloria‿al Hijo,
Y‿al Espíritu Divino.

5. What we do for one another,
That we do for Christ our brother:
Bringing comfort, sharing labor,
Serving Christ within our neighbor.

6. While we live, and at our dying,
In God's love we are abiding.
Sing for joy, let heaven hear it:
Praise the Father, Son, and Spirit.

Letra: Tradicional; tr. por Ronald F. Krisman, n.1946, © 2012, GIA Publications, Inc.
Música: Tradicional; acomp. por Ronald F. Krisman, n.1946, © 2012, GIA Publications, Inc.

Jesu, Jesu / Jesús, Jesús 425

Text: Tom Colvin, 1925–2000; tr. by Felicia Fina, alt.
Tune: CHEREPONI, 7 7 9 with refrain; Ghanian folk song; adapt. by Tom Colvin, 1925–2000; acc. by Jane M. Marshall, b.1924

426 O Sacred Head, Surrounded / Oh Rostro Ensangrentado

1. O Sa - cred Head, sur - round - ed By crown of pierc-ing thorn!
2. I see your strength and vig - or All fad - ing in the strife,
3. In this, your bit - ter pas - sion, Good Shep-herd, think of me

1. ¡Oh ros-tro‿en - san - gren - ta - do, I - ma - gen del do - lor,
2. Cu - brió tu no - ble fren - te La pa - li - dez mor - tal,
3. Se - ñor, tú‿has so - por - ta - do Lo que yo me - re - cí;

O bleed - ing Head, so wound - ed, Re - viled and put to scorn!
And death with cru - el rig - or, Be - reav - ing you of life;
With your most sweet com - pas - sion, Un - worth - y though I be:

Que su - fres re - sig - na - do La bur - la y‿el fu - ror!
Cual ve - lo trans - pa - ren - te De tu su - frir, se - ñal.
La cul - pa que‿has car - ga - do, Car - gar - la yo de - bí.

The pow'r of death comes o'er you, The glow of life de - cays,
O ag - o - ny and dy - ing! O love to sin - ners free!
Be - neath your cross a - bid - ing For ev - er would I rest,

So - por - tas la tor - tu - ra, La sa - ña, la mal - dad;
Ce - rró - se‿a - que - lla bo - ca, La len - gua‿en - mu - de - ció,
Mas mí - ra - me, con - fí - o En tu cruz y pa - sión.

Yet an - gel hosts a - dore you And trem - ble as they gaze.
Je - sus, all grace sup - ply - ing, O turn your face on me.
In your dear love con - fid - ing, And with your pres - ence blest.

En tan cruel a - mar - gu - ra, ¡Qué gran - de‿es tu bon - dad!
La frí - a muer - te to - ca Al que la vi - da dio.
O - tór - ga - me, Dios mí - o, La gra - cia del per - dón.

Text: *Salve caput cruentatum*; ascr. to St. Bernard of Clairvaux, 1091–1153; English tr. by Henry W. Baker, 1821–1877; Spanish tr. by Federico Fliedner, 1845–1901
Tune: PASSION CHORALE, 7 6 7 6 D; Hans Leo Hassler, 1564–1612; harm. by J. S. Bach, 1685–1750

Venid, Oh Cristianos / O Come, Let Us Worship 427

Estribillo / Refrain

Estrofas / Verses

5. Amemos, cristianos,
La cruz del amado
Jesús, que enclavado
en ella murió.

6. Permite que llegue
A ti, y que muera;
¡Cuán dulce me fuera
lograr tal favor!

5. Recall how the body
Of Christ, our beloved,
Was nailed to a tree,
where he suffered and died.

6. Lord, help us to enter
Your tree's holy myst'ry:
To die to ourselves
and abide in your peace.

Letra: Tradicional; tr. por Mary Louise Bringle, n.1953,
Música: Tradicional; arm. por Ronald F. Krisman, n.1946,

428 Were You There / ¿Presenciaste la Muerte del Señor?

4. Were you there
  when the sun refused to shine?
Were you there
  when the sun refused to shine?
Oh! Sometimes it causes me to
  tremble, tremble, tremble.
Were you there
  when the sun refused to shine?

4. ¿Viste cuando
  el sol se_oscureció?
¿Viste cuando
  el sol se_oscureció?
Oh, a veces, al pensarlo,
  tiemblo, tiemblo, tiemblo.
¿Viste cuando
  el sol se_oscureció?

5. Were you there
 when they laid him in the tomb?
 Were you there
 when they laid him in the tomb?
 Oh! Sometimes it causes me to
 tremble, tremble, tremble.
 Were you there
 when they laid him in the tomb?

5. ¿Viste cuando
 la tumba le‿encerró?
 ¿Viste cuando
 la tumba le‿encerró?
 Oh, a veces, al pensarlo,
 tiemblo, tiemblo, tiemblo.
 ¿Viste cuando
 la tumba le‿encerró?

Text: African American spiritual; sts. 1, 2, 4, 5 tr. by Federico J. Pagura, b.1923, alt., ©; st. 3 tr. by Lois Kroehler, © 1970
Tune: WERE YOU THERE, 10 10 with refrain; African American spiritual; harm. by Robert J. Batastini, b.1942, © 1987, GIA Publications, Inc.

In Manus Tuas, Pater 429

Ostinato Refrain / Estribillo

Text: Psalm 31:6, Luke 23:46; Taizé Community
Tune: Taizé Community

430 Aleluya, el Señor Resucitó / Alleluia! Christ Is Risen from the Dead

Estribillo / Refrain

Estrofas / Verses

Letra: Anónima; tr. por Mary Louise Bringle, n.1953, © 2012, GIA Publications, Inc.
Música: Tradicional de Honduras; arm. por Ronald F. Krisman, n.1946, © 2012, GIA Publications, Inc.

Cantemos un Himno Nuevo / A New Song of Joy and Wonder 431

432 Resucitó

Letra: Kiko Argüello; tr. por Robert C. Trupia, siglo XX
Música: Kiko Argüello; acomp. por Diana Kodner, n.1957

Now the Green Blade Rises / Brota la Semilla 433

1. Now the green blade ris - es from the bur - ied grain,
2. In the grave they laid him, Love by ha - tred slain,
3. Forth he came at East - er, like the ris - en grain,
4. When our hearts are wint - ry, griev - ing, or in pain,

1. Bro - ta la se - mi - lla de tie - rra in - ver - nal;
2. En se - pul - cro‿os - cu - ro el Se - ñor des - can - só
3. Co - mo un re - to - ño sa - le‿a bus - car el sol,
4. Si vie - ne‿el in - vier - no al tris - te co - ra - zón,

Wheat that in the dark earth man - y days has lain;
Think - ing he would nev - er wake to life a - gain,
Spring - ing from the grave where three days he had lain;
By your touch you call us back to life a - gain,

A - pa - re - ce vi - da de tum - ba se - pul - cral.
Co - mo la se - mi - lla que‿en tie - rra re - po - só.
Cris - to, el Se - ñor Vi - vien - te, re - su - ci - tó.
Él trae vi - da nue - va y la re - no - va - ción.

Love lives a - gain, that with the dead has been;
Laid in the earth like grain that sleeps un - seen;
Raised from the dead, my liv - ing Lord is seen;
Fields of our hearts that dead and bare have been;

Sur - ge‿es - pe - ran - za des - de un e - rial.
Muer - te ven - ci - da, Cris - to des - per - tó.
Vi - no la luz, la‿os - cu - ri - dad hu - yó.
O - fre - ce‿a to - dos la li - be - ra - ción.

Love is come a - gain, like wheat a - ris - ing green.
Bro - ta el a - mor cual tri - go pri - ma - ve - ral.

Text: John M. C. Crum, 1872–1958, *Oxford Book of Carols*, alt., © Oxford University Press; tr. by Barbara Mink, b.1937, © 1989, Oxford University Press
Tune: NOËL NOUVELET, 11 11 10 11; French carol; harm. by Thomas Foster, b.1938, © 1986, GIA Publications, Inc.

434 I Know That My Redeemer Lives! / Yo Sé Que Vive el Salvador

1. I know that my Re - deem - er lives!
2. He lives to bless me with his love;
3. He lives and grants me dai - ly breath;

1. Yo sé que vi - ve el Sal - va - dor:
2. Re - su - ci - tó con gran po - der;
3. Al vic - to - rio - so Re - den - tor,

What joy this blest as - sur - ance gives!
He lives to plead for me a - bove;
He lives, and I shall con - quer death;

Es de la muer - te_el Ven - ce - dor;
Glo - rio - so rei - na por do - quier;
Al gran - de_e - ter - no Ven - ce - dor,

He lives, he lives who once was dead;
He lives my hun - gry soul to feed;
He lives my man - sion to pre - pare;

Nin - gún te - mor ja - más ten - dré,
Con su fa - vor y ben - di - ción
Glo - ria_y lo - or le can - ta - ré

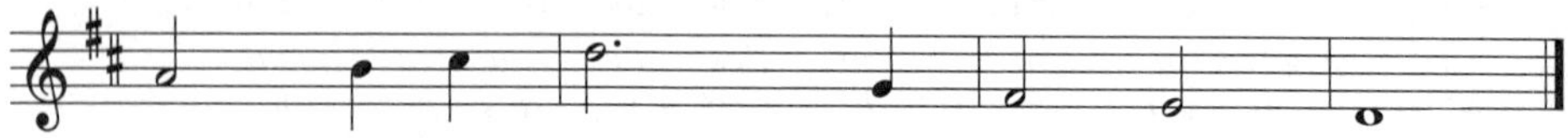

He lives, my ev - er - last - ing Head!
He lives to help in time of need.
He lives to bring me safe - ly there.

Pues a su la - do vi - vi - ré.
Sus - ten - ta - rá mi co - ra - zón.
Con gran a - mor y vi - va fe.

4. He lives, all glory to his name;
He lives, my Savior, still the same;
What joy this blest assurance gives:
I know that my Redeemer lives!

4. Con mi Jesús seguro_estoy,
Pues por su gracia salvo soy;
¡Mi vida_entrego con amor
Al fiel servicio del Señor!

Text: Samuel Medley, 1738–1799; tr. by Leopoldo Gros, b.1925,
Tune: DUKE STREET, LM; John Hatton, c.1710–1793

Alleluia No. 1 / Aleluya, Aleluya, Demos Gracias 435

Refrain / Estribillo

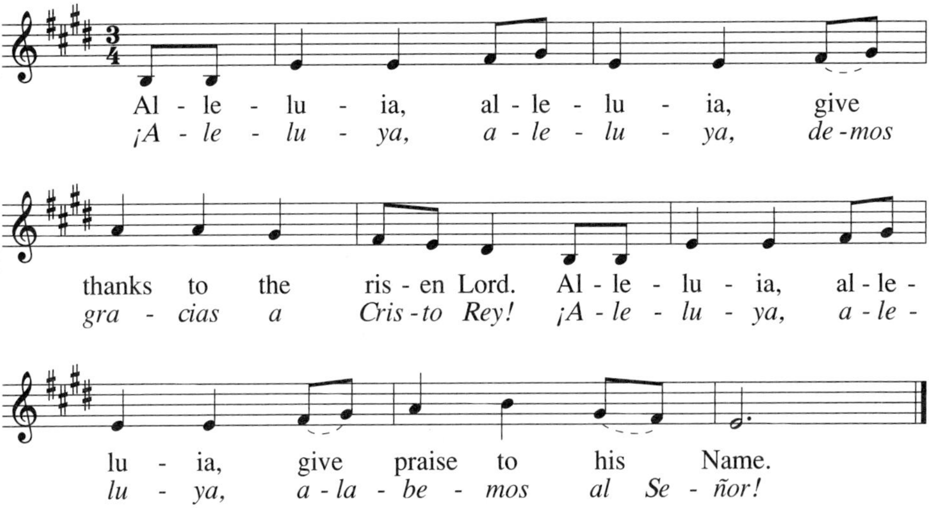

Verses / Estrofas

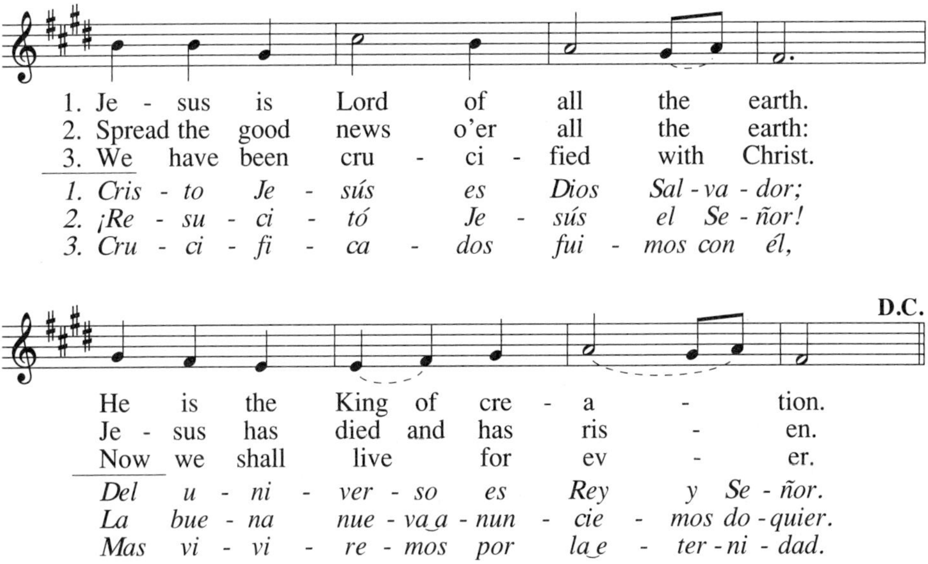

4. God has proclaimed his gracious gift:
Life eternal for all who believe.

5. Come, let us praise the living God,
Joyfully sing to our Savior.

4. Dios prometió a la humanidad
Vida abundante y su don celestial.

5. Vengan, cantemos al Salvador
Himnos que alaben su gran majestad.

Text: Donald Fishel, b.1950
Tune: ALLELUIA NO. 1, 8 8 with refrain; Donald Fishel, b.1950; descant harm. by Betty Pulkingham, b.1928, Charles Mallory, b.1953, and George Mims, b.1938

436 ¡Aleluya! Cristo Resucitó / Alleluia! Christ Rose in Victory

Estribillo / Refrain

¡A - le - lu - ya! Cris - to re - su - ci - tó
Al - le - lu - ia! Christ rose in vic - to - ry

de ma - dru - ga - da el do - min - go!
at break of day on Eas - ter morn - ing.

Estrofas / Verses

1. Fue - ron mu - je - res al se - pul - cro.
2. La Mag - da - le - na fue‿a llo - rar - lo
3. A los dis - cí - pu - los, de tar - de,
4. To - más no‿es - ta - ba‿en e - se‿en - cuen - tro;

1. Some faith - ful wom - en, mourn - ing Je - sus,
2. While Mar - y Mag - da - lene was weep - ing,
3. That night, as ten a - pos - tles gath - ered,
4. Doubt - ing the news that Christ was ris - en,

La pie - dra‿un an - gel re - mo - vió.
Y Cris - to se le‿a - pa - re - ció.
Cris - to tam - bién se pre - sen - tó.
Y pi - dió ver pa - ra cre - er.

Went to his tomb that Eas - ter day.
The Lord ap - peared to her and said:
Won - drous - ly did the Lord ap - pear.
Thom - as in - sis - ted, "I must see."

Les di - jo: "Ha re - su - ci - ta - do."
La man - dó‿a ver a sus her - ma - nos
Les en - se - ñó las cin - co lla - gas,
Je - sús vol - vió‿y le di - jo: "Mi - ra,

An an - gel said, "The Lord is ris - en.
"Quick - ly re - turn to my dis - ci - ples.
"Look at my wounds and see your Sav - ior.
Christ came a - gain just one week la - ter.

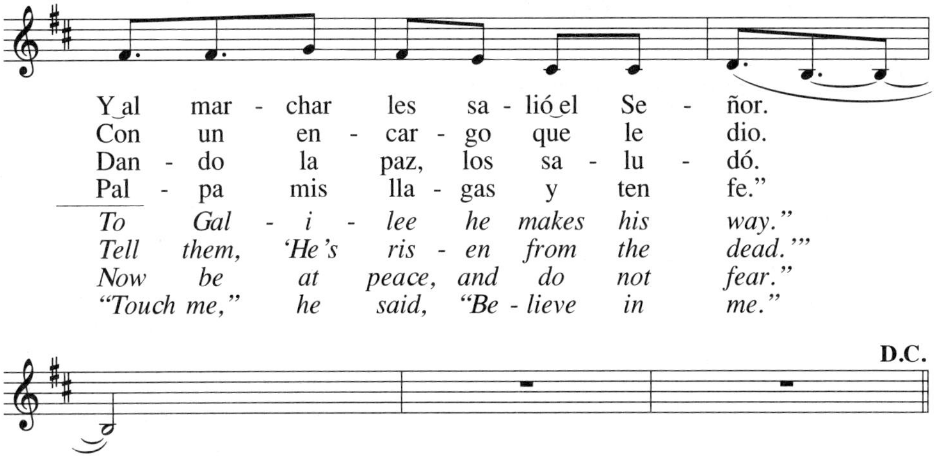

5. Cleofás y otro caminaron
Con un extraño‿hasta‿Emaús,
Y‿en la fracción del pan notaron
Que‿ese Señor era Jesús.

6. Unos discípulos pescaban.
Alguien la red les manda‿a‿echar.
Se‿hace‿el milagro;‿"¡Es Cristo!" dicen.
Luego‿él les dio pescado‿y pan.

5. Two men, while walking to Emmaus,
Taught by a stranger in disguise,
Saw, as the evening bread was broken,
Their risen Lord before their eyes.

6. As some disciples were out fishing,
"Lower your nets," a stranger said.
From their enormous catch they knew him;
Then Jesus served them fish and bread.

Letra: Estrofas 1–3 y 7 de Lucas 24:1–12, 36–42, 13–35; estrofa 4 de Juan 20:19–31; estrofa 6 de Juan 21:1–9; Luis Bojos, n.1937; tr. por Ronald F. Krisman, n.1946
Música: SANTO DOMINGO, 9 8 9 8 con estribillo; Luis Bojos, n.1937; arr. por Ronald F. Krisman, n.1946

437 El Peregrino de Emaús / The Emmaus Road

sa - do a - yer en Je - ru - sa - lén, De Je -
o - tros lo bus - ca - ban a - llá tam - bién. Mas se a -
glo - ria es - co - gie - ra la a - flic - ción.” En la
te - ro; pon - te a la me - sa y ben - di - ce.” Y, al des-
hap-pened on a hill near Je - ru - sa - lem: Where they
voic - es who an-nounced that he was a - live. But no
glo - ry, the Mes - si - ah must suf - fer loss.” At these
o - pened, though he van - ished from our sight. We had
sús, el Na - za - re - no, a quien cla - va - ron en
ca - ba mi con - fian - za: no en - con - tra - ron a Je -
tar - de de a - quél dí - a, yo sen - tí que con Je -
te - llo de su luz, en la ben - di - ción del
cru - ci - fied one Je - sus, shed-ding pure and sin - less
one has found his bod - y, and my fear - ful doubts have
words our hearts were burn - ing hear - ing Scrip-ture’s truth un -
seen our friend and sav - ior in the bread he blessed and
cruz? Por e - so me vuel - vo tris - te a mi al -
sús. Por e - so me vuel - vo tris - te a mi al -
sús Nues - tro co - ra - zón ar - dí - a a la
pan, Mis o - jos re - co - no - cie - ron al A -
blood? For this rea - son, I am dis - heart - ened as I
grown. For this rea - son, I am dis - heart - ened as I
fold. So we urged him to ling - er with us res - ting
broke. Then we knew that the Christ had ris - en for he
de - a de E - ma - ús.
de - a de E - ma - ús.
vis - ta de E - ma - ús.
mi - go de E - ma - ús.
walk the Em - ma - us Road.
walk the Em - ma - us Road.
by the Em - ma - us Road.
graced the Em - ma - us Road.

Estribillo / Refrain

Letra: Rafael Jiménez, siglo XX; tr. por Mary Louise Bringle, n.1953, © 2005, GIA Publications, Inc.
Música: *Misa Panamericana;* "Los Perales"; arm. por Ronald F. Krisman, n.1946, © 2005, GIA Publications, Inc.

438 Éste Es el Día / This Is the Day

Estribillo / Refrain

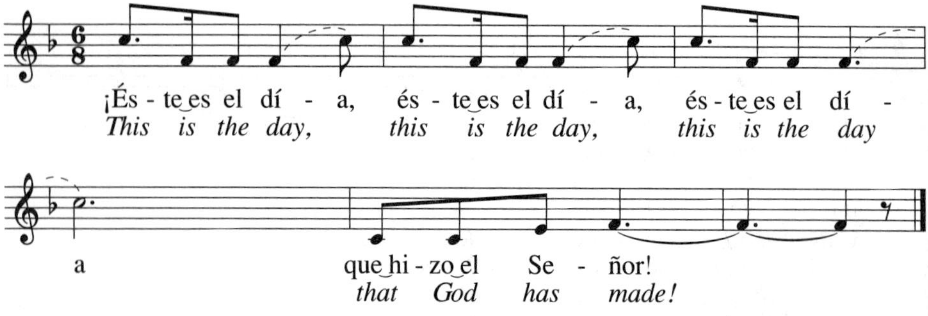

Estrofas / Verses*

1. Á - bran - me las puer - tas de la jus - ti - cia,
2. Voy a‿a - la - bar - te por - que me‿has o - í - do,
3. Es el Se - ñor quien ha he - cho to - do‿es - to;
4. Al Pa - dre, Hi - jo y‿Es - pí - ri - tu San - to

1. O - pen, now o - pen the door - ways of jus - tice,
2. I will sing prais - es be - cause you have heard me,
3. It is the Lord who has done all these won - ders.
4. Praise the Cre - a - tor, the Christ, and the Spir - it,

En - tra - ré pa - ra‿a - la - bar al Se - ñor.
Y por - que fuis - te mi gran sal - va - ción.
¡Qué ma - ra - vi - lla po - der ver - lo hoy!
De - mos la glo - ria por la‿e - ter - ni - dad;

Let us be glad as we pass through those gates.
Of - f'ring sal - va - tion with grace up - on grace,
I have seen mar - vel - ous, mar - vel - ous things.
From the be - gin - ning through worlds with - out end:

És - ta‿es la puer - ta que Dios nos ha da - do,
E - sa pie - dra que to - dos des - pre - cia - ron
És - te‿es el dí - a que‿el Se - ñor ha he - cho,
Co - mo‿al prin - ci - pio, tal cual es a - ho - ra

There is the place where the right - eous may en - ter,
Turn - ing the stone that the build - ers re - ject - ed
This is the day that the Lord has cre - at - ed.
God who is now and who ev - er - more shall be,

To - dos los jus - tos por e - lla‿en - tra - rán.
Re - sul - ta‿a - ho - ra ser fun - da - men - tal.
Con a - le - grí - a go - ce - mos en él.
Y lo se - rá pa - ra siem - pre ja - más.

Sing - ing to God with thanks - giv - ing and praise.
In - to the cor - ner - stone, rock of our faith.
Join the re - joic - ing as ev - 'ry heart sings:
Glo - ry for - ev - er, a - men and a - men!

**Pueden cantarse las estrofas alternando entre hombres y mujeres. Un grupo canta la primera mitad y el otro grupo canta la segunda.*
**Verses may be sung alternating between men and women. One group sings the first half and the other group sings the second.*

Letra: Basada en Salmo 118, Pablo Sosa, n.1933; tr. por Mary Louise Bringle, n.1953
Música: Pablo Sosa, n.1933, arm. por Homero R. Perera, adapt.

439 Jesus Christ Is Risen Today / El Señor Resucitó

1. Je - sus Christ is ris'n to - day, Al - le - lu - ia!
2. Hymns of praise then let us sing, Al - le - lu - ia!
3. But the pains which he en - dured, Al - le - lu - ia!
4. Sing we to our God a - bove, Al - le - lu - ia!

1. El Se - ñor re - su - ci - tó, ¡A - le - lu - ya!
2. El que al pol - vo se hu-mi - lló, ¡A - le - lu - ya!
3. Cris - to, que la cruz su - frió, ¡A - le - lu - ya!
4. Cris - to, nues - tro Sal - va - dor, ¡A - le - lu - ya!

Our tri - um - phant ho - ly day, Al - le - lu - ia!
Un - to Christ, our heav'n-ly King, Al - le - lu - ia!
Our sal - va - tion have pro - cured; Al - le - lu - ia!
Praise e - ter - nal, as his love; Al - le - lu - ia!

Muer-te y tum - ba ya ven - ció; ¡A - le - lu - ya!
Ven - ce - dor se le - van - tó; ¡A - le - lu - ya!
Y en de - so - la - ción se vio, ¡A - le - lu - ya!
De la muer-te es triun - fa - dor; ¡A - le - lu - ya!

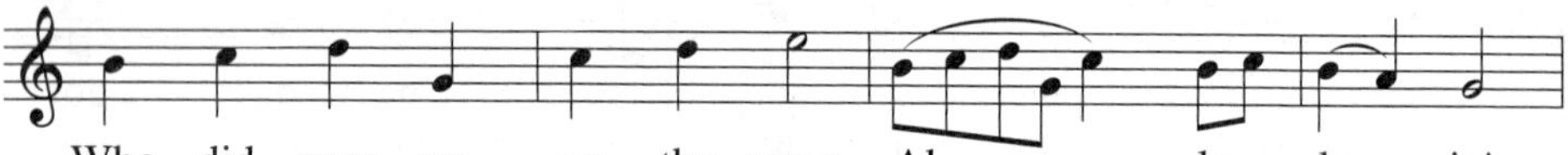

Who did once up - on the cross, Al - le - lu - ia!
Who en - dured the cross and grave, Al - le - lu - ia!
Now a - bove the sky he's King, Al - le - lu - ia!
Praise him, now his might con - fess, Al - le - lu - ia!

Con su fuer - za y su vir - tud, ¡A - le - lu - ya!
Can - te hoy la cris - tian - dad, ¡A - le - lu - ya!
Hoy en glo - ria ce - les - tial, ¡A - le - lu - ya!
En él he - mos de con - fiar; ¡A - le - lu - ya!

Suf - fer to re - deem our loss. Al - le - lu - ia!
Sin - ners to re - deem and save. Al - le - lu - ia!
Where the an - gels ev - er sing. Al - le - lu - ia!
Fa - ther, Son, and Spir - it blest. Al - le - lu - ia!

Cau - ti - vó la es - cla - vi - tud. ¡A - le - lu - ya!
Su glo - rio - sa ma - jes - tad. ¡A - le - lu - ya!
Rei - na vi - vo e in - mor - tal. ¡A - le - lu - ya!
Can - ta - re - mos sin ce - sar. ¡A - le - lu - ya!

Text: St. 1, *Surrexit Christus hodie*, Latin, 14th C.; para. in *Lyra Davidica*, 1708, alt.; sts. 2, 3, *The Compleat Psalmodist*, c.1750, alt.; st. 4, Charles Wesley, 1707–1788, alt.; tr. by Juan Bautista Cabrera, 1837–1916, alt.
Tune: EASTER HYMN, 77 77 with alleluias; *Lyra Davidica*, 1708

The Strife Is O'er / La Ruda Lucha Terminó 440

Refrain / Estribillo

Al-le - lu - ia, al - le - lu - ia, al - le - lu - ia!
¡A - le - lu - ya, a - le - lu - ya, a - le - lu - ya!

Verses / Estrofas

1. The strife is o'er, the bat - tle done;
2. The pow'rs of death have done their worst;
3. On the third day Christ rose a - gain,
4. He closed the yawn - ing gates of hell;

1. La ru - da lu - cha ter - mi - nó;
2. Hu - yen las som - bras y el te - mor;
3. A los tres dí - as de do - lor,
4. Nues - tro res - ca - te él pa - gó;

Now is the Vic - tor's tri - umph won! Songs of re -
But Christ their le - gions has dis - persed. Let shouts of
Glo - rious in maj - es - ty to reign. O let us
The bars from heav'n's high por - tals fell. Let hymns of

La muer - te Cris - to con - quis - tó. De triun-fo el
De - ja la tum - ba el Sal - va - dor. Dé - mos - le
Re - su - ci - tó el Re - den - tor. Sue - nen pues
Al cie - lo en - tra - da nos a - brió. Su vi - da

D.C.

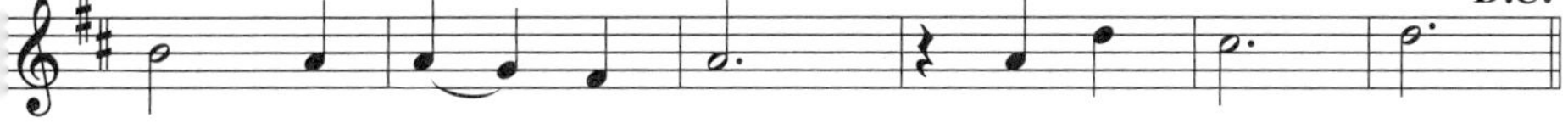

joic - ing have be - gun. Al - le - lu - ia!
ho - ly joy out - burst. Al - le - lu - ia!
swell the joy - ful strain. Al - le - lu - ia!
praise his tri - umph tell. Al - le - lu - ia!

can - to co - men - zó. ¡A - le - lu - ya!
glo - ria y to - do ho - nor. ¡A - le - lu - ya!
him - nos de lo - or. ¡A - le - lu - ya!
nue - va él nos dio. ¡A - le - lu - ya!

5. Lord, by the stripes which wounded you,
Free from death's sting your servants too,
That we may live and sing to you. Alleluia!

5. Por tus heridas, buen Señor,
Libra a tu pueblo del temor.
Y viviremos en tu amor. ¡Aleluya!

Text: *Finita jam sunt praelia;* Latin, 12th C.; English tr. by Francis Pott, 1832–1909, alt.; Spanish tr., anon. and Juan Bautista Cabrera, 1837–1916, alt.
Tune: VICTORY, 888 with alleluia and refrain; Giovanni da Palestrina, 1525–1594; adapt. by William H. Monk, 1823–1889

441 O Sons and Daughters / Alzad, Oh Pueblos, Vuestra Voz

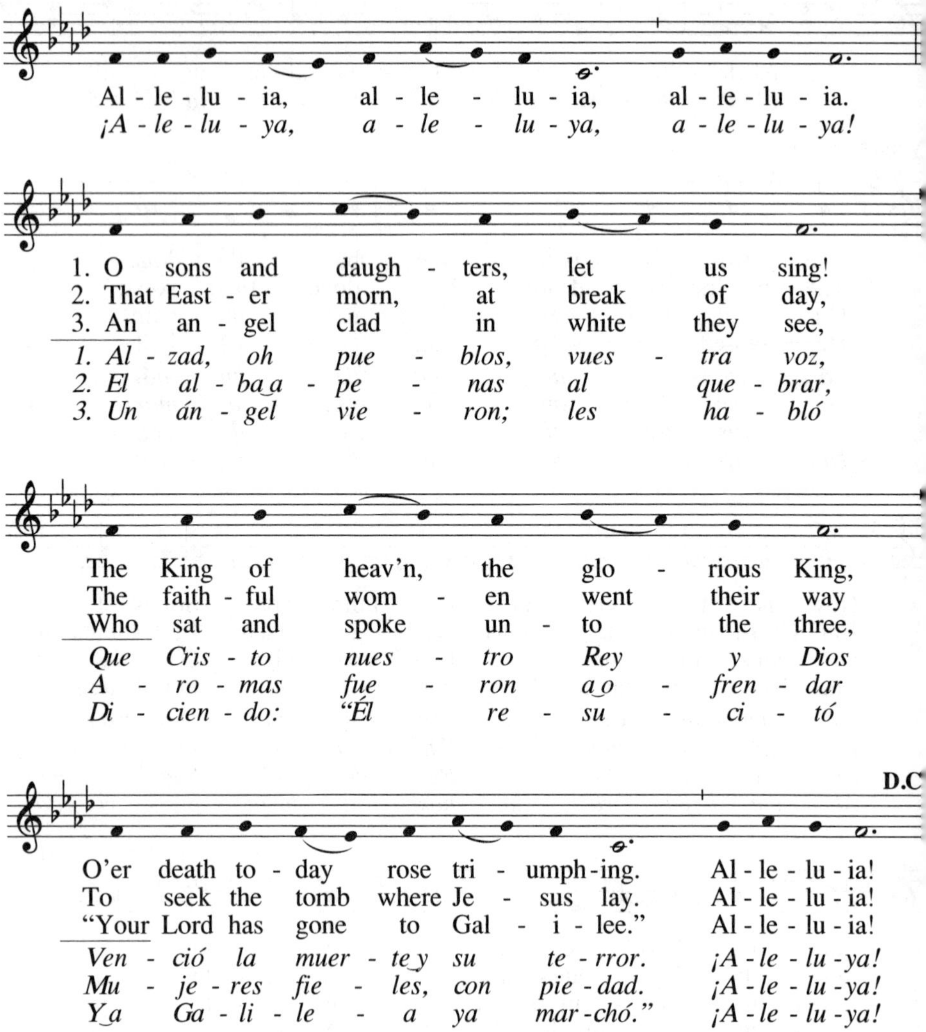

4. That night the apostles met in fear;
Amidst them came their Lord most dear,
And said, "My peace be on all here."
Alleluia!

5. When Thomas first the tidings heard,
How they had seen the risen Lord,
He doubted the disciples' word.
Alleluia!

6. "My wounded side, O Thomas, see;
Behold my hands, my feet," said he;
"Not faithless but believing be."
Alleluia!

7. No longer Thomas then denied;
He saw the feet, the hands, the side;
"You are my Lord and God," he cried.
Alleluia!

8. How blest are they who have not seen,
And yet whose faith has constant been,
For they eternal life shall win.
Alleluia!

9. On this most holy day of days,
To God your hearts and voices raise,
In laud and jubilee and praise.
Alleluia!

4. Aquella noche con temor,
Reunidos todos, el Señor
Les dijo: "Paz, mi paz les doy."
¡Aleluya!

5. La grata nueva oyó Tomás:
"El Cristo vive, cerca está."
Mas no la pudo aceptar.
¡Aleluya!

6. "Mis manos mira, oh Tomás,
Y mis heridas toca ya;
Confía en mí, no dudes más."
¡Aleluya!

7. Con reverencia y con temor
Cayó Tomás ante el Señor,
Y dijo: "Eres tú mi Dios."
¡Aleluya!

8. "Los que no han visto y pueden creer,
Benditos son y habrán de ser,
Pues vida eterna les daré."
¡Aleluya!

9. En este día del Señor,
A Dios alzad el corazón,
Con alegría y con amor.
¡Aleluya!

Text: *O filii et filiae;* Jean Tisserand, d.1494; English tr. by John M. Neale, 1818–1866, alt.; Spanish tr. by Federico J. Pagura, b.1923, © 1962
Tune: O FILII ET FILIAE, 888 with alleluias and refrain; Mode II, French carol, 15th C.; acc. by Richard Proulx, 1937–2010, © 1975, GIA Publications, Inc.

442 Sing to the Mountains / Desde los Altos

Refrain / Estribillo

Verse 2 / Estrofa 2

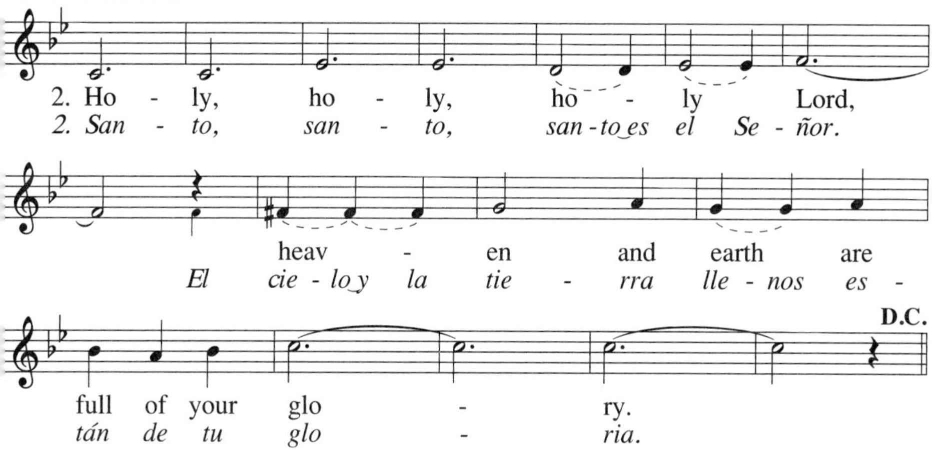

Verse 3 / Estrofa 3

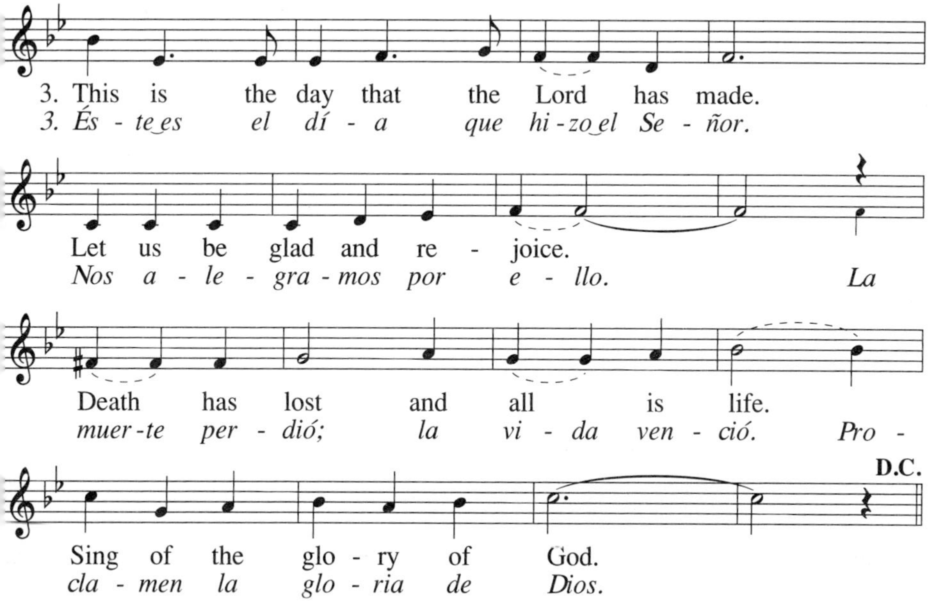

Text: Psalm 118; Bob Dufford, SJ, b.1943; tr. by Ronald F. Krisman, b.1946
Tune: Bob Dufford, SJ, b.1943; acc. by Randall DeBruyn

443 Sing with All the Saints in Glory / Canten con Gloriosos Fieles

4. Life eternal! O what wonders
Crowd on faith; what joy unknown,
When, amid earth's closing thunders,
Saints shall stand before the throne!
Oh, to enter that bright portal,
See that glowing firmament,
Know, with you, O God immortal,
Jesus Christ whom you have sent!

4. ¡Vida‿eterna! ¡Gozo‿eterno!
Fieles cantan a‿una voz.
Cesan truenos y nos vemos
Frente‿al trono tuyo, Dios.
Y‿al pasar por tus portales,
Brilla‿el cielo con fulgor.
Celebramos tu venida
En tu Hijo‿el Salvador.

Text: 1 Corinthians 15:20; William J. Irons, 1812–1883, alt.; tr. by Alberto Merubia, b.1919, © 2010, GIA Publications, Inc.
Tune: HYMN TO JOY, 8 7 8 7 D; arr. from Ludwig van Beethoven, 1770–1827, by Edward Hodges, 1796–1867

Regina Caeli / Reina Celestial / Mary, Heaven's Queen 444

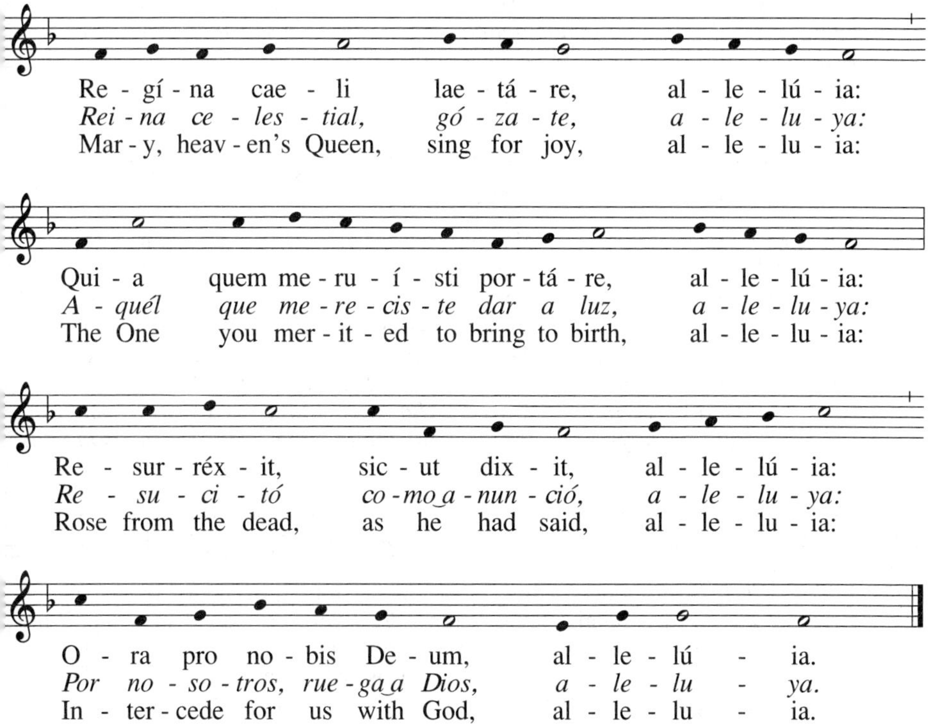

Text: Latin 12th C.; English and Spanish trs. by Ronald F. Krisman, b.1946, © 2011, 2012, GIA Publications, Inc.
Tune: REGINA CAELI, Irregular; Mode VI; acc. by Ronald F. Krisman, b.1946, © 2011, GIA Publications, Inc.

445 Suenen Campanas / Joyful Bells Ringing

stribillo / Refrain

etra: Osvaldo Catena, SSS, 1920–1986, alt., © Editorial Bonum; tr. por Ronald F. Krisman, n.1946, © 2011, GIA Publications, Inc.
úsica: BERTOLINO, 10 10 10 10 con estribillo; Miguel Bertolino, alt. con permiso de *Seminario Latinoamericano*; acomp. por Ronald F. Krisman, n.1946, © 2011, GIA Publications, Inc.

446 This Is the Feast of Victory / Vengan a Celebrar la Victoria

Cristo Jesús Resucitó / 447
Christ Jesus Lives with Power to Save

etra: Anónima; tr. por Ruth Duck, n.1947, © 2012, GIA Publications, Inc.
úsica: LASST UNS ERFREUEN, LM con aleluyas; *Geistliche Kirchengasange,* Cologne, 1623; arm. por Ralph Vaughan Williams, 1872–1958

448 This Is a Day of New Beginnings / Nuevos Comienzos

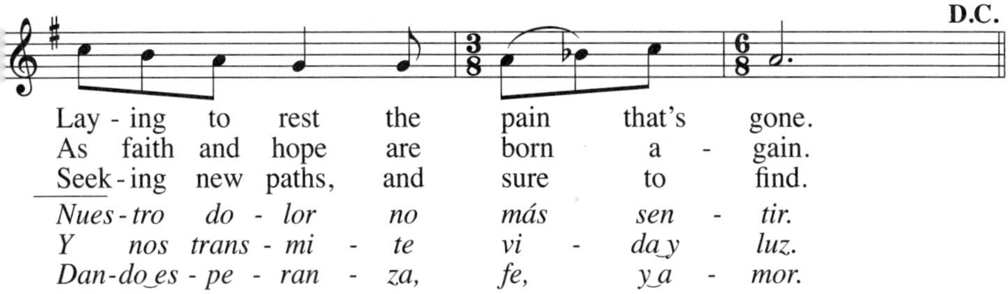

ext: Brian Wren, b.1936; tr. by Alberto Merubia, b.1919, and J. Alfonso Lockward, © 1975, 1987, 1995, Hope Publishing Company
une: Lori True, b.1961, © 2003, GIA Publications, Inc.

449 At the Lamb's High Feast We Sing / Un Banquete Tan Triunfal

Gives his Bod - y for the feast:
With sin - cer - i - ty and love
You have o - pened par - a - dise,
Spir - it, guide through all our days:

Cual man - jar su cuer - po da,
Con sin - ce - ri - dad y_a - mor
Con su Cris - to rei - na - rán
Y_al Es - pí - ri - tu tam - bién:

Christ the vic - tim, Christ the priest.
Eat we man - na from a - bove.
And in you your saints shall rise.
Three in One, your name we praise.

Sa - cer - do - te_y Víc - ti - ma.
Pan co - ma - mos del Se - ñor.
Los que de su par - te_es - tán.
Tri - no_y u - no Dios. A - mén.

ext: *Ad regias agni dapes;* Latin, 4th C.; English tr. by Robert Campbell, 1814–1868, alt.; Spanish tr. by Dimas Planas-Belfort, 1934–1992, alt.,

une: SALZBURG, 77 77 D; Jakob Hintze, 1622–1702; harm. by J. S. Bach, 1685–1750

450 A Hymn of Glory Let Us Sing! / ¡Al Mundo "Gloria" Proclamad!

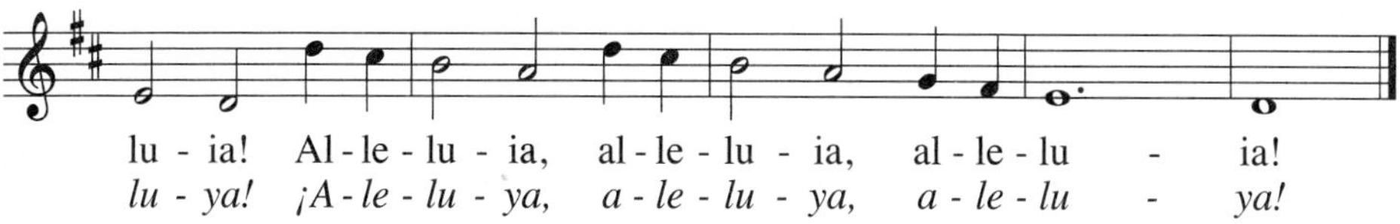

5. O Lord, our homeward pathway bend,
That our unwearied hearts ascend,
Alleluia, alleluia!
Where, seated on your Father's throne,
You reign as King of kings alone.

5. Tus sendas muéstranos, Jesús,
Que nos conducen a tu luz.
¡Aleluya, aleluya!
Al lado de tu Padre‿estás,
Y para siempre reinarás.

Text: *Hymnum canamus gloriae;* Venerable Bede, 673–735; English tr. by Benjamin Webb, 1819–1885, *The Hymnal Noted*, 1854, alt.; Spanish tr. by Ronald F. Krisman, b.1946, © 2012, GIA Publications, Inc.
Tune: LASST UNS ERFREUEN, LM with alleluias; *Geistliche Kirchengesänge,* Cologne, 1623; harm. by Ralph Vaughan Williams, 1872–1958

451 Hail the Day That Sees Him Rise / Celebremos, del Señor

1. Hail the day that sees him rise, Al - le - lu - ia!
2. There the glo - rious tri - umph waits; Al - le - lu - ia!
3. High - est heav'n its Lord re - ceives, Al - le - lu - ia!
4. See, he lifts his hands a - bove; Al - le - lu - ia!

1. Ce - le - bre - mos, del Se - ñor, ¡A - le - lu - ya!
2. Ya su glo - ria ce - le - brad, ¡A - le - lu - ya!
3. Cie - lo, re - ci - be‿al Se - ñor, ¡A - le - lu - ya!
4. Vean las ma - nos del Se - ñor; ¡A - le - lu - ya!

To his throne a - bove the skies; Al - le - lu - ia!
Lift your heads, e - ter - nal gates; Al - le - lu - ia!
Yet he loves the earth he leaves; Al - le - lu - ia!
See, he shows the wounds of love; Al - le - lu - ia!

La glo - rio - sa as - cen - sión; ¡A - le - lu - ya!
Y las puer - tas e - le - vad; ¡A - le - lu - ya!
Quien nos cu - bre con su‿a - mor; ¡A - le - lu - ya!
Lle - van sig - nos de su‿a - mor; ¡A - le - lu - ya!

Christ, the Lamb for sin - ners giv'n, Al - le - lu - ia!
Christ has con - quered death and sin; Al - le - lu - ia!
Though re - turn - ing to his throne, Al - le - lu - ia!
Hark, his gra - cious lips be - stow, Al - le - lu - ia!

Cris - to, que‿en - tre nos vi - vió, ¡A - le - lu - ya!
Vic - to - rio - so en - tra‿el Rey, ¡A - le - lu - ya!
Aun - que‿al tro - no re - gre - só, ¡A - le - lu - ya!
Des - de su‿e - ter - nal man - sión, ¡A - le - lu - ya!

Now as - cends the high - est heav'n. Al - le - lu - ia!
Take the King of glo - ry in! Al - le - lu - ia!
Still he calls the world his own. Al - le - lu - ia!
Bless - ings on his Church be - low. Al - le - lu - ia!

A los cie - los re - tor - nó. ¡A - le - lu - ya!
A - cla - ma - do por su grey. ¡A - le - lu - ya!
A su pue - blo re - cla - mó. ¡A - le - lu - ya!
Hoy nos dan su ben - di - ción. ¡A - le - lu - ya!

5. Christ, for us still intercede, Alleluia!
By your suff'ring for us plead; Alleluia!
Make us worthy of the place, Alleluia!
Which you offer us by grace. Alleluia!

6. There we shall with you remain, Alleluia!
Partners of your endless reign; Alleluia!
There your face unclouded see, Alleluia!
Live with you eternally. Alleluia!

5. Con tu muerte, Cristo Rey, ¡Aleluya!
Intercede por tu grey; ¡Aleluya!
A tu lado no‿hay afán, ¡Aleluya!
El primero de tu clan. ¡Aleluya!

6. Junto‿a Cristo siempre‿estar, ¡Aleluya!
Compañeros al reinar; ¡Aleluya!
Ver su faz con claridad; ¡Aleluya!
Disfrutar la‿eternidad. ¡Aleluya!

452 Go to the World! / ¡Vayan con Dios!

Text: Sylvia G. Dunstan, 1955–1993, © 1991, GIA Publications, Inc.; tr. by Ronald F. Krisman, b.1946, © 2012, GIA Publications, Inc.
Tune: SINE NOMINE, 10 10 10 with alleluias; Ralph Vaughan Williams, 1872–1958

Like the Murmur of the Dove's Song / Cual Murmullo de Paloma 453

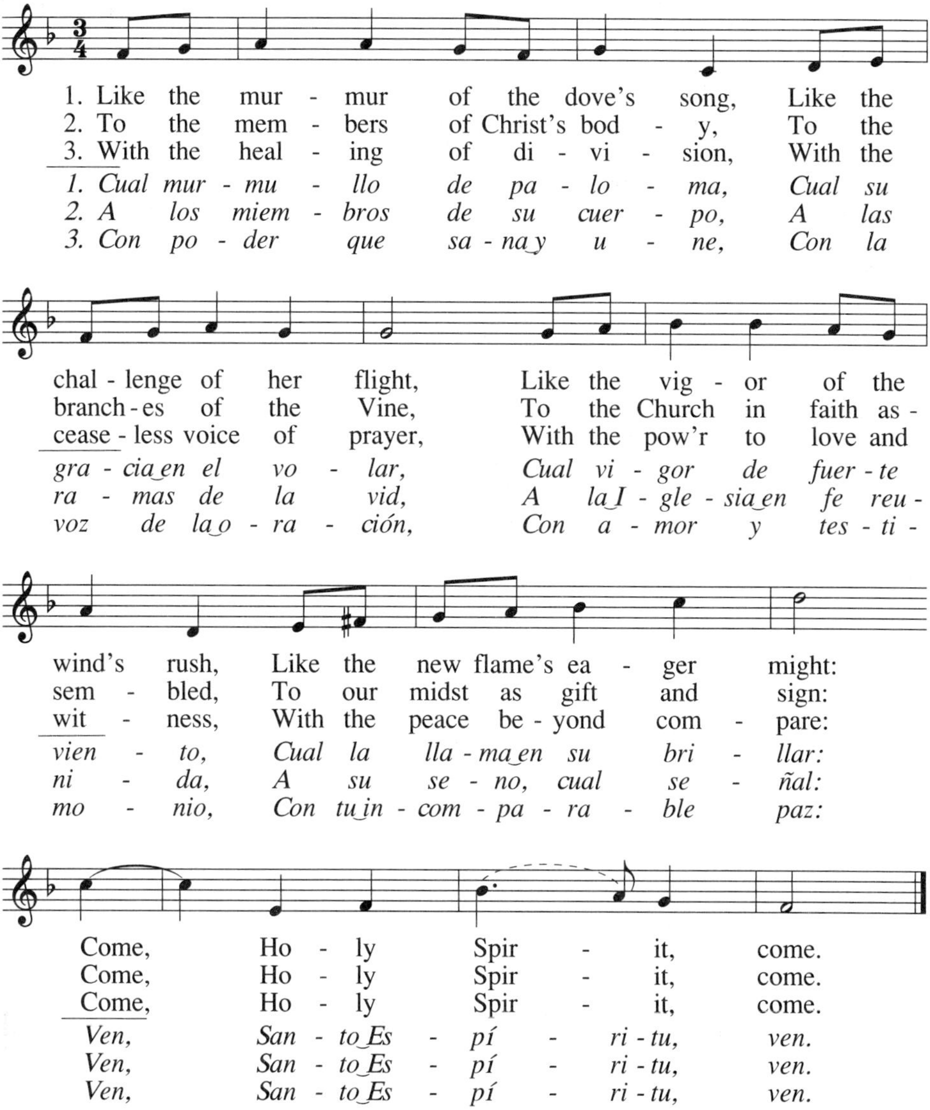

Text: Carl P. Daw, Jr., b.1944; tr. by Skinner Chavez-Melo, 1944–1992
Tune: BRIDEGROOM, 8 7 8 7 6; Peter Cutts, b.1937

454 Come, Holy Ghost / En Nuestro Ser Mora, Creador

Text: *Veni, Creator Spiritus;* attr. to Rabanus Maurus, 776–856; English tr. by Edward Caswall, 1814–1878, alt.; Spanish tr. by Ronald F. Krisman, b.1946, © 2008, GIA Publications, Inc.
Tune: LAMBILLOTTE, LM with repeat; Louis Lambillotte, SJ, 1796–1855, harm. by Richard Proulx, 1937–2010, © 1986, GIA Publications, Inc.

O Holy Dove of God Descending / Paloma Santa, Descendiendo 455

1. O ho - ly Dove of God de - scend - ing,
2. O ho - ly Wind of God now blow - ing,
3. O ho - ly Rain of God now fall - ing,

1. Pa - lo - ma San - ta, des - cen - dien - do,
2. Co - mo el vien - to‿es - tás so - plan - do
3. Co - mo la llu - via‿es - tás ca - yen - do,

You are the love that knows no end - ing,
You are the seed that God is sow - ing,
You make the Word of God en - thrall - ing,

A - las de‿a - mor me‿es - tán cu - brien - do,
Y la se - mi - lla‿es - tás sem - bran - do,
Qui - tas la sed que‿es - toy te - nien - do,

All of our shat - tered dreams you're mend - ing:
You are the life that starts us grow - ing:
You are that in - ner voice now call - ing:

Tu dul - ce paz es - tás tra - yen - do;
Mi fe es - ca - sa‿es - tá bro - tan - do;
Con el a - mor me‿es - tás un - gien - do;

Spir - it, now live in me.
Spir - it, now live in me.
Spir - it, now live in me.

Mo - ra en mi vi - vir.
Mo - ra en mi vi - vir.
Mo - ra en mi vi - vir.

4. O holy Flame of God now burning,
You are the power of Christ returning,
You are the answer to our yearning:
Spirit, now live in me.

4. Como un fuego‿estás ardiendo,
Mi corazón estás fundiendo,
Llama de luz estás prendiendo;
Mora en mi vivir.

Text: Bryan Jeffery Leech, b.1931; tr. by Barbara Mink, b.1937
Tune: LOIS, 9 9 9 6; Bryan Jeffery Leech, b.1931

456 Send Us Your Spirit / Señor, Envía Tu Espíritu Santo

*May be sung in canon.
*Puede cantarse como canon.

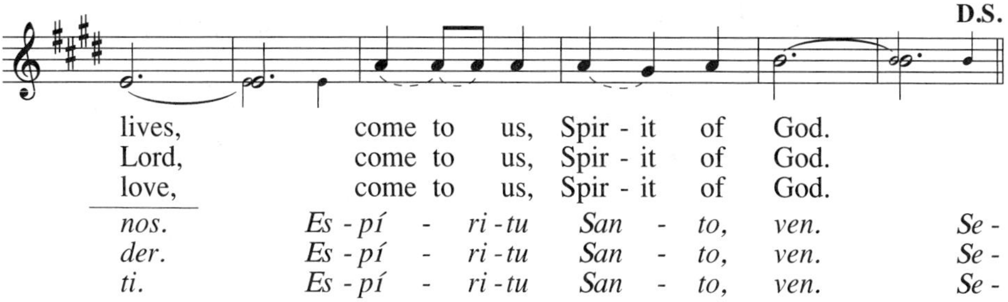

Text: David Haas, b.1957; tr. by Ronald F. Krisman, b.1946
Tune: David Haas, b.1957; acc. by Jeanne Cotter, b.1964

Holy Spirit, Come to Us / Ven, Espíritu de Dios 457

Ostinato Refrain / Estribillo

Text: John 13:35, 15:12–13, 1 John 3:16, 4:10, 16
Tune: Jacques Berthier, 1923–1994

458 Soplo del Dios Viviente / Breath of the Living God

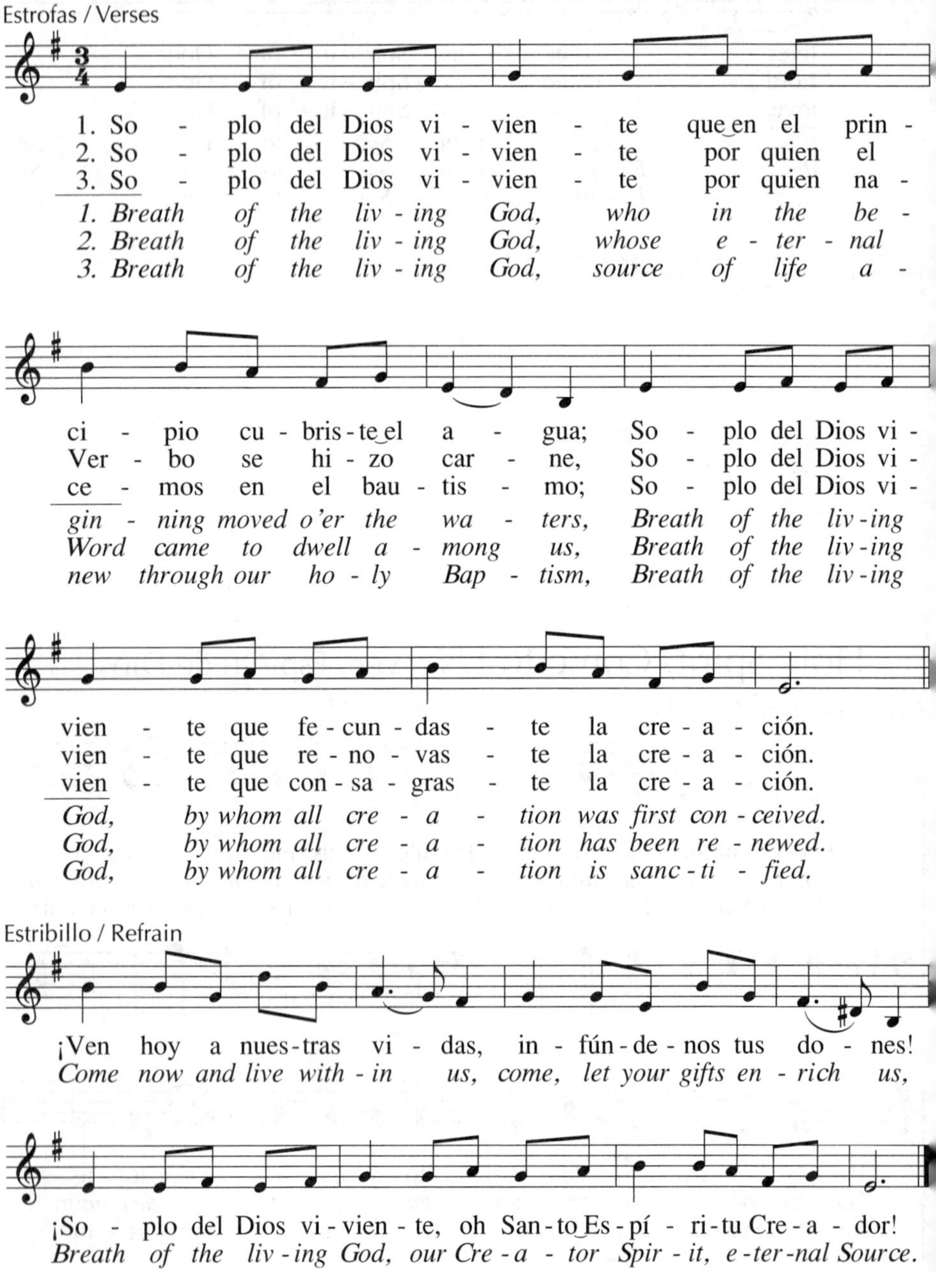

Letra: Osvaldo Catena, SSS, 1920–1986, alt., © 1979, Editorial Bonum; tr. por *The New Century Hymnal*, © 1993, The Pilgrim Press
Música: VÅRVINDAR FRISKA, 7 10 7 9 con estribillo; tradicional de Noruega; arm. por Lorraine Florindez © 1991, Concordia Publishing House, d/b/a Editorial Concordia

Veni Creator Spiritus 459

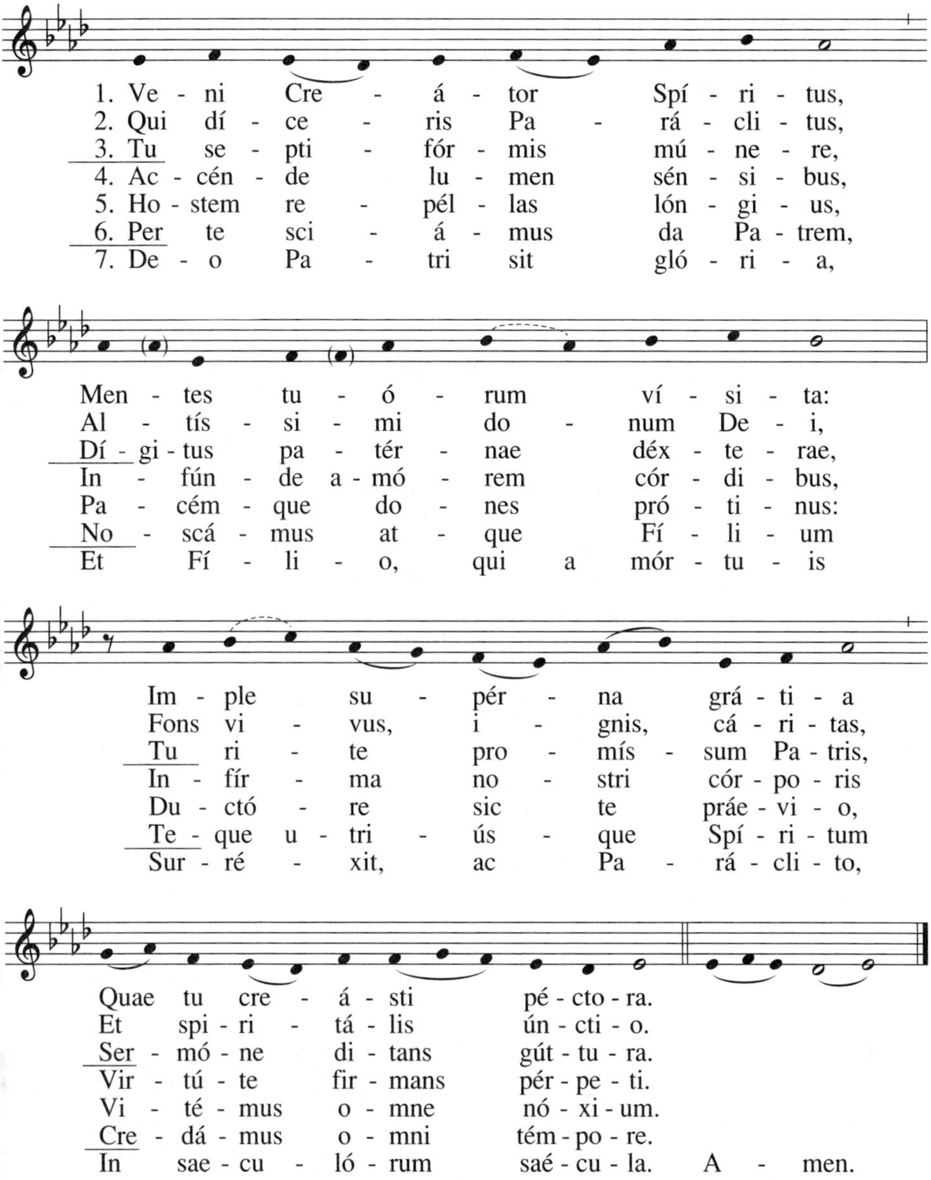

Text: *Veni Creator Spiritus,* attr. to Rabanus Maurus, 776–856
Tune: VENI CREATOR SPIRITUS, LM; Mode VIII; acc. by Richard Proulx, 1937–2010,

Paraphrases of this Latin hymn are found at nos. 454 and 460.
Paráfrasis de este himno en latín se encuentran en los núms. 454 y 460.

460 Ven, Creador / Come, Spirit Blest

5. Con tu poder, rechaza‿al enemigo,
Danos la paz que todos esperamos;
Así guiando seguro nuestras vidas,
Te pedimos nos libres del pecado.

6. Haz que por ti, al Padre conozcamos,
Y‿al Verbo‿eterno, su‿Hijo Jesucristo;
Y creamos en ti en todo tiempo,
Tú que eres su‿Espíritu divino.

7. Gloria sin fin al Padre y‿a su Hijo,
Que resurgió triunfante de la muerte,
Y‿al Espíritu Santo, que los une
Desde siempre, por siempre,‿y para siempre.

5. *Draw errant feet away from sin's deception,*
And by your power, deliver us from evil.
Banish far ev'ry foe and ev'ry peril.
Let our lives know the peace of your protection.

6. *Seal in our hearts the creed that we inherit:*
Through you we know the Father and his blessing,
And Christ Jesus, his only Son confessing;
We proclaim you their true and living Spirit.

7. *Glory to God, the Father of all mercies;*
And to the Son, be endless glory given;
To the Spirit, who reigns with them in heaven,
Be all glory, forever and forever.

Veni Sancte Spiritus 461

Ostinato Refrain / Estribillo

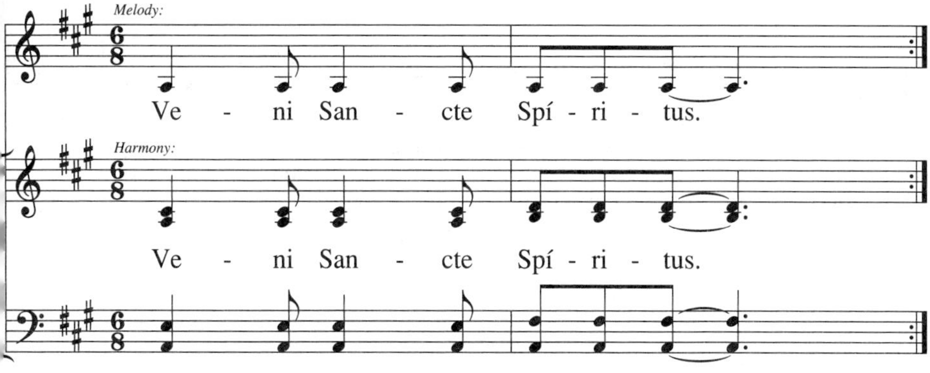

462 Holy, Holy, Holy! Lord God Almighty! / ¡Santo, Santo, Santo, Dios Omnipotente!

Text: Reginald Heber, 1783–1826, alt.; tr. by Dimas Planas–Belfort, 1934–1992, alt.,
Tune: NICAEA, 11 12 12 10; John Bacchus Dykes, 1823–1876

Come Now, Almighty King / ¡Oh Padre, Eterno Dios! 463

4. To the great One in Three,
Eternal praises be
Forevermore!
Your sov'reign majesty
May we in glory see
And, to eternity,
Love and adore.

4. Con gozo y con amor,
Cantemos con fervor
Al Trino Dios.
En grande majestad
Reina la Trinidad;
¡Por siempre alabad
Al Trino Dios!

Text: Anonymous; *Collection of Hymns for Social Worship*, 1757, alt.; sts. 1–3 tr. by Vicente Mendoza, 1875–1955; st. 4, anon.
Tune: ITALIAN HYMN, 66 4 666 4; Felice de Giardini, 1716–1796

464 O God, Almighty Father / Te Damos Alabanza

Text: *Gott Vater sei gepriesen;* anon; English tr. by Irvin Udulutsch, OFM Cap., 1920–2010, alt. © 1959, 1977, Order of Saint Benedict, admin. Liturgical Press; Spanish tr. by Ronald F. Krisman, b.1946, © 2012, GIA Publications, Inc.
Tune: GOTT VATER SEI GEPRIESEN, 7 6 7 6 with refrain; Limburg *Gesangbuch,* 1838; harm. by Healey Willan, 1880–1968, © 1958, Ralph Jusko Publications, Inc.

The Play of the Godhead / Celebren la Danza de la Trinidad 465

Text: Mary Louise Bringle, b.1953; tr. by Georgina Pando-Connolly, b.1946
Tune: BEDFORD PARK, 11 11 11 11 11; Robert J. Batastini, b.1942

466 Hidden Here before Me / Adoro Te Devote / Ante Ti Me Postro

1. Hid - den here be - fore me, Lord, I wor-ship you,
2. See - ing, touch - ing, tast - ing: these are all de-ceived;
3. On - ly God was hid - den when you came to die;

1. A - dó - ro te de - vó - te, la - tens Dé - i - tas,
2. Vi - sus, ta - ctus, gus - tus in te fál - li - tur,
3. In cru - ce la - té - bat so - la Dé - i - tas,

1. An - te ti me pos - tro, Dios o - cul - to‿a - quí,
2. Vis - ta, tac - to‿y gus - to ve - lan tu Ver - dad,
3. La cruz es - con - dí - a tu di - vi - ni - dad,

Hid - den in these sym - bols, yet com - plete - ly true.
On - ly through the hear - ing can it be be - lieved.
Hu - man na - ture al - so here es - capes the eye.

Quae sub his fi - gú - ris ve - re lá - ti - tas:
Sed au - dí - tu so - lo tu - to cré - di - tur:
At hic la - tet si - mul et hu - má - ni - tas:

Que ve - las - te‿el ros - tro ba - jo pan por mí,
Só - lo‿o - í - do‿al jus - to da se - gu - ri - dad;
Y la‿Eu - ca - ris - tí - a tu hu - ma - ni - dad,

Lord, my soul sur - rend - ders, long - ing to o - bey,
Noth - ing is more cer - tain: Christ has told me so;
Both are my pro - fes - sion, both are my be - lief;

Ti - bi se cor me - um to - tum súb - ji - cit,
Cre - do quid - quid di - xit De - i Fí - li - us:
Am - bo ta - men cre - dens at - que cón - fi - tens

Y‿en a - mor des - he - cho vién - do - te, Se - ñor,
Lo que‿an - sió de - cir - me Cris - to, cre - o fiel;
Am - bas co - sas cre - o que pre - sen - tes son

And in con - tem - pla - tion whol - ly faints a - way.
What the Truth has ut - tered, I be - lieve and know.
Bring me to your King - dom, like the dy - ing thief.

Qui - a te con - tém - plans to - tum dé - fi - cit.
Nil hoc ver - bo ve - ri - tá - tis vé - ri - us.
Pe - to quod pe - tí - vit la - tro paé - ni - tens.

Rín - de - se mi pe - cho to - do‿an - te tu‿a - mor.
No‿hay na - da más fir - me, la Ver - dad es él.
Y‿u - na gra - cia‿es - pe - ro co - mo‿el buen la - drón.

4. I am not like Thomas, who could see and touch;
Though your wounds are hidden, I believe as much.
Let me say so boldly, meaning what I say,
Loving you and trusting, now and every day.

5. Record of the Passion when the Lamb was slain,
Living bread that brings us back to life again:
Feed me with your presence, make me live on you;
Let that lovely fragrance fill me through and through.

6. Once a nesting pelican gashed herself to blood
For the preservation of her starving brood.
Now heal me with your blood, take away my guilt:
All the world is ransomed if one drop is spilt.

7. Jesus, for the present seen as through a mask,
Give me what I thirst for, give me what I ask:
Let me see your glory in a blaze of light,
And instead of blindness give me, Lord, my sight.

4. Plagas, sicut Thomas, non intúeor
Deum tamen meum te confíteor:
Fac me tibi semper magis crédere,
In te spem habére, te dilígere.

5. O memoriále mortis Dómini,
Panis vivus vitam praestans hómini,
Praesta meae menti de te vívere,
Et ti illi semper dulce sápere.

6. Pie pellicáne, Iesu Dómine,
Me immúndum munda tuo sánguine,
Cuius una stilla salvum fácere,
Totum mundum quit ab omni scélere.

7. Iesu, quem velátum nunc aspício,
Oro fiat illud quod tam sítio:
Ut te reveláta cernens fácie,
Vísu sim beátus tuae glóriae.

4. No veo la herida cual Tomás la vio;
Mas, mi Dios y vida, te confieso yo;
Dame confianza, dame fe, Señor,
Crezca mi‿esperanza, crezca‿en mí tu‿amor.

5. De‿un Dios en cruz muerto santo memorial,
Pan que‿en el desierto, vida da‿al mortal;
Haz que‿en mí se‿adentre el vivir en ti,
Dulce‿en ti me‿encuentre, quien murió por mí.

6. Pelícano suave, Cristo Redentor,
Que tu sangre lave a‿este pecador;
Una gota basta para sepultar
La deuda nefasta de nuestro pecar.

7. Dios, a quien un velo cubre mi visión,
Cúmpleme‿el anhelo de mi corazón;
Que‿al llegar mi muerte, clara ya tu faz,
Pueda siempre verte en la‿eternidad.

Text: *Adoro te devote*, attr. to St. Thomas Aquinas, c.1227–1274; English tr. from *A Book of Prayers*, © 1982, ICEL; Spanish tr. by José María Pemán, 1897–1981, alt.
Tune: ADORO TE DEVOTE, 11 11 11 11; Mode V, *Processionale*, Paris, 1697; acc. by Richard Proulx, 1937–2010, © 1986, GIA Publications, Inc.

467 Oh Buen Jesús, Yo Creo Firmemente / Lord Jesus Christ, My Faith Has This Foundation

4. Oh buen Pastor, amable‿y fino‿amante,
Mi corazón se‿abrasa‿en santo‿ardor.
Si te‿olvidé, hoy juro que, constante,
He de vivir tan sólo de tu‿amor.
He de vivir tan sólo de tu‿amor.

5. Dulce maná de celestial comida,
Gozo‿y salud de quien te come bien,
Ven sin tardar, mi Dios, mi luz, mi vida.
Desciende‿a mí, hasta mi pecho ven.
Desciende‿a mí, hasta mi pecho ven.

4. Shepherd and friend, so constant is your guiding;
You are the source of ev'ry good I own.
My heart ablaze with joy in your providing,
Help me to live within your love alone.
Help me to live within your love alone.

5. Manna so sweet, the heav'nly bread you feed me:
Life, health, and joy you graciously impart.
Light of the world, through shadowed paths you lead me.
Come, now, O Christ, and fill my longing heart.
Come, now, O Christ, and fill my longing heart.

468 Bendito, Bendito / Bendito, Bendito, O Blessed Be the Lord

Estribillo: Ben - di - to, ben - di - to, ben - di - to se - a Dios,
1. Se - ñor Je - su - cris - to, ve - ni - mos al al - tar,
2. Je - sús de mi al - ma, te doy mi co - ra - zón,
3. Oh Cris - to, es - pe - ro de tu su - ma bon - dad,
4. Yo cre - o, mi Cris - to, que_es - tás en el al - tar,

Refrain: Ben - di - to, ben - di - to, O bless - ed be the Lord!
1. O Lord, Je - sus Christ, at your al - tar here we raise
2. O Je - sus, Be - lov - ed, I pledge my heart to you,
3. O Christ, from the height of your good - ness I re - ceive
4. With glad - ness we come, an a - maz - ing grace to tell:

Los án - ge - les can - tan y_a - la - ban a Dios,
U - ni - dos con - ti - go al Pa - dre_a - la - bar,
Y_en cam - bio te pi - do me des tu ben - di - ción,
Po - der re - ci - bir - te con fe y ca - ri - dad,
O - cul - to_en la hos - tia te ven - go_a_a - do - rar,

The an - gels are sing - ing their prais - es to God,
Our voic - es u - ni - ted with you in giv - ing praise,
And ask in re - turn that you give your bless - ing, too,
The alms of your grace, and the faith to be - lieve,
That here on this al - tar, O Christ, you deign to dwell,

Los án - ge - les can - tan y_a - la - ban a Dios.
U - ni - dos con - ti - go al Pa - dre_a - la - bar.
Y_en cam - bio te pi - do me des tu ben - di - ción.
Po - der re - ci - bir - te con fe y ca - ri - dad.
O - cul - to_en la hos - tia te ven - go_a_a - do - rar.

The an - gels are sing - ing their prais - es to God.
Our voic - es u - ni - ted with you in giv - ing praise.
And ask in re - turn that you give your bless - ing, too.
The alms of your grace, and the faith to be - lieve.
That here on this al - tar, O Christ, you deign to dwell.

5. Jesús, yo te amo con todo‿el corazón,
   Detesto mis culpas, imploro tu perdón,
   Detesto mis culpas, imploro tu perdón.

6. Por seres humanos moriste en la cruz,
   Y‿al cáliz desciendes a darnos la salud,
   Y‿al cáliz desciendes a darnos la salud.

7. Al día tercero volviste‿a resurgir,
   Después de la muerte por siempre‿a vivir,
   Después de la muerte por siempre‿a vivir.

8. Oh cielo y tierra, proclamen a‿una voz:
   Bendito por siempre, bendito sea Dios,
   Bendito por siempre, bendito sea Dios.

5. Lord Jesus, the yearning of all my heart begins
   With prayers for your mercy that frees me of my sins,
   With prayers for your mercy that frees me of my sins.

6. To ransom the sinner upon the cross you died,
   Your life-giving blood flowing from your wounded side,
   Your life-giving blood flowing from your wounded side.

7. You rose on the third day, triumphant from the grave;
   You conquered our death by the life you freely gave,
   You conquered our death by the life you freely gave.

8. Now heaven and earth with a single voice proclaim,
   "Forever and ever, O blessed be God's name!
   Forever and ever, O blessed be God's name!"

Letra: Tradicional; tr. por Mary Louise Bringle, n.1953, © 2012, GIA Publications, Inc.
Música: Tradicional; arm. por Ronald F. Krisman, n.1946, © 2012, GIA Publications, Inc.

469 Cantemos al Amor / Come Sing to God

Estrofas / Verses

Estribillo / Refrain

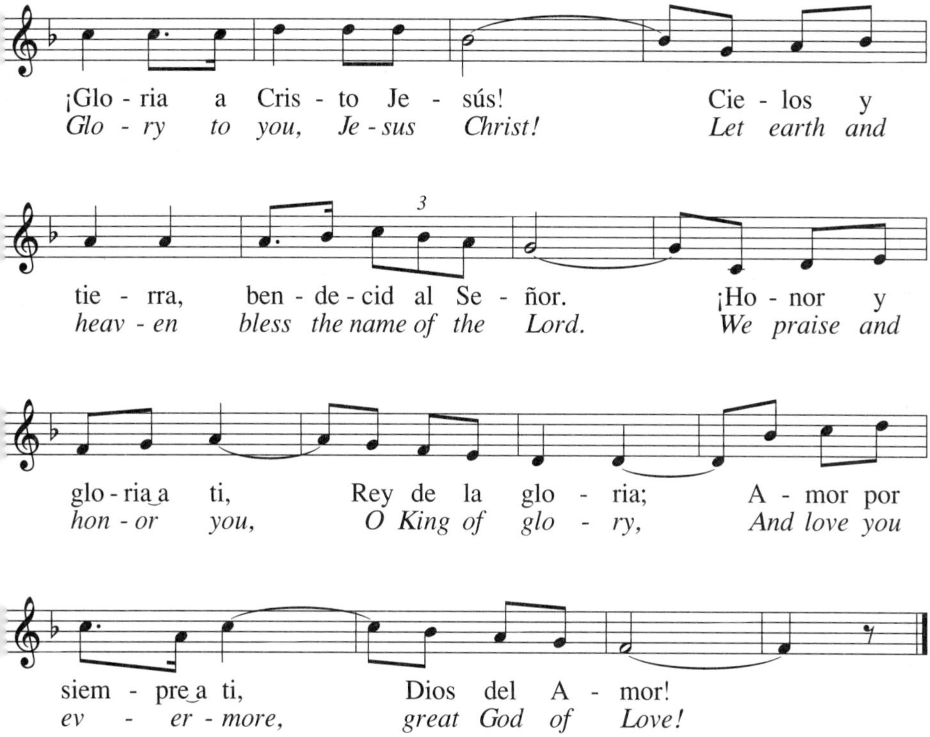

5. Los que buscan solaz en la tristeza
Y alivio en el dolor,
¡Dios está aquí!,
Y vierte a manos llenas
Los tesoros de su divino amor.

5. All those who long for peace, and consolation
From daily griefs and woes,
God is with us here!
We offer our oblation
For the love Christ so lavishly bestows.

Letra: Restituto del Valle, 1865–1930; tr. por Mary Louise Bringle, n.1953, © 2012, GIA Publications, Inc.
Música: AMOR DE LOS AMORES, 11 6 5 7 10 con estribillo; Juan Ignacio Busca de Sagastizábal, 1868–1950; arm. por Ronald F. Krisman, n.1946, © 2012, GIA Publications, Inc.

470 Corazón Santo / Heart of Christ Jesus

Estribillo / Refrain

Co - ra - zón San - to, tú rei - na - rás;
Heart of Christ Je - sus, ra - diant and bright,

tú nues - tro en - can - to siem - pre se - rás.
fill us with mer - cy, heal - ing, and light.

Tú nues - tro en - can - to siem - pre se - rás.
Fill us with mer - cy, heal - ing, and light.

Estrofas / Verses

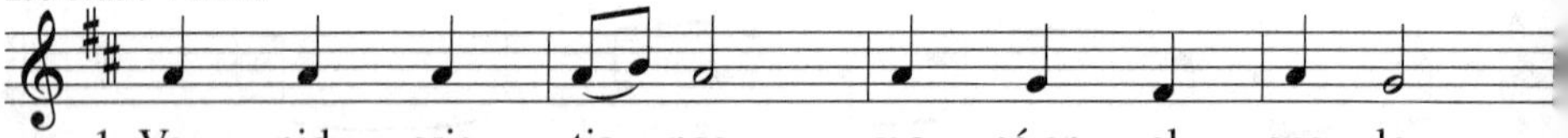

1. Ve - nid, cris - tia - nos, y a - cá en el sue - lo
2. Je - sús a - ma - ble, Je - sús pia - do - so,
3. Di - vi - no pe - cho, don - de se in - fla - ma

1. Come, all you faith - ful, come to your Sav - ior,
2. Je - sus all - lov - ing, Je - sus all - ho - ly,
3. Your heart, Christ Je - sus, rich in com - pas - sion,

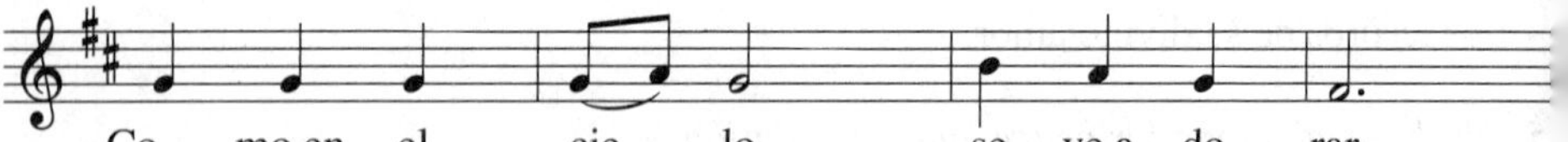

Co - mo en el cie - lo se ve a - do - rar,
Due - ño a - mo - ro - so, Dios de bon - dad,
La dul - ce lla - ma de ca - ri - dad,

Whom earth and hea - ven kneel to a - dore.
Your love is bound - less, self - less, and true.
Is ev - er burn - ing: love is its flame.

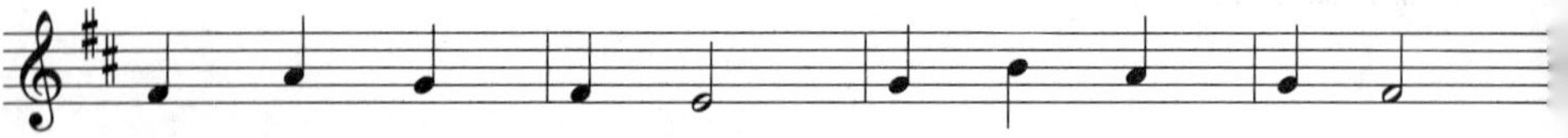

Tam - bién no - so - tros a - do - ra - re - mos
Ven - go a tus plan - tas, si tú me de - jas,
¿Por qué la tie - nes tan en - ce - rra - da

Join now in prais - ing, your voic - es rais - ing
When we have wan - dered far from your pres - ence,
Kin - dle with - in us zeal for your gos - pel,

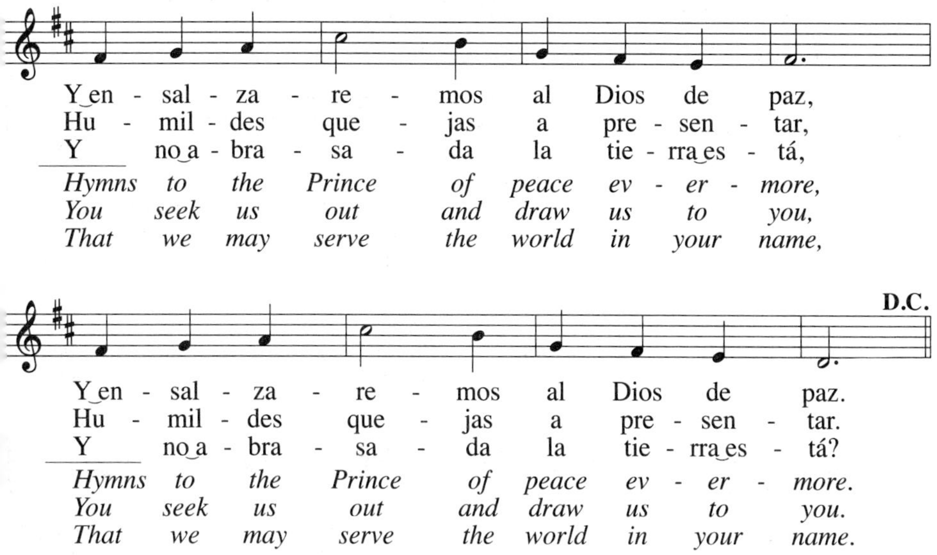

Letra: Tradicional; tr. por Ronald F. Krisman, n.1946, © 2012, GIA Publications, Inc.
Música: CORAZÓN SANTO, 10 9 10 9 9 con estribillo; tradicional; acomp. por Ronald F. Krisman, n.1946, © 2012, GIA Publications, Inc.

471 How Sweet the Name of Jesus Sounds / Cuán Dulce el Nombre de Jesús

Text: John Newton, 1725–1807, alt.; tr. by Juan Bautista Cabrera, 1837–1916
Tune: LAND OF REST, CM; American melody; harm. by Richard Proulx, 1937–2010, © 1975, GIA Publications, Inc.

To Jesus Christ, Our Sovereign King / A Cristo, el Soberano Rey 472

Text: Martin B. Hellriegel, 1891–1981, alt., © 1941, Irene C. Mueller; tr. by Henry J. Rael, b.1921, alt., © 1967, San Ignacio Music Co.
Tune: ICH GLAUB AN GOTT, 8 7 8 7 with refrain; Mainz *Gesangbuch*, 1870; harm. by Richard Proulx, 1937–2010, © 1986, GIA Publications, Inc.

473 All Hail the Power of Jesus' Name / A Jesucristo Póstrense

1. All hail the power of Je - sus' name! Let an - gels pros - trate
2. Crown him, you mar - tyrs of our God Who from his al - tar
3. O seed of Is - rael's cho - sen race Now ran-somed from the

1. A Je - su - cris - to pós - tren - se Y den - le to - do‿ho -
2. Oh már - ti - res, co - ró - nen - le Cor - de - ro ce - les -
3. Oh pue - blo nue - vo de‿Is - ra - el, O - ve - jas de su

fall. Bring forth the roy - al di - a - dem, And crown him
call: Ex - tol the stem of Jes - se's rod, And crown him
fall, Hail him who saves you by his grace, And crown him

nor. Con án - ge - les a - clá - men - lo Di - vi - no
tial. El que del tron - co de Je - sé Es Rey u -
grey, Lo - o - res den a E - ma - nuel; Pro - clá - men -

Lord of all. Bring forth the roy - al di - a - dem,
Lord of all. Ex - tol the stem of Jes - se's rod,
Lord of all. Hail him who saves you by his grace,

Rey de‿a - mor. Con án - ge - les a - clá - men - lo
ni - ver - sal. El que del tron - co de Je - sé
lo su Rey. Lo - o - res den a E - ma - nuel;

And crown him Lord of all!
And crown him Lord of all!
And crown him Lord of all!

Di - vi - no Rey de‿a - mor.
Es Rey u - ni - ver - sal.
Pro - clá - men - lo su Rey.

4. Oh, that with yonder sacred throng
We at his feet may fall!
We'll join the everlasting song
And crown him Lord of all.
We'll join the everlasting song
And crown him Lord of all!

4. Con la celeste multitud,
Del trono‿en derredor,
Cantemos por la‿eternidad
A Cristo‿el Salvador.
Cantemos por la‿eternidad
A Cristo‿el Salvador.

Text: Edward Perronet, 1726–1792, alt. by John Rippon, 1751–1836; tr., stanzas 1, 2 by Ronald F. Krisman, b.1946, stanzas 3, 4 by Tomás M. Westrup, 1837–1909, alt.
Tune: CORONATION, 8 6 8 6 8 6; Oliver Holden, 1765–1844

The King of Glory / El Rey de Gloria 474

Refrain / Estribillo

The King of glo - ry comes, the na - tion re - joic - es.
El Rey de glo - ria vie - ne: rei - na‿a - le - grí - a.

O - pen the gates be - fore him, lift up your voic - es.
¡A - bran las puer - tas, can - ten to - dos y‿a - plau - dan!

Verses / Estrofas

1. Who is the king of glo - ry; how shall we call him?
2. In all of Gal - i - lee, in cit - y or vil - lage,
3. Sing then of Da - vid's Son, our Sav - ior and broth - er;

1. ¿Quién es el Rey de glo - ria? ¿Có - mo se lla - ma?
2. Por cam - pos y po - bla - dos de Ga - li - le - a
3. Es - te‿es el Hi - jo de Da - vid, nues - tro‿her - ma - no;

He is Em - man - u - el, the prom - ised of a - ges.
He goes a - mong his peo - ple cur - ing their ill - ness.
In all of Gal - i - lee was nev - er an - oth - er.

Es E - ma - nuel, el pro - me - ti - do‿ha - ce si - glos.
En - tre su gen - te va ha - blan - do‿y sa - nan - do.
En to - da Ga - li - le - a co - mo‿él no‿hay na - die.

4. He gave his life for us, the pledge of salvation,
He took upon himself the sins of the nation.

5. He conquered sin and death; he truly has risen.
And he will share with us his heavenly vision.

4. Por todos dio su vida, total entrega,
Cargó con todos los pecados del pueblo.

5. Venció la muerte y ha resucitado.
Nos llama hoy a compartir su‿evangelio.

475 Crown Him with Many Crowns / Al Salvador Jesús

4. Crown him the Lord of peace,
Whose pow'r a scepter sways
From pole to pole, that wars may cease,
Absorbed by prayer and praise.
His reign shall know no end,
And round his piercéd feet
Fair flow'rs of paradise extend
Their fragrance ever sweet.

5. Crown him the Lord of years,
The master of all time,
Creator of the rolling spheres,
And risen Lord sublime.
All hail, Redeemer, hail!
For you have died for me;
Your praise and glory shall not fail
Throughout eternity.

4. Las glorias declarad
Del Príncipe de Paz;
Es su justicia salvación
Y su poder bondad.
Es digno solo él
De gloria sin igual,
Pues con su sangre nos abrió
El reino celestial.

5. Rey de la vida‿es él,
Del mundo‿el vencedor,
Quien a la muerte despojó
De todo su terror.
En el poder vivid
De su resurrección;
Glorioso‿el día llegará
De plena redención.

Text: Revelation 19:12; sts. 1, 3–5, Matthew Bridges, 1800–1894; st. 2, Godfrey Thring, 1823–1903; sts. 1, 3–5 tr., anonymous; st. 2 tr. by E. A. Strange
Tune: DIADEMATA, SMD.; George J. Elvey, 1816–1893

476 ¡Tú Reinarás! / The Lord Is King!

Estrofas / Verses

1. ¡Tú rei - na - rás! És - te͜ es el gri - to Que͜ ar - dien - te͜ ex -
2. ¡Tú rei - na - rás! Dul - ce͜ es - pe - ran - za Que͜ el al - ma
3. ¡Tú rei - na - rás! Di - cho - sa e - ra, Di - cho - so
4. ¡Tú rei - na - rás! To - da la vi - da Tra - ba - ja -

1. "The Lord is king!" Heav - en re - joic - es To hear the
2. Christ brings to birth his new cre - a - tion, A reign of
3. How blest this age, how blest each na - tion To have a
4. Through-out our lives, with faith to guide us, We walk a -

ha - la nues - tra fe: ¡Tú rei - na - rás, oh Rey ben -
lle - na de pla - cer. Ha - brá por fin paz y bo -
pue - blo con tal Rey; Se - rá tu cruz nues - tra ban -
re - mos con gran fe En rea - li - zar y ver cum -

peo - ple's ar - dent cry. The Lord is king, lift up your
jus - tice and of peace Where all our hopes find con - sum -
ser - vant king as lord! How rich his cross, pledge of sal -
long our pil - grim way. The path is sure, Christ walks be -

di - to! Pues tú di - jis - te: "Rei - na - ré."
nan - za, Fe - li - ci - dad ha - brá do - quier.
de - ra, Y tu pa - la - bra, nues - tra ley.
pli - da La gran pro - me - sa: "Rei - na - ré."

voic - es. Your songs of tri - umph raise on high:
ma - tion, And joys un - bound - ed nev - er cease.
va - tion, How wise his law, his gos - pel word.
side us Un - til there dawns his glor - ious day!

Estribillo / Refrain

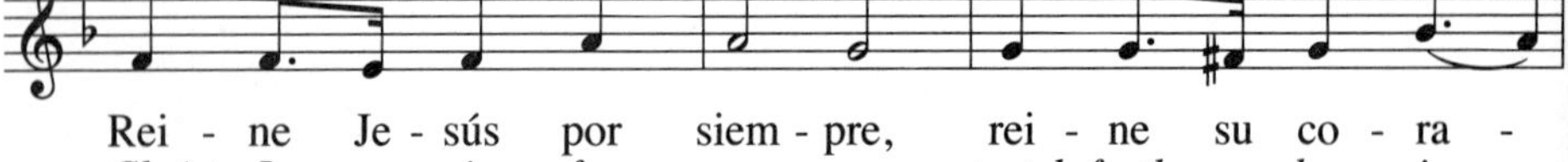

Rei - ne Je - sús por siem - pre, rei - ne su co - ra -
Christ Je - sus, reign for - ev - er, stretch forth your lov - ing

zón En nues - tra pa - tria͜, en nues - tro sue - lo, que͜ es de Ma -
arm! To heav - en's Queen we pledge this na - tion; guide and pro -

5. ¡Tú reinarás! Reina ya ahora
En esta casa y población.
Ten compación del que te implora
Y acude a ti en la aflicción.

5. The Lord is king!
Over this nation,
In towns and cities, in each home,
His rule extends, bringing salvation
To those who pray, "Thy kingdom come!"

477 Christ Is the King! / ¡Cristo Es el Rey!

1. Christ is the King! O friends, re - joice;
2. O mag - ni - fy the Lord, and raise
3. They with a faith for ev - er new

1. ¡Cris - to_es el Rey! ¡Go - cé - mo - nos,
2. Can - ten a Dios, su Sal - va - dor,
3. E - sos, con fe en el Se - ñor,

Broth - ers and sis - ters, with one voice
An - thems of joy and ho - ly praise
Fol - lowed the King, and round him drew

To - dos cris - tia - nos, a_u - na voz!
Him - nos de go - zo_y de lo - or
Al Rey si - guie - ron con fer - vor,

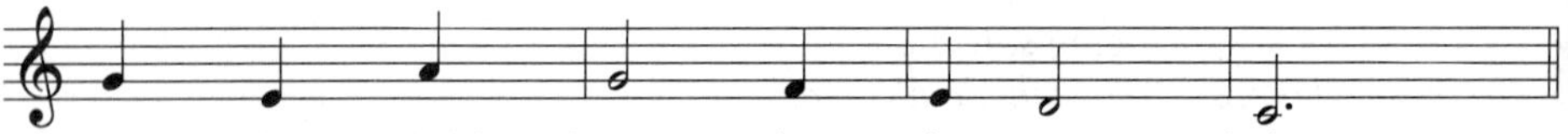

Let the world know he is your choice.
For Christ's brave saints of an - cient days.
Thou - sands of men and wom - en true.

¡Al Re - den - tor u - ná - mo - nos!
Por los que lu - chan con va - lor.
Guian - do cien mil en de - rre - dor.

Al - le - lu - ia, al - le - lu - ia, al - le - lu - ia.
A - le - lu - ya, a - le - lu - ya, a - le - lu - ya.

4. O Christian women, Christian men,
All the world over, seek again
The Way disciples followed then.
Alleluia, alleluia, alleluia.

5. Christ through all ages is the same;
Place the same hope in his great name;
With the same faith his word proclaim.
Alleluia, alleluia, alleluia.

4. Hombres, mujeres, con afán
En pos de Cristo_en filas van,
Y_en busca del Camino_están.
Aleluya, aleluya, aleluya.

5. Cristo_es el mismo_en toda_edad;
En él, sí, hay seguridad;
La fe proclamen en verdad.
Aleluya, aleluya, aleluya.

6. Let Love's all reconciling might
Your scattered companies unite
In service to the Lord of light.
Alleluia, alleluia, alleluia.

7. So shall the Church at last be one;
So shall God's will on earth be done,
New lamps be lit, new tasks begun.
Alleluia, alleluia, alleluia.

6. Que reconcilie el santo Amor,
Uniendo al pueblo alrededor
En el servicio a su Señor.
Aleluya, aleluya, aleluya.

7. Dios a su Iglesia unirá;
Así su voluntad será;
Prendan la nueva lámpara.
Aleluya, aleluya, aleluya.

Tune: GELOBT SEI GOTT, 888 with alleluias; Melchior Vulpius, c. 1560–1616

478 Jesus Shall Reign / Doquier Alumbre el Astro Sol

5. Let ev'ry creature rise and bring
Blessing and honor to our King,
Angels descend with songs again,
And earth repeat the loud Amen.

5. ¡Vengan criaturas a expresar
Su gratitud por tanto bien!
¡Vuelven los cielos a cantar!
¡Suene en la tierra un gran Amén!

Text: Isaac Watts, 1674–1748, alt.; sts. 1–3, 5 tr., anonymous, st. 4 tr. by Georgina Pando-Connolly, b.1946,
Tune: DUKE STREET, LM; John Hatton, c.1710–1793

Many and Great, O God / Muchas y Grandes Tus Obras, Dios 479

Text: *Wakantanka tuku nitawa*; Dakota hymn; English para. by Philip Frazier, 1892–1964; Spanish tr. by Alberto Merubia, b.1919,

Tune: LACQUIPARLE, 9 6 9 9 9 6; *Dakota Odowan*, 1879; acc. by John L. Bell, b.1949, © 1993, Iona Community, GIA Publications, Inc., agent

480 Dios Es Amor, Aleluya / Glory and Praise, Alleluia

4. Tierra entera y cuanto existe, ¡Aleluya!
Proclamemos por siempre su nombre. ¡Aleluya!

5. Gloria demos al Padre y al Hijo, ¡Aleluya!
Y al Espíritu Santo por siempre. ¡Aleluya!

4. Ev'ry creature on earth, shout God's praises, Alleluia!
Blest be God's holy name for all ages. Alleluia!

5. Glory be to our wondrous Creator, Alleluia!
Praised be Christ and the Spirit for ever, Alleluia!

Letra: Daniel 3:56–88; Carlos Rosas, n.1939; tr. por Ronald F. Krisman, n.1946
Música: DIOS ES AMOR, 10 10 con aleluyas y estribillo; Carlos Rosas, n.1939; arm. por Ronald F. Krisman, n.1946

481 I Sing the Mighty Power of God / Hoy Canto el Gran Poder de Dios

Text: Isaac Watts, 1674–1748, alt.; tr. by George P. Simmonds, 1890–1991, alt., © 1978, Casa Bautista de Publicaciones
Tune: ELLACOMBE, CMD; *Gesangbuch der Herzogl*, Wirtemberg, 1784

482 Canticle of the Sun / Cántico del Sol

light up the way Un - to your throne.
blow where they please To please the Lord.
mys - t'ry re - vealed Springs forth in joy.
brin - das lo - or Al Cre - a - dor.
o - jos te ven Sir - vien - do‿a Dios.
go - zo‿es i - gual Que‿un ma - nan - tial.

4. Praise for the fire who gives us his light,
The warmth of the sun to brighten our night;
He dances with joy, his spirit so bright,
He sings of you.

5. Praise for the earth who makes life to grow,
The creatures you made to let your life show;
The flowers and trees that help us to know
The heart of love.

6. Praise for our death that makes our life real,
The knowledge of loss that helps us to feel;
The gift of yourself, your presence revealed
To lead us home.

4. Gloria‿a ti, Dios, por fuego‿y por sol,
Que dan de su luz radiante‿esplendor.
Que bailan por ti brindando calor.
¡Feliz canción!

5. Prez a ti, Dios, por tierra‿y hogar,
Pues tu creación nos gusta‿admirar.
Un pez y‿una flor nos hacen pensar
En tu amor.

6. Gracias, mi Dios, por tu don final:
La‿hermana más fiel que‿alivia‿al mortal
Y‿es dulce cuan miel. La muerte‿a tu‿umbral
Nos llevará.

Text: *Altissimu, onnipotente bon Signore*; St. Francis of Assisi, 1181–1226; adapt. by Marty Haugen, b.1950; tr. by Georgina Pando-Connolly, b.1946
Tune: Marty Haugen, b.1950

483 How Great Thou Art / ¡Cuán Grande Eres, Oh Señor!

4. When Christ shall come
with shout of acclamation
And take me home,
what joy shall fill my heart!
Then I shall bow
in humble adoration
And there proclaim,
"My God, how great thou art!"

4. Cuando me lleves,
Dios, a tu presencia,
Al dulce‿hogar,
al cielo de‿esplendor;
Te‿adoraré,
cantando la grandeza
De tu poder
y tu‿infinito‿amor.

Text: Stuart K. Hine, 1899–1989; Spanish tr. by Arturo W. Hotton Rives, 1909–1959, alt.
Tune: HOW GREAT THOU ART, 11 10 11 10 with refrain; Stuart K. Hine, 1899–1989

484 De Colores / Sing of Colors

Y por e - so los gran - des a - mo - res de mu - chos co -
Y por e - so los gran - des a - mo - res de mu - chos co -
Di - fun - dien - do la luz que‿i - lu - mi - na la gra - cia di -
Y por e - so los gran - des a - mo - res de mu - chos co -
Sing of col - ors that make up the earth, and give thanks to the
Man - y col - ors that shine from God's face, man - y col - ors that
lo - res me gus - tan a mí, Y por e - so los gran - des a -
lo - res me gus - tan a mí, Y por e - so los gran - des a -
vi - na del gran i - de - al, Di - fun - dien - do la luz que‿i - lu -
lo - res me gus - tan a mí, Y por e - so los gran - des a -
God who cre - at - ed us all. Sing of col - ors that make up the
tell us God's love to re - call. Man - y col - ors that shine from God's
mo - res de mu - chos co - lo - res me gus - tan a mí.
mo - res de mu - chos co - lo - res me gus - tan a mí.
mi - na la gra - cia di - vi - na del gran i - de - al.
mo - res de mu - chos co - lo - res me gus - tan a mí.
earth, and give thanks to the God who cre - at - ed us all.
face, man - y col - ors that tell us God's love to re - call.

485 God of the Sparrow / Dios de las Aves

4. God of the hungry God of the sick
God of the prodigal
How does the creature say Care
How does the creature say Life

5. God of the neighbor God of the foe
God of the pruning hook
How does the creature say Love
How does the creature say Peace

6. God of the ages God near at hand
God of the loving heart
How do your children say Joy
How do your children say Home

4. Dios del que‿enfermo o‿hambriento‿está,
Y del derrochador;
¡Cómo los seres se cuidan!
Y ¡cómo sienten la vida!

5. Dios del que‿es prójimo o rival,
Del garfio de podar;
¡Cómo de‿amor platicamos!
Y ¡cómo de paz hablamos!

6. Dios de los tiempos, cercano Dios,
De‿amante corazón;
¡Qué‿es en tus hijos el gozo!
¡Cómo decimos hogar!

486 Al Caer la Lluvia / When at Last the Rain Falls

Letra: Pablo Fernández-Badillo, n.1919, © 1977; tr. por Madeleine Forell Marshall, n.1946, © 2003, Augsburg Fortress
Música: ALABANZA, 12 12 12 12 con estribillo; Pablo Fernández-Badillo, n.1919, © 1977

487 Come to the Water / Ven Acá a las Aguas

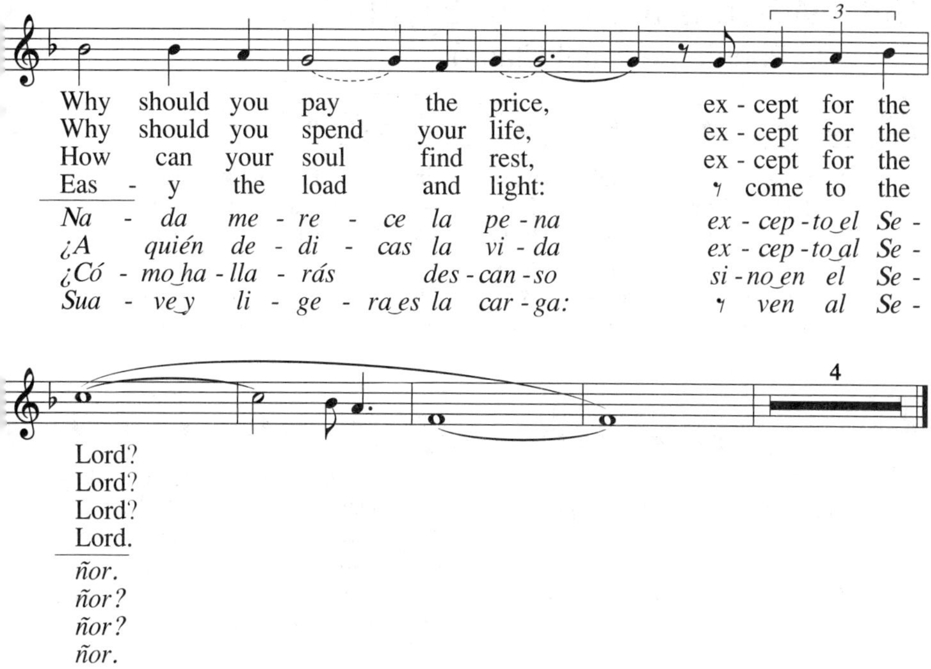

Text: Isaiah 55:1, 2; Matthew 11:28–30; John Foley, SJ, b.1939; tr. by Ronald F. Krisman, b.1946
Tune: John Foley, SJ, b.1939

488 When Israel Was in Egypt's Land / El Pueblo de Israel Clamó

4. When they had reached the other shore,
Let my people go;
They sang the song of triumph o'er,
Let my people go.
Go down...

5. Oh, let us all from bondage flee,
Let my people go;
And let us all in Christ be free,
Let my people go.
Go down...

4. Hoy del pecado‿y la maldad,
¡Ven y sálvanos!
Pedimos nueva libertad,
¡Ven y sálvanos!
Oye...

5. Jesús será‿el Libertador,
¡Ven y sálvanos!
Enviado es del Dios de‿amor,
¡Ven y sálvanos!
Oye...

Text: Exodus; African American spiritual; tr. by Dimas Planas-Belfort, 1934–1992,
Tune: GO DOWN MOSES, Irregular with refrain; African American spiritual

489 Over My Head / En Derredor Oigo Música sin Par

All/Todos:

D.C.

There must be a God some - where.
Es que a - quí Dios de - be es - tar.

Text: African American spiritual; tr. by Ronald F. Krisman, b.1946, © 2012, GIA Publications, Inc.
Tune: African American spiritual; arr. by John L. Bell, b.1949, © 1997, Iona Community, GIA Publications, Inc., agent

I Have Loved You / Te He Amado 490

Refrain / Estribillo

I have loved you with an ev - er - last - ing love, I have
Te he a - ma - do con a - mor e - ter - no, Te he lla -

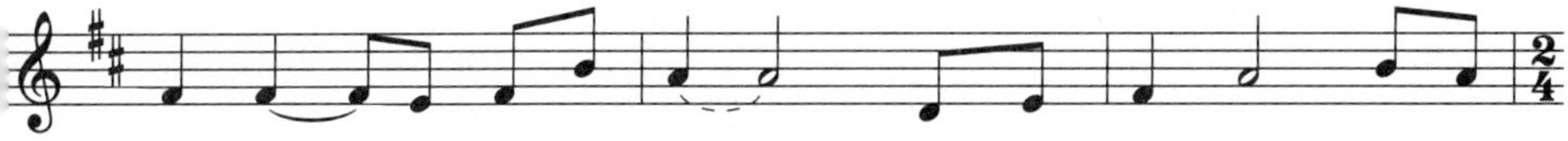

called you and you are mine; I have loved you with an
ma - do, y e - res mí - o; Te he a - ma - do con a -

ev - er - last - ing love, I have called you and you are mine.
mor e - ter - no, Te he lla - ma - do, y e - res mí - o.

Verses / Estrofas

1. Seek the face of the Lord and long for
2. Seek the face of the Lord and long for
3. Seek the face of the Lord and long for

1. Bus - quen el ros - tro del Se - ñor, an - hé - len -
2. Bus - quen el ros - tro del Se - ñor, an - hé - len -
3. Bus - quen el ros - tro del Se - ñor, an - hé - len -

D.C.

him: He will bring you his light and his peace.
him: He will bring you his joy and his hope.
him: He will bring you his care and his love.

lo: Les da - rá su luz y su paz.
lo: Les da - rá su go - zo y es - pe - ran - za.
lo: Les da - rá su a - mor y con - sue - lo.

Text: Jeremiah 31:3, Psalm 24:3; Michael Joncas, b.1951; tr. by Ronald F. Krisman, b.1946
Tune: Michael Joncas, b.1951

491 In the Bulb There Is a Flower / El Botón Es Flor Mañana

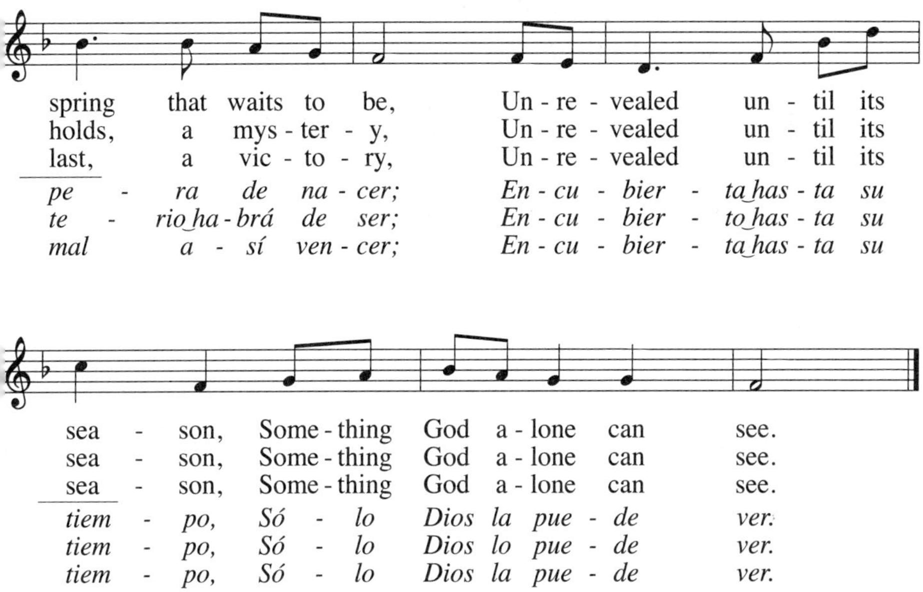

ext: Natalie Sleeth, 1930–1992; tr. by Oscar L. Rodríguez
une: PROMISE, 8 7 8 7 D; Natalie Sleeth, 1930–1992

492 I Want to Walk As a Child of the Light / Quiero Cual Hijo/a de Luz Caminar

1. I want to walk as a child of the light.
2. I want to see the bright-ness of God.
3. I'm look-ing for the com-ing of Christ.

1. Quie-ro cual hi-jo/a de luz ca-mi-nar,
2. El res-plan-dor del Se-ñor quie-ro ver,
3. Dis-fru-ta-re-mos, a su lle-gar,

I want to fol-low Je-sus.
I want to look at Je-sus.
I want to be with Je-sus.

Si-guien-do‿a Je-su-cris-to.
Mi-ran-do‿a Je-su-cris-to.
Vi-da sin fin con Cris-to.

God set the stars to give light to the world. The
Clear sun of right-eous-ness shine on my path And
When we have run with pa-tience the race, We

Dios hi-zo‿es-tre-llas pa-ra bri-llar. El
Sol de jus-ti-cia, tu luz haz cre-cer. Re-
Y la ca-rre-ra, al ter-mi-nar, Sa-

star of my life is Je-sus.
show me the way to the Fa-ther.
shall know the joy of Je-sus.

as-tro su-pre-mo‿es Cris-to.
ve-la‿a tu Pa-dre,‿oh Cris-to.
bre-mos el go-zo de Cris-to.

'ext: Ephesians 5:8–10, Revelation 21:23, John 12:46, 1 John 1:5, Hebrews 12:1; Kathleen Thomerson, b.1934, © 1970, 1975, Celebration; tr. by Ronald F. Krisman, b.1946, © 2012, GIA Publications, Inc.
'une: HOUSTON, 10 7 10 8 with refrain; Kathleen Thomerson, b.1934, © 1970, 1975, Celebration; acc. by Robert J. Batastini, b.1942, © 1987, GIA Publications, Inc.

493 We Are Marching / Marcharemos

*Additional texts: dancing, singing, praying

**Otros textos: bailaremos (a), cantaremos (en), rezaremos (en)

ext: South African; tr. hymnal version
'une: SIYAHAMBA, Irregular; South African

494 We Are the Light of the World / Somos del Mundo la Luz

Verses / Estrofas

1. Bless - ed are they who are poor in spir - it,
2. Bless - ed are they who are meek and hum - ble,
3. Bless - ed are they who will mourn in sor - row,
4. Bless those who hun - ger and thirst for jus - tice,
5. Bless - ed are they who show oth - ers mer - cy,

1. Di - cho - sos son los de‿un es - pí - ri - tu po - bre,
2. Di - cho - sos los man - sos y los hu - mil - des,
3. Di - cho - sos los que‿es - tán llo - ran - do‿en pe - na,
4. Di - cho - sos los se - dien - tos de la jus - ti - cia,
5. Di - cho - sos tam - bién son los com - pa - si - vos,

Theirs is the king - dom of God. Bless us, O Lord, make us
They will in - her - it the earth. Bless us, O Lord, make us
They will be com - fort - ed. Bless us, O Lord, when we
They will be sat - is - fied. Bless us, O Lord, hear our
They will know mer - cy too. Bless us, O Lord, hear our

Su - yo‿es el rei - no de Dios. Se - ñor, da - nos hoy un es -
He - re - da - rán la tie - rra. Se - ñor, haz - nos man - sos y
Re - ci - bi - rán con - sue - lo. Po - da - mos, Se - ñor, com - par -
E - llos se - rán sa - cia - dos. Se - ñor, ó - ye - nos su - pli -
Re - ci - bi - rán pie - dad. Se - ñor, haz - nos más y más

poor in spir - it;
meek and hum - ble;
share their sor - row; Bless us, O Lord, our God.
cry for jus - tice;
cry for mer - cy;

pí - ri - tu po - bre;
más hu - mil - des;
tir su pe - na; Da - nos tu ben - di - ción.
can - do jus - ti - cia;
com - pa - si - vos;

Refrain / Estribillo

We are the light of the world, May our light shine be - fore
So - mos del mun - do la luz, Que bri - lle - mos an - te la

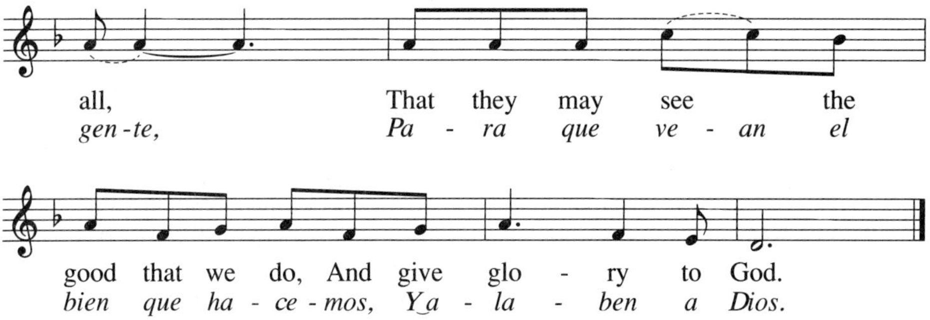

6. Blessed are hearts that are clean and holy,
They will behold the Lord.
Bless us, O Lord, make us pure and holy;
Bless us, O Lord, our God.
We are the light of the world...

7. Blessed are they who bring peace among us,
They are the children of God.
Bless us, O Lord, may your peace be with us;
Bless us, O Lord, our God.
We are the light of the world...

8. Bless those who suffer from persecution,
Theirs is the kingdom of God.
Bless us, O Lord, when they persecute us;
Bless us, O Lord, our God.
We are the light of the world...

6. Dichosos los de un corazón que es puro,
Ellos verán a Dios.
Señor, haz tu pueblo más santo y puro;
Danos tu bendición.
Somos del mundo la luz...

7. Dichosos los que nos traen paz a nosotros,
Ellos son hijos de Dios.
Señor, que tu paz esté con nosotros;
Danos tu bendición.
Somos del mundo la luz...

8. Dichosos a quienes los malos persiguen,
Suyo es el reino de Dios.
Señor, danos fuerza si nos persiguen;
Danos tu bendición.
Somos del mundo la luz...

495 Christ, Be Our Light! / ¡Cristo, la Luz!

Verses / Estrofas

1. Long - ing for light, we wait in dark - ness.
2. Long - ing for peace, our world is trou - bled.
3. Long - ing for food, man - y are hun - gry.

1. Luz a - ño - ra - mos, luz es - pe - ra - mos.
2. Paz an - he - la - mos, se tur - ba el mun - do.
3. Fal - ta co - mi - da: mu - chos ham - brien - tos.

Long - ing for truth, we turn to you.
Long - ing for hope, man - y de - spair.
Long - ing for wa - ter, man - y still thirst.

Ver - dad bus - ca - mos, va - mos a ti.
Fal - ta es - pe - ran - za, y el a - len - tar.
Fal - ta be - bi - da: mu - chos con sed.

Make us your own, your ho - ly peo - ple,
Your word a - lone has pow'r to save us.
Make us your bread, bro - ken for oth - ers,

Haz - nos los tu - yos, tu pue - blo san - to,
Con tu pa - la - bra só - lo nos sal - vas.
Haz - nos tu pan, par - ti - do por o - tros,

Light for the world to see.
Make us your liv - ing voice.
Shared un - til all are fed.

Luz pa - ra el mun - do ver.
Haz - nos tu vi - va voz.
Has - ta sa - ciar - los bien.

Refrain / Estribillo

4. Longing for shelter, many are homeless.
Longing for warmth, many are cold.
Make us your building, sheltering others,
Walls made of living stone.

5. Many the gifts, many the people,
Many the hearts that yearn to belong.
Let us be servants to one another,
Making your kingdom come.

4. Muchos sin casa buscan abrigo.
Falta calor: yertos están.
Haznos tu‿albergue, tus piedras vivas
Que tu refugio dan.

5. Muchos los dones, mucha la gente,
Muchos desean pertenecer.
Haznos sirvientes unos de otros.
Venga tu reino,‿oh Dios.

Text: Bernadette Farrell, b.1957; tr. by George Lockwood, b.1946
Tune: CHRIST, BE OUR LIGHT, 9 8 9 6 with refrain; Bernadette Farrell, b.1957

496 Lord Jesus Christ / Cristo Jesús, Oh Fuego Que Abrasa

Ostinato Refrain / Estribillo

Text: Psalm 139
Tune: Jacques Berthier, 1923–1994

Allí Está Jesús / Look Closely and See 497

498 Dios Es Nuestro Amparo / God Will Be Our Refuge

Estrofas / Verses

1. Dios es nues-tro‿am-pa - ro, nues - tra for - ta -
2. Hay un rí - o lim - pio de‿a - guas cris - ta -
3. Bra - ma - ron las na - cio - nes, rei - nos ti - tu -
4. Con - tem - plad sus o - bras, el a - so - la -

1. God will be our ref - uge, strength, and might - y
2. Streams of liv - ing wa - ter spar - kle bright as
3. Though na - tions rage and bel - low, kings and em - pires
4. See God's works of pow - er, fear - some deeds be -

le - za, Nues - tro pron-to‿au - xi - lio en la tri - bu - la -
li - nas En la ciu - dad san - ta, mo - ra - da del Se -
bea - ron; Él dio la pa - la - bra; la tie - rra de - rri -
mien - to; De - ten - drá las gue - rras, las ar - mas que - bra -

for - tress, Ev - er - pres - ent help in our times of deep dis -
crys - tal, Mak - ing glad the cit - y, the dwell - ing of the
tot - ter, God speaks but a word and its thun - der melts the
fore us, Caus - ing wars to cease, break - ing bows and shat - t'ring

ción; Aun - que se tras - la - den los
ñor. Dios es - tá en e - lla, y
tió. Con no - so - tros siem - pre
rá. Se - rá e - xal - ta - do; y

tress. Though the moun - tains trem - ble and
Lord. God is its foun - da - tion, and
earth. Ev - er pres - ent with us, through
spears. God will be ex - alt - ed, whose

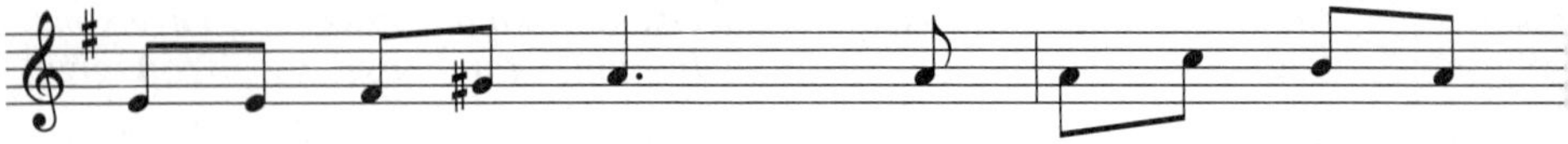

mon - tes a la mar, Aun - que la tie - rra
fir - me es - ta - rá; Al cla - rear la ma -
el Se - ñor es - tá; Él es nues - tro re -
to - dos lo sa - brán Que‿él es nues - tro re -

crum - ble in - to dust, Though earth and seas are
so it nev - er shakes. God's strong right arm de -
depth and height and length, The Lord re - mains our
ways are true and just: For God is still our

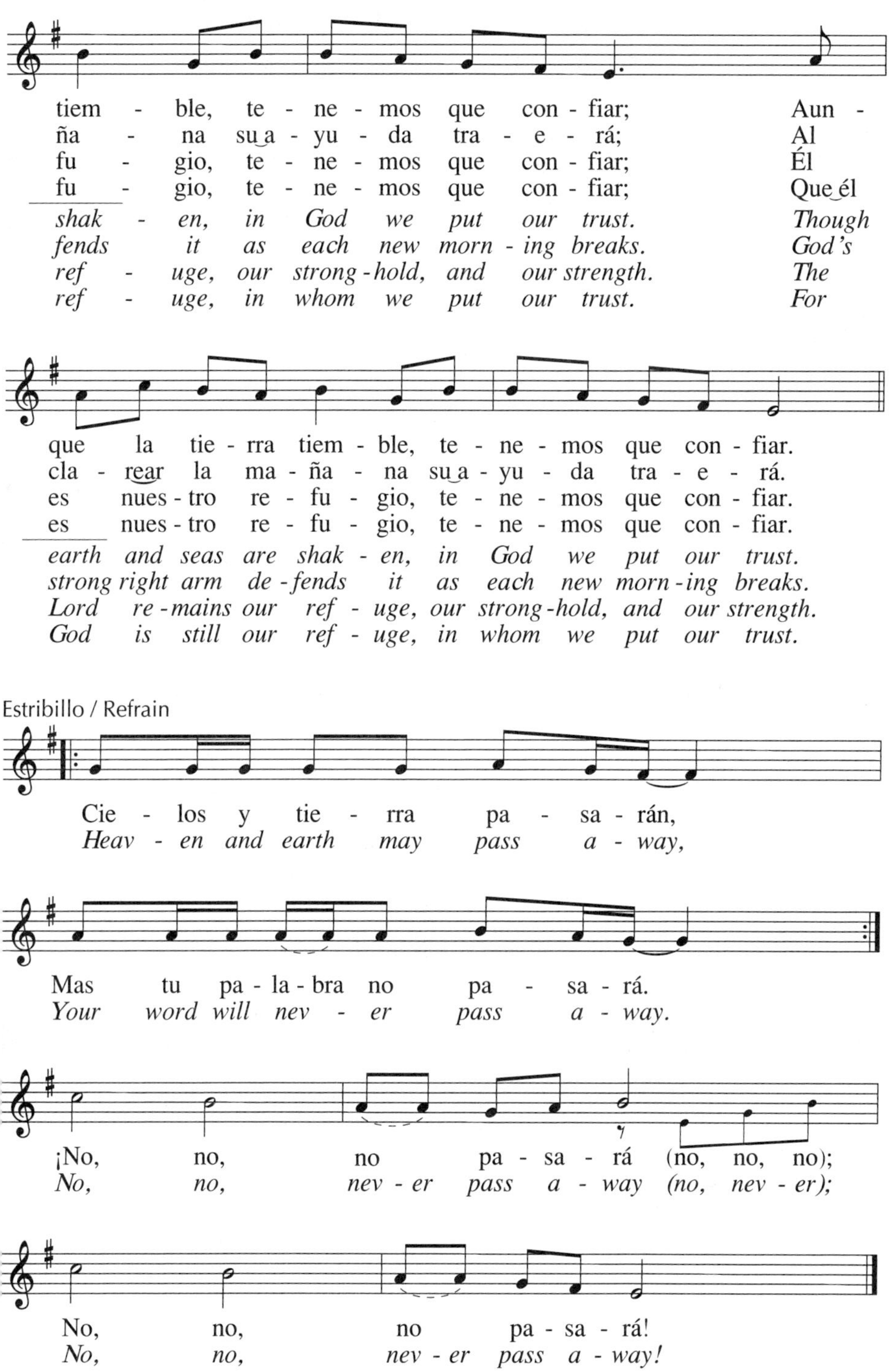
tiem - ble, te - ne - mos que con - fiar; Aun -
ña - na su_a - yu - da tra - e - rá; Al
fu - gio, te - ne - mos que con - fiar; Él
fu - gio, te - ne - mos que con - fiar; Que_él
shak - en, in God we put our trust. Though
fends it as each new morn - ing breaks. God's
ref - uge, our strong - hold, and our strength. The
ref - uge, in whom we put our trust. For
que la tie - rra tiem - ble, te - ne - mos que con - fiar.
cla - rear la ma - ña - na su_a - yu - da tra - e - rá.
es nues - tro re - fu - gio, te - ne - mos que con - fiar.
es nues - tro re - fu - gio, te - ne - mos que con - fiar.
earth and seas are shak - en, in God we put our trust.
strong right arm de - fends it as each new morn - ing breaks.
Lord re - mains our ref - uge, our strong - hold, and our strength.
God is still our ref - uge, in whom we put our trust.
Estribillo / Refrain
Cie - los y tie - rra pa - sa - rán,
Heav - en and earth may pass a - way,
Mas tu pa - la - bra no pa - sa - rá.
Your word will nev - er pass a - way.
¡No, no, no pa - sa - rá (no, no, no);
No, no, nev - er pass a - way (no, nev - er);
No, no, no pa - sa - rá!
No, no, nev - er pass a - way!

499 Praise to You, O Christ, Our Savior / Te Alabamos, Jesucristo

Refrain / Estribillo

Praise to you, O Christ, our Sav - ior, Word of the Fa - ther,
Te a - la-ba-mos, Je - su-cris-to, Ver-bo del Pa-dre,

call-ing us to life; Son of God who leads us to free-dom:
nues-tro Cre-a-dor; Hi-jo de Dios, que nos li-be-ras:

Glo - ry to you, Lord Je - sus Christ!
¡Ho - nor y glo-ria a ti, Se - ñor!

Verses / Estrofas

1. You are the Word who calls us out of dark - ness;
2. You are the one whom proph-ets hoped and longed for;
3. You are the Word who calls us to be ser - vants;
4. You are the Word who binds us and u - nites us;

1. Ver - bo de Dios, del mal tú nos res - ca - tas;
2. Tú e - res a - quél que a - nun-cian los pro - fe - tas;
3. Ver - bo de Dios, nos lla - mas a ser sier - vos;
4. Ver - bo de Dios, nos u - nes y nos li - gas;

You are the Word who leads us in - to light;
You are the one who speaks to us to - day;
You are the Word whose on - ly law is love;
You are the Word who calls us to be one;

Ver - bo de Dios, nos das tu res-plan-dor;
Tú e - res a - quél que ha - blas con a - mor;
Ver - bo de Dios, tu ley es el a - mor;
Ver - bo de Dios, el U - ni - fi - ca - dor;

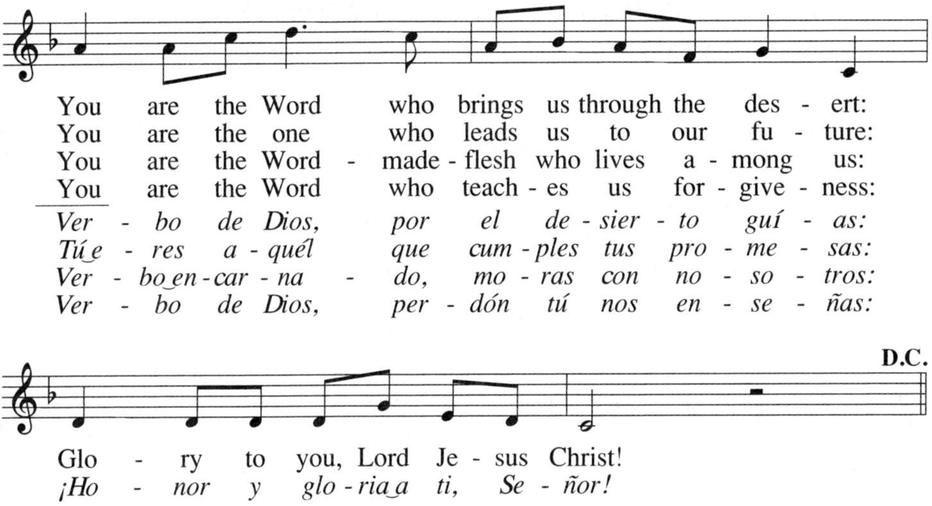

Text: Bernadette Farrell, b.1957; tr. by Ronald F. Krisman, b.1946
Tune: Bernadette Farrell, b.1957

500 Let All Mortal Flesh Keep Silence / Calle Todo Ser Humano

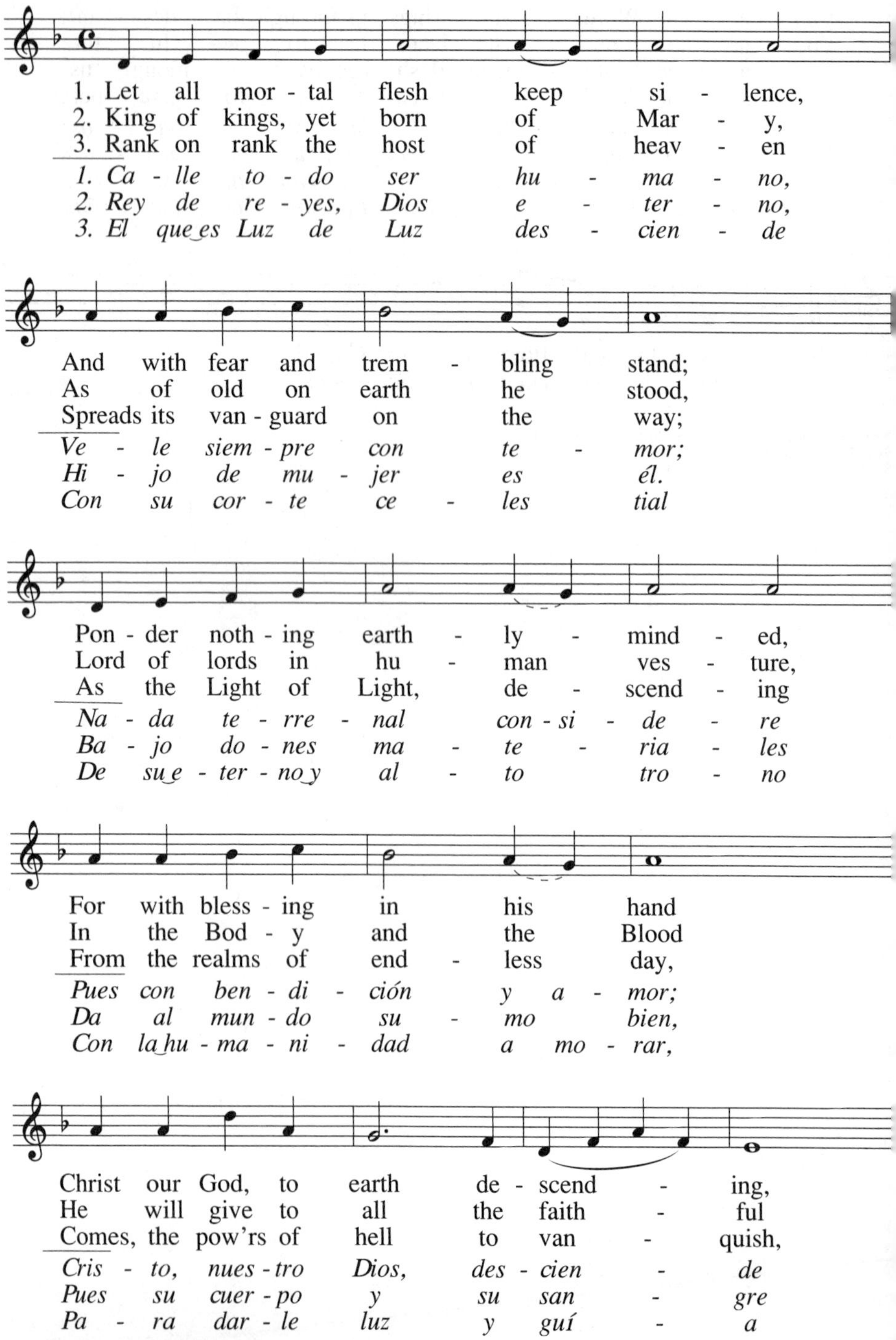

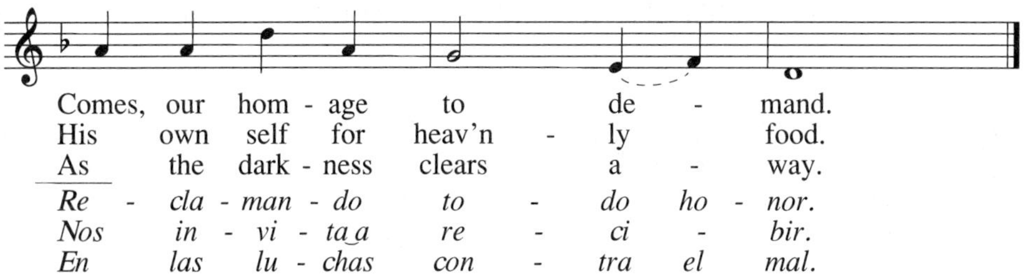

4. At his feet the six-winged seraph;
Cherubim with sleepless eye
Veil their faces to the Presence,
As with ceaseless voice they cry:
"Alleluia, alleluia!
Alleluia, Lord Most High!"

4. A sus pies los santos todos,
Ante toda majestad,
Cúbrense la faz y cantan
Día‿y noche sin cesar:
¡Aleluya! ¡Aleluya!
¡Aleluya! Dios sin par.

Text: Liturgy of St. James, 5th C.; para. by Gerard Moultrie, 1829–1885, alt.; tr. by Lorenzo Álvarez, 1897–1969, adapt., © David Andrés Álvarez
Tune: PICARDY, 8 7 8 7 8 7; French carol; harm. by Richard Proulx, 1937–2010, © 1986, GIA Publications, Inc.

501 Santo Querubines / Angels Above Are Singing

Estrofa 1 / Verse 1

mas su pa - la - bra no pa - sa - rá. ¡No, no,
God's word will nev - er pass a - way. No, no,
no pa - sa - rá; No, no, no pa - sa - rá!
nev - er pass a - way; No, no, nev - er pass a - way!
Estrofa 2 / Verse 2
2. Ben - di - to el que vie - ne en nom - bre del Se -
2. Blest is he who comes in the name of the
ñor, la glo - ria a Je - su - cris - to, el Hi - jo de Da -
Lord, the glo - rious Son of Da - vid, our Sav - ior Je - sus
vid. Ho - san - na en el cie - lo, ben - di - to el Sal - va -
Christ. Ho - san - na in the high - est, ho - san - na in the
dor. Ben - di - to el que vie - ne en nom - bre del Se -
high - est. Blest is he who comes in the name of the
D.S.
ñor; ben - di - to el que vie - ne en nom - bre del Se - ñor.
Lord; blest is he who comes in the name of the Lord.

502 Alabaré / Alabaré, We Sing the Praises of Our God

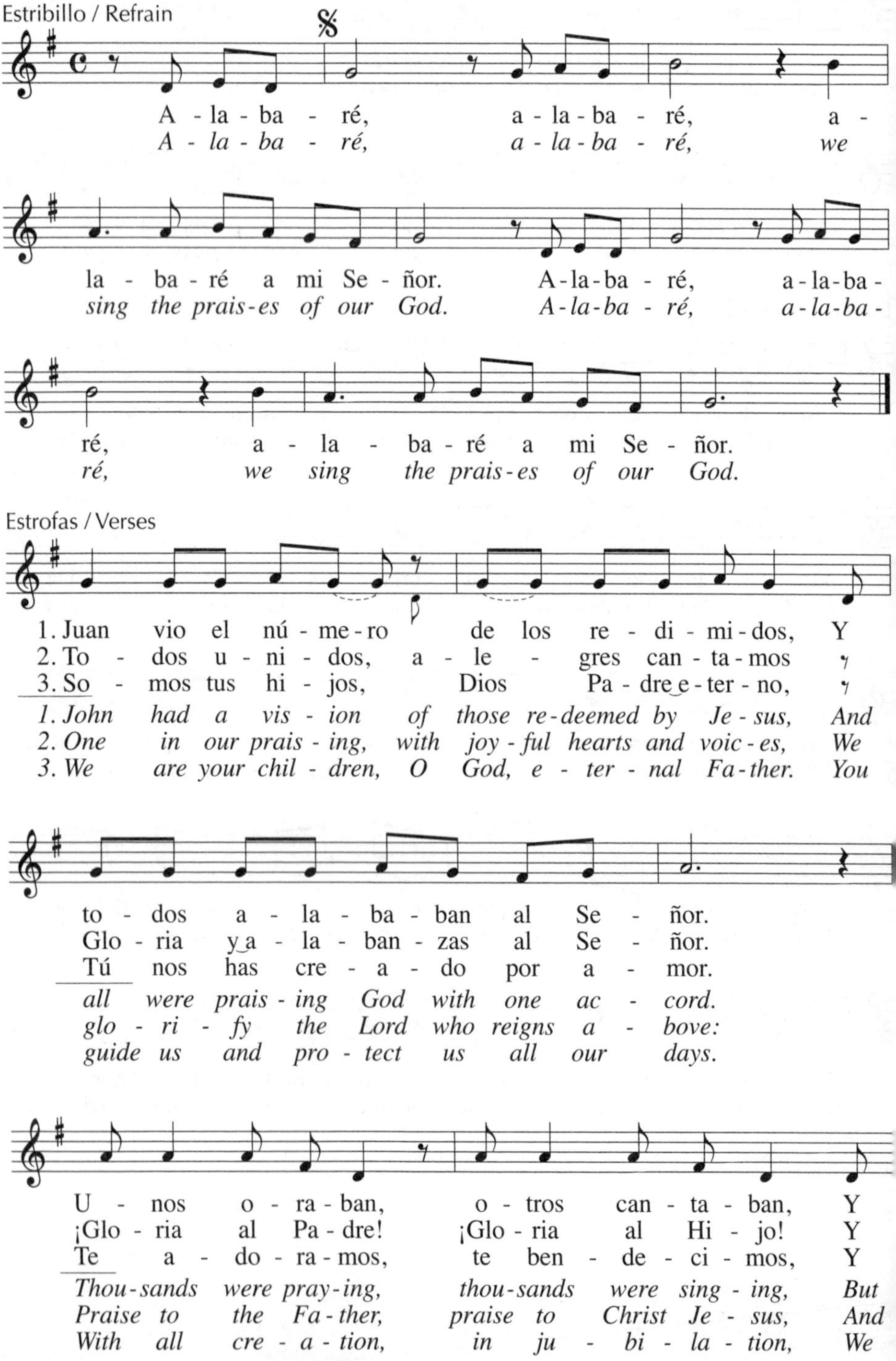

to - dos a - la - ba - ban al Se - ñor.
¡Glo - ria al Es - pí - ri - tu de a - mor! A - la - ba -
to - dos can - ta - mos en tu ho - nor.
all were joined in prais - es to the Lord.
praise to God the Spir - it, bond of love. A - la - ba -
hon - or you with songs of end - less praise.

Letra: Manuel José Alonso, José Pagán; tr. por Ronald F. Krisman, n.1946
Música: ALABARÉ, Irregular con estribillo; Manuel José Alonso, José Pagán; acomp. por Ronald F. Krisman, n.1946

Jubilate, Servite 503

Canon

Ju - bi - lá - te De - o o - mnis ter - ra.
Raise a song of glad-ness, peo - ples of the earth.
Al Se - ñor a - cla - ma, tie - rra en - te - ra.

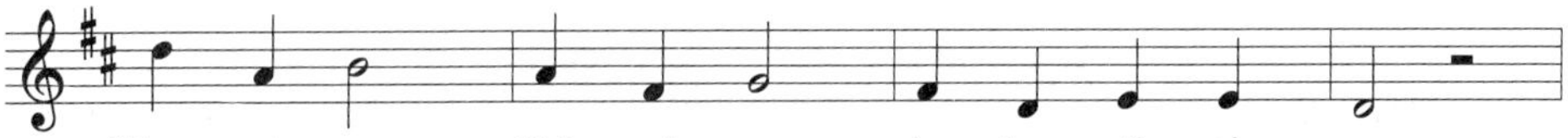

Sér - vi - te Dó - mi - no in lae - tí - ti - a.
Christ has come, bring - ing peace, joy to ev - 'ry heart.
Sír - ve - lo, dán - do - le gra - cias por su a - mor.

Al - le - lú - ia, al - le - lú - ia, in lae - tí - ti - a!
Al - le - lu - ia, al - le - lu - ia, joy to ev - 'ry heart!
¡A - le - lu - ya, a - le - lu - ya, gra - cias por su a - mor!

Al - le - lú - ia, al - le - lú - ia, in lae - tí - ti - a!
Al - le - lu - ia, al - le - lu - ia, joy to ev - 'ry heart!
¡A - le - lu - ya, a - le - lu - ya, gra - cias por su a - mor!

Text: Psalm 100, *Rejoice in God, all the earth, Serve the Lord with gladness*; Taizé Community, 1978
Tune: Jacques Berthier, 1923–1994

504 Si Tú Puedes, Cántalo / Everybody, Sing It Out

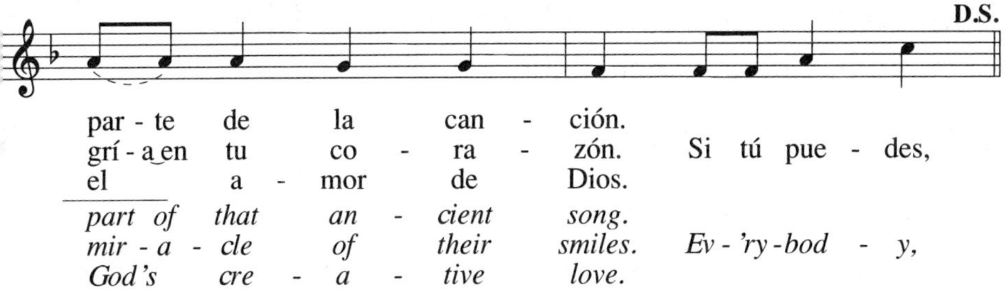

Letra: Victor Jortack, tr. por Bret Hesla, n.1957, y William Dexheimer-Pharris, n.1956,
Música: Victor Jortack, ; acomp. por Ronald F. Krisman, n.1946,

Magnificat 505

Canon

Text: Luke 1:46, *My soul magnifies the Lord;* Taizé Community, 1978
Tune: Jacques Berthier, 1923–1994

506 All Creatures of Our God and King / Oh, Criaturas del Señor

5. And ev'ryone of tender heart,
Forgiving others, take your part.
Sing your praises! Alleluia!
All you who pain and sorrow bear,
Praise God and cast on him your care.
Sing your praises...

6. And you, most kind and gentle death,
Waiting to hush our final breath,
Sing your praises! Alleluia!
You lead to heav'n the child of God,
Where Christ our Lord the way has trod.
Sing your praises...

7. Let all things their Creator bless,
And worship God in humbleness.
Sing your praises! Alleluia!
Praise God the Father, God the Son,
And God the Spirit, Three in One!
Sing your praises...

5. Pueblo de tierno corazón,
Que paz buscáis, y dais amor:
¡Aleluya! ¡Aleluya!
Pues, si sufrís de pena cruel,
Vuestro dolor confiadle‿a él:
¡Aleluya...

6. Muerte, tan dulce‿y sin temor
Para quien sigue‿al Salvador:
¡Aleluya! ¡Aleluya!
Hacia‿el hogar nos llevas tú
Que nos prepara‿el buen Jesús:
¡Aleluya...

7. Con gratitud y con amor
Cante la‿entera creación,
¡Aleluya! ¡Aleluya!
Al Padre,‿al Hijo Redentor,
Y‿al Eternal Consolador:
¡Aleluya...

Text: *Laudato si, mi Signor;* Francis of Assisi, 1182–1226; English tr. by William H. Draper, 1855–1933, alt.; Spanish tr. by J. Míguez Bonino, alt.
Tune: LASST UNS ERFREUEN, LM with alleluias; *Geistliche Kirchengesänge,* 1623; harm. by Ralph Vaughan Williams, 1872–1958

507 Cantad al Señor / Sing Praise to the Lord

4. Es él quien nos da su Espíritu Santo. . .
¡Cantad al Señor, cantad al Señor!

5. Cantad al Señor: "¡Amén, aleluya!". . .
¡Cantad al Señor, cantad al Señor!

4. Give thanks to the Lord,
who sends us the Spirit. . .
Sing praise to the Lord,
sing praise to our God.

5. Sing praise to the Lord,
"Amen, Alleluia!". . .
Sing praise to the Lord,
sing praise to our God.

Letra: Anónima, alt., tradicional de Brasil; tr. española, anónima, alt.; tr. inglesa por Ronald F. Krisman, n.1946, © 2005, GIA Publications, Inc.
Música: CANTAI AO SENHOR, 11 11 11 10; tradicional de Brasil; arm. por Ronald F. Krisman, n.1946, © 2005, GIA Publications, Inc.

Halleluya! We Sing Your Praises / ¡Aleluya! Te Bendecimos 508

Refrain / Estribillo

Text: South African; Spanish tr. anonymous
Tune: South African

509 All the Ends of the Earth / Los Confines del Orbe

Verse 2 / Estrofa 2

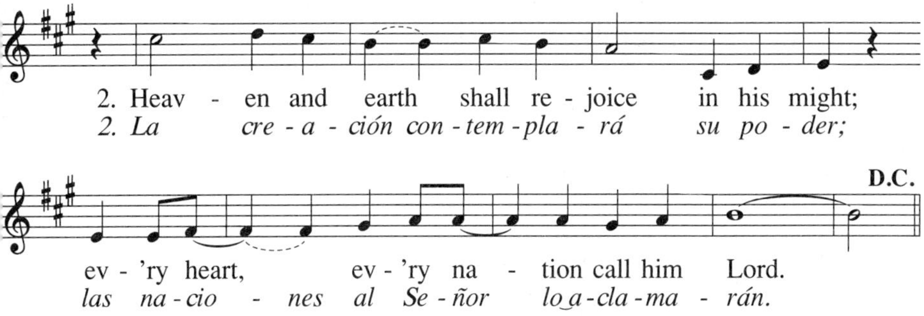

Verse 3 / Estrofa 3

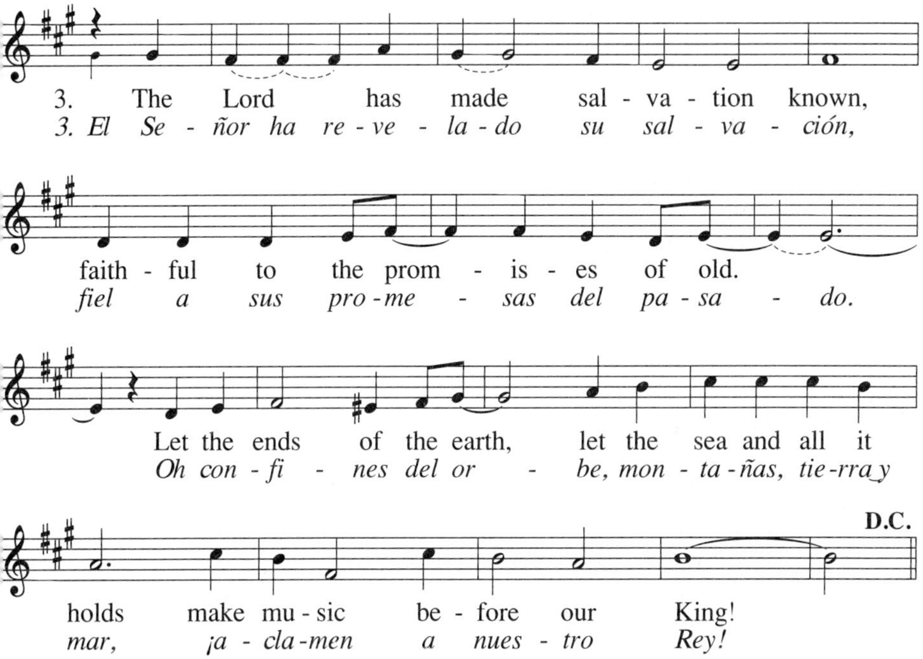

510 You, Lord, Are Both Lamb and Shepherd / Tú, Pastor, También Cordero

1. You, Lord, are both Lamb and Shep - herd.
2. Clothed in light up - on the moun - tain,
3. You, who walk each day be - side us,
4. Wor - thy is our earth - ly Je - sus!

1. Tú, Pas - tor, tam - bién Cor - de - ro,
2. En el mon - te tú bri - llas - te,
3. Tú, que_es - tás a nues - tro la - do,
4. ¡Dig - no_es el Je - sús hu - ma - no!

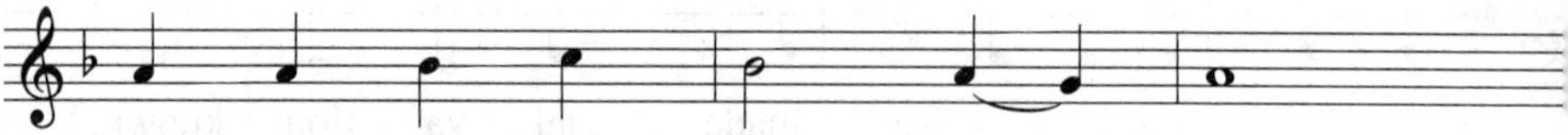

You, Lord, are both prince and slave.
Stripped of might up - on the cross,
Sit in pow - er at God's side.
Wor - thy is our cos - mic Christ!

Am - bos, Cris - to, sier - vo_y rey.
Dé - bil fuis - te en la cruz,
Ri - ges to - do con po - der.
¡Dig - no_es Cris - to ce - les - tial!

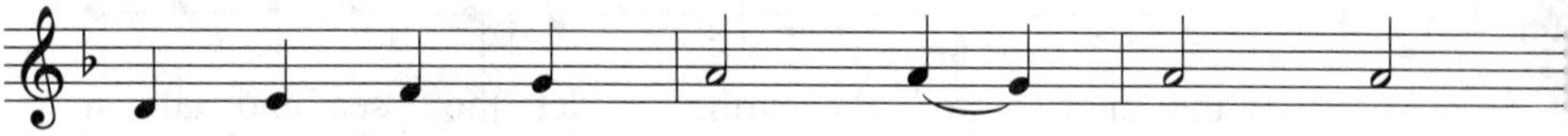

You, peace - mak - er and sword - bring - er
Shin - ing in e - ter - nal glo - ry,
You, who preach a way that's nar - row,
Wor - thy your de - feat and vic - t'ry.

Tú, que ha - ces paz y gue - rra,
Res - plan - dien - te_en glo - ria_e - ter - na,
El sen - de - ro_es - tre - cho_o - fre - ces,
Dig - no_en muer - te y_en vic - to - ria,

Of the way you took and gave.
Beg - gar'd by a sol - dier's toss,
Have a love that reach - es wide.
Wor - thy still your peace and strife.

Das la sen - da a tu grey.
E_in - sul - ta - do, oh Je - sús.
Pe - ro_a - bra - zas a cual - quier.
Dig - no_en paz y_en lid mor - tal.

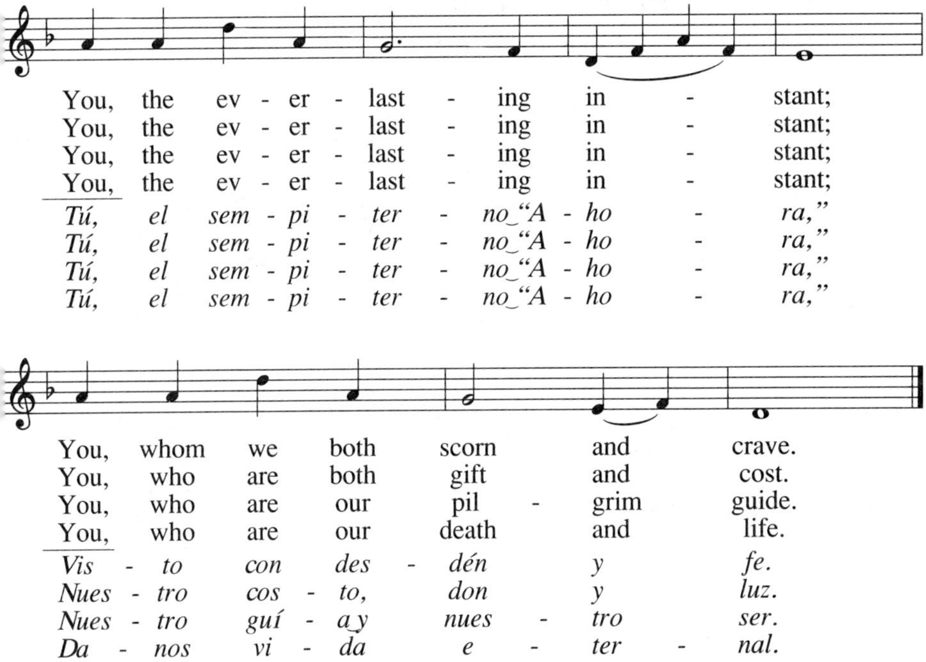

Text: *Christus Paradox,* Sylvia Dunstan, 1955–1993, © 1991, GIA Publications, Inc.; tr. by George Lockwood, b.1946, © 2012, GIA Publications, Inc.
Tune: PICARDY, 8 7 8 7 8 7; French carol; harm. by Richard Proulx, 1937–2010, © 1986, GIA Publications, Inc.

511 Holy God, We Praise Thy Name / Santo, Santo Dios de Amor

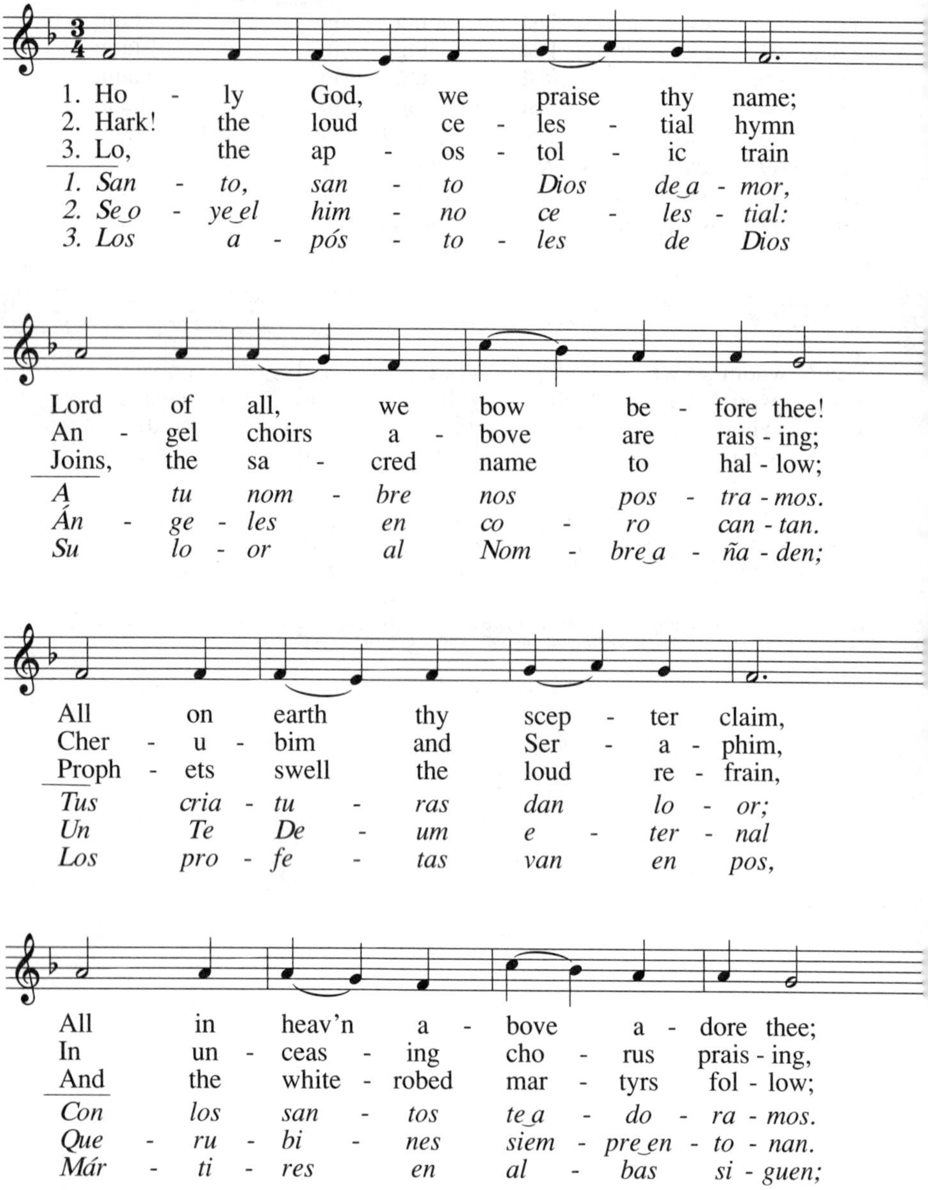

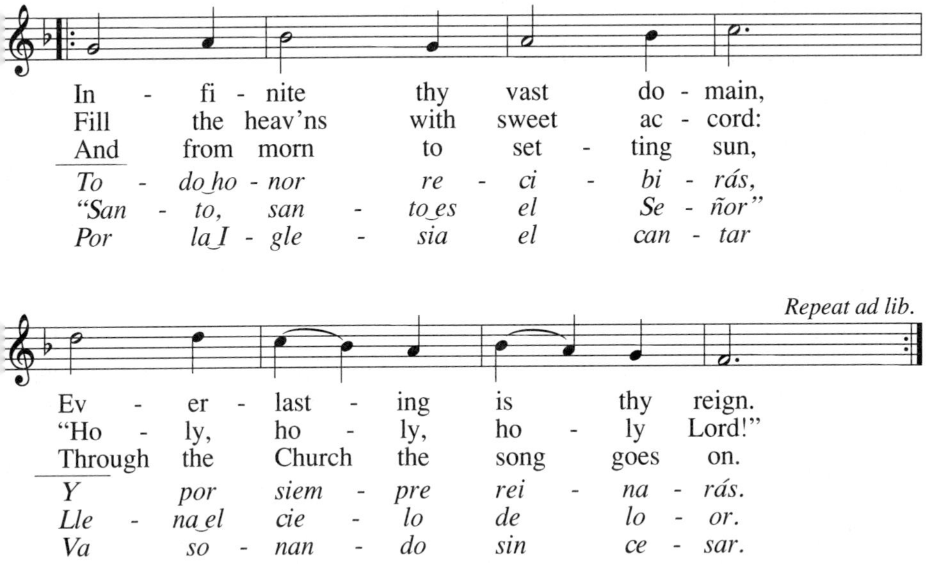

4. Holy Father, Holy Son,
Holy Spirit, Three we name thee;
While in essence only One,
Undivided God we claim thee;
And adoring bend the knee,
While we own the mystery.

4. Oh divina Trinidad,
Padre, Hijo, Paracleto;
En esencia unidad,
Te adoramos, Dios bendito.
Y te damos nuestro amor:
A tu nombre, Salvador.

Text: *Grosser Gott, wir loben dich*; ascr. to Ignaz Franz, 1719–1790; English tr. by Clarence Walworth, 1820–1900, alt.; Spanish tr. by Ronald F. Krisman, b.1946, © 2012, GIA Publications, Inc.
Tune: GROSSER GOTT, 7 8 7 8 77; *Katholisches Gesangbuch*, Vienna, c.1774

512 Glory and Praise to Our God / Glorifiquemos a Dios

Verse 4 / Estrofa 4

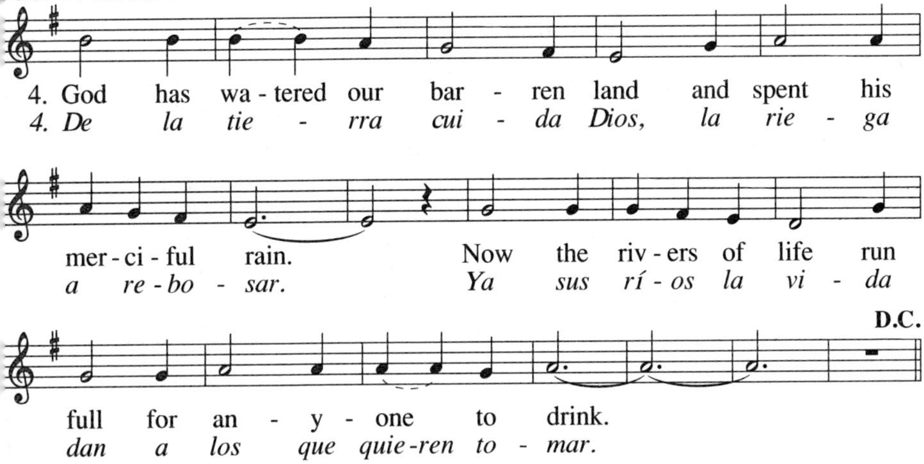

Text: Psalm 65, 66; Dan Schutte, b.1947; tr. by Ronald F. Krisman, b.1946
Tune: Dan Schutte, b.1947; acc. by Theophane Hytrek, OSF, 1915–1992, alt.

Santo, Santo, Santo / Holy, Holy, Holy 513

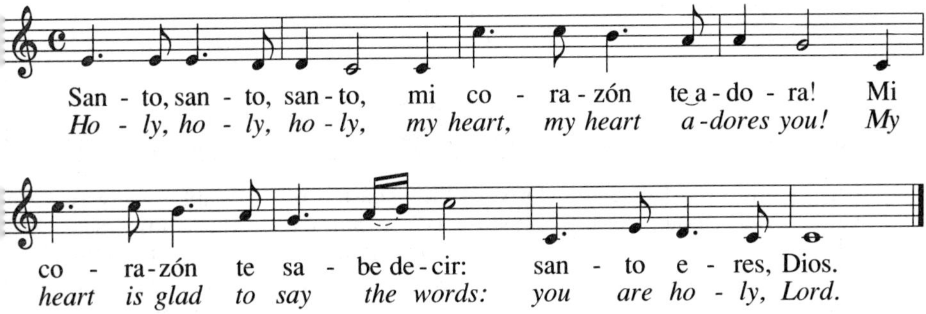

Letra: Anónima de Argentina, alt.; tr. inglesa, anónima
Música: Melodía popular de Argentina; arm. por John L. Bell, n.1949, © 1990, Iona Community, GIA Publications, Inc., agente

514 Joyful, Joyful, We Adore You / Jubilosos, Te Adoramos

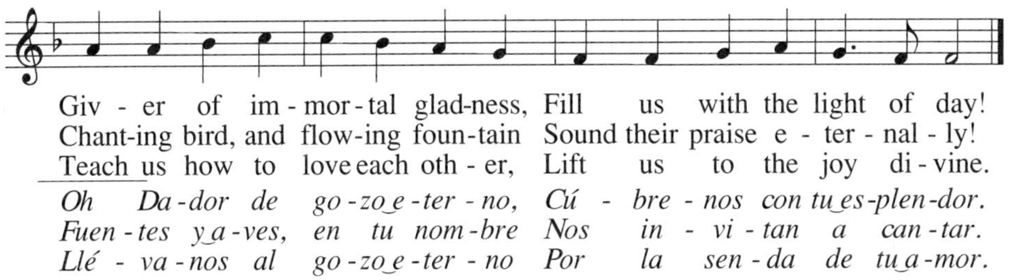

4. Mortals, join the mighty chorus,
Which the morning stars began;
God's own love is reigning o'er us,
Joining people hand in hand.
Ever singing, march we onward,
Victors in the midst of strife;
Joyful music leads us sunward
In the triumph-song of life.

4. Oh, mortales, hoy cantemos
Con el coro celestial;
Como‿hermanos habitemos
En amor santo‿y real.
Marcharemos entonando
Nuestro cántico triunfal;
A través de la contienda,
Vida‿y gozo vencerán.

Text: Henry van Dyke, 1852–1933, alt.; tr. by Federico J. Pagura, b.1923. alt., © 1996, Abingdon Press
Tune: HYMN TO JOY, 8 7 8 7 D; arr. from Ludwig van Beethoven, 1770–1827, by Edward Hodges, 1796–1867

Laudate Dominum 515

Ostinato Refrain / Estribillo

Text: Psalm 117, *Praise the Lord, all you peoples;* Taizé Community, 1980
Tune: Jacques Berthier, 1923–1994

516 El Cielo Canta Alegría / Heaven Is Singing for Joy

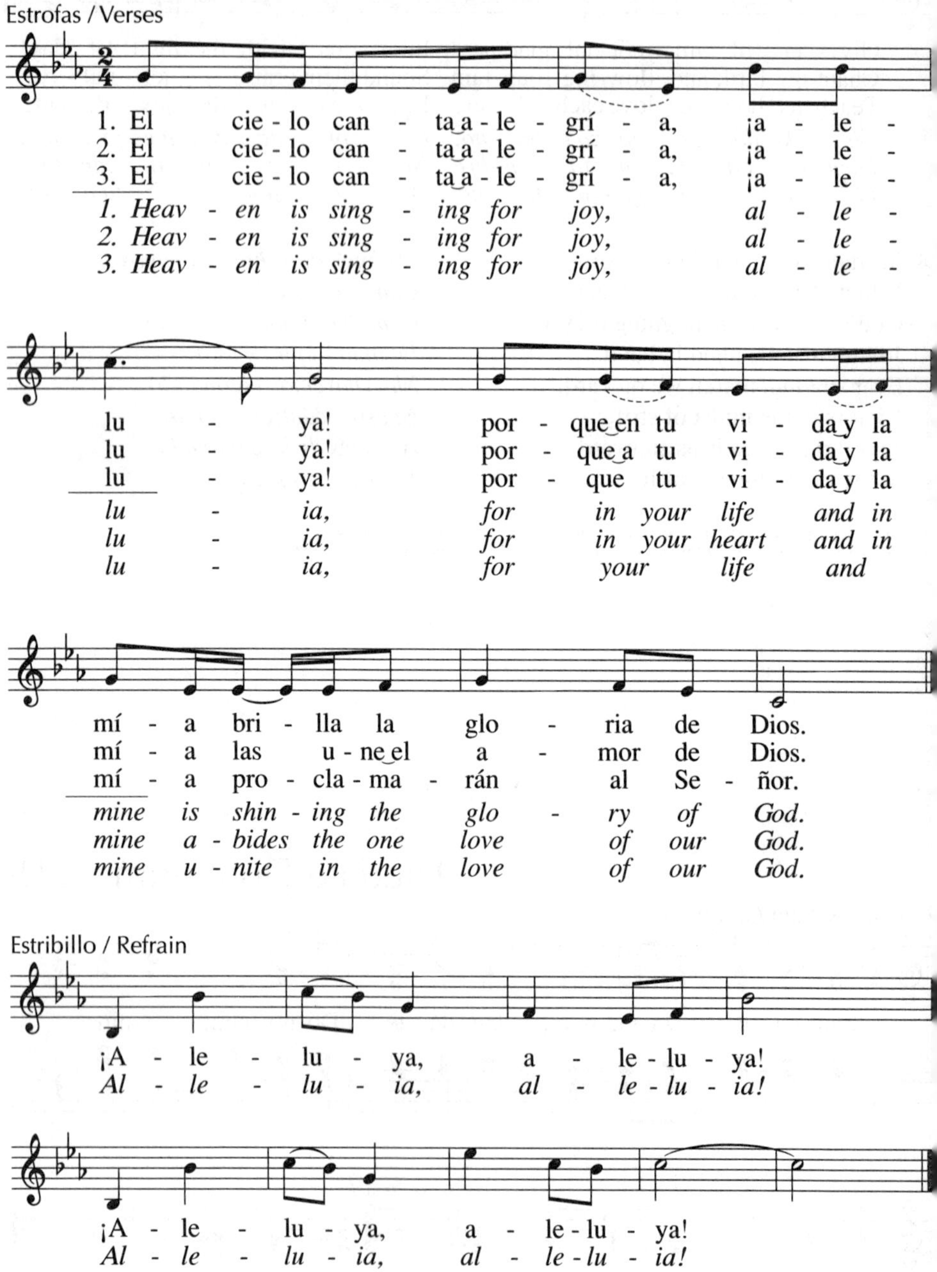

Letra: Pablo Sosa, n.1933
Música: ALEGRÍA, 12 15 con aleluyas; Pablo Sosa, n.1933

Praise, My Soul, the King of Heaven / Alma, Alaba al Rey del Cielo 517

1. Praise, my soul, the King of heav - en; To his
2. Praise him for his grace and fa - vor To his
3. Fa - ther - like he tends and spares us; Well our

1. ¡Al - ma‿a - la - ba‿al Rey del cie - lo Con o -
2. A nues - tros an - te - pa - sa - dos So - co -
3. Tier - na - men - te nos a - tien - de En nues -

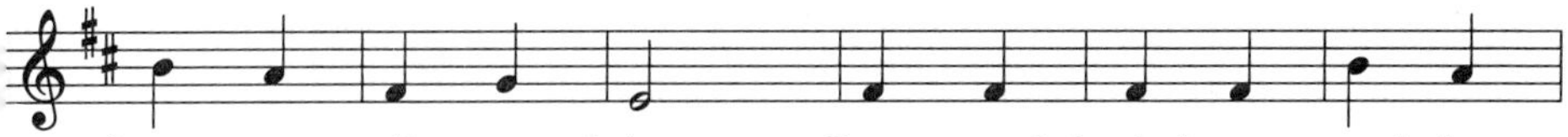

feet your trib - ute bring. Ran - somed, healed, re - stored, for -
peo - ple in dis - tress. Praise him, still the same as
fee - ble frame he knows. In his hands he gen - tly

fren - das de‿hu - mil - dad! Paz, per - dón, sa - lud, con -
rrió‿en ne - ce - si - dad; Y‿hoy le can - tan los sal -
tra de - bi - li - dad. Con sus bra - zos nos de -

giv - en, Ev - er - more his prais - es sing. Al - le - lu - ia!
ev - er, Slow to chide and swift to bless. Al - le - lu - ia!
bears us, Res - cues us from all our foes. Al - le - lu - ia!

sue - lo Nos ha da - do con pie - dad. ¡A - le - lu - ya,
va - dos Que col - mó con su pie - dad. ¡A - le - lu - ya,
fien - de Del pe - ca - do‿y la mal - dad. ¡A - le - lu - ya,

Al - le - lu - ia! Praise the ev - er - last - ing King.
Al - le - lu - ia! Glo - rious in his faith - ful - ness.
Al - le - lu - ia! Wide - ly yet his mer - cy flows.

a - le - lu - ya! Prez al Rey de‿e - ter - ni - dad.
a - le - lu - ya! Gran - de‿es su fi - de - li - dad.
a - le - lu - ya! An - cha‿y hon - da‿es su bon - dad.

4. Angels, help us to adore him.
You behold him face to face.
Sun and moon, bow down before him,
Dwellers all in time and space.
Alleluia! Alleluia!
Praise with us the God of grace.

4. En el cielo le adora
El gran coro‿angelical;
Con estrellas, sol y luna,
Canta, la creación total:
¡Aleluya! ¡Aleluya!
¡Gloria‿a ti, Dios inmortal!

Text: Psalm 103; Henry F. Lyte, 1793–1847, alt.; st. 1–3 tr. by Dimas Planas-Belfort, 1934–1992, © 2012, Editorial Avance Luterano; st. 4 tr. by Ronald F. Krisman, b.1946, © 2012, GIA Publications, Inc.
Tune: LAUDA ANIMA, 8 7 8 7 8 7; John Goss, 1800–1880

518 Quién Es Ese / Who Is This

Letra: Tradicional; tr. por Ronald F. Krisman, © 2005, GIA Publications, Inc.
Música: Tradicional; acomp. por Ronald Krisman, © 2005, GIA Publications, Inc.

All the Earth / Toda la Tierra 519

Refrain / Estribillo

Verses / Estrofas

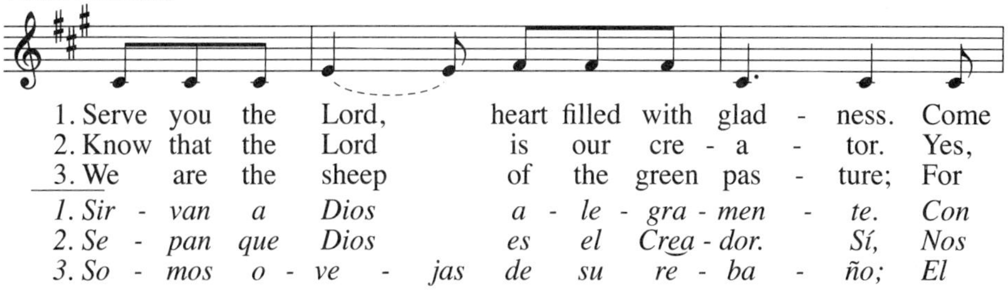

4. Come to the gates bringing thanksgiving;
O enter the courtyards singing in praise.

5. Our Lord is good, with love enduring;
God's word is abiding now with us all.

6. Honor and praise be to the Father,
The Son, and the Spirit, world without end.

4. En atrios suyos traen ofrendas;
Cantándole himnos, vengan a Dios.

5. Del buen Señor, su‿amor es eterno;
Y dura por siempre su lealtad.

6. Gloria y‿honor sea por siempre
A Dios Padre, Hijo, y‿Espíritu Santo.

Text: Lucien Deiss, CSSp, 1921–2007; tr. by Ronald F. Krisman, b.1946
Tune: Lucien Deiss, CSSp, 1921–2007

520 Praise to the Lord, the Almighty / Alma, Bendice al Señor

4. Praise to the Lord!
  O let all that is in me adore him!
All that has life and breath,
  come now with praises before him!
Let the "Amen"
Sound from his people again!
Gladly with praise we adore him!

4. Alma, bendice al Señor
  por su amor infinito;
Con todo el pueblo de Dios
  su alabanza repito:
Dios, mi salud,
De todo bien plenitud,
¡Seas por siempre bendito!

Text: *Lobe den Herren, den mächtigen König;* Joachim Neander, 1650–1680; English tr. by Catherine Winkworth, 1827–1878, alt.; Spanish tr. by Federico Fliedner, 1845–1901, alt.
Tune: LOBE DEN HERREN, 14 14 47 8; *Stralsund Gesangbuch,* 1665

Sing a New Song / Canten un Cántico Nuevo 521

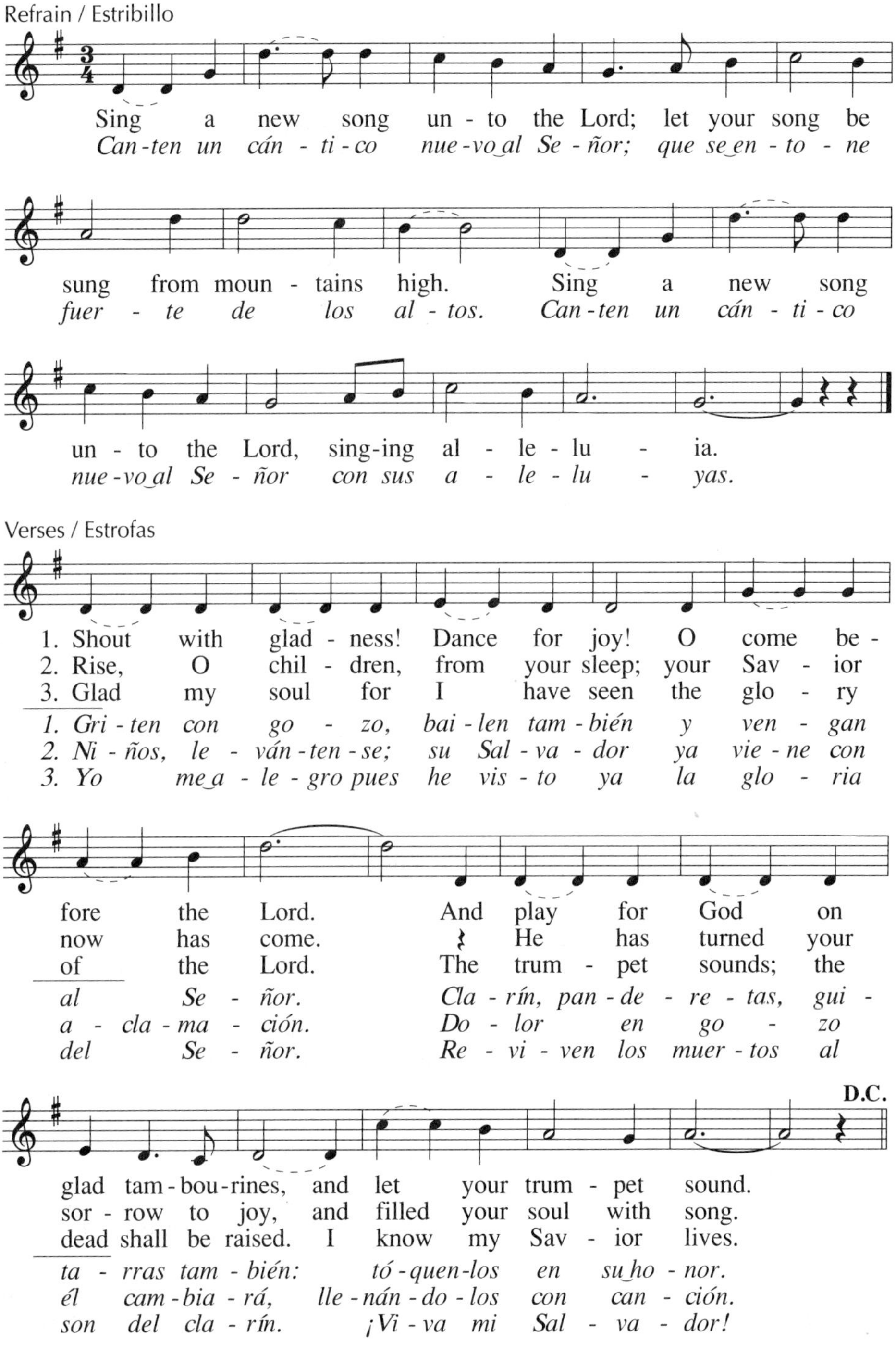

Text: Psalm 98; Dan Schutte, b.1947; tr. by Ronald F. Krisman, b.1946
Tune: Dan Schutte, b.1947

522 Santo, Santo, Santo / Holy, Holy, Holy

Letra: Guillermo Cuéllar, n.1955; tr. por Bret Hesla, n.1957, y William Dexheimer-Pharris, alt.
Música: CUÉLLAR, Irregular con estribillo; Guillermo Cuéllar, n.1955; acomp. por Ronald F. Krisman, n.1946

Bless the Lord / Tengo Sed de Ti 523

Ostinato Refrain / Estribillo

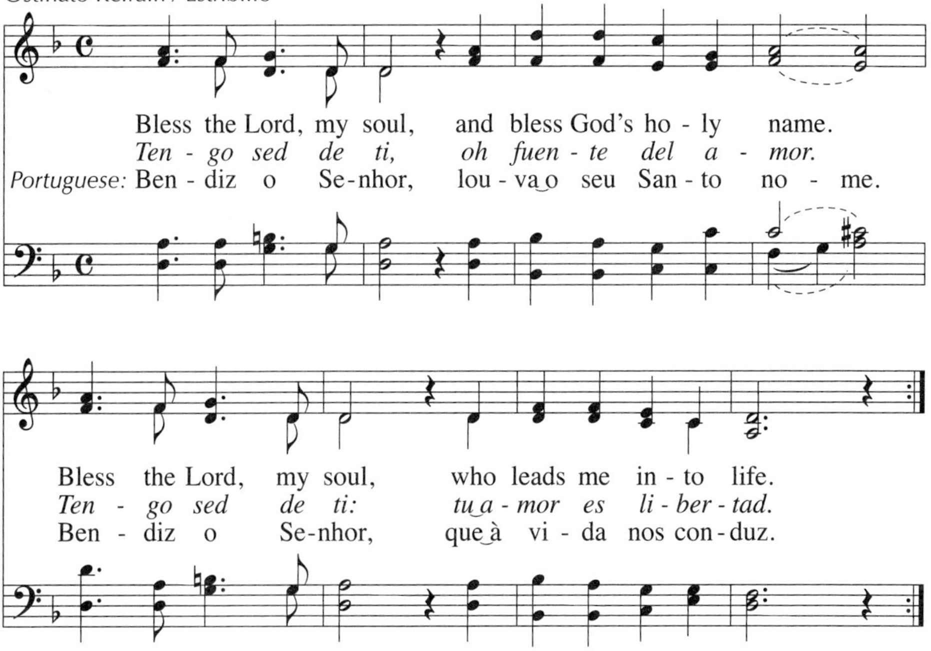

Text: Psalm 103
Tune: Jacques Berthier, 1923–1994

524 Sing of the Lord's Goodness / Canten Sus Bondades

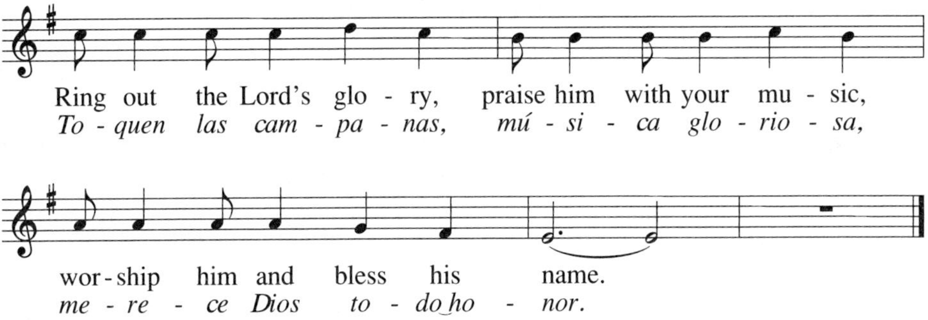

Text: Ernest Sands, b.1949, © 1981, Ernest Sands; tr. by Georgina Pando-Connolly, b.1946, © 2012, Ernest Sands
Tune: Ernest Sands, b.1949, © 1981, Ernest Sands; acc. by Paul Inwood, b.1947, © 1986, Paul Inwood
Published by OCP.

525 No Hay Dios Tan Grande Como Tú / There's No God as Great as You, O Lord

Estribillo / Refrain

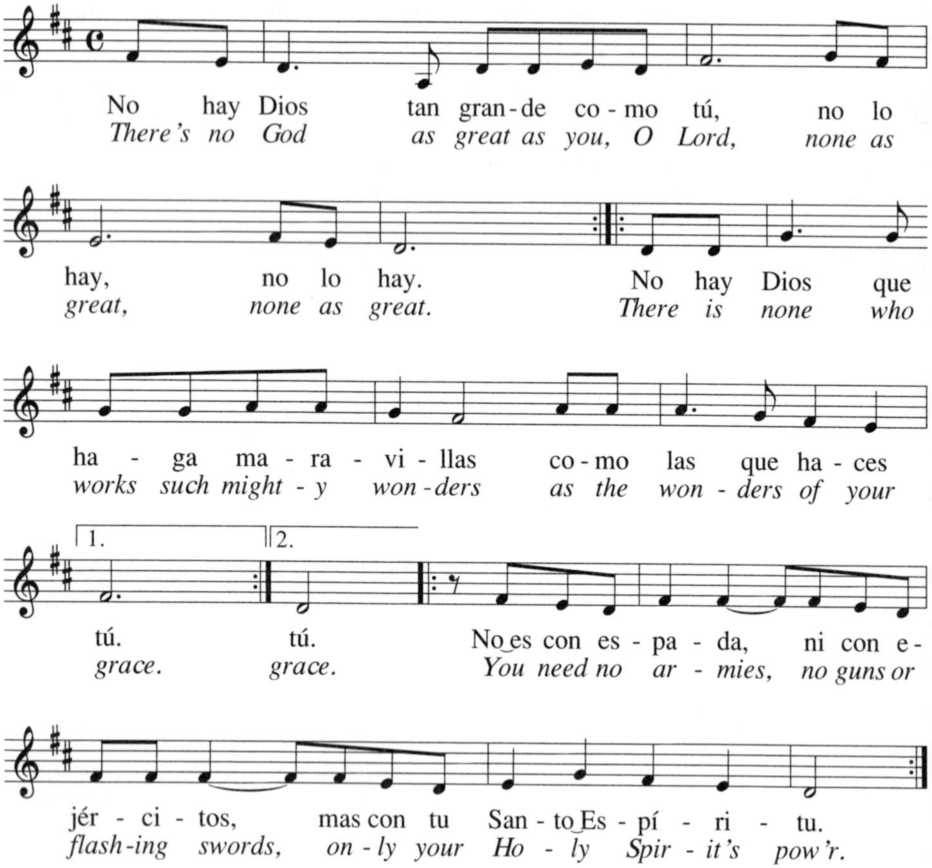

Estrofas / Verses

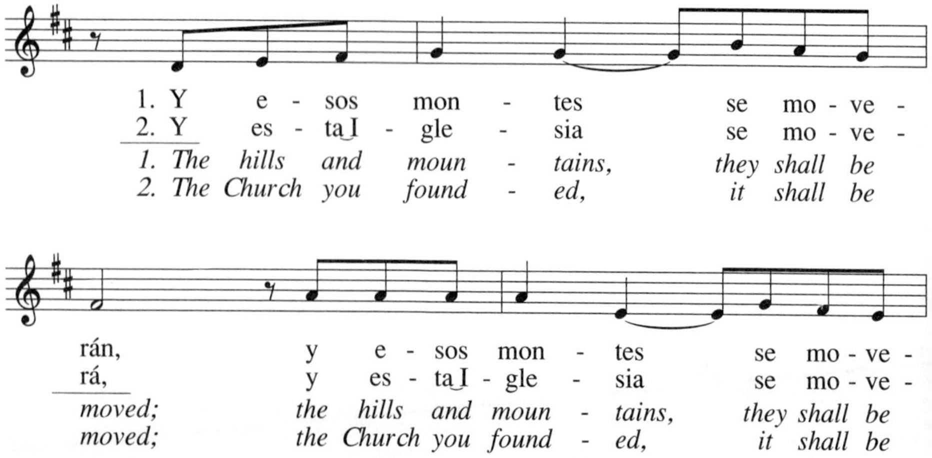

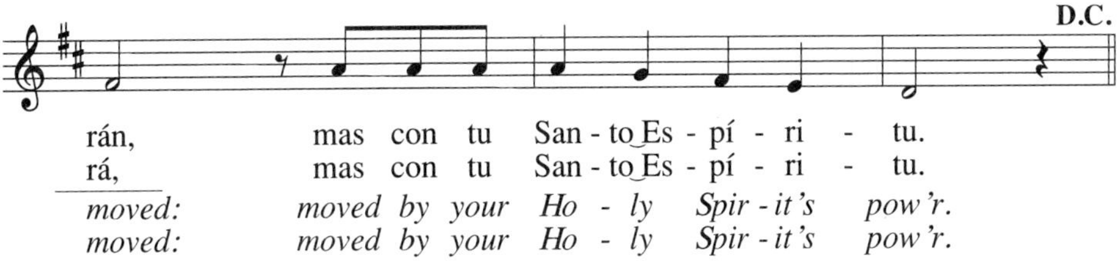

Letra: Salmo 78:4; Zac. 4:6; Mac. 11:23; tr. por Mary Louise Bringle, n.1953, © 2012, GIA Publications, Inc.
Música: Tradicional; acomp. por Ronald F. Krisman, n.1946, © 2012, GIA Publications, Inc.

526 ¡Qué Bueno Eres Tú! / How Good You Are, Lord!

Estrofas / Verses

1. Se - ñor, tú me a - mas; Se - ñor, tú me
2. Se - ñor, yo te a - mo; Se - ñor, yo te
3. O - re - mos u - ni - dos; o - re - mos u -
4. Can - te - mos u - ni - dos; can - te - mos u -

1. My Lord, how you love me; my Lord, how you
2. My Sav - ior, I love you; my Sav - ior, I
3. We pray as your fam - 'ly, we pray as your
4. U - nit - ed in sing - ing, u - nit - ed in

a - mas, me a - mas sin fin, sí,
a - mo y te se - gui - ré, sí,
ni - dos en un co - ra - zón, sí,
ni - dos en un co - ra - zón, sí,

love me— a love deep and wide, sí,
love you, and fol - low your way, sí,
fam - 'ly, our hearts joined as one, sí,
sing - ing, our hearts joined as one, sí,

sí. Se - ñor, tú me a - mas; Se - ñor, tú me
sí. Se - ñor, yo te a - mo; Se - ñor, yo te
sí. O - re - mos u - ni - dos; o - re - mos u -
sí. Can - te - mos u - ni - dos; can - te - mos u -

sí. My Lord, how you love me; my Lord, how you
sí. My Sav - ior, I love you; my Sav - ior, I
sí. We pray as your fam - 'ly, we pray as your
sí. U - nit - ed in sing - ing, u - nit - ed in

a - mas y mue - res por mí, sí, sí.
a - mo y te ser - vi - ré, sí, sí.
ni - dos, bus - can - do‿al Se - ñor, sí, sí.
ni - dos, bus - can - do‿al Se - ñor, sí, sí.

love me. For my sake you died, sí, sí.
love you, and glad - ly o - bey, sí, sí.
fam - 'ly, we seek Christ the Son, sí, sí.
sing - ing, we seek Christ the Son, sí, sí.

Estribillo / Refrain

5. Marchemos unidos;
marchemos unidos
en un corazón, sí, sí.
Marchemos unidos;
marchemos unidos,
buscando‿al Señor, sí, sí.

5. Now marching together,
now marching together,
with hearts joined as one, sí, sí.
Now marching together,
now marching together,
we seek Christ the Son, sí, sí.

**Letra original / Original text*

527 Yo Tengo un Gozo / How Great the Joy in My Heart

Estribillo / Refrain

Estrofas / Verses

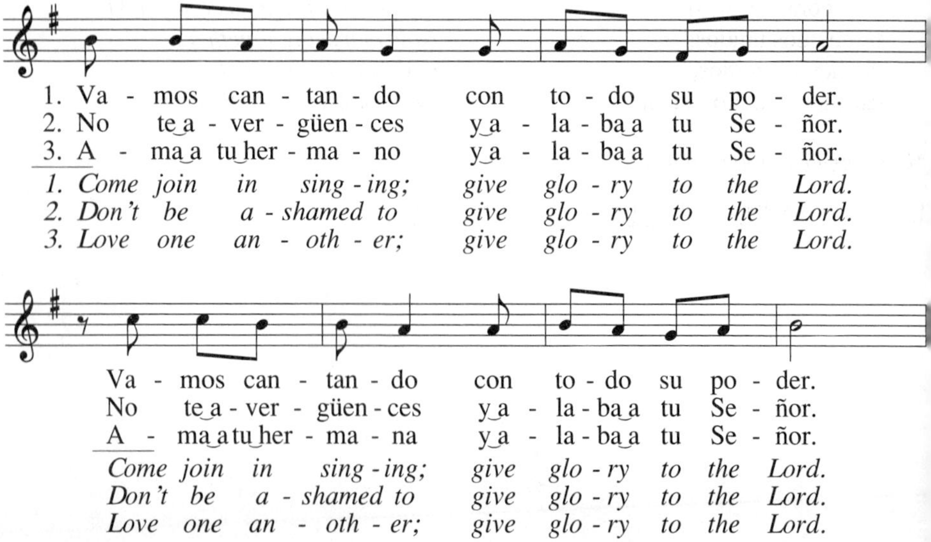

4. Alza los brazos y‿alaba‿a tu Señor.

5. Con alegría alaba‿a tu Señor.

6. Ama‿a María y‿alaba‿a tu Señor.

4. With arms uplifted, give glory to the Lord.

5. With joy and gladness, give glory to the Lord.

6. With Blessed Mary, give glory to the Lord.

528 Sing a New Song to the Lord / Un Nuevo Canto al Señor

When in Our Music God Is Glorified / Cuando Ofrendamos Música al Señor 529

1. When in our mu - sic God is glo - ri - fied,
2. How of - ten, mak - ing mu - sic, we have found
3. So has the Church, in lit - ur - gy and song,
4. And did not Je - sus sing a psalm that night
5. Let ev - 'ry in - stru - ment be tuned for praise!

1. Cuan-do_o-fren - da - mos mú - si - ca_al Se - ñor
2. Las no - tas son es - ca - las de_as - cen - sión
3. A - sí la_I - gle - sia, con su sal - mo - diar,
4. ¿No fue Je - sús quien sal - mos en - to - nó
5. Se_es - cu - che_el gran con - cier - to_u - ni - ver - sal.

And ad - o - ra - tion leaves no room for pride,
A new di - men - sion in the world of sound,
In faith and love, through cen - tu - ries of wrong,
When ut - most e - vil strove a - gainst the light?
Let all re - joice who have a voice to raise!

Y nues - tro_or - gu - llo_a - hó - ga - se_en ru - bor,
Lle - ván - do - nos a nue - va di - men - sión,
Por si - glos sur - ca del e - rror el mar;
A - que - lla no - che_en que_a la cruz mar - chó?
La_hu - ma - ni - dad y_el co - ro ce - les - tial

It is as though the whole cre - a - tion cried:
As wor - ship moved us to a more pro - found
Borne wit - ness to the truth in ev - 'ry tongue:
Then let us sing, for whom he won the fight:
And may God give us faith to sing al - ways:

El u - ni - ver - so can - ta_en su lo - or:
Y nues - tro cul - to_ex - pré - sa - se_en can - ción:
Y, de - sa - fian - te_e - le - va su can - tar:
Can - te - mos, pues el triun - fo nos gran - jeó.
En - to - ne_en fe su cán - ti - co triun - fal:

1.–4. Al - le - lu - ia! *¡A - le - lu - ya!*

5. Al - le - lu - ia! *¡A - le - lu - ya!*

Text: Fred Pratt Green, 1903–2000, © 1972, Hope Publishing Company; tr. by Dimas Planas-Belfort, 1934–1992, © Hope Publishing Company
Tune: ENGELBERG, 10 10 10 with alleluia; Charles V. Stanford, 1852–1924

530 Te Ensalzaré, Señor / I Will Praise You, O Lord

mí.
bon - dad, de por vi - da.
me.
me.
ter - nal.
joy.
Se - ñor, tú sa - cas - te mi vi - da del a -
Al a - tar - de - cer nos vi - si - ta el
Cam - bias - te mi lu - to, mi lu - to en
O my God, when I cried out you heard me and
As the eve - ning draws on, tears may
There - fore with my whole be - ing I'll sing end - less
bis - mo, tú sa - cas - te mi vi - da,
llan - to, nos vi - si - ta el llan - to,
dan - zas. Se - ñor, Dios mí - o,
healed me; you have saved me from She - ol;
lin - ger, tears may lin - ger,
prais - es, I will sing end - less prais - es;
me hi - cis - te re - vi - vir cuan - do ba -
por la ma - ña - na, el jú - bi -
Dios mí - o, te da - ré gra - cias por
you have kept me from sink - ing down in - to the
but at day - break the weep - ing shall turn in - to
Lord, my God, I shall praise you, shall praise you for
D.C.
ja - ba a la fo - sa.
lo.
siem - pre y por siem - pre.
pit.
joy.
ev - er and for ev - er.

531 Praise Our God and Savior / Entonemos Himnos

Ostinato Refrain / Estribillo

Text: Psalm 136, Luke 1:68–79; Taizé Community
Tune: Taizé Community

Now Thank We All Our God / De Boca y Corazón 532

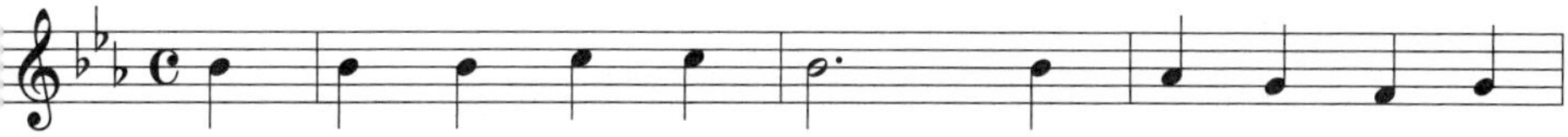

1. Now thank we all our God With hearts and hands and
2. O may this boun-teous God Through all our life be
3. All praise and thanks to God The Fa - ther now be

1. De bo - ca y co - ra - zón A nues - tro Dios can -
2. Oh bon - da - do - so Dios, Ven, da - nos ca - da
3. Dios Cre - a - dor a ti Con go - zo a - do -

voic - es, Who won - drous things has done, In whom his world re -
near us, With ev - er joy - ful hearts And bless - ed peace to
giv - en, The Son, and him who reigns With them in high - est

te - mos. Nos dio su ben - di - ción, Sa - lud, vi - da y con -
dí - a Un co - ra - zón fi - lial Y lle - no de a - le -
ra - mos. Oh, Cris - to Re - den - tor, Tu sal - va - ción can -

joic - es; Who from our moth-ers' arms Has blessed us on our
cheer us; Pre - serve us in his grace, And guide us in dis -
heav - en— The one e - ter - nal God, Whom earth and heav'n a -

sue - lo. Tan só - lo a su bon - dad De - be - mos nues - tro
grí - a. Con - ser - va nues - tra paz; Tu bra - zo pro - tec -
ta - mos. Es - pí - ri - tu de a - mor, A - cep - ta la o - ra -

way With count-less gifts of love, And still is ours to - day.
tress, And free us from all harm Till heav - en we pos - sess.
dore— For thus it was, is now, And shall be ev - er - more.

ser; Con su fi - de - li - dad Nos cui - da por do - quier.
tor Nos lle - ve a ver tu faz En tu ciu - dad, Se - ñor.
ción Que e - le - va con fer - vor El gra - to co - ra - zón.

Text: *Nun danket alle Gott;* Martin Rinkart, 1586–1649; English tr. by Catherine Winkworth, 1827–1878, alt.; Spanish tr. by Federico Fliedner, 1845–1901, alt.
Tune: NUN DANKET, 6 7 6 7 6 6 6 6; Johann Crüger, 1598–1662; harm. by A. Gregory Murray, OSB, 1905–1992

533 Demos Gracias al Señor / With Thanksgiving and with Joy

Estribillo / Refrain

dí - a, can - ta‿y yo can - to‿al Cre - a - dor.
sue - ño, re - za‿y yo re - zo‿al Cre - a - dor.
pen - sa - mien - to son - rí - e‿al Cre - a - dor.
gra - de - ci - do yo can - to‿al Cre - a - dor.

song is wak - ing with my Cre - a - tor's praise.
still be keep - ing a watch of prayer and praise.
thoughts are tell - ing my great Cre - a - tor's praise.
keep re - peat - ing my great Cre - a - tor's praise.

Letra: Cesáreo Gabaráin, 1936–1991; tr. por Mary Louise Bringle, n.1953
Música: DEMOS GRACIAS, 10 11 10 11 con estribillo; Cesáreo Gabaráin, 1936–1991; acomp. por Paul Gibson, n.1952

Alelú, Alelú / Allelu, Allelu 534

Estribillo / Refrain

A - le - lú, a - le - lú, a - le - lú, a - le - lu - ya, gra - cias, Se - ñor. ñor.
Al - le - lu, al - le - lu, al - le - lu, al - le - lu - ia, thanks be to God. God.

Estrofas / Verses

1. Gra - cias, Se - ñor, a - le - lu - ya. Gra - cias, Se - ñor, a - le - lu - ya.
2. Por es - te pan, a - le - lu - ya. Por es - ta me - sa,‿a - le - lu - ya.
3. Por el a - mor, a - le - lu - ya. Que tú nos das, a - le - lu - ya.

1. Thanks be to God, al - le - lu - ia. Thanks be to God, al - le - lu - ia.
2. One bread we break, al - le - lu - ia. One cup we share, al - le - lu - ia.
3. Lord, for your love, al - le - lu - ia. So free - ly giv'n, al - le - lu - ia.

Gra - cias, Se - ñor, a - le - lu - ya. Gra - cias, Se - ñor.
Que nos u - nió, a - le - lu - ya. Gra - cias, Se - ñor.
En es - te‿al - tar, a - le - lu - ya. Gra - cias, Se - ñor.

Thanks be to God, al - le - lu - ia. Thanks be to God.
One in the Lord, al - le - lu - ia. Thanks be to God.
At this great feast, al - le - lu - ia. Thanks be to God.

Letra: Tradicional; tr. por Ronald F. Krisman, n.1946, © 2012, GIA Publications, Inc.
Música: Tradicional; arm. por Ronald F. Krisman, n.1946, © 2012, GIA Publications, Inc.

535 For the Beauty of the Earth / Por la Excelsa Majestad

4. For the joy of human love,
Brother, sister, parent, child,
Friends on earth, and friends above;
For all gentle thoughts and mild:
Lord of all, to you we raise
This our hymn of grateful praise.

4. Por los lazos del amor,
Que en familia y amistad
Nos acercan hoy aquí
Y a los que partieron ya:
Te ofrecemos, oh Señor,
Alabanzas con fervor.

5. For your Church that evermore
Lifts its holy hands above,
Off'ring up on ev'ry shore
Its pure sacrifice of love:
Lord of all, to you we raise
This our hymn of grateful praise.

6. For yourself, best Gift Divine,
To this world so freely giv'n;
Word Incarnate, God's design,
Peace on earth and joy in heav'n:
Lord of all, to you we raise
This our hymn of grateful praise.

5. Por tu Iglesia universal
Que no cesa de rendir
Su tributo de oración
Y de gratitud a ti:
Te ofrecemos, oh Señor,
Alabanzas con fervor.

6. Por las dádivas sin par
Que en Cristo tú nos das;
En los cielos, gozo y luz,
En la tierra, vida y paz:
Te ofrecemos, oh Señor,
Alabanzas con fervor.

Text: Folliot S. Pierpont, 1835–1917; tr. by Federico J. Pagura, b.1923, © 1962
Tune: DIX, 7 7 7 7 77; arr. from Conrad Kocher, 1786–1872, by William H. Monk, 1823–1889

536 Hoy, Señor, Te Damos Gracias / Lord, This Day We Bring Thanksgiving

Estribillo / Refrain

Estrofas / Verses

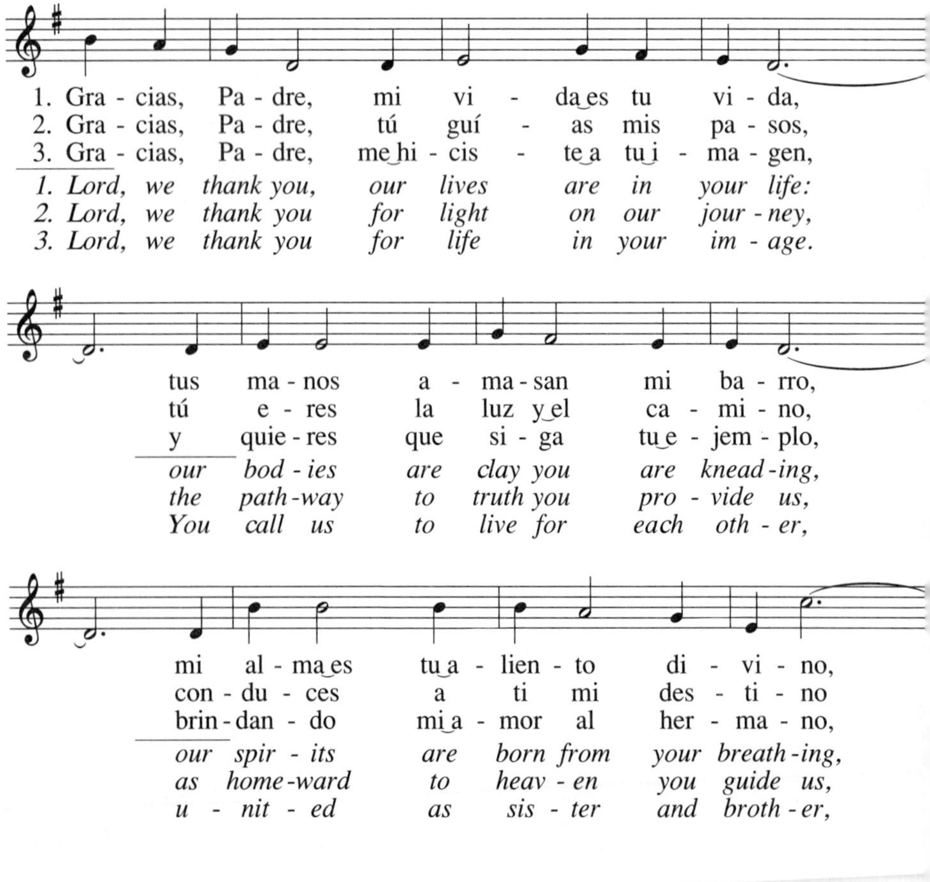

Letra: Cesáreo Gabaráin, 1936–1991; tr. por Mary Louise Bringle, n.1953
Música: Cesáreo Gabaráin, 1936–1991; acomp. por Paul Gibson, n.1952

Confitemini Domino 537

Ostinato Refrain / Estribillo

Text: Psalm 136, *Give thanks to the Lord for he is good;* Taizé Community, 1982
Tune: Jacques Berthier, 1923–1994

538 Let All Things Now Living / Que Todo Viviente

1. Let all things now liv - ing A song of thanks-giv - ing
2. God rules all the forc - es: The stars in their cours - es

1. ¡Que to - do vi - vien - te E - le - ve‿al cle - men - te
2. Sus le - yes ha da - do, Y cuan - to‿ha cre - a - do

To God the Cre - a - tor tri - um - phant - ly raise,
And sun in its or - bit o - be - dient - ly shine;

Crea - dor bon - da - do - so un can - to de‿a - mor!
Las si - gue‿y, ha - cién - do - lo, rín - de - le‿ho - nor.

Who fash-ioned and made us, Pro - tect - ed and stayed us,
The hills and the moun-tains, The riv - ers and foun-tains,

Nos hi - zo,‿y nos cui - da, Pro - te - ge‿y da vi - da;
Los ríos y mon - ta - ñas, Del mar las en - tra - ñas

And guides us with care to the end of our days.
The deeps of the o - cean pro - claim God di - vine.

Nos guí - a‿has - ta‿el fin de nues - tra‿ar - dua la - bor.
A co - ro pro - cla - man el gran Ha - ce - dor.

God's ban - ners are o'er us, God's light goes be - fore us,
We too should be voic - ing Our love and re - joic - ing;

Su‿a - mor nos in - fla - ma; Su luz es cual lla - ma,
Nues - tro‿him - no‿es in - jer - to Al vas - to con - cier - to

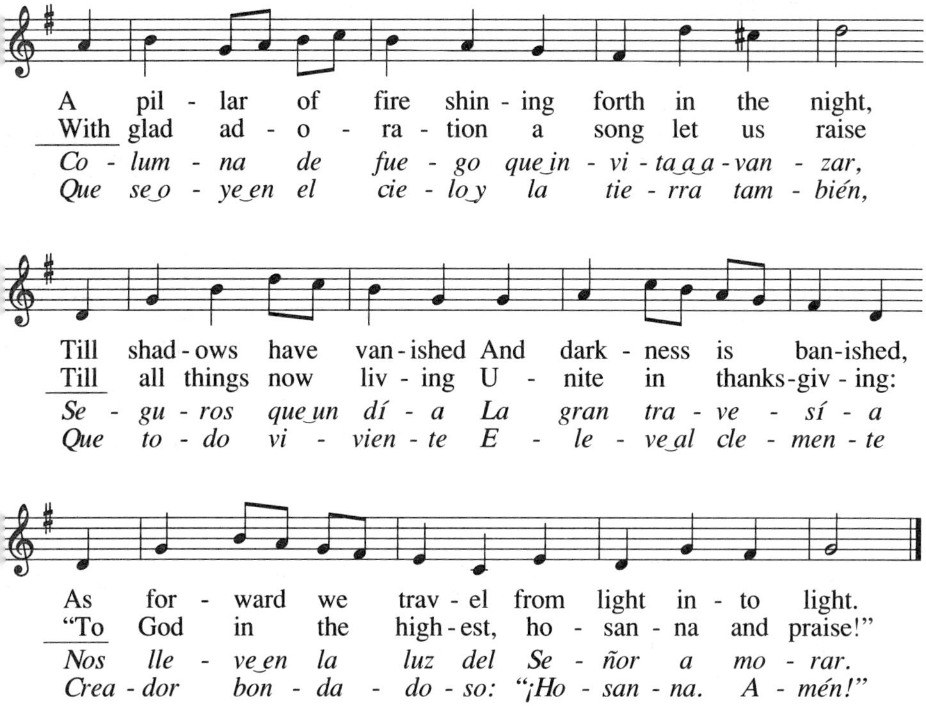

Text: Katherine K. Davis, 1892–1980, © 1939, 1966, E. C. Schirmer Music Co.; tr. by Dimas Planas-Belfort, 1934–1992, © 1990, Editorial Avance Luterano
Tune: ASH GROVE, 66 11 66 11 D; Welsh; harm. by Gerald H. Knight, 1908–1979, © The Royal School of Church Music

539 In the Lord I'll Be Ever Thankful / El Señor Es Mi Fortaleza

Ostinato Refrain / Estribillo

Text: Taizé Community
Tune: Jacques Berthier, 1923–1994

We Gather Together / Nos Hemos Reunido 540

1. We gath - er to - geth - er to ask the Lord's bless - ing;
2. Be - side us to guide us, our God with us join - ing,
3. We all do ex - tol you our lead - er tri - um - phant,

1. Nos he - mos reu - ni - do en el nom - bre de Cris - to
2. Nos has pro - te - gi - do en nues - tro sen - de - ro,
3. Tu nom - bre a - la - ba - mos, Se - ñor vic - to - rio - so;

He chas - tens and has - tens his will to make known;
Whose king - dom calls all to the love which en - dures.
And pray that you still our de - fend - er will be.

Pa - ra a - gra - de - cer tus bon - da - des, oh Dios.
Nos has cir - cun - da - do de bie - nes y ho - nor;
En to - das las lu - chas con - cé - de - nos paz;

The wick - ed op - press - ing now cease from dis - tress - ing:
So from the be - gin - ning the fight we were win - ning:
Let your con - gre - ga - tion es - cape trib - u - la - tion:

Con mu - chos cui - da - dos nos has so - co - rri - do.
Por e - so, Dios san - to, tu pue - blo reu - ni - do
Tu a - mor nos am - pa - re, tu rei - no nos ven - ga;

Sing prais - es to his name; he for - gets not his own.
You, Lord, were at our side; all glo - ry be yours!
Your name be ev - er praised! O Lord, make us free!

¡Ben - di - to se - as siem - pre, lo - a - do tu a - mor!
A ti e - le - va him - nos de glo - ria y lo - or.
Y a ti la glo - ria se - a por siem - pre ja - más.

Text: *Wilt heden nu treden,* Netherlands folk hymn; English tr. by Theodore Baker, 1851–1934, alt.; Spanish tr. by Juanita R. de Balloch, b.1894
Tune: KREMSER, 12 11 12 11; Valerius' *Nederlandtsch Gedenckclanck,* 1626; harm. by Edward Kremser, 1838–1914

541 Father, We Thank You, Who Have Planted / Gracias, Buen Padre, Que Plantaste

Text: From the *Didache*, c.110; English tr. by F. Bland Tucker, 1895–1984, alt. © 1940, The Church Pension Fund; Spanish tr. by Alberto Merubia, b.1919, © 2012, GIA Publications, Inc.
Tune: RENDEZ À DIEU, 9 8 9 8 D; *Genevan Psalter*, 1551; attr. to Louis Bourgeois, c.1510–1561

What Love and Deep Devotion / Porque de Tal Manera 542

Ostinato Refrain / Estribillo

Text: John 3:16; Ronald F. Krisman, b.1946
Tune: Ronald F. Krisman, b.1946

543 Love Divine, All Loves Excelling / Sólo Excelso, Amor Divino

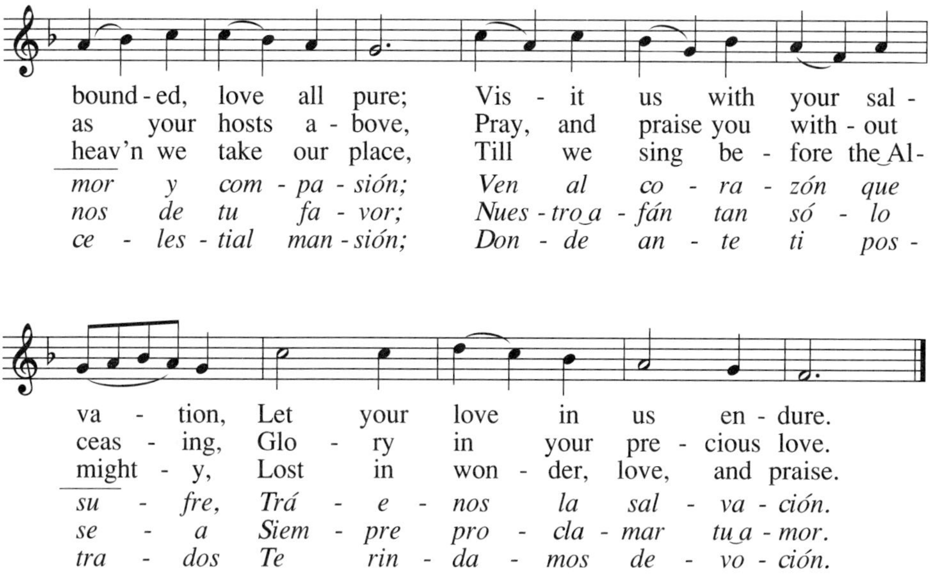

Text: Charles Wesley, 1707–1788, alt.; tr. by Elida G. Falcón, Juanita R. de Balloch, b.1894, and Luis Olivieri, b.1937, ©
Tune: HYFRYDOL, 8 7 8 7 D; Rowland H. Prichard, 1811–1887

544 What Wondrous Love Is This / ¡Cuán Admirable Amor!

Text: Alexander Means, 1801–1883; tr. by Ronald F. Krisman, b.1946, © 2012, GIA Publications, Inc.
Tune: WONDROUS LOVE, 12 9 12 12 9; *Southern Harmony,* 1835; harm. by Richard Proulx, 1937–2010, © 1975, GIA Publications, Inc.

Amazing Grace! / Sublime Gracia 545

1. A - maz - ing grace! how sweet the sound, That
2. 'Twas grace that taught my heart to fear, And
3. The Lord has prom - ised good to me, His

1. Su - bli - me gra - cia del Se - ñor, Que‿a‿un
2. Su gra - cia me‿en - se - ñó‿a ven - cer, Mis
3. Mi Dios ha pro - me - ti - do‿el bien; En

saved a wretch like me! I once was lost,
grace my fears re - lieved; How pre - cious did
word my hope se - cures; He will my shield

pe - ca - dor sal - vó; Per - di - do‿an - da -
du - das di - si - pó. ¡Qué go - zo sien -
él pue - do yo con - fiar; Ha - brá de ser

but now am found; Was blind, but now I see.
that grace ap - pear The hour I first be - lieved!
and por - tion be As long as life en - dures.

ba, él me‿ha - lló, Su luz me res - ca - tó.
to en mi ser! Mi vi - da él cam - bió.
mi‿es - cu - do fiel, En mi pe - re - gri - nar.

4. Through many dangers, toils, and snares,
I have already come;
'Tis grace has brought me safe thus far,
And grace will lead me home.

5. When we've been there ten thousand years,
Bright shining as the sun,
We've no less days to sing God's praise
Than when we'd first begun.

4. Peligros, lucha‿y aflicción,
Los he tenido‿aquí;
Su gracia siempre me libró,
Consuelo recibí.

5. Y cuando‿en Sión por siglos mil
Brillando‿esté cual sol,
Yo cantaré por siempre‿allí
A Cristo‿el Salvador.

Text: Sts. 1–4, John Newton, 1725–1807; st. 5, attr. to John Rees, fl.1859; sts. 1, 2, 4, 5 tr. by Cristóbal E. Morales, 1898–1981, alt.; st. 3 tr. by Carlos P. Lopez,
Tune: NEW BRITAIN, CM; *Virginia Harmony*, 1831; harm. by Edwin O. Excell, 1851–1921

546 There's a Wideness in God's Mercy / Hay Anchura en Su Clemencia

Text: Frederick W. Faber, 1814–1863, alt.; tr. by E. L. Maxwell, adapt. by Ronald F. Krisman, b.1946,
Tune: IN BABILONE, 8 7 8 7 D; *Oude en Nieuwe Hollantse Boerenlieties en Contredansen,* c.1710

547 Keep in Mind / Acuérdate de Jesucristo

Refrain

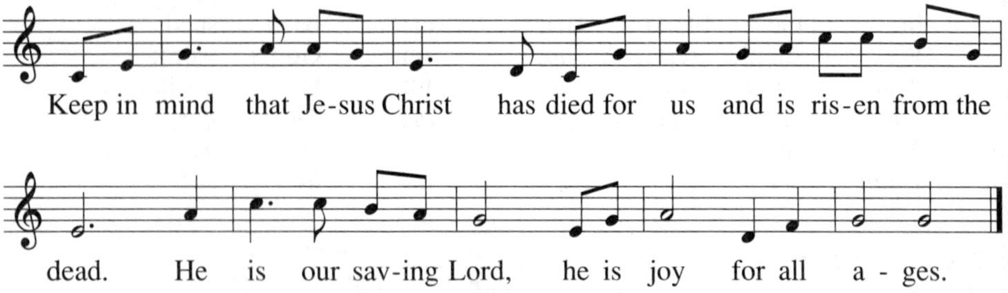

Estribillo

Verse 1 / Estrofa 1 *To refrain / Al estribillo*

Verse 2 / Estrofa 2 *To refrain / Al estribillo*

Verse 3 / Estrofa 3 *To refrain / Al estribillo*

Text: 2 Timothy 2:8–12; Lucien Deiss, CSSp, 1921–2007; tr. by María Pilar de la Figuera
Tune: Lucien Deiss, CSSp, 1921–2007

God Is Forgiveness / Dios Es Ternura 548

Ostinato Refrain / Estribillo

Text: Taizé Community
Tune: Taizé Community

549 Canto de Alegría / Joyfully We Sing Here

Estrofas / Verses

1. Can - to de‿a - le - grí - a por - que ten - go‿a - mor.
2. Del a - mor de Cris - to, ¿quién me‿a - par - ta - rá?
3. To - do lo que pa - sa en mi vi - da‿a - quí
4. En las prue - bas to - das Dios a - yu - da - rá.

1. Joy - ful - ly we sing here of the Sav - ior's grace,
2. Who can sep - a - rate us from the love of Christ?
3. Ev - 'ry-thing that hap - pens to us day by day,
4. God re - mains our ref - uge in the trials we face,

Vi - vo ca - da dí - a con el Sal - va - dor.
Es - con - di - do‿en Cris - to, ¿quién me to - ca - rá?
Dios me lo pre - pa - ra pa - ra bien de mí.
No nos des - am - pa - ra, no nos de - ja - rá.

Liv - ing ev - 'ry day with - in his warm em - brace.
Who, pre - vail a - gainst, when God is on our side?
Christ will be the bea - con who will light our way.
Shield - ing and sus - tain - ing us with lov - ing grace.

Quie - ro‿a to - do‿el mun - do de él siem - pre‿ha - blar,
Si Dios jus - ti - fi - ca, ¿quién con - de - na - rá?
En mis prue - bas du - ras, Dios me‿es siem - pre fiel:
Él nos ne - ce - si - ta pa - ra tra - ba - jar.

Ea - ger - ly we long, both now and ev - 'ry - where,
In - ter - ced - ing for us, Christ is strong and sure.
Through dis - tress and per - il, God is faith - ful still.
Work - ing through the la - bors of our hearts and hands,

Por - que Cris - to quie - re‿a to - dos ya sal - var.
Cris - to por mí‿a - bo - ga, ¿quién me‿a - cu - sa - rá?
¿Por qué pues las du - das? Yo des - can - so‿en él.
Va - mos a - de - lan - te, va - mos a triun - far.

All through-out the world, God's sav - ing love to share.
More than con-querors through him, we can rest se - cure.
Why should we be anx - ious if we trust God's will?
Christ will lead us on - ward in tri - um - phant bands!

Estribillo / Refrain

Letra: Estrofas 1, 4, anónima; estrofas 2, 3, Enrique S. Turrall, 1867–1953, alt.; tr. por Mary Louise Bringle, n.1953, © 2005, GIA Publications, Inc.
Música: ARGENTINA, 11 11 11 11 con estribillo; anónima; acomp. por Ronald F. Krisman, n.1946, © 2005, GIA Publications, Inc.

550 Camina, Pueblo de Dios / Go Forth, O People of God

Letra: Cesáreo Gabaráin, 1936–1991, © 1979. Obra publicada por OCP; tr. por George Lockwood, n.1946, alt., © 1989, The United Methodist Publishing House
Música: NUEVA CREACIÓN, 7 8 8 7 D con estribillo; Cesáreo Gabaráin, 1936–1991, © 1979. Obra publicada por OCP; arm. por Juan Luis Garcia, © 1987

551 Neither Death, Nor Life / Ni la Muerte, Ni Vida

Refrain / Estribillo

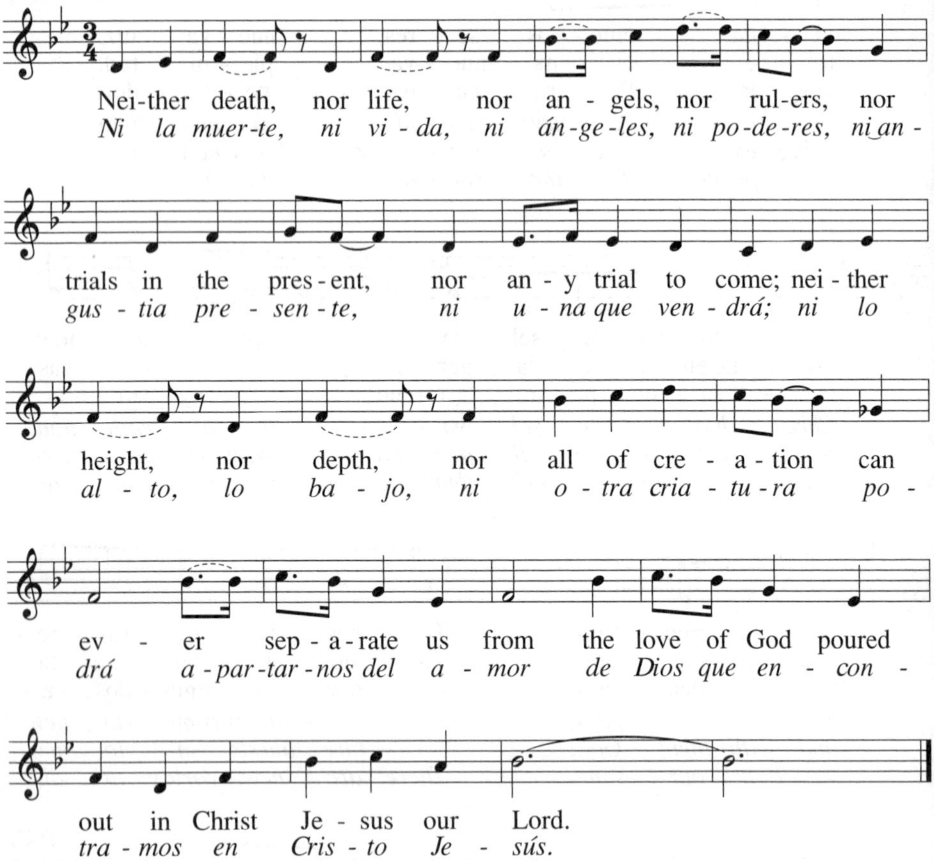

Verses / Estrofas

1. Dwell in the One who raised Christ from the dead;
   though your body shall die, in Christ you shall rise
   through the Spirit who brings you to life.

2. All who are led by the Spirit shall live as children of God,
   and heirs with Christ Jesus,
   God's adopted and chosen and loved.

3. All of the suff'ring we now must endure
   is nothing to the glory so soon to be revealed
   when creation itself is set free.

4. All of creation awaits the new birth,
   the fullness of redemption, through labor pains of love;
   and so we wait in patience and hope.

5. All things work for good for the ones who love God,
and if God is for us, then who can be against us?
God's justified cannot be condemned.

6. Who can separate us from the love of Christ?
Will hardship or distress, persecution or famine,
or nakedness or peril or sword?

1. El que resucitó a Jesús de la muerte habita‿en ustedes,
y dará‿a sus cuerpos vida; lo hará por el Espíritu Santo.

2. Todos guiados por el Espíritu de‿amor son hijos de Dios,
herederos con Cristo, adoptados, elegidos, y‿amados.

3. Nuestros sufrimientos no se pueden comparar
con la gloria que un día se nos descubrirá,
cuando la creación será liberada.

4. Gime la creación con dolores de parto,
anhelando el día de la plena redención.
Tenemos que‿esperar con paciencia.

5. Dios dispone todo para bien de los que lo‿aman.
Si Dios está con nosotros, ¿quién estará en contra?
¿Quién condena‿a los justos de Dios?

6. ¿Quién nos separará del amor de Jesús?
¿La‿aflicción, la‿angustia, la persecución o‿el hambre?
¿La desnudez, el peligro, la‿espada?

Text: Romans 8:11–19, 22–25, 28–35, 38; Marty Haugen, b.1950; tr. by Ronald F. Krisman, b.1946
Tune: Marty Haugen, b.1950

552 There Is a Balm in Gilead / Bálsamo de Amor Hay en Galaad

Text: Jeremiah 8:22, African American spiritual; tr. by Evelyn Robert-Olivieri, b.1940, and Oscar Rodríguez, ©
Tune: BALM IN GILEAD, Irregular with refrain; African American spiritual; acc. by Robert J. Batastini, b.1942, © 1987, GIA Publications, Inc.

Christ Be beside Me / Cristo a Mi Lado 553

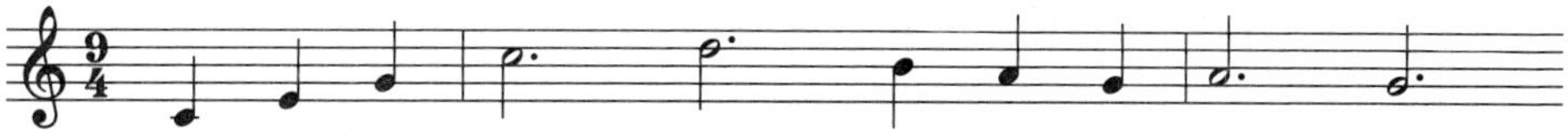

1. Christ be be - side me, Christ be be - fore me,
2. Christ on my right hand, Christ on my left hand,
3. Christ be in all hearts Think - ing a - bout me;

1. Cris - to a mi la - do, Cris - to de - lan - te,
2. A mi de - re - cha, Con - mi - go, Cris - to,
3. Cris - to se en - cuen - tre En to - da al - ma,

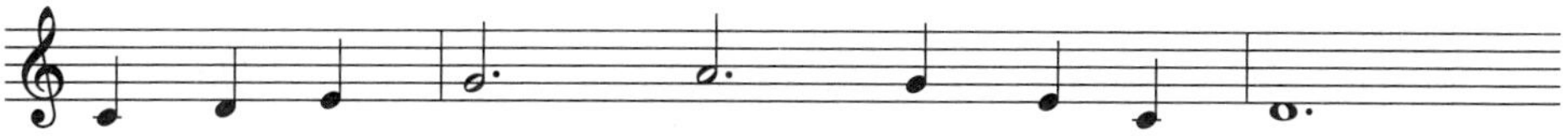

Christ be be - hind me, King of my heart.
Christ all a - round me, Shield in the strife,
Christ be on all tongues Tell - ing of me.

El Rey Di - vi - no De - trás de mí.
Y por mi iz - quier - da, Mi de - fen - sor.
Y en las per - so - nas Que ha - blan de mí.

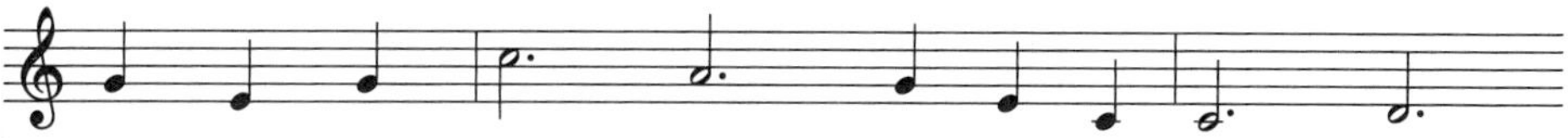

Christ be with - in me, Christ be be - low me,
Christ in my sleep - ing, Christ in my sit - ting,
Christ be the vis - ion In eyes that see me;

Cris - to a - do - ra - do, A - rri - ba, a - ba - jo.
Cuan - do me duer - mo, O me le - van - to,
Que vean a Cris - to Los que me mi - ren;

Christ be a - bove me, Nev - er to part.
Christ in my ris - ing, Light of my life.
In ears that hear me, Christ ev - er be.

Tan só - lo Cris - to Por siem - pre a - quí.
Cris - to, me a - lum - bra Tu res - plan - dor.
Y que le es - cu - chen Siem - pre en mí.

Text: Ascribed to St. Patrick; James Quinn, SJ, 1919–2010, © 1969. Used by permission of Selah Publishing Co., Inc.; tr. by Georgina Pando-Connolly, b.1946, © 2012, GIA Publications, Inc.
Tune: BUNESSAN, 5 5 5 4 D; Gaelic melody; harm. by A. Gregory Murray, OSB, 1905–1992, © Downside Abbey

554 Jesus, Come! For We Invite You / Ven, Jesús, Que Te Invitamos

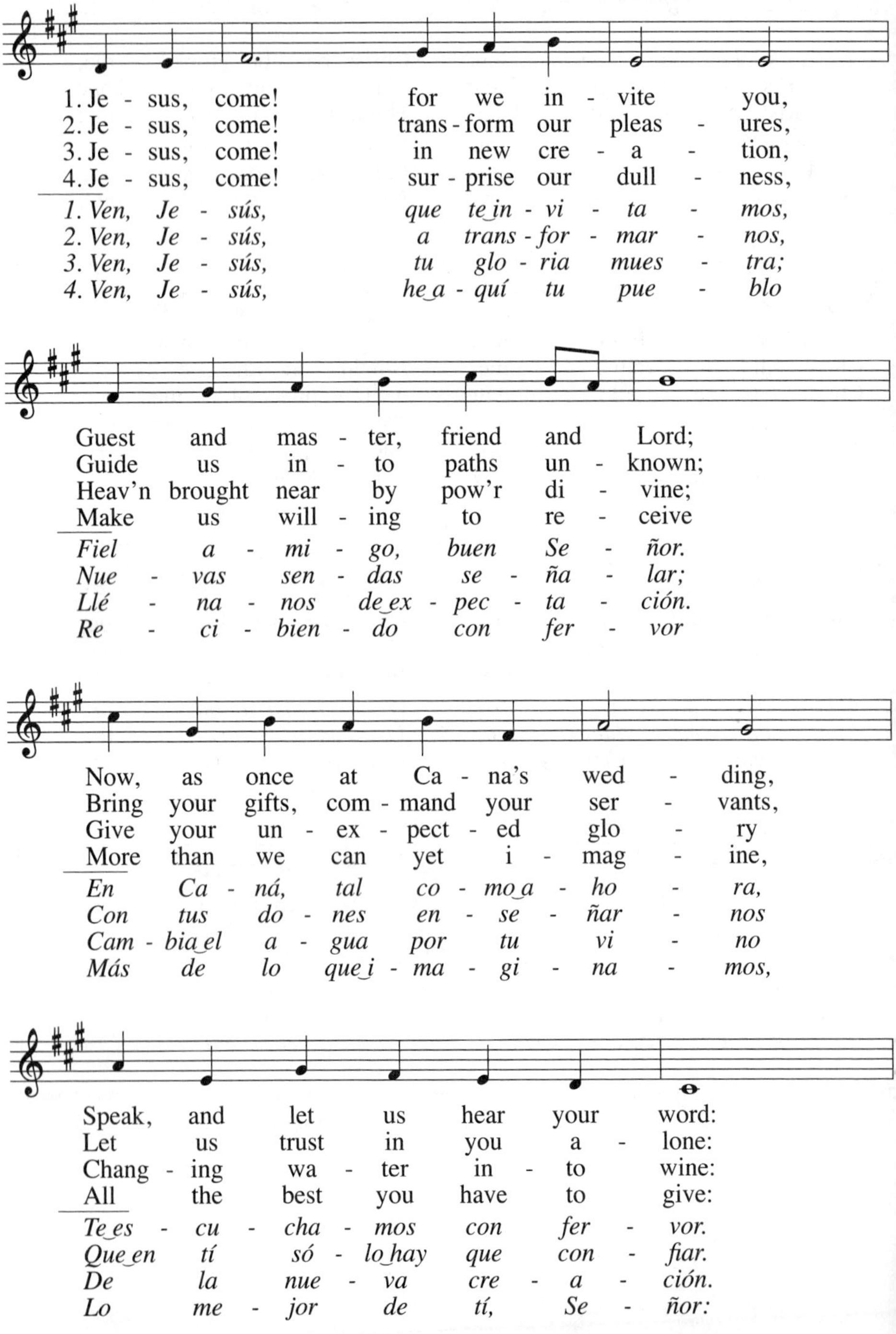

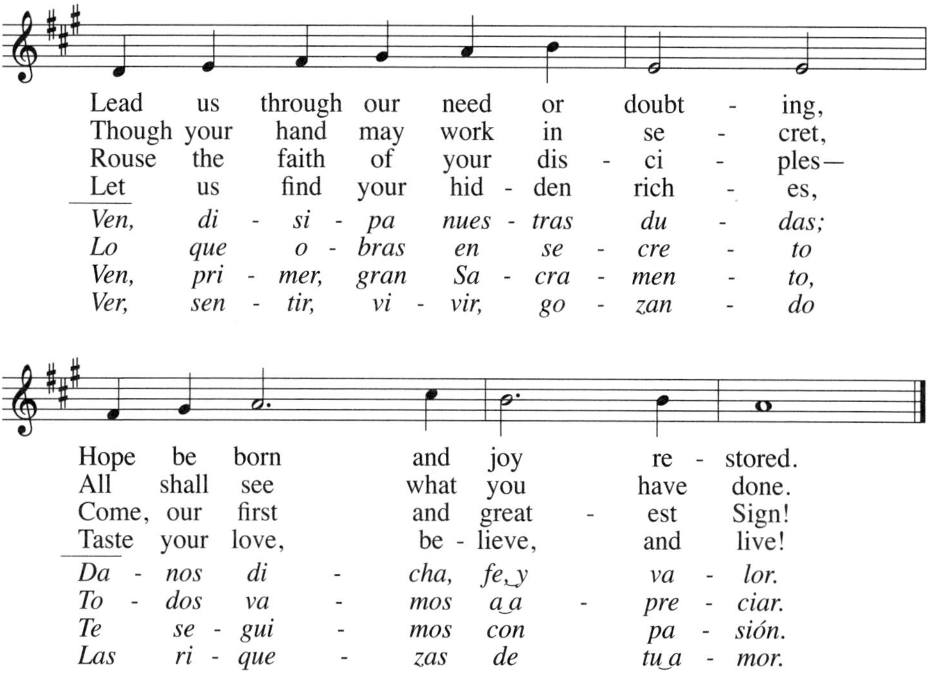

Text: John 2; Christopher M. Idle, b.1938; tr. by Georgina Pando-Connolly, b.1946, © 1982, tr. 2012, The Jubilate Group (admin. by Hope Publishing Company)
Tune: BEST GIFT, 8 7 8 7 8 7; Ronald F. Krisman, b.1946, © 1986, GIA Publications, Inc.

555 O Lord, Hear My Prayer / Señor, Ten Piedad

Ostinato Refrain / Estribillo

Text: Psalm 102; Taizé Community, 1982
Tune: Jacques Berthier, 1923–1994

Lord of All Hopefulness / Dios Anhelante 556

1. Lord of all hope-ful-ness, Lord of all joy, Whose
2. Lord of all ea-ger-ness, Lord of all faith, Whose
3. Lord of all kind-li-ness, Lord of all grace, Your
4. Lord of all gen-tle-ness, Lord of all calm, Whose

1. Dios an-he-lan-te, de go-zo y pla-cer, Con-
2. Dios a-fa-no-so, Se-ñor de la fe, Tu
3. Dios de la gra-cia, de to-da bon-dad, Tus
4. Dios de ter-nu-ra, Se-ñor de la paz, Tu

trust, ev-er child-like, no cares could de-stroy, Be
strong hands were skilled at the plane and the lathe, Be
hands swift to wel-come, your arms to em-brace, Be
voice is con-tent-ment, whose pres-ence is balm, Be

fian-za en ti no se pue-de ven-cer. Al
ma-no con tor-no y for-món há-bil fue. En
ma-nos nos for-man en co-mu-ni-dad. En
voz y pre-sen-cia nos tra-en so-laz. En

there at our wak-ing, and give us, we pray, Your
there at our la-bors, and give us, we pray, Your
there at our hom-ing, and give us, we pray, Your
there at our sleep-ing, and give us, we pray, Your

a-ma-ne-cer te ro-ga-mos que es-tés; Tu
nues-tras la-bo-res ro-ga-mos que es-tés; Tu
nues-tros ho-ga-res ro-ga-mos que es-tés; Tu a-
sue-ño noc-tur-no ro-ga-mos que es-tés; Tu

bliss in our hearts, Lord, at the break of the day.
strength in our hearts, Lord, at the noon of the day.
love in our hearts, Lord, at the eve of the day.
peace in our hearts, Lord, at the end of the day.

go-zo en el al-ma a la au-ro-ra nos des.
fuer-za en el al-ma al me-dio-dí-a nos des.
mor en el al-ma por la tar-de nos des.
paz en el al-ma por la no-che nos des.

557 Lead Me, Guide Me / Guíame, Mi Señor

Refrain / Estribillo

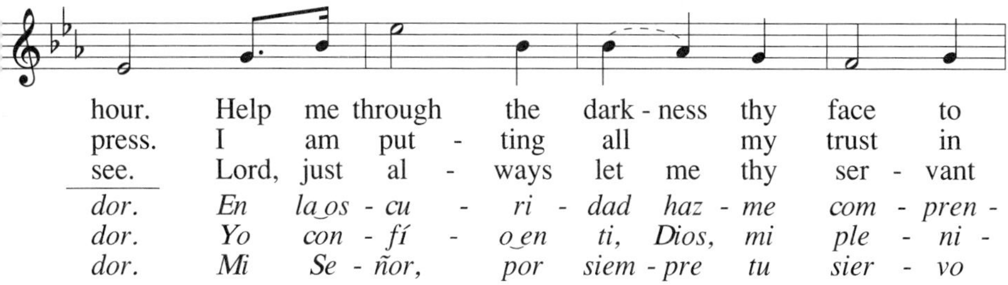

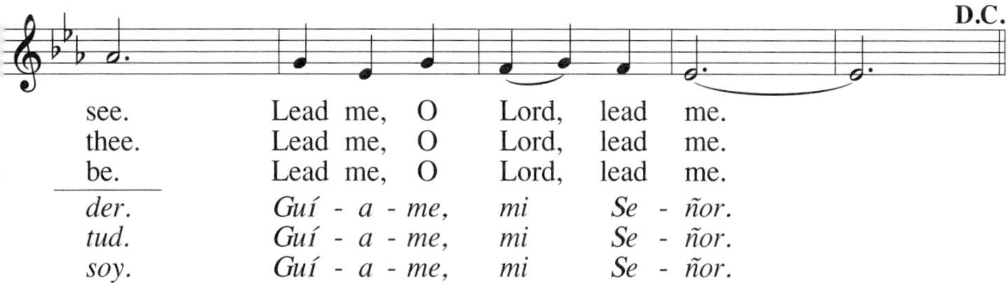

Text: Doris M. Akers, 1922–1995; tr. by Ronald F. Krisman, b.1946
Tune: LEAD ME, GUIDE ME, Irregular with refrain; Doris M. Akers, 1922–1995; harm. by Richard Smallwood, b.1948

558 Open My Eyes / Abre Mis Ojos

Text: Based on Mark 8:22–25 and Psalm 51; verses and English bridge, Jesse Manibusan, b.1958, and Rufino Zaragoza, OFM, b.1957, © 1988, 1998, Jesse Manibusan and Rufino Zaragoza, OFM; bridge tr., © 1970, Comisión Episcopal Española de Liturgia
Tune: Jesse Manibusan, b.1958; acc. por Ed Bolduc, b.1969, © 1988, 1998, 1999, Jesse Manibusan
Published by spiritandsong.com®, a division of OCP.

When My Soul Is Sore and Troubled / Cuando Mi Alma Está Turbada 559

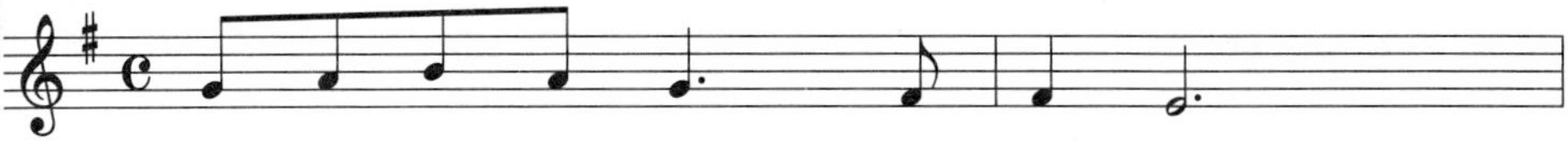

1. When my soul is sore and trou - bled,
2. When my voice grows faint from cry - ing,
3. When my mus - cles burn from strain - ing,

1. Cuan - do mi‿al - ma‿es - tá tur - ba - da,
2. Cuan - do lá - gri - mas me‿in - un - dan,
3. Cuan - do‿es - toy muy a - go - ta - do/a,

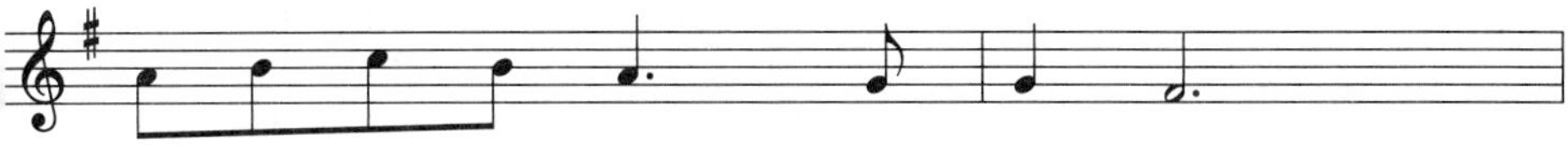

When my mind is heav - y - bur - dened,
When my song is weak and bro - ken,
When my shoul - ders ache with sor - row,

O mi vi - da‿es - tá pe - sa - da,
Mi voz y can - ción se‿a - nu - dan,
Por la pe - na a - bru - ma - do/a,

Then I cry, "My God, my God."
Then I cry, "My God, my God."
Then I cry, "My God, my God."

Gri - ta - ré, "Oh Dios, mi Dios."
Gri - ta - ré, "Oh Dios, mi Dios."
Gri - ta - ré, "Oh Dios, mi Dios."

4. When I know the Spirit listens,
When I know that Christ cries with me,
Then I sing, "My God, my God."

4. El Espíritu me‿escucha,
Y conmigo Cristo llora,
Cantaré, "Oh Dios, mi Dios."

Text: Adam M. L. Tice, b.1979; tr. by Ronald F. Krisman, b.1946
Tune: PERILYPOS PSYCHE, 8 8 7; Ronald F. Krisman, b.1946

560 Healing River / Fuente de Vida

*The assembly echoes each phrase of the cantor at the interval of one half measure.
*La asamblea hace eco con cada frase del canto en intervalos de medio compás.

Text: Fran Minkoff, © 1964 (renewed), Appleseed Music, Inc.; tr. by Martin Junge, © Lutheran World Federation
Tune: Fred Hellerman, arr. by Michael Joncas, b.1951; © 1964 (renewed), Appleseed Music, Inc.

561 Enséñame, Señor / O Teach Us, Lord

Estribillo / Refrain

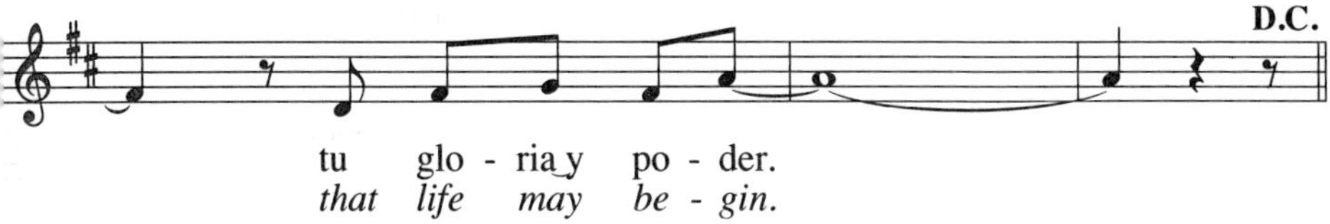

Letra: Donna Peña, n.1955
Música: Donna Peña, n.1955; arr. por William Gokelman

La Bendición del Dios de Sara / The God of Sarah 562

Letra: Lois Wilson, tr. española por Pablo Sosa, n.1933, © 1988, GIA Publications, Inc.; tr. inglesa por Mary Louise Bringle, n.1953, © 2006, GIA Publications, Inc.
Música: Pablo Sosa, n.1933, © 1988, GIA Publications, Inc.; arm. por Gordon Bär, ©

563 Una Mirada de Fe / A Single Glimmer of Faith

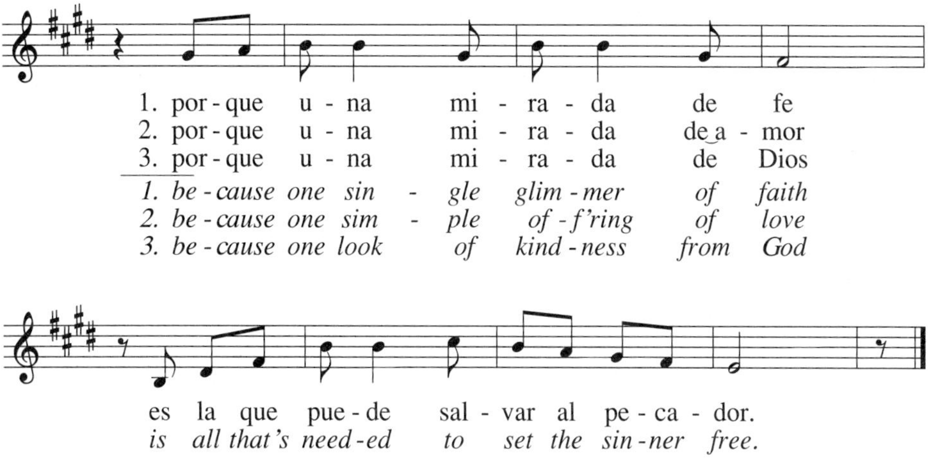

Letra: Tradicional; tr. por Ronald F. Krisman, n.1946, © 2012, GIA Publications, Inc.
Música: Tradicional; acomp. por Ronald F. Krisman, n.1946, © 2012, GIA Publications, Inc.

564 A Living Faith / Fe Santa Que Nos Dio Jesús

1. Faith of our fa - thers, liv - ing still
2. Faith of our moth - ers, dar - ing faith,
3. Faith of our sis - ters, broth - ers too,
4. Faith born of God, O call us yet;

1. Fe san - ta que nos dio Je - sús,
2. Oh san - ta fe, su gran po - der
3. La cár - cel nun - ca‿a - pri - sio - nó
4. En nues - tra lu - cha por la fe,

In spite of dun - geon, fire, and sword;
Your work for Christ is love re - vealed,
Who still must bear op - pres - sion's might,
Bind us with all who fol - low you,

Que ven - ce to - da‿o - po - si - ción;
A las na - cio - nes ven - ce - rá;
Su men - te‿y mo - do de pen - sar,
Haz - nos, oh Cri - sto, de - mos - trar

Oh, how our hearts beat high with joy
Spread - ing God's word from pole to pole,
Rais - ing on high, in pris - ons dark,
Shar - ing the strug - gle of your cross

Por e - lla‿el pue - blo so - por - tó
Por la ver - dad que‿en e - lla hay
Ni su con - cien - cia do - mi - nó;
Tu san - to‿a - mor con o - bra‿y voz,

When - e'er we hear that glo - rious word.
Mak - ing love known and free - dom real.
The cross of Christ still burn - ing bright.
Un - til the world is made a - new.

Ho - gue - ra, prue - bas y pri - sión.
La‿hu - ma - ni - dad se li - bra - rá.
¡Cuán no - ble‿e - jem - plo que‿i - mi - tar!
Y con la vi - da pre - di - car.

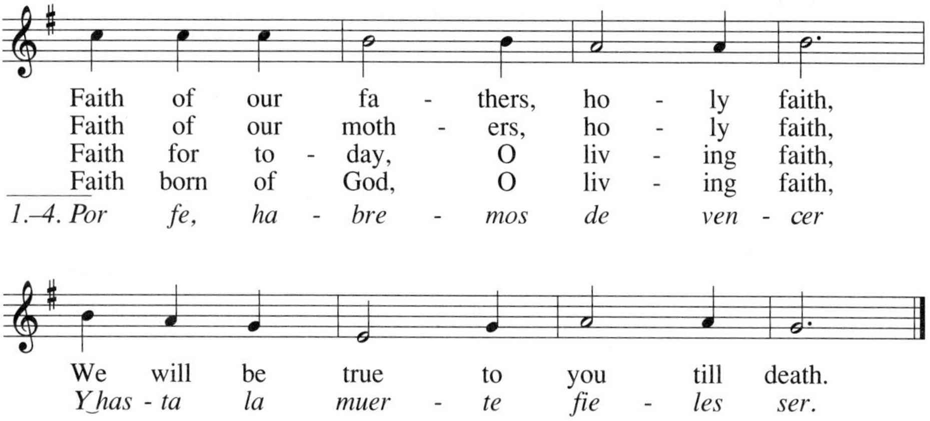

Text: St. 1, Frederick W. Faber, 1814–1863, alt.; sts. 2–4, Joseph R. Alfred, b.1947, alt., © 1981; tr. by George P. Simmonds, 1890–1991, © (ren.) 1978. Property of Elizabeth Donaldson.
Tune: ST. CATHERINE, LM with refrain; Henry F. Hemy, 1818–1888; adapt. by James G. Walton, 1821–1905

I Say "Yes," My Lord / Digo "Sí," Señor 565

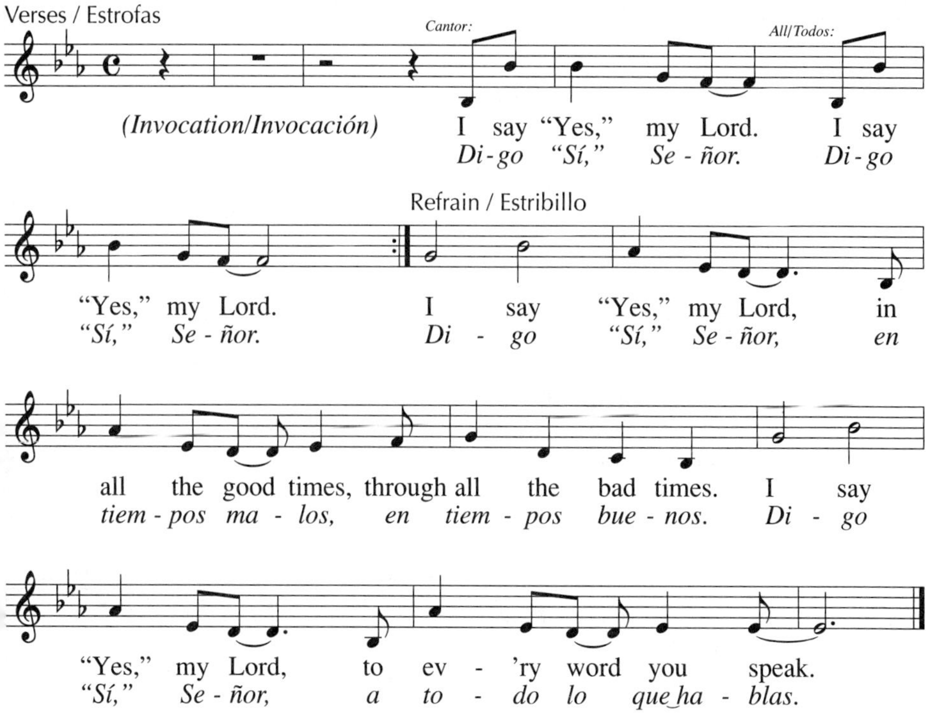

Text: Donna Peña, b.1955
Tune: Donna Peña, b.1955; arr. by Marty Haugen, b.1950

566 Center of My Life / Señor, Eres Mi Vida

D.C.
hap-pi - ness lies in you a - lone."
he is at my right hand, I shall stand firm.
let your be - lov - ed know de - cay.
a - le - grí - a só - lo_es - tá en ti."
él a mi de - re - cha, no va - ci - la - ré.
de - jas a tu fiel co - no - cer la co - rrup - ción.
Verse 4 / Estrofa 4
4. You will show me the path of life, the
4. Me_en - se - ñas el sen - de - ro de la vi - da, me
full - ness of joy in your pres - ence,
lle - na - rás de go - zo_en tu pre - sen - cia;
at your right hand, at your right hand
a tu de - re - cha, a tu de - re - cha,
D.C.
hap - pi - ness for ev - er.
siem - pre a - le - grí - a.

567 We Walk by Faith / Por Fe Debemos Caminar

Beautiful Savior / Glorioso Cristo 568

Text: *Schönster Herr Jesu; Münster Gesangbuch,* 1677; English tr. by Joseph A. Seiss, 1823–1904; Spanish tr. by Federico J. Pagura, b.1923, alt.,

Tune: SCHÖNSTER HERR JESU (ST. ELIZABETH), 5 5 7 5 5 8; Silesian folk tune, 19th C.; harm. by Richard S. Willis, 1819–1900

569 Porque Él Entró / Because He Came

por - que par - tió los co - ra - zo - nes du - ros
por - que a - cep - tó su - frir nues - tra con - de - na
ya na - da pue - de de - te - ner su his - to - ria,
be - cause he shat - tered ha - tred of the strang - er,
he bowed be - neath the yoke of sin's op - pres - sion
he rose vic - to - rious, tramp - ling death by dy - ing:
y le - van - tó las al - mas a - ba - ti - das.
y a - sí mo - rir por to - dos los mor - ta - les. Por
ni de su rei - no e - ter - no la ve - ni - da.
and lift - ed up the wea - ry and dis - heart - ened.
and suf - fered death that we might face to - mor - row. Be -
and he will reign in pow - er and in glo - ry!
e - so es que hoy te - ne - mos es - pe - ran - za, por
cause of this, we wait with ea - ger pa - tience, per -
e - so es que hoy lu - cha - mos con por - fí - a, por
sis - tent in our strug - gles toward the morn - ing. Be -
e - so es que hoy mi - ra - mos con con - fian - za el por - ve -
cause of this, our hope and ex - pec - ta - tions look toward the
nir en es - ta tie - rra mí - a. Por e - so es que hoy te -
dawn when earth will know his com - ing. Be - cause of this, we
ne - mos es - pe - ran - za, por e - so es que hoy lu -
wait with ea - ger pa - tience, per - sis - tent in our

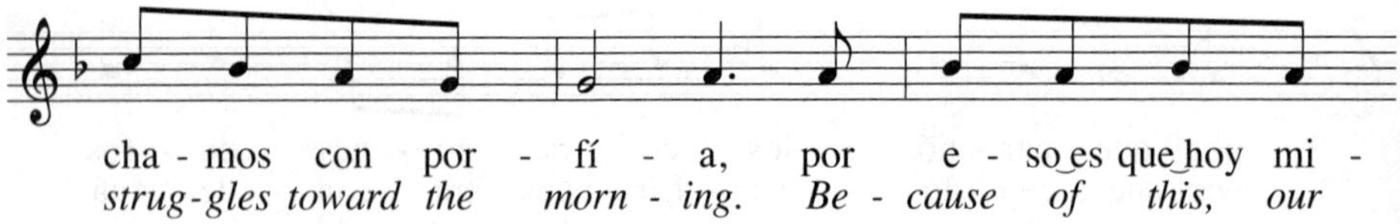

Letra: Federico J. Pagura, n.1923, adapt. ©; tr. por Mary Louise Bringle, n.1953, © 2012, GIA Publications, Inc.
Música: TENEMOS ESPERANZA, 11 11 11 11 con estribillo; Homero R. Perera, alt., © 1983

570 How Can I Keep from Singing? / ¡Debo Seguir Cantando!

Text: Robert Lowry, 1826–1899, alt.; tr. by Ronald F. Krisman, b.1946, © 2012, GIA Publications, Inc.
Tune: HOW CAN I KEEP FROM SINGING, 8 7 8 7 with refrain; Robert Lowry, 1826–1899; harm. by Robert J. Batastini, b.1942, © 1988, GIA Publications, Inc.

571 A Mighty Fortress Is Our God / Castillo Fuerte Es Nuestro Dios

4. God's Word forever shall abide,
No thanks to foes, who fear it;
For God, our Lord, fights by our side
With weapons of the Spirit.
Were they to take our house,
Goods, honor, child, or spouse,
Though life be wrenched away,
They cannot win the day.
The Kingdom's ours forever!

4. Esa Palabra del Señor,
Que el mundo no apetece,
Por el Espíritu de Dios
Muy firme permanece.
Nos pueden despojar
De bienes, nombre, hogar,
El cuerpo destruir,
Mas siempre ha de existir
De Dios el Reino eterno.

Text: Psalm 46; *Ein' feste Burg ist unser Gott*; Martin Luther, 1483–1546; English tr. © 1978, *Lutheran Book of Worship;* Spanish tr. by Juan Bautista Cabrera, 1837–1916
Tune: EIN' FESTE BURG, 8 7 8 7 66 66 7; Martin Luther, 1483–1546; harm. by J. S. Bach, 1685–1750

572 Mi Dios y Mi Todo / My God and My All

4. Jesús, mi dulce consuelo.
Jesús, mi dulce consuelo.
Jesús, tierna paz.
Jesús, mi alegría.
Jesús, mi Dios y mi todo.

4. Jesus, my life-giving Lord.
Jesus, my life-giving Lord.
Jesus, my joy;
Jesus, my glory.
Jesus, my God and my all!

5. Jesús, mi lámpara y luz.
Jesús, mi lámpara y luz.
Jesús, mi saber.
Jesús, mi destino.
Jesús, mi Dios y mi todo.

5. Jesus, the wisdom of God.
Jesus, the wisdom of God.
Jesus, my light;
Jesus, my vision.
Jesus, my God and my all!

Letra: Javier Lieras-González, siglo XX y Rufino Zaragoza, OFM, n.1957; tr. por Rufino Zaragoza, OFM
Música: Rufino Zaragoza, OFM, n.1957

How Firm a Foundation / Cuán Firme Cimiento 573

1. How firm a foun - da - tion, you saints of the
2. "Fear not, I am with you, O be not dis -
3. "When through the deep wa - ters I call you to

1. ¡Cuán fir - me ci - mien - to se‿ha da - do‿a la
2. "No te - mas por na - da, con - ti - go es -
3. "No‿ha - brán de‿a - ne - gar - te las on - das del

Lord, Is laid for your faith in Christ Je - sus, the
mayed, For I am your God, and will still give you
go, The riv - ers of woe shall not you o - ver -

fe, De Dios en su‿e - ter - na Pa - la - bra de‿a -
toy; Tu Dios yo soy so - lo, tu‿a - yu - da se -
mar, Si en a - guas pro - fun - das te‿or - de - no sa -

Word! What more can God say than to you has been
aid; I'll strength - en you, help you, and cause you to
flow; For I will be with you, your trou - bles to

mor! ¡Qué más él pu - die - ra‿en su li - bro‿a-ña -
ré. Tu fuer - za‿y fir - me - za‿en mi dies - tra‿es-ta -
lir. Pues siem - pre con - ti - go‿en an - gus - tia‿es-ta -

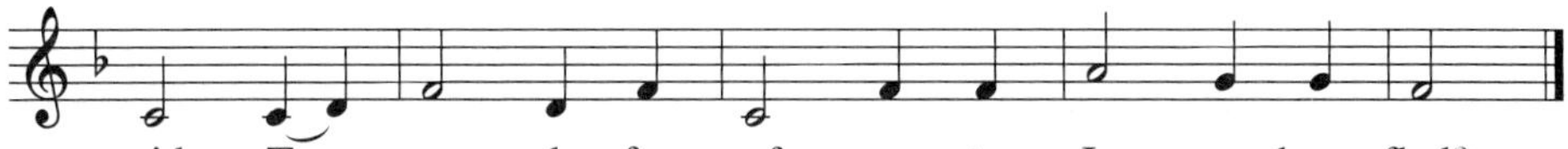

said, To you who for ref - uge to Je - sus have fled?
stand, Up - held by my right - eous, om - nip - o - tent hand.
bless, And sanc - ti - fy to you your deep - est dis - tress.

dir Si to - do‿a sus fie - les lo‿ha di - cho‿el Se - ñor!
rán, Y‿en e - lla sos - tén y po - der te da - ré.
ré, Y to - das tus pe - nas po - dré ben - de - cir.

4. "The soul that on Jesus still leans for repose,
I will not, I will not desert to its foes;
That soul, though all hell should endeavor to shake,
I'll never, no never, no never forsake!"

4. *"Al alma que‿anhele la paz que‿hay en mí,*
Jamás en sus luchas la‿habré de dejar.
Si todo‿el infierno la quiere perder,
¡Yo nunca, no nunca, la puedo‿olvidar!"

Text: 2 Peter 1:4; John Rippon's *A Selection of Hymns*, 1787, alt.; tr. by Vicente Mendoza, 1875–1955, alt.
Tune: FOUNDATION, 11 11 11 11; Funk's *Compilation of Genuine Church Music*, 1832; harm. by Richard Proulx, 1937–2010,

574 Be Not Afraid / No Temas Más

Verse 1 / Estrofa 1

𝄋 Refrain / Estribillo

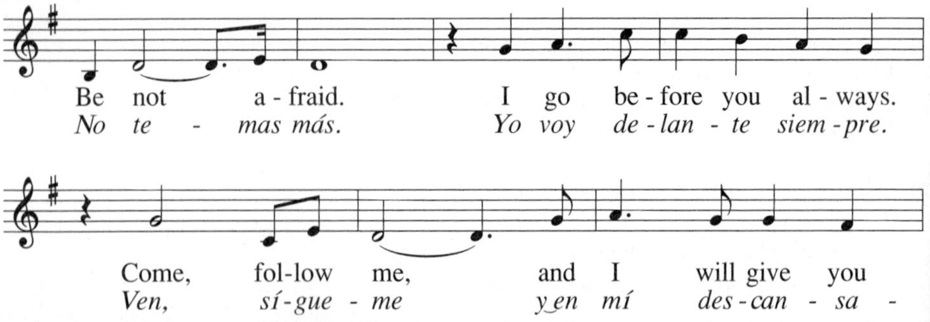

rest.
rás.
3. Di-
Verse 2 / Estrofa 2
2. If you pass through rag-ing wa-ters in the
2. Si en los ma - res tur-bu - len-tos sien - tes
sea, you shall not drown. If you walk a-mid the
que te vas a aho-gar; si en las lla - mas im - pe-
burn-ing flames, you shall not be harmed. If you
tuo-sas, sien - tes que te que-ma - rás; si, de-
stand be-fore the pow'r of hell and death is at your side,
lan - te de la muer-te, sien - tes cer - ca el fi - nal,
D.S.
know that I am with you through it all.
es - ta-ré a tu la-do y vi - vi-rás.
Verse 3 / Estrofa 3
3. Bless-ed are your poor, for the king-dom shall be
(3.) cho - sos son los po-bres que en el Rei - no vi - vi-
theirs. Blest are you that weep and mourn, for
rán; di-cho - sos los que llo-ran, un

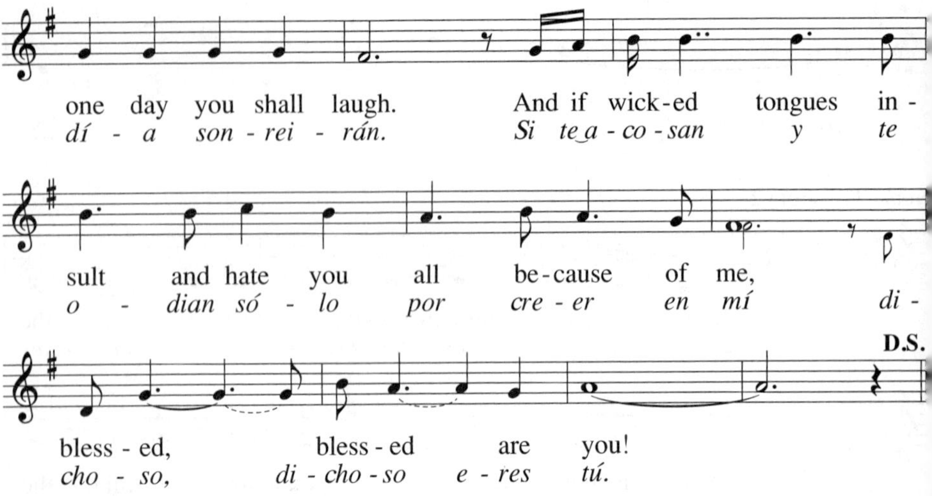

Text: Isaiah 43:2–3, Luke 6:20ff; Bob Dufford, SJ, b.1943; tr. by Juan J. Sosa, b.1947
Tune: Bob Dufford, SJ, b.1943; acc. by Theophane Hytrek, OSF, 1915–1992

575 You Are Near / Estás Junto a Mí

Refrain / Estribillo

Verses / Estrofas

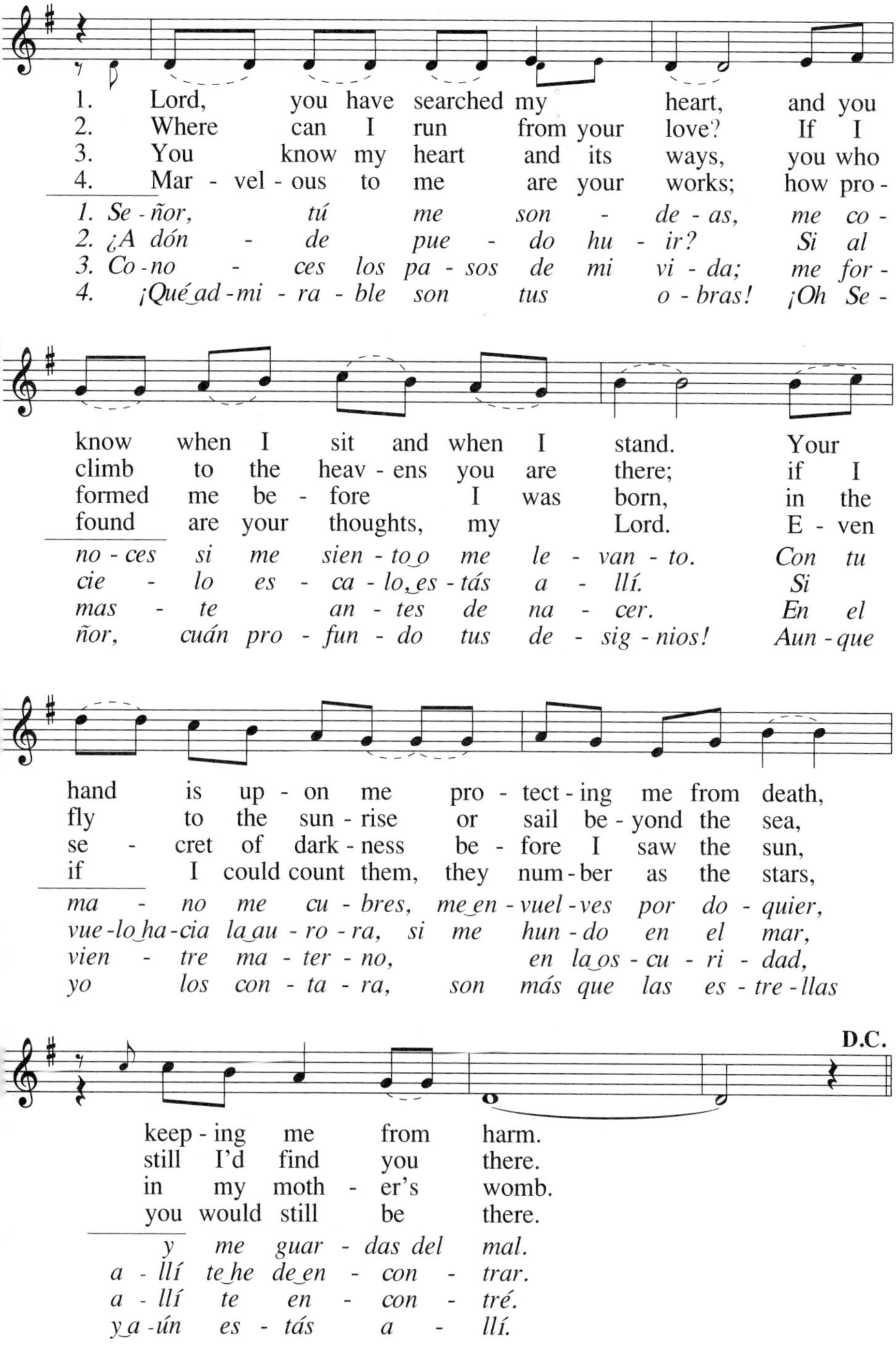

Text: Psalm 139; Dan Schutte, b.1947; tr. by Juan J. Sosa, b.1947
Tune: Dan Schutte, b.1947; acc. by Theophane Hytrek, OSF, 1915–1992

576 Seek Ye First / Busquen Primero

*May be sung as a two-voice canon.
*Puede cantarse como canon a dos voces.

Text: Matthew 6:33, 7:7; adapt. by Karen Lafferty, b.1948; tr., anonymous
Tune: SEEK YE FIRST, Irregular; Karen Lafferty, b.1948

O God, Our Help in Ages Past / Nuestra Esperanza y Protección 577

1. O God, our help in a - ges past, Our
2. Be - fore the hills in or - der stood, Or
3. A thou - sand a - ges in your sight Are

1. Nues - tra_es - pe - ran - za_y pro - tec - ción Y
2. A - ún no_ha - bí - as la crea - ción For -
3. De - lan - te de tus o - jos son Mil

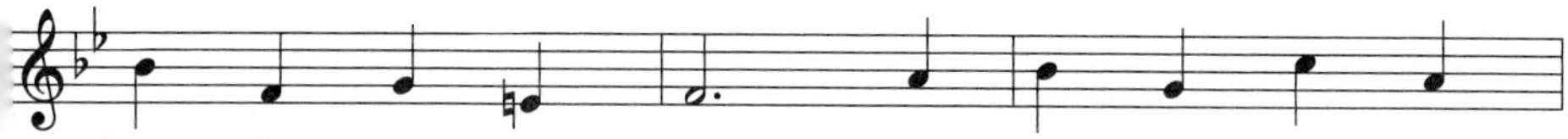

hope for years to come, Our shel - ter from the
earth re - ceived its frame, From ev - er - last - ing
like an eve - ning gone, Short as the watch that

nues - tro_e - ter - no_ho - gar Has si - do, e - res
ma - do con bon - dad, Mas des - de la e -
a - ños, al pa - sar, Tan só - lo_un dí - a

storm - y blast, And our e - ter - nal home.
you are God, To end - less years the same.
ends the night Be - fore the ris - ing sun.

y se - rás Tan só - lo tú, Se - ñor.
ter - ni - dad Tú e - ras so - lo Dios.
que fu - gaz Fe - ne - ce con el sol.

4. Time, like an ever-rolling stream,
Bears all our years away;
They fly forgotten, as a dream
Dies at the op'ning day.

5. O God, our help in ages past,
Our hope for years to come,
Still be our guard while troubles last,
And our eternal home.

4. El tiempo corre_arrollador
Como_impetuoso mar;
Y_así, cual sueño ves pasar
Cada generación.

5. Nuestra_esperanza_y protección
Y nuestro_eterno_hogar,
En la tormenta o_en la paz,
Sé siempre tú, Señor.

ext: Psalm 90; Isaac Watts, 1674–1748, alt.; tr. by Federico J. Pagura, b.1923, © 1962
une: ST. ANNE, CM; attr. to William Croft, 1678–1727; harm. composite from 18th C. versions

578 On Eagle's Wings / En Sus Alas

Text: Psalm 91; Michael Joncas, b.1951; tr. by Pedro Rubalcava and Juan J. Sosa, b.1947
Tune: Michael Joncas, b.1951

579 The Lord Is My Light / El Señor Es Mi Luz

Text: Psalm 27; Lillian Bouknight, © 1981, Peermusic III, Ltd. and Savgos Music, Inc.; tr. by Ronald F. Krisman, b.1946, © 2005, GIA Publications, Inc.
Tune: Lillian Bouknight; arr. by Stephen Key, © 1981, arr. 2011, Peermusic III, Ltd. and Savgos Music, Inc.

580 Blest Be the Lord / A Mi Señor Bendeciré

Verse 2 / Estrofa 2

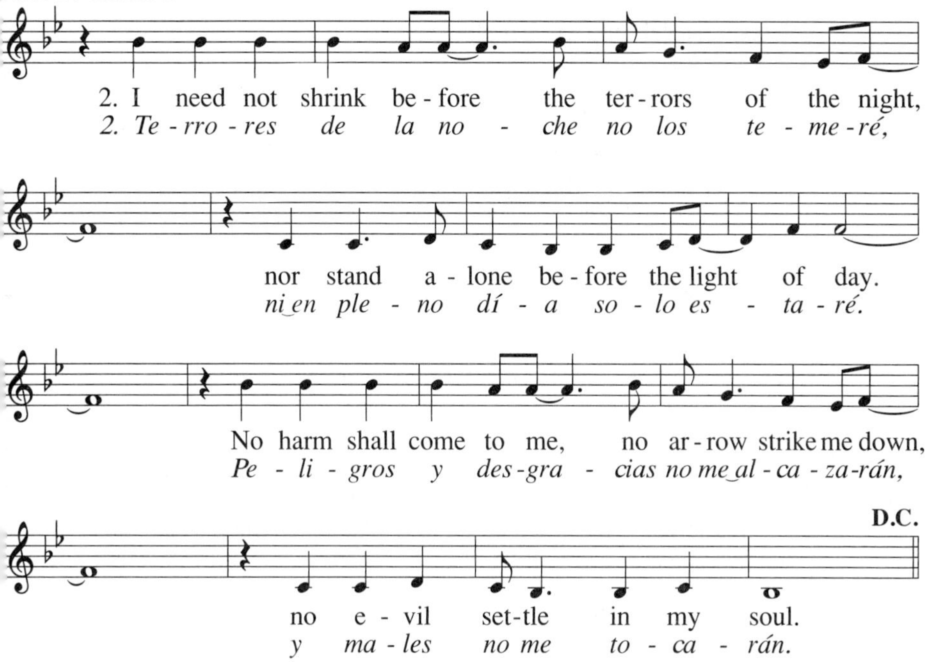

Verse 3 / Estrofa 3

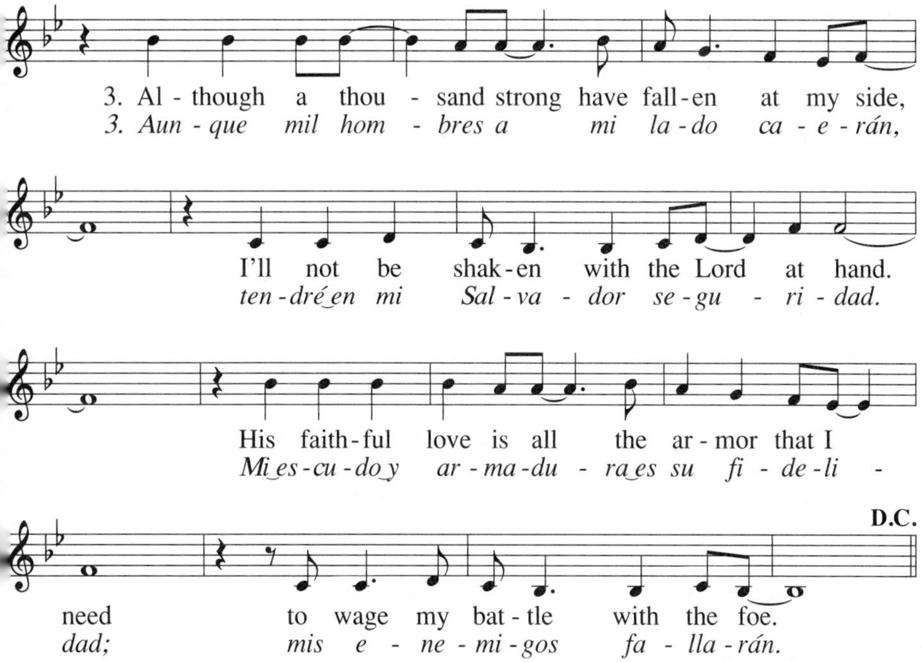

Text: Psalm 91; Dan Schutte, b.1947; tr. by Ronald F. Krisman, b.1946
Tune: Dan Schutte, b.1947; arr. by Theophane Hytrek, OSF, 1915–1992

581 ¡Oh Jesús, Oh Buen Pastor! / Jesus, Shepherd of the Sheep

Estribillo / Refrain

Estrofas / Verses

4. ¡Oh Jesús de mi‿alma!,
Fuente de dulzor,
Quiero‿en santa calma
Meditar tu‿amor.

4. Jesus, source of blessing,
Fountainhead of grace,
Light and life are streaming
From your radiant face.

5. ¡Oh divino‿Amante!,
Venme‿a visitar;
Ven en este‿instante
Mi‿alma‿a consolar.

5. O divine Beloved,
Comfort, calm, and cheer.
Come with haste to bless me;
Let me feel you near.

6. *Hijo‿ingrato‿he sido,
Dulce Redentor;
Mas, ya‿arrepentido,
Heme‿aquí, Señor.

6. Wand'ring and ungrateful,
I have lost my way.
As I seek your pardon,
Hear me, Lord, I pray.

* *Hija ingrata*

Blessed Assurance / En Jesucristo, Puerto de Paz 582

Text: Fanny J. Crosby, 1820–1915, alt.; tr. by E. A. Monfort Díaz, alt.
Tune: ASSURANCE, 9 10 9 9 with refrain; Phoebe P. Knapp, 1839–1908

583 I Am Sure I Shall See / Tengo Fe Que Veré

Ostinato Refrain / Estribillo

Text: Psalm 27:13–14; Taizé Community
Tune: Taizé Community

584 Amar Es Entregarse / To Love Is to Surrender

Estrofas / Verses

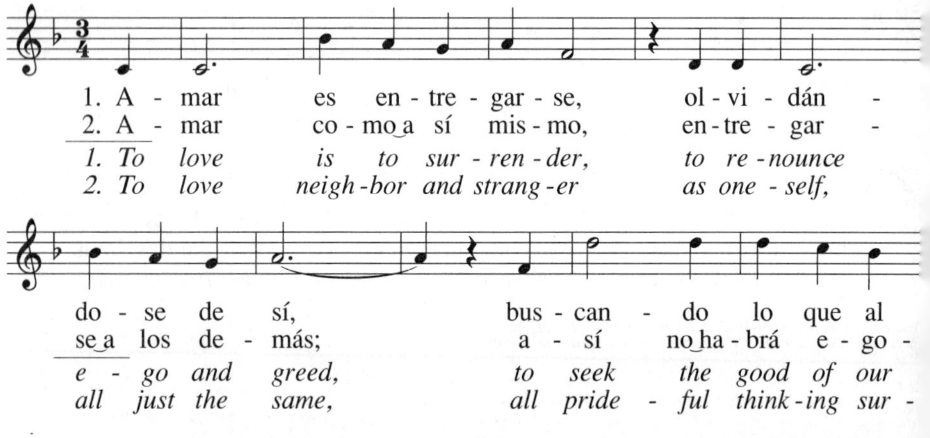

o - tro pue - da ha - cer - le fe -
ís - mo que no pue - da su - pe -
neigh - bors and act to an - swer their
ren - dered to love we share in God's
liz; bus - can - do lo que al o - tro
rar, a - sí no ha - brá e - go - ís - mo
need; to seek the good of our neigh - bors
name; all pride - ful think - ing sur - ren - dered
pue - da ha - cer - le fe - liz.
que no pue - da su - pe - rar.
and act to an - swer their need.
to love we share in God's name.
stribillo / Refrain
¡Qué lin - do es vi - vir pa - ra a - mar! ¡Qué gran - de es te -
How won - drous to love while we live! How good to have
ner pa - ra dar! Dar a - le - grí - a y fe - li - ci -
such love to give! Know - ing the joy that lov - ing im -
dad, dar - se u - no mis - mo: e - so es a - mar.
parts, we give our - selves with all of our hearts.
1.
2.
e - so es a - mar.
all of our hearts.

585 Where True Love and Charity Are Found / Ubi Caritas / Donde Hay el Amor y la Caridad

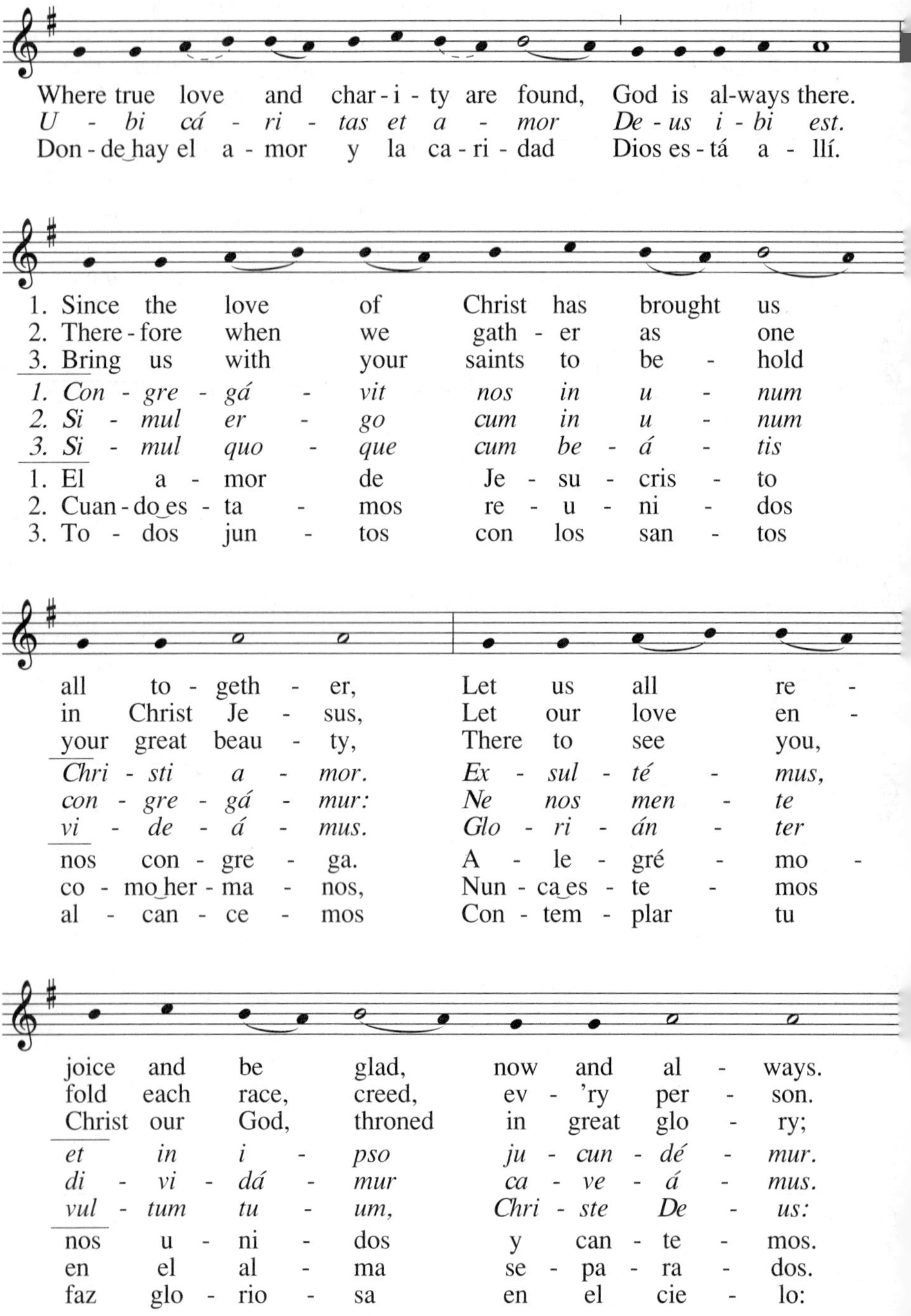

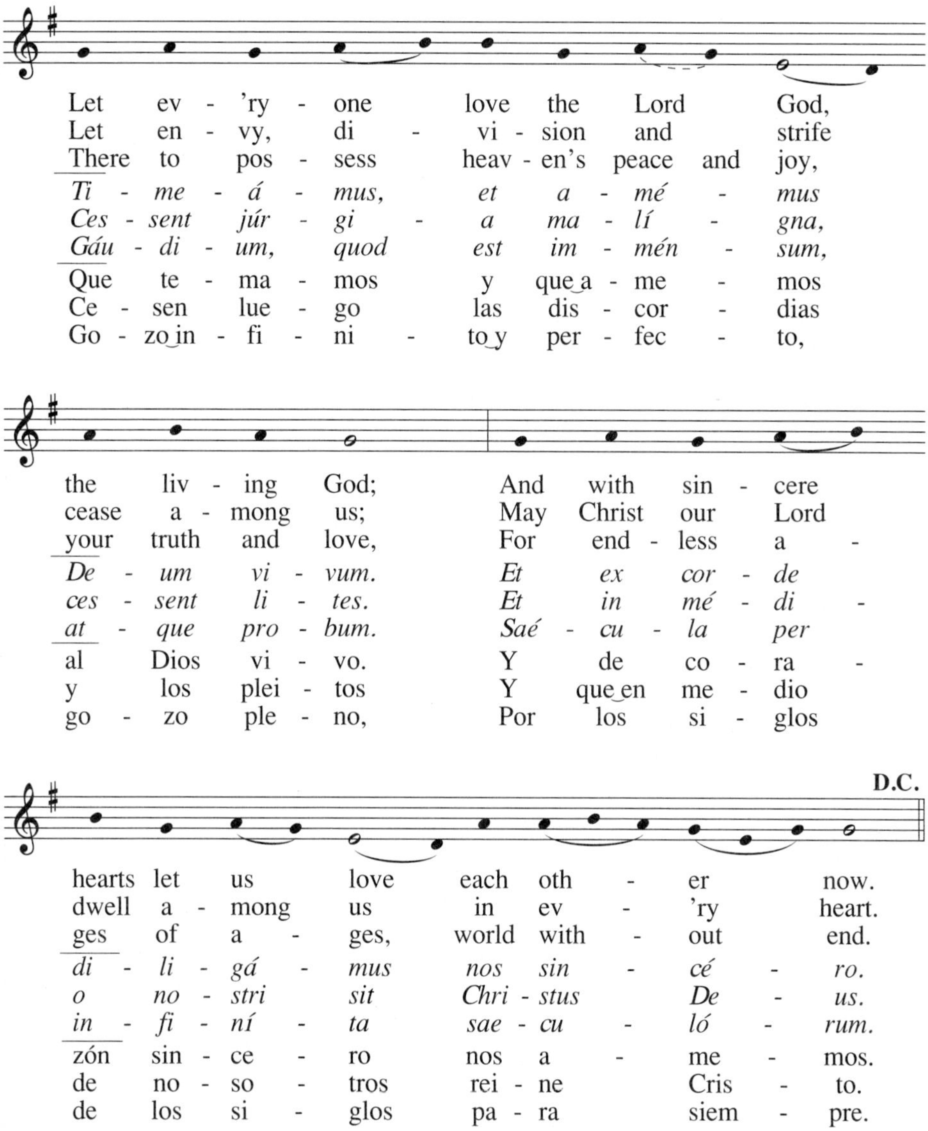
Let ev - ’ry - one love the Lord God,
Let en - vy, di - vi - sion and strife
There to pos - sess heav - en’s peace and joy,
Ti - me - á - mus, et a - mé - mus
Ces - sent júr - gi - a ma - lí - gna,
Gáu - di - um, quod est im - mén - sum,
Que te - ma - mos y que a - me - mos
Ce - sen lue - go las dis - cor - dias
Go - zo in - fi - ni - to y per - fec - to,
the liv - ing God; And with sin - cere
cease a - mong us; May Christ our Lord
your truth and love, For end - less a -
De - um vi - vum. Et ex cor - de
ces - sent li - tes. Et in mé - di -
at - que pro - bum. Saé - cu - la per
al Dios vi - vo. Y de co - ra -
y los plei - tos Y que en me - dio
go - zo ple - no, Por los si - glos
D.C.
hearts let us love each oth - er now.
dwell a - mong us in ev - ’ry heart.
ges of a - ges, world with - out end.
di - li - gá - mus nos sin - cé - ro.
o no - stri sit Chri - stus De - us.
in - fi - ní - ta sae - cu - ló - rum.
zón sin - ce - ro nos a - me - mos.
de no - so - tros rei - ne Cris - to.
de los si - glos pa - ra siem - pre.

586 Not for Tongues of Heaven's Angels / Mucho Más Que el Don de Lenguas

Verses / Estrofas

1. Not for tongues of heav - en's an - gels,
2. Love is hum - ble, love is gen - tle,
3. Nev - er jeal - ous, nev - er self - ish,
4. In the day this world is fad - ing

1. Mu - cho más que el don de len - guas,
2. El a - mor es com - pren - si - vo,
3. El a - mor nun - ca se i - rri - ta,
4. Aun - que el don de pro - fe - cí - a

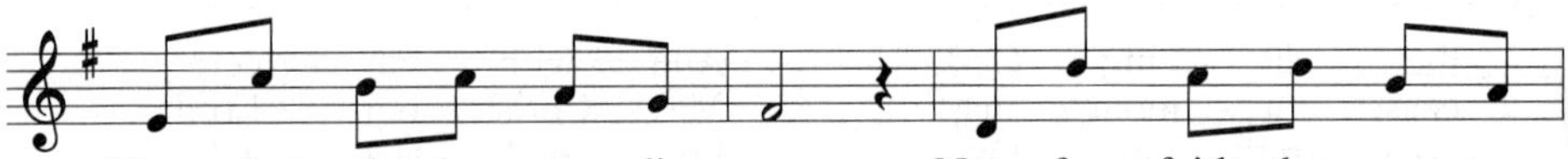

Not for wis - dom to dis - cern, Not for faith that mas - ters
Love is ten - der, true, and kind; Love is gra - cious, ev - er
Love will not re - joice in wrong; Nev - er boast - ful nor re -
Faith and hope will play their part; But when Christ is seen in

Más que el de pro - fe - ti - zar, O la fe que mue - ve
El a - mor es ser - vi - cial; El a - mor no tie - ne en -
El a - mor no es des - cor - tés; El a - mor no es e - go -
O de len - guas ce - sa - rá, Cuan - do Cris - to ven - ga en

moun - tains, For this bet - ter gift we yearn:
pa - tient, Gen - er - ous of heart and mind:
sent - ful, Love be - lieves and suf - fers long:
glo - ry Love shall reign in ev - 'ry heart:

mon - tes, Es a - mor, el don sin par:
vi - dia, El a - mor no bus - ca el mal:
ís - ta, El a - mor nun - ca es do - blez:
glo - ria, El a - mor ya rei - na - rá:

Refrain / Estribillo

May love be ours, Lord; may love be ours.
Que se - a nues - tro el don de a - mor,

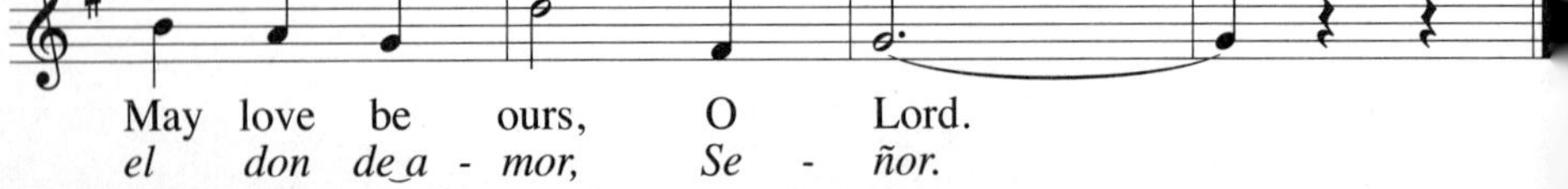

May love be ours, O Lord.
el don de a - mor, Se - ñor.

Text: 1 Corinthians 13:1–13; Timothy Dudley-Smith, b.1926; vss. 1, 4 and refrain tr. by Ronald F. Krisman, b.1946; vss. 2, 3 tr., anonymous,

Tune: COMFORT, 8 7 8 7 with refrain; Michael Joncas, b.1951,

Bendigamos al Señor / Let Us Bless Our Saving Lord 587

1. Ben - di - ga - mos al Se - ñor, Que nos u - ne_en
2. Con - ser - ve - mos la_u - ni - dad Que_el Ma - es - tro
3. El Se - ñor nos or - de - nó De - vol - ver el

1. Let us bless our sav - ing Lord For the gift of
2. May we live in u - ni - ty, As our Mas - ter
3. If mis - treat - ed, Christ has said, We must not re -

ca - ri - dad, Y nos nu - tre con su_a - mor
nos man - dó. Don - de_hay gue - rra, que_ha - ya paz,
bien por mal, Ser tes - ti - gos de su_a - mor,

char - i - ty And the nour - ish - ment he brings
has de - creed, Chang - ing ha - tred in - to love,
turn the same, But must wit - ness to his love,

En el Pan de la_u - ni - dad. ¡Oh, Pa - dre nues - tro!
Don - de_hay o - dio, que_ha - ya_a - mor. ¡Oh, Pa - dre nues - tro!
Per - do - nan - do de ver - dad. ¡Oh, Pa - dre nues - tro!

In the Bread of u - ni - ty. O God, we praise you.
Mak - ing peace through word and deed. O God, we praise you.
Grant - ing par - don in his name. O God, we praise you.

4. Al que vive_en el dolor
Y_al que sufre soledad,
Entregemos nuestro_amor
Y consuelo fraternal.
¡Oh, Padre nuestro!

4. Let us comfort with our love,
Without counting time or cost,
All who suffer grief and pain,
All the lonely and the lost.
O God, we praise you.

5. El Señor que nos llamó
A vivir en unidad,
Nos congregue con su_amor
En feliz eternidad.
¡Oh, Padre nuestro!

5. May the Lord, who called his friends
To remain in unity,
Gather us and bring us home
To a blest eternity.
O God, we praise you.

Letra: Tradicional; tr. por Ronald F. Krisman, n.1946, © 2012, GIA Publications, Inc.
Música: CONCORDI LAETITIA, 7 7 7 7 5; Pierre de Corbeil, c.1190–1222; arm. por Ronald F. Krisman, n.1946, © 2012, GIA Publications, Inc.

588 Si Yo No Tengo Amor / If I Do Not Have Love

Estribillo / Refrain

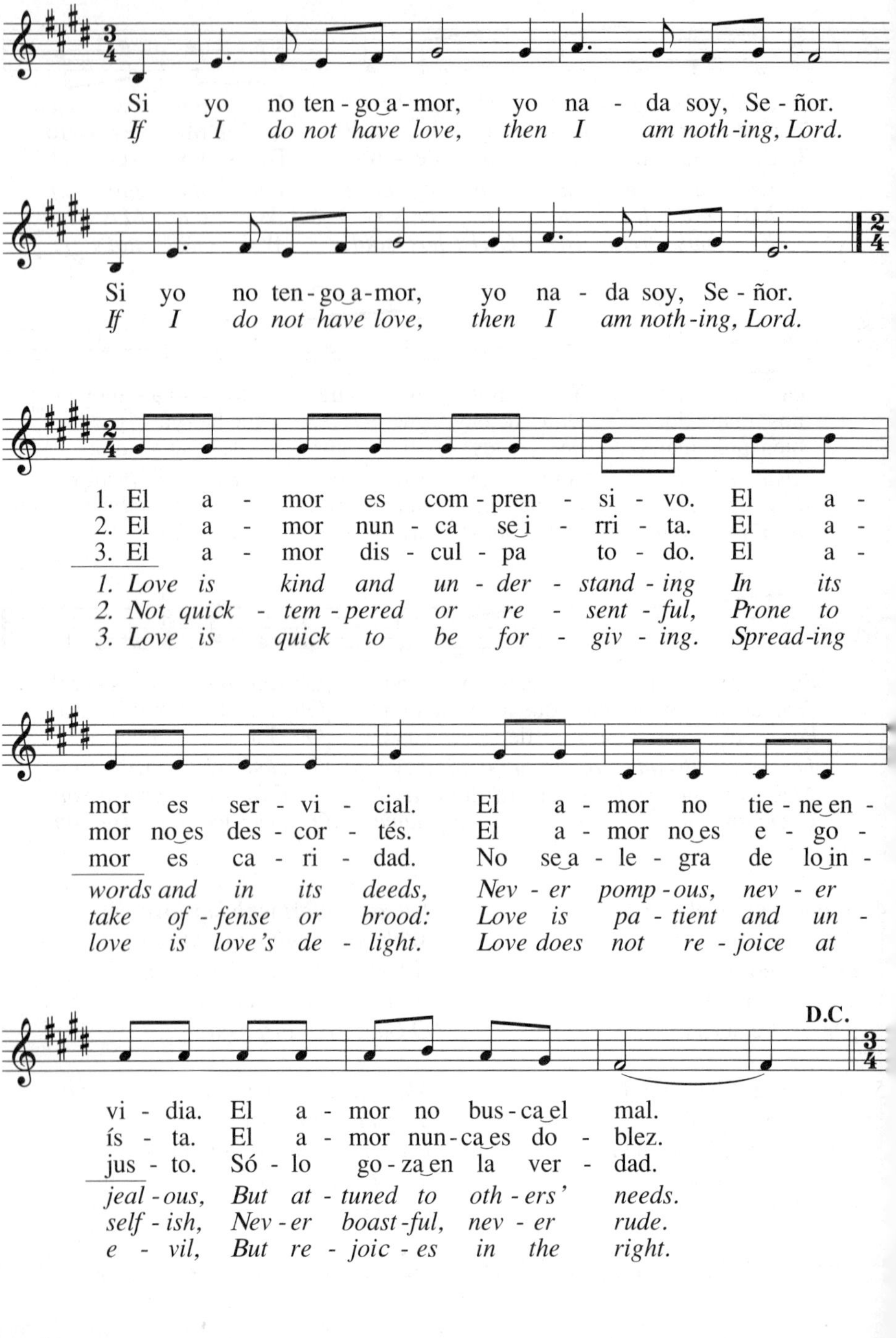

4. El amor soporta todo.
El amor todo lo cree.
El amor todo lo espera.
El amor es siempre fiel.

5. Aunque el don de profecía
O de lenguas cesará,
El amor es algo eterno.
Nunca, nunca pasará.

4. Bearing all, believing all things,
Love endures and love prevails.
Ever hopeful, ever faithful,
By God's grace, love never fails.

5. While an end will come to gifts we use
To praise and prophesy,
Love is holy and eternal
And will never, never die.

Letra: Anónima; tr. por Mary Louise Bringle, n.1953, © 2005, GIA Publications, Inc.
Música: Tradicional; acomp. por Ronald F. Krisman, n.1946, © 2005, GIA Publications, Inc.

Ubi Caritas 589

Refrain / Estribillo

*Korean transliteration: Sa-lang-ui na-num iss-neun gos-e.
Ha-neu-nim-kke-seo gye-si-do—da.

Text: 1 Corinthians 13:2–8, 13; Taizé Community, 1978
Tune: Jacques Berthier, 1923–1994

590 No Greater Love / No Hay Amor Más Grande

Refrain / Estribillo

Verses / Estrofas

1. As the Father has loved me, so I have loved you.
   Live on in my love.
   You will live in my love if you keep my commands,
   even as I have kept my Father's.

2. All this I tell you that my joy may be yours
   and your joy may be complete.
   Love one another as I have loved you:
   This is my command.

3. You are my friends if you keep my commands;
   no longer slaves but friends to me.
   All I heard from my Father,
   I have made known to you: Now I call you friends.

4. It was not you who chose me, it was I who chose you,
   chose you to go forth and bear fruit.
   Your fruit must endure, so you will receive
   all you ask the Father in my name.

1. Como‿el Padre me‿amó, así yo los he amado.
Permanezcan en mi amor.
Si cumplen mis mandatos, en mi‿amor permanecerán,
como yo he cumplido los de mi Padre.

2. Estas cosas les digo, para que tengan mi gozo,
y su gozo sea completo.
Ámense unos a otros como yo los he amado:
Este es mi mandamiento.

3. Son mis amigos, ustedes, si cumplen lo que les mando.
Ya no los llamo servidores.
Les doy a conocer lo que aprendí de mi Padre.
Yo los llamo amigos.

4. No me‿eligieron a mí, yo los elegí a ustedes,
para que vayan y den fruto.
Ese fruto permanecerá y mi Padre les concederá
todo lo que le pidan en mi nombre.

Text: John 15:9–17; Michael Joncas, b.1951; tr. by Ronald F. Krisman, b.1946
Tune: Michael Joncas, b.1951

591 Where Charity and Love Prevail / Donde Hay Amor y Caridad

1. Where charity and love prevail,
There God is ever found;
Brought here together by Christ's love,
By love are we thus bound.

2. With grateful joy and holy fear
God's charity we learn;
Let us with heart and mind and soul
Now love God in return.

3. Forgive we now each other's faults
As we our faults confess;
And let us love each other well
In Christian holiness.

4. Let strife among us be unknown,
Let all contention cease;
Be God's the glory that we seek,
Be ours God's holy peace.

1. Donde hay amor y caridad
Allí siempre está Dios;
Unidos con sinceridad,
Cristo está aquí con nos.

2. Con gozo y santo temor
Vivamos en su amor;
Con mente, alma y corazón
Amemos con fervor.

3. A los que nos hicieron mal,
Siempre hay que perdonar;
Amémosles con gran amor,
A Cristo hay que imitar.

4. Que ya termine el pelear,
También la contención.
La gloria sea a nuestro Dios,
La paz sea su don.

5. Let us recall that in our midst
Dwells God's begotten Son;
As members of his body joined,
We are in Christ made one.

6. No race nor creed can love exclude
If honored be God's name;
Our family embraces all
Whose Father is the same.

5. Que entre nosotros mora Dios:
Nunca hemos de olvidar;
Vivamos siempre con amor,
Él nunca ha de faltar.

6. Amor no hace distinción
De razas o color;
De todos se hizo Padre Dios,
Y de él nació el amor.

Text: *Ubi caritas*; English tr. by Omer Westendorf, 1916–1997; Spanish tr. by Henry J. Rael, b.1921
Tune: CHRISTIAN LOVE, CM; Paul Benoit, OSB, 1893–1979

The King of Love My Shepherd Is / El Rey de Amor Es Mi Pastor 592

**Perversa y necia*

5. You spread a table in my sight,
Your saving grace bestowing;
And, oh, what transport of delight
From your pure chalice flowing!

6. And so, through all the length of days
Your goodness fails me never;
Good Shepherd, may I sing your praise
Within your house forever.

5. Ha puesto mesa para mí,
Ungióme con aceite,
Mi copa rebosando_está;
Su_amor es mi deleite.

6. Misericordia, gracia_y paz
Tú das al alma mía,
Y_en tus mansiones moraré,
Señor, por largos días.

Text: Psalm 23; Henry W. Baker, 1821–1877, alt.; tr. by Frieda M. Hoh, 1896–1962
Tune: ST. COLUMBA, 8 7 8 7; Irish melody; harm. by A. Gregory Murray, OSB, 1905–1992, © Downside Abbey

593 I Heard the Voice of Jesus Say / Oí la Voz del Salvador

Text: Horatius Bonar, 1808–1889; tr. anonymous, alt.
Tune: KINGSFOLD, CMD; English; harm. by Ralph Vaughan Williams, 1872–1958

Nada Te Turbe / Nothing Can Trouble 594

Ostinato Refrain / Estribillo

Korean transliteration: Du-lyeo-wo mal-la geog-jeong-eul mal-la
Ju-nim gye-si-ni a-swi-um eobs-ne.
Du-lyeo-wo mal-la geog-jeong-eul mal-la
Ju-nim an-e-seo.

Letra: St. Teresa de Jesús; Comunidad de Taizé, 1986, 1991
Música: Jacques Berthier, 1923–1994

595 Eye Has Not Seen / Ni Ojo Ni Oído

Text: 1 Corinthians 2:9–10; Marty Haugen, b.1950; tr. by Ronald F. Krisman, b.1946
Tune: Marty Haugen, b.1950

596 You Are Mine / Contigo Estoy

Verses / Estrofas

Refrain / Estribillo

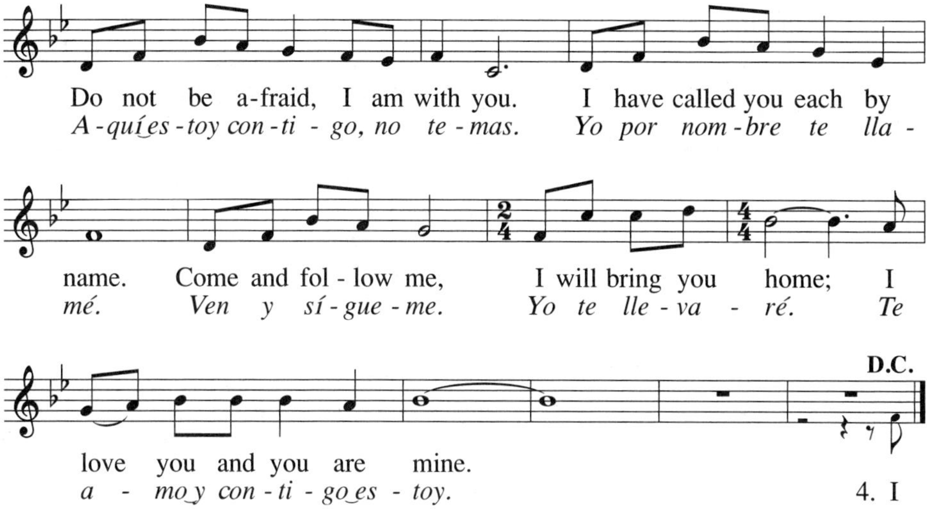

Text: David Haas, b.1957; tr. by Santiago Fernández, b.1971
Tune: David Haas, b.1957

597 My Shepherd, You Supply My Need / Señor, Tú Eres Mi Pastor

Text: Psalm 23; Isaac Watts, 1674–1748, alt.; tr. anon., rev. by Ronald F. Krisman, b.1946, © 2012, GIA Publications, Inc.
Tune: RESIGNATION, CMD; Funk's *Compilation of Genuine Church Music*, 1832; harm. by John L. Bell, b.1949, © 1993, Iona Community, GIA Publications, Inc., agent

Within Our Darkest Night / En Nuestra Oscuridad 598

Ostinato Refrain / Estribillo

Text: Taizé Community, 1991
Tune: Jacques Berthier, 1923–1994

599 Que Se Alegren los Pobres / May the Poor People of the Earth

1. Que se a - le - gren los po - bres de la tie - rra,
2. Que se a - le - gren los que su - dan por su pan,
3. Que se a - le - gren los que su - fren por su tie - rra,
4. Que se a - le - gren los que son per - se - gui - dos,
5. Que se a - le - gren los que lu - chan por la paz,

1. May the poor peo - ple of the earth be joy - ful,
2. May the peo - ple toil - ing for their bread be joy - ful;
3. May the farm - ers fight - ing for their land be joy - ful;
4. May the per - se - cut - ed peo - ple now be joy - ful,
5. May the peo - ple who strive for peace be joy - ful;

Por - que de e - llos es el fue - go y la es - pe - ran - za.
Por - que e - llos co - me - rán a ma - nos lle - nas.
Por - que e - llos sem - bra - rán los nue - vos sur - cos.
Por - que a e - llos el a - mor los ha he - ri - do.
Por - que e - llos se - rán "si - mien - te nue - va."

For with - in them are the burn - ing flames of hope.
They will one day eat their fill of all that's good.
They will one day plant in new and fer - tile fields.
For their wounds are a sym - bol of their love.
They will be the ver - y seeds of new life.

Fe - li - ces los hu - mil - des sen - ci - llos,
Fe - li - ces si com - par - ten ca - da dí - a,
Fe - li - ces los que a - man y es - pe - ran,
Fe - li - ces los que mue - ren por su pue - blo,
Fe - li - ces los que de - fien - den la vi - da,

May the hon - est and the hum - ble ones be hap - py,
May those who share with ev - 'ry - one be hap - py,
May those who har - bor hope and love be hap - py;
May the mar - tyrs in the strug - gle now be hap - py,
May those who de - fend all life be hap - py,

If You Have Faith / Si Tienen Fe 600

Ostinato Refrain / Estribillo

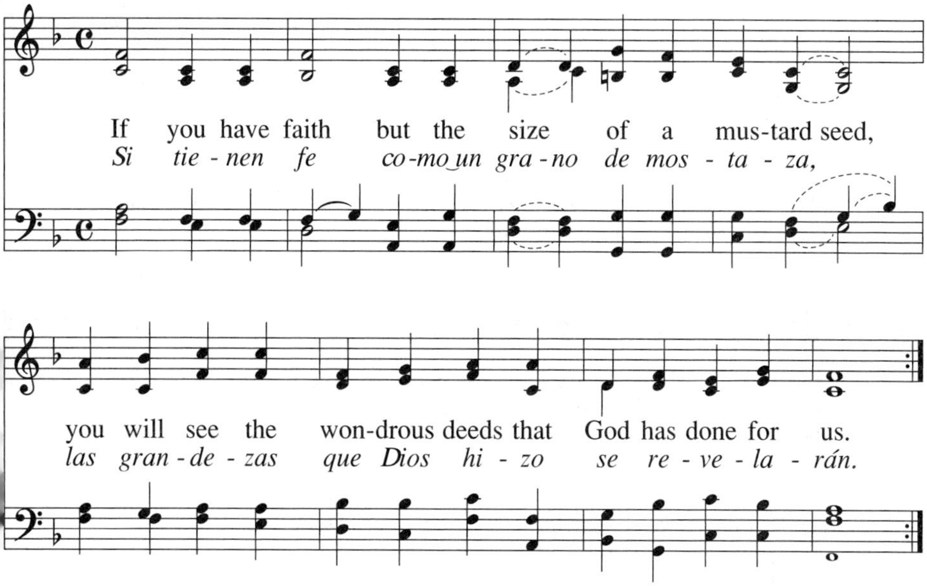

Text: Ronald F. Krisman, b.1946
Tune: Ronald F. Krisman, b.1946

601 Blest Are They / Benditos los Pobres

Verses 1–3 / Estrofas 1–3

1. Blest are they, the poor in spir - it;
2. Blest are they, the low - ly ones;
3. Blest are they who show mer - cy;

1. Ben - di - tos los po - bres en el es - pí - ri - tu,
2. Ben - di - tos son los pa - cien - tes,
3. Ben - di - tos son los com - pa - si - vos,

theirs is the king - dom of God.
they shall in - her - it the earth.
mer - cy shall be theirs.

su - yo es el rei - no de Dios. Di -
he - re - da - rán la tie - rra. Di -
ob - ten - drán pie - dad. Di -

Blest are they, full of sor - row;
Blest are they who hun - ger and thirst;
Blest are they, the pure of heart;

cho - sos son los que llo - ran,
cho - sos los que tie - nen sed y ham - bre,
cho - sos los lim - pios de co - ra - zón,

they shall be con - soled.
they shall have their fill.
they shall see God.

re - ci - bi - rán con - sue - lo.
por - que se - rán sa - cia - dos.
e - llos ve - rán a Dios.

Refrain / Estribillo

Re - joice and be glad! Bless - ed are
¡A - lé - gren - se y con - tén - ten - se! ¡Son los ben -

Text: Matthew 5:3–12; David Haas, b.1957, tr. by Ronald F. Krisman, b.1946
Tune: David Haas, b.1957; vocal arr. by David Haas and Michael Joncas, b.1951

602 The Kingdom of God / El Reino de Dios

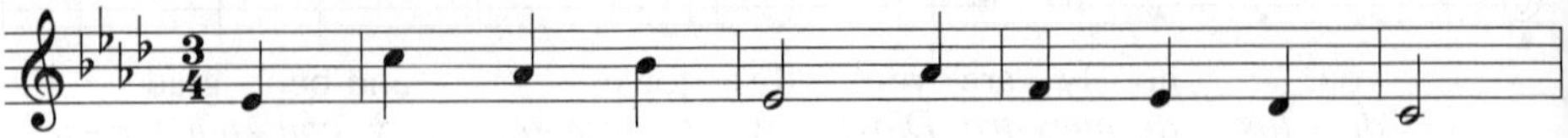

1. The king-dom of God is jus-tice and joy;
2. The king-dom of God is mer-cy and grace;
3. The king-dom of God is chal-lenge and choice:
4. God's king-dom is come, the gift and the goal;

1. El Rei-no de Dios es go-zo y bon-dad,
2. El Rei-no de Dios es gra-cia y pie-dad;
3. El Rei-no de Dios es re-to y op-ción:
4. El Rei-no de Dios en Cris-to lle-gó;

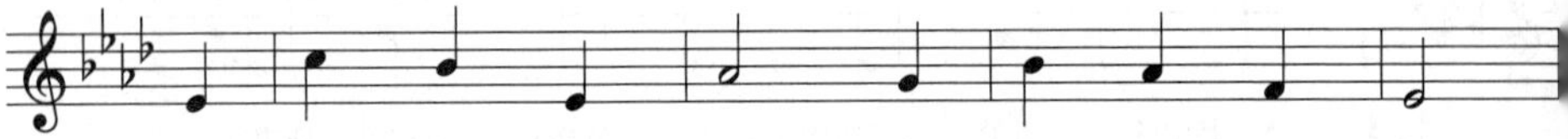

For Je-sus re-stores what sin would de-stroy.
The cap-tives are freed, the sin-ners find place,
Be-lieve the good news, re-pent and re-joice!
In Je-sus be-gun, in heav-en made whole.

Pues Cris-to ven-ció pe-ca-do y mal-dad.
O-tor-ga per-dón, da al réo li-ber-tad.
Es cam-bio fe-liz, es la sal-va-ción.
Lo que él i-ni-ció, el cie-lo col-mó.

God's pow-er and glo-ry in Je-sus we know;
The out-cast are wel-comed God's ban-quet to share;
God's love for us sin-ners brought Christ to his cross:
The heirs of the king-dom shall an-swer his call;

Je-sús ha mos-tra-do, de Dios, el po-der;
In-vi-ta al per-di-do, con Dios a ce-nar,
Su a-mor por no-so-tros le lle-vó a la cruz.
Los hi-jos del Rei-no res-pon-den a Dios,

And here and here-af-ter the king-dom shall grow.
And hope is a-wak-ened in place of de-spair.
Our cri-sis of judg-ment for gain or for loss.
And all things cry "Glo-ry!" to God all in all.

Ya-quí y en el cie-lo va el Rei-no a cre-cer.
A-pla-ca las du-das, la fe va au-men-tar.
A-ho-ra de-ci-de: a-cep-ta a Je-sús.
Can-tán-do-le "Glo-ria y ho-nor" a u-na voz.

Text: Bryn A. Rees, 1911–1983, © 1973, Alexander Scott; tr. by Georgina Pando-Connolly, b.1946, © 2012, GIA Publications, Inc.
Tune: LAUDATE DOMINUM, 10 10 11 11; Charles H. H. Parry, 1848–1918

Bring Forth the Kingdom / Venga el Reino 603

Text: Marty Haugen, b.1950; tr. by Ronald F. Krisman, b.1946
Tune: Marty Haugen, b.1950

604 We Will Walk with God / Caminemos con Dios / Sizohamba

Text: Swaziland traditional; transcribed by Swedish Youth Exchange Project, ©; English tr. by John L. Bell, b.1949, © 2002, Iona Community, GIA Publications, Inc., agent; Spanish tr. by Ronald F. Krisman, b.1946, © 2012, GIA Publications, Inc.
Tune: SIZOHAMBA, Irregular; Swaziland traditional; transcribed by Swedish Youth Exchange Project, ©

The Church's One Foundation / Un Solo Fundamento 605

1. The Chur-ch's one foun - da - tion Is Je - sus Christ, her Lord;
2. E - lect from ev - 'ry na - tion, Yet one o'er all the earth;
3. Through toil and trib - u - la - tion And tu - mult of her war
4. Yet she on earth has u - nion With God, the Three in One,
1. Un so - lo fun - da - men - to Y‿un so - lo fun - da - dor
2. Aun - que‿es de mu - chas ra - zas, Dis - fru - ta de‿u - ni - dad:
3. Cer - ca - da de tu - mul - tos, De gue - rra‿y con - fu - sión,
4. Mas e - lla‿a - quí dis - fru - ta Ce - les - te co - mu - nión

She is his new cre - a - tion By wa - ter and the Word.
Her char - ter of sal - va - tion: One Lord, one faith, one birth.
She waits the con - sum - ma - tion Of peace for - ev - er - more
And mys - tic sweet com - mun - ion With those whose rest is won.
La san - ta‿I - gle - sia tie - ne En Cris - to, su Se - ñor.
Só - lo‿u - na fe con - fie - sa En san - ta ca - ri - dad;
La paz e - ter - na‿es - pe - ra, Se - re - na‿en su vi - sión;
Con Dios y con los san - tos En paz y per - fec - ción.

From heav'n he came and sought her To be his ho - ly bride;
One ho - ly name she bless - es, Par - takes one ho - ly food,
Till with the vi - sion glo - rious Her long - ing eyes are blessed,
O bless - ed heav'n - ly cho - rus! Lord, save us by your grace
Ha - cién - do - la su‿es - po - sa, Del cie - lo des - cen - dió,
Es u - no su bau - tis - mo, Un pan de san - ti - dad;
Al fin, ya vic - to - rio - sa, La‿I - gle - sia te - rre - nal
Je - sús, ca - be - za nues - tra, Con - cé - de - nos lu - gar

With his own blood he bought her, And for her life he died.
And to one hope she press - es With ev - 'ry grace en - dued.
And the great Church vic - to - rious Shall be the Church at rest.
That we, like saints be - fore us, May see you face to face.
Y por su pro - pia san - gre Su li - ber - tad com - pró.
Por gra - cia siem - pre‿es - pe - ra U - na fe - li - ci - dad.
Re - ci - be por su pre - mio Des - can - so ce - les - tial.
Con los que‿ha - bi - tan siem - pre En tu ce - les - te‿ho - gar.

Text: Samuel J. Stone, 1839–1900, alt.; tr. by Lefferd M. A. Haughwout, 1873–1952
Tune: AURELIA, 7 6 7 6 D; Samuel S. Wesley, 1810–1876

606 Pueblo Santo y Elegido / Holy People, Chosen People

Letra: J. Pedro Martins, siglo XX; tr. por María Dolores Martínez, n.1954
Música: J. Pedro Martins, siglo XX; acomp. por John Schiavone, n.1947

Christ Is Made the Sure Foundation / Cristo, Firme Fundamento 607

Text: *Angularis fundamentum*; 11th C.; English tr. by John M. Neale, 1818–1866, alt.; Spanish tr. by Alberto Merubia, b.1919,

Tune: WESTMINSTER ABBEY, 8 7 8 7 8 7; adapt. from an anthem of Henry Purcell, 1659–1695, Ernest Hawkins, 1807–1868

608 As a Fire Is Meant for Burning / Como un Fuego Brilla y Quema

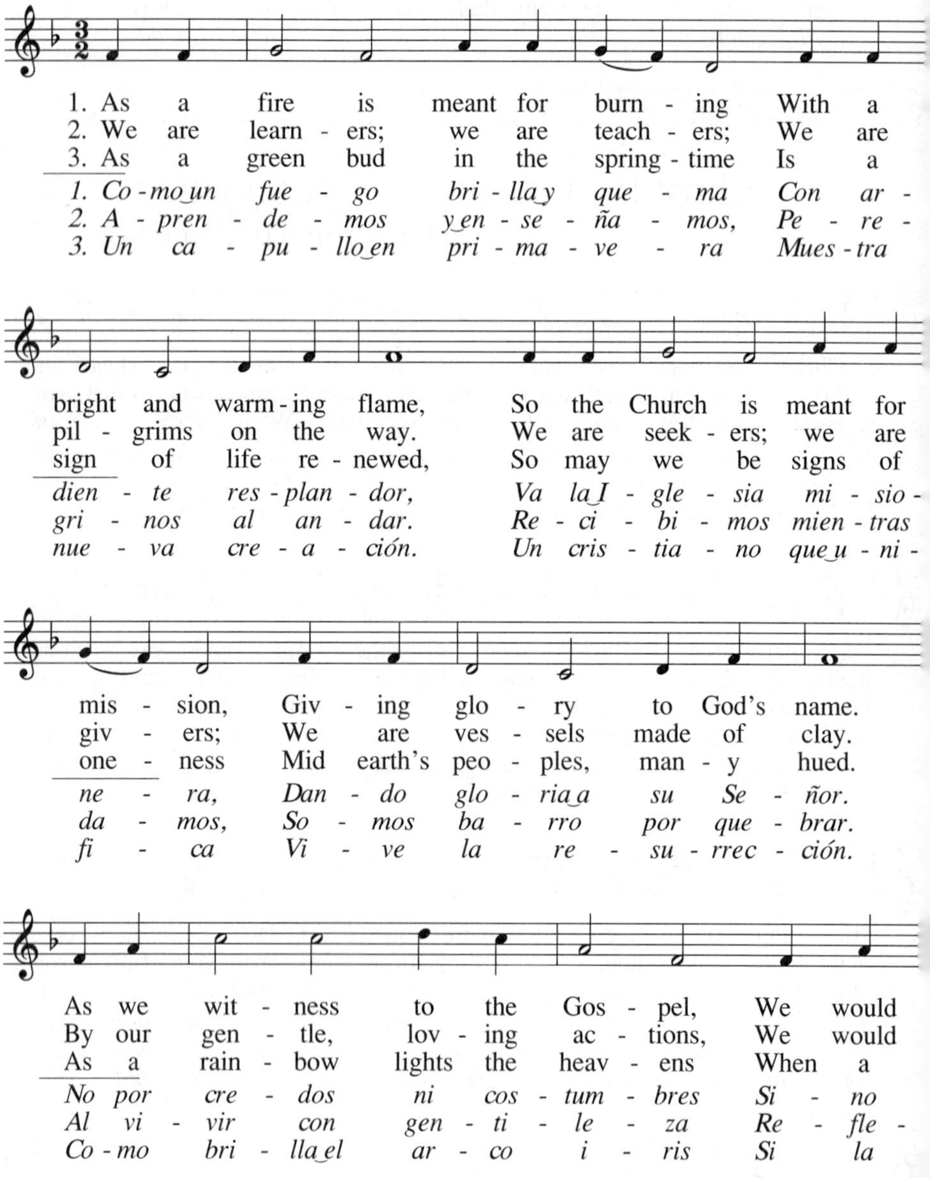

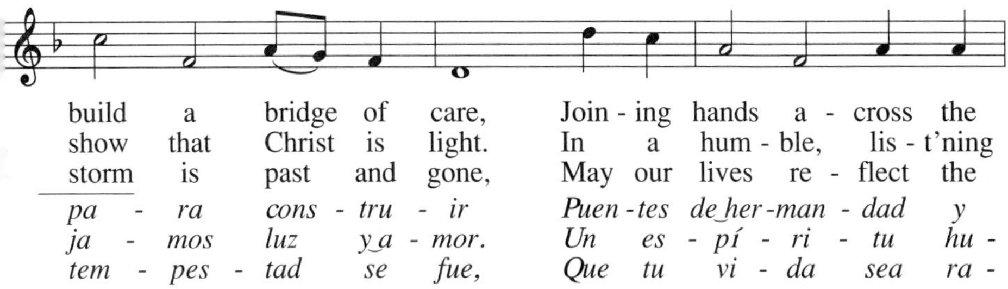

Text: Ruth Duck, b.1947, © 1992, GIA Publications, Inc.; tr. by Georgina Pando-Connolly, b.1946, © 2008, GIA Publications, Inc.
Tune: BEACH SPRING, 8 7 8 7 D; *The Sacred Harp,* 1844; harm. by Ronald A. Nelson, b.1927, © 1978, *Lutheran Book of Worship,* admin. by Augsburg Fortress

609 Iglesia Peregrina de Dios / The Church, the Pilgrim People of God

Estrofas / Verses

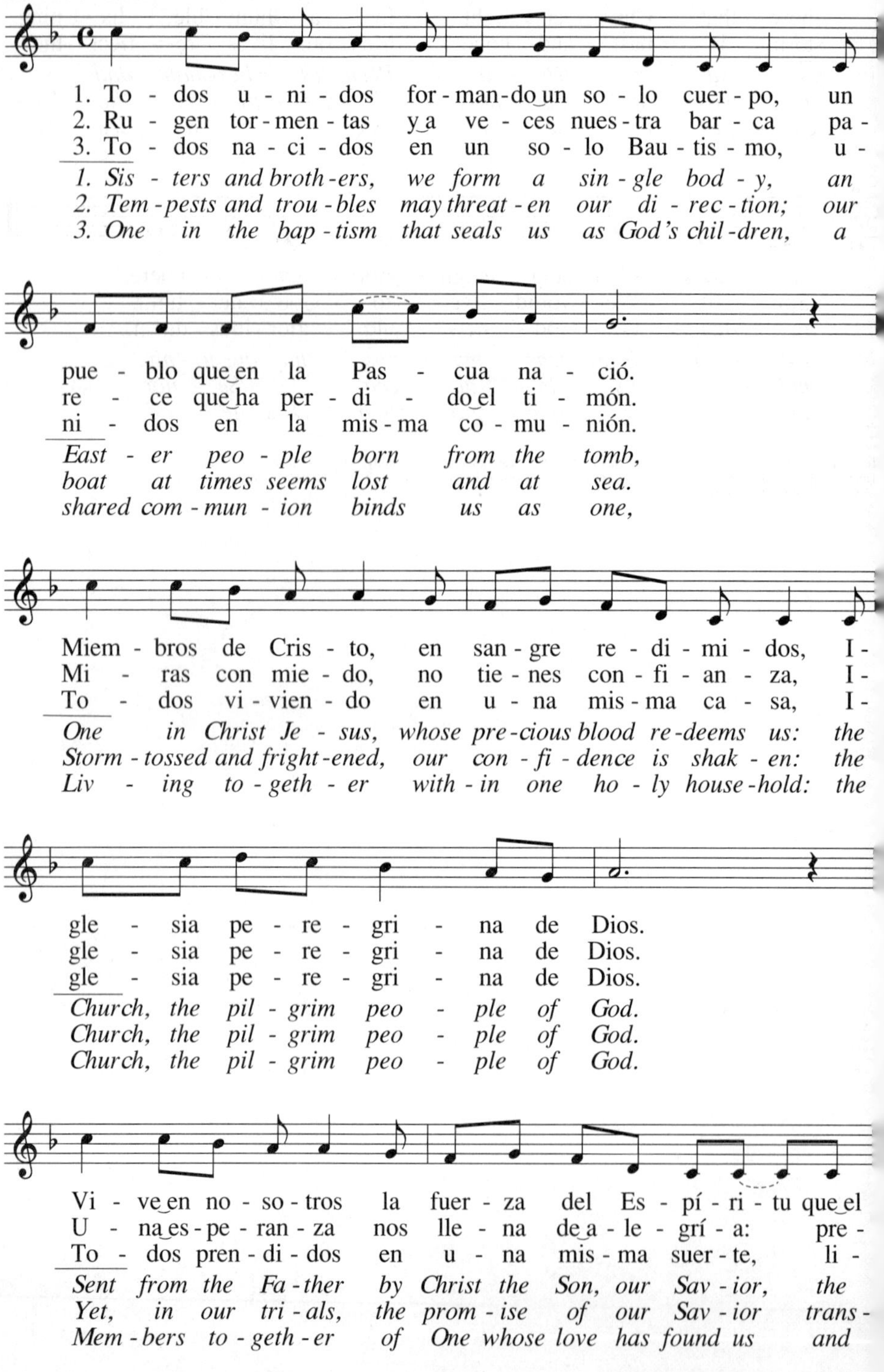

Letra: Cesáreo Gabaráin, 1936–1991; tr. por Mary Louise Bringle, n.1953
Música: Cesáreo Gabaráin, 1936–1991; arm. por María Dolores Martínez, n.1954

610 Somos el Cuerpo de Cristo / We Are the Body of Christ

*Sing after Verse 2 (optional)
*Cántese después de la estrofa 2 (opcional)

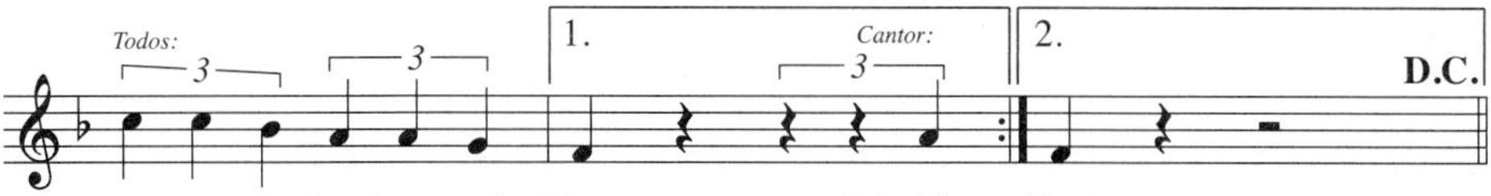

We are the bod-y of Christ. (1.) Al Christ.
(2.)
(3.)

The Servant Song / La Canción del Servidor 611

1., 6. Will you let me be your ser-vant, Let me be as
2. We are pil-grims on a jour-ney, We are trav-'lers
3. I will hold the Christ-light for you In the night-time

1., 6. ¿Me per-mi-tes ser tu sier-vo, Co-mo Cris-to
2. Va-mos co-mo pe-re-gri-nos, Dan-do pa-ra
3. De-ja que mi fe te a-lum-bre En tus no-ches

Christ to you; Pray that I may have the grace to
on the road; We are here to help each oth-er
of your fear; I will hold my hand out to you,

pa-ra ti? Rue-ga que tam-bién yo de-je
re-ci-bir. El de-ber es a-yu-dar-nos
de te-mor. De-ja que te dé la ma-no

Let you be my ser-vant, too.
Walk the mile and bear the load.
Speak the peace you long to hear.

Que seas Cris-to pa-ra mí.
Y la car-ga com-par-tir.
En se-ñal de paz y a-mor.

4. I will weep when you are weeping;
When you laugh I'll laugh with you.
I will share your joy and sorrow
'Til we've seen this journey through.

5. When we sing to God in heaven
We shall find such harmony,
Born of all we've known together
Of Christ's love and agony.

4. Si tú ríes, pues yo río;
Si estás triste, lloraré.
Cuando pase la tormenta,
A tu lado estaré.

5. Cantaremos la victoria
En acorde, con fervor,
Por haber sufrido juntos
La agonía del Señor.

612 Pues Si Vivimos / When We Are Living

Letra: Estrofa 1, Romanos 14:8; español tradicional; tr. por Ronald F. Krisman, n.1946, © 2004, GIA Publications, Inc.; estrofas 2–4, Roberto Escamilla, © 1983, 2004, Abingdon Press; tr. por Ronald F. Krisman
Música: SOMOS DEL SEÑOR, Irregular; arm. por Ronald F. Krisman, n.1946, © 2004, GIA Publications, Inc.

'Tis the Gift to Be Simple / Es un Don Ser Sencillo 613

Text: Joseph Brackett, Jr., 1797–1882; tr. by Gaylord E. Smith, b.1939, and Raquel Mora Martínez, © 2010
Tune: SIMPLE GIFTS, Irregular with refrain; Joseph Brackett, Jr., 1797–1882; acc. by Margaret W. Mealy, b.1922, © 1984

614 ¿A Quién Iremos? / To Whom, O Lord, Shall We Go?

Estribillo / Refrain

Estrofas / Verses

Jesus, Your Spirit in Us / Cristo, Tu Espíritu en Mí 615

Ostinato Refrain / Estribillo

616 Las Mañanitas / Morning Praises

*O: día de tu santo/a
**Or: feast day

†Or: When you were given your feast day,...
The day on which you were baptized,...

ni - mos to - dos con gus - to Y pla -
la pi - la del bau - tis - mo Can - ta -
all my broth - ers and sis - ters What a
round the bap - tis - mal foun - tain Chant - ing
cer a fe - li - ci - tar - te.
ron los rui - se - ño - res.
joy to come here and greet you!
birds sang forth their e - la - tion.
Ya vie - ne a - ma - ne - cien - do, Ya la
The morn - ing light is break - ing With the
luz del dí - a nos dio; Le - ván - ta - te de ma -
daz - z'ling gift of the sun. Now a - rise, be filled with
ña - na, Mi - ra que ya a - ma - ne - ció.
glad - ness, For a new day has be - gun!

617 Jesus in the Morning / Buen Jesús, Tanto en la Mañana

1. Je - sus, Je - sus, Je - sus in the morn-ing,
2. Praise him, praise him, Praise him in the morn-ing,
3. Love him, love him, Love him in the morn-ing,

1. ¡Buen Je - sús, buen Je - sús, Tan - to‿en la ma - ña - na,
2. ¡Den-le‿ho-nor, den-le‿ho-nor, Tan - to‿en la ma - ña - na,
3. ¡Á - men - lo, á - men - lo, Tan - to‿en la ma - ña - na,

Je - sus in the noon - time; Je - sus,
Praise him in the noon - time; Praise him,
Love him in the noon - time; Love him,

Co - mo‿a me - dio - dí - a; Buen Je - sús,
Co - mo‿a me - dio - dí - a; Den - le‿ho - nor,
Co - mo‿a me - dio - dí - a; Á - men - lo,

Je - sus, Je - sus when the sun goes down!
praise him, Praise him when the sun goes down!
love him, Love him when the sun goes down!

buen Je - sús, Has - ta que se pon - ga‿el sol!
den - le‿ho - nor, Has - ta que se pon - ga‿el sol!
á - men - lo, Has - ta que se pon - ga‿el sol!

4. Serve him, serve him,
Serve him in the morning,
Serve him in the noon-time;
Serve him, serve him,
Serve him when the sun goes down!

5. Jesus, Jesus,
Jesus in the morning,
Jesus in the noon-time;
Jesus, Jesus,
Jesus when the sun goes down!

4. ¡Sírvanlo, sírvanlo,
Tanto‿en la mañana,
Como‿a mediodía;
Sírvanlo, sírvanlo,
Hasta que se ponga‿el sol!

5. ¡Buen Jesús, buen Jesús,
Tanto‿en la mañana,
Como‿a mediodía;
Buen Jesús, buen Jesús,
Hasta que se ponga‿el sol!

Text: African American folk song; tr. by Ronald F. Krisman, b.1946,
Tune: African American folk song

Take Up Your Cross / Toma Tu Cruz 618

1. "Take up your cross," the Sav - ior said, "If you would
2. Take up your cross; let not its weight Fill your weak
3. Take up your cross, heed not the shame, And let your
4. Take up your cross, then, in his strength, And calm - ly

1. "To - ma tu cruz," di - jo Je - sús, "Si quie - res
2. To - ma tu cruz sin des - ma - yar; Aun - que pe -
3. No te‿a - ver - güen - ces de la cruz; A - llí Dios
4. To - ma tu cruz con - fian - do‿en Dios, Y nun - ca

my dis - ci - ple be; Take up your cross with will - ing
spir - it with a - larm; His strength shall bear your spir - it
fool - ish pride be still; The Lord for you ac - cept - ed
ev - 'ry dan - ger brave: It guides you to a bet - ter

ser mi se - gui - dor; To - ma tu cruz de co - ra -
sa - da pue - da ser, Dios for - ta - le - za te da -
mis - mo se‿hu - mi - lló En el Cal - va - rio‿en u - na
mi - res ha - cia‿a - trás; Al dul - ce‿ho - gar él te guia -

heart, And hum - bly fol - low af - ter me."
up, And brace your heart, and nerve your arm.
death Up - on a cross on Cal - v'ry's hill.
home And leads to vic - t'ry o'er the grave.

zón, En hu - mil - dad, y con va - lor."
rá, Lo mis - mo hoy i - gual que‿a - yer.
cruz: Por ti‿y por mí Je - sús mu - rió.
rá; La mis - ma muer - te ven - ce - rás.

5. Take up your cross and follow Christ,
Nor think till death to lay it down;
For those who humbly bear the cross
One day will wear the glorious crown.

5. Toma tu cruz, sigue‿a Jesús;
Manténte fiel hasta‿el final;
Pues sólo‿aquel que‿ama la cruz
Tendrá corona celestial.

619 Te Damos Gracias / O Lord, I Offer

Estribillo / Refrain

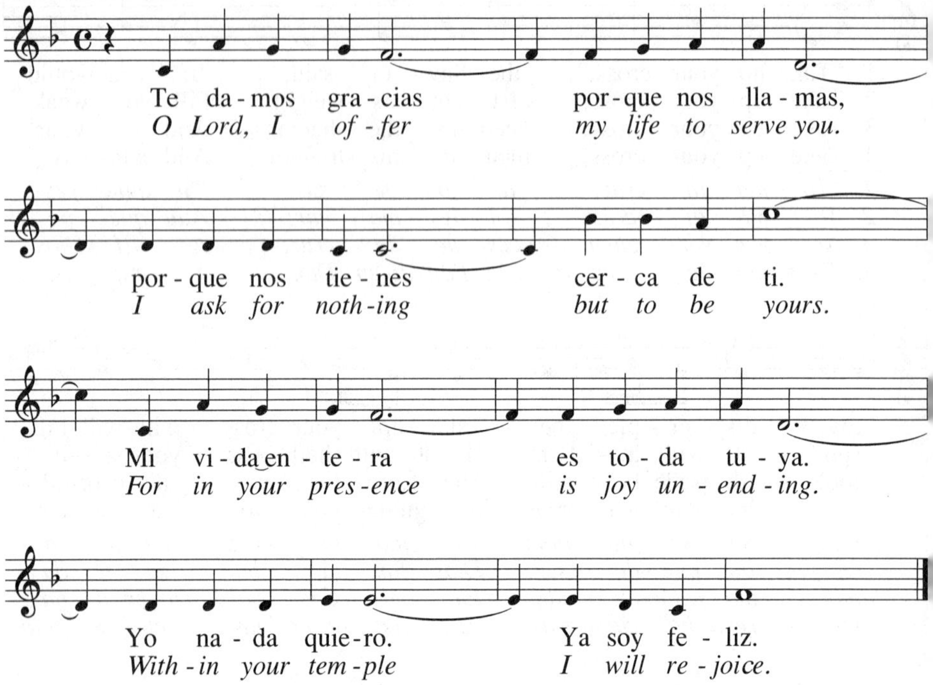

Estrofas / Verses

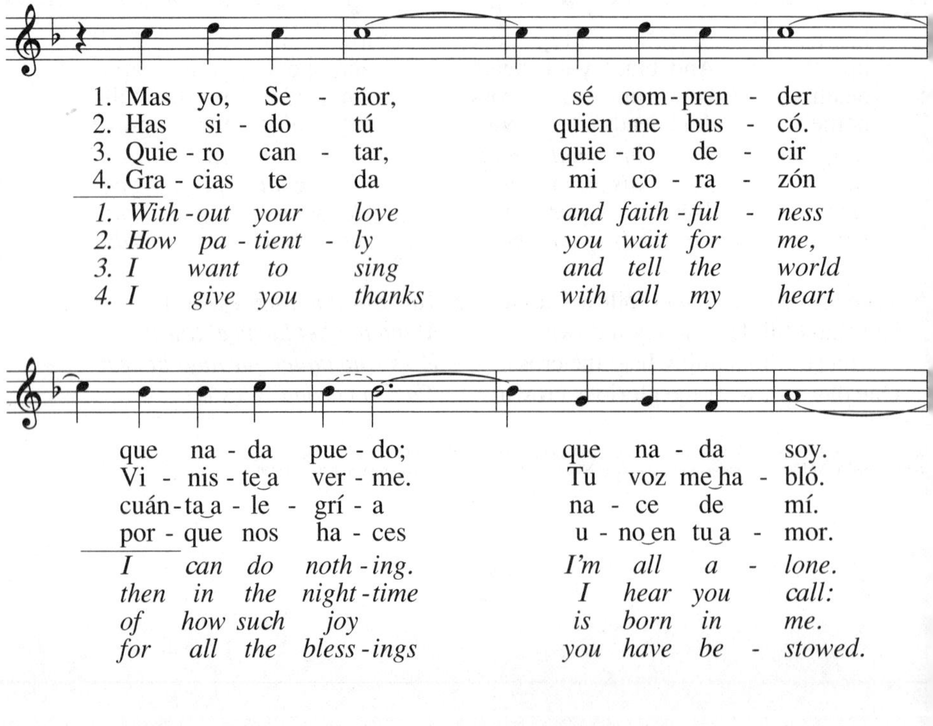

Letra: Emilio Vicente Matéu; tr. por Owen Alstott
Música: Emilio Vicente Matéu; acomp. por Patrick Loomis, 1951–1990

620 Now We Remain / En Ti Permanecemos

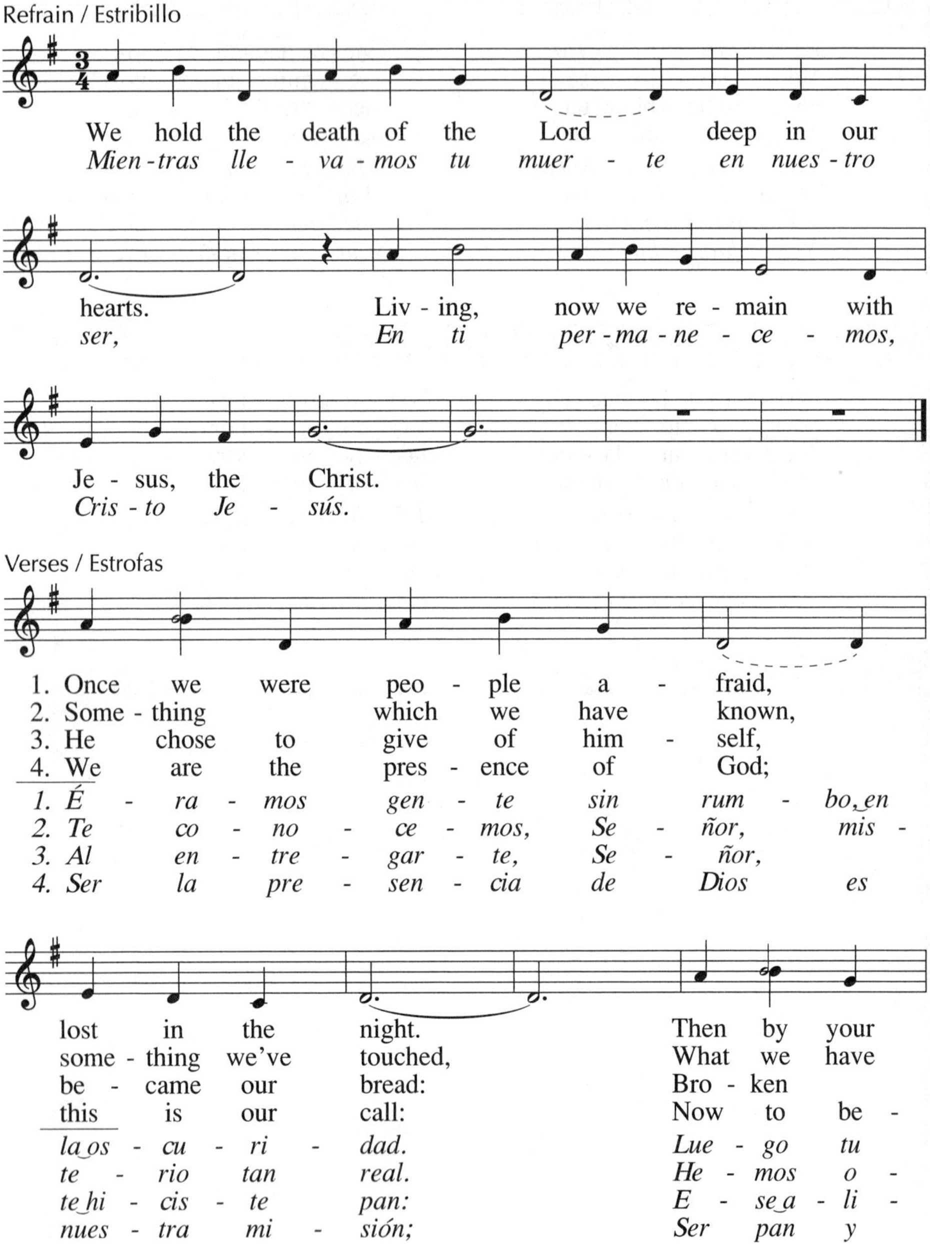

Text: Corinthians, 1 John, 2 Timothy; David Haas, b.1957; tr. by Santiago Fernández, b.1971
Tune: David Haas, b.1957

621 Quiero Servirte, Mi Señor / I Want to Walk Your Servant Way

Letra: Loreñzo Florián, n.1957; tr. por Ronald F. Krisman, n.1946
Música: Loreñzo Florián, n.1957; acomp. por Gregorio Reyes

You Walk along Our Shoreline / Caminas por la Orilla 622

Tune: AURELIA, 7 6 7 6 D; Samuel Sebastian Wesley, 1810–1876

623 The Summons / El Llamado

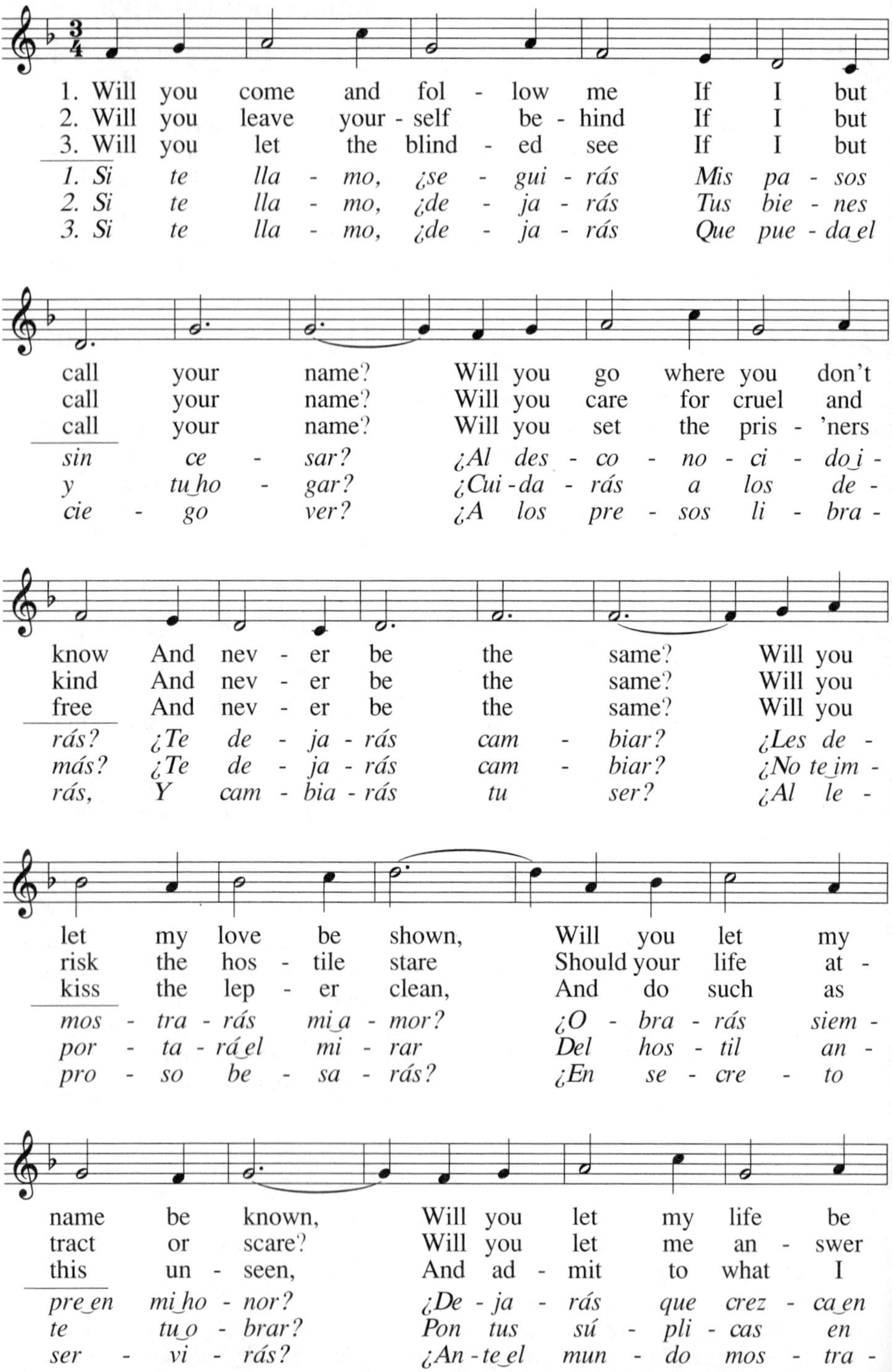

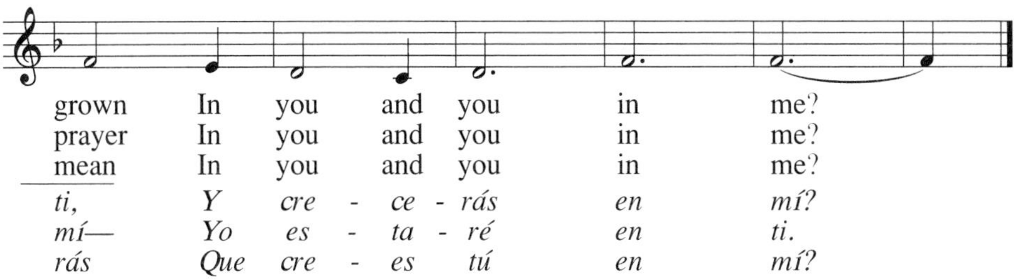

4. Will you love the "you" you hide
If I but call your name?
Will you quell the fear inside
And never be the same?
Will you use the faith you've found
To reshape the world around,
Through my sight and touch and sound
In you and you in me?

5. Lord, your summons echoes true
When you but call my name.
Let me turn and follow you
And never be the same.
In your company I'll go
Where your love and footsteps show.
Thus I'll move and live and grow
In you and you in me.

4. Si te llamo, ¿amarás
Tu verdadero ser?
¿Tu temor rechazarás?—
Podrás en mí vencer.
¿Traerás a mi creación
Nueva vida, paz, perdón?
¿Vivirás como viví
Y vivo yo en ti?

5. Tú me llamas, seguiré
Tus pasos, mi Señor.
Y cambiado estaré,
Seguro en tu‿amor.*
Junto‿a ti caminaré,
Donde vayas, yo iré.
Por tu fuerza viviré
En ti, y tú en mí.

**Segura*

624 Pescador

Estrofas / Verses

Estribillo / Refrain

Letra: Emilio Vicente Matéu; tr. por Mary Louise Bringle, n.1953
Música: Emilio Vicente Matéu; arm. por Ronald F. Krisman, n.1946

625 Two Fishermen / Dos Pescadores

Text: Suzanne Toolan, RSM, b.1927, © 1986, GIA Publications, Inc.; tr. by Jorge Lockward, b.1965, © 2012, GIA Publications, Inc.
Tune: LEAVE ALL THINGS, CMD with refrain; Suzanne Toolan, RSM, b.1927, © 1970, GIA Publications, Inc.

626 We Have Been Told / Se Nos Ha Dicho

Verses 2, 3

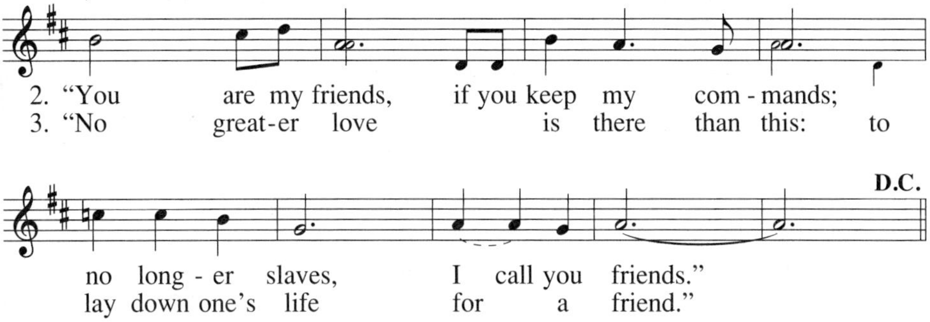

Estrofa 1

Estrofas 2, 3

Text: David Haas, b.1957; tr. by Ronald F. Krisman, b.1946
Tune: David Haas, b.1957; vocal arr. by David Haas and Marty Haugen, b.1950

627 Pescador de Hombres / Lord, When You Came

Estrofas / Verses

Estribillo / Refrain

628 Blest Are We / Bendecidos, Somos Santos

Refrain / Estribillo

*Last time, repeat final 4 bars.
*La última vez, repítanse los 4 compases finales.

Verses / Estrofas

Text: David Haas, b.1957; tr. by Ronald F. Krisman, b.1946
Tune: David Haas, b.1957

629 I Danced in the Morning / Dancé en la Mañana

Text: Sydney Carter, 1915–2004; tr. by Federico J. Pagura, b.1923, © 1963, 1997, Stainer & Bell, Ltd., London, England. (admin. by Hope Publishing Company)
Tune: LORD OF THE DANCE, Irregular with refrain; adapted from a traditional Shaker melody by Sydney Carter, 1915–2004, © 1963, Stainer & Bell, Ltd., London, England. (admin. by Hope Publishing Company)

630 Come and Follow Me / Ven y Sígueme

Verses / Estrofas

brace the call to love with-in their heart.
nar - row gate that leads to Cal - va - ry.
lla - mo a ser - vir, te a - yu - da - rá.
sen - das que nos lle - van a la cruz.
Refrain / Estribillo
If an - y - one would come and fol - low me, my dis -
Si quie - res tú ve - nir a don - de voy y te -
ci - ple you would be. Leave the past be - hind, seek and you will
ner la paz que doy, De - ja to - do a - trás, tú en - con - tra -
find all you're called to be. If an - y - one would
rás lo que has de ha - cer. Si quie - res tú se -
come and fol - low me, know the truth will make you free.
guir - me con a - fán, mis pa - la - bras te guia - rán.
Give and you re - ceive. Trust me and be -
Da, re - ci - bi - rás. En mí cre - e -
1., 3.
3
Final ending
lieve. Come and fol - low me.
rás. Ven y sí - gue - me.
2.
7
me. With a tow - el and a ba -
me. Con to - a - lla y con la - va -

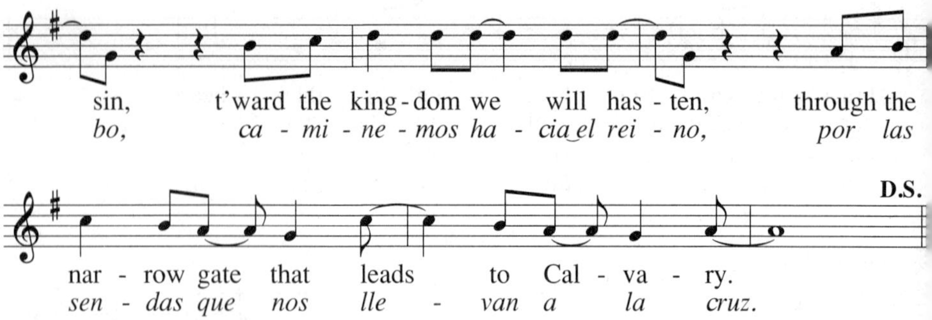

Text: Tom Franzak, b.1954; tr. by Ronald F. Krisman, b.1946
Tune: Tom Franzak, b.1954; acc. by Gerard Chiusano, b.1953

631 Quiero Decirte Que Sí / Gladly I Say Yes to You

Estrofas / Verses

Letra: Cesáreo Gabaráin, 1936–1991; tr. por Ruth Duck, n.1947
Música: Cesáreo Gabaráin, 1936–1991; acomp. por Judy Hylton, n.1943

632 Unless a Grain of Wheat / Si el Grano de Trigo

Text: John 12:24; Bernadette Farrell, b.1957; tr. by Ronald F. Krisman, b.1946
Tune: Bernadette Farrell, b.1957

633 Amarte Sólo a Ti, Señor / To Love You, Lord

Letra: Anónima, Costa Rica; tr. por Ronald F. Krisman, n.1946, © 2012, GIA Publications, Inc.
Música: AMARTE SÓLO, 8 8 8 6 D con repetición; anónima.; arm. por Ronald F. Krisman, n.1946, © 2012, GIA Publications, Inc.

634 Heart of a Shepherd / El Corazón de un Buen Pastor

Refrain / Estribillo

Verses / Estrofas

1. Lord, you are my shepherd;
there is nothing I shall want.
Fresh and green are the pastures
where you give me repose.
Near restful waters you lead me,
to revive my drooping spirit.

2. You guide me along the right path;
you are true to your name.
If I should walk in the valley of darkness
no evil would I fear.
You are there with your crook and
your staff;
with these you give me comfort.

3. You have prepared a banquet for me
in the sight of my foes.
My head you have anointed with oil;
my cup is overflowing.

4. Surely goodness and kindness shall
follow me
all the days of my life.
In the Lord's own house shall I dwell
for ever and ever.

5. To the Father and Son give glory,
give glory to the Spirit,
to God who is, who was, and who will be
for ever and ever.

1. Tú‿eres, Señor, mi pastor;
nada me falta.
En praderas de hierba tierna
tú me haces reposar.
A las aguas de descanso me guías,
y mi alma reconfortas.

2. Tú me guías por veredas de justicia,
por amor de tu nombre.
Aunque camine por cañadas oscuras,
ningún mal temeré.
Junto‿a mí tu vara‿y tu cayado:
ellos me confortan.

3. Tú preparas ante mí una mesa,
frente‿a‿aquellos que me odian.
Tú perfumas con óleo mi cabeza,
desbordando‿está mi copa.

4. Tu gracia‿y tu favor me seguirán
por los días de mi vida.
Habitaré en la casa del Señor
a lo largo de los días.

5. Gloria‿a Dios Padre‿omnipotente,
y‿a su Hijo, Jesucristo,
y‿al Espíritu que‿habita‿en nuestras
almas,
por los siglos de los siglos.

This Little Light of Mine / Mi Pequeñita Luz 635

Text: Harry Dixon Loes, 1895–1965; sts. 1, 2 tr. by Raquel Mora Martínez, © 2010; st. 3 tr. by Ronald F. Krisman, b.1946, © 2012, GIA Publications, Inc.
Tune: LATTIMER, 12 12 12 9; Harry Dixon Loes, 1895–1965; harm. by Horace Clarence Boyer, 1935–2009, © 1992

636 Grita, Profeta / Cry Out, O Prophet

Estrofas / Verses

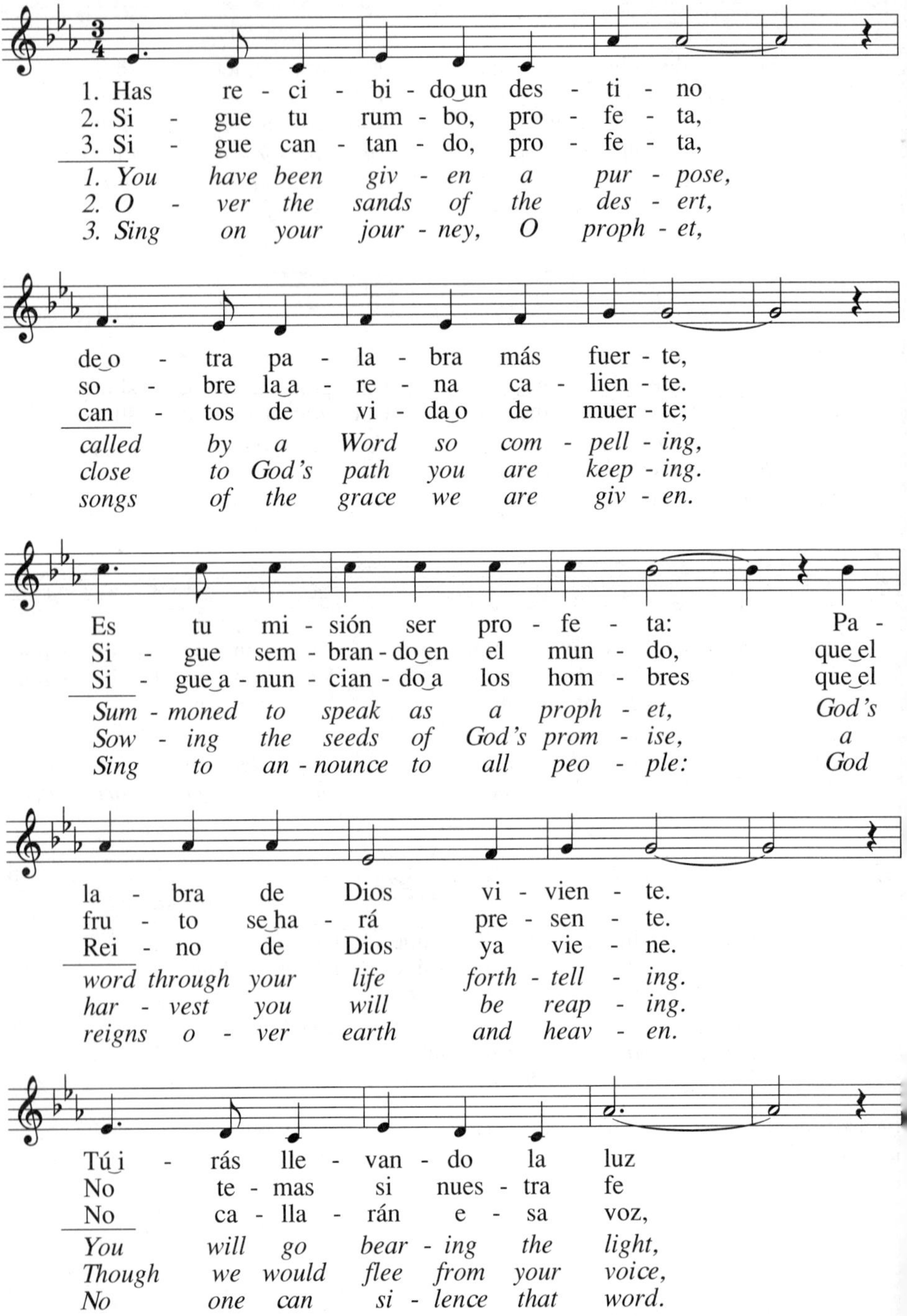

en u - na en - tre - ga pe - ren - ne, Que tu voz es voz de Dios, y la voz de Dios no duer - me.
an - te tu voz se de - tie - ne, Por - que hui - mos del do - lor y la voz de Dios nos due - le.
y a na - die pue - des te - mer - le, Que tu voz vie - ne de Dios, y la voz de Dios no mue - re.
bright as the stars be - yond num - ber: For your voice is God's own voice, that will nei - ther sleep nor slum - ber.
ob - sti - nate and dis - be - liev - ing, Do not fear to speak God's word, though our guilt - y hearts are griev - ing.
Proph - et, your heart can be fear - less For your voice is born of God, and that ho - ly voice is death - less.
Estribillo / Refrain
Ve por el mun - do, gri - ta a la gen - te, Que el a - mor de Dios no a - ca - ba, ni la voz de Dios se pier - de.
Cry out, O proph - et, bold truth de - fend - ing: That God's word will not be si - lenced, and God's love is nev - er - end - ing.
1.
2.
Dios se pier - de.
nev - er - end - ing.

637 City of God / Ciudad de Dios

Verses 1, 2 / Estrofas 1, 2

has con - quered the night.
to set their hearts free.
ven - ció ya Je - sús.
a la hu - ma - ni - dad.
Refrain / Estribillo
Let us build the cit - y of God.
¡Pron - to vie - ne el rei - no de Dios!
May our tears be turned in - to danc - ing!
¡Que se trans - for - me en dí - a la no - che!
For the Lord, our light and our love,
Por - que el Dios de luz y de a - mor
has turned the night in - to day!
con - vier - te en go - zo el do - lor.
Verse 3 / Estrofa 3
3. God is light; in him there is no
3. Dios es luz; en él ya no hay ti -
dark - ness. Let us walk in his light, his
nie - blas. Ca - mi - ne - mos en su luz, u -
chil - dren, one and all.
ni - dos al Se - ñor.

Text: Dan Schutte, b.1947; tr. by Santiago Fernández, b.1971
Tune: Dan Schutte, b.1947; acc. by Robert J. Batastini, b.1942

Enviado Soy de Dios / 638
The Lord Now Sends Us Forth

639 Cristo Te Necesita / Jesus Needs You

Letra: Cesáreo Gabaráin, 1936–1991; tr. por Ruth Duck, n.1947
Música: CRISTO TE NECESITA, 13 10 13 10 con estribillo; Cesáreo Gabaráin, 1936–1991; acomp. por John Schiavone, n.1947

Satúranos, Señor / Lord, Fill Us 640

641 Here I Am, Lord / Aquí Estoy, Señor

Verses / Estrofas

Refrain / Estribillo

Text: Isaiah 6; Dan Schutte, b.1947; tr. by Juan J. Sosa, b.1947
Tune: HERE I AM, LORD, 77 7 4 D with refrain; Dan Schutte, b.1947; arr. by Michael Pope, SJ, and John Weissrock

642 Lord, Whose Love in Humble Service / Con Tu Fiel Servicio, Oh Cristo

1. Lord, whose love in hum - ble serv - ice
2. Still the chil - dren wan - der home - less,
3. As we wor - ship, grant us vi - sion,
4. Called from wor - ship in - to serv - ice,

1. Con tu fiel ser - vi - cio, oh Cris - to,
2. Aún los po - bres pa - san ham - bre,
3. Hoy ve - ni - mos a a - do - rar - te
4. Hoy sa - li - mos a ser - vir - te

Bore the weight of hu - man need,
Still the hun - gry cry for bread.
Till your love's re - veal - ing light
Forth in your great name we go

Nos mos - tras - te tu hu - mil - dad
Mu - chos hay por con - so - lar.
Y pe - dir - te tu vi - sión:
Y en tu nom - bre a ben - de - cir.

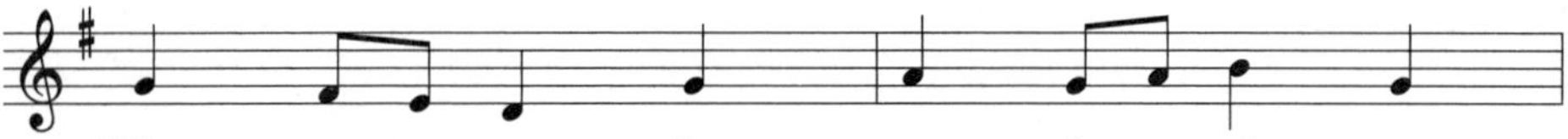

Who up - on the cross, for - sak - en,
Still the cap - tives long for free - dom,
In its height and depth and great - ness
To the child, the youth, the a - ged,

Por tu Cruz, el sa - cri - fi - cio
Aún llo - ra - mos nues - tros muer - tos,
Que la luz de tu gran - de - za
Jó - ven, vie - jo, ni - ño— to - dos

Of - fered mer - cy's per - fect deed:
Still in grief we mourn our dead.
Dawns up - on our hu - man sight,
Love in liv - ing deeds to show.

De per - fec - ta ca - ri - dad.
Aún hay gen - te sin ho - gar,
Cam - bie nues - tra con - di - ción;
Van tu a - mor a re - ci - bir.

Text: Albert F. Bayly, 1901–1984, alt., © 1988, Oxford University Press; tr. by Georgina Pando-Connolly, b.1946, © 2013, Oxford University Press
Tune: IN BABILONE, 8 7 8 7 D; *Oude en Nieuwe Hollantse Boerenlieties en Contredansen*, c.1710

643 Vayan y Enseñen / Go and Teach

Estrofas / Verses

1. Son la se - mi - lla que ha de cre - cer, son la es -
2. Son u - na lla - ma que ha de en-cen - der res - plan -
3. Son fue - go y sa - via que vi - ne a tra - er, son la

1. You are the seed that must grow and bear fruit. You're a
2. You are a torch that must burst forth in flame, turn - ing
3. You are the fire and the life that I bring. You're the

tre - lla que ha de bri - llar. Son le - va - du - ra, son
do - res de fe y ca - ri - dad. Son los pas - to - res que
o - la que a - gi - ta la mar. La le - va - du - ra pe -

star that must shine, bring - ing light. You are the yeast, you're the
hearts to faith and char - i - ty. You are the shep - herds that
wave that stirs up the sea. You, my dis - ci - ples, must

gra - no de sal, an - tor - cha que de - be a - lum - brar.
han de gui - ar al mun - do por sen - das de paz.
que - ña de a - yer fer - men - ta la ma - sa del pan.

salt of the earth, a bea - con that shines in the night.
lead all the world in path - ways of light and of peace.
leav - en the bread, the king - dom of God in the world.

Son la ma - ña - na que vuel - ve a na - cer, son la es -
Son los a - mi - gos que qui - se es - co - ger, son pa -
U - na ciu - dad no se pue - de es - con - der, ni los

You're the new day that is born once a - gain. you're the
You are the friends that I chose for my own, you're the
You are the light and the salt of the earth, nev - er

pi - ga que em - pie - za a gra - nar. Son a - gui - jón y ca -
la - bra que in - ten - to gri - tar. Son rei - no nue - vo que em
mon - tes se han de o - cul - tar; Siem - pre en sus o - bras que

grain that bursts forth with new life. You are a thorn, yet a
word that I want to pro - claim. You're the new king - dom, cre -
hid - ing, but show - ing forth truth; And in your ac - tions of

Letra: Cesáreo Gabaráin, 1936–1991; tr. por Ana Victoria Demezas, n.1958, Kathleen Orozco, n.1945, y Mary K. Straub, n.1950,
Música: ID Y ENSEÑAD, 10 9 10 8 D con estribillo; Cesáreo Gabaráin, 1936–1991, ; arm. por Skinner Chavez-Melo, 1944–1992,
Obra publicada por OCP.

644 Cuando Se Va la Esperanza / Just When All Hope Seems to Vanish

can - do un mun - do me - jor."
jun - tos bus - can - do la paz."
fir - mes, yo les sos - ten - dré."
strug - gle to bet - ter the world."
oth - er a new world of peace."
give you the strength to en - dure."

Estribillo / Refrain

Can - te - mos a nues - tro Dios, quien es el Dios de la
God is up - lift - ing the peo - ple. God is the pow - er with -

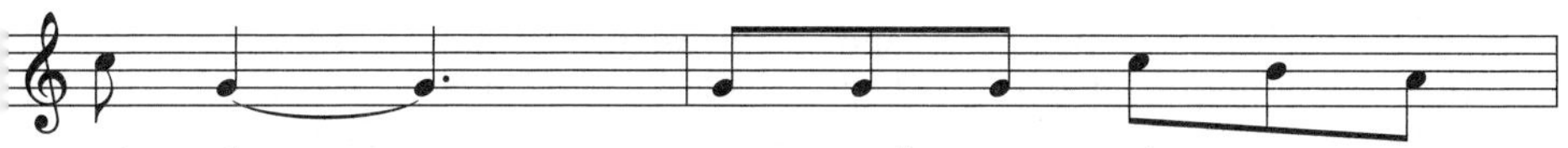

vi - da, por - que‿él es - tá con no -
in us. Hope is our mu - sic, and

so - tros cre - an - do‿es - pe - ran - za‿y tam - bién li - ber - tad.
free - dom our song, and to - geth - er our voic - es will ring.

Letra: Esther Cámac, alt.; tr. por Bret Hesla, n.1957 y William Dexheimer-Pharris, alt.
Música: ESPERANZA, 16 19 19 con estribillo; Edwin Mora Guevara; acomp. por Ronald F. Krisman, n.1946

645 Lord, You Give the Great Commission / Cristo, Tú Nos Has Mandado

1. Lord, you give the great com - mis - sion:
2. Lord, you call us to your serv - ice:
3. Lord, you make the com - mon ho - ly:
4. Lord, you show us love's true meas - ure:

1. Cris - to, tú nos has man - da - do
2. Cris - to, lla - mas al ser - vi - cio,
3. Cris - to, san - ti - fi - cas to - do;
4. Cris - to, a - mas sin me - di - da:

"Heal the sick and preach the word."
"In my name bap - tize and teach."
"This my bod - y, this my blood."
"Fa - ther, what they do, for - give."

A sa - nar y pre - di - car–
En tu nom - bre a bau - ti - zar.
En tu cuer - po cam - bias pan.
"Pa - dre, da - les tu per - dón."

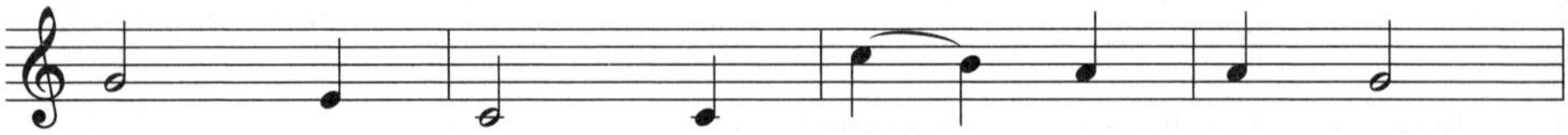

Lest the Church ne - glect its mis - sion
That the world may trust your prom - ise,
Let us all, for earth's true glo - ry,
Yet we hoard as pri - vate treas - ure

La mi - sión que no fa - lle - mos,
Que con - fie - mos tu pro - me - sa,
Pu - ri - fi - ca nues - tras vi - das:
Mas tus do - nes co - di - cia - mos,

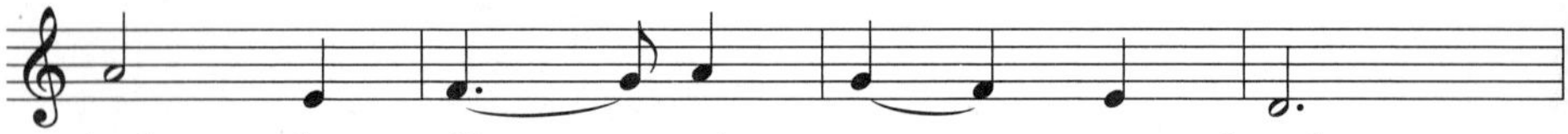

And the Gos - pel go un - heard,
Life a - bun - dant meant for each,
Dai - ly lift life heav - en - ward,
All that you so free - ly give.

Ni el men - sa - je ni el a - mar.
Vi - da en ple - ni - tud cre - ar.
A - sí ho - nor a ti da - rán.
Aun - que es gra - tis tu crea - ción.

5. Lord, you bless with words assuring:
"I am with you to the end."
Faith and hope and love restoring,
May we serve as you intend,
And, amid the cares that claim us,
Hold in mind eternity;
With the Spirit's gifts empow'r us
For the work of ministry.

5. Cristo, tú nos aseguras:
"Con ustedes estaré."
Que sirvamos como quieres,
Restaurando‿amor y fe.
Si lo‿eterno olvidamos,
Haznos siempre recordar.
Por tu‿Espíritu divino
Danos fuerza‿a ministrar.

646 Profetiza, Pueblo Mío / As in Days of Old God Sends Messengers

Estribillo / Refrain

Estrofas / Verses

Letra: Rosa Martha Zárate Macías; tr. por Ronald F. Krisman, n.1946
Música: PROFETIZA, 7 6 7 6 con estribillo; Rosa Martha Zárate Macías; acomp. por Ronald F. Krisman, n.1946

647 Sent Forth by God's Blessing / Con Sus Bendiciones

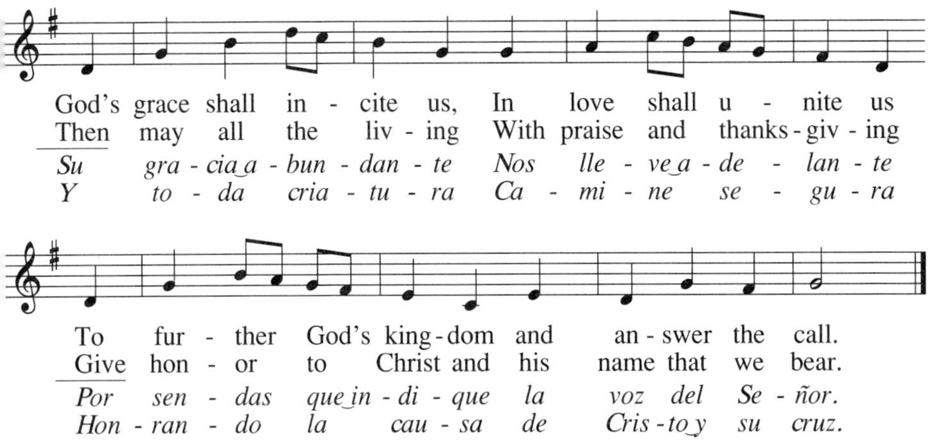

Text: Omer Westendorf, 1916–1997, © 1964, World Library Publications; tr. by Dimas Planas-Belfort, 1934–1992, alt., © 1990, World Library Publications
Tune: ASH GROVE, 66 11 66 11 D; Welsh; harm. by Gerald H. Knight, 1908–1979, © The Royal School of Church Music

648 Go Make of All Disciples / ¡Discípulos Han de Ganar!

Text: Matthew 28:19–20; Leon M. Adkins, 1896–1986, alt., © 1964, Abingdon Press; tr. by Alberto Merubia, b.1919, © 2012, GIA Publications, Inc.
Tune: ELLACOMBE, 7 6 7 6 D; *Gesangbuch der Herzogl*, Wirtemberg, 1784

If You Believe and I Believe / Si Tienes Fe, y Yo También 649

Text: Zimbabwean traditional; Spanish tr. by Ronald F. Krisman, b.1946, © 2006, GIA Publications, Inc.
Tune: Zimbabwean traditional; adapt. of English traditional; as taught by Tarasai; arr. by John L. Bell, b.1949, © 1991, Iona Community, GIA Publications, Inc., agent

650 On Holy Ground

Verses / Estrofas

Text: Donna Peña, b.1955
Tune: Donna Peña, b.1955; acc. by Diana Kodner, b.1957

Corre el Viento / Wind and Cold Roar 651

652 Freedom Is Coming / Dios Nos Libera

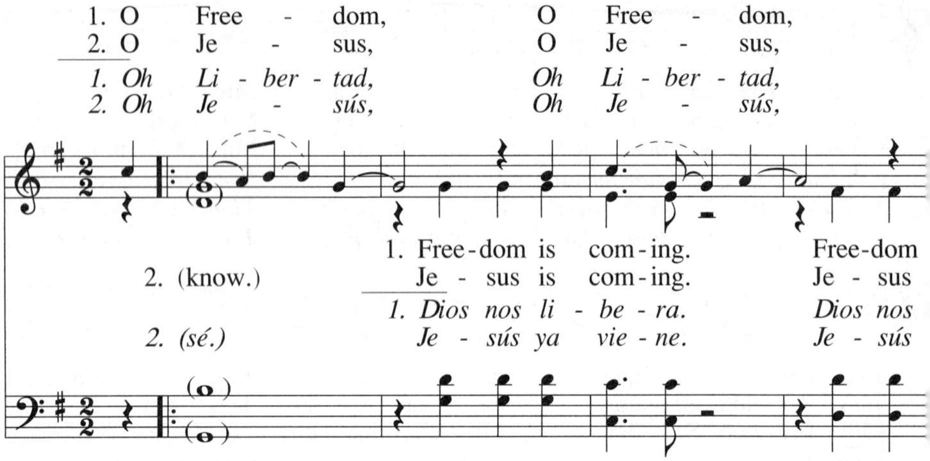

Text: South African, © 1984, Peace of Music Publishing AB, admin. by Walton Music Corp.; tr. by George Lockwood, b.1946, © 2012, GIA Publications, Inc.
Tune: South African; © 1984, Peace of Music Publishing AB, admin. by Walton Music Corp.

653 Cuando el Pobre Nada Tiene / When the Hungry Who Have Nothing

1. Cuan - do‿el po - bre na - da tie - ne y‿a - ún re -
2. Cuan - do al - guien su - fre‿y lo - gra su con -
3. Cuan - do cre - ce la‿a - le - grí - a y nos i -
4. Cuan - do‿a - bun - da‿el bien y lle - na los ho -

1. When the hun - gry who have noth - ing share with
2. When the suf - f'ring find their com - fort in our
3. When a spir - it of re - joic - ing fills us
4. When true good - ness makes each home a hal - lowed

par - te; Cuan - do al - guien pa - sa
sue - lo; Cuan - do‿es - pe - ra‿y no se
nun - da; Cuan - do di - cen nues - tros
ga - res; Cuan - do al - guien don - de‿hay

stran - gers; When the thirst - y give us
car - ing; When their hope springs from a
deep - ly; When the truth rings from our
shel - ter; When the war - torn of - fer

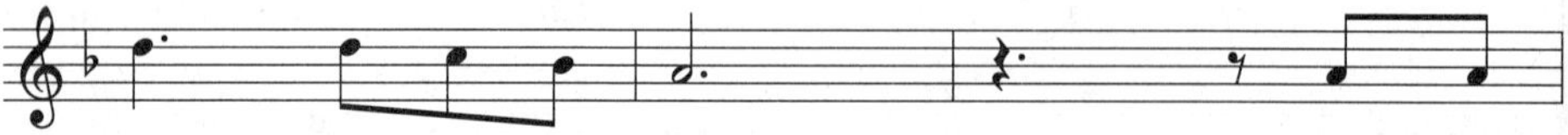

sed y‿a - gua nos da; Cuan - do‿el
can - sa de‿es - pe - rar; Cuan - do
la - bios la ver - dad; Cuan - do‿a -
gue - rra po - ne paz; Cuan - do‿"her-

drink, ask - ing no price; When in
hope that nev - er tires; When all
lips, strong - er than lies; When we
peace, bless - ed and wise; When each

dé - bil a su‿her - ma - no for - ta - le - ce:
a - ma, aun - que‿el o - dio le ro - de - e:
ma - mos el sen - tir de los sen - ci - llos:
ma - no" le lla - ma - mos al ex - tra - ño:

weak - ness, we still strength - en one an - oth - er:
ha - tred melts in em - bers of our lov - ing:
hon - or Christ's ex - am - ple to live sim - ply:
stran - ger is our broth - er or our sis - ter:

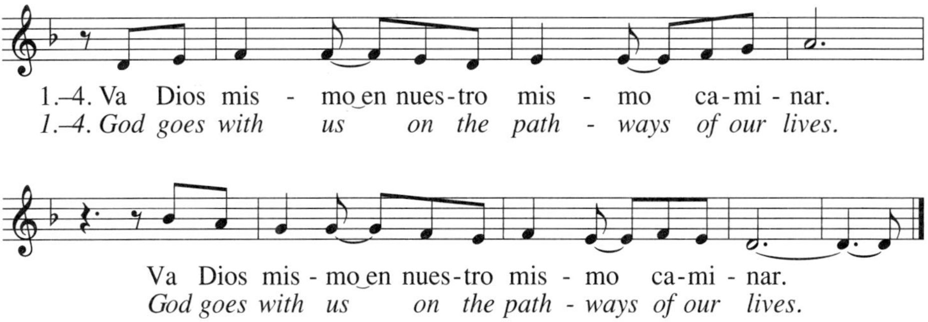

Letra: José A. Olivar; tr. por Mary Louise Bringle, n.1953
Música: PEQUEÑAS ACLARCIONES, 12 11 12 11 11; Miguel Manzano; acomp. por Ronald F. Krisman, n.1946

654 Un Pueblo Que Camina / The People Walk

Estribillo / Refrain

Un pue - blo que ca - mi - na por el mun-do gri -
The peo - ple walk through-out the world to-geth-er and

tan-do: "¡Ven, Se-ñor!" Un pue-blo que bus-ca‿en es - ta
cry out, "Come, O Lord!" The peo-ple who long to claim the

vi - da la gran li - be - ra-ción.
prom-ise, God's lib - er - at - ing Word.

Estrofas / Verses

1. Los po - bres siem-pre‿es-pe - ran el a - ma - ne - cer de‿un
2. Sal - vas - te nues - tra vi - da de la‿es-cla - vi - tud, es -
3. El mun - do, por la gue - rra, san - gra sin ra - zón; fa -
1. The poor ones of the world a-wait the dawn of hope, when
2. You broke the bonds of sin, un-tied the cap-tive's hands, re -
3. The life-blood of the world is shed in mind-less war; and

dí - a más jus - to y sin o - pre - sión. Los
cla - vos de la ley, sir - vien - do‿en el te - mor. No -
mi - lias des - tro - za - das bus - can un ho - gar. El
jus - tice will shine and make op - pres-sion flee. The
leased us from fear and slav - 'ry to the law. We
fam - 'lies de - sire a home where con-flicts cease. With

po - bres he-mos pues-to la‿es-pe-ran-za‿en ti, Li-ber-ta-dor.
so - tros he-mos pues-to la‿es-pe-ran-za‿en ti, Dios del a-mor.
mun-do tie - ne pues-ta su‿es-pe-ran-za‿en ti, Dios de la paz.
emp-ty hands of all are raised to you, Lord God: oh, set us free!
lift our hands in hope, we put our trust in you, O God of love.
all the world we lift our hands in hope to you, O God of peace.

Letra: Juan A. Espinosa, n.1940; tr. por Martin A. Seltz, n.1951
Música: Juan A. Espinosa, n.1940; arm. por Lourdes C. Montgomery, n.1956

Danos un Corazón / Grant Us, God, a New Heart 655

Letra: Juan A. Espinosa, n.1940; tr. por Mary Louise Bringle, n.1953
Música: GENTE NUEVA, 11 10 11 10 con estribillo; Juan A. Espinosa, n.1940; arm. por Michael Ward

656 We Are Called / Dios Nos Llama

Text: Micah 6:8; David Haas, b.1957; tr. by Ronald F. Krisman, b.1946
Tune: David Haas, b.1957

657 Cuando Sientas Que Tu Hermano /
When Our Sisters or Our Brothers

Letra: Anónima; tr. por Mary Louise Bringle, n.1953, © 2012, GIA Publications, Inc.
Música: BATTLE HYMN OF THE REPUBLIC, 15 15 15 6 con estribillo; atr. por William Steffe, m.1911

658 Hemos Cubierto la Tierra / We Have Covered Earth in Shadows

Estrofas / Verses

1. He - mos cu - bier - to la tie - rra de som-bras y
2. He - mos cer - ca - do la tie - rra con re - jas de‿u -
3. És - te, Se - ñor, no‿es tu rei - no, ni‿es tu vo - lun -
4. Cuan - do Je - sús vi - no‿al mun - do, nos di - jo: "La
5. Cum - ple, Se - ñor, tu pro - me - sa: ven - ga tu rei -

1. We have cov - ered earth in shad - ows, and sor - row thick -
2. We have made of earth a pris - on with heav - y shack -
3. This is not your Ho - ly Cit - y, nor your in - ten -
4. When our Sav - ior lived a - mong us, he told us, "I
5. Come, O Lord, ful - fill your prom - ise: send love and jus -

de do - lor: Pue - blos en - te - ros que gi - men en
na pri - sión Pa - ra ma - tar al her - ma - no de
tad, Se - ñor, Que di - vi - di - dos vi - va - mos en
luz yo soy. Si mi ver - dad les a - lum - bra, ve -
no de‿a - mor; Y que‿el sol de tu jus - ti - cia vuel -

ens its veil. Peo - ples stunned in des - o - la - tion weep
les and bars— Chains of hun - ger and op - pres - sion, of
tion, O Lord, That your chil - dren live di - vid - ed by
am your Light. If my Truth be - comes your bea - con, the
tice to reign. Let the sun of your com - pas - sion spread

mu - da de - so - la - ción; Ni - ños que mue - ren de
ham - bre y de‿o - pre - sión. Jun - to‿al pa - la - cio de
u - na cár - cel de‿ho - rror. Por e - so‿al cie - lo cla -
rán mi li - be - ra - ción. Y‿en mí no‿ha - brá más ba -
va‿a‿a-lum-brar-nos, Se - ñor. Lim - pia, Je - sús, a tu‿I -

soft - ly, trem-ble, and wail: Chil - dren who die still as
neigh-bor - ha - tred and war. Next to man - sions made of
walls of mal - ice and scorn. Hear us cry our hearts' con -
Way to free-dom shines bright. In my love all bonds are
warm - ing ra-diance a - gain. Cleanse your Church of all cor -

Letra: Federico J. Pagura, n.1923, © 1961; tr. por Mary Louise Bringle, n.1953, © 2006, GIA Publications, Inc.
Música: Pablo Sosa, n.1933, © 1961, GIA Publications, Inc.

659 We Plow the Fields and Scatter / Aramos Nuestros Campos

Text: Matthias Claudius, 1740–1815; English tr. by Jane M. Campbell, 1817–1878, alt.; Spanish tr. by Ernesto Barocio, 1866–1948
Tune: ARAMOS, 7 6 7 6 D; Ronald F. Krisman, b.1946, © 2012, GIA Publications, Inc.

Todo Lo Que Tengo / All We Have and All We Are 660

Estribillo / Refrain

Estrofas / Verses

Letra: Tradicional; tr. por Mary Louise Bringle, n.1953, © 2012, GIA Publications, Inc.
Música: *Misa Popular*; arm. por Ronald F. Krisman, n.1946, © 2012, GIA Publications, Inc.

661 Let There Be Peace on Earth / Reine en la Tierra Paz

*Or "brothers" **U "hijos"

Text: Jill Jackson, 1913–1995; tr. by Georgina Pando-Connolly, b.1946
Tune: Sy Miller, 1908–1941

Dona Nobis Pacem 662

Canon

Text: *Grant us peace*
Tune: Traditional; acc. by Diana Kodner, b.1957, © 1994, GIA Publications, Inc.

663 Make Me a Channel of Your Peace / Hazme un Instrumento de Tu Paz

Verses 1, 2, 4 / Estrofas 1, 2, 4

Text: *Prayer of Saint Francis*; adapt. by Sebastian Temple, 1928–1997
Tune: Sebastian Temple, 1928–1997; acc. by Robert J. Batastini, b.1942

Dedicated to Mrs. Frances Tracy.

664 Quiero Ser, Señor / My Desire, O Lord

Estribillo / Refrain

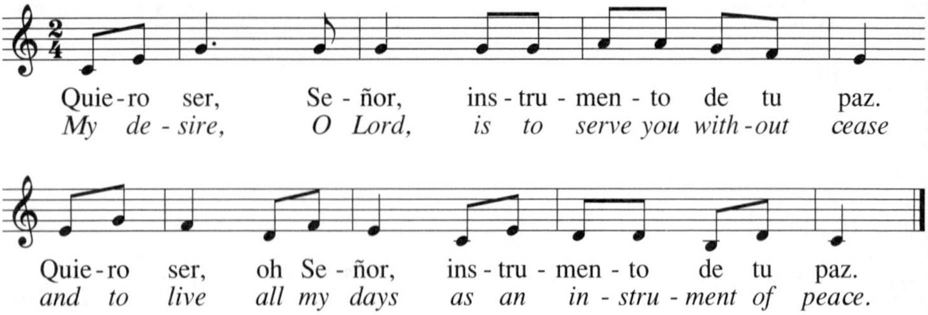

Estrofas / Verses

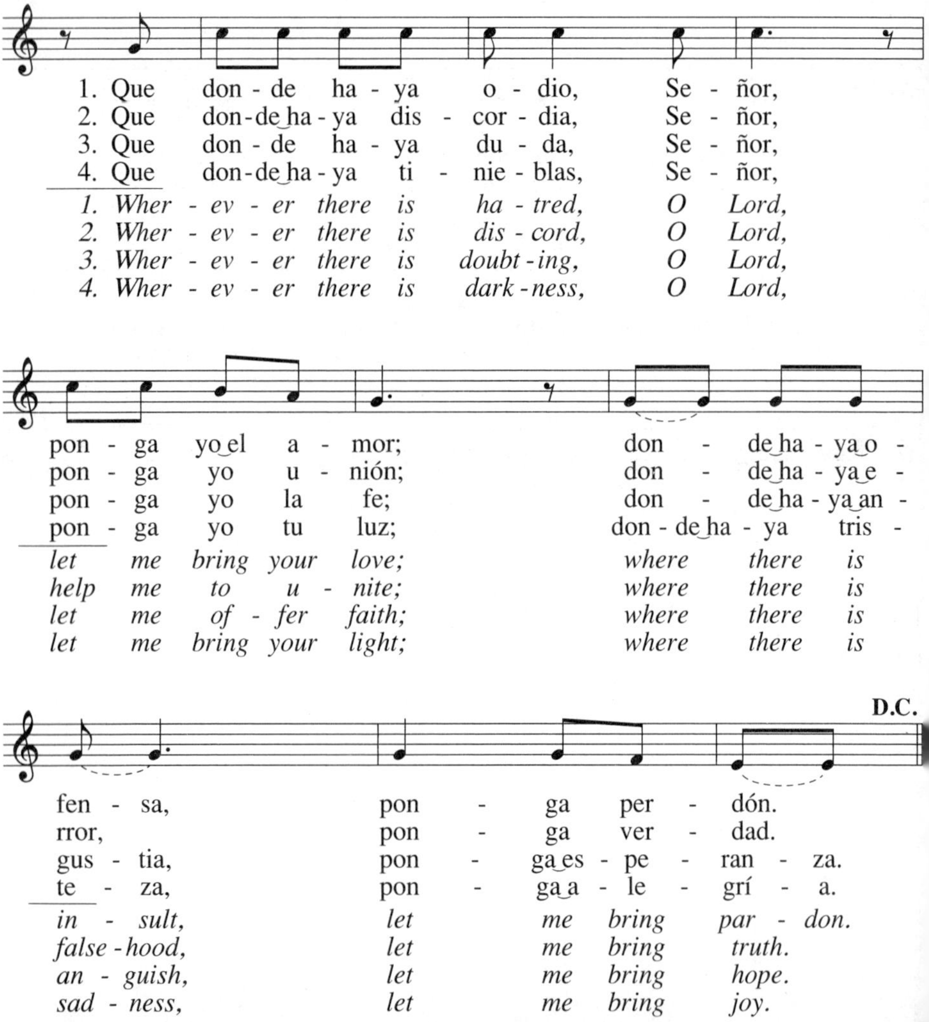

Prayer of Peace / En la Paz 665

Text: Based on a Navajo prayer; David Haas, b.1957; tr. by Ronald F. Krisman, b.1946
Tune: David Haas, b.1957

666 La Paz de la Tierra / The Peace of the Earth

Letra: Tradicional de Guatemala; tr. por Christine Carson
Música: Tradicional de Guatemala; arm. por John L. Bell, n.1949

667 Peace I Leave You / Paz Les Dejo

Ostinato Refrain / Estribillo

In Christ There Is No East or West / Ni Oriente Ni Occidente 668

4. In Christ now meet both east and west,
In him meet south and north;
All Christly souls are one in him
Throughout the whole wide earth.

4. Oriente y occidente en él
Se encuentran; y su amor
Las almas une por la fe
En santa comunión.

*las fieles

Text: Galatians 3:23; William A. Dunkerley, 1852–1941, alt.; tr. by Juanita R. de Balloch, b.1894, alt.
Tune: McKEE, CM; African American; adapt. by Harry T. Burleigh, 1866–1949

669 They'll Know We Are Christians / Somos Uno en Espíritu

1. We are one in the Spir - it, we are
2. We will walk with each oth - er, we will
3. We will work with each oth - er, we will
4. All praise to the Fa - ther, from

1. So - mos u - no en es - pí - ri - tu y en
2. Mar - cha - re - mos to - ma - dos de la
3. Tra - ba - je - mos u - ni - dos la - do a
4. Glo - ria al Pa - dre que es fuen - te de

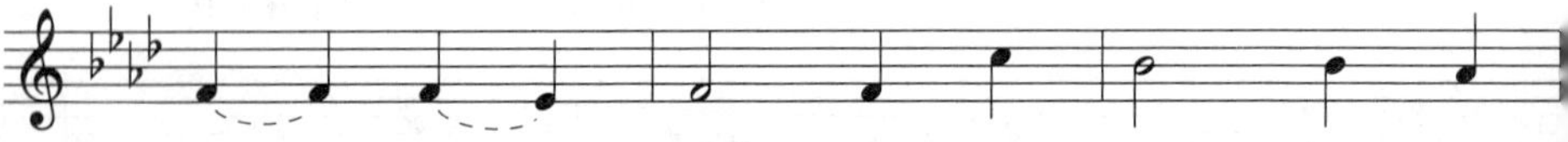

one in the Lord, We are one in the
walk hand in hand, We will walk with each
work side by side, We will work with each
whom all things come, And all praise to Christ

el Se - ñor; So - mos u - no en es -
ma - no en a - mor, Mar - cha - re - mos to -
la - do en a - mor, Tra - ba - je - mos u -
to - da ben - di - ción; Glo - ria a Cris - to su

Spir - it, we are one in the Lord, And we
oth - er, we will walk hand in hand, And to -
oth - er, we will work side by side, And we'll
Je - sus, his on - ly Son, And all

pí - ri - tu y en el Se - ñor Y ro -
ma - dos de la ma - no en a - mor, A - nun -
ni - dos la - do a la - do en a - mor, Co - mo
Hi - jo que nos da la sal - va - ción Y al Es -

pray that all u - ni - ty may one day be re - stored:
geth - er we'll spread the news that God is in our land:
guard each one's dig - ni - ty and save each one's pride:
praise to the Spir - it, who makes us one:

ga - mos que un dí - a nues - tra u - nión se - a to - tal.
cian - do que en es - ta tie - rra vi - ve y o - bra Dios.
guar - das ce - lo - sos de la gen - te en su ho - nor.
pí - ri - tu San - to que nos u - ne en co - mu - nión.

Text: Peter Scholtes, 1938–2009; tr. by Federico J. Pagura, b.1923, alt.
Tune: ST. BRENDAN'S, 7 6 7 6 8 6 with refrain; Peter Scholtes, 1938–2009

Somos Uno en Cristo / We Are All One in Christ 670

Letra: Anónima; tr. por Gerhard Cartford, n.1923, © 1998, Augsburg Fortress
Música: SOMOS UNO, Irregular; anónima

671 We Are Many Parts / Muchos Miembros Hay

Text: 1 Corinthians 12, 13; Marty Haugen, b.1950; tr. by Santiago Fernández, b.1971
Tune: Marty Haugen, b.1950

Miren Qué Bueno / O Look and Wonder 672

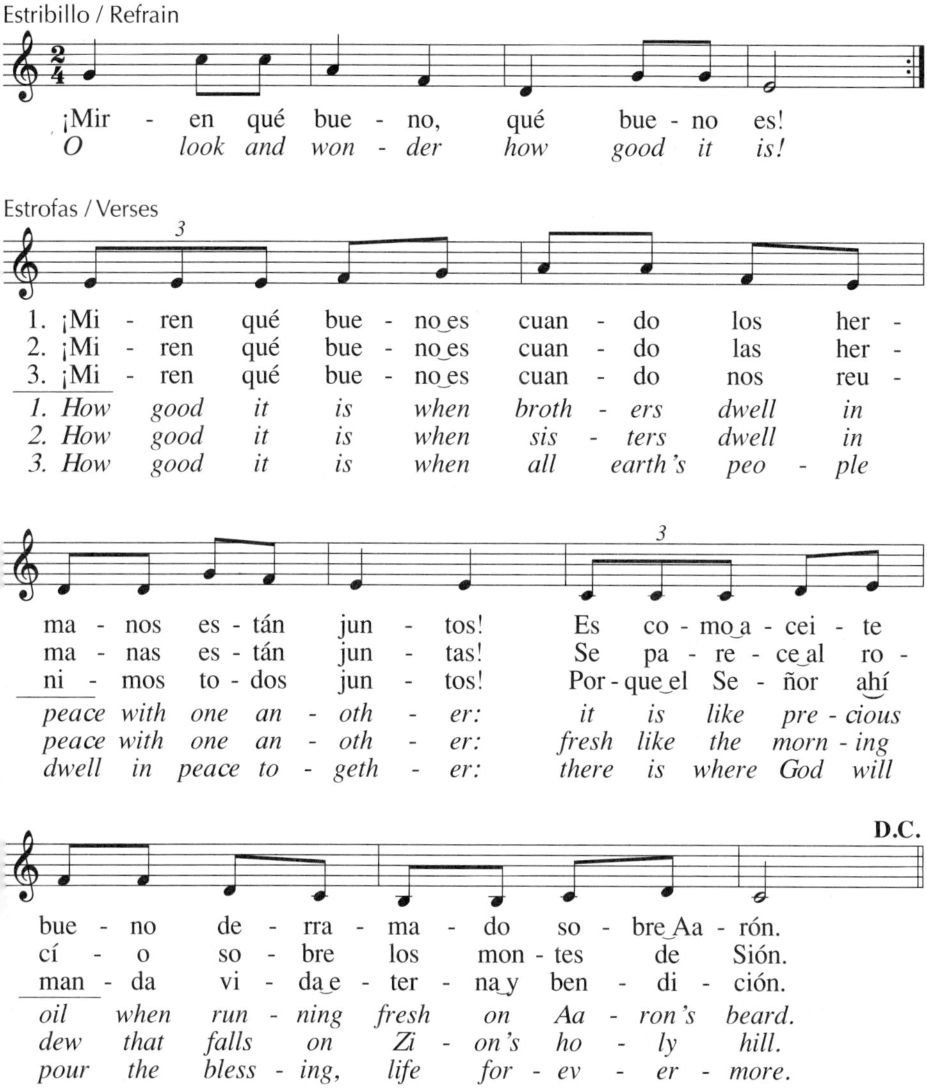

Letra: Salmo 133; Pablo D. Sosa, n.1933
Música: Pablo D. Sosa, n.1933

673 Many Are the Lightbeams / Muchos Resplandores

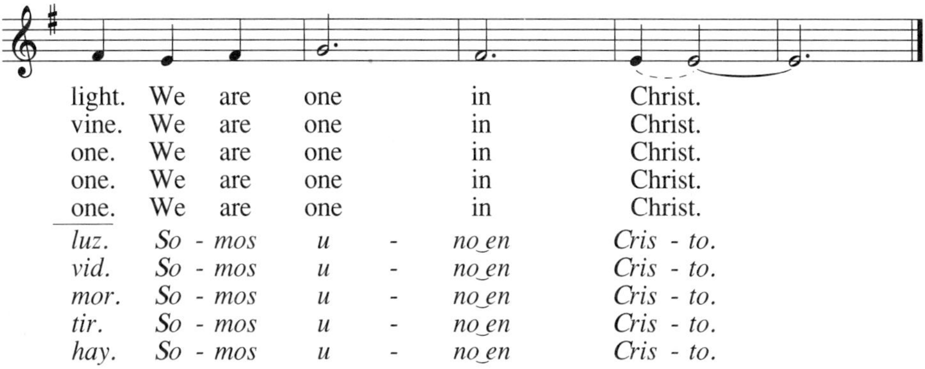

Text: *De unitate ecclesiae*, St. Cyprian of Carthage, 252 A.D.; tr. by Anders Frostenson, 1906–2006, alt., © A-F Foundation Hymns and Songs; Spanish tr. by Pablo D. Sosa, b.1933, alt., © 1983, GIA Publications, Inc.
Tune: TJÄNSTERNA, 10 6 10 6; Olle Widestrand, b.1932, ©; harm. by Ronald F. Krisman, b.1946, © 2012, GIA Publications, Inc.

Jesus Christ, Yesterday, Today, and Forever / Jesucristo Ayer, Jesucristo Hoy 674

Ostinato Refrain / Estribillo

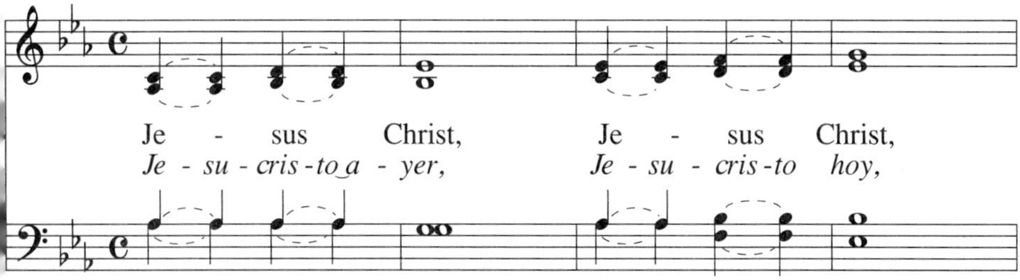

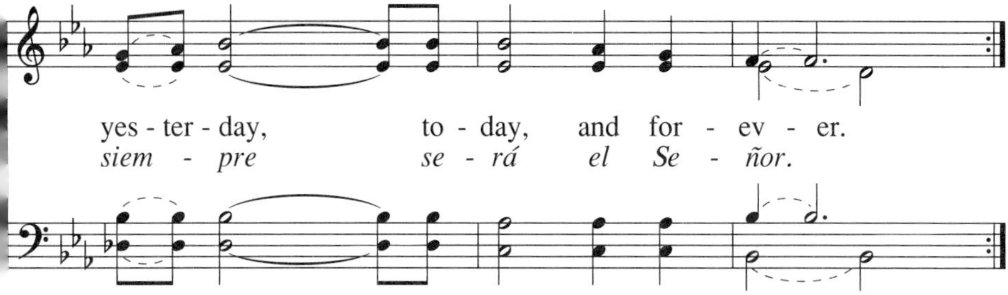

Text: Suzanne Toolan, RSM, b.1927; tr. by Ronald F. Krisman, b.1946
Tune: Suzanne Toolan, RSM, b.1927

675 Felicidad / How Lovely, Lord

*Especialmente durante la Cuaresma, se puede cantar este canto usando "Felicidad" en vez de "Aleluya/Alleluia" dondequiera que ocurra en las estrofas.

*Especially during Lent, "Felicidad" (meaning "What happiness!") may replace each occurrence of "Aleluya/Alleluia" in the verses.

o. (¡A - le - lu - ya!) Cuán - to‿an - he - la mi al -
los, (¡A - le - lu - ya!) Tam - bién las go - lon - dri -
za (¡A - le - lu - ya!) Y que con pa - sión quie -
tor. (Al - le - lu - ia!) How we yearn for your pres -
ty. (Al - le - lu - ia!) You pro - vide for the swal -
them. (Al - le - lu - ia!) With the heart of a pil -
ma (¡A - le - lu - ya!) Y qué‿ar - dien - te de - se -
nas. (¡A - le - lu - ya!) Yo‿en - con - tré‿en tus al - ta -
re (¡A - le - lu - ya!) Ca - mi - nar por tus sen -
ence, (Al - le - lu - ia!) And how great is our long -
low. (Al - le - lu - ia!) So we, too, by your al -
grim, (Al - le - lu - ia!) They em - bark on their jour -
a (¡A - le - lu - ya!) Ha - bi - tar en tu tem - plo. (¡A -
res (¡A - le - lu - ya!) El lu - gar de mi di - cha. (¡A -
das. (¡A - le - lu - ya!) Yen - do por los de - sier - tos, (¡A -
ing (Al - le - lu - ia!) To a - bide in your tem - ple! (Al -
tars (Al - le - lu - ia!) Find a place of re - joic - ing. (Al -
ney. (Al - le - lu - ia!) Though they pass through the des - ert, (Al -
D.C.
le - lu - ya!) To - do me‿a - le - gra‿en ti, Se - ñor.
le - lu - ya!) Yo te‿he‿en-con - tra - do‿a ti, mi Dios.
le - lu - ya!) Llu - via fres - ca siem - pre‿ha - lla - rá.
le - lu - ia!) We re - joice in your name, O God!
le - lu - ia!) With - out ceas - ing, we praise you, God!
le - lu - ia!) You re - fresh them with springs, O God.

676 Juntos Cantando la Alegría / Singing in Joy We Come Together

Nues - tro‿a - mi - go Je - sús nos lle - va - rá.
Nues - tro‿a - mi - go Je - sús nos gui - a - rá.
Nues - tro‿a - mi - go Je - sús nos sal - va - rá.

Borne by Je - sus, our friend, the Prince of Peace.
Led by Je - sus, our friend and lov - ing guide.
Saved by Je - sus, our friend, the Lord of life.

Letra: Cesáreo Gabaráin, 1936–1991; tr. por Mary Louise Bringle, n.1953
Música: Cesáreo Gabaráin, 1936–1991; acomp. por John Schiavone, n.1947

Diverse in Culture, Nation, Race / De Raza, Cuna, de Nación 677

1. Di - verse in cul - ture, na - tion, race, We
2. God, let us be a bridge of care Con -
3. When cha - sms wid - en, storms a - rise, O
4. God, let us be a ta - ble spread With

1. De ra - za, cu - na, de na - ción: Dis -
2. Que - re - mos, Dios, un puen - te ser U -
3. Las bre - chas cau - san tem - pes - tad. Es -
4. Que - re - mos me - sa ser, Se - ñor, Con

come to - geth - er by your grace. God, let us be a
nect - ing peo - ple ev - 'ry - where. Help us con - front all
Ho - ly Spir - it, make us wise. Let our re - solve, like
gifts of love and bro - ken bread, Where all find wel - come,

tin - ta fuen - te‿un co - ra - zón. Dios, haz - nos cen - tro
nien - do‿al pue - blo‿has - ta ven - cer El o - dio, mie - do‿y
pí - ri - tu, da vo - lun - tad Y fuer - za pa - ra
pan par - ti - do‿en don de‿a - mor, Don - de‿a - co - gi - dos

meet - ing ground Where hope and heal - ing love are found.
fear and hate And lust for pow'r that sep - a - rate.
steel, be strong To stand with those who suf - fer wrong.
grace at - tends, And en - e - mies a - rise as friends.

de‿u - ni - dad, De‿a - mor que sa - na‿y de‿her - man - dad.
la‿am - bi - ción, Ra - íz de to - da di - vi - sión.
no fla - quear, Jun - to‿al que su - fre, ca - mi - nar.
con bon - dad, Ri - va - les se - llen su‿a - mis - tad.

**May be sung as a two- or four-voice canon.*
**Puede cantarse como canon a dos o cuatro voces.*

Text: Ruth Duck, b.1947, © 1992, GIA Publications, Inc.; tr. by Georgina Pando-Connolly, b.1946, © 2012, GIA Publications, Inc.
Tune: TALLIS' CANON, LM; Thomas Tallis, c.1510–1583

678 Vamos Todos al Banquete / Let Us Go Now to the Banquet

Estribillo / Refrain

Va - mos to - dos al ban - que - te, A la
Let us go now to the ban - quet, To the

me - sa de la cre - a - ción; Ca - da cual, con su ta - bu-
feast of the u - ni - verse. The ta-ble's set and a place is

re - te, Tie - ne un pues - to y u - na mi - sión.
wait - ing; Come, ev - 'ry - one, with your gifts to share.

Estrofas / Verses

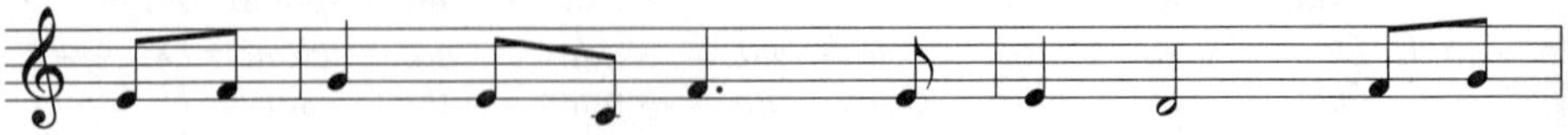

1. Hoy me le - van - to muy tem - pra - no, Ya me es -
2. Dios in - vi - ta a to - dos los po - bres A es - ta
3. Dios nos man - da a ha - cer de es - te mun - do U - na

1. I will rise in the ear - ly morn - ing. The com -
2. God in - vites all the poor and hun - gry To the
3. May we build such a place a - mong us Where all

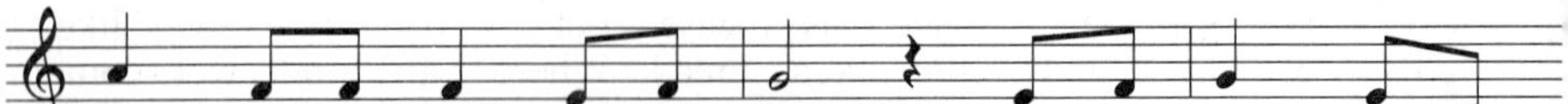

pe - ra la co - mu - ni - dad. Voy su - bien - do a -
me - sa co - mún por la fe, Don - de no hay a - ca -
me - sa don - de ha - ya i - gual - dad; Tra - ba - jan - do y lu -

mu - ni - ty's wait - ing for me. With a spring in my
ban - quet of jus - tice and good, Where the har - vest will
peo - ple are e - qual in love. God has called us to

D.C.

le - gre la cues - ta, Voy en bus - ca de tu a - mis - tad.
pa - ra - do - res Don - de to - dos pue - dan co - mer.
chan - do jun - tos, Com - par - tien - do la pro - pie - dad.

step I'm walk - ing With my friends and my fam - i - ly.
not be hoard - ed, So that no one will lack for food.
work to - geth - er And to share ev - 'ry - thing we have.

Letra: *Misa Popular Salvadoreña,* Guillermo Cuéllar; tr. por Bret Hesla, n.1957, y William Dexheimer-Pharris
Música: Guillermo Cuéllar; arm. por Ronald F. Krisman, n.1946

Vayamos Jubilosos / Draw Near God's Holy Altar 679

Estribillo / Refrain

Va - ya - mos ju - bi - lo - sos al al - tar de Dios.
Draw near God's ho - ly al - tar with re - joic - ing hearts.

Estrofas / Verses

1. Al sa - gra - do‿al - tar nos guí - en Su ver -
2. Al Dios san - to ce - le - bre - mos Que nos
3. O - frez - ca - mos to - dos jun - tos Es - ta
4. Glo - ria se - a‿al Pa - dre‿E - ter - no, Glo - ria‿a

1. To the al - tar of sal - va - tion God's own
2. Filled with joy at God's com - pas - sion, In this
3. As the Pas - chal Lamb is of - fered, And we
4. Glo - ry be to God our Mak - er, And to

dad y su jus - ti - cia A‿o - fre - cer el sa - cri -
lle - na de‿a - le - grí - a, Y su - ba - mos has - ta‿el
víc - ti - ma di - vi - na, Que se‿in - mo - la por no -
Cris - to, nues - tro guí - a, Y‿al Es - pí - ri - tu Di -

truth and jus - tice lead us. God, so in - fi - nite in
won - drous cel - e - bra - tion We as - cend the ho - ly
come be - fore the al - tar, We are blest with life e -
Christ, who safe - ly guides us, For the joy of their com -

fi - cio Que le da glo - ria‿in - fi - ni - ta.
mon - te Don - de Dios se sa - cri - fi - ca.
so - tros Pa - ra dar - nos luz y vi - da.
vi - no A - la - ban - zas in - fi - ni - tas.

glo - ry, Gives this sac - ri - fice to feed us.
moun - tain Where God pur - chased our sal - va - tion.
ter - nal From a Love that nev - er fal - ters.
mun - ion Which the Spir - it now pro - vides us.

D.C.

Letra: Estribillo y estrofas 1–3, A. Danoz, alt.; adapt. y estrofa 4, E. G. Arrondo; tr. por Mary Louise Bringle, n.1953
Música: E. G. Arrondo; acomp. por Ronald F. Krisman, n.1946

680 Cantando la Alegría de Vivir / Together Let Us Journey to God's House

Estribillo / Refrain

Estrofas / Verses

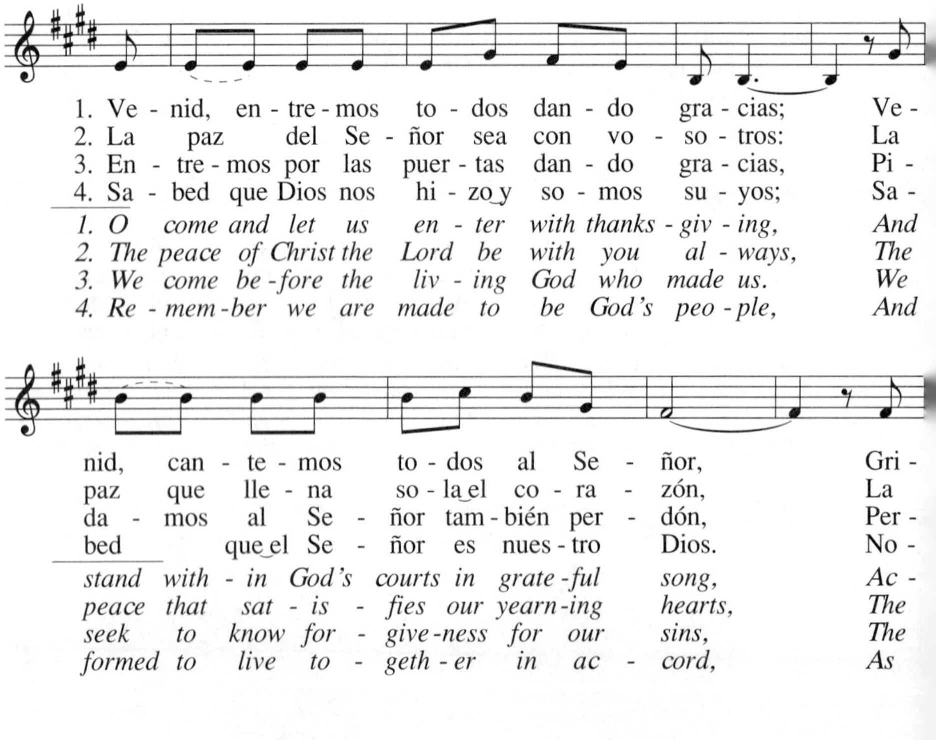

Letra: Manuel de Terry, siglo XX; tr. por Mary Louise Bringle, n.1953
Música: Manuel de Terry, siglo XX; arm. por Ronald F. Krisman, n.1946

681 All Are Welcome / Todos Bienvenidos Son

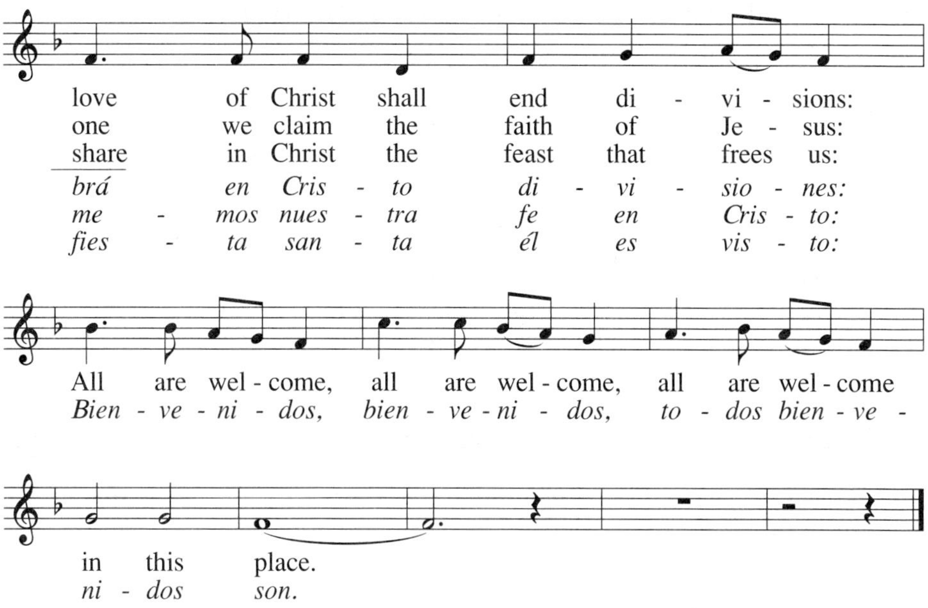

4. Let us build a house where hands
   will reach
   Beyond the wood and stone
   To heal and strengthen, serve and
   teach,
   And live the Word they've known.
   Here the outcast and the stranger
   Bear the image of God's face;
   Let us bring an end to fear and danger:
   All are welcome...

5. Let us build a house where all are named,
   Their songs and visions heard
   And loved and treasured, taught and
   claimed
   As words within the Word.
   Built of tears and cries and laughter,
   Prayers of faith and songs of grace,
   Let this house proclaim from floor to
   rafter:
   All are welcome...

4. Descubramos en aquel lugar
El celo por servir,
La voluntad de enseñar
Y‿en el amor vivir.
Aquí‿el pobre‿o desdichado
Halla‿en Dios su vocación;
Terminemos el peligro‿y miedo:
Bienvenidos...

5. Construyamos hoy un gran hogar
Que‿inculca hermandad,
Canciones lindas, fe sin par,
Y‿amor por la verdad.
Un lugar de risa‿y llanto,
De‿alabanza y‿oración—
Que‿esta casa‿anuncie de lo alto:
Bienvenidos...

Text: Marty Haugen, b.1950; tr. by Ronald F. Krisman, b.1946, and George Lockwood, b.1946
Tune: TWO OAKS, 9 6 8 6 8 7 10 with refrain; Marty Haugen, b.1950

682 All People That on Earth Do Dwell / Oh Pueblos Todos Alabad

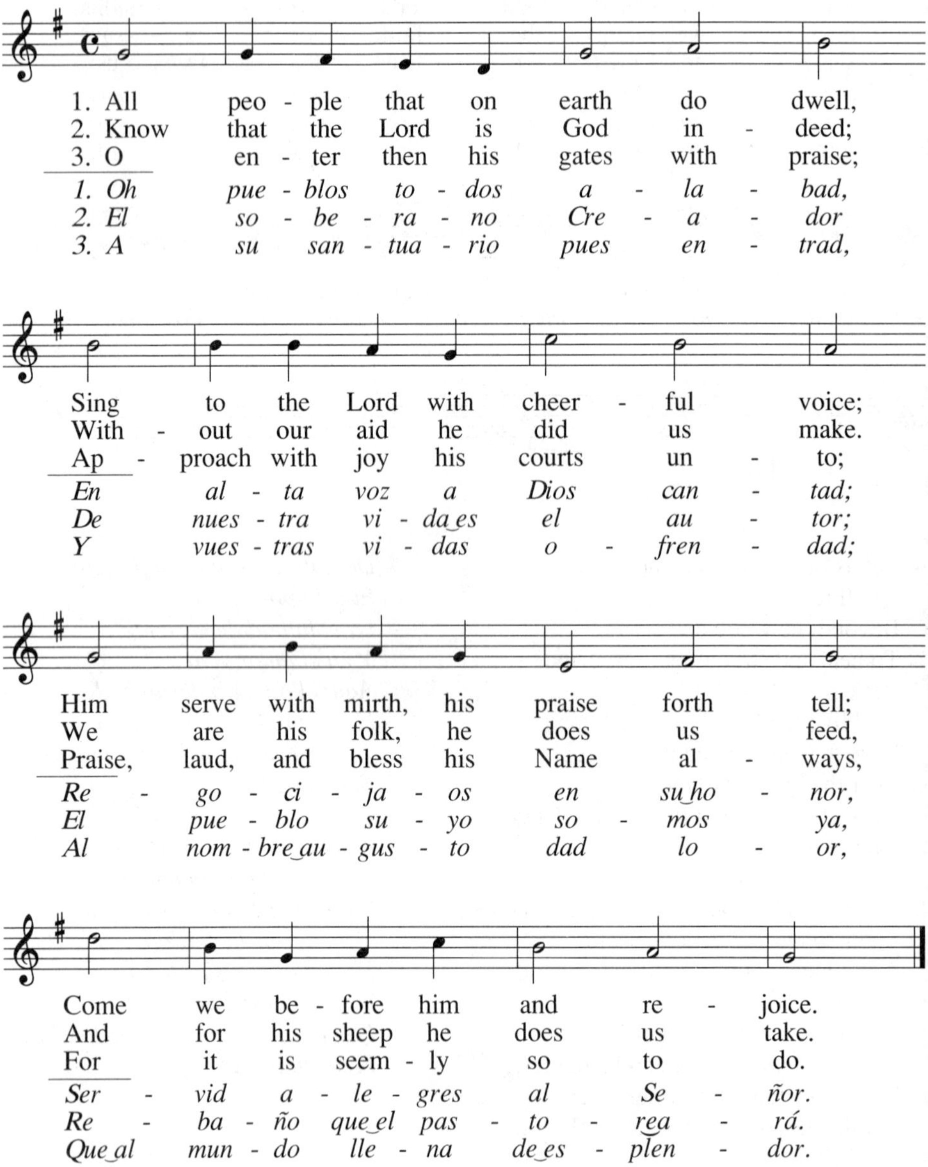

4. For why? The Lord our God is good:
His mercy is for ever sure;
His truth at all times firmly stood,
And shall from age to age endure.

5. To Father, Son, and Holy Ghost,
The God whom heav'n and earth adore,
From us and from the angel host
Be praise and glory evermore.

*Praise God, from whom all blessings flow;
Praise him, all creatures here below;
Praise him above, you heav'nly host:
Praise Father, Son and Holy Ghost.

4. Incomparable‿es su bondad,
Y para siempre su verdad;
De bienes colma nuestro ser,
Su gracia no‿ha de fenecer.

5. Misericordia sin igual
Nos muestra por la‿eternidad,
Y su verdad será‿eternal
A toda la posteridad.

**A Dios el Padre celestial,*
Al Hijo nuestro Redentor,
Y‿al eternal Consolador,
Unidos todos alabad.

**May be sung alone or as an alternate to stanza 5.*
**Puede cantarse solo o como una alternativa a la estrofa 5.*

Text: Psalm 100; William Kethe, d. c.1593; Doxology, Thomas Ken, 1637–1711; sts. 1–5 tr. by Federico J. Pagura, b.1923, ©; Doxology tr., anonymous
Tune: OLD HUNDREDTH, LM; Louis Bourgeois, c.1510–1561

683 Juntos como Hermanos / Brothers, Come Together

Letra: Cesáreo Gabaráin, 1936–1991, © 1979, Cesáreo Gabaráin.; tr. por Mary Louise Bringle, n.1953, © 2012, Cesáreo Gabaráin. Obra publicada por OCP.
Música: MY LORD, WHAT A MORNING, 6 8 7 7 con estribillo; espiritual áfrico-americano; acomp. por Ronald F. Krisman, n.1946, © 2012, GIA Publications, Inc.

All Who Hunger, Gather Gladly / 684
Los Hambrientos, Que Se Alegren

1. All who hun - ger, gath - er glad - ly; Ho - ly man - na
2. All who hun - ger, nev - er stran - gers; Seek - er, be a
3. All who hun - ger, sing to - geth - er; Je - sus Christ is

1. Los ham - brien - tos, que se_a - le - gren, El ma - ná es
2. Los ham - brien - tos, nun - ca_ex - tra - ños, Los que bus - can
3. Los ham - brien - tos, can - ten jun - tos, Je - su - cris - to_es

is our bread. Come from wil - der - ness and wan - d'ring.
wel - come guest. Come from rest - less - ness and roam - ing.
liv - ing bread. Come from lone - li - ness and long - ing.

nues - tro pan. No más yer - mo ni de - sier - to,
han de_ha - llar. Ven - gan to - dos: bien - ve - ni - dos
vi - vo pan. Ya no_ha - brá do - lor ni_an - he - lo,

Here, in truth, we will be fed. You that yearn for
Here, in joy, we keep the feast. We that once were
Here, in peace, we have been led. Blest are those who

Nos reu - ni - mos con a - fán. Tú que_an - he - las
A go - zar de_es - te man - jar. Los dis - per - sos
Pues en paz com - par - ti - rán. Ben - de - ci - do_en

days of full - ness, All a - round us is our food.
lost and scat - tered In com - mun - ion's love have stood.
from this ta - ble Live their days in grat - i - tude.

a - li - men - to, Co - me_y be - be sin te - mor.
y per - di - dos, Co - mul - gue - mos con fer - vor.
es - ta me - sa, A - gra - de - ce_a tu Se - ñor.

Taste and see the grace e - ter - nal. Taste and see that God is good.
Gus - ta_y ve que Dios es bue - no. Gus - ta_y ve su_e - ter - no_a - mor.

685 As We Gather at Your Table / Al Reuninirnos en Tu Mesa

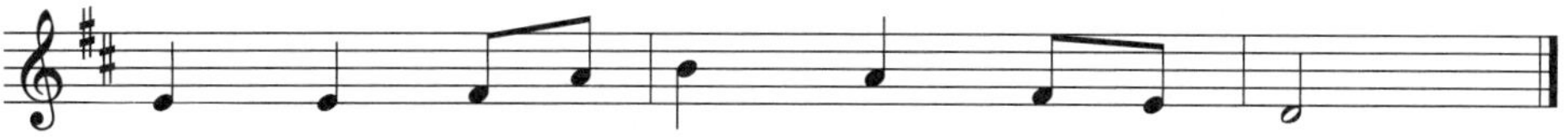

ban - quet How to make Love's vic - t'ry known.
im - age In the world you died to save.
an - gels To re - peat the sound - ing joy.
ce - na La vic - to - ria de tu a - mor.
mun - do Que vi - nis - te a sal - var.
ta - mos: Dios por siem - pre rei - na - rá.

Text: Carl P. Daw, Jr., b.1944, © 1989, Hope Publishing Company; tr. by Georgina Pando-Connolly, b.1946, © 2012, Hope Publishing Company
Tune: NETTLETON, 8 7 8 7 D; Wyeth's *Repository of Sacred Music,* 1813

Somos Pueblo Que Camina / 686
Welcome, Pilgrims on the Journey

1. So - mos pue - blo que ca - mi - na
2. Los hu - mil - des y los po - bres
3. Es - te pan que Dios nos brin - da
1. Wel - come, pil - grims on the jour - ney,
2. To God's ta - ble are in - vit - ed
3. God will nour - ish our com - mun - ion

Por las sen - das del do - lor.
In - vi - ta - dos son de Dios.
A - li - men - ta nues - tra u - nión.
Of - ten wea - ry and in pain.
All the low - ly and the poor.
With the fin - est heav'n - ly Bread.

A - cu - da - mos ju - bi - lo - sos a la ce - na del Se - ñor.
Join to - geth - er now, re - joic - ing at the ban - quet of the Lord.

4. Cristo aquí se hace presente,
Al reunirnos en su amor.

5. Los sedientos de justicia
Buscan su liberación.

4. Christ has promised to be with us
When we gather in his name.

5. All who are athirst for justice,
Hear God's liberating word.

Letra: Manuel Dávila; tr. por Ronald F. Krisman, n.1946, © 2005, GIA Publications, Inc.
Música: SOMOS PUEBLO, 8 7 con estribillo; Manuel Dávila, *Misa Popular Nicaragüense;* acomp. por Ronald F. Krisman, n.1946, © 2005, GIA Publications, Inc.

687 Gather Us In / Únenos Hoy

Text: Marty Haugen, b.1950; tr. by Georgina Pando-Connolly, b.1946
Tune: GATHER US IN, 10 9 10 10 D; Marty Haugen, b.1950

688 Qué Alegría Cuando Me Dijeron / O What Gladness, When I Heard Them Saying

En e-lla es-tán los tri-bu-na-les de jus-ti-cia,
With-in the cit-y are es-tab-lished thrones of jus-tice.
en el pa-la-cio de Da-vid.
the judg-ment seats of Da-vid's house.
D.C.
Estrofa 3 / Verse 3
3. De-se-ad la paz a Je-ru-sa-lén:
3. For the peace of Je-ru-sa-lem pray:
"Vi-van se-gu-ros los que te a-man,
"May those who love you al-ways pros-per!
ha-ya paz den-tro de tus mu-ros,
With-in your walls, peace be in a-bun-dance,
en tus pa-la-cios se-gu-ri-dad."
with-in your build-ings, se-cu-ri-ty."
D.C.
Estrofa 4 / Verse 4
4. Por mis her-ma-nos y com-pa-ñe-ros voy a de-
4. Broth-ers and sis-ters, and my com-pan-ions, this is my
cir: "La paz con-ti-go." Por la ca-sa del Se-
prayer: "Peace be up-on you." For the sake of the
ñor, nues-tro Dios, te de-se-o to-do bien.
house of our God, I will seek good things for you.
D.C.

689 Vamos Cantando al Señor / Honor and Glory to God

Letra: Juan A. Espinosa, n.1940; tr. por Mary Louise Bringle, n.1953
Música: Juan A. Espinosa, n.1940; acomp. por Paul Gibson, n.1952

Prepare a Room for Me / Un Cuarto para Mí 690

Text: Herman G. Stuempfle, Jr., 1923–2007; tr. by Georgina Pando-Connolly, b.1946
Tune: PLUM FESTE, SMD; Ronald F. Krisman, b.1946

691 Come to the Feast / Ven al Banquete

Text: Bob Hurd, b.1950, Pia Moriarty, b.1948, Jaime Cortez, b.1963
Tune: Bob Hurd, b.1950; acc. by Dominic MacAller, b.1959, alt.

692 Vienen con Alegría / We Come with Great Rejoicing

Letra: Cesáreo Gabaráin, 1936–1991; tr. por Mary Louise Bringle, n.1953
Música: Cesáreo Gabaráin, 1936–1991

693 This Day God Gives Me / En Este Día Dios Da la Vida

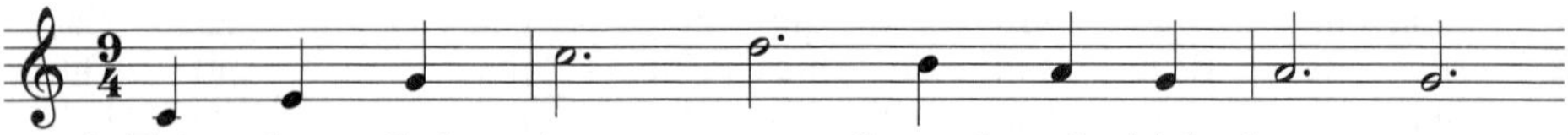

1. This day God gives me Strength of high heav - en,
2. This day God sends me Strength as my guard - ian,
3. God's way is my way, God's shield is round me,
4. Ris - ing I thank you, Might - y and strong One,

1. En es - te dí - a Dios da la vi - da,
2. En es - te dí - a Dios me en - ví - a
3. Su sen - da es mí - a, Dios me pro - te - ge;
4. Ca - da ma - ña - na Por tus gran - de - zas,

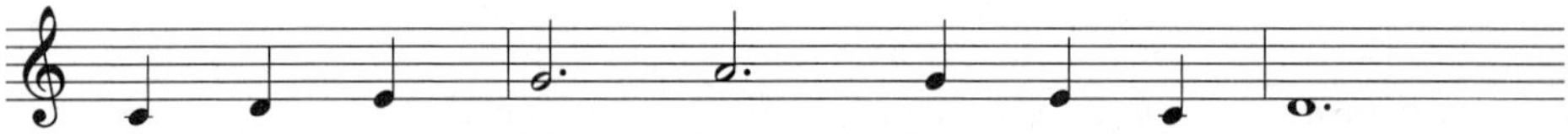

Sun and moon shin - ing, Flame in my hearth,
Might to up - hold me, Wis - dom as guide.
God's host de - fends me, Sav - ing from ill.
King of cre - a - tion, Giv - er of rest,

Lu - ces del cie - lo, Fue - go de ho - gar,
Fuer - za a guar - dar - me De to - do mal.
Man - da a su án - gel Cual ben - di - ción.
Dios, te doy gra - cias En al - ta voz.

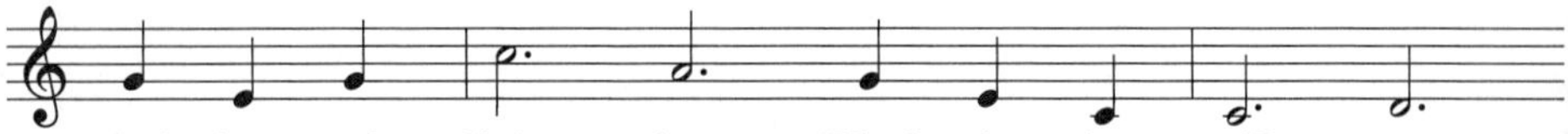

Flash - ing of light - ning, Wind in its swift - ness,
Your eyes are watch - ful, Your ears are lis - t'ning,
An - gels of heav - en, Drive from me al - ways
Firm - ly con - fess - ing God in three Per - sons,

Ra - yos bri - llan - tes, Vien - tos ve - lo - ces,
Me ven sus o - jos, Me o - yen sus oí - dos,
Qué - da - te cer - ca, Án - gel del cie - lo,
Y yo con - fie - so Tu gran mis - te - rio:

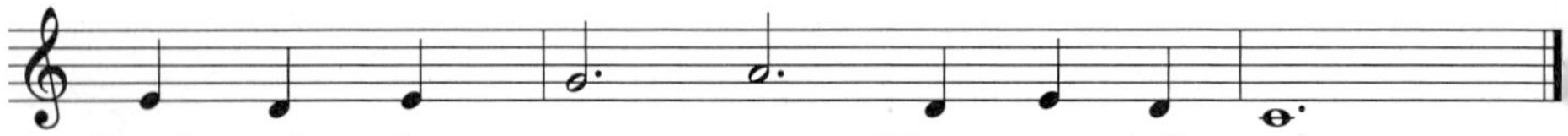

Depths of the o - cean, Firm - ness of earth.
Your lips are speak - ing, Friend at my side.
All that would harm me; Stand by me still.
One - ness of God - head, Trin - i - ty blest.

Ma - res pro - fun - dos, Sue - lo a pi - sar.
Me ha - blan sus la - bios. ¡Dios sin i - gual!
Quí - ta - me siem - pre La ten - ta - ción.
En tres per - so - nas Un só - lo Dios.

Text: Ascribed to St. Patrick; James Quinn, SJ, 1919–2010, © 1969. Used by permission of Selah Publishing Co., Inc.; tr. by Emett Loera, b.1955, © 2012, GIA Publications, Inc.
Tune: BUNESSAN, 5 5 5 4 D; Gaelic melody; acc. by Robert J. Batastini, b.1942, © 1999, GIA Publications, Inc.

Dios Está Aquí / God Is Here Today 694

Letras alternativas: Dios está en ti,... Dios está en mí,...
***Alternate texts:* God is here in you,... God is here in me,...

Letra: Anónima; tr. por Ronald F. Krisman, n.1946, © 2012, GIA Publications, Inc.
Música: DIOS ESTÁ AQUÍ, Irregular; anónima; arm. por Ronald F. Krisman, n.1946, © 2012, GIA Publications, Inc.

695 Cantemos al Señor / To You, O God, We Sing

Estrofas / Verses

Estribillo / Refrain

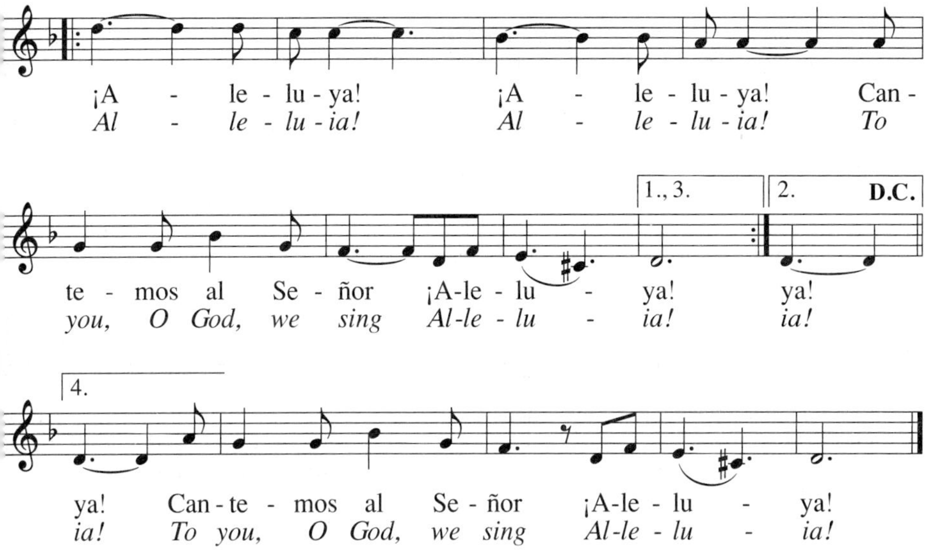

Letra: Basada en Salmo 19; Carlos Rosas, n.1939; tr. por Ronald F. Krisman, n.1946
Música: ROSAS, 6 7 6 8 D con estribillo; Carlos Rosas, n.1939, acomp. por Ronald F. Krisman, n.1946

696 Gracias por el Amor / Thank You for Sending Love

1. Gra - cias por el a - mor del cie - lo.
2. Gra - cias por el a - mor del mun - do.
3. Gra - cias por es - te nue - vo dí - a.

1. Thank you for send - ing love from heav - en.
2. Thank you for lov - ing all cre - a - tion.
3. Thank you for mer - cies new each morn - ing.

Gra - cias por el in - men - so mar. Gra - cias por el can -
Gra - cias por la fe - li - ci - dad. Gra - cias por to - da
Gra - cias por nues - tra ju - ven - tud. Gra - cias por la a - mis -

Thank you for vast and roll - ing seas. Thank you for fields and
Thank you for joys that fill the earth. Thank you for the em -
Thank you for child - hood days and youth. Thank you for friend - ships

tar del bos - que. A - le - lu - ya.
mi fa - mi - lia. A - le - lu - ya.
tad de to - dos. A - le - lu - ya.

wood - lands sing - ing Al - le - lu - ia.
brace of fam - 'ly. Al - le - lu - ia.
that de - light us. Al - le - lu - ia.

4. Gracias por toda la hermosura.
Gracias por nuestra gran unión.
Gracias por todas las bondades.
Aleluya.

4. Thank you for all you touch with beauty.
Thank you for joining hearts as one.
Thank you for all your goodness to us.
Alleluia.

5. Gracias por tu venida al mundo.
Gracias por tu misión de paz.
Gracias porque has unido el tiempo
Con la eternidad.

5. Thank you for being born among us.
Thank you for bearing gifts of peace.
Thank you for wedding earthly time with
Your eternity.

Now It Is Evening / Ya Se Oscurece 697

1. Now it is eve - ning: Lights of the cit - y
2. Now it is eve - ning: Food on the ta - ble
3. Now it is eve - ning: Lit - tle ones sleep - ing
4. Now it is eve - ning: Here in our meet - ing

1. Ya se‿os - cu - re - ce: Lu - ces del pue - blo
2. Ya se‿os - cu - re - ce: Me - sas ser - vi - das
3. Ya se‿os - cu - re - ce: Ni - ños dor - mi - dos
4. Ya se‿os - cu - re - ce: Al re - u - nir - nos,

Bid us re - mem - ber Christ is our Light.
Bids us re - mem - ber Christ is our Life.
Bid us re - mem - ber Christ is our Peace.
May we re - mem - ber Christ is our Friend.

Tra‿en el re - cuer - do, Cris - to‿es la Luz.
Tra‿en el re - cuer - do, Cris - to‿es Vi - vir.
Tra‿en el re - cuer - do, Cris - to‿es la Paz.
No ol - vi - de - mos Cris - to‿es A - mor.

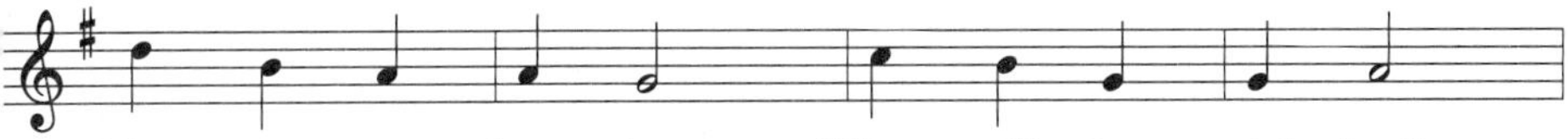

Man - y are lone - ly, Who will be neigh - bor?
Man - y are hun - gry, Who will be neigh - bor?
Some are ne - glect - ed, Who will be neigh - bor?
Some may be stran - gers, Who will be neigh - bor?

Hay mu - chos so - los, ¿Quién es her - ma - no?
Mu - chos con ham - bre, ¿Quién es her - ma - no?
Gen - te‿ol - vi - da - da, ¿Quién es her - ma - na?
Mu - chos ex - tra - ños, ¿Quién es her - ma - na?

Where there is car - ing Christ is our Light.
Where there is shar - ing Christ is our Life.
Where there is car - ing Christ is our Peace.
Where there's a wel - come Christ is our Friend.

Don - de‿hay am - pa - ro, Cris - to‿es la Luz.
Si com - par - ti - mos, Cris - to‿es Vi - vir.
Cuan - do‿hay ca - ri - ño, Cris - to‿es la Paz.
Cuan - do‿a - co - ge - mos, Cris - to‿es A - mor.

Text: *At Evening*, Fred Pratt Green, 1903–2000, © 1974, Hope Publishing Company; tr. by George Lockwood, b.1946, © 2012, Hope Publishing Company
Tune: EVENING HYMN, 5 5 5 4 D; David Haas, b.1957, © 1985, GIA Publications, Inc.

698 God of Day and God of Darkness /
Dios de Luz y de Penumbra

1. God of day and God of dark - ness, Now we
2. Still the na - tions curse the dark - ness, Still the
3. You shall be the path that guides us, You the
4. Praise to you in day and dark - ness, You our

1. Dios de luz y de pe - num - bra, Ya la
2. Aún e - xis - ten las ti - nie - blas, Aún e -
3. Tú se - rás la lla - ma‿ar - dien - te Y la
4. Dios del dí - a‿y de la no - che, El prin -

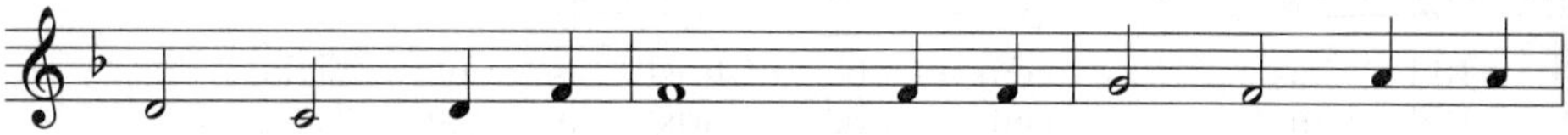

stand be - fore the night; As the shad - ows stretch and
rich op - press the poor; Still the earth is bruised and
light that in us burns; Shin - ing deep with - in all
source and you our end; Praise to you who love and

no - che va‿a lle - gar. Ven, trans - for - ma nues - tras
xis - te la‿o - pre - sión. Aún su - fri - mos por las
luz que que - ma‿el ser; Por tu fue - go va la
ci - pio y‿el fi - nal, ¡Glo - ria‿a ti que nos sus -

deep - en, Come and make our dark - ness bright. All cre -
bro - ken By the ones who still want more. Come and
peo - ple, Yours the love that we must learn. For our
nur - ture As a fa - ther, moth - er, friend. Grant us

som - bras: Da - nos luz, haz - nos bri - llar. Gi - me
lla - gas Del pe - ca - do‿y la‿am - bi - ción. Ven, des -
gen - te El a - mor a co - no - cer. Va - gan
ten - tas, Pa - dre, ma - dre,‿a - mi - go leal! Es - ta

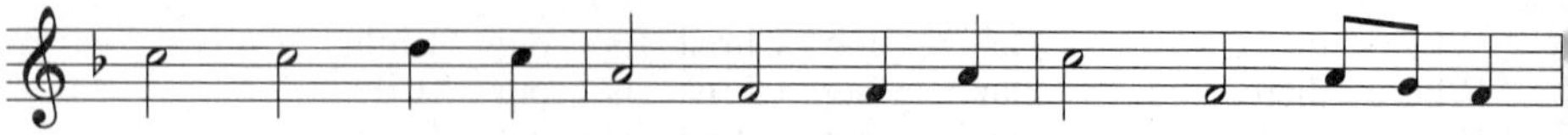

a - tion still is groan - ing For the dawn - ing of your
wake us from our sleep - ing, So our hearts can - not ig -
hearts shall wan - der rest - less 'Til they safe to you re -
all a peace - ful rest - ing, Let each mind and bod - y

la cre‿a - ción y‿es - pe - ra Tu po - der con an - sie -
piér - ta - nos del sue - ño; No nos de - jes ig - no -
nues - tros co - ra - zo - nes Has - ta re - gre - sar en
tar - de da des - can - so, Sa - na to - do co - ra -

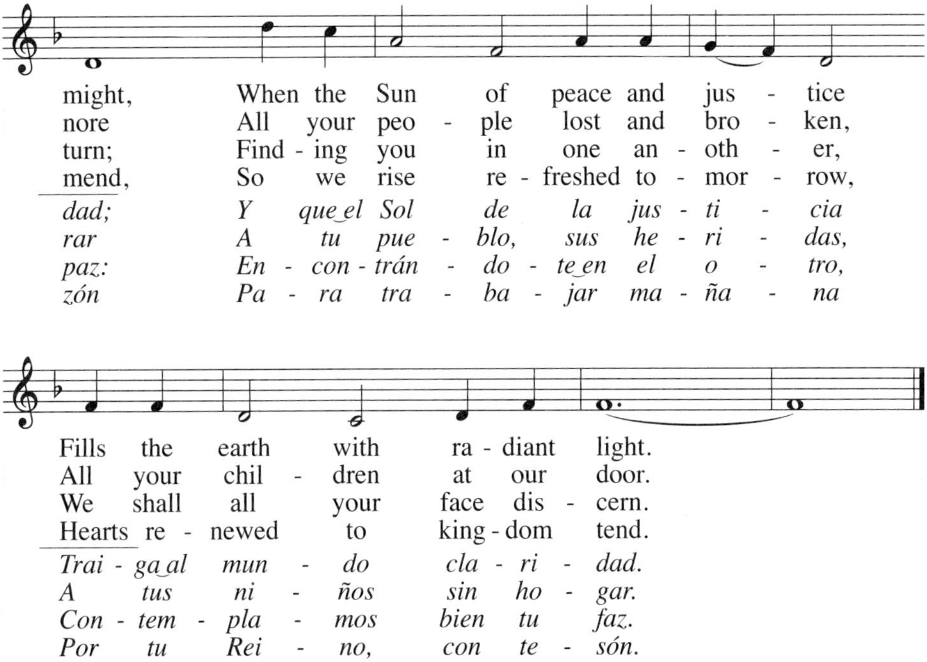
might, When the Sun of peace and jus - tice
nore All your peo - ple lost and bro - ken,
turn; Find - ing you in one an - oth - er,
mend, So we rise re - freshed to - mor - row,
dad; Y que el Sol de la jus - ti - cia
rar A tu pue - blo, sus he - ri - das,
paz: En - con - trán - do - te en el o - tro,
zón Pa - ra tra - ba - jar ma - ña - na
Fills the earth with ra - diant light.
All your chil - dren at our door.
We shall all your face dis - cern.
Hearts re - newed to king - dom tend.
Trai - ga al mun - do cla - ri - dad.
A tus ni - ños sin ho - gar.
Con - tem - pla - mos bien tu faz.
Por tu Rei - no, con te - són.

699 Come, You Thankful People, Come / Elevemos al Creador

1. Come, you thank - ful peo - ple, come; Raise the song of
2. All the world is God's own field, Fruit un - to his
3. For the Lord our God shall come And shall take his
4. E - ven so, Lord, quick - ly come To your fi - nal

1. E - le - ve - mos al Crea - dor Nues - tros him - nos
2. Es - te mun - do es del Se - ñor, El e - ter - no
3. Cuan - do ven - ga Cris - to el juez A bus - car su
4. Ven, Se - ñor, a re - co - ger La co - se - cha

har - vest home. All is safe - ly gath - ered in
praise to yield; Wheat and tares to - geth - er sown,
har - vest home; From his field shall in that day
har - vest home. Gath - er all your peo - ple in,

de lo - or, Pues los cam - pos vi - si - tó
Sem - bra - dor, Y en su mies han de cre - cer
pro - pia mies, A su cam - po lle - ga - rá
de tu ha - ber; Jun - ta al pue - blo en tu al - fo - lí,

Ere the win - ter storms be - gin. God, our Mak - er,
Un - to joy or sor - row grown. First the blade, and
All of - fens - es purge a - way, Giv - ing an - gels
Free from sor - row, free from sin, There, for - ev - er

Con su ri - ca ben - di - ción. Ya la sie - ga
Has - ta el fin el mal y el bien. To - do gra - no
Y su tri - go bus - ca - rá. Man - da - rá to -
Ten - lo siem - pre u - ni - do a ti. Li - bre ya de

does pro - vide For our wants to be sup - plied.
then the ear, Then the full corn shall ap - pear.
charge at last In the fire the tares to cast,
pu - ri - fied, In your pres - ence to a - bide.

ter - mi - nó, La co - se - cha se guar - dó;
bro - ta - rá, Flor y es - pi - ga cre - ce - rá.
do a se - gar, Lo que es ma - lo ha - rá que - mar,
su pe - car Y sin pe - nas que pa - sar;

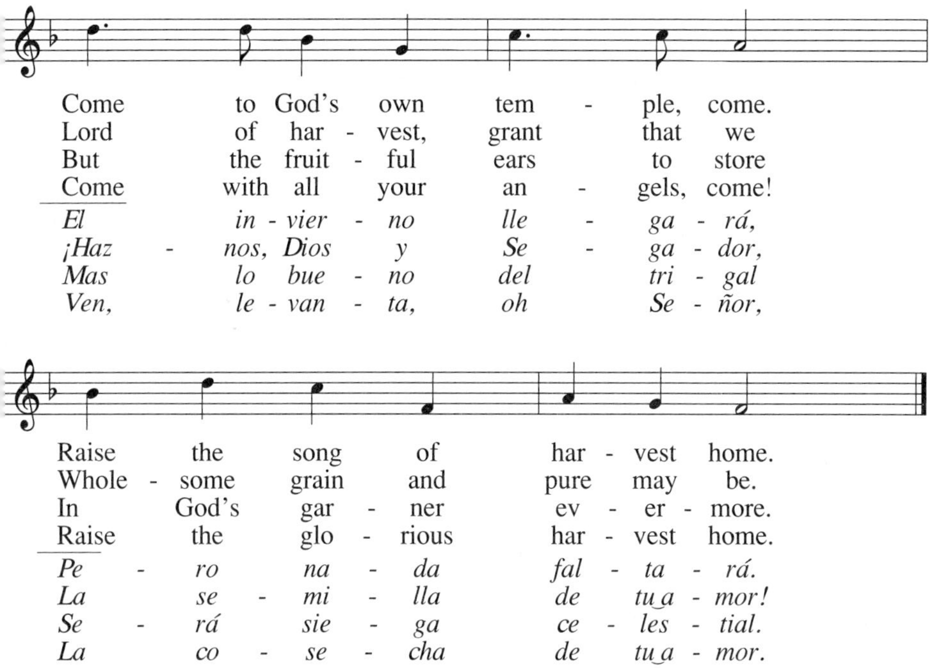

Text: Henry Alford, 1810–1871, alt.; sts. 1, 2, 4 tr. by Juanita R. de Balloch, b.1894, alt.; st. 3 tr. by Dimas Planas-Belfort, 1934–1992,

Tune: ST. GEORGE'S WINDSOR, 77 77 D; George J. Elvey, 1816–1893

700 Praise and Thanksgiving / Te Damos Gracias

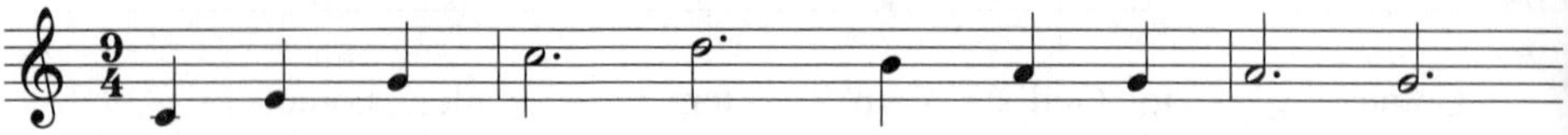

1. Praise and thanks - giv - ing, Fa - ther, we of - fer,
2. Lord, bless the la - bor We bring to serve you,
3. Fa - ther, pro - vid - ing Food for your chil - dren,
4. Then will your bless - ing Reach ev - 'ry peo - ple,

1. ¡Te da - mos gra - cias Por cuan - to has he - cho,
2. ¡Ben - di - ce, oh Cris - to, Lo que tra - e - mos;
3. ¡Oh, Pa - ra - cle - to Que a - quí en la tie - rra
4. Ya - sí que al - can - ce Tu a - mor a to - dos,

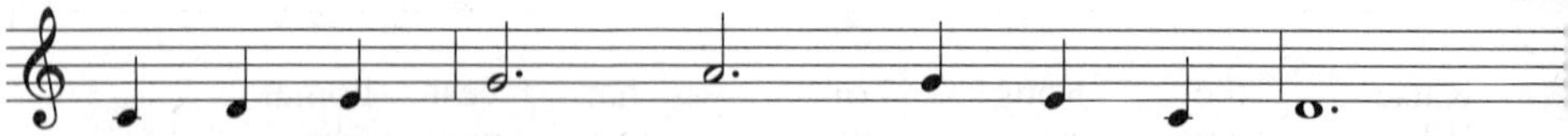

For all things liv - ing You have made good:
That with our neigh - bor We may be fed.
By your wise guid - ing Teach us to share
Free - ly con - fess - ing Your gra - cious hand.

Oh Pa - dre e - ter - no, En tu bon - dad:
Díg - na - te a to - dos A - li - men - tar!
A to - dos cui - das Con tu bon - dad:
Y tus pie - da - des Ben - de - ci - rán.

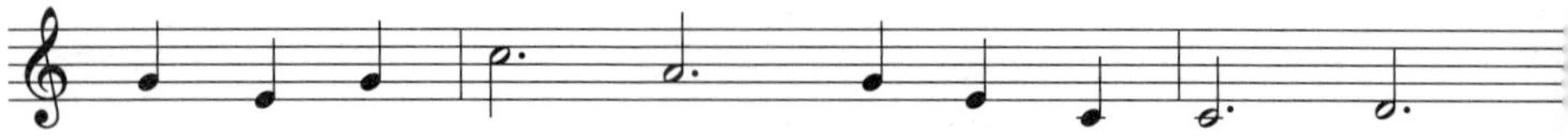

Har - vest of sown fields, Fruits of the or - chard,
Sow - ing or till - ing, We would work with you,
One with an - oth - er, So that, re - joic - ing
Where you are reign - ing No one will hun - ger,

Nues - tras co - se - chas, Fru - tos del cam - po
Ben - di - ce a cuan - tos Jun - to con - ti - go
Que u - nos y o - tros, Jun - tos o - bre - mos
Ba - jo tu rei - no Na - die ca - re - ce:

Hay from the mown fields, Blos - som and wood.
Har - vest - ing, mill - ing, For dai - ly bread.
With us, all oth - ers May know your care.
Your love sus - tain - ing, Fruit - ful the land.

Con que co - ro - nas Nues - tra he - re - dad!
El pan pro - cu - ran Mul - ti - pli - car.
Co - mo ins - tru - men - tos De tu pie - dad!
Tu a - mor fe - cun - do Nos brin - da pan.

My Lord, What a Morning! / ¡Mi Dios, Qué Mañana! 701

Refrain / Estribillo

702 Cuán Gloriosa Será la Mañana / O How Glorious Will Be That Great Morning

Estrofas / Verses

Estribillo / Refrain

703 Mine Eyes Have Seen the Glory / Ya Alcanzo a Ver la Gloria

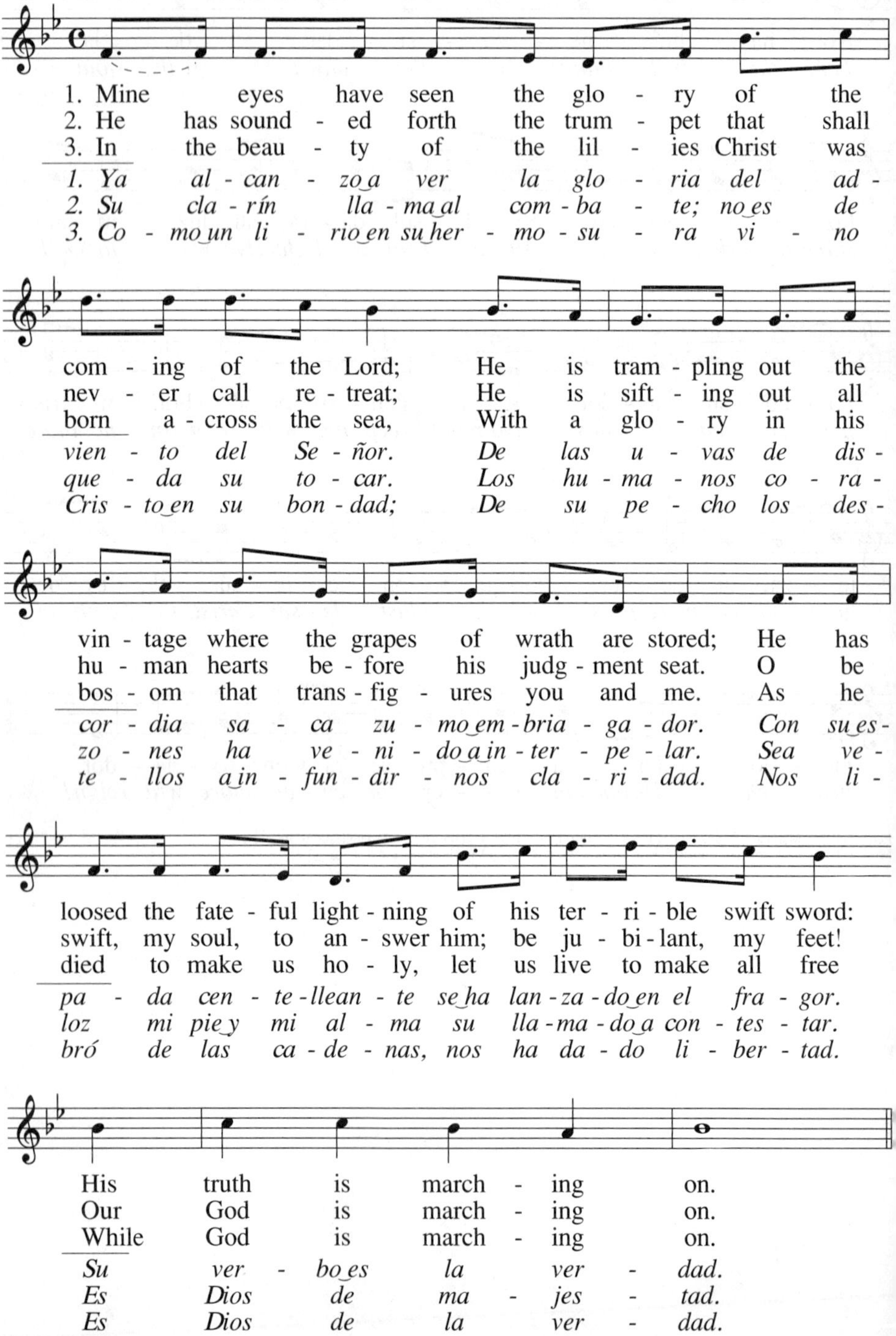

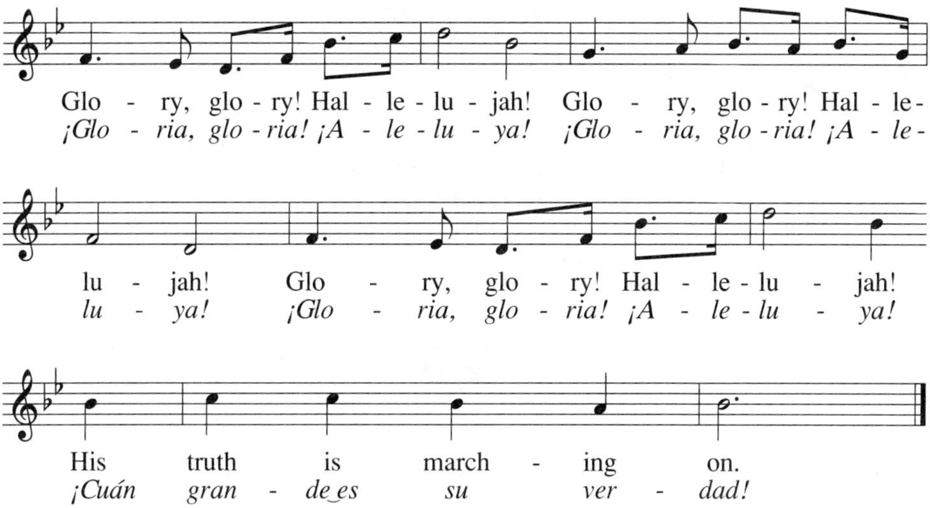

Text: Julia W. Howe, 1819–1910; tr. by Dimas Planas-Belfort, 1934–1992, alt., © 2012, Editorial Avance Luterano
Tune: BATTLE HYMN OF THE REPUBLIC, 15 15 15 6 with refrain; attr. to William Steffe, d.1911

704 Soon and Very Soon / Pronto, Pronto, Sí

Jerusalem, My Happy Home / Jerusalén, Hogar Feliz 705

1. Je - ru - sa - lem, my hap - py home, When
2. Your saints are crowned with glo - ry great; They
3. There Da - vid stands with harp in hand As

1. ¡Je - ru - sa - lén, ho - gar fe - liz, Sa -
2. Pro - fe - tas mi - les hay a - llá, Que‿a -
3. Muy pron - to yo tam - bién i - ré A

shall I with you be? When shall my sor - rows
see God face to face; They tri - umph still, they
mas - ter of the choir: Ten thou - sand times would

gra - do pa - ra mí! Mis pe - nas, ¿cuán - do
do - ran a Je - sús; A - pós - to - les y
ti, di - cho - so‿ho - gar; La gra - cia de mi‿a -

have an end? Your joys when shall I see?
still re - joice In that most ho - ly place.
we be blessed Who might this mu - sic hear.

cam - bia - rán En go - zo‿y paz en ti?
már - ti - res Dis - fru - tan de su luz.
ma - do Rey Con e - llos a‿a - la - bar.

4. Jerusalem, Jerusalem,
God grant that I may see
Your endless joy, and of the same
Partaker ever be!

4. ¡Jerusalén, hogar feliz,
Morada para mí!
Mis penas todas cambiarán
En gozo‿y paz en ti.

Text: F. B. P., 16th C., alt.; tr. by James Pascoe
Tune: LAND OF REST, CM; American melody; harm. by Annabel M. Buchanan, 1888–1983,

706 Jesus, Remember Me / Jesús, Recuérdame

Ostinato Refrain / Estribillo

Text: Luke 23:42; Taizé Community, 1981
Tune: Jacques Berthier, 1923–1994

707 Hay un Río Que Fluye / There's a River

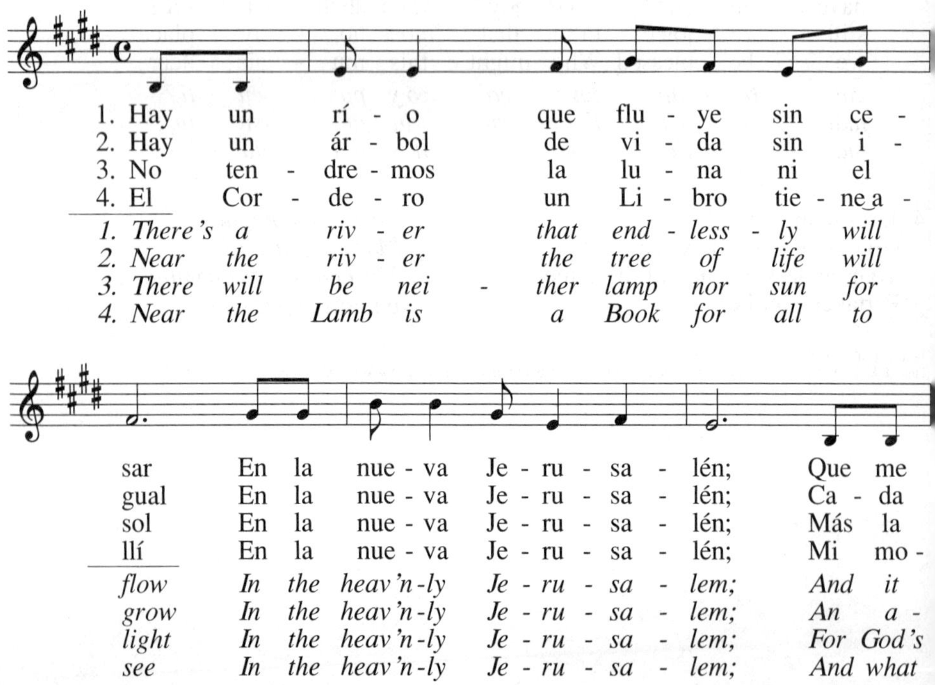

ha - bla de e - ter - no bien - es - tar En la
mes da su fru - to a rau - dal En la
glo - ria de Dios en a - rre - bol En la
ra - da e - ter - na con - se - guí En la

ech - oes the peace that all will know In the
bun - dance of fruit will it be - stow In the
glo - ry will make the cit - y bright In the
glad - ness and prais - ing there will be In the

nue - va Je - ru - sa - lén. Ce - les - te es el
nue - va Je - ru - sa - lén. Sus ho - jas dan
nue - va Je - ru - sa - lén. Do - lor no ha -
nue - va Je - ru - sa - lén. Ins - cri - to mi

heav'n-ly Je - ru - sa - lem. That life - giv - ing
heav'n-ly Je - ru - sa - lem. Its leaves bring good
heav'n-ly Je - ru - sa - lem. No sor - row will
heav'n-ly Je - ru - sa - lem. With - in that great

ma - nan - tial, Pris - ti - no cual el cris -
sa - ni - dad, A pue - blos Dios da bon -
brá a - llá, Tam - po - co en - fer - me -
nom - bre es - tá, Y na - die lo bo - rra -

wa - ter streams, Like crys - tal so pure it
health to all, Re - vers - ing our dread - ful
touch life there, No sick - ness will peo - ple
book are named The saints whom his blood has

tal En la gran Ciu - dad de Dios.
dad En la gran Ciu - dad de Dios.
dad En la gran Ciu - dad de Dios.
rá En la gran Ciu - dad de Dios.

gleams In the Cit - y of our God.
Fall, In the Cit - y of our God.
bear In the Cit - y of our God.
claimed, In the Cit - y of our God.

708 Shall We Gather at the River / ¿Nos Veremos Junto al Río?

4. Soon we'll reach the shining river,
Soon our pilgrimage will cease;
Soon our happy hearts will quiver
With the melody of peace.

4. Pronto al llegar al río,
El viajar terminaremos.
Vida‿eterna gozaremos
En presencia del Señor.

Text: Robert Lowry, 1826–1899; tr. compiled from anonymous sources and altered by Ronald F. Krisman, b.1946,
Tune: HANSON PLACE, 8 7 8 7 with refrain, Robert Lowry, 1826–1899

Ave Maria 709

Text: *Hail, Mary, full of grace,* Luke 1:29; Latin, 13th C.
Tune: AVE MARIA, Irregular; Mode I; acc. by Robert LeBlanc, b.1948,

710 Como Estrella en Claro Cielo /
As a Star on Cloudless Evenings

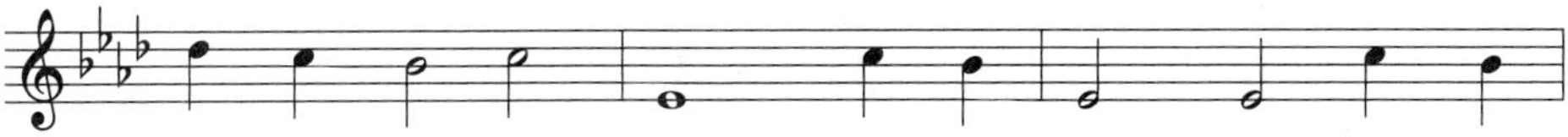

car - dos de‿un jar - dín; Es don - ce - lla, vir - gen
dor su - pre - mo don; Es Je - sús, Ver - bo‿En - car -
le - bro su do - lor, Ma - dre tier - na‿y ab - ne -
cien - so‿en el al - tar; Yo tam - bién, co - mo Ma -

on a thorn - y vine, Vir - gin - moth - er, pure of
a - tor's gift su - preme: Je - sus Christ, the Word in -
call her deep - est pain, Ten - der and un - self - ish
Tri - une God a - dored, Join - ing with the song of

pu - ra, Del li - na - je de Da - vid.
na - do, Del hu - ma - no, re - den - ción.
ga - da Del ben - di - to Sal - va - dor.
rí - a, Can - to mi Mag - ní - fi - cat.

spir - it, Sprung from Da - vid's roy - al line.
car - nate, Sent to com - fort and re - deem.
moth - er Of the world's most pre - cious Gain.
Mar - y As we mag - ni - fy the Lord.

711 Santa María del Camino / Come As We Journey along Our Way

Estrofas / Verses

Letra: Juan A. Espinosa, n.1940; tr. por Mary Louise Bringle, n.1953
Música: Juan A. Espinosa, n.1940

Hail Mary: Gentle Woman / María: Dulce Madre 712

Refrain
Gen - tle wom - an, qui - et light,
Dul - ce Ma - dre, luz del Sol,
morn - ing star, so strong and bright,
en - tre_es - tre - llas, y res - plan - dor;
gen - tle Moth - er, peace - ful dove,
dul - ce Ma - dre, pu - ra flor,
teach us wis - dom; teach us love.
que nos lle - vas al Se - ñor.
Verse 1 / Estrofa 1
1. You were cho - sen by the Fa - ther;
1. Dios, el Pa - dre, te_es - co - gió
you were cho - sen for the Son. You were
pa - ra_el Hi - jo que_en - gen - dró; en - tre
cho - sen from all wom - en and for
to - das las mu - je - res con su_Es -
wom - an, shin - ing one.
pí - ri - tu te cu - brió.
D.S.

Verse 2 / Estrofa 2

Text: Hail Mary, alt.; Carey Landry, b.1944; tr. by Juan J. Sosa, b.1947
Tune: Carey Landry, b.1944; arr. by Martha Lesinski, alt.

713 O Sanctissima / O Most Holy One / Oh Santísima

4. Virgo, réspice,
Mater, áspice,
Audi nos, O María!
Tu medicínam,
Portas divínam;
Ora, ora pro nobis.

4. Maiden, look on us,
Mother, care for us.
Hear our pleading, O Mary!
You bring us healing,
God's love revealing.
Pray, O pray for us, Mary!

4. ¡Invictísima,
Piadosísima,
Pídenos, oh María!
Muerte dichosa,
Vida gloriosa!
¡Ruega, ruega por nosotros!

Text: St. 1, *Stimmen der Völker in Liedern*, 1807; st. 2, *Arundel Hymnal,* 1902; English tr. by Neil Borgstrom, b.1953, © 1994, 2011, GIA Publications, Inc.; Spanish tr., traditional
Tune: O DU FRÖLICHE, 55 7 55 7; Tattersall's *Improved Psalmody*, 1794

714 Buenos Días, Paloma Blanca / Fairest Dove, Most Lovely Maiden

1. Bue - nos días, *Pa - lo - ma Blan - ca,
2. Ni - ña lin - da, ni - ña san - ta,
3. Qué lin - da‿es - tá la ma - ña - na,
4. Cie - lo‿a - zul yo te con - vi - do

1. Fair - est Dove, most love - ly maid - en
2. Love - ly maid - en, chaste and ho - ly,
3. O how love - ly is the morn - ing:
4. Blu - est sky, I now in - vite you,

Hoy te ven - go‿a sa - lu - dar,
Tu dul - ce nom - bre‿a - la - bar;
El a - ro - ma de las flo - res
En es - te di - cho - so dí - a

On your bright ce - les - tial throne,
I de - light to sing your fame.
Ev - 'ry flow'r from sleep a - wakes,
In these pre - cious morn - ing hours,

Sa - lu - dan - do tu be - lle - za
Por - que‿e - res tan sa - cro - san - ta,
Des - pi - den sua - ves o - lo - res
A que pres - tes tu‿her - mo - su - ra

Now re - ceive the morn - ing greet - ings
You are set a - part in splen - dor,
Send - ing forth its sweet - est fra - grance,
To in - fuse your ra - diant beau - ty

En tu tro - no ce - les - tial.
Hoy te ven - go‿a sa - lu - dar.
An - tes de rom - per el al - ba.
A las flo - res de Ma - rí - a.

That I bring to you a - lone.
And I praise your dear - est name.
As the qui - et day - light breaks.
In - to Ho - ly Mar - y's flow'rs.

*Paloma Blanca, literally "white dove," is a title used for the Blessed Virgin Mary in several hymns from Mexico.
*"Paloma Blanca" es un título usado para la Santísima Virgen María en varios himnos de México.

Letra: Tradicional; tr. por Mary Louise Bringle, n.1953, © 2012, GIA Publications, Inc.
Música: Tradicional; acomp. por Ronald F. Krisman, n.1946, © 2012, GIA Publications, Inc.

715 Oh María, Madre Mía / Holy Mary, Loving Mother

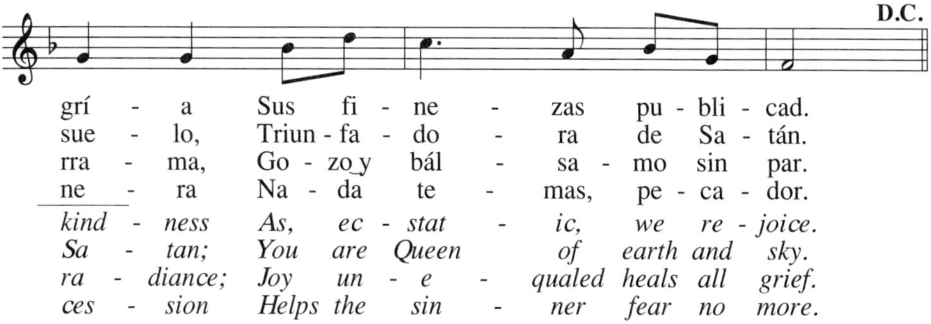

5. Pues te llamo con fe viva,
Muestra, oh Madre, tu bondad;
A mí vuelve, compasiva,
Tu mirada de piedad.

6. Hijo fiel quisiera amarte,
Y por ti sólo vivir;
Y por premio de ensalzarte,
Ensalzándote morir.

7. Del Eterno las riquezas
Por ti logre disfrutar;
Y contigo sus finezas
Para siempre publicar.

5. When in faith we call upon you,
Holy Mother, hear our prayer.
Look upon us with compassion;
Hold us in your tender care.

6. As your faithful sons and daughters,
We would live in love for you,
To exalt you in our living,
And to die exalting, too.

7. May we gain through you the riches
Of the one eternal God,
And with you may we forever
Spread his grace and peace abroad.

716 Alégrate, María / Rejoice, O Daughter of Sion

Estribillo / Refrain

Estrofas / Verses

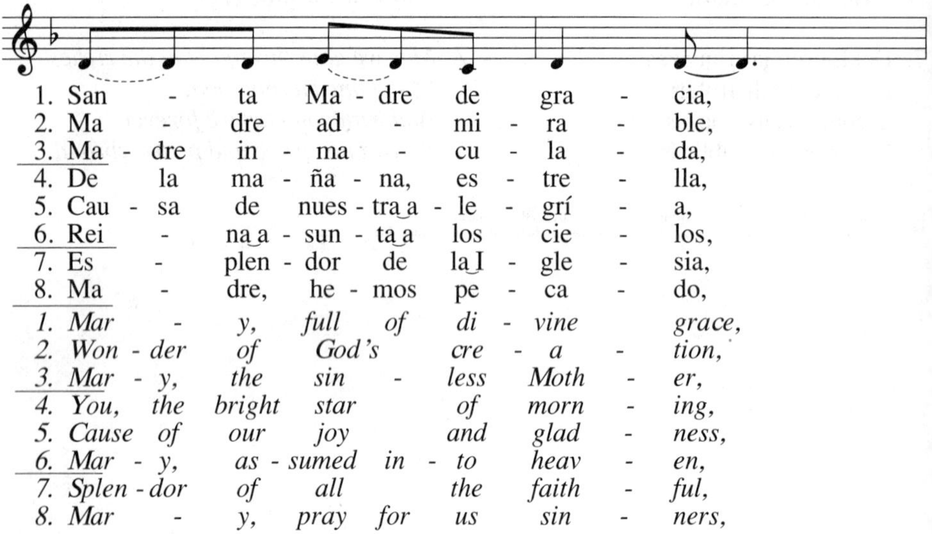

San - ta Ma - dre de Dios,
Ma - dre del Sal - va - dor,
Tem - plo del Con - so - la - dor,
De los en - fer - mos, sa - lud,
Ser - vi - do - ra de Dios,
Rei - na ves - ti - da del sol,
Rei - na de la paz,
Pi - de per - dón al Se - ñor,

Ho - ly Moth - er of God,
Moth - er so right - ly praised,
Shrine of the Spir - it of God,
Heal - ing for those who are ill,
Ea - ger to serve the Lord,
Wom - an now clothed with the sun,
Mar - y, the Queen of peace,
Pray for the mer - cy of God,

Ma - dre del Hi - jo del Hom - bre,
Ma - dre del buen con - se - jo,
Vir - gen po - bre y‿hu - mil - de,
Del pe - ca - dor, re - fu - gio,
De los cris - tia - nos, mo - de - lo,
Rei - na de to - dos los san - tos,
Rei - na del u - ni - ver - so,
Hoy, y tam - bién en la muer - te,

Moth - er of Je - sus our Sav - ior
Moth - er of good coun - sel,
Vir - gin, so poor and so hum - ble,
Ref - uge for all who are sin - ners,
Mar - y, ex - am - ple for Chris - tians,
Queen of all saints and an - gels,
Queen of the earth and the heav - ens,
Now and when death comes to claim us,

Rue - ga‿al Se - ñor por no - so - tros.
Pray to the Lord for your chil - dren.

Letra: *Dios te salve, María; Letanía de Loreto;* Ronald F. Krisman, n.1946
Música: Ronald F. Krisman, n.1946

717 Adiós, Reina del Cielo / Adiós, O Queen of Heaven

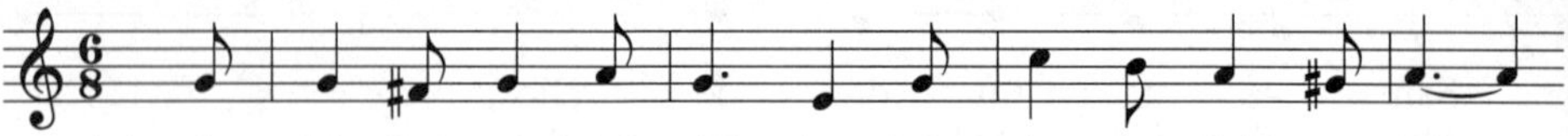

Estribillo: A - diós, Rei - na del cie - lo, Ma - dre del Sal - va - dor.
1. De tu di - vi - no ros - tro me‿a - le - jo con pe - sar,
2. A - diós, Rei - na del cie - lo, Ma - dre del Sal - va - dor,
3. De tu di - vi - no ros - tro la be - lle - za‿al de - jar,

Refrain: A - diós, O Queen of heav - en and Moth - er of our Lord.
1. The time has come to leave you, whose im - age is sub - lime;
2. A - diós, O Queen of heav - en and Moth - er of our Lord,
3. Your beau - ty is e - ter - nal, be - fit - ting heav - en's Queen;

A - diós, oh Ma - dre mí - a. A - diós, a - diós, a - diós.
Per - mí - te - me que vuel - va tus plan - tas a be - sar.
Dul - ce pren - da‿a - do - ra - da de mi sin - ce - ro‿a - mor.
Per - mí - te - me que vuel - va tus plan - tas a be - sar.

A - diós, fare - well, your chil - dren now sing with one ac - cord.
We thank you for ac - cept - ing your part in God's de - sign.
With o - pen hearts we greet you, our love for you out - poured.
Your love in - spires and moves us like noth - ing we have seen.

4. A dejarte‿oh María, no‿acierta‿el corazón:
Te lo‿entrego, Señora, dame tu bendición.

5. Adiós, Hija del Padre; Madre del Hijo‿adiós.
Del Espíritu Santo, oh casta‿Esposa‿adiós.

6. Adiós, oh Madre Virgen, más pura que la luz:
Jamás, jamás me‿olvides delante de Jesús.

7. Adiós, del cielo‿encanto, mi delicia‿y mi‿amor,
Adiós, oh Madre mía. Adiós, adiós, adiós.

4. Implant in us, O Mary, your gifts from heav'n above:
We trust you, noble Lady, to bless us with your love.

5. Graced daughter of the Father and mother of God's Son,
Chaste spouse of God the Spirit, blest by the Three in One.

6. Farewell, O Virgin Mother, God's handmaid pure as light:
Remind your Son, dear Mary, to keep us in his sight.

7. Adiós, delight of heaven, your praise we long to tell;
Adiós, our blessed Mother, we fondly say farewell.

How Good, Lord, to Be Here! / Es Bueno Estar Aquí 718

1. How good, Lord, to be here! Your
2. How good, Lord, to be here, Your
3. Ful - fill - er of the past And

1. Es bue - no_es - tar a - quí, Tu
2. Es bue - no_es - tar a - quí, Tu_her -
3. En ti ve - mos cum - plir Pro -

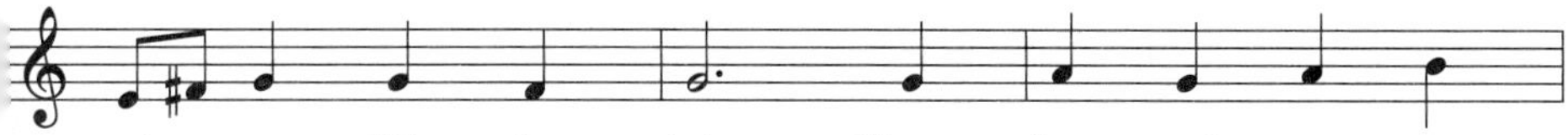

glo - ry fills the night; Your face and gar - ments,
beau - ty to be - hold Where Mo - ses and E -
hope of things to be, We hail your bod - y

glo - ria ver, Je - sús; Tu ros - tro bri - lla
mo - sa faz mi - rar; Pues con Moi - sés y_E -
fé - ti - ca vi - sión, Y_en tu_her - mo - su - ra

like the sun, Shine with un - bor - rowed light.
li - jah stand, Your mes - sen - gers of old.
glo - ri - fied And our re - demp - tion see.

co - mo_el sol Con es - plen - den - te luz.
lí - as hoy Que - ré - mos - te_a - do - rar.
di - vi - sar La_e - ter - na re - den - ción.

4. Before we taste of death,
We see your kingdom come;
We long to hold the vision bright
And make this hill our home.

5. How good, Lord, to be here!
Yet we may not remain;
But since you bid us leave the mount,
Come with us to the plain.

4. Antes de fallecer,
Tu reino_ansiamos, sí,
Y_este momento retener
Morando siempre_aquí.

5. Es bueno_estar aquí,
Mas hay que descender.
Si_es que nos mandas a luchar
Serás tú menester.

Text: Luke 9:32–33; Joseph A. Robinson, 1858–1933, alt.; tr. by Dimas Planas-Belfort, 1934–1992,
Tune: SWABIA, SM; Johann M. Speiss, 1715–1772; adapt. by William H. Havergal, 1793–1870

719 Salve Regina / Hail, Queen of Heaven / Salve, Oh Reina

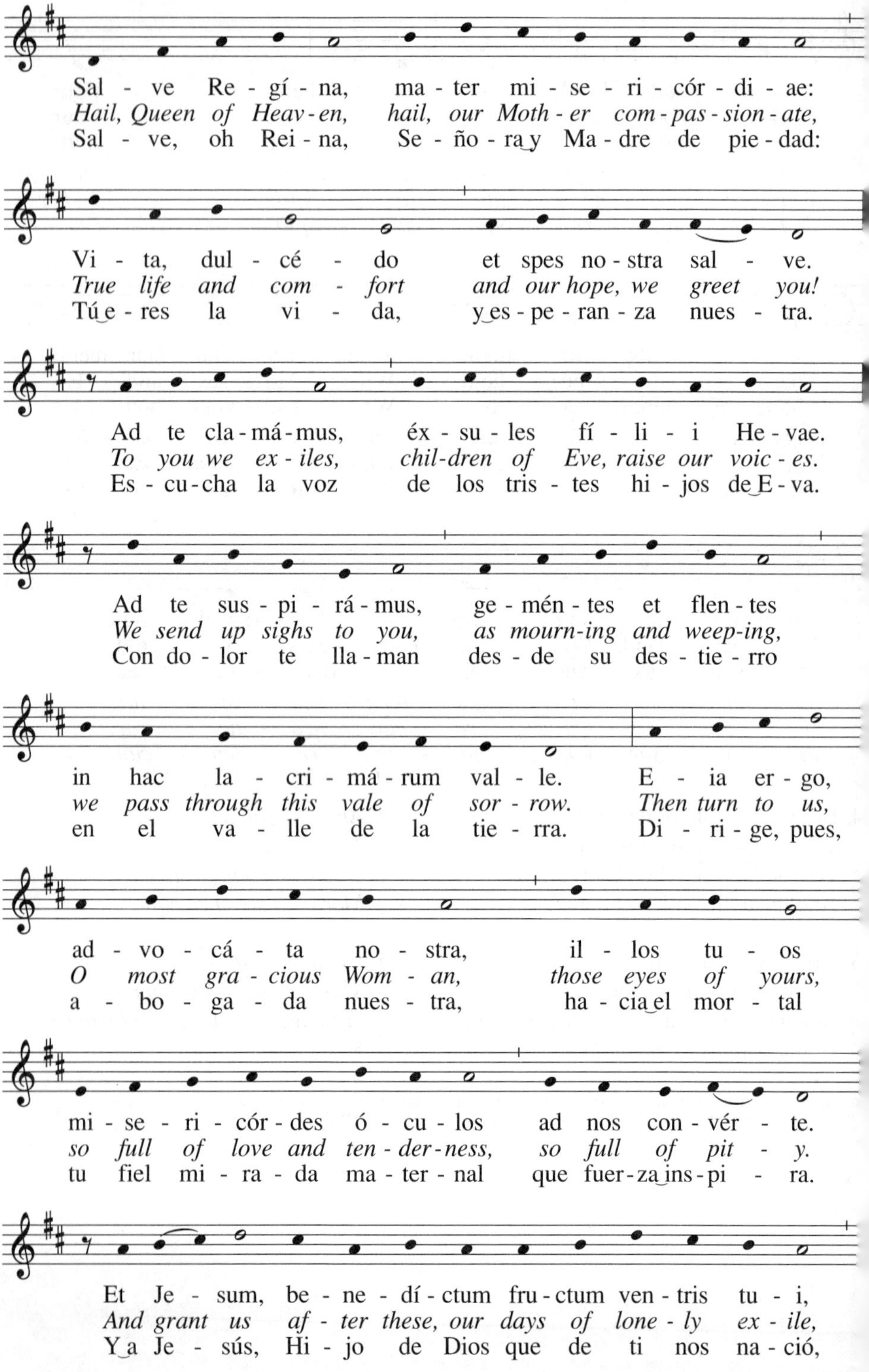

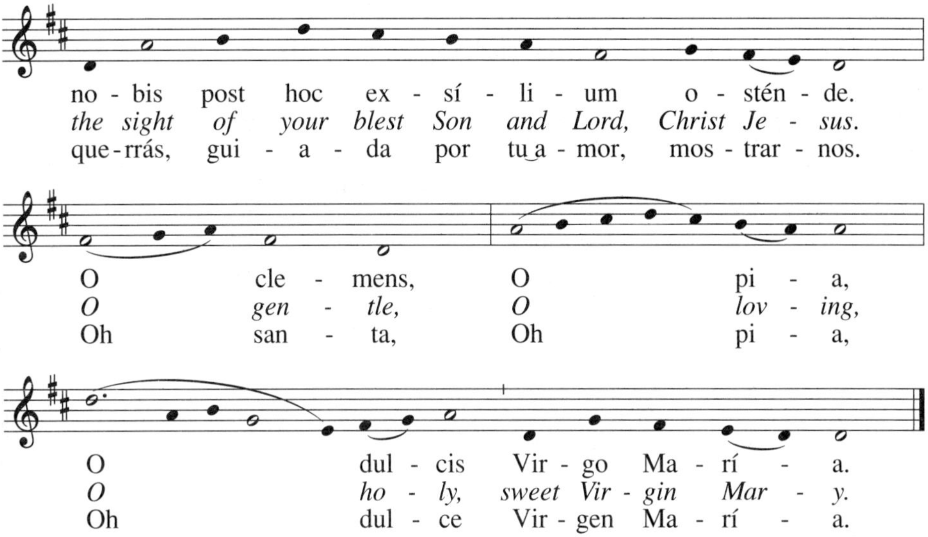

Text: *Salve Regina, mater misericordiae,* c.1080, English tr. by John C. Selner, SS, 1904–1992, © 1954, GIA Publications, Inc.; Spanish tr. by R. F. i. C., © Editorial Claret
Tune: SALVE REGINA, Irregular; Mode V; acc. by Gerard Farrell, OSB, 1919–2009, alt., © 1986, GIA Publications, Inc.

720 Hail, Holy Queen Enthroned Above / Salve, Reina, Madre del Señor

1. Hail, ho - ly Queen en - throned a - bove, O Ma - rí - a.
2. The cause of joy to all be - low, O Ma - rí - a.
3. O gen - tle, lov - ing, ho - ly one, O Ma - rí - a.

1. Sal - ve, Rei - na, Ma - dre del Se - ñor, ¡Oh Ma - rí - a!
2. Go - zo de la I - gle - sia te - rre - nal, ¡Oh Ma - rí - a!
3. Pi - a, san - ta Ma - dre, mués - tra - nos, ¡Oh Ma - rí - a!

Hail, Queen of mer - cy and of love, O Ma - rí - a.
The spring through which all grac - es flow, O Ma - rí - a.
The God of light be - came your Son, O Ma - rí - a.

Sal - ve, Rei - na de pie - dad y a - mor, ¡Oh Ma - rí - a!
Y de to - da gra - cia, ma - nan - tial, ¡Oh Ma - rí - a!
A Je - sús, ra - dian - te Luz de Dios. ¡Oh Ma - rí - a!

Tri - umph, all ye Cher - u - bim; Sing with us, ye
An - gels, all your prais - es bring; Earth and heav - en,
Tri - umph, all ye Cher - u - bim; Sing with us, ye

Que - ru - bi - nes, gó - cen - se; Se - ra - fi - nes,
Án - ge - les, a - lé - gren - se; To - do el or - be,
Que - ru - bi - nes, gó - cen - se; Se - ra - fi - nes,

Ser - a - phim. Heav'n and earth re - sound the hymn:
with us sing; All cre - a - tion ech - o - ing:
Ser - a - phim. Heav'n and earth re - sound the hymn:

cán - ten - le Un gran him - no en su ho - nor:
cán - te - le Un gran him - no en su ho - nor:
cán - ten - le Un gran him - no en su ho - nor:

Sal - ve, Sal - ve, Sal - ve, Re - gí - na.
¡Sal - ve, Sal - ve, Sal - ve, Re - gi - na!

Text: *Salve, Regina, mater misericordia*; c.1080; English tr. *Roman Hymnal*, 1884; sts. 2, 3 adapt. by M. Owen Lee, CSB, b.1930; Spanish tr. by Ronald F. Krisman, b.1946,
Tune: SALVE REGINA COELITUM, 8 4 8 4 777 4 5; *Choralmelodien zum Heiligen Gesänge,* 1808; harm. by Healey Willan, 1880–1968,

Lift High the Cross / Alcen la Cruz 721

Refrain / Estribillo

Lift high the cross, the love of Christ pro - claim till
Al - cen la cruz, em - ble - ma de su‿a - mor; que‿el

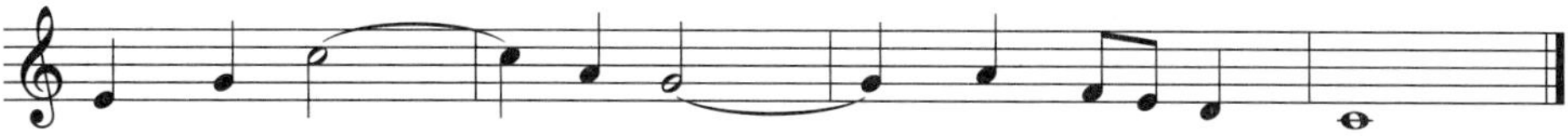

all the world a - dore his sa - cred name.
mun - do‿al fin co - noz - ca‿al Sal - va - dor.

Verses / Estrofas

1. Come, Chris - tians, fol - low where our Sav - ior trod, Our
2. Led on their way by this tri - um - phant sign, The
3. Each new - born ser - vant of the Cru - ci - fied Bears
4. O Lord, once lift - ed on the glo - rious tree, Your

1. Va - mos, cris - tia - nos, tras nues - tro Se - ñor; El
2. Ba - jo‿es - te sig - no de su gran po - der El
3. Ca - da cre - yen - te del que‿en cruz mu - rió En
4. Cuan - do te‿al - za - ron glo - rio - so‿en la cruz, A -

D.C.

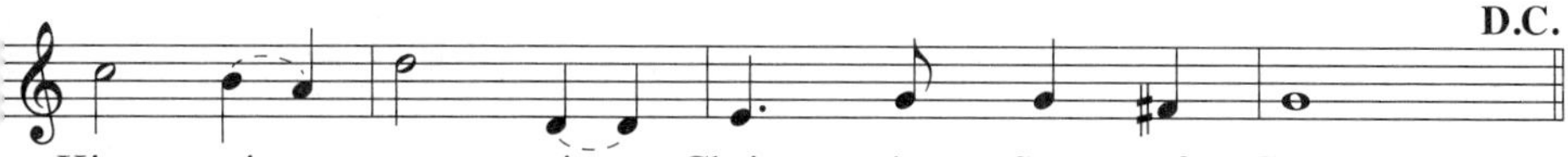

King vic - to - rious, Christ, the Son of God.
hosts of God in con - quering ranks com - bine.
on the brow the seal of him who died.
death has bought us life e - ter - nal - ly.

rey vic - to - rio - so, Cris - to,‿Hi - jo de Dios.
pue - blo de Dios a - van - za sin te - mer.
su fren - te lle - va‿el sig - no‿en que ven - ció.
llí pro - me - tis - te lle - var - nos a la luz.

5. So shall our song of triumph ever be:
Praise to the Crucified for victory!

5. Himnos de gloria‿alcemos sin cesar
Al rey vencedor que en cruz supo triunfar.

Text: 1 Corinthians 1:18; George W. Kitchin, 1827–1912, and Michael R. Newbolt, 1874–1956, alt.; tr. by Dimas Planas-Belfort, 1934–1992, and Ángel Mattos, alt.
Tune: CRUCIFER, 10 10 with refrain; Sydney H. Nicholson, 1875–1947

722 Canta Fuerte, Lengua Mía / Sing, My Tongue, the Glorious Battle

Letra: *Pange lingua gloriosi lauream certaminis*; Venantius Fortunatus, c. 530–609; tr. española, anónima, alt.; estrofas 1, 2, 4 tr. inglesa por John M. Neale, 1818–1866, alt.; estrofa 3 tr. por Ronald F. Krisman, n.1946, © 2012, GIA Publications, Inc.
Música: PICARDY, 8 7 8 7 8 7; villancico francés, 1860; arm. por Richard Proulx, 1937–2010, © 1986, GIA Publications, Inc.

When I Survey the Wondrous Cross / La Cruz Excelsa al Contemplar 723

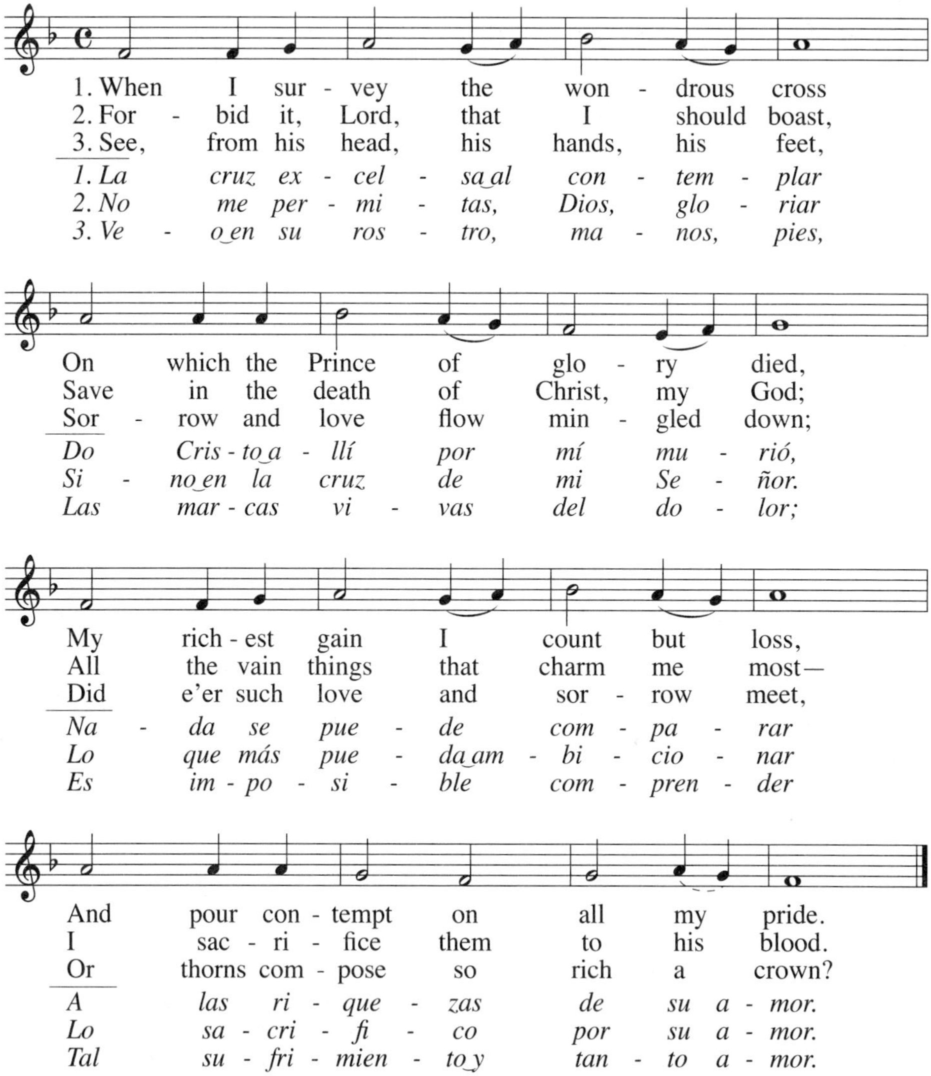

4. Were the whole realm of nature mine,
That were a present far too small:
Love so amazing, so divine,
Demands my soul, my life, my all.

4. El mundo_entero no será
Dádiva digna de_ofrecer.
Amor tan grande, sin igual,
En cambio_exige todo el ser.

Text: Isaac Watts, 1674–1748; tr. by W. T. T. Millham, 1880–1961, alt.
Tune: HAMBURG, LM; Lowell Mason, 1792–1872

724 For All the Saints / Hoy, por los Santos

Verses 1–3 / Estrofas 1–3

Verses 4–6 / Estrofas 4–6

Verses 7, 8

7. But then there breaks a yet more glorious day;
The saints triumphant rise in bright array;
The King of glory passes on his way.
Alleluia! Alleluia!

8. From earth's wide bounds, from ocean's farthest coast,
Through gates of pearl streams in the countless host,
Singing to Father, Son, and Holy Ghost:
Alleluia! Alleluia!

Text: William W. How, 1823–1897, alt.; tr. by Federico J. Pagura, b.1923, © 1962
Tune: SINE NOMINE, 10 10 10 with alleluias; Ralph Vaughan Williams, 1872–1958

725 Ye Watchers and Ye Holy Ones / Gloriosos Ángeles, Alzad

1. Ye watch - ers and ye ho - ly ones,
2. O high - er than the cher - u - bim,
3. Re - spond, ye souls in end - less rest,
4. O friends, in glad - ness let us sing,

1. Glo - rio - sos án - ge - les, al - zad
2. Su - bli - mes már - ti - res de Dios,
3. ¡Oh san - tos to - dos! la can - ción
4. Jun - te - mos nues - tra voz en él;

Bright ser - aphs, cher - u - bim, and thrones,
More glo - rious than the ser - a - phim,
Ye pa - tri - archs and proph - ets blest:
Su - per - nal an - thems ech - o - ing:

El can - to‿ar - dien - te in - mor - tal,
Triun - fan - te vi - bre ya su voz.
De‿a - mor, de‿ho - nor, de ben - di - ción,
Ben - di - ga‿a Dios su pue - blo fiel.

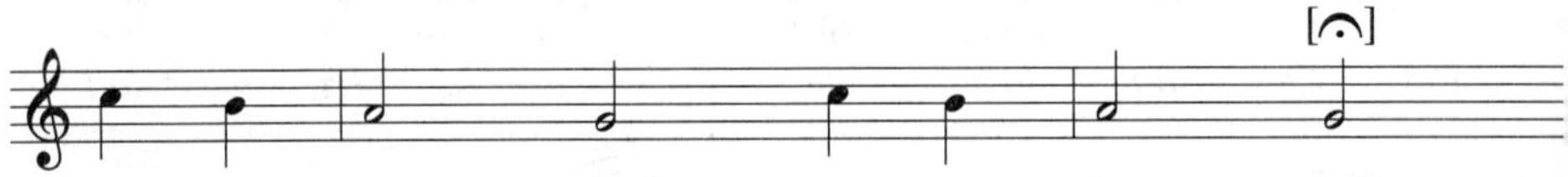

Raise the glad strain: "Al - le - lu - ia!"
Lead their prais - es: "Al - le - lu - ia!"
"Al - le - lu - ia! Al - le - lu - ia!"
"Al - le - lu - ia! Al - le - lu - ia!"

El go - zo - so a - le - lu - ya,
¡A - le - lu - ya! ¡A - le - lu - ya!
El in - men - so a - le - lu - ya,
¡A - le - lu - ya! ¡A - le - lu - ya!

Cry out, do - min - ions, prince - doms, pow'rs,
O bear - er of the‿e - ter - nal Word,
Ye ho - ly twelve, ye mar - tyrs strong,
To God the Fa - ther, God the Son,

Al so - be - ra - no‿e - ter - no‿a - mor
A - pós - to - les, can - tad tam - bién
Re - sue - ne por la‿e - ter - ni - dad
Al Pa - dre‿al Hi - jo Re - den - tor

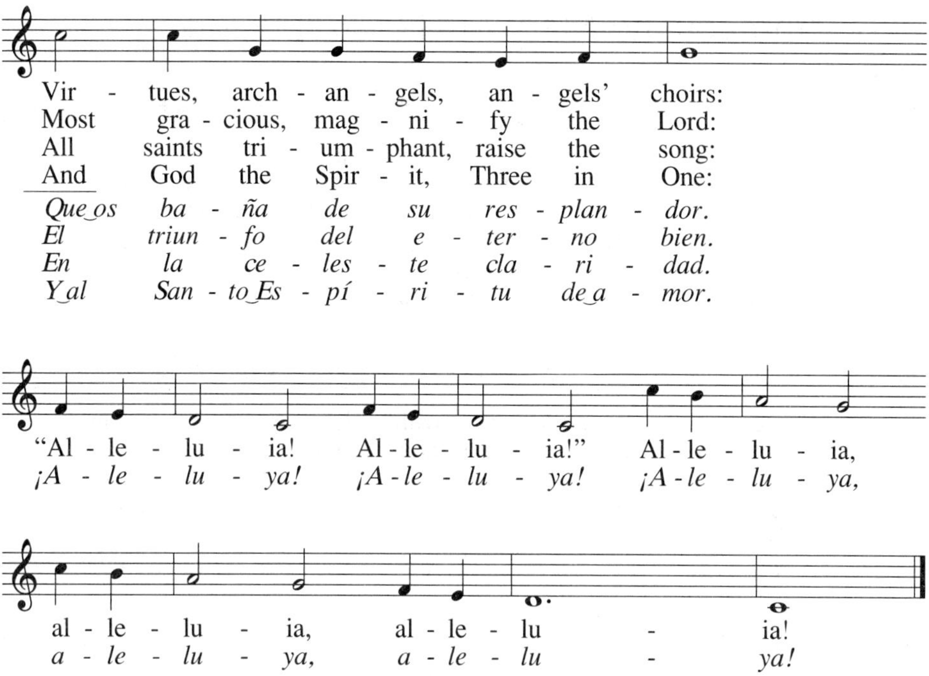

Text: John A. Riley, 1858–1945; tr., anonymous, alt.
Tune: LASST UNS ERFREUEN, LM with alleluias; *Geistliche Kirchengasänge,* Cologne, 1623; harm. by Ralph Vaughan Williams, 1872–1958

726 Immaculate Mary / Del Cielo Ha Bajado

4. Most blest of all women,
you heard and believed;
Most blest in the fruit
of your womb then conceived.

4. Tú eres el orgullo
de Dios Creador,
Y el fruto más digno
de la redención.

5. The angels rejoiced
when you brought forth God's Son;
Your joy is the joy
of all ages to come.

5. Las gracias emanan
del trono de Dios,
Y todas confluyen
en tu corazón.

6. Your child is the Savior,
all hope lies in him:
He gives us new life
and redeems us from sin.

6. La luna humillada
tus plantas besó,
Y el mundo te adora
vestida del sol.

7. In glory for ever
now close to your Son,
All ages will praise you
for all God has done.

7. Pues somos tus hijos,
oye nuestra voz;
Defiéndenos siempre
en la tentación.

Desde el Cielo / From the Heavens 727

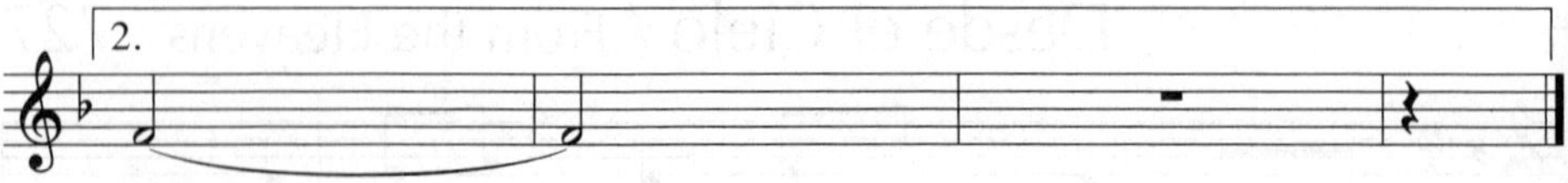

yac.
faz.
huac.
tar.

yac.
there.
huac.
air.

4. "Juan Dieguito," la Virgen le dijo,
"Juan Dieguito," la Virgen le dijo,
"Este cerro‿elijo, este cerro‿elijo,
Este cerro‿elijo para‿hacer mi‿altar."
"Este cerro‿elijo, este cerro‿elijo,
Este cerro‿elijo para‿hacer mi‿altar."

5. Y‿en la tilma‿entre rosas pintadas,
Y‿en la tilma‿entre rosas pintadas,
Su‿imagen amada, su‿imagen amada,
Su‿imagen amada se dignó dejar.
Su‿imagen amada, su‿imagen amada,
Su‿imagen amada se dignó dejar.

6. Desde‿entonces para‿el Mexicano,
Desde‿entonces para la Mexicana,
Ser Guadalupano, ser Guadalupana,
Ser Guadalupanos es algo‿esencial.
Ser Guadalupano, ser Guadalupana,
Ser Guadalupanos es algo‿esencial.

7. Madrecita de los Mexicanos,*
Madrecita de los Mexicanos,
Que‿estás en el cielo, que‿estás en el cielo,
Que‿estás en el cielo, ruega‿a Dios por nos.
Que‿estás en el cielo, que‿estás en el cielo,
Que‿estás en el cielo, ruega‿a Dios por nos.

8. En sus penas se postra de‿hinojos,
En sus penas se postra de‿hinojos,
Y‿eleva sus ojos, y‿eleva sus ojos,
Y‿eleva sus ojos hacia‿el Tepeyac.
Y‿eleva sus ojos, y‿eleva sus ojos,
Y‿eleva sus ojos hacia‿el Tepeyac.

**Texto alternativo / alternate text:* Madrecita de todos nosotros *(2x)*

4. *"Juan Dieguito," the Virgin called gently.*
"Juan Dieguito," the Virgin called gently.
Telling him intently, telling him intently,
"This hill I have chosen for my holy shrine."
Telling him intently, telling him intently,
"This hill I have chosen for my holy shrine."

5. *Roses fell from his cloak, brightly tinted,*
Roses fell from his cloak, brightly tinted,
Leaving there imprinted, leaving there imprinted,
Leaving there the image of the Virgin fair.
Leaving there imprinted, leaving there imprinted
Leaving there the image of the Virgin fair.

6. *From that time forward, each Mexicano,*
From that time forward, each Mexicana,
True Guadalupano, true Guadalupana,
True Guadalupanos all are born to be.
True Guadalupano, true Guadalupana,
True Guadalupanos all are born to be.

7. *Madrecita* to all peoples given,*
Madrecita to all peoples given,
As the Queen of Heaven, as the Queen of Heaven,
As the Queen of Heaven, kindly pray for us.
As the Queen of Heaven, as the Queen of Heaven,
As the Queen of Heaven, kindly pray for us.

8. *We approach you in love, humbly kneeling,*
We approach you in love, humbly kneeling,
Earnestly appealing, earnestly appealing,
Lifting up our eyes and hearts to Tepeyac.
Earnestly appealing, earnestly appealing,
Lifting up our eyes and hearts to Tepeyac.

**Dearest Mother*

Letra: Tradicional; tr. por Mary Louise Bringle, n.1953,
Música: APARACIONES GUADALUPANAS, 10 10 12 11 con repetición; tradicional; arm. por Ronald F. Krisman, n.1946,

728 Mañanitas a la Virgen de Guadalupe / Morning Praises to the Virgin of Guadalupe

Estrofas 1–4 / Verses 1–4

Estribillo / Refrain

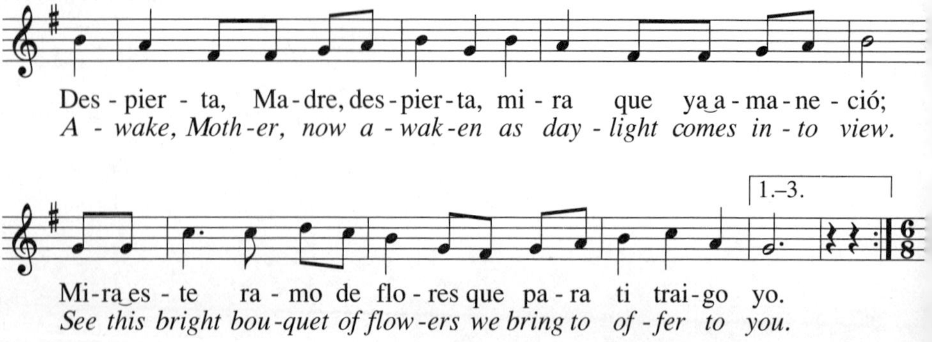

Letra: Tradicional; tr. por Mary Louise Bringle, n.1953, © 2012, GIA Publications, Inc.
Música: Tradicional; arm. por Ronald F. Krisman, n.1946, © 2012, GIA Publications, Inc.

729 Como el Ciervo Ansioso Brama / As a Deer in Want of Water

mor. ¿Cuán-do_i - ré a su pre - sen - cia, A go-
ñor Don - de con tu grey un dí - a Te_a - la-
rá Su cle - men - cia_y su con - sue - lo, El que
zón, Can - ta lle - no de_a - le - grí - a A tu

grace? When shall I, your prais - es voic - ing, Come be-
ry How with throngs I would as - sem - ble, Shout-ing
face; He will show his help and fa - vor, For he
pear, To my Sav - ior prais - es bring - ing With the

zar de su cle - men - cia?
bé con a - le - grí - a.
cam - bia_en go - zo_el due - lo.
Pa - dre no - che_y dí - a.

fore you with re - joic - ing?
prais - es in your tem - ple.
is my God and Sav - ior.
harp and joy - ful sing - ing.

Letra: Salmos 42:2–6 y 43:3–4; Théodore de Bèze, 1519–1605; tr. española por M. Gutiérrez Marín y Federico J. Pagura, n.1923, © 1962; tr. inglesa de *Psalter Hymnal,* © 1987, Faith Alive Christian Resources
Música: LÁGRIMAS AMARGAS, 8 7 8 7 77 88; Ronald F. Krisman, n.1946, © 2012, GIA Publications, Inc.

730 Spirit of the Living God / Ven, Espíritu de Dios

Text: St. 1, Daniel Iverson, 1890–1977, tr. by Alberto Merubia, b.1919, © 1935, 1963, 1996, Birdwing Music, admin. at EMICMGPublishing.com; st. 2, Michael Baughen, b.1930, tr. by Ronald F. Krisman, b.1946, © 1982, tr. 2012, Hope Publishing Company
Tune: IVERSON, 7 5 7 5 8 7 5; Daniel Iverson, 1890–1977, © 1935, 1963, Birdwing Music, admin. at EMICMGPublishing.com

731 There Is One Lord / Hay un Señor

Ostinato Refrain / Estribillo

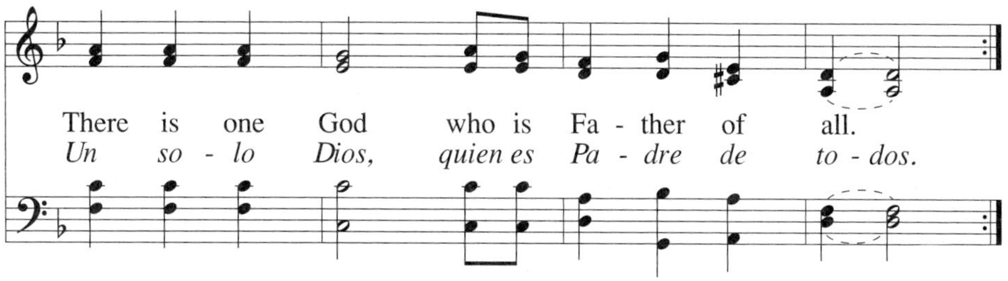

Text: Ephesians 4, adapt. by Robert J. Batastini, b.1942, and the Taizé Community, 1984
Tune: Jacques Berthier, 1923–1994

O Breathe on Me, O Breath of God / Espíritu Consolador 732

1. O breathe on me, O breath of God, Fill
2. O breathe on me, O breath of God, Un -
3. O breathe on me, O breath of God, My
4. O breathe on me, O breath of God, So

1. Es - pí - ri - tu Con - so - la - dor, A -
2. Es - pí - ri - tu Con - so - la - dor, Pu -
3. Es - pí - ri - tu Con - so - la - dor, Has -
4. Es - pí - ri - tu Con - so - la - dor, Tu‿a -

me with life a - new, That I may love the
til my heart is pure; Un - til my will is
will to yours in - cline, Un - til this self - ish
shall I nev - er die, But live with you the

vi - va tú mi ser, Que lo que tú‿a - mas
ro/a qui - sie - ra ser, Ser - vir - te siem - pre
ta que vuel - va‿a ti, Man - tén el fue - go
lien - to pon en mí, Y go - za - ré de‿e -

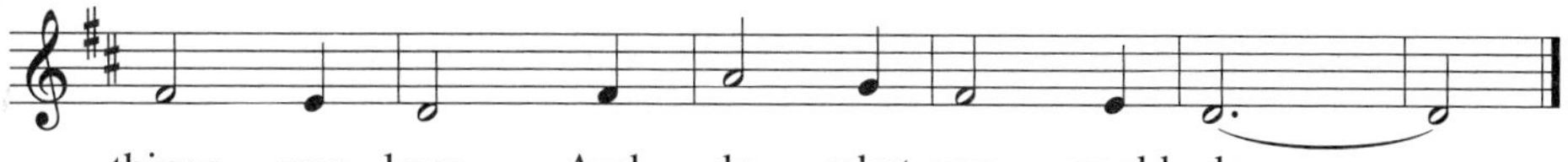

things you love, And do what you would do.
one with yours, To do and to en - dure.
part of me Glows with your fire di - vine.
per - fect life Of your e - ter - ni - ty.

pue - da‿a - mar, Tu vo - lun - tad ha - cer.
con fer - vor, Y fiel per - ma - ne - cer.
de tu‿a - mor Ar - dien - do siem - pre‿en mí.
ter - ni - dad A - ún vi - vien - do‿a - quí.

Text: Edwin Hatch, 1835–1889; tr. by the Revisory Committee for *Cántico Nuevo*, alt., © 1962
Tune: ST. COLUMBA, CM; Irish melody; harm. by A. Gregory Murray, OSB, 1905–1992, © Downside Abbey

733 Baptized in Water / Ya Bautizados

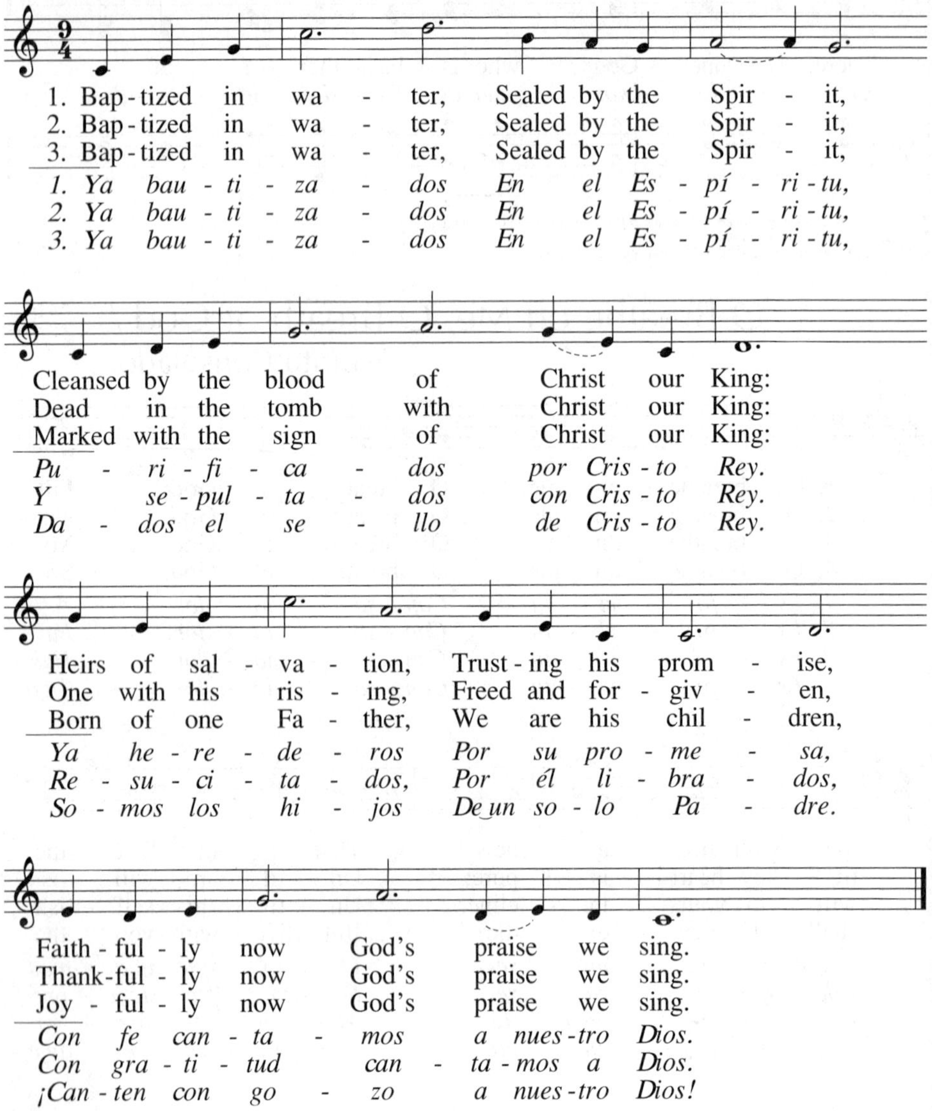

Text: Michael Saward, b.1932, © 1982, The Jubilate Group; tr. by George Lockwood, b.1946, © 2012, The Jubilate Group (admin. by Hope Publishing Company)
Tune: BUNESSAN, 5 5 8 D; Gaelic melody; acc. by Robert J. Batastini, b.1942, © 1999, GIA Publications, Inc.

You Are God's Work of Art / Lo Que Somos Es Obra de Dios 734

Refrain / Estribillo

735 De Tu Cántaro Dame / The Samaritan Woman

Res - pon - dió con vehe - men - cia la mu - jer,
A - gua más de - lei - to - sa que de po -
En su al - ma‿u - na fuen - te pa - ra vi -
"As a Jew, you ad - dress me?" she re - spond -
Wa - ter sweet and de - light - ful, not from earth's
Ho - ly, thirst - quench - ing wa - ter, with a life

que‿ig - no - ra - ba La gran - de - za de Dios.
zos te - rre - nos No po - drás en - con - trar!"
da e - ter - na Con po - der sal - ta - rá."
ed, not know - ing The ex - panse of God's grace.
man - y well - springs, But from God's foun - tain - head."
ev - er - last - ing Well - ing up from its spring."

Letra: Alfredo Colom-Maldonado, 1904–1971, © 1953, ren. 1981, New Spring Publishing (ASCAP); tr. por Mary Louise Bringle, n.1953, © 2007, GIA Publications, Inc.
Música: SAMARITANA, 13 13 13 14 6; Alfredo Colom-Maldonado, 1904–1971, © 1953, ren. 1981, New Spring Publishing (ASCAP); arm. por Ronald F. Krisman, n.1946, © 2007, GIA Publications, Inc.

Tomen Agua Viva / Drink Living Water 736

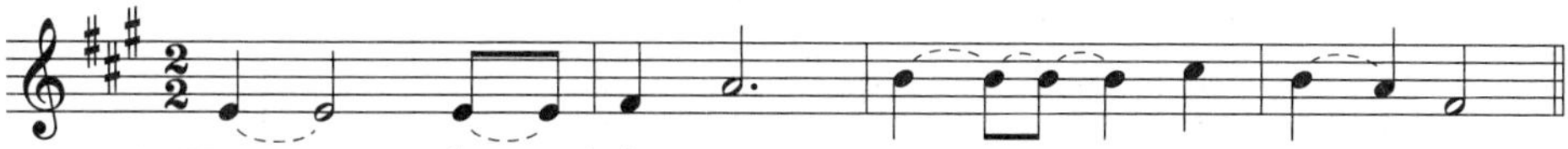

1. Ven - gan, ham - brien - tos, ven - gan, se - dien - tos;
2. Ven - gan, can - sa - dos, ven - gan, a - go - bia - dos;
3. Ven - gan los po - bres, ven - gan los hu - mil - des;
4. Ven - gan, re - cha - za - dos, ven - gan, a - ban - do - na - dos;
5. Ven - gan las viu - das, trai - gan sus ni - ños;
6. Ven - gan, he - ri - dos, ven - gan los que su - fren;
7. Ven - gan, an - cia - nos, trai - gan a los huér - fa - nos;
8. Ven - gan al po - zo, ven - gan a mi co - ra - zón;

1. Come, you hun - gry, come, you thirst - y;
2. Come, you wea - ry, bring your bur - dens;
3. Come, you poor ones, come, you low - ly;
4. Come, re - ject - ed, come, a - ban - doned;
5. Come, you emp - ty, come, you bar - ren;
6. Come, you wound - ed, bring your suf - f'ring;
7. Come, you a - ged, bring your or - phans;
8. Come to my arms, come to my heart;

To - men a - gua vi - va, ven - gan a mí. mí.
Drink liv - ing wa - ter, come un - to me. me.

Letra: Colleen Fulmer, n.1951, y Rufino Zaragoza, OFM, n.1957
Música: Colleen Fulmer, n.1951, y Rufino Zaragoza, OFM, n.1957; arm. por Peter Quint, n.1952

737 Todos Los Que Han Sido Bautizados / All Baptized with Water and the Spirit

Letra: Fernando Rodríguez; tr. por Mary Louise Bringle, n.1953
Música: Fernando Rodríguez; arm. por Judy Hylton, n.1943

Somos Bautizados / Through Baptismal Waters 738

Letra: Raquel Mora Martínez
Música: Raquel Mora Martínez

739 Donde Hay Caridad y Amor / Where True Charity and Love Abide

Letra: Joaquín Madurga, n.1934; tr. por Ronald F. Krisman, n.1946
Música: DONE HAY CARIDAD, 8 7 8 7 D con estribillo; Joaquín Madurga, n.1934; acomp. por Ronald F. Krisman, n.1946

740 We Remember / Recordamos Hoy Tu Muerte

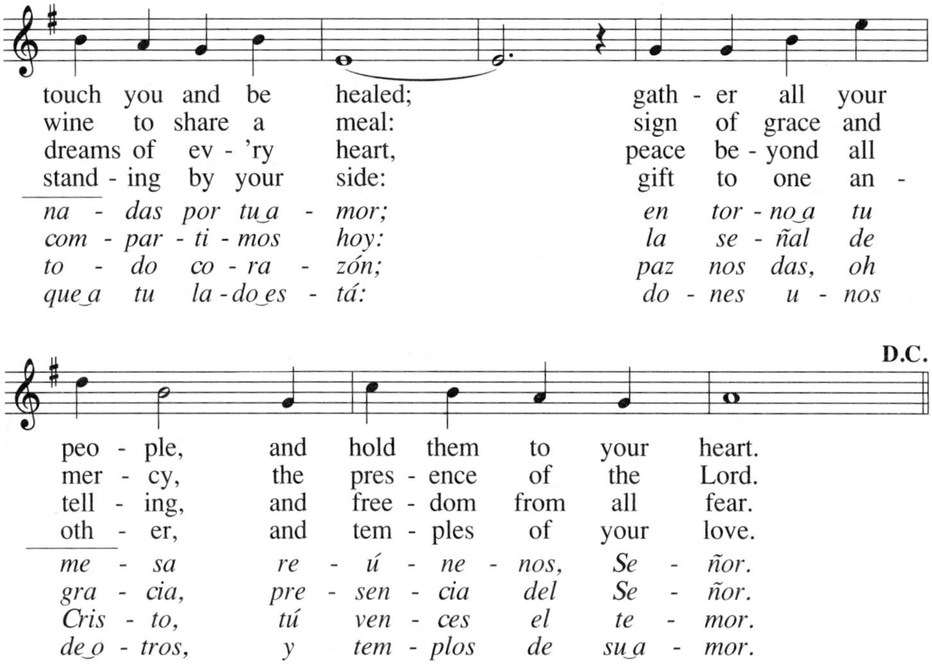

Text: Marty Haugen, b.1950; tr. by Santiago Fernández, b.1971
Tune: Marty Haugen, b.1950

741 Taste and See / Gusten y Vean

Text: Psalm 34; James E. Moore, Jr., b.1951; tr. by Ronald F. Krisman, b.1946
Tune: James E. Moore, Jr., b.1951

742 I Come with Joy / Con Gozo Vengo

1. I come with joy, a child of God,
Forgiven, loved, and free,
The life of Jesus to recall,
In love laid down for me,
In love laid down for me.

2. I come with Christians far and near
To find, as all are fed,
The new community of love
In Christ's communion bread,
In Christ's communion bread.

3. As Christ breaks bread, and bids us share,
Each proud division ends.
The love that made us, makes us one,
And strangers now are friends,
And strangers now are friends.

*1. Con gozo vengo, hijo/a soy
De Dios, que me salvó,
Ya Cristo quiero agradecer
Lo mucho que me amó,
Lo mucho que me amó.*

*2. De cerca y lejos vienen hoy
Cristianos a encontrar
Familia nueva, el amor,
Y unión al comulgar,
Y unión al comulgar.*

*3. Y cuando Cristo parte el pan
No existe enemistad,
Pues el Amor que nos creó
Nos une en hermandad,
Nos une en hermandad.*

4. The Spirit of the risen Christ,
Unseen, but ever near,
Is in such friendship better known,
Alive among us here,
Alive among us here.

*4. Oculto y siempre cerca está
Tu Espíritu, Señor,
Reconocido en la amistad
Y vivo en nuestro ardor,
Y vivo en nuestro ardor.*

5. Together met, together bound
By all that God has done,
We'll go with joy, to give the world
The love that makes us one,
The love that makes us one.

*5. Nos encontró y nos unió
La obra del Señor.
Al mundo vamos a extender
El gozo de su amor,
El gozo de su amor.*

Amén. El Cuerpo de Cristo 743

Estribillo / Refrain

Estrofas / Verses

Letra: John Schiavone, n.1947
Música: John Schiavone, n.1947

744 Alleluia! Sing to Jesus! / ¡Aleluya! Gloria a Cristo

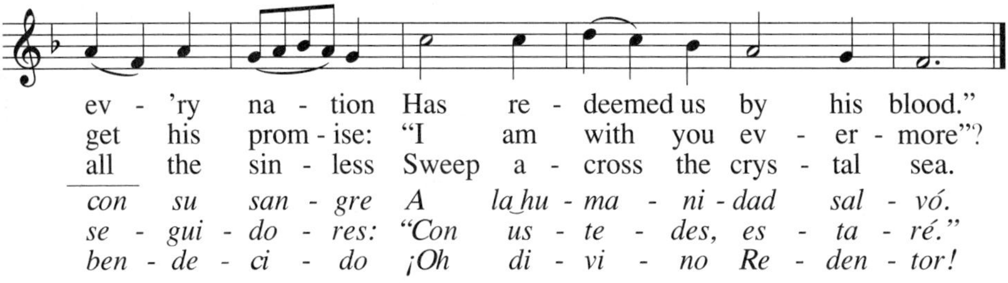

4. Alleluia! King eternal,
You the Lord of lords we own;
Alleluia! Born of Mary,
Earth your footstool, heav'n your throne.
You within the veil have entered,
Robed in flesh, our great high priest;
Here on earth both priest and victim
In the eucharistic feast.

4. ¡Aleluya! Rey eterno
Y de todos el Señor;
¡Aleluya! De María
Hijo y del Padre Dios.
Nuestro sumo sacerdote
A los cielos ascendió;
Es la víctima y el preste
En la Santa Comunión.

Text: Revelation 5:9; William C. Dix, 1837–1898; sts. 1, 3, 4, tr. by Lorenzo Álvarez, 1897–1969, alt.,
st. 2 tr. by Esteban Sywulka B., alt.
Tune: HYFRYDOL, 8 7 8 7 D; Rowland H. Prichard, 1811–1887

745 I Receive the Living God / Yo Recibo al Vivo Dios

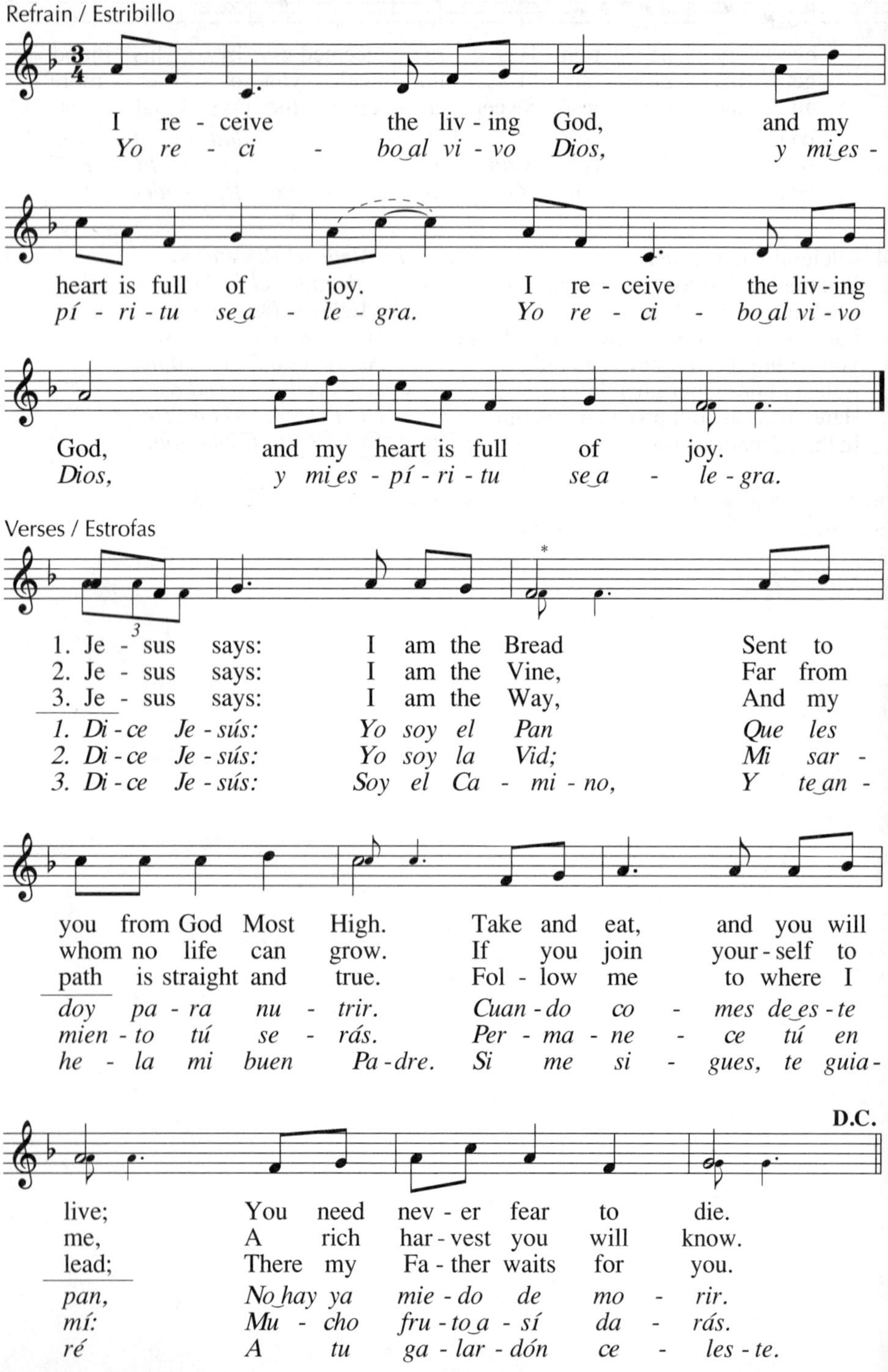

*Cue notes are for Spanish verses 3, 5, 6, 8 and 9.
*Las notas de referencia son para las estrofas 3, 5, 6, 8 y 9 en español.

4. Jesus says: I am the Truth.
If you follow close to me,
You will know me in your heart,
And my word will make you free.

5. Jesus says: I am the Life,
Raised in triumph from the dead.
As one Body now remain,
Members joined to me, the Head.

6. Jesus says: I am the Day,
Shining brightly through your night.
Welcome me, and you will walk
By the Spirit's guiding light.

7. Jesus says: I am the Love
Which can bind you close to me.
Those who know this gift I bring
Will find true community.

8. Jesus says: I am the Peace
Which the world cannot bestow.
Learn to love and live in me,
And in you my Reign will grow.

9. Jesus says: I am the Lamb,
And my death set sinners free.
Those who drink the cup I drink
Must take up this work with me.

4. Dice Jesús: Soy la Verdad.
Sígueme con lealtad.
Mi palabra guarda‿en ti:
Ella es tu libertad.

5. Dice Jesús: La Vida soy.
Por mi cruz no morirás.
Como miembro de mi Cuerpo
Vida nueva tú tendrás.

6. Dice Jesús: Yo soy la Luz,
Que‿en la noche se‿aparece.
Si me‿aceptas, cambiarás
Por mi‿Espíritu celeste.

7. Dice Jesús: Soy el Amor,
Sola fuente de‿unidad.
Los que me recibirán
Hallarán comunidad.

8. Dice Jesús: Yo soy la Paz
Que no puede dar el mundo.
El que me‿ama vive‿en paz
Y‿es testigo de mi reino.

9. Dice Jesús: Soy el Cordero
Que murió por el pecado.
El que bebe de mi Sangre
Sigue‿haciendo mi trabajo.

746 Arriba los Corazones / We Lift Up Our Hearts

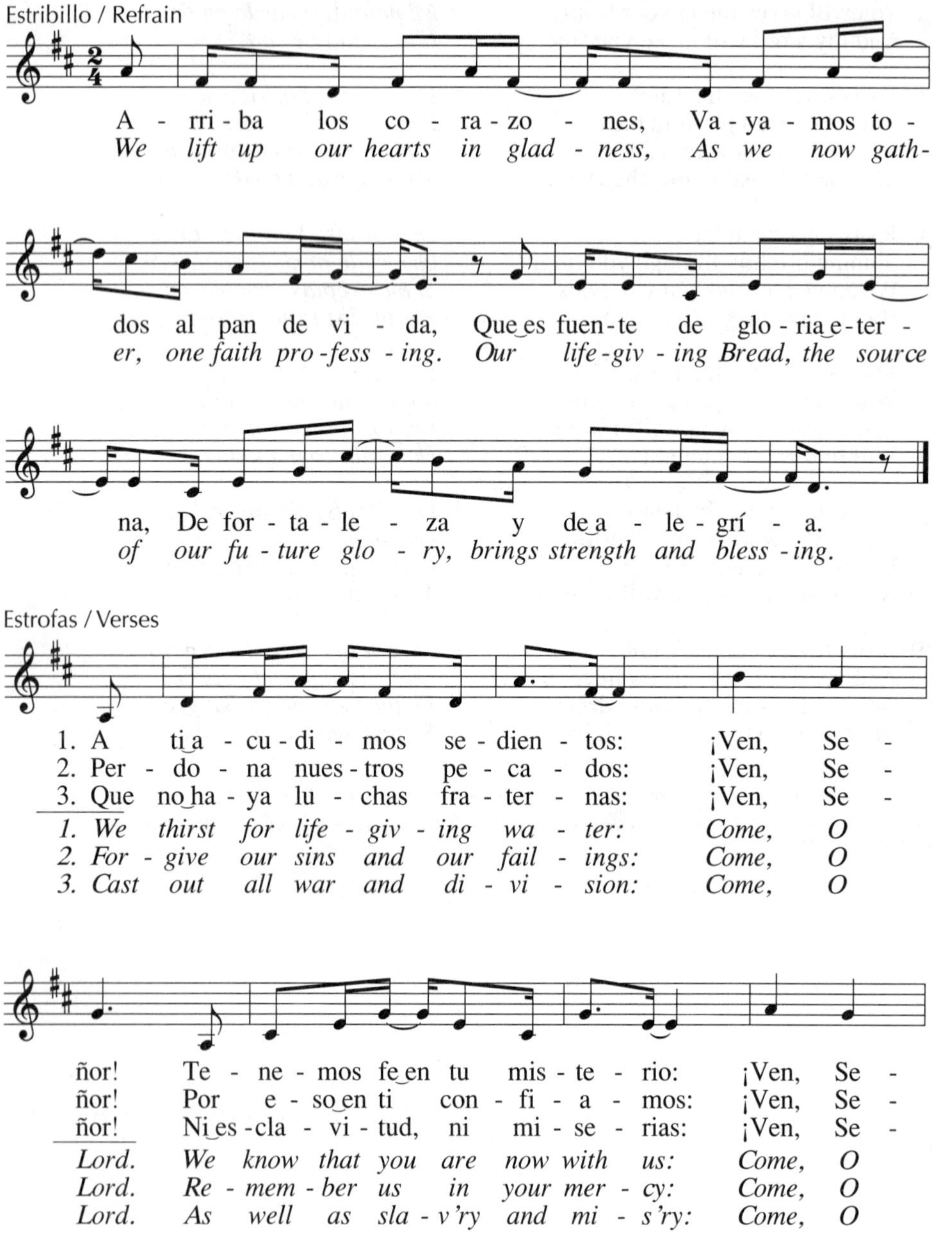

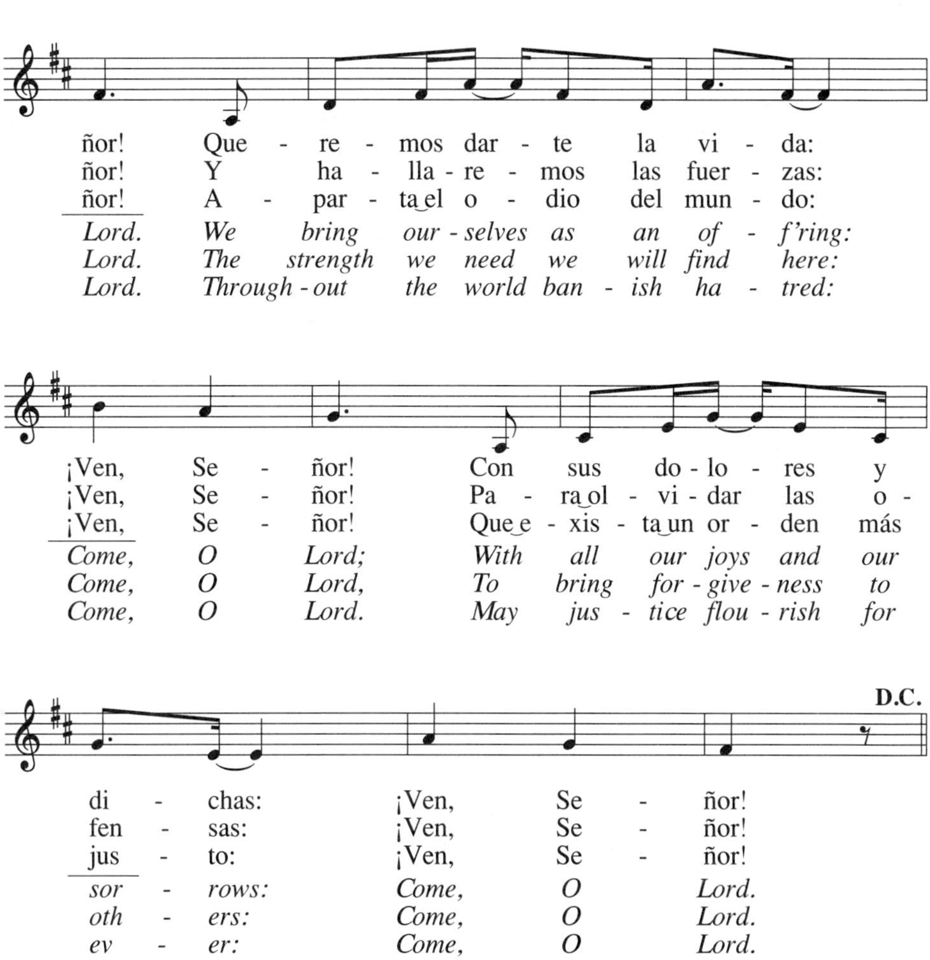

Letra: Tradicional; tr. por Ronald F. Krisman, n.1946, © 2005, GIA Publications, Inc.
Música: PANAMÁ, 11 11 11 11 con estribillo; tradicional; arm. por Ronald F. Krisman, n.1946, © 2005, GIA Publications, Inc.

747 Con Cinco Panes y Peces / Jesus Took Five Loaves

Estrofas / Verses

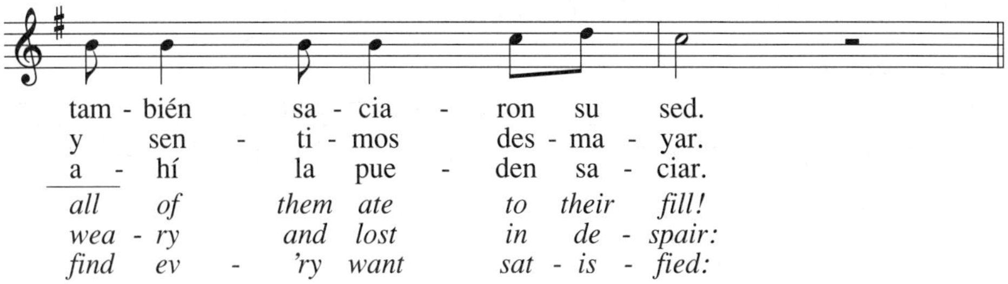

Estribillo / Refrain

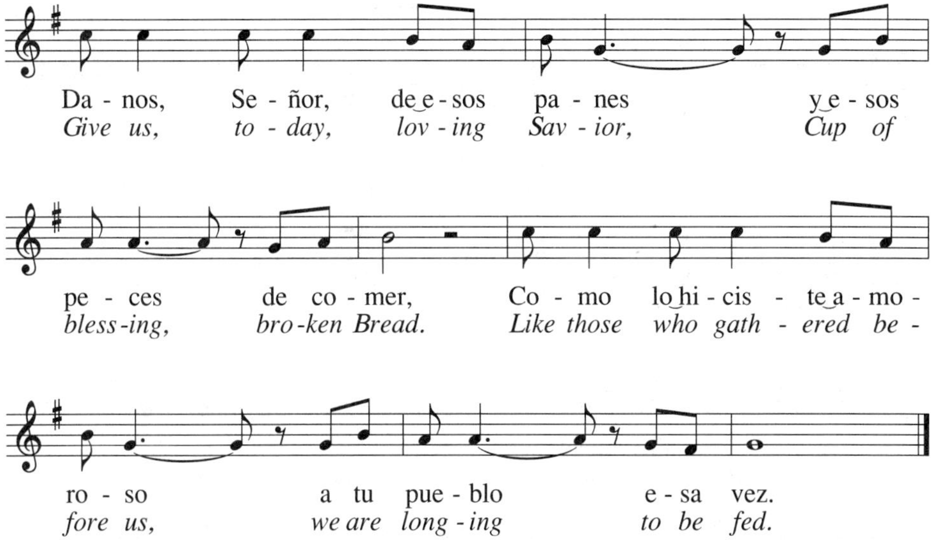

Letra: Carlos Rosas, n.1939, alt.; tr. por Mary Louise Bringle, n.1953
Música: Carlos Rosas, n.1939; acomp. por Patrick Loomis, 1951–1990

748 Eat This Bread / Coman de Este Pan

Refrain / Estribillo

Text: John 6; adapt. by Robert J. Batastini, b.1942, and the Taizé Community
Tune: Jacques Berthier, 1923–1994

Our Only Source of Unity / La Fuente de la Unidad 749

1. Our on - ly source of u - ni - ty: Je - sus Christ.
2. From man - y grains one loaf of bread: Je - sus Christ.
3. His Bod - y bro - ken for the world: Je - sus Christ.
4. Come let us serve the One who calls: Je - sus Christ.

1. La fuen - te de la u - ni - dad es Je - sús.
2. De mu - chos gra - nos, só - lo un pan: es Je - sús.
3. El Cuer - po que se en - tre - gó es Je - sús.
4. Ve - nid, nos lla - ma a ser - vir: es Je - sús.

Our on - ly light for lib - er - ty: Je - sus Christ.
From man - y grapes one cup of wine: Je - sus Christ.
His Blood poured out for hu - man - kind: Je - sus Christ.
Come let us sing in har - mo - ny with Je - sus Christ.

La luz de nues - tra li - ber - tad es Je - sús.
De mu - chas u - vas, u - na co - pa: es Je - sús.
La San - gre que se de - rra - mó es Je - sús.
Ve - nid, vi - va - mos en u - nión con Je - sús.

Come greet our hope of life e - ter - nal: Je - sus Christ.
From man - y lands one peo - ple now in Je - sus Christ.
The I - mage of the heav'n - ly Fa - ther: Je - sus Christ.
To - geth - er share God's peace and love in Je - sus Christ.

Ve - nid a quien nos da la vi - da: es Je - sús.
De mu - chos pue - blos so - mos u - no en Je - sús.
La i - ma - gen del a - mor del Pa - dre es Je - sús.
Ve - nid a com - par - tir la paz que da Je - sús.

Come greet our hope of life e - ter - nal: Je - sus Christ.
From man - y lands one peo - ple now in Je - sus Christ.
The I - mage of the heav'n - ly Fa - ther: Je - sus Christ.
To - geth - er share God's peace and love in Je - sus Christ.

Ve - nid a co - no - cer la vi - da: es Je - sús.
De mu - chas is - las so - mos u - no en Je - sús.
La i - ma - gen del a - mor del Pa - dre es Je - sús.
Ve - nid a com - par - tir a - mor en Je - sús.

750 I Am the Bread of Life / Yo Soy el Pan de Vida

Verses / Estrofas

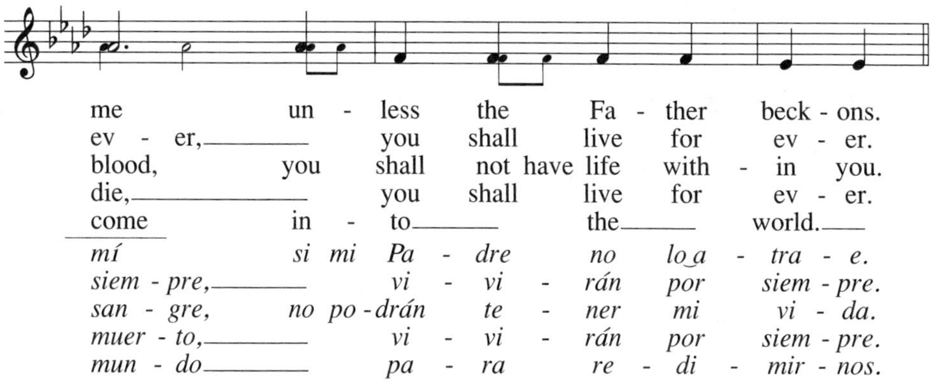

Refrain / Estribillo

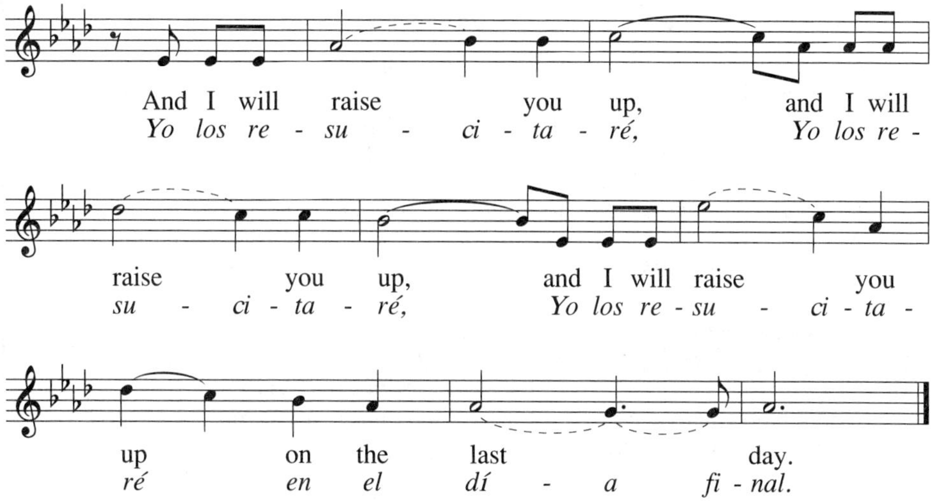

Text: John 6 and 11; Suzanne Toolan, RSM, b.1927; tr. by anon., rev. by Ronald F. Krisman, b.1946
Tune: BREAD OF LIFE, Irregular with refrain; Suzanne Toolan, RSM, b.1927

751 Racimo y Trigal / From Wheat Field and Vine

Estrofas / Verses

1. Ra - ci - mo‿y tri - gal hoy he - mos pre - sen -
2. En - tor - no‿al al - tar so - mos sus in - vi -
3. Tris - te - za‿y do - lor co - rren por nues - tros
4. La ce - na Pas - cual hoy he - mos ce - le -

1. From wheat field and vine, these pre - cious gifts we
2. The ta - ble is blest. We come by in - vi -
3. With sor - rows out - poured, we come be - fore our
4. This Pass - o - ver feast calls us to cel - e -

ta - do; Ma - ná ce - les - tial hoy el Se - ñor nos da.
ta - dos, En - tor - no‿al al - tar él es - pe - ran - do‿es - tá.
la - bios, Pu - re - za‿y a - mor trae nues - tro Se - ñor.
bra - do, La ce - na Pas - cual, sig - no de her - man - dad.

of - fer Of bread and of wine, gifts of our gra-cious God.
ta - tion. As host and as guest, Christ waits to meet us here.
Sav-ior, Be - lov - ed and Lord, ho - ly and pure of heart.
bra-tion. This Pass - o - ver feast binds all who eat as one.

Co - mo man - jar, él po - ne‿en nues - tras ma - nos el
Co - mo man - jar, él po - ne‿en nues - tras ma - nos el
Vie - ne mi‿a - mor y‿él po - ne‿en nues - tras ma - nos el
Gra - cias, Se - ñor, gra - cias por tu pre - sen - cia y

Now in our hands, Christ gives us food from heav - en, the
Now in our hands, Christ gives us food from heav - en, the
Stretch out your hands. Christ gives us for our jour - ney the
Lord, we give thanks, thanks for your ho - ly pres - ence and

1. / 2.

pan de la‿e - ter - ni - dad. pan de fra - ter - ni - dad.
pan de la‿e - ter - ni - dad. pan de fra - ter - ni - dad.
pan de la co - mu - nión. pan de la co - mu - nión.
gra - cias por tu‿a - mis - tad. gra - cias por tu‿a - mis - tad.

bread of e - ter - nal life. bread of e - ter - nal life.
bread of e - ter - nal life. bread of e - ter - nal life.
bread of our u - ni - ty. bread of our u - ni - ty.
thanks for your gra-cious love. thanks for your gra-cious love.

Estribillo / Refrain

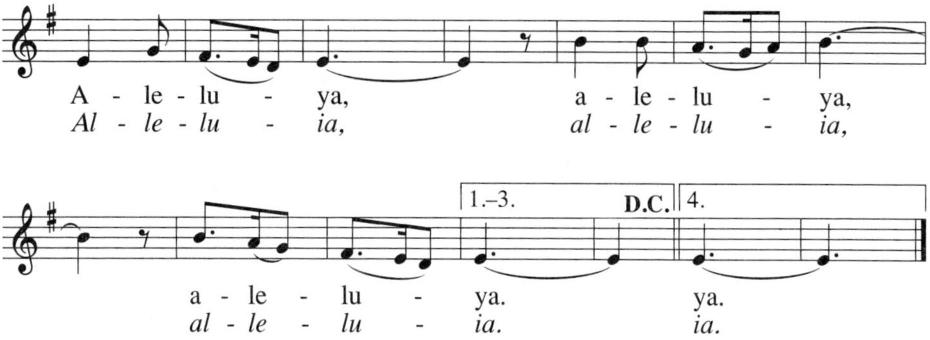

Letra: Carmelo Erdozáin, n.1939; tr. por Mary Louise Bringle, n.1953
Música: Carmelo Erdozáin, n.1939

752 Let Us Be Bread / Que Seamos Pan

Verse 3 / Estrofa 3

Verse 4 / Estrofa 4

Text: Thomas J. Porter, b.1958; tr. by Ronald F. Krisman, b.1946
Tune: Thomas J. Porter, b.1958

753 In the Breaking of the Bread / Cuando Partimos el Pan del Señor

Refrain / Estribillo

Verses / Estrofas

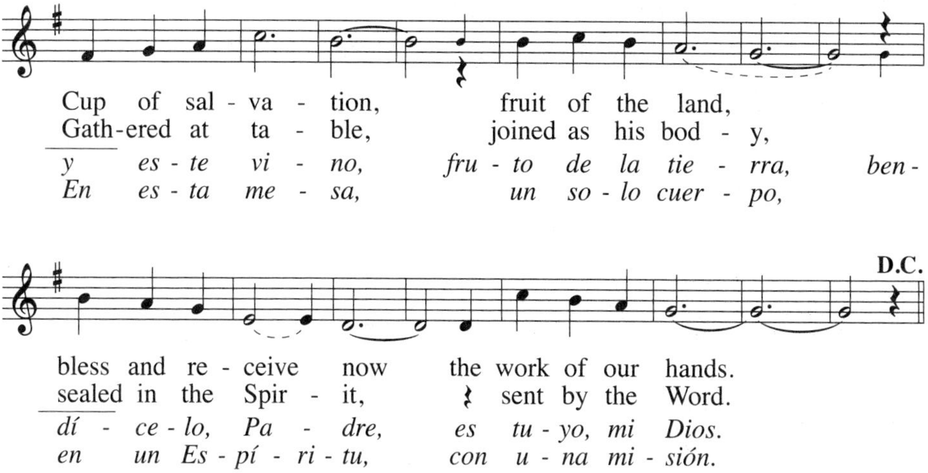

Original Verses:

1. Once I was helpless, sad and confused; darkness surrounded me, courage removed.
   And then I saw him by my side. Carry my burden, open my eyes.

2. There is no sorrow, pain or woe; there is no suffering he did not know.
   He did not waver; he did not bend. He is the victor. He is my friend.

Text: Bob Hurd, b.1950, and Michael Downey, © 1984, 1987; tr. by Stephen Dean and Kathleen Orozco, © 1989, OCP
Tune: Bob Hurd, b.1950, © 1984; acc. by Dominic MacAller, b.1959, © 1984, OCP
Published by OCP.

754 Te Ofrecemos, Padre Nuestro / Lord, We Now Prepare Your Altar

Estribillo / Refrain

Estrofas / Verses

*Or to alternate melody
*O a la melodía alternativa

vi - das En el Cuer - po de Je - sús.
vi - no Co - mo la‿u - va‿en el la - gar.
za - mos En el cam - po‿y la ciu - dad.
te - ra, An - he - lan - do li - ber - tad.
Bod - y Of your Son, whose life we share.
peo - ple Be trans - formed through this great sign.
cit - ies Joined as one com - mu - ni - ty.
groan - ing For the free - dom still a - head.

5. Gloria sea dada‿al Padre
Y‿a su Hijo Redentor,
Y‿al Espíritu Divino
Que nos llena de su‿amor.

5. Glory be to God the Father
And to Jesus Christ, the Lord,
Who together with the Spirit
Will forever be adored.

Alternate melody / Melodía alternativa

cruz, Se trans - for - man nues - tras vi - das
tán, Cam - bia su do - lor en vi - no
dad Que los hom - bres rea - li - za - mos
tar, La na - tu - ra - le - za‿en - te - ra,
care, So per - fect us as the Bod - y
wine, May the suf - f'rings of your peo - ple
ty: Those on farms, in towns, and cit - ies
bread: Signs of all cre - a - tion, groan - ing

En el Cuer - po de Je - sús.
Co - mo la‿u - va‿en el la - gar.
En el cam - po‿y la ciu - dad.
An - he - lan - do li - ber - tad.
Of your Son, whose life we share.
Be trans - formed through this great sign.
Joined as one com - mu - ni - ty.
For the free - dom still a - head.

755 Shepherd of Souls / A Tu Rebaño, Buen Pastor

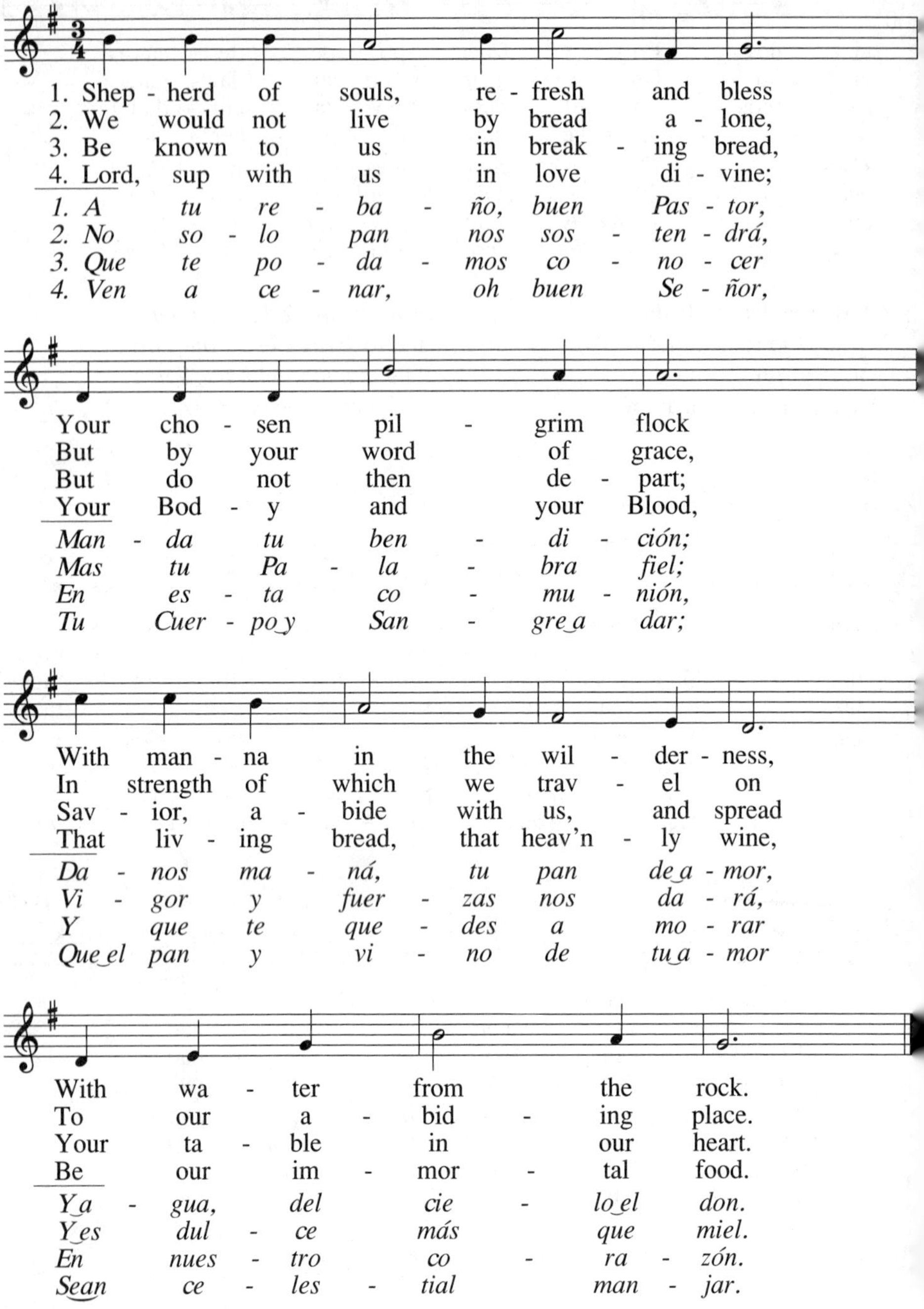

Text: James Montgomery, 1771–1854, alt.; tr. by Jorge Lockward, b.1965, © 2012, GIA Publications, Inc.
Tune: ST. AGNES, CM; John B. Dykes, 1823–1876; harm. by Richard Proulx, 1937–2010, © 1986, GIA Publications, Inc.

One Bread, One Body / Un Pan, un Cuerpo 756

Refrain / Estribillo

Verses / Estrofas

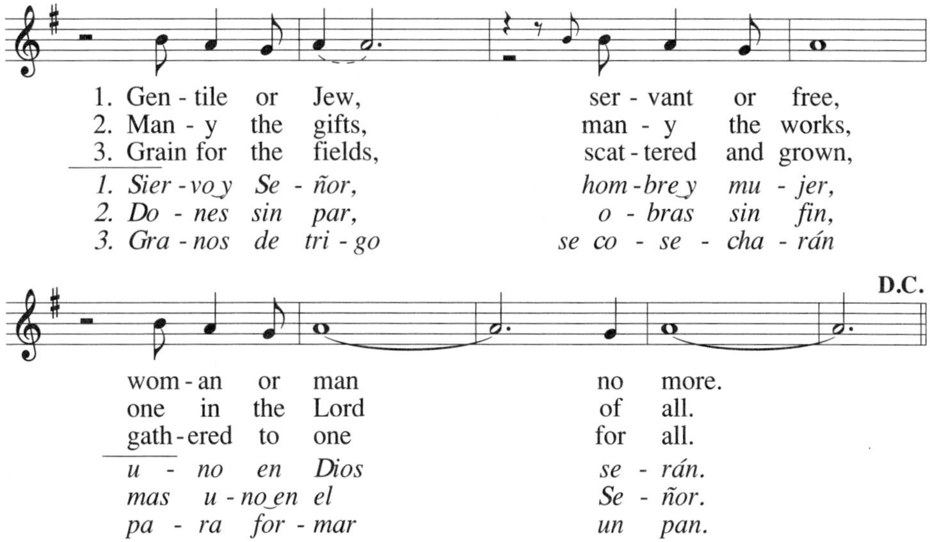

Text: 1 Corinthians 10:16; 17, 12:4, Galatians 3:28; the *Didache* 9; John Foley, SJ, b.1939; refrain and vss. 1, 2 tr. by Salomón Mussiett, b.1932, alt., vs. 3 by Pedro Rubalcava
Tune: ONE BREAD, ONE BODY, 4 4 6 with refrain; John Foley, SJ, b.1939

757 Take and Eat / Tómenlo, Cómanlo

I am the bread that comes from heav'n a - bove;
I am the life that rais - es up the dead;
You are my flock: you know the shep-herd's voice;
You are God's dwel - ling place, on me you rest;
Yo soy el pan del cie - lo que ba - jó;
Y de los muer - tos, la re - su - rrec - ción;
O - ve - jas co - no - cien - do‿a su pas - tor
Us - te - des, la mo - ra - da de su Dios,

I am the vine that fills your cup with joy.
I am your peace, true peace my gift to you.
You are my own: your ran - som is my blood.
Like liv - ing stones, a tem - ple for God's praise.
Tam - bién la vid que‿a - le - gra‿el co - ra - zón.
Yo soy su paz, el don que yo les doy.
Us - te - des son: pues yo les re - di - mí.
Son pie - dras vi - vas, tem - plo de lo - or.

5. I am the light that came into the world;
I am the light that darkness cannot hide;
I am the morning star that never sets;
Lift up your face, in you my light will shine.

6. I am the first and last, the Living One;
I am the Lord who died that you might live;
I am the bridegroom, this my wedding song;
You are my bride, come to the marriage feast.

5. La luz que vino‿al mundo soy también,
La luz que no se puede esconder;
Y soy el gran lucero matinal;
En esta luz su rostro brillará.

6. Soy el principio, y también el fin;
Para que vivan, soy el que murió;
El novio soy, cantando mi canción:
"Mi‿esposa, ven a la fiesta nupcial."

758 Pan de Vida

Estribillo / Refrain

Estrofas / Verses

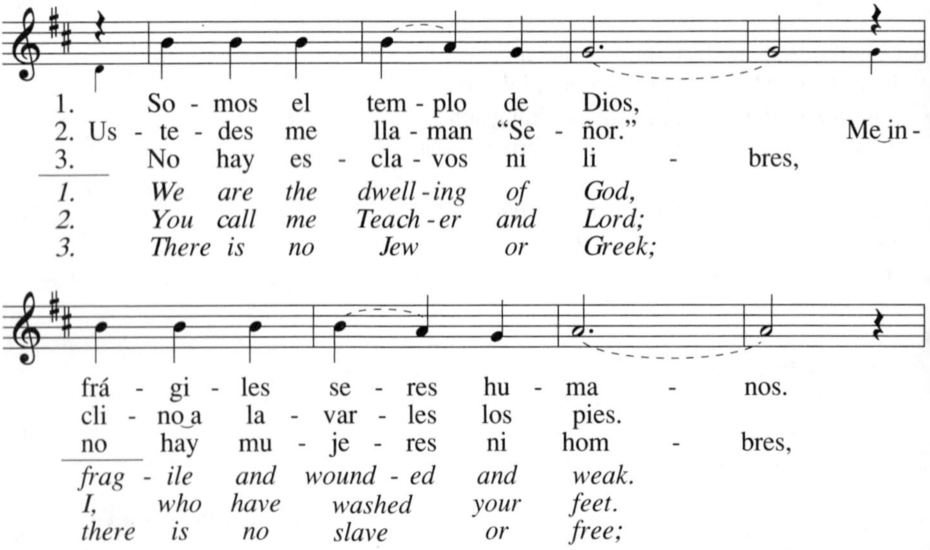

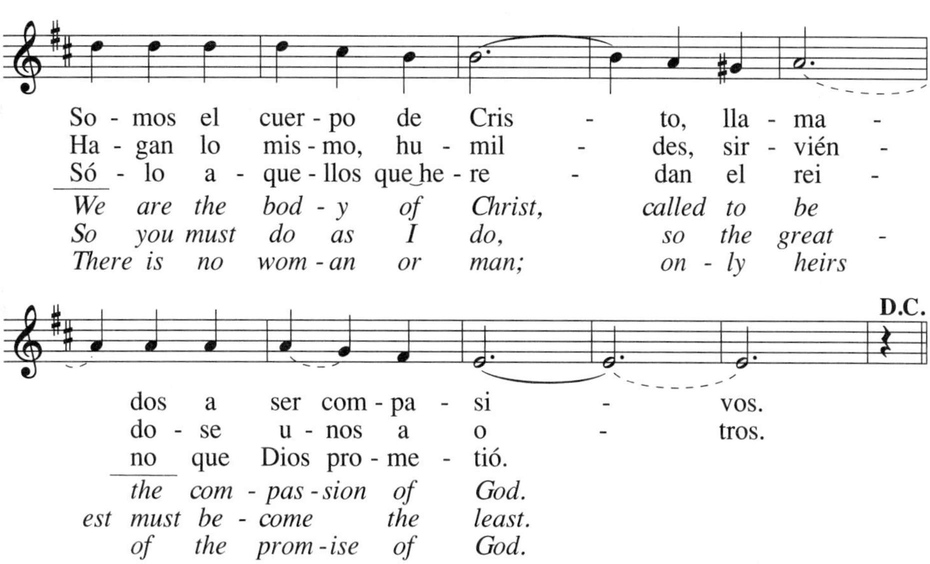

Letra: Juan 13:1–15, Gálatas 3:28–29; Bob Hurd, n.1950, y Pia Moriarty, n.1948, © 1988, Bob Hurd y Pia Moriarty
Música: Bob Hurd, n.1950, © 1988; acomp. por Craig Kingsbury, n.1952, © 1988, OCP
Obra publicada por OCP.

759 Te Den Gracias / Sing with Gladness

Letra: Eduardo de Zayas, n.1941; tr. por Ronald F. Krisman, n.1946
Música: TE DEN GRACIAS, 11 11 11 11 con estribillo; Eduardo de Zayas, n.1941; acomp. por Ronald F. Krisman, n.1946

Una Espiga / From the Wheat Fields 760

1. U - na‿es - pi - ga do - ra - da por el sol,
2. Co - mul - ga - mos la mis - ma co - mu - nión.
3. Co - mo gra - nos que‿han he - cho‿el mis - mo pan,
1. From the wheat fields now bask - ing in the sun,
2. We now gath - er to eat of the same bread,
3. As the night sky is made of man - y stars,

El ra - ci - mo que cor - ta‿el vi - ña - dor, Se con-
So - mos tri - go del mis - mo sem - bra - dor. Un mo-
Co - mo no - tas que te - jen un can - tar, Co - mo
From the vine - yards re - joic - ing in the day, We, God's
And to - geth - er we drink of the same wine. Thus u -
As the riv - er is formed by man - y streams, We, though

vier - ten a - ho - ra‿en pan y vi - no de‿a - mor
li - no, la vi - da, nos tri - tu - ra con do - lor.
go - tas de a - gua que se fun - den en el mar,
peo - ple, are giv - en now this bread and wine to share
nit - ed we bind our - selves to one an - oth - er's care,
man - y, one voice cre - ate for all the world to hear:

En el cuer - po‿y la san - gre del Se - ñor.
Dios nos ha - ce‿Eu - ca - ris - tí - a‿en el a - mor.
Los cris - tia - nos un cuer - po for - ma - rán.
To sus - tain us and bless us on our way.
One in bod - y and in spir - it for all time.
"Je - sus' love be - longs to all, and all re - deems!"

4. En la mesa de Dios se sentarán.
Como hijos su pan comulgarán.
Una misma‿esperanza caminando cantarán.
En la vida como‿hermanos se‿amarán.

4. We are strengthened for service in the Lord
At this table of fellowship divine.
Come, Lord Jesus, and consecrate our hands and hearts anew,
And with joy we'll serve you till the end of time.

761 You Satisfy the Hungry Heart / Tú Sacias Todo Corazón

Refrain / Estribillo

4. The myst'ry of your presence, Lord,
No mortal tongue can tell:
Whom all the world cannot contain
Comes in our hearts to dwell.

4. Tu gran misterio, mi Señor,
¿Quién puede explicar?
¡Ningún sepulcro te‿encerró,
Y vas en mí‿a morar!

5. You give yourself to us, O Lord;
Then selfless let us be,
To serve each other in your name
In truth and charity.

5. Sin interés te‿entregas tú,
Ejemplo de‿hermandad.
Sirvamos todos con virtud
En paz y caridad.

Text: Omer Westendorf, 1916–1997, © 1977, Archdiocese of Philadelphia. Published by International Liturgy Publications; tr. by Georgina Pando-Connolly, b.1946, © 2012, GIA Publications, Inc.
Tune: BICENTENNIAL, CM with refrain; Robert E. Kreutz, 1922–1996, © 1977, Archdiocese of Philadelphia. Published by International Liturgy Publications

Let Us Break Bread Together / De Rodillas Compartamos 762

Text: American folk hymn; tr. by Federico J. Pagura, b.1923, alt., © 1962
Tune: LET US BREAK BREAD, 10 10 6 8 7; American folk hymn; harm. by David Hurd, b.1950, © 1986, GIA Publications, Inc.

763 Lord, Who at Your First Eucharist / En Esa Eucaristía, Buen Señor

1. Lord, who at your first Eu - cha - rist did pray
2. For all your Church, O Lord, we in - ter - cede;
3. We pray for those who wan - der from your fold;
4. So, Lord, at length when sac - ra - ments shall cease,

1. En e - sa Eu - ca - ris - tí - a, buen Se - ñor,
2. Hoy por tu I - gle - sia va - mos a ro - gar;
3. O - ra - mos por la o - ve - ja que se fue;
4. Y cuan - do sa - cra - men - tos no ha - yan más,

That all your Church might be for - ev - er one,
O make our lack of char - i - ty to cease.
O bring them back, Good Shep - herd of the sheep,
May we be one with all your Church a - bove,

Que tú o - fre - cis - te an - tes de mo - rir,
Haz que la ca - ri - dad no fal - te más;
Re - gré - sa - la al re - ba - ño, Buen Pas - tor;
A tu pre - sen - cia llé - va - nos, Se - ñor,

Help us at ev - 'ry Eu - cha - rist to say
Draw us the near - er each to each, we plead,
Back to the faith which saints be - lieved of old,
One with your saints in one un - bro - ken peace,

Ro - gas - te por tu I - gle - sia con fer - vor;
Que nues - tra u - nión lo - gre - mos rea - li - zar;
Que vuel - va a su I - gle - sia y a su fe,
U - ni - dos a tus san - tos en gran paz,

With long - ing heart and soul, "Your will be done."
By draw - ing all to you, O Prince of Peace.
Back to the Church which still that faith does keep.
One with your saints in one un - bound - ed love.

Y a - quí de nue - vo vie - nes pa - ra u - nir.
A - cér - ca - nos a ti, Rey de la paz.
La fe que tan - tos cui - dan con ho - nor.
U - ni - dos a tus san - tos en a - mor.

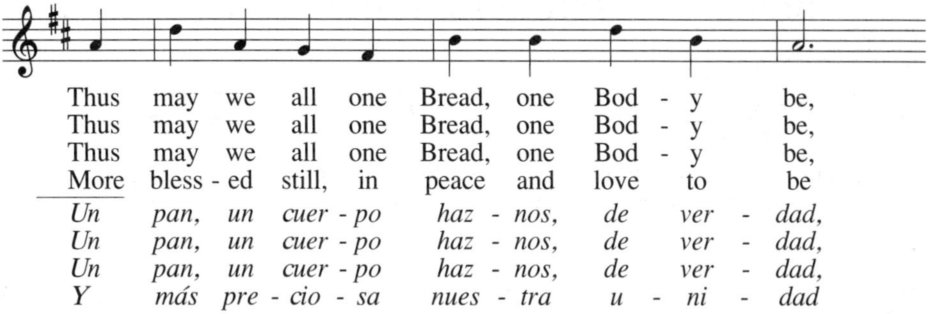

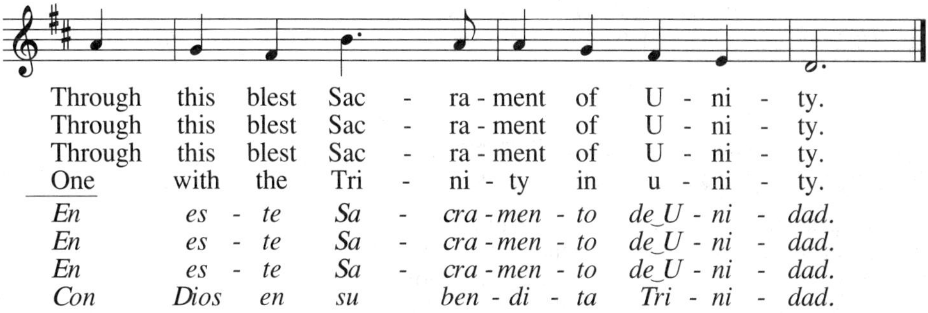

Text: William H. Turton, 1895–1938, alt.; tr. by Georgina Pando-Connolly, b.1946,
Tune: UNDE ET MEMORES, 10 10 10 10 10 10; William H. Monk, 1823–1889, alt.

764 Bread of Life from Heaven / Pan de Vida Eterna

Refrain / Estribillo

Bread of life from heav-en, your blood and bod - y giv-en, we
Pan de vi - da e - ter - na, nos das tu cuer - po y san-gre.

eat this bread and drink this cup un - til you come a - gain.
Has - ta que vuel - vas tú, Se - ñor, co - me - mos en tu a-mor.

Verses / Estrofas

1. Break now the bread of Christ's sac - ri - fice; Giv - ing
2. Seek not the food that will pass a - way; Set your
3. Love as the One who, in love for you, Gave him -
4. Take in the light that will nev - er dim, Taste the
5. Dwell in the One who now dwells in you; Make your
6. Drink of this cup and de - clare his death; Eat this
7. *Ven y com-par - te el di - vi - no pan; De - mos*
8. *Es - te mis - te - rio es el máx - i - mo Sa - cri -*
9. *Ven a la me - sa de com - pa - sión, Re - cor -*
10. *Hoy que co - me - mos del pan de a-mor So - mos*
11. *Ce - na que nos re - pre - sen - ta hoy La vi - da,*

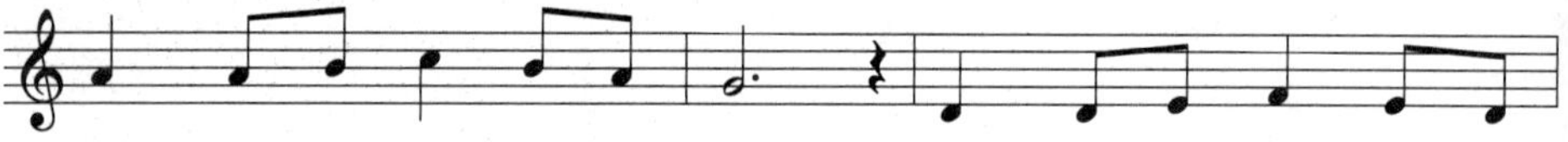

thanks, hun-gry ones gath-er 'round. Eat all of you, and be
hearts on the food that en - dures. Come, learn the true and the
self for the life of the world. Come to the One who is
life that is strong-er than death. Live in the One who will
home in the life - giv-ing Word. Know on - ly Christ, Ho - ly
bread and be-lieve Eas-ter morn; Trust his re - turn and, with
gra - cias con gran co - ra - zón. Cris - to es sus - ten - to que
fi - cio de fe y de a - mor. Pan que nos lla - ma a con -
de - mos a Cris - to Je - sús. Él nos da vi - da con
u - no en Cris - to Je - sús. Ce - na que es fuen - te de in -
muer - te, y re - su-rrec - ción De Je - su - cris - to, que es

sat - is - fied; In Christ's pres - ence the loaves will a - bound.
liv - ing Way, That the full - ness of life may be yours.
food for you, That your hun - ger and thirst be no more.
come and then Raise you up at the last with the blest.
One of God, And be - lieve in the truth you have heard.
ev - 'ry breath, Praise the One in whom you are re - born.

u - ni - rá A los miem - bros de ca - da na - ción.
me - mo - rar Y‿a se - guir a Je - sús Sal - va - dor.
ple - ni - tud; Nos pro - te - ge‿y nos guí - a‿en su luz.
spi - ra - ción Pa - ra ser en el mun - do la luz.
nues - tro Dios Quien nos lla - ma‿y nos da sal - va - ción.

Text: Based on John 6; adapt. by Susan R. Briehl, b.1952; tr. by Jaime Cortez, b.1963
Tune: ARGENTINE SANTO, 9 9 9 9 with refrain; Argentine folk melody; adapt. and verses by Marty Haugen, b.1950

765 Amen to the Body of Christ / Amén, Recibimos el Cuerpo del Señor

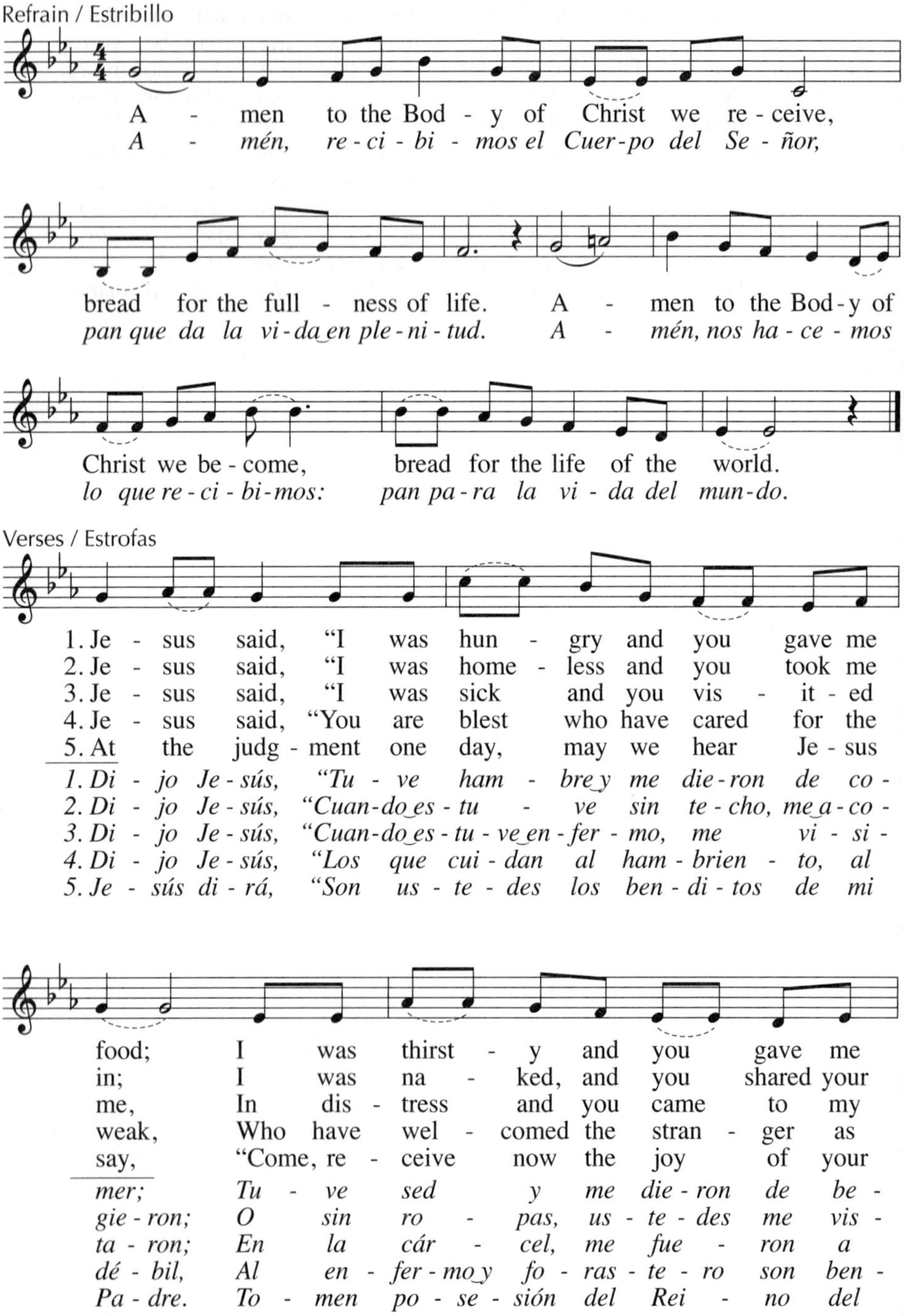

drink. What you do for my
cloak. What you do for my
help. What you do for my
guest. What you do for my
God. What you did for my

ber. Lo que hi - cie - ron con al -
tie - ron. Lo que hi - cie - ron con al -
ver. Lo que hi - cie - ron con al -
di - tos. Lo que hi - cie - ron con al -
cie - lo. Lo que hi - cie - ron con al -

loved ones, My poor and my least ones, That you
loved ones, My poor and my least ones, That you
loved ones, My poor and my least ones, That you
loved ones, My poor and my least ones, That you
loved ones, My poor and my least ones, That you

gu - no De los más pe - que - ños, Me lo hi -
gu - no De los más pe - que - ños, Me lo hi -
gu - no De los más pe - que - ños, Me lo hi -
gu - no De los más pe - que - ños, Me lo hi -
gu - no De los más pe - que - ños, Me lo hi -

do al - so for me."
do al - so for me."
do al - so for me."
do al - so for me."
did al - so for me."

cie - ron tam - bién a mí."
cie - ron tam - bién a mí."
cie - ron tam - bién a mí."
cie - ron tam - bién a mí."
cie - ron tam - bién a mí."

Text: Delores Dufner, OSB, b.1939; tr. by Ronald F. Krisman, b.1946
Tune: AMEN, 12 9 7 6 7 with refrain; Michel Guimont, b.1950

766 El Señor Nos Ama Hoy / Christ Our Lord Has Loved Us

Estribillo / Refrain

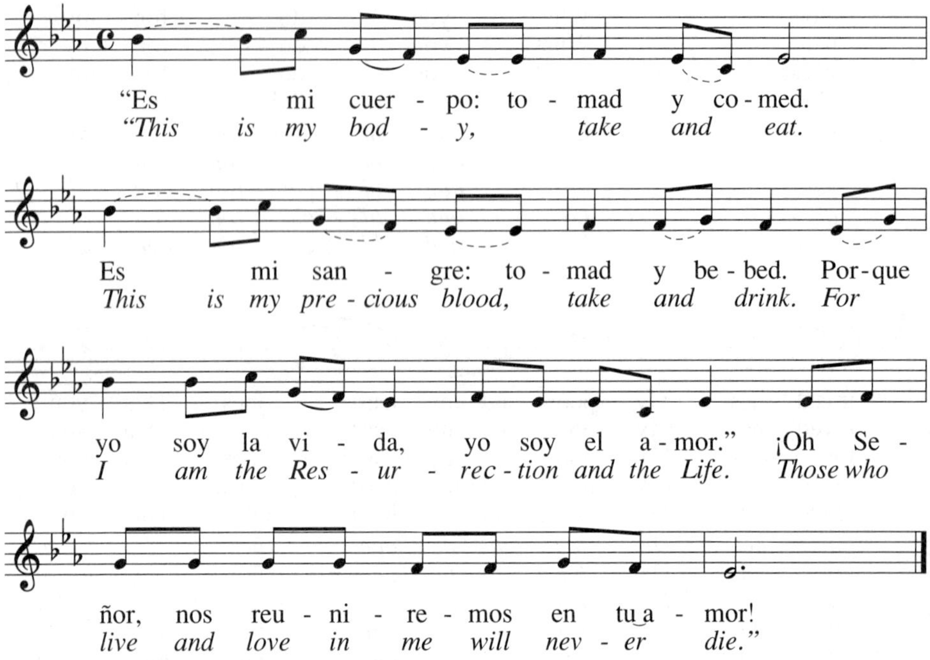

Estrofas / Verses

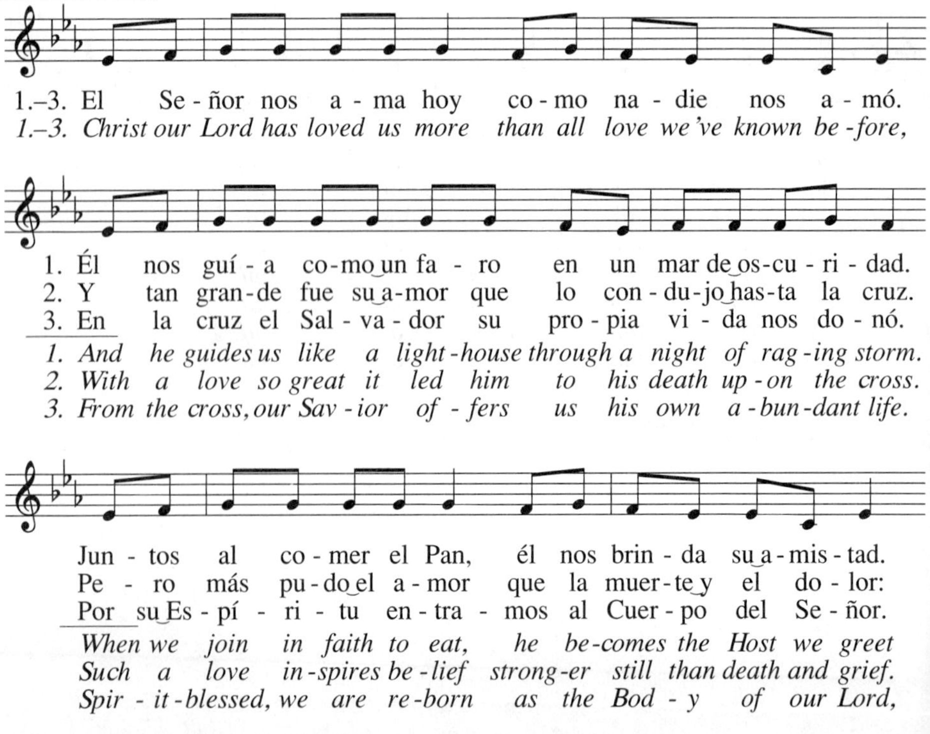

Es el Pan de Dios, el Pan de la‿u - ni - dad.
Al pa - sar tres dí - as él re - su - ci - tó.
Na - da pue - de se - pa - rar - nos de su‿a - mor.
In the Bread of Life, the Bread of U - ni - ty.
Af - ter three days he a - ris - es from the grave.
And no pow'r can sep - a - rate us from his love.

4. El Señor nos ama hoy como nadie nos amó.
"Donde dos o tres personas, inspiradas por mi‿amor,
Se reunen para‿orar, estaré presente yo."
Esta fue la fiel promesa del Señor.

5. El Señor nos ama hoy como nadie nos amó.
"El mayor entre ustedes debe ser como‿el menor.
He lavado hoy tus pies, aunque soy tu buen Señor.
Hagan esto en memoria de mi‿amor."

6. El Señor nos ama hoy como nadie nos amó.
"Los que tengan hambre‿y sed vendrán a mí,‿y los saciaré,
Pues yo soy el vivo Pan y‿agua que no da más sed,
Y por siempre en sus vidas moraré."

4. Christ our Lord has loved us more than all love we've known before:
"And where two or three are gathered in the Spirit of my love,
When you join your hearts to pray, I am in your midst that day."
Hear the faithful promise spoken by our Lord.

5. Christ our Lord has loved us more than all love we've known before:
"For the first among you shall become the lowliest of all.
As I kneel to wash your feet, serve all others whom you meet,
Acting always in the mem'ry of my love."

6. Christ our Lord has loved us more than all love we've known before:
"All the hungry and the parching shall be filled and satisfied.
Like the manna God dispersed, Living Waters quenching thirst:
I shall dwell within your hearts forevermore."

767 Vengan Todos al Banquete / Come, Join the Feasting

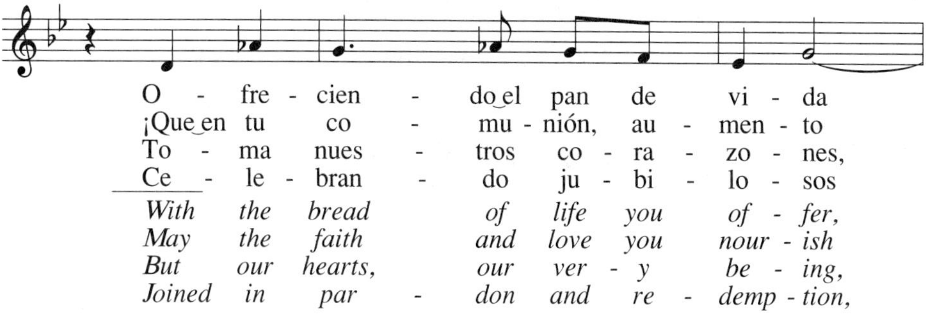

5. En tu mesa prometemos
En tu santo amor vivir;
Y que fieles te seremos,
Buen Jesús, hasta el morir.

5. As we share this meal, we promise
In your holy love to stay;
And to live as your disciples,
Faithful till our dying day.

Letra: Estrofas, Juan Bautista Cabrera, 1837–1916; estribillo, Ronald F. Krisman, n.1946; tr. por Mary Louise Bringle, n.1953,

Música: CABRERA, 8 7 8 7 con estribillo; Ronald F. Krisman, n.1946,

768 Song of the Body of Christ / Canción del Cuerpo de Cristo

Estrofas

1. Hoy ve - ni - mos por - que so - mos tu pue - blo, re - na -
2. A sa - nar al en - fer - mo nos lla - mas, al an -
3. Pan de vi - da y san - gre de la‿a - lian - za, haz - nos
4. Nos guia - rás y te se - gui - re - mos. Nues - tro‿a -
5. Vi - vi - re - mos can - tan - do "A - lo - ja." "A - le -

ci - dos por tu per - dón, re - u - ni - dos
sio - so, tu‿es - pe - ran - za tra - er, y‿al ham - brien - to,
u - no‿en es - ta co - mu - nión. Que tu rei - no
lien - to vi - tal tú se - rás. Nues - tra luz, en el
lu - ya" es nues - tra can - ción. Que vi - va - mos por

D.C.

en tu‿a - mor, y de un co - ra - zón.
nues - tro‿a - li - men - to o - fre - cer.
ven - ga en nues - tra trans - for - ma - ción.
dí - a y‿en la no - che bri - lla - rás.
siem - pre en paz y fra - ter - na u - nión.

Text: David Haas, b.1957; tr. by Donna Peña, b.1955, and Ronald F. Krisman, b.1946
Tune: NO KE ANO' AHI AHI, Irregular; Hawaiian traditional, arr. by David Haas, b.1957

769 All Who Hunger / Los Hambrientos

Verses / Estrofas

Refrain / Estribillo

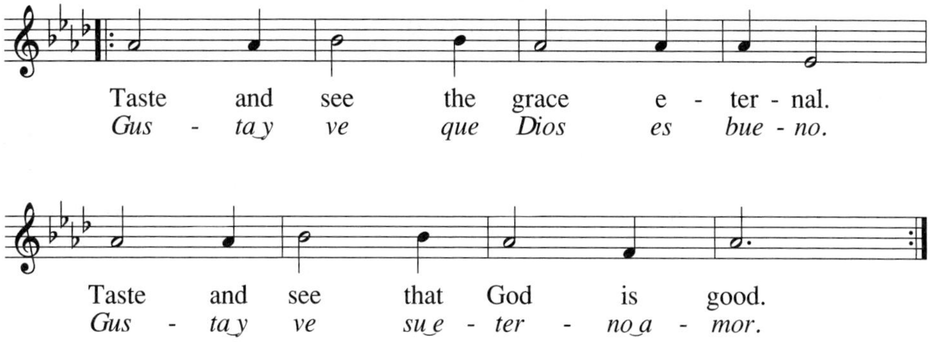

Text: Sylvia G. Dunstan, 1955–1993, © 1991, GIA Publications, Inc.; tr. by Georgina Pando-Connolly, b.1946, © 2012, GIA Publications, Inc.
Tune: GRACE ETERNAL, 8 7 8 7 8 7 with refrain; Bob Moore, b.1962, © 1993, GIA Publications, Inc.

770 El Banquete Ya Está Listo / Come, the Banquet Hall Is Ready

Estrofas / Verses

Letra: Guillermo Cuéllar, n.1955; tr. por Bret Hesla, n.1957, y William Dexheimer-Pharris, alt.
Música: CANTO DE COMUNIÓN, 8 7 8 7 D con repetición y estribillo; Guillermo Cuéllar, n.1955; arm. por Ronald F. Krisman, n.1946

771 Vengo a Ti, Jesús Amado / Soul, Adorn Yourself with Gladness

Estrofas / Verses

Letra: Estrofas, Johann Franck, 1618–1677, estribillo por Esther E. Bertieaux; tr. española de las estrofas por Albert Lehenbauer, 1891–1955,

Música: CANTO AL BORINQUEN, LMD con estribillo; Evy Lucío Cordova, n.1934, ©

772 Gusten y Vean / Taste and See

Estribillo Bilingüe / Bilingual Refrain

Salmo 34 Estrofas / Psalm 34 Verses

1. Bendigo al Señor en todo momento,
su‿alabanza está siempre en mi boca;
mi alma se gloria‿en el Señor:
que los humildes lo escuchen y se‿alegren.

2. Proclamen conmigo la grandeza del Señor,
ensalcemos juntos su nombre.
Yo consulté al Señor y me respondió,
me libró de todas mis ansias.

3. Contémplenlo, y quedarán radiantes,
su rostro no se‿avergonzará.
Si‿el afligido invoca al Señor,
él lo escucha y lo salva de sus angustias.

4. El ángel del Señor acampa
en torno a sus fieles, y los protege.
Gusten y vean qué bueno‿es el Señor,
dichoso‿el que se‿acoge a él.

1. I will bless the Lord at all times,
God's praise always on my lips;
in the Lord my soul shall make its boast.
The humble shall hear and be glad.

2. Glorify the Lord with me.
Together let us praise God's name.
I sought the Lord and was heard;
from all my terrors set free.

3. Look towards God and be radiant;
let your faces not be abashed.
When the poor cry out the Lord hears them
and rescues them from all their distress.

4. The angel of the Lord is encamped
around those who fear God, to rescue them.
Taste and see that the Lord is good.
They are happy who seek refuge in God.

773 Alleluia, Risen Christ / Aleluya, Cristo Jesús Resucitado

Text: Delores Dufner, OSB, b.1939; tr. by Ronald F. Krisman, b.1946
Tune: Michel Guimont, b.1950

774 Where Two or Three Are Gathered / Si Dos o Tres Se Reúnen

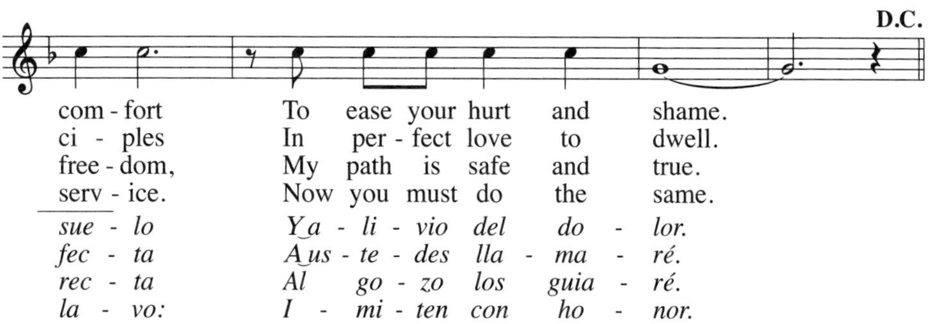

5. Where two or three are gathered,
I am there as well.
The blessings of the kingdom
I send you forth to tell.

6. Where two or three are gathered,
I am there with you.
My gifts of peace and mercy
Will strengthen and renew.

5. Si dos o tres se reúnen,
Allí pues estaré.
A proclamar mi reino
A‿ustedes enviaré.

6. Si dos o tres se reúnen,
Con ellos estaré.
Para fortalecerlos,
Perdón y paz daré.

Text: Liam Lawton, b.1959; tr. by Ronald F. Krisman, b.1946
Tune: HEAVENLY FEAST, 7 5 7 6 with refrain; Liam Lawton, b.1959; arr. by Paul A. Tate, b.1968

775 Softly and Tenderly Jesus Is Calling / Tierno y Amante, Jesús Nos Invita

Text: Will L. Thompson, 1847–1909; vss. 1, 2, 4, tr. by E. L. Maxwell; vs. 3 tr. by Pedro Grado, 1862–1923, adapt. by H. C. Ball
Tune: THOMPSON, 11 7 11 7 with refrain; Will L. Thompson, 1847–1909

Amémonos de Corazón / 776

May Our Love for Others Be Sincere

777 Eran Cien Ovejas / Once a Loving Shepherd

nue - ve de - jó‿en el a - pris - co,
ví - a e - xis - ten pas - to - res
ta - ña o‿en la cum - bre‿a - gres - te,
nine - ty safe - ly in their shel - ter,
wan - d'ring, lov - ing shep - herds seek us,
moun - tain, on the high - est sum - mit,
Y por la mon - ta - ña a bus - car - la
Que por la mon - ta - ña a bus - car - las
Ya fue - ra‿en el va - lle o‿en a - bis - mo
He be - gan to seek her, through the bit - ter
Through our hills and val - leys, through our pain and
In the deep - est val - ley, Christ the Shep - herd
fue; La‿en - con - tró gi - mien - do,
van; Y cuan - do las ha - llan,
cruel, Cris - to‿el Buen Pas - tor,
cold. When he found her, trem - bling,
strife. When they find us, trem - bling,
seeks: Seeks to draw us, trem - bling,
tem - blan - do de frí - o. Un - gió sus he - ri - das,
las traen al ca - mi - no, Al ca - mi - no bue - no:
quie-re‿en pas - tos ver - des, Con - for - tar tu al - ma,
far out on the moun - tain, Ten - der wounds a - noint - ing,
to the path they lead us: To the path of safe - ty,
in - to green - er pas - tures; Seeks to give us com - fort,
la car - gó‿en sus hom - bros, y‿al re - dil vol - vió.
la Ver - dad y Vi - da que‿es Cris - to‿el Se - ñor.
ven - dar tus he - ri - das, y dar - te la paz.
in his arms he took her safe - ly to the fold.
to the path of good - ness, Christ our Truth and Life.
ten - der wounds a - noint - ing; seeks to give us peace.

778 Healer of Our Every Ill / Sanador de Todo Mal

fill our hearts.
God of love.
be our guide.
fill each heart.

so - la - dor.
man - te Dios.
pí - ri - tu.
com - pa - sión.

Text: Marty Haugen, b.1950; tr. by George Lockwood, b.1946
Tune: HEALER OF OUR EVERY ILL, 88 9 with refrain

Forgive Our Sins / Nos Enseñaste a Perdonar 779

1. "For - give our sins as we for - give," You
2. How can your par - don reach and bless The
3. In blaz - ing light your cross re - veals The
4. Lord, cleanse the depths with - in our souls And

1. Nos en - se - ñas - te‿a per - do - nar Pa -
2. ¿Po - drás, Je - sús, un ser cam - biar Tan
3. Lla - mean - te ve - o en tu cruz Lo
4. Ven, lim - pia‿al pue - blo pe - ca - dor; Que‿el

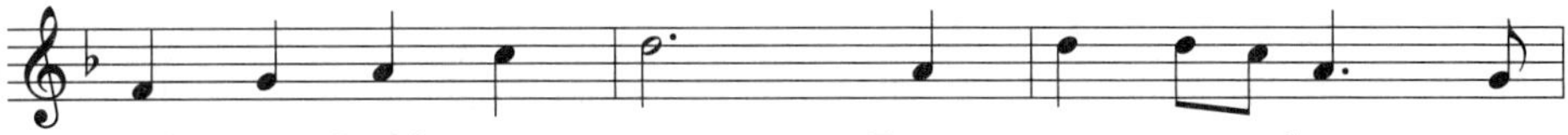

taught us, Lord, to pray; But you a - lone can
un - for - giv - ing heart That broods on wrongs and
truth we dim - ly knew: How small are oth - ers'
bid re - sent - ment cease. Then, by your mer - cy

ra‿ob - te - ner per - dón, Y só - lo tú nos
lle - no de ren - cor, Que se com - pla - ce‿en
que‿an - tes nun - ca vi: ¡Que gran - de deu - da
mal no‿e - xis - ta más. U - ni - dos to - dos

grant us grace To live the words we say.
will not let Old bit - ter - ness de - part?
debts to us, How great our debt to you!
rec - on - ciled, Our lives will spread your peace.

pue - des dar Pu - re - za de‿in - ten - ción.
re - cor - dar El mal y‿el a - mar - gor?
de - bo yo, La que te de - bo‿a ti!
en tu‿a - mor, Po - drá rei - nar tu paz.

Text: Rosamond E. Herklots, 1905–1987, alt., © Oxford University Press; tr. by Georgina Pando-Connolly, b.1946, © 2013, Oxford University Press
Tune: DETROIT, CM; Supplement to *Kentucky Harmony,* 1820; harm. by Gerald H. Knight, 1908–1979, © The Royal School of Church Music

780 Remember Your Love / Recuerda Tu Amor

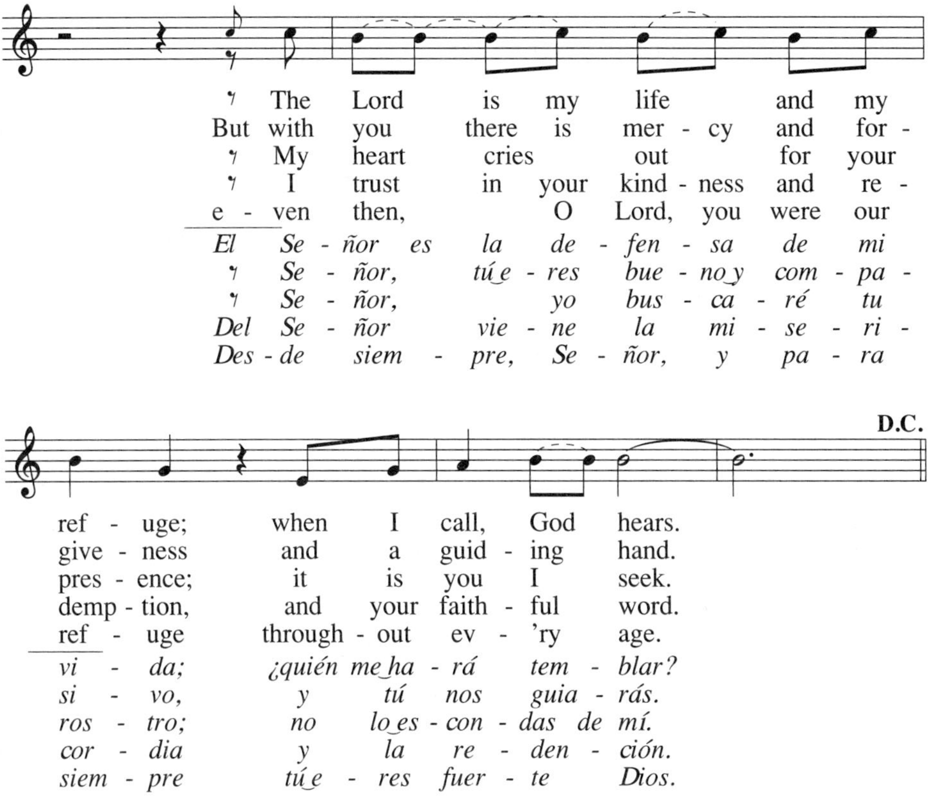
The Lord is my life and my
But with you there is mer-cy and for-
My heart cries out for your
I trust in your kind-ness and re-
e-ven then, O Lord, you were our
El Se-ñor es la de-fen-sa de mi
Se-ñor, tú e-res bue-no y com-pa-
Se-ñor, yo bus-ca-ré tu
Del Se-ñor vie-ne la mi-se-ri-
Des-de siem-pre, Se-ñor, y pa-ra
D.C.
ref-uge; when I call, God hears.
give-ness and a guid-ing hand.
pres-ence; it is you I seek.
demp-tion, and your faith-ful word.
ref-uge through-out ev-'ry age.
vi-da; ¿quién me ha-rá tem-blar?
si-vo, y tú nos guia-rás.
ros-tro; no lo es-con-das de mí.
cor-dia y la re-den-ción.
siem-pre tú e-res fuer-te Dios.

781 The Master Came to Bring Good News / Vino el Maestro para Dar

1. The Mas - ter came to bring good news, The
2. The Law's ful - filled through Je - sus Christ, The
3. To seek the sin - ners Je - sus came, To
4. For - give us, Lord, as we for - give And

1. Vi - no el Ma - es - tro pa - ra dar Al
2. La ley en Cris - to se cum - plió Al
3. Al pe - ca - dor vi - no a bus - car: Le
4. En - se - ña, Dios, a per - do - nar Y a

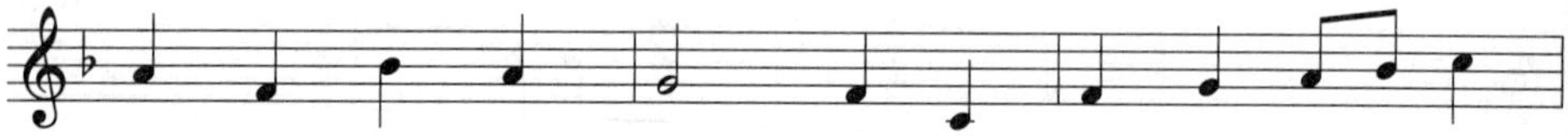

news of love and free - dom, To heal the sick and
man who lived for oth - ers. The law of Christ is:
live a - mong the friend - less, To show them love that
seek to help each oth - er. For - give us, Lord, and

mun - do el e - van - ge - lio, Al cie - go y po - bre
o - fre - cer su vi - da. La ley, ser - vi - cio
dio su a - mor fra - ter - no; Al mar - gi - na - do
coo - pe - rar con - ti - go. A - sí po - dre - mos

seek the poor, To build the peace - ful king - dom.
Serve in love Our sis - ters and our broth - ers.
they might share The king - dom that is end - less.
we shall live To pray and work to - geth - er.

re - ga - lar Ri - que - zas de su rei - no.
con a - mor, Nos sa - na to - da he - ri - da.
qui - so dar Go - zo en su Rei - no e - ter - no.
la - bo - rar, Vi - vir, y o - rar u - ni - dos.

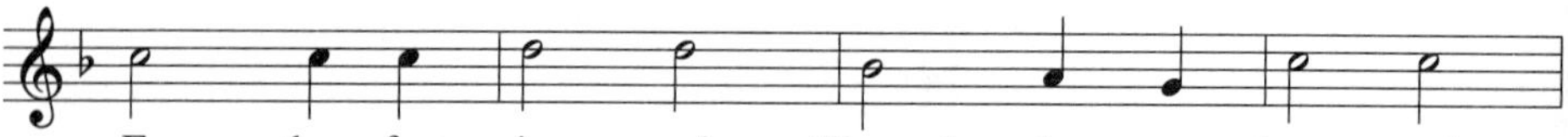

Fa - ther, for - give us! Through Je - sus hear us!
"Pa - dre, per - do - na," Tu pue - blo im - plo - ra

As we for - give one an - oth - er!
Por Je - su - cris - to tu Hi - jo.

Si Fui Motivo de Dolor / If I Have Been the Source of Pain 782

1. Si fui mo - ti - vo de do - lor, oh Dios, Si por mi
2. Si va - na_y fú - til mi pa - la - bra fue, Si_al que su -
3. Si por la vi - da qui-se_an - dar en paz, Tran - qui - lo,
4. Es - cu-cha,_oh Dios, mi po - bre con - fe - sión Y lí - bra -

1. If I have been the source of pain, O God, If to the
2. If I have spo - ken words of cru - el - ty, If I have
3. If I've in - sist - ed on a peace - ful life, Far from the
4. Re - ceive, O God, this ar - dent word of prayer, And free me

cau - sa_el dé - bil tro - pe - zó, Si_en tus ca -
frí - a_en su do - lor de - jé, No me con -
li - bre_y sin lu - char por ti, Cuan - do_an - he -
me de ten - ta - ción su - til; Pre - ser - va

weak I have re - fused my strength, If, in re -
left some suf - f'ring un - re - lieved, Con - demn not
strug - gles that the gos - pel brings, When you pre -
from temp - ta - tion's sub - tle snare; With ten - der

mi - nos yo no qui - se_an - dar, ¡Per - dón, oh Dios!
de - nes, tú, por mi mal - dad. ¡Per - dón, oh Dios!
la - bas ver - me en la lid, ¡Per - dón, oh Dios!
siem - pre mi_al - ma_en tu re - dil. A - mén, a - mén.

bel - lion, I have strayed a - way, For - give me, God.
my in - sen - si - tiv - i - ty. For - give me, God.
fer to guide me to the strife, For - give me, God.
pa - tience, lead me to your care. A - men, a - men.

783 Yo Quiero Ser, Señor Amado / I Want to Be Remade in God's Grace

Letra: Anónima; tr. por Ronald F. Krisman, n.1946, © 2011, GIA Publications, Inc.
Música: VASO NUEVO, Irregular con estribillo; anónima; arm. por Ronald F. Krisman, n.1946, © 2011, GIA Publications, Inc.

784 Grant to Us, O Lord / La Alianza Nueva

Refrain

Cantor, then all:

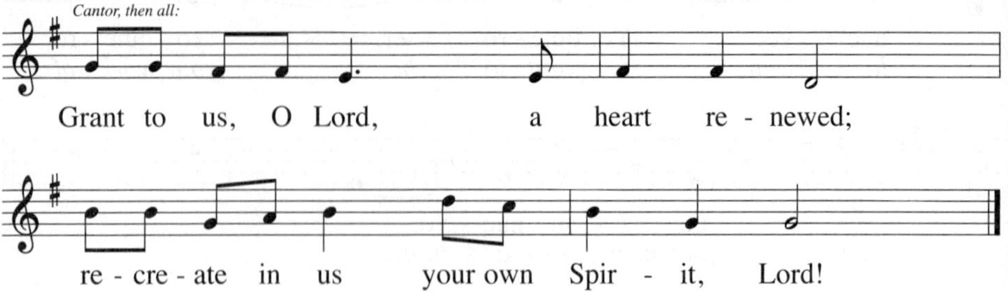

Estribillo

Primero el cantor, luego todos:

Verses / Estrofas

1. Behold, the days are coming,
says the Lord our God,
when I will make a new covenant
with the house of Israel.

2. Deep within their being
I will implant my law;
I will write it in their hearts.

3. I will be their God,
and they shall be my people.

4. And for all their faults
I will grant forgiveness;
nevermore will I remember their sins.

1. He aquí que vienen días,
palabra del Señor,
en que yo haré con la casa de_Israel
una alianza nueva.

2. Yo pondré mi ley
en el fondo de su ser
y la_escribiré en su corazón.

3. Yo seré su Dios
y ellos serán mi pueblo.

4. Yo les perdonaré
todas sus faltas,
no me_acordaré más de sus pecados.

Text: Jeremiah 31:31–34; Lucien Deiss, CSSp, 1921–2007; tr. by María Pilar de la Figuera
Tune: Lucien Deiss, CSSp, 1921–2007

Hoy Perdóname / Mercy, Lord, We Pray 785

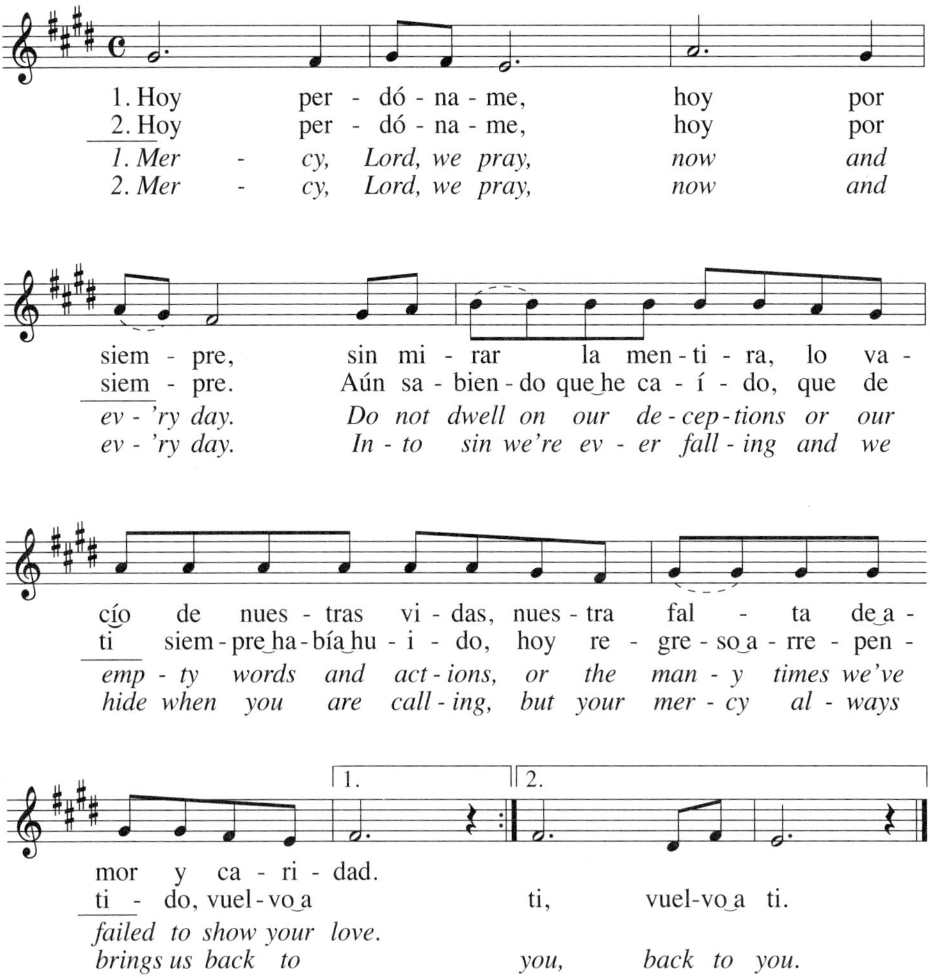

786 Yes, I Shall Arise / Sí, Me Levantaré

Refrain / Estribillo

Yes, I shall a - rise and re - turn to my Fa - ther!
Sí, me le - van - ta - ré; vol - ve - ré jun - to a mi Pa - dre.

Verses / Estrofas

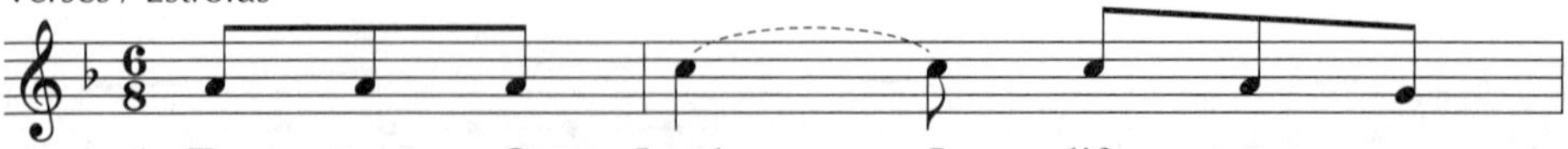

1. To you, O Lord, I lift up my soul; In you, O my God, I place all my trust.
2. Look down on me, have mer - cy, O Lord; For - give me my sins, be - hold all my grief.
3. My heart and soul shall yearn for your face; Be gra - cious to me and an - swer my plea.
4. Do not with - hold your good - ness from me; O Lord, may your love be deep in my soul.
5. To you I pray; have pit - y on me; My God, I have sinned a - gainst your great love.

1. A ti, Se - ñor, e - le - vo mi al - ma; Tú e - res mi Dios y mi Sal - va - dor.
2. Mi - ra mi an - gus - tia, mi - ra mi pe - na; Da - me la gra - cia de tu per - dón.
3. Mi co - ra - zón bus - ca tu ros - tro; O - ye mi voz, Se - ñor, ten pie - dad.
4. No pon - gas fin a tu ter - nu - ra; Haz que yo guar - de siem - pre tu a - mor.
5. Sa - na mi al - ma y mi co - ra - zón, Por - que pe - qué, Se - ñor, con - tra ti.

D.C.

6. Mercy I cry, O Lord, wash me clean;
And cleaner than snow my spirit shall be.

7. Give me again the joy of your help;
Now open my lips, your praise I will sing.

8. Happy are they, forgiven by God;
Their sins blotted out, their guilt is no more.

9. You are my joy, my refuge and strength;
Let all upright hearts give praise to the Lord.

10. My soul will sing, my heart will rejoice;
The blessings of God will fill all my days.

6. Piedad de mí, oh Dios de ternura;
Lava mis culpas, oh Salvador.

7. Abre mis labios para cantarte;
Dame‿el gozar de la libertad.

8. Feliz el hombre‿a quien Dios perdona
Todas sus faltas, todo su‿error.

9. Tú, mi‿alegría; tú, mi refugio;
Todos los santos te cantarán.

10. Mi corazón te canta y‿exulta;
Te‿alabaré por la‿eternidad.

Text: Lucien Deiss, CSSp, 1921–2007; tr. by María Pilar de la Figuera
Tune: PRODIGAL, 9 10 with refrain; Lucien Deiss, CSSp, 1921–2007

787 Out of the Depths / De Lo Profundo

1. Out of the depths I raise to you My
2. Your love and grace a - lone a - vail To
3. Al - though our sin is great in - deed, Still
4. We place our hope in you, O Lord, And

1. De lo pro - fun - do cla - mo_a ti, Es -
2. Por tan - to_en ti es - pe - ra - ré Lu -
3. Si mu - chas nues - tras fal - tas son, Ma -
4. Un dí - a y_o - tro pa - sa - rá En

cry of lam - en - ta - tion.
blot out our trans - gres - sion.
great - er is your fa - vor.
not in our own mer - it.

cú - cha - me cle - men - te.
chan - do_en to - do tiem - po.
yor es tu po - ten - cia;
du - ra lu - cha_y pe - na.

In - cline your ear to me a - new And
Our best and ho - liest deeds will fail To
Your hand will give us all we need, And
Our souls are rest - ing on your Word, With

Tu co - ra - zón in - cli - na_a mí Y
Y nun - ca más me con - fia - ré En
Si gra - ves nues - tras cul - pas son, Más
El al - ma mí - a_es - pe - ra - rá En

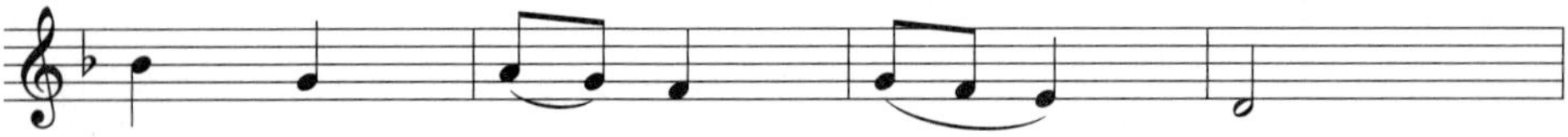

hear my sup - pli - ca - tion.
break sin's dread op - pres - sion.
nev - er will it wa - ver.
guid - ance from the Spir - it.

mués - tra - te_in - dul - gen - te.
mis me - re - ci - mien - tos.
gran - de_es tu cle - men - cia.
la vic - to - ria ple - na,

Text: Psalm 130; Martin Luther, 1483–1546; English tr. by Catherine Winkworth, 1827–1878, rev. by Ronald F. Krisman, b.1946, © 2012, GIA Publications, Inc.; Spanish tr. by Juan Bautista Cabrera, 1837–1916, alt.
Tune: DE LO PROFUNDO, 8 7 8 7 88 7; Ronald F. Krisman, b.1946, © 2012, GIA Publications, Inc.

788 He Healed the Darkness of My Mind / Quitó la Oscuridad en Mí

Text: John 9; Fred Pratt Green, 1903–2000, © 1982, Hope Publishing Company; tr. by George Lockwood, b.1946, © 2012, Hope Publishing Company
Tune: O WALY WALY, LM; English melody; arr. by John L. Bell, b.1949, © 1989, Iona Community, GIA Publications, Inc., agent

Precious Lord, Take My Hand / Oh Señor, Guíame 789

Text: Thomas A. Dorsey, 1899–1993; tr. by George Lockwood, b.1946
Tune: PRECIOUS LORD, 66 9 D; George N. Allen, 1812–1877; arr. by Kelly Dobbs Mickus, b.1966

790 Wherever You Go / Adonde Tú Vayas

Text: Ruth 1:16, 17; Weston Priory, Gregory Norbet, OSB, b.1940, © 1972, 1981, The Benedictine Foundation of the State of Vermont, Inc.; tr. by Ronald F. Krisman, b.1946, © 2012, GIA Publications, Inc.
Tune: Gregory Norbet, OSB, b.1940; arr. by Mary David Callahan, b.1923, © 1972, 1981, The Benedictine Foundation of the State of Vermont, Inc.

A Nuptial Blessing / Una Bendición Nupcial 791

Refrain / Estribillo

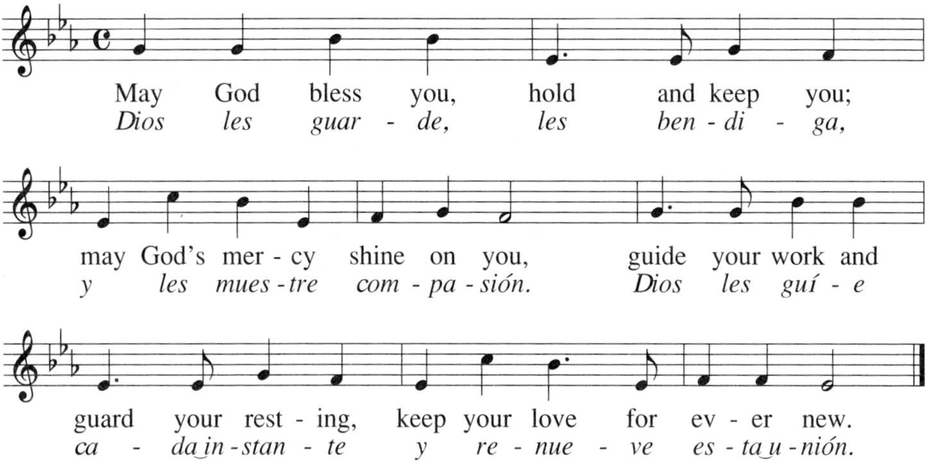

Verses / Estrofas

1. May God satisfy your longing, be refreshment at your table,
   and provide your daily bread,
   guard your going and your coming, be the solace in your silence:
   life within the lives you wed.

2. May God join your hopeful spirits, fill your hearts with truth and courage,
   trust to share both joy and tears,
   teach love to your children's children; may your household learn to witness
   living faith through all your years.

3. May God make your home a refuge where you warmly welcome strangers
   and the lowly find a place;
   make you caring, kind companions, help you meet the needs of neighbors,
   finding Christ in every face.

1. Que Dios cumpla sus anhelos, les dé el pan de cada día
con su paz y protección.
Dios, presencia en el camino, Dios, solaz en el silencio,
vida en su comunión.

2. Que Dios brille en sus almas; en las penas y alegrías
Dios les llene de valor.
Que el favor de Dios alcance a los hijos de sus hijos,
y les guíe en fe y amor.

3. Que su hogar sea refugio para el pobre y extranjero
a quien puedan socorrer.
Dios les haga bondadosos, luz y ayuda para el Cristo
que habita en todo ser.

Text: Vicki Klima, b.1952; adapt. by Michael Joncas, b.1951, and George Szews, b.1951; tr. by Jorge Lockward, b.1965
Tune: Michael Joncas, b.1951

792 When Love Is Found / Hallar Amor— ¡Qué Bendición!

5. Praise God for love, praise God for life,
In age or youth, in calm or strife.
Lift up your hearts! Let love be fed
Through death and life in broken bread.

5. Alaba‿a Dios en tempestad,
En juventud, o‿ancianidad,
Por el amor, que va‿a nutrir,
Y por el pan, que‿has de partir.

Text: Brian Wren, b.1936; tr. by Georgina Pando-Connolly, b.1946
Tune: O WALY WALY, LM; English melody; harm. by Martin West, b.1929

793 God, in the Planning and Purpose of Life / Dios al Forjar la Razón de Vivir

1. God, in the plan - ning and pur - pose of life,
2. Je - sus was found, at a sim - i - lar feast,
3. There - fore we pray that his spir - it pre - side
4. Praise then the Mak - er, the Spir - it, the Son,

1. Dios al for - jar la ra - zón de vi - vir,
2. Cris - to a - cu - dió a un fes - tín si - mi - lar;
3. Cris - to Je - sús, in - vi - ta - do de ho - nor,
4. Ven, Pa - dre, Hi - jo, Es - pí - ri - tu, Dios.

Hal - lowed the un - ion of hus - band and wife:
Tak - ing the roles of both wait - er and priest,
O - ver the wed - ding of bride - groom and bride,
Source of the love through which two are made one.

El ma - tri - mo - nio bus - có ben - de - cir:
Qui - so ser - vir y a la vez mi - nis - trar.
Da - le a los no - vios el fue - go de a - mor.
Haz que sean u - no— un ser, u - na voz.

This we em - bod - y where love is dis - played,
Turn - ing cre - at - ed things in - to di - vine,
Help - ing them share what is ten - der and true,
God's is the glo - ry, the good - ness, and grace

Con sus a - ni - llos, el hom - bre y mu - jer
Llan - to en ri - sa Je - sús les cam - bió,
Cum - ple sus sue - ños, pre - si - de su u - nión,
U - ne a los no - vios que se - pan guar - dar

Rings are pre - sent - ed and prom - is - es made.
Tears in - to laugh - ter and wa - ter to wine.
Light - ing with love all they dream of and do.
Seen in this mar - riage and known in this place.

A - mor e - ter - no van a pro - me - ter.
A - gua por vi - no me - jor, él les dio.
Pren - de la lla - ma con tu ben - di - ción.
Lo que pro - me - ten en es - te lu - gar.

Nearer, My God, to Thee / Cerca de Ti, Señor 794

Text: Sarah F. Adams, 1805–1848, alt.; tr. by Tomás M. Westrup, 1837–1909, alt.
Tune: BETHANY, 6 4 6 4 66 6 4; Lowell Mason, 1792–1872

795 I Know That My Redeemer Lives / Yo Creo Que Vive el Redentor

Text: *Rite of Funerals,* © 1970, ICEL; tr. based on *Ritual de Exequias Cristianas*, by Ronald F. Krisman, b.1946, © 2012, GIA Publications, Inc.
Music: *Music for Rite of Funerals and Rite of Baptism for Children*, Howard Hughes, SM, b.1930, © 1977, ICEL

Song of Farewell / Cántico de Despedida 796

Text: Based on *Subvenite* and Job 19:25–27; English text by Dennis C. Smolarski, SJ, © 1981; Spanish text by Ronald F. Krisman, b.1946, © 2012, GIA Publications, Inc.
Tune: OLD HUNDREDTH, LM; Louis Bourgeois, c.1510–1561, alt.

797 May the Angels Lead You / Que los Ángeles Te Lleven

Text: *In paradisum* and *Chorus angelorum;* Latin, 11th C.; English tr. from *Order of Christian Funerals,* alt., © 1989, 1985, ICEL; Spanish tr. from *Ritual de Exequias,* alt., © 1989, Comisión Episcopal Española de Liturgia
Tune: Ronald F. Krisman, b.1946, © 2012, GIA Publications, Inc.

798 In Paradisum / May Choirs of Angels / Al Paraíso Te Lleven los Ángeles

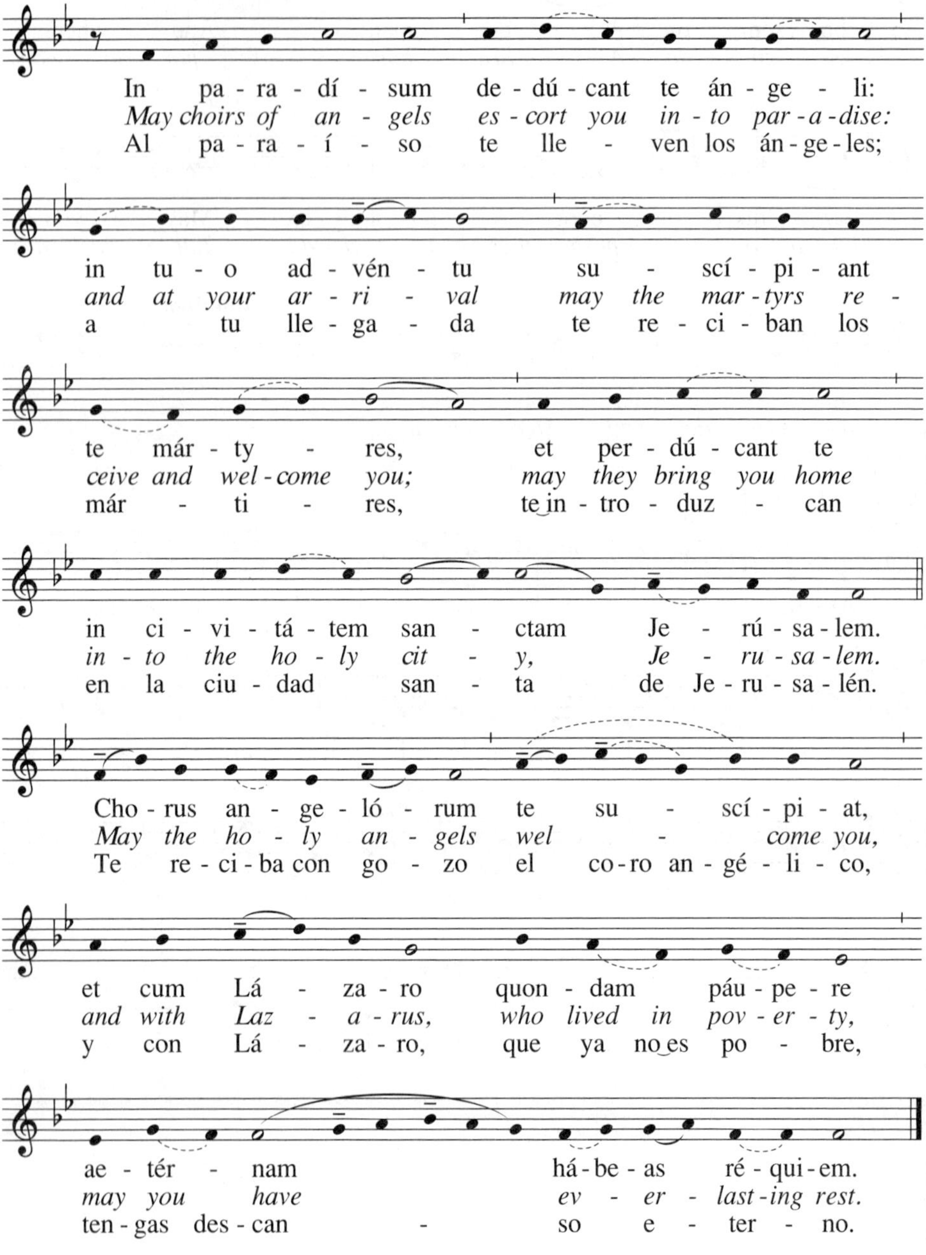

Text: *In paradisum* and *Chorus angelorum;* English tr. © 1986, GIA Publications, Inc.; Spanish tr. by Ronald F. Krisman, b.1946, © 2012, GIA Publications, Inc.
Tune: IN PARADISUM, Irregular; Mode VII; acc. by Richard Proulx, 1937–2010, © 1986, GIA Publications, Inc.

God of Our Fathers / A Ti, Señor, Omnipotente Dios 799

1. God of our fa - thers, whose al - might - y hand
2. Your love di - vine has led us in the past,
3. From war's a - larms, from dead - ly pes - ti - lence,
4. Re - fresh your peo - ple on their toil - some way,

1. A ti, Se - ñor, om - ni - po - ten - te Dios,
2. Oh Dios de a - mor, con - fian - do en tu bon - dad,
3. Tu ben - di - ción a nues - tro pue - blo da,
4. Da - nos po - der pa - ra en - fren - tar el mal,

Leads forth in beau - ty all the star - ry band
In this free land by you our lot is cast;
Be your strong arm our ev - er sure de - fense;
Lead us from night to nev - er - end - ing day;

Con hu - mil - dad al - za - mos hoy la voz.
Tu di - rec - ción ve - ni - mos a im - plo - rar;
Y la ra - zón tu luz re - ci - bi - rá.
A nues - tro pie no de - jes res - ba - lar;

Of shin - ing worlds in splen - dor through the skies,
Be our strong rul - er, guard - ian, guide, and stay,
Your true re - lig - ion in our hearts in - crease,
Fill all our lives with heav'n - born love and grace,

A ti, au - tor de to - da cre - a - ción,
Da - nos tu paz, con - cé - de - nos va - lor,
En - sé - ña - nos tus le - yes a guar - dar,
Tu co - rrec - ción que - re - mos re - ci - bir,

Our grate - ful songs be - fore your throne a - rise.
Your word our law, your paths our cho - sen way.
Your boun - teous good - ness nour - ish us in peace.
Un - til at last, we meet be - fore your face.

Glo - ria y ho - nor can - ta - mos con un - ción.
Ex - tién - de - nos tu bra - zo pro - tec - tor.
Y pa - ra siem - pre rei - na en to - do ho - gar.
Y con leal - tad que - ré - mos - te se - guir.

Text: Daniel C. Roberts, 1841–1907; tr. by Juanita R. de Balloch, b.1894, alt.
Tune: NATIONAL HYMN, 10 10 10 10; George W. Warren, 1828–1902

800 America the Beautiful / América la Bella

1. O beau - ti - ful for spa - cious skies, For
2. O beau - ti - ful for pil - grim feet, Whose
3. O beau - ti - ful for he - roes proved In

1. Oh be - lla por tu cie - lo‿a - zul, El
2. Oh be - lla por ro - me - ros pies Que‿hen -
3. Oh be - lla por el hé - roe fiel, Lu -

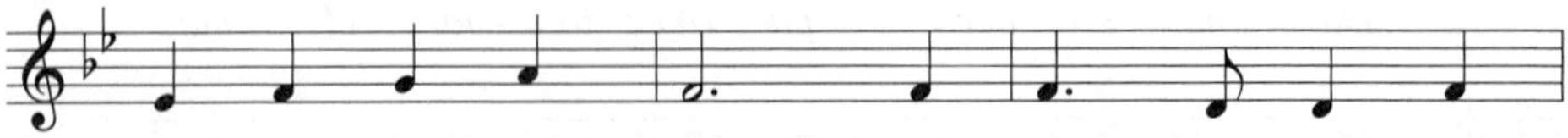

am - ber waves of grain, For pur - ple moun - tain
stern, im - pas - sioned stress A thor - ough - fare for
lib - er - at - ing strife, Who more than self their

ám - bar del tri - gal, Mo - ra - dos mon - tes,
chi - dos de pa - sión, A - brie - ron bre - cha
chan - do con va - lor, Quien más que‿a sí, su

maj - es - ties A - bove the fruit - ed plain!
free - dom beat A - cross the wil - der - ness!
coun - try loved, And mer - cy more than life!

ma - jes - tad, Y lla - nos sin i - gual.
con leal - tad En la de - so - la - ción.
pa - tria‿a - mó, Más que‿a su vi - da,‿ho - nor.

A - mer - i - ca! A - mer - i - ca!
¡A - mé - ri - ca! ¡A - mé - ri - ca!

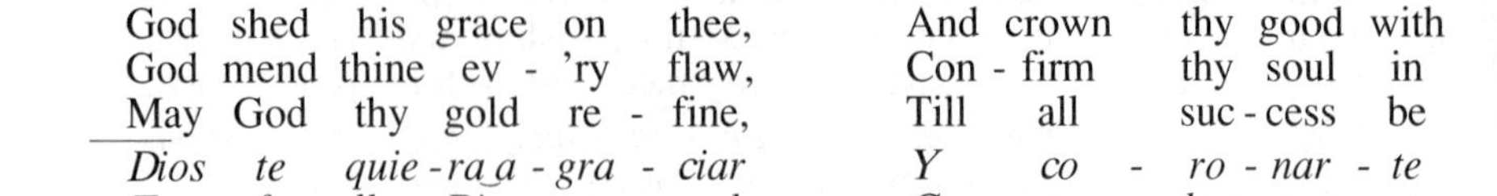

God shed his grace on thee, And crown thy good with
God mend thine ev - 'ry flaw, Con - firm thy soul in
May God thy gold re - fine, Till all suc - cess be

Dios te quie - ra‿a - gra - ciar Y co - ro - nar - te
Tus fa - llas Dios sa - nad, Con - ce - da‿a - mor y‿au -
Dios quie - ra re - fi - nar. Tu é - xi - to‿en lo

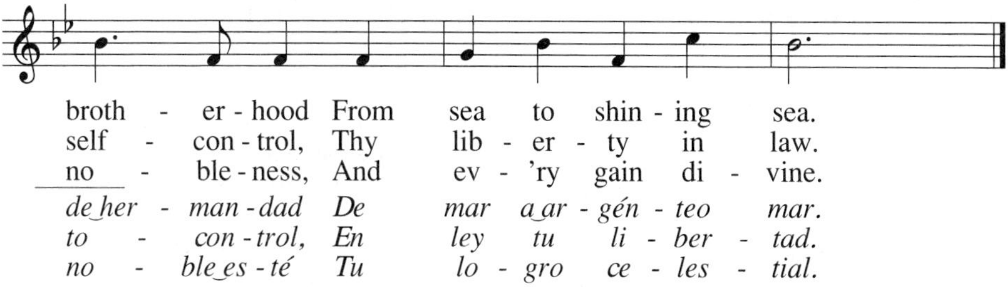

4. O beautiful for patriot dream
That sees beyond the years
Thine alabaster cities gleam,
Undimmed by human tears!
America! America!
God shed his grace on thee,
And crown thy good with brotherhood
From sea to shining sea.

4. Oh bella por el sueño_aquél
Patriota, que forjó
Ciudades de_alabastro_y luz,
Que_el llanto no_apagó.
¡América! ¡América!
Dios te quiera_agraciar
Y coronarte de_hermandad
De mar a_argénteo mar.

Text: Katherine L. Bates, 1859–1929; tr. by Georgina Pando-Connolly, b.1946, © 2012, GIA Publications, Inc.
Tune: MATERNA, CMD; Samuel A. Ward, 1848–1903

Lectionary

801 Advent / Christmas

In various ways and various places the Church has marked the days around the winter solstice (or the summer solstice in the southern hemisphere) in late December and early January. Customs, traditions, and rituals from the world's cultures have quite naturally found a home around the many-faceted celebration of the Word-made-flesh, the manifestation of God-with-us.

The present Roman calendar observes the season of Advent for three to four weeks prior to December 25. This season has a two-fold focus: the second coming of Jesus Christ at the end of human history and the historical incarnation of Jesus two thousand years ago.

Advent is filled with beautiful scripture readings, songs, prayers and gestures. These abound with images of God's promise and human longing, the beauty present in both darkness and light, the earth's sorrows and its fullness, and the goodness and mystery of time.

At Christmas this spirit blossoms in acclamation: the stories of nativity and epiphany, of Mary and of the Innocents, of Jesus baptized and of water become wine. Until well into January the songs and sights and smells of Christmas surround the Church not with sentimental fantasies but with everyday faith in a gracious God. The festivals of the Christmas season bear their own reflection of what is proclaimed on every Sunday of the year and in every baptism: our lives are caught up now in Jesus who was born of the virgin Mary, who suffered, died and has been raised.

The lectionary of Advent/Christmas is the foundation of these winter days. These scripture readings, proclaimed and pondered year after year, turn the Christian and the Church toward that peace and glory we name but do not yet know.

Leccionario

Adviento / Navidad

De diversas maneras y en varios lugares la Iglesia ha celebrado los días que rodean el solsticio de invierno (o el solsticio de verano en el hemisferio sur) en los últimos días de diciembre y a principios de enero. Costumbres, tradiciones, y ritos de las culturas del mundo han encontrado su lugar con bastante facilidad entre los muchos aspectos de la celebración del Verbo-hecho-carne, la manifestación de Dios-con-nosotros.

El calendario romano vigente observa el tiempo de Adviento durante tres o cuatro semanas antes del 25 de diciembre. Este tiempo tiene un enfoque doble: la segunda venida de Jesucristo al fin de la historia humana y la encarnación histórica de Jesús hace dos mil años.

El adviento está saturado de hermosas lecturas bíblicas, cantos, oraciones y gestos. Todo esto tiene una abundancia de imágenes de la promesa de Dios y del anhelo humano, de la belleza presente tanto en la oscuridad como en la luz, de las tristezas de la tierra y de su plenitud, y de la bondad y misterio del tiempo.

En la Navidad, este espíritu florece en aclamaciones: las historias del nacimiento y de la epifanía, de María y de los Santos Inocentes, de Jesús bautizado y del agua convertida en vino. Hasta bien entrado el mes de enero, los cantos e imágenes y olores de Navidad rodean a la iglesia no con fantasías sentimentales sino con la fe cotidiana en un Dios amoroso. Las fiestas del tiempo de Navidad presentan su propia reflexión de lo que se proclama cada domingo del año y en cada bautismo: nuestra vida está absorta ahora en Jesús que nació de Santa María virgen, sufrió, murió y resucitó.

El leccionario para Adviento/Navidad es la base de estos días invernales. Estos pasajes bíblicos, leídos y meditados año tras año, guían a los cristianos y a la Iglesia hacia esa paz y gloria que mencionamos pero que todavía no conocemos.

First Sunday of Advent / A — Primer Domingo de Adviento / A 802

Psalm / Salmo 122:1–2, 3–4ab, 4cd–5, 6–7, 8–9 / 1

For a bilingual refrain, sing the words in italics, without repeats.

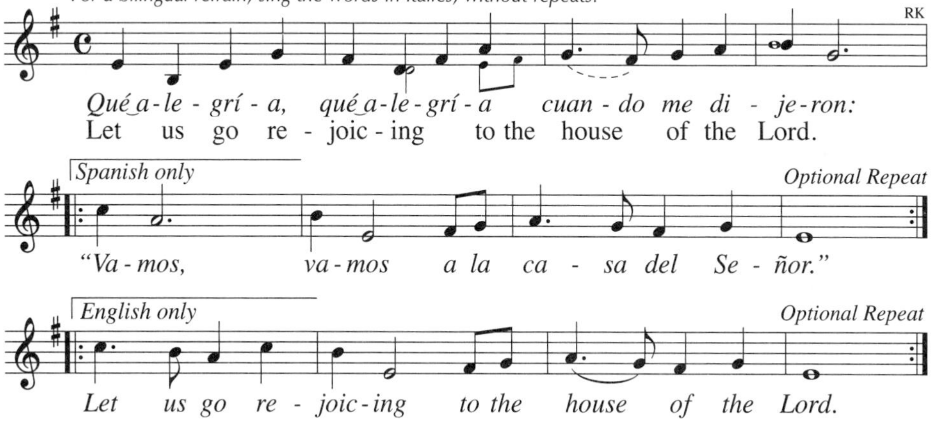

I rejoiced when they said to me,
"Let us go to the house of the LORD."
And now our feet are standing
within your gates, O Jerusalem. ℟.

Jerusalem is built as a city
bonded as one together.
It is there that the tribes go up,
the tribes of the LORD. ℟.

For Israel's witness it is
to praise the name of the LORD.
There were set the thrones for judgment,
the thrones of the house of David. ℟.

For the peace of Jerusalem pray,
"May they prosper, those who love
you."
May peace abide in your walls,
and security be in your towers. ℟.

For the sake of my family and friends,
let me say, "Peace upon you."
For the sake of the house of the LORD,
our God,
I will seek good things for you. ℟.

Qué alegría cuando me dijeron:
"Vamos a la casa del Señor."
Ya están pisando nuestros pies
tus umbrales, Jerusalén. ℟.

Allá suben las tribus, las tribus del
Señor,
según la costumbre de Israel,
a celebrar el nombre del Señor;
en ella están los tribunales de justicia,
en el palacio de David. ℟.

Deseen la paz a Jerusalén:
"Vivan seguros los que te aman,
haya paz dentro de tus muros,
seguridad en tus palacios." ℟.

Por mis hermanos y compañeros,
voy a decir: "La paz contigo."
Por la casa del Señor, nuestro Dios,
te deseo todo bien. ℟.

803 First Sunday of Advent / B — Primer Domingo de Adviento / B

Psalm / Salmo 80:2ac and 3b, 15–16, 18–19 / 2

Or:

O shepherd of Israel, hear us,
enthroned on the cherubim, shine forth.
Rouse up your might and come
to save us. ℟.

God of hosts, turn again, we implore;
look down from heaven and see.
Visit this vine and protect it,
the vine your right hand has planted,
the son of man you have claimed
for yourself. ℟.

May your hand be on the man at your
right hand,
the son of man you have confirmed
as your own.
And we shall never forsake you again;
give us life that we may call upon
your name. ℟.

Pastor de Israel, escucha,
tú que te sientas sobre querubines,
resplandece.
Despierta tu poder y ven a salvarnos. ℟.

Dios de los ejércitos, vuélvete:
mira desde el cielo, fíjate,
ven a visitar tu viña,
la cepa que tu diestra plantó,
y que tú hiciste vigorosa. ℟.

Que tu mano proteja a tu escogido,
al hombre que tú fortaleciste.
No nos alejaremos de ti;
danos vida, para que invoquemos tu
nombre. ℟.

804 First Sunday of Advent / C — Primer Domingo de Adviento / C

Psalm / Salmo 25:4–5, 8–9, 10 and 14 / 3

O Lord, make me know your ways.
Teach me your paths.
Guide me in your truth, and teach me;
for you are the God of my salvation.
I have hoped in you all day long. ℟.

Good and upright is the Lord;
he shows the way to sinners.
He guides the humble in right judgment;
to the humble he teaches his way. ℟.

Señor, enséñame tus caminos,
instrúyeme en tus sendas;
haz que camine con lealtad;
enséñame, porque tú eres mi Dios
y Salvador. ℟.

El Señor es bueno y es recto,
y enseña el camino a los pecadores;
hace caminar a los humildes con rectitud,
enseña su camino a los humildes. ℟.

All the LORD's paths are mercy and
faithfulness,
for those who keep his covenant and
commands.
The LORD's secret is for those who fear
him;
to them he reveals his covenant. ℟.

Las sendas del Señor son misericordia
y lealtad,
para los que guardan su alianza y sus
mandatos.
El Señor se confía con sus fieles
y les da a conocer su alianza. ℟.

Second Sunday of Advent / A — Segundo Domingo de Adviento / A 805

Psalm / Salmo 72:1–2, 7–8, 12–13, 17 / 4

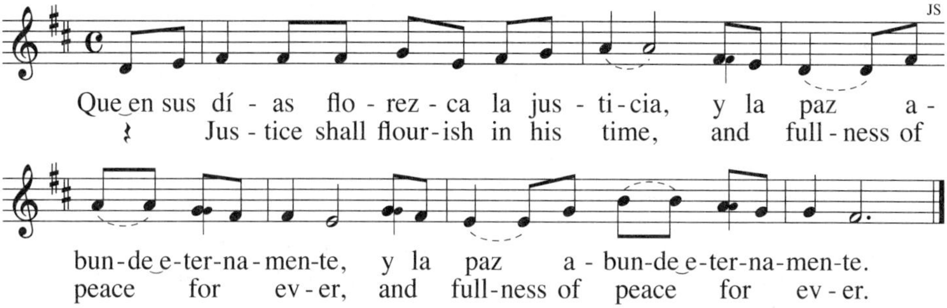

O God, give your judgment to the king,
to a king's son your justice,
that he may judge your people in justice,
and your poor in right judgment. ℟.

In his days shall justice flourish,
and great peace till the moon is no
more.
He shall rule from sea to sea,
from the River to the bounds
of the earth. ℟.

For he shall save the needy when they
cry,
the poor, and those who are helpless.
He will have pity on the weak and the
needy,
and save the lives of the needy. ℟.

May his name endure forever,
his name continue like the sun.
Every tribe shall be blest in him,
all nations shall call him blessed. ℟.

Dios mío, confía tu juicio al rey,
tu justicia al hijo de reyes,
para que rija a tu pueblo con justicia,
a tus humildes con rectitud. ℟.

Que en sus días florezca la justicia
y la paz hasta que falte la luna;
que domine de mar a mar,
del Gran Río al confín de la tierra. ℟.

Porque él librará al pobre que clamaba,
al afligido que no tenía protector;
él se apiadará del pobre y del
indigente,
y salvará la vida de los pobres. ℟.

Que su nombre sea eterno
y su fama dure como el sol;
que él sea la bendición de todos los
pueblos,
y lo proclamen dichoso todas las razas
de la tierra. ℟.

806 Second Sunday of Advent / B — Segundo Domingo de Adviento / B

The refrains may be sung simultaneously.

Psalm / Salmo 85:9ab and 10, 11–12, 13–14 / 5

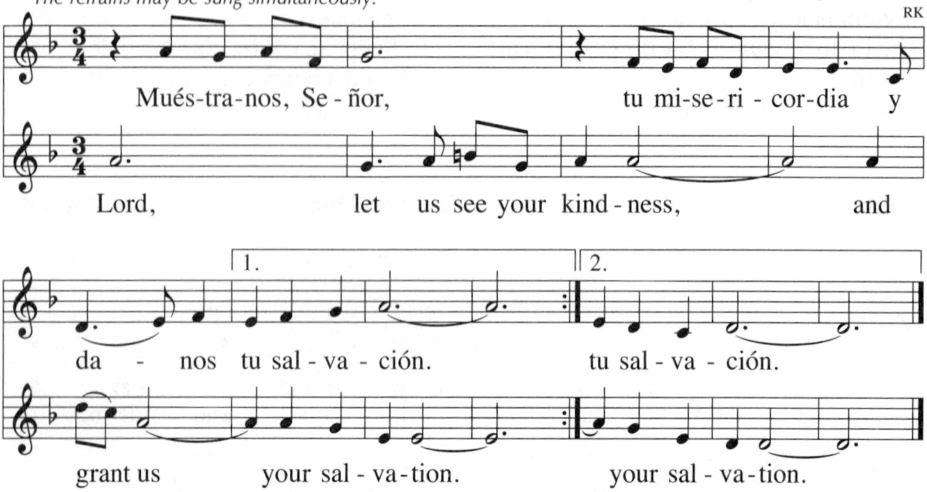

I will hear what the Lord God speaks;
he speaks of peace for his people
and his faithful.
His salvation is near for those who fear
him,
and his glory will dwell in our land. ℟.

Merciful love and faithfulness have met;
justice and peace have kissed.
Faithfulness shall spring from the earth,
and justice look down from
heaven. ℟.

Also the Lord will bestow his bounty,
and our earth shall yield its increase.
Justice will march before him,
and guide his steps on the way. ℟.

Voy a escuchar lo que dice el Señor:
Dios anuncia la paz a su pueblo y a
sus amigos.
La salvación está ya cerca de sus fieles,
y la gloria habitará en nuestra tierra. ℟.

La misericordia y la fidelidad se
encuentran,
la justicia y la paz se besan;
la fidelidad brota de la tierra,
y la justicia mira desde el cielo. ℟.

El Señor nos dará la lluvia,
y nuestra tierra dará su fruto.
La justicia marchará ante él,
la salvación seguirá sus pasos. ℟.

807 Second Sunday of Advent / C — Segundo Domingo de Adviento / C

Psalm / Salmo 126:1–2ab, 2cd–3, 4–5, 6 / 6

When the LORD brought back the exiles
of Sion,
we thought we were dreaming.
Then was our mouth filled with laughter;
on our tongues, songs of joy. ℟.

Then the nations themselves said,
"What great deeds the LORD worked
for them!"
What great deeds the LORD worked for
us!
Indeed, we were glad. ℟.

Bring back our exiles, O LORD,
as streams in the south.
Those who are sowing in tears
will sing when they reap. ℟.

They go out, they go out, full of tears,
bearing seed for the sowing;
they come back, they come back with
a song,
bearing their sheaves. ℟.

Cuando el Señor cambió la suerte de
Sión,
nos parecía soñar:
la boca se nos llenaba de risas,
la lengua de cantares. ℟.

Hasta los gentiles decían:
"El Señor ha estado grande con ellos."
El Señor ha estado grande con nosotros,
y estamos alegres. ℟.

Que el Señor cambie nuestra suerte,
como los torrentes del Negueb.
Los que sembraban con lágrimas
cosechan entre cantares. ℟.

Al ir, iban llorando,
llevando la semilla;
al volver, vuelven cantando,
trayendo sus gavillas. ℟.

Third Sunday of Advent / A — Tercer Domingo de Adviento / A 808

Or: Alleluia.

Psalm / Salmo 146:6c–7, 8–9a, 9bc–10 / 7

It is the LORD who preserves fidelity
forever,
who does justice to those who are
oppressed.
It is he who gives bread to the hungry,
the LORD who sets prisoners free. ℟.

The LORD who opens the eyes of the blind,
the LORD who raises up those who are
bowed down.
It is the LORD who loves the just,
the LORD who protects the stranger. ℟.

The LORD upholds the orphan and the
widow,
but thwarts the path of the wicked.
The LORD will reign forever,
the God of Sion from age to age. ℟.

El Señor mantiene su fidelidad
perpetuamente,
hace justicia a los oprimidos,
da pan a los hambrientos.
El Señor liberta a los cautivos. ℟.

El Señor abre los ojos al ciego,
el Señor endereza a los que ya se
doblan,
el Señor ama a los justos,
el Señor guarda a los peregrinos. ℟.

El Señor sustenta al huérfano y a la
viuda
y trastorna el camino de los malvados.
El Señor reina eternamente,
tu Dios, Sión, de edad en edad. ℟.

809 Third Sunday of Advent / B — Tercer Domingo de Adviento / B

Luke 1:46–48, 49–50, 53–54 / 8

Or:

My soul proclaims the greatness of the
Lord;
my spirit rejoices in God my Savior,
for he has looked upon his lowly servant.
From this day all generations will
call me blessed: ℟.

The Almighty has done great things for
me,
and holy is his Name.
He has mercy on those who fear him
in every generation. ℟.

He has filled the hungry with good
things,
and the rich he has sent away empty.
He has come to the help of his servant
Israel
for he has remembered his promise
of mercy. ℟.

Proclama mi alma la grandeza del
Señor,
se alegra mi espíritu en Dios, mi
salvador;
porque ha mirado la humillación de
su esclava.
Desde ahora me felicitarán todas las
generaciones. ℟.

Porque el Poderoso ha hecho obras
grandes por mí:
su nombre es santo,
y su misericordia llega a sus fieles
de generación en generación. ℟.

A los hambrientos los colma de bienes
y a los ricos los despide vacíos.
Auxilia a Israel, su siervo,
acordándose de la misericordia. ℟.

810 Third Sunday of Advent / C — Tercer Domingo de Adviento / C

Isaiah 12:2–3, 4bcd, 5–6 / 9

God indeed is my savior;
I am confident and unafraid.
My strength and my courage is the LORD,
and he has been my savior.
With joy you will draw water
at the fountain of salvation. ℟.

Give thanks to the LORD, acclaim his
name;
among the nations make known his
deeds,
proclaim how exalted is his name. ℟.

Sing praise to the LORD for his glorious
achievement;
let this be known throughout all the
earth.
Shout with exultation, O city of Zion,
for great in your midst is the Holy One
of Israel! ℟.

El Señor es mi Dios y Salvador:
confiaré y no temeré,
porque mi fuerza y mi poder es el
Señor,
él fue mi salvación.
Y ustedes sacarán aguas con gozo
de las fuentes de la salvación. ℟.

Den gracias al Señor,
invoquen su nombre,
cuenten a los pueblos sus hazañas,
proclamen que su nombre es
excelso. ℟.

Tañan para el Señor, que hizo proezas,
anúncienlas a toda la tierra;
griten jubilosos, habitantes de Sión:
"Qué grande es en medio de ti el
Santo de Israel." ℟.

Fourth Sunday of Advent / A — Cuarto Domingo de Adviento / A 811

Psalm / Salmo 24:1–2, 3–4ab, 5–6 / 10

For a bilingual refrain, sing the first two phrases in one language, and the last phrase in the other.

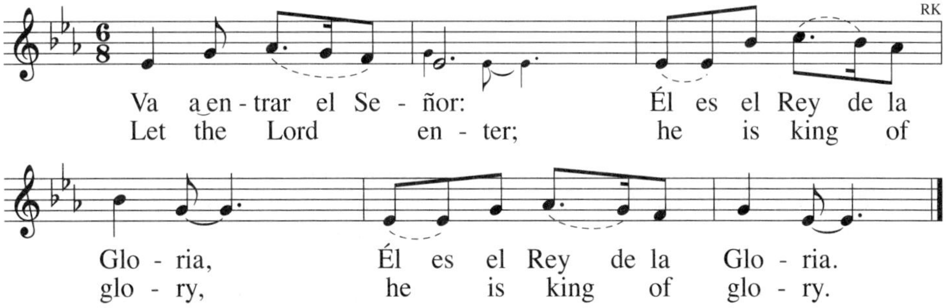

The LORD's is the earth and its fullness,
the world, and those who dwell in it.
It is he who set it on the seas;
on the rivers he made it firm. ℟.

Who shall climb the mountain of the
LORD?
Who shall stand in his holy place?
The clean of hands and pure of heart,
whose soul is not set on vain things. ℟.

Del Señor es la tierra y cuanto la llena,
el orbe y todos sus habitantes:
él la fundó sobre los mares,
él la afianzó sobre los ríos. ℟.

¿Quién puede subir al monte del Señor?
¿Quién puede estar en el recinto sacro?
El hombre de manos inocentes
y puro corazón. ℟.

Blessings from the LORD shall he receive,
and right reward from the God who
saves him.
Such are the people who seek him,
who seek the face of the God of
Jacob. ℟.

Ése recibirá la bendición del Señor,
le hará justicia el Dios de salvación.
Éste es el grupo que busca al Señor,
que viene a tu presencia, Dios de
Jacob. ℟.

812 Fourth Sunday of Advent / B — Cuarto Domingo de Adviento / B

The refrains may be sung simultaneously.

Psalm / Salmo 89:2–3, 4–5, 27 and 29 / 11

I will sing forever of your mercies,
O LORD;
through all ages my mouth will
proclaim your fidelity.
I have declared your mercy is
established forever;
your fidelity stands firm as the
heavens. ℟.

"With my chosen one I have made a
covenant;
I have sworn to David my servant:
I will establish your descendants
forever,
and set up your throne through all
ages." ℟.

"He will call out to me, 'You are my
father,
my God, the rock of my salvation.'
I will keep my faithful love for him
always;
with him my covenant shall last." ℟.

Cantaré eternamente las misericordias
del Señor,
anunciaré tu fidelidad por todas las
edades.
Porque dije: "Tu misericordia es un
edificio eterno,
más que el cielo has afianzado tu
fidelidad." ℟.

Sellé una alianza con mi elegido,
jurando a David, mi siervo:
"Te fundaré un linaje perpetuo,
edificaré tu trono para todas las
edades." ℟.

Él me invocará: "Tú eres mi padre,
mi Dios, mi Roca salvadora."
Le mantendré eternamente mi favor,
y mi alianza con él será estable. ℟.

Fourth Sunday of Advent / C — Cuarto Domingo de Adviento / C 813

Psalm / Salmo 80:2ac and 3b, 15–16, 18–19 / 12

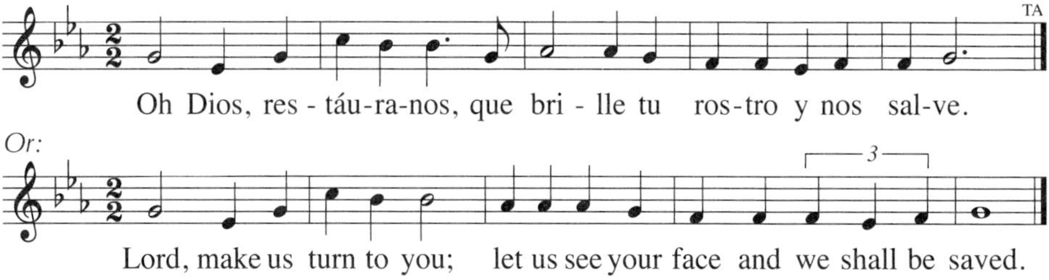

O shepherd of Israel, hear us,
enthroned on the cherubim, shine forth.
Rouse up your might and come to
save us. ℟.

God of hosts, turn again, we implore;
look down from heaven and see.
Visit this vine and protect it,
the vine your right hand has planted,
the son of man you have claimed
for yourself. ℟.

May your hand be on the man at your
right hand,
the son of man you have confirmed
as your own.
And we shall never forsake you again;
give us life that we may call upon
your name. ℟.

Pastor de Israel, escucha,
tú que te sientas sobre querubines,
resplandece.
Despierta tu poder y ven a salvarnos. ℟.

Dios de los ejércitos, vuélvete:
mira desde el cielo, fíjate,
ven a visitar tu viña,
la cepa que tu diestra plantó,
y que tú hiciste vigorosa. ℟.

Que tu mano proteja a tu escogido,
al hombre que tú fortaleciste.
No nos alejaremos de ti;
danos vida, para que invoquemos tu
nombre. ℟.

December 25: Christmas: Vigil Mass / ABC — 25 de Diciembre: Natividad del Señor: Misa Vespertina de la Vigilia / ABC 814

The refrains may be sung simultaneously.

Psalm / Salmo 89:4–5, 16–17, 27 and 29 / 13

"With my chosen one I have made a
covenant;
I have sworn to David my servant:
I will establish your descendants forever,
and set up your throne through all
ages." ℟.

How blessed the people who know your
praise,
who walk, O Lord, in the light of
your face,
who find their joy every day in your
name,
who make your justice their joyful
acclaim. ℟.

"He will call out to me, 'You are my
father,
my God, the rock of my salvation.'
I will keep my faithful love for him
always;
with him my covenant shall last." ℟.

Sellé una alianza con mi elegido,
jurando a David, mi siervo:
"Te fundaré un linaje perpetuo,
edificaré tu trono para todas las
edades." ℟.

Dichoso el pueblo que sabe aclamarte:
caminará, oh Señor, a la luz de tu
rostro;
tu nombre es su gozo cada día,
tu justicia es su orgullo. ℟.

Él me invocará: "Tú eres mi padre,
mi Dios, mi Roca salvadora."
Le mantendré eternamente mi favor,
y mi alianza con él será estable. ℟.

815 December 25: Christmas: Mass during the Night / ABC

25 de Diciembre: Natividad del Señor: Misa de Medianoche / ABC

For a bilingual refrain, sing the words in italics.

Psalm / Salmo 96:1–2a, 2b–3, 11–12, 13 / 14

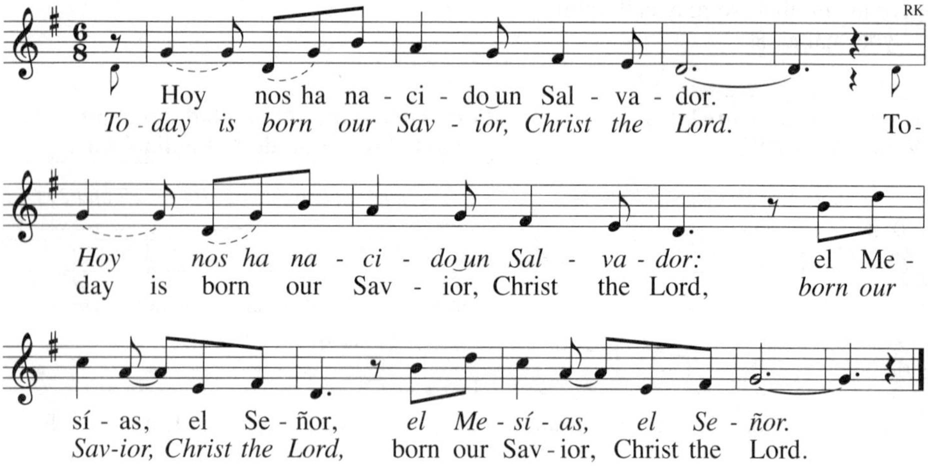

O sing a new song to the Lord;
sing to the Lord, all the earth.
O sing to the Lord; bless his name. ℟.

Canten al Señor un cántico nuevo,
canten al Señor, toda la tierra;
canten al Señor, bendigan su nombre. ℟.

Proclaim his salvation day by day.
Tell among the nations his glory,
and his wonders among all the
peoples. ℟.

Let the heavens rejoice and earth be
glad;
let the sea and all within it thunder
praise.
Let the land and all it bears rejoice.
Then will all the trees of the wood
shout for joy. ℟.

At the presence of the LORD, for he
comes,
he comes to judge the earth.
He will judge the world with justice;
he will govern the peoples with his
truth. ℟.

Proclamen día tras día su victoria.
Cuenten a los pueblos su gloria,
sus maravillas a todas las naciones. ℟.

Alégrese el cielo, goce la tierra,
retumbe el mar y cuanto lo llena;
vitoreen los campos y cuanto hay en
ellos,
aclamen los árboles del bosque. ℟.

Delante del Señor, que ya llega,
ya llega a regir la tierra:
regirá el orbe con justicia
y los pueblos con fidelidad. ℟.

December 25: Christmas: Mass at Dawn / ABC
25 de Diciembre: Natividad del Señor: Misa de la Aurora / ABC 816

For a bilingual refrain, sing the words in italics.

Psalm / Salmo 97:1 and 6, 11–12 / 15

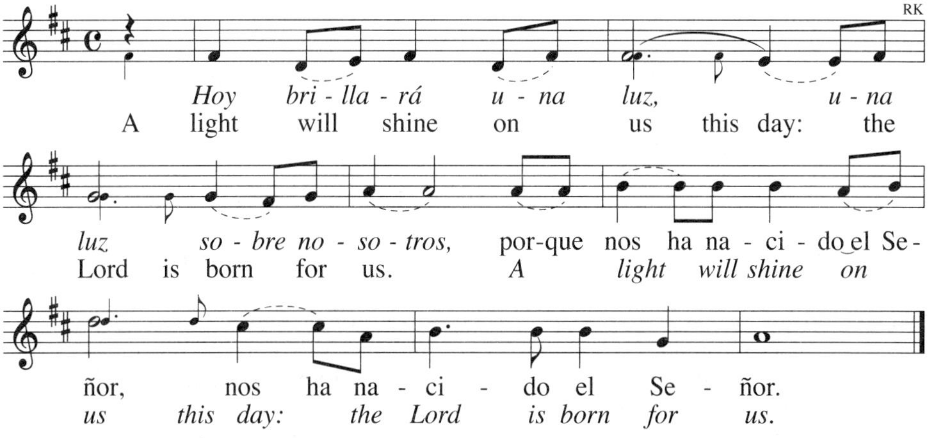

The LORD is king, let earth rejoice;
let the many islands be glad.
The skies proclaim his justice;
all peoples see his glory. ℟.

Light shines forth for the just one,
and joy for the upright of heart.
Rejoice in the LORD, you just;
to the memory of his holiness give
thanks. ℟.

El Señor reina, la tierra goza,
se alegran las islas innumerables.
Los cielos pregonan su justicia,
y todos los pueblos contemplan su
gloria. ℟.

Amanece la luz para el justo,
y la alegría para los rectos de corazón.
Alégrense, justos, con el Señor,
celebren su santo nombre. ℟.

817 December 25: Christmas: Mass during the Day / ABC

25 de Diciembre: Natividad del Señor: Misa del Día / ABC

The refrains may be sung simultaneously.

Psalm / Salmo 98:1, 2–3ab, 3cd–4, 5–6 / 16

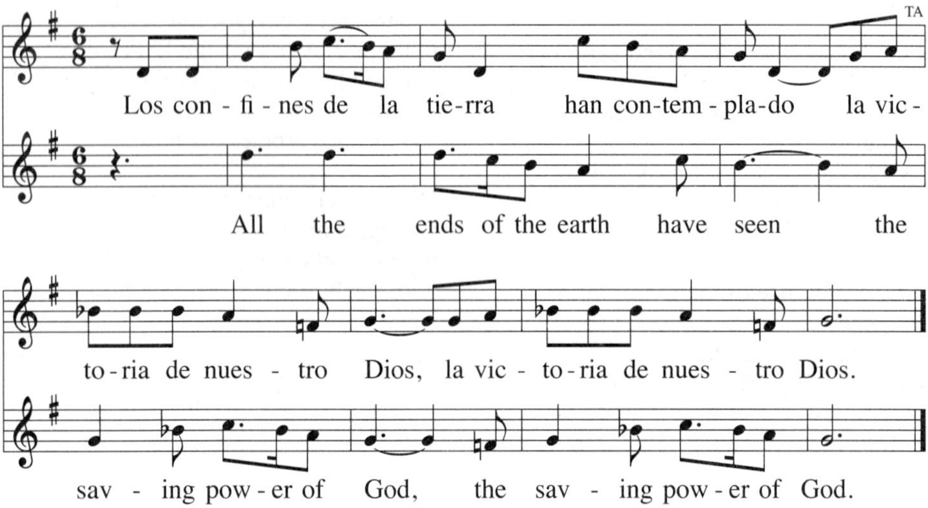

O sing a new song to the Lord,
for he has worked wonders.
His right hand and his holy arm
have brought salvation. ℟.

The Lord has made known his
salvation,
has shown his deliverance to the
nations.
He has remembered his merciful love
and his truth for the house of
Israel. ℟.

All the ends of the earth have seen
the salvation of our God.
Shout to the Lord, all the earth;
break forth into joyous song,
and sing out your praise. ℟.

Sing psalms to the Lord with the harp,
with the harp and the sound of song.
With trumpets and the sound of the horn,
raise a shout before the King,
the Lord. ℟.

Canten al Señor un cántico nuevo,
porque ha hecho maravillas:
su diestra le ha dado la victoria,
su santo brazo. ℟.

El Señor da a conocer su victoria,
revela a las naciones su justicia:
se acordó de su misericordia y su
fidelidad
en favor de la casa de Israel. ℟.

Los confines de la tierra han
contemplado
la victoria de nuestro Dios.
Aclamen al Señor, tierra entera;
griten, vitoreen, toquen. ℟.

Tañan la cítara para el Señor,
suenen los instrumentos:
con clarines y al son de trompetas
aclamen al Rey y Señor. ℟.

Holy Family of Jesus, Mary and Joseph / ABC | **Sagrada Familia de Jesús, María y José / ABC** 818

Psalm / Salmo 128:1–2, 3, 4–5 / 17

Blessed are all who fear the Lord,
and walk in his ways!
By the labor of your hands you shall eat.
You will be blessed and prosper. ℟.

Your wife like a fruitful vine
in the heart of your house;
your children like shoots of the olive
around your table. ℟.

Indeed thus shall be blessed
the man who fears the Lord.
May the Lord bless you from Sion.
May you see Jerusalem prosper
all the days of your life! ℟.

Dichoso el que teme al Señor
y sigue sus caminos.
Comerás del fruto de tu trabajo,
serás dichoso, te irá bien. ℟.

Tu mujer, como vid fecunda,
en medio de tu casa;
tus hijos, como renuevos de olivo,
alrededor de tu mesa. ℟.

Ésta es la bendición del hombre que
teme al Señor.
Que el Señor te bendiga desde Sión,
que veas la prosperidad de Jerusalén
todos los días de tu vida. ℟.

In Year B, this psalm may be used. | *En Año B, se puede usar este salmo.* 819

Psalm / Salmo 105:1–2, 3–4, 6–7, 8–9 / 17B

Or:

Give thanks to the Lord; proclaim his
name.
Make known his deeds among the
peoples.
O sing to him, sing his praise;
tell all his wonderful works! ℟.

Den gracias al Señor, invoquen su
nombre,
den a conocer las hazañas del Señor a
los pueblos.
Cántenle al son de instrumentos,
hablen de sus maravillas. ℟.

Glory in his holy name;
let the hearts that seek the LORD rejoice.
Turn to the LORD and his strength;
constantly seek his face. ℟.

O children of Abraham, his servant,
O descendants of the Jacob he chose,
he, the LORD, is our God;
his judgments are in all the earth. ℟.

He remembers his covenant forever:
the promise he ordained for a
thousand generations,
the covenant he made with Abraham,
the oath he swore to Isaac. ℟.

Gloríense de su nombre santo,
que se alegren los que buscan al Señor.
Recurran al Señor y a su poder,
busquen continuamente su rostro. ℟.

Recuerden las maravillas que hizo,
sus prodigios, las sentencias de su boca.
¡Estirpe de Abrahán, su siervo;
hijos de Jacob, su elegido! ℟.

Se acuerda de su alianza eternamente,
de la palabra dada, por mil
generaciones;
de la alianza sellada con Abrahán,
del juramento hecho a Isaac. ℟.

820 *In Year C, this psalm may be used.* *En Año C, se puede usar este salmo.*

Psalm / Salmo 84:2–3, 5–6, 9–10 / 17C

How lovely is your dwelling place,
O LORD of hosts.
My soul is longing and yearning
for the courts of the LORD.
My heart and my flesh cry out
to the living God. ℟.

Blessed are they who dwell in your
house,
forever singing your praise.
Blessed the people whose strength is in
you,
whose heart is set on pilgrim ways. ℟.

O LORD God of hosts, hear my prayer;
give ear, O God of Jacob.
Turn your eyes, O God, our shield;
look on the face of your anointed. ℟.

¡Qué deseables son tus moradas, Señor
de los ejércitos!
Mi alma se consume y anhela los atrios
del Señor,
mi corazón y mi carne retozan por el
Dios vivo. ℟.

Dichosos los que viven en tu casa,
alabándote siempre.
Dichosos los que encuentran en ti su
fuerza
al preparar su peregrinación. ℟.

Señor de los ejércitos, escucha mi
súplica;
atiéndeme, Dios de Jacob.
Fíjate, oh Dios, en nuestro Escudo,
mira el rostro de tu Ungido. ℟.

821 January 1: Solemnity of Mary, Holy Mother of God / ABC

1 de Enero: Solemnidad de Santa María, Madre de Dios / ABC

Psalm / Salmo 67:2–3, 5, 6 and 8 / 18

O God, be gracious and bless us
and let your face shed its light upon us.
So will your ways be known upon earth
and all nations learn your salvation. ℟.

Let the nations be glad and shout for joy,
with uprightness you rule the peoples;
you guide the nations on earth. ℟.

Let the peoples praise you, O God;
let all the peoples praise you.
May God still give us his blessing
that all the ends of the earth may
revere him. ℟.

El Señor tenga piedad y nos bendiga,
ilumine su rostro sobre nosotros;
conozca la tierra tus caminos,
todos los pueblos tu salvación. ℟.

Que canten de alegría las naciones,
porque riges el mundo con justicia,
riges los pueblos con rectitud
y gobiernas las naciones de la tierra. ℟.

Oh Dios, que te alaben los pueblos,
que todos los pueblos te alaben.
Que Dios nos bendiga;
que le teman hasta los confines del
orbe. ℟.

Epiphany of the Lord / ABC — Epifanía del Señor / ABC 822

Psalm / Salmo 72:1–2, 7–8, 10–11, 12–13 / 20

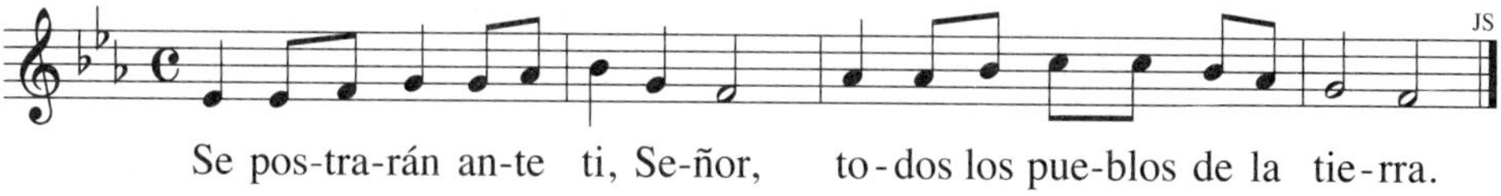

Or:

O God, give your judgment to the king,
to a king's son your justice,
that he may judge your people in justice,
and your poor in right judgment. ℟.

In his days shall justice flourish,
and great peace till the moon is no
more.
He shall rule from sea to sea,
from the River to the bounds of the
earth. ℟.

The kings of Tarshish and the islands
shall pay him tribute.
The kings of Sheba and Seba
shall bring him gifts.
Before him all kings shall fall prostrate,
all nations shall serve him. ℟.

Dios mío, confía tu juicio al rey,
tu justicia al hijo de reyes,
para que rija a tu pueblo con justicia,
a tus humildes con rectitud. ℟.

Que en sus días florezca la justicia
y la paz hasta que falte la luna;
que domine de mar a mar,
del Gran Río al confín de la tierra. ℟.

Que los reyes de Tarsis y de las islas le
paguen tributo.
Que los reyes de Saba y de Arabia le
ofrezcan sus dones;
que se postren ante él todos los reyes,
y que todos los pueblos le sirvan. ℟.

For he shall save the needy when they cry,
the poor, and those who are helpless.
He will have pity on the weak and the needy,
and save the lives of the needy. ℟.

Él librará al pobre que clamaba,
al afligido que no tenía protector;
él se apiadará del pobre y del indigente,
y salvará la vida de los pobres. ℟.

823 Baptism of the Lord / ABC — Bautismo del Señor / ABC

Psalm / Salmo 29:1a and 2, 3ac–4, 3b and 9b–10 / 21

Ascribe to the Lord, you heavenly powers,
ascribe to the Lord glory and strength.
Ascribe to the Lord the glory of his name;
bow down before the Lord, majestic in holiness. ℟.

The voice of the Lord upon the waters,
the Lord on the immensity of waters;
the voice of the Lord full of power;
the voice of the Lord full of splendor. ℟.

The God of glory thunders;
in his temple they all cry, “Glory!”
The Lord sat enthroned above the flood;
the Lord sits as king forever. ℟.

Hijos de Dios, aclamen al Señor,
aclamen la gloria del nombre del Señor,
póstrense ante el Señor en el atrio sagrado. ℟.

La voz del Señor sobre las aguas,
el Señor sobre las aguas torrenciales.
La voz del Señor es potente,
la voz del Señor es magnífica. ℟.

El Dios de la gloria ha tronado.
En su templo, un grito unánime: “¡Gloria!”
El Señor se sienta por encima del aguacero,
el Señor se sienta como rey eterno. ℟.

824 *In Year B, this psalm may be used.* — *En Año B, se puede usar este salmo.*

Isaiah 12:2–3, 4bcd, 5–6 / 21B

Or:

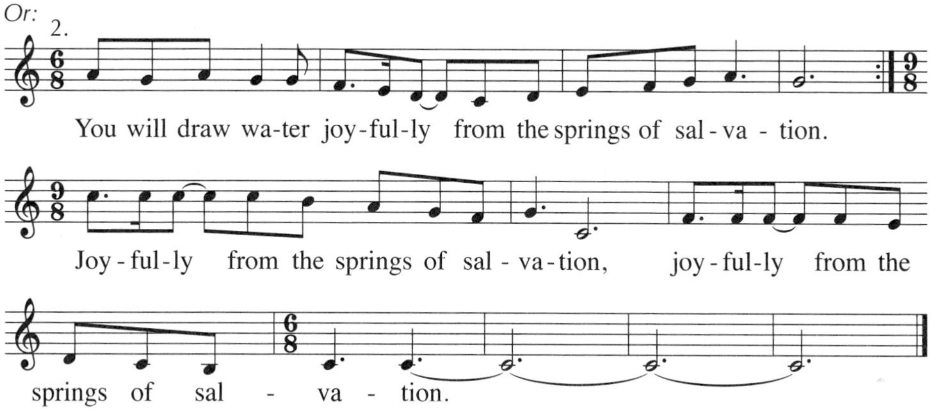

Or:

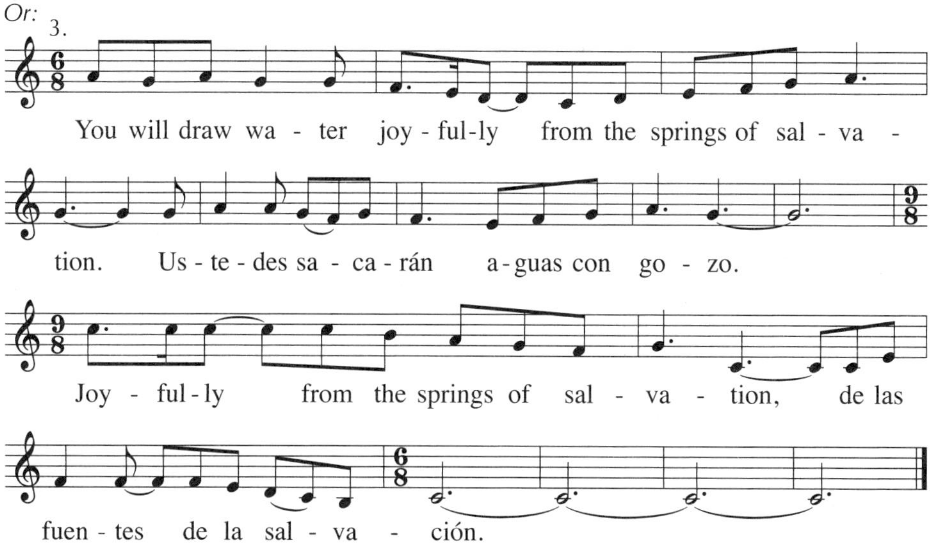

God indeed is my savior;
I am confident and unafraid.
My strength and my courage is the Lord,
and he has been my savior.
With joy you will draw water
at the fountain of salvation. ℟.

Give thanks to the Lord, acclaim his name;
among the nations make known his deeds,
proclaim how exalted is his name. ℟.

Sing praise to the Lord for his glorious achievement;
let this be known throughout all the earth.
Shout with exultation, O city of Zion,
for great in your midst is the Holy One of Israel! ℟.

El Señor es mi Dios y Salvador:
confiaré y no temeré,
porque mi fuerza y mi poder es el Señor,
él fue mi salvación.
Y ustedes sacarán aguas con gozo
de las fuentes de la salvación. ℟.

Den gracias al Señor,
invoquen su nombre,
cuenten a los pueblos sus hazañas,
proclamen que su nombre es excelso. ℟.

Tañan para el Señor, que hizo proezas,
anúncienlas a toda la tierra;
griten jubilosos, habitantes de Sión:
"Qué grande es en medio de ti el Santo de Israel." ℟.

825 *In Year C, this psalm may be used.* *En Año C, se puede usar este salmo.*

Psalm / Salmo 104:1b–2, 3–4, 24–25, 27–28, 29–30 / 21C

For a bilingual refrain, sing the words in italics.

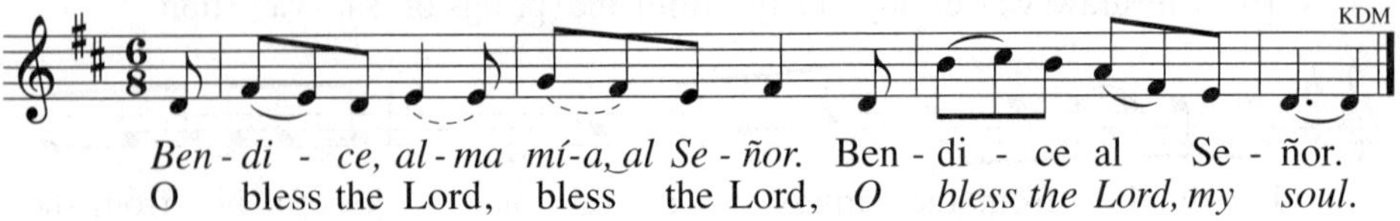

O Lord my God, how great you are,
clothed in majesty and honor,
wrapped in light as with a robe!
You stretch out the heavens like a
tent. ℟.

On the waters you establish your
dwelling.
You make the clouds your chariot;
you ride on the wings of the wind.
You make the winds your messengers,
flame and fire your servants. ℟.

How many are your works, O Lord!
In wisdom you have made them all.
The earth is full of your creatures.
Vast and wide is the span of the sea,
with its creeping things past counting,
living things great and small. ℟.

All of these look to you
to give them their food in due season.
You give it, they gather it up;
you open wide your hand, they are
well filled. ℟.

You take away their breath, they die,
returning to the dust from which
they came.
You send forth your spirit, and they
are created,
and you renew the face of the earth. ℟.

¡Dios mío, qué grande eres!
Te vistes de belleza y majestad,
la luz te envuelve como un manto.
Extiendes los cielos como una tienda. ℟.

Construyes tu morada sobre las aguas;
las nubes te sirven de carroza,
avanzas en las alas del viento;
los vientos te sirven de mensajeros;
el fuego llameante, de ministro. ℟.

Cuántas son tus obras, Señor,
y todas las hiciste con sabiduría;
la tierra está llena de tus criaturas.
Ahí está el mar: ancho y dilatado,
en él bullen, sin número,
animales pequeños y grandes. ℟.

Todos ellos aguardan
a que les eches comida a su tiempo:
se la echas, y la atrapan;
abres tu mano, y se sacian de bienes. ℟.

Escondes tu rostro, y se espantan;
les retiras el aliento, y expiran
y vuelven a ser polvo;
envías tu aliento, y los creas,
y repueblas la faz de la tierra. ℟.

Lent / Easter

On a Wednesday in February or early March the Church enters into prayer and fasting and almsgiving, attending with great seriousness to its calling. Forty days later on a Thursday evening, that season of Lent ends. From Holy Thursday night until Easter Sunday afternoon, the Church keeps the Paschal Triduum, the "Easter Three Days." Good Friday and Holy Saturday find Christians fasting, keeping vigil, remembering the passion, death and resurrection of the Lord until, at the great Vigil liturgy, the Church celebrates this paschal mystery in baptism, confirmation and eucharist. Then, for the fifty days of Eastertime the Church again sings the alleluia and rejoices to bring God's peace to the world.

The origins of Lent are bound up with the final stages in the initiation of those seeking to be baptized. After months or years of learning gradually the Christian way of life, the catechumens were called to spend the last weeks before baptism in fasting and prayer. The whole Church stayed by the catechumens in these days. The lenten season was also kept intensely by those doing penance for their sins. Today both catechumens and penitents keep Lent with the whole Church. Lent's scriptures, prayers and rites give clarity and strength to the life-long struggle against evil. That struggle is waged with many forms of prayer and fasting and practices of charity.

The origins of the fifty days of Eastertime are even more ancient. This is the springtime rejoicing of people who know their dependence on fields and flocks. It is the rejoicing of Israel remembering the exodus from slavery to freedom. It became the rejoicing of the Church in the resurrection of Jesus and the presence of that risen life in the newly baptized. The Eastertime lectionary is filled with a lively peace and the quiet exuberance of those who believe that evil is not finally triumphant.

Cuaresma / Pascua

826

En un miércoles de febrero o de principios de marzo, la Iglesia entra en un período de oración y ayuno y dar limosna, respondiendo con gran seriedad a su llamado. Cuarenta días después, un jueves en la tarde, termina ese tiempo de Cuaresma. Desde la noche del Jueves Santo hasta el Domingo de Pascua, la Iglesia observa el Triduo Pascual, los "Tres Días de Pascua." Durante el Viernes Santo y el Sábado Santo los cristianos ayunan y se mantienen en vigilia, recordando la pasión, muerte y resurrección del Señor hasta el momento en que, en la liturgia de la gran Vigilia, la Iglesia celebra este misterio pascual en el bautismo, confirmación y eucaristía. Luego, por los cincuenta días del tiempo pascual la Iglesia canta de nuevo el aleluya y se regocija al llevar la paz de Dios al mundo.

Los orígenes de la Cuaresma están conectados con las etapas finales de la iniciación de aquellos que desean ser bautizados. Después de meses o años de aprender gradualmente el modo cristiano de vivir, se les llama a los catecúmenos a pasar las últimas semanas antes del bautismo en ayuno y oración. Toda la Iglesia permanece cerca de los catecúmenos en estos días. El tiempo cuaresmal también se observaba intensamente por aquellos que estaban haciendo penitencia por sus pecados. Hoy día tanto los catecúmenos como los penitentes observan la Cuaresma con toda la Iglesia. Las lecturas, oraciones y ritos cuaresmales dan claridad y fuerza a la lucha por toda la vida contra el mal. Esa lucha se tiene de muchas formas de oración y ayuno y obras de caridad.

Los orígenes de los cincuenta días del tiempo de Pascua son aún más antiguos. Este es el tiempo de la primavera en que el pueblo se regocija porque conoce que depende de los campos y del rebaño. Es el gozo de Israel recordando el éxodo de la esclavitud a la libertad. Y pasó a ser el gozo de la Iglesia en la resurrección de Jesús y la presencia de esa vida resucitada

When the fifty days conclude at Pentecost the Church knows again how disturbing, how restless, how strong is the Spirit given by Christ.

en los recién bautizados. En el tiempo pascual, el leccionario está lleno de la paz viva y de la quietud exuberante de aquellos que creen que el mal al fin no triunfa. Cuando se terminan los cincuenta días en Pentecostés, la Iglesia sabe una vez más cuan alarmante, cuan agitado, cuan fuerte es el Espíritu que Cristo nos ha dado.

827 Ash Wednesday / ABC — Miércoles de Ceniza / ABC

Psalm / Salmo 51:3–4, 5–6a, 12–13, 14 and 17 / 219

Have mercy on me, O God,
according to your merciful love;
according to your great compassion,
blot out my transgressions.
Wash me completely from my iniquity,
and cleanse me from my sin. ℟.

My transgressions, truly I know them;
my sin is always before me.
Against you, you alone, have I sinned;
what is evil in your sight I have done. ℟.

Create a pure heart for me, O God;
renew a steadfast spirit within me.
Do not cast me away from your
presence;
take not your holy spirit from me. ℟.

Restore in me the joy of your salvation;
sustain in me a willing spirit.
O Lord, open my lips
and my mouth shall proclaim your
praise. ℟.

Misericordia, Dios mío, por tu bondad,
por tu inmensa compasión borra mi
culpa;
lava del todo mi delito,
limpia mi pecado. ℟.

Pues yo reconozco mi culpa,
tengo siempre presente mi pecado:
contra ti, contra ti solo pequé,
cometí la maldad que aborreces. ℟.

Oh Dios, crea en mí un corazón puro,
renuévame por dentro con espíritu
firme;
no me arrojes lejos de tu rostro,
no me quites tu santo espíritu. ℟.

Devuélveme la alegría de tu salvación,
afiánzame con espíritu generoso.
Señor, me abrirás los labios,
y mi boca proclamará tu alabanza. ℟.

First Sunday of Lent / A — Primer Domingo de Cuaresma / A 828

Psalm / Salmo 51:3–4, 5–6a, 12–13, 14 and 17 / 22

Have mercy on me, O God,
according to your merciful love;
according to your great compassion,
blot out my transgressions.
Wash me completely from my iniquity,
and cleanse me from my sin. ℟.

My transgressions, truly I know them;
my sin is always before me.
Against you, you alone, have I sinned;
what is evil in your sight I have done. ℟.

Create a pure heart for me, O God;
renew a steadfast spirit within me.
Do not cast me away from your
presence;
take not your holy spirit from me. ℟.

Restore in me the joy of your salvation;
sustain in me a willing spirit.
O Lord, open my lips
and my mouth shall proclaim your
praise. ℟.

Misericordia, Dios mío, por tu bondad,
por tu inmensa compasión borra mi
culpa;
lava del todo mi delito,
limpia mi pecado. ℟.

Pues yo reconozco mi culpa,
tengo siempre presente mi pecado:
contra ti, contra ti solo pequé,
cometí la maldad que aborreces. ℟.

Oh Dios, crea en mí un corazón puro,
renuévame por dentro con espíritu
firme;
no me arrojes lejos de tu rostro,
no me quites tu santo espíritu. ℟.

Devuélveme la alegría de tu salvación,
afiánzame con espíritu generoso.
Señor, me abrirás los labios,
y mi boca proclamará tu alabanza. ℟.

RITE OF ELECTION

At the beginning of Lent, it is the responsibility of the bishop to call those who are judged ready to prepare for the sacraments of initiation at Easter. The bishop is to consult first with the pastors, catechists and others. The rite may take place at the cathedral. If the rite takes place in the parish church, the bishop may designate the pastor to act in his place.

This rite is also called the "Enrollment of Names." Each candidate now gives his/her name, or writes it down. When all have been

RITO DE ELECCIÓN

Al empezar la cuaresma, es la responsabilidad del obispo de llamar a los que se juzga que están listos para preparase para recibir en la Pascua los sacramentos de iniciación cristiana. El obispo debe consultar primero con los párrocos, catequistas y otras personas. Se puede tener el rito en la catedral. Si el rito se tiene en la parroquia, el obispo puede designar al párroco para que actúe en su lugar.

Este rito también se llama "Inscripción de nombres." Ahora cada candidato dice o escribe enrolled, the bishop says: "You have been chosen to be initiated into the sacred mysteries at the Easter Vigil." He then speaks to them and to their sponsors about their lenten preparation for baptism.

The faithful join in prayers of intercession for the elect, as the catechumens are now called. If the eucharist is to be celebrated, the elect are first dismissed.

su nombre. Cuando todos lo han hecho, el obispo dice: "N. y N., ahora los declaro miembros de los elegidos, para ser iniciados en los sagrados misterios durante la próxima Vigilia Pascual." Luego les habla a ellos y a sus esponsores sobre su preparación cuaresmal para el bautismo.

Los fieles se unen en las súplicas por los elegidos, así es como se llaman los catecúmenos ahora. Si a continuación se celebra la eucaristía, se despide primero a los elegidos.

829 **First Sunday of Lent / B** — **Primer Domingo de Cuaresma / B**

Psalm / Salmo 25:4–5ab, 6 and 7bc, 8–9 / 23

O Lord, make me know your ways.
Teach me your paths.
Guide me in your truth, and teach me;
for you are the God of my salvation. ℟.

Remember your compassion, O Lord,
and your merciful love,
for they are from of old.
In your merciful love remember me,
because of your goodness, O Lord. ℟.

Good and upright is the Lord;
he shows the way to sinners.
He guides the humble in right
judgment;
to the humble he teaches his way. ℟.

Señor, enséñame tus caminos,
instrúyeme en tus sendas:
haz que camine con lealtad;
enséñame, porque tú eres mi Dios y
Salvador. ℟.

Recuerda, Señor, que tu ternura
y tu misericordia son eternas.
Acuérdate de mí con misericordia,
por tu bondad, Señor. ℟.

El Señor es bueno y es recto,
y enseña el camino a los pecadores;
hace caminar a los humildes con
rectitud,
enseña su camino a los humildes. ℟.

RITE OF ELECTION

See no. 828

RITO DE ELECCIÓN

Véase núm. 828

First Sunday of Lent / C — Primer Domingo de Cuaresma / C 830

Psalm / Salmo 91:1–2, 10–11, 12–13, 14–15 / 24

He who dwells in the shelter of the Most High,
and abides in the shade of the Almighty,
says to the LORD, "My refuge,
my stronghold, my God in whom I trust!" ℟.

Upon you no evil shall fall,
no plague approach your tent.
For you has he commanded his angels
to keep you in all your ways. ℟.

They shall bear you upon their hands,
lest you strike your foot against a stone.
On the lion and the viper you will tread,
and trample the young lion and the serpent. ℟.

Since he clings to me in love, I will free him,
protect him, for he knows my name.
When he calls on me, I will answer him;
I will be with him in distress;
I will deliver him, and give him glory. ℟.

Tú que habitas al amparo del Altísimo,
que vives a la sombra del Omnipotente,
di al Señor: "Refugio mío, alcázar mío,
Dios mío, confío en ti." ℟.

No se te acercará la desgracia,
ni la plaga llegará hasta tu tienda,
porque a sus ángeles ha dado órdenes,
para que te guarden en tus caminos. ℟.

Te llevarán en sus palmas,
para que tu pie no tropiece en la piedra;
caminarás sobre áspides y víboras,
pisotearás leones y dragones. ℟.

Se puso junto a mí: lo libraré;
lo protegeré porque conoce mi nombre,
me invocará y lo escucharé.
Con él estaré en la tribulación,
lo defenderé, lo glorificaré. ℟.

RITE OF ELECTION
See no. 828

RITO DE ELECCIÓN
Véase núm. 828

Second Sunday of Lent / A — Segundo Domingo de Cuaresma / A 831

Psalm / Salmo 33:4–5, 18–19, 20 and 22 / 25

Or:

The word of the LORD is faithful,
and all his works to be trusted.
The LORD loves justice and right,
and his merciful love fills the earth. ℟.

Yes, the LORD's eyes are on those who fear him,
who hope in his merciful love,
to rescue their souls from death,
to keep them alive in famine. ℟.

Our soul is waiting for the LORD.
He is our help and our shield.
May your merciful love be upon us,
as we hope in you, O LORD. ℟.

La palabra del Señor es sincera,
y todas sus acciones son leales;
él ama la justicia y el derecho,
y su misericordia llena la tierra. ℟.

Los ojos del Señor están puestos en sus fieles,
en los que esperan en su misericordia,
para librar sus vidas de la muerte
y reanimarlos en tiempo de hambre. ℟.

Nosotros aguardamos al Señor:
él es nuestro auxilio y escudo.
Que tu misericordia, Señor, venga sobre nosotros,
como lo esperamos de ti. ℟.

832 Second Sunday of Lent / B — Segundo Domingo de Cuaresma / B

The refrains may be sung simultaneously. *Psalm / Salmo 116:10 and 15, 16–17, 18–19 / 26*

I trusted, even when I said,
"I am sorely afflicted."
How precious in the eyes of the LORD
is the death of his faithful. ℟.

Your servant, LORD, your servant am I,
the son of your handmaid;
you have loosened my bonds.
A thanksgiving sacrifice I make;
I will call on the name of the LORD. ℟.

My vows to the LORD I will fulfill
before all his people,
in the courts of the house of the LORD,
in your midst, O Jerusalem. ℟.

Tenía fe, aun cuando dije:
"Qué desgraciado soy."
Mucho le cuesta al Señor
la muerte de sus fieles. ℟.

Señor, yo soy tu siervo,
siervo tuyo, hijo de tu esclava:
rompiste mis cadenas.
Te ofreceré un sacrificio de alabanza,
invocando tu nombre, Señor. ℟.

Cumpliré al Señor mis votos,
en presencia de todo el pueblo,
en el atrio de la casa del Señor,
en medio de ti, Jerusalén. ℟.

Second Sunday of Lent / C — Segundo Domingo de Cuaresma / C 833

Psalm / Salmo 27:1, 7–8, 9abc, 13–14 / 27

For a bilingual refrain, sing the first half in one language, and the second half in the other.

The LORD is my light and my salvation;
whom shall I fear?
The LORD is the stronghold of my life;
whom should I dread? ℟.

O LORD, hear my voice when I call;
have mercy and answer me.
Of you my heart has spoken, "Seek his face."
It is your face, O LORD, that I seek. ℟.

Hide not your face from me.
Dismiss not your servant in anger;
you have been my help.
Do not abandon or forsake me. ℟.

El Señor es mi luz y mi salvación,
¿a quién temeré?
El Señor es la defensa de mi vida,
¿quién me hará templar? ℟.

Escúchame, Señor, que te llamo;
ten piedad, respóndeme.
Oigo en mi corazón:
"Busca mi rostro." ℟.

Tu rostro buscaré, Señor,
no me escondas tu rostro.
No rechaces con ira a tu siervo,
que tú eres mi auxilio. ℟.

I believe I shall see the LORD's goodness
in the land of the living.
Wait for the LORD; be strong;
be stouthearted, and wait for the
LORD! ℟.

Espero gozar de la dicha del Señor
en el país de la vida.
Espera en el Señor, sé valiente,
ten ánimo, espera en el Señor. ℟.

834 Third Sunday of Lent / A — Tercer Domingo de Cuaresma / A

Psalm / Salmo 95:1–2, 6–7c, 7d–9 / 28

For a bilingual refrain, sing through the first ending in English and repeat in Spanish.

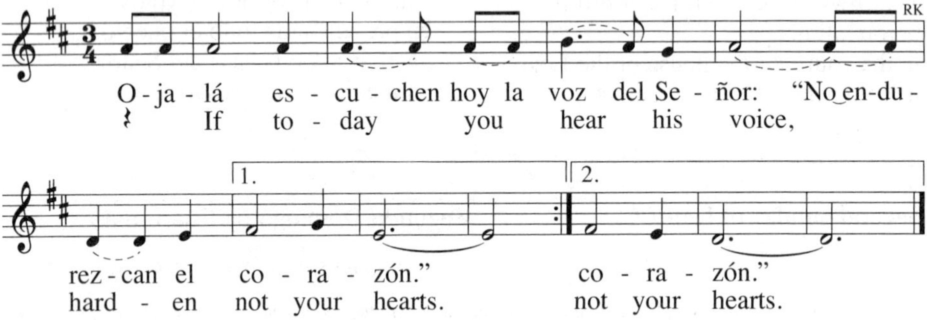

Come, let us ring out our joy to the LORD;
hail the rock who saves us.
Let us come into his presence, giving
thanks;
let us hail him with a song of praise. ℟.

Vengan, aclamemos al Señor,
demos vítores a la Roca que nos salva;
entremos a su presencia dándole
gracias,
aclamándolo con cantos. ℟.

O come; let us bow and bend low.
Let us kneel before the God who made
us,
for he is our God and we
the people who belong to his pasture,
the flock that is led by his hand. ℟.

Entren, postrémonos por tierra,
bendiciendo al Señor, creador nuestro.
Porque él es nuestro Dios,
y nosotros su pueblo, el rebaño que él
guía. ℟.

O that today you would listen to his
voice!
"Harden not your hearts as at Meribah,
as on that day at Massah in the desert
when your forebears put me to the test;
when they tried me, though they saw
my work." ℟.

Ojalá escuchen hoy su voz:
"No endurezcan el corazón como en
Meribá,
como el día de Masá en el desierto;
cuando sus padres me pusieron a prueba
y me tentaron, aunque habían visto mis
obras." ℟.

FIRST SCRUTINY

During Lent, the elect (those catechumens who have been called to prepare for baptism at Easter) are called to come before the community for exorcisms and prayers. This takes place after the liturgy of the word on the Third, Fourth, and Fifth Sundays of Lent.

PRIMER ESCRUTINIO

Durante la Cuaresma, se pide a los elegidos (esos catecúmenos que han sido llamados a prepararse para el bautismo durante la Pascua) que se presenten ante la comunidad para los exorcismos y las oraciones. Esto tiene lugar después de la liturgia de la palabra el

These rites are intended to purify the hearts and minds of the elect, to strengthen them against temptation, to help them progress in the love of God.

The presider asks the assembly to pray in silence for the elect, then to join in intercessions for them. The presider lays hands on each of the elect and prays that the elect be delivered from the power of evil and become witnesses to the gospel. A song or psalm may be sung, then the elect are dismissed as usual and the faithful continue with the liturgy of the eucharist.

domingo tercer, cuarto y quinto de Cuaresma. Estos ritos son para purificar el corazón y la mente de los elegidos, para fortalecerlos contra la tentación, para ayudarles a progresar en el amor de Dios.

El sacerdote pide a la asamblea que oren en silencio por los elegidos, luego que se unan intercediendo por ellos. El sacerdote impone las manos sobre cada uno de los elegidos y ora para que los elegidos estén libres del poder del maligno y lleguen a ser testigos del evangelio. Se puede entonar un canto o salmo, luego se despide a los elegidos como es costumbre y los fieles continúan con la liturgia de la eucaristía.

Third Sunday of Lent / B — Tercer Domingo de Cuaresma / B 835

For a bilingual refrain, sing the words in italics.

Psalm / Salmo 19:8, 9, 10, 11 / 29

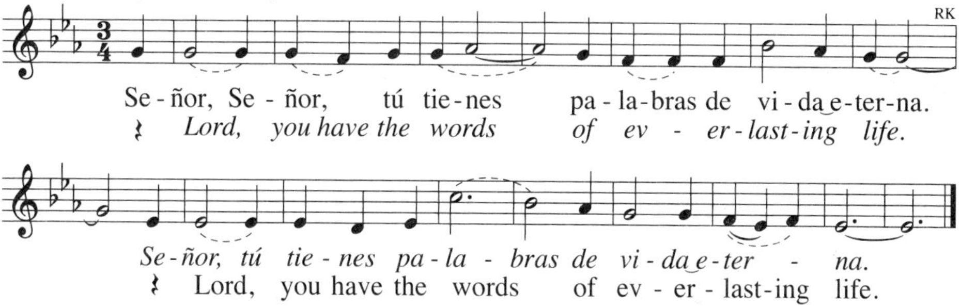

The law of the Lord is perfect;
it revives the soul.
The decrees of the Lord are steadfast;
they give wisdom to the simple. ℟.

The precepts of the Lord are right;
they gladden the heart.
The command of the Lord is clear;
it gives light to the eyes. ℟.

The fear of the Lord is pure,
abiding forever.
The judgments of the Lord are true;
they are, all of them, just. ℟.

They are more to be desired than gold,
than quantities of gold.
And sweeter are they than honey,
than honey flowing from the comb. ℟.

La ley del Señor es perfecta
y es descanso del alma;
el precepto del Señor es fiel
e instruye al ignorante. ℟.

Los mandatos del Señor son rectos
y alegran el corazón;
la norma del Señor es límpida
y da luz a los ojos. ℟.

La voluntad del Señor es pura
y eternamente estable;
los mandamientos del Señor son
verdaderos
y enteramente justos. ℟.

Más preciosos que el oro,
más que el oro fino;
más dulces que la miel
de un panal que destila. ℟.

FIRST SCRUTINY
See no. 834

PRIMER ESCRUTINIO
Véase núm. 834

836 Third Sunday of Lent / C — Tercer Domingo de Cuaresma / C

The refrains may be sung simultaneously.

Psalm / Salmo 103:1–2, 3–4, 6–7, 8 and 11 / 30

RK

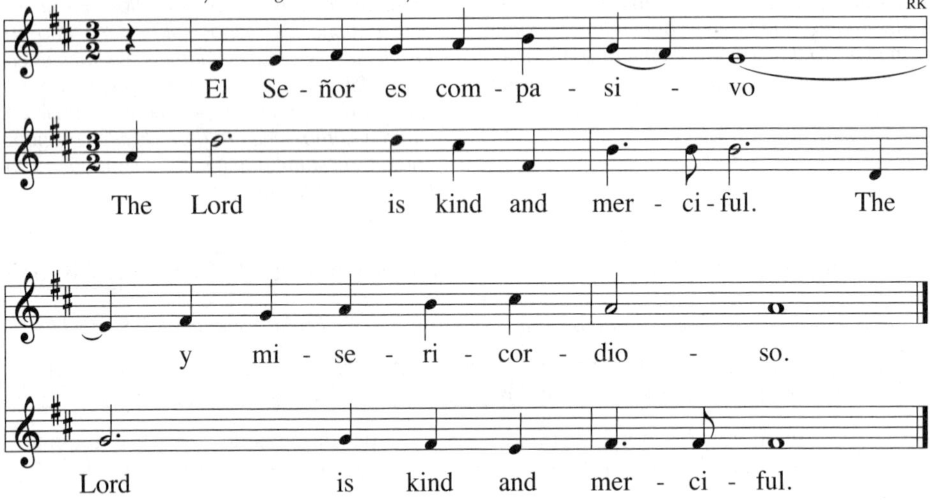

Bless the Lord, O my soul,
and all within me, his holy name.
Bless the Lord, O my soul,
and never forget all his benefits. ℟.

It is the Lord who forgives all your sins,
who heals every one of your ills,
who redeems your life from the grave,
who crowns you with mercy and
compassion. ℟.

The Lord does just deeds,
gives full justice to all who are
oppressed.
He made known his ways to Moses,
and his deeds to the children of
Israel. ℟.

The Lord is compassionate and
gracious,
slow to anger and rich in mercy.
For as the heavens are high above the
earth,
so strong his mercy for those who
fear him. ℟.

Bendice, alma mía, al Señor,
y todo mi ser a su santo nombre.
Bendice, alma mía, al Señor,
y no olvides sus beneficios. ℟.

Él perdona todas tus culpas
y cura todas tus enfermedades;
él rescata tu vida de la fosa
y te colma de gracia y de ternura. ℟.

El Señor hace justicia
y defiende a todos los oprimidos;
enseñó sus caminos a Moisés
y sus hazañas a los hijos de Israel. ℟.

El Señor es compasivo y
misericordioso,
lento a la ira y rico en clemencia.
Como se levanta el cielo sobre la tierra,
se levanta su bondad sobre sus
fieles. ℟.

FIRST SCRUTINY
See no. 834

PRIMER ESCRUTINIO
Véase núm. 834

Fourth Sunday of Lent / A — Cuarto Domingo de Cuaresma / A 837

The refrains may be sung simultaneously.

Psalm / Salmo 23:1–3a, 3b–4, 5, 6 / 31

RK

The LORD is my shepherd;
there is nothing I shall want.
Fresh and green are the pastures
where he gives me repose.
Near restful waters he leads me;
he revives my soul. ℟.

He guides me along the right path,
for the sake of his name.
Though I should walk in the valley of
the shadow of death,
no evil would I fear, for you are with me.
Your crook and your staff will give
me comfort. ℟.

You have prepared a table before me
in the sight of my foes.
My head you have anointed with oil;
my cup is overflowing. ℟.

Surely goodness and mercy shall
follow me
all the days of my life.
In the LORD's own house shall I dwell
for length of days unending. ℟.

El Señor es mi pastor, nada me falta:
en verdes praderas me hace recostar;
me conduce hacia fuentes tranquilas
y repara mis fuerzas. ℟.

Me guía por el sendero justo,
por el honor de su nombre.
Aunque camine por cañadas oscuras,
nada temo, porque tú vas conmigo:
tu vara y tu cayado me sosiegan. ℟.

Preparas una mesa ante mí,
enfrente de mis enemigos;
me unges la cabeza con perfume,
y mi copa rebosa. ℟.

Tu bondad y tu misericordia
me acompañan
todos los días de mi vida,
y habitaré en la casa del Señor
por años sin término. ℟.

SECOND SCRUTINY

During Lent, the elect (those catechumens who have been called to prepare for baptism at Easter) are called to come before the community for exorcisms and prayers. This takes place after the liturgy of the word on the Third, Fourth, and Fifth Sundays of Lent. These rites are intended to purify the hearts and minds of the elect, to strengthen them against temptation, to help them progress in the love of God.

The presider asks the assembly to pray in silence for the elect, then to join in intercessions for them. The presider lays hands on each of the elect and prays that the elect be delivered from the power of evil and become witnesses to the gospel. A song or psalm may be sung, then the elect are dismissed as usual and the faithful continue with the liturgy of the eucharist.

SEGUNDO ESCRUTINIO

Durante la Cuaresma, se pide a los elegidos (esos catecúmenos que han sido llamados a prepararse para el bautismo durante la Pascua) que se presenten ante la comunidad para los exorcismos y las oraciones. Esto tiene lugar después de la liturgia de la palabra el domingo tercer, cuarto y quinto de Cuaresma. Estos ritos son para purificar el corazón y la mente de los elegidos, para fortalecerlos contra la tentación, para ayudarles a progresar en el amor de Dios.

El sacerdote pide a la asamblea que oren en silencio por los elegidos, luego que se unan intercediendo por ellos. El sacerdote impone las manos sobre cada uno de los elegidos y ora para que los elegidos estén libres del poder del maligno y lleguen a ser testigos del evangelio. Se puede entonar un canto o salmo, luego se despide a los elegidos como es costumbre y los fieles continúan con la liturgia de la eucaristía.

838 Fourth Sunday of Lent / B — Cuarto Domingo de Cuaresma / B

Psalm / Salmo 137:1–2, 3, 4–5, 6 / 32

The refrains may be sung simultaneously.

RK

By the rivers of Babylon
there we sat and wept,
remembering Sion;
on the poplars that grew there
we hung up our harps. ℟.

For it was there that they asked us,
our captors, for songs,
our oppressors, for joy.
"Sing to us," they said,
"one of Sion's songs." ℟.

Junto a los canales de Babilonia
nos sentamos a llorar con nostalgia de Sión;
en los sauces de sus orillas
colgábamos nuestras cítaras. ℟.

Allí los que nos deportaron
nos invitaban a cantar;
nuestros opresores, a divertirlos:
"Cántennos un cantar de Sión." ℟.

O how could we sing
the song of the LORD
on foreign soil?
If I forget you, Jerusalem,
let my right hand wither! ℟.

O let my tongue
cleave to my palate
if I remember you not,
if I prize not Jerusalem
as the first of my joys! ℟.

¡Cómo cantar un cántico del Señor
en tierra extranjera!
Si me olvido de ti, Jerusalén,
que se me paralice la mano derecha. ℟.

Que se me pegue la lengua al paladar
si no me acuerdo de ti,
si no pongo a Jerusalén
en la cumbre de mis alegrías. ℟.

SECOND SCRUTINY
See no. 837

SEGUNDO ESCRUTINIO
Véase núm. 837

Fourth Sunday of Lent / C — Cuarto Domingo de Cuaresma / C 839

Psalm / Salmo 34:2–3, 4–5, 6–7 / 33

For a bilingual refrain, sing the first half in one language, and the second half in the other.

I will bless the LORD at all times;
praise of him is always in my mouth.
In the LORD my soul shall make its boast;
the humble shall hear and be glad. ℟.

Glorify the LORD with me;
together let us praise his name.
I sought the LORD, and he answered me;
from all my terrors he set me free. ℟.

Look toward him and be radiant;
let your faces not be abashed.
This lowly one called; the LORD heard,
and rescued him from all his distress. ℟.

Bendigo al Señor en todo momento,
su alabanza está siempre en mi boca;
mi alma se gloría en el Señor:
que los humildes lo escuchen y
se alegren. ℟.

Proclamen conmigo la grandeza del
Señor,
ensalcemos juntos su nombre.
Yo consulté al Señor, y me respondió,
me libró de todas mis ansias. ℟.

Contémplenlo, y quedarán radiantes,
su rostro no se avergonzará.
Si el afligido invoca al Señor,
él lo escucha
y lo salva de sus angustias. ℟.

SECOND SCRUTINY
See no. 837

SEGUNDO ESCRUTINIO
Véase núm. 837

840 Fifth Sunday of Lent / A

Quinto Domingo de Cuaresma / A

Psalm / Salmo 130:1–2, 3–4, 5–6ab and 7a, 7b–8 / 34

For a bilingual refrain, sing through the first ending in one language and repeat in the other.

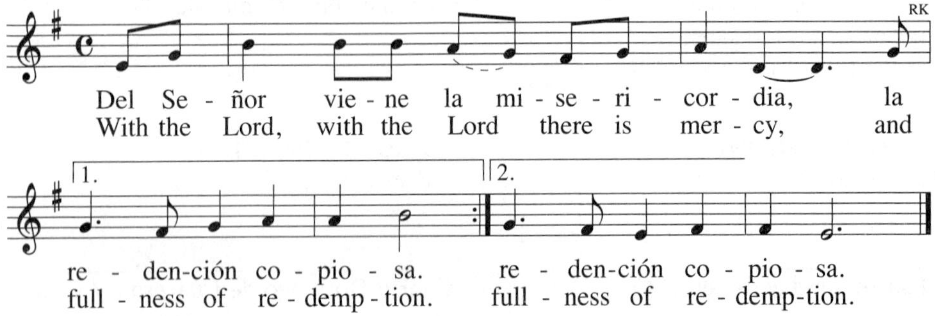

Out of the depths I cry to you, O LORD;
Lord, hear my voice!
O let your ears be attentive
to the sound of my pleadings. ℟.

If you, O LORD, should mark iniquities,
Lord, who could stand?
But with you is found forgiveness,
that you may be revered. ℟.

I long for you, O LORD,
my soul longs for his word.
My soul hopes in the Lord
more than watchmen for daybreak.
Let Israel hope for the LORD. ℟.

For with the LORD there is mercy,
in him is plentiful redemption.
It is he who will redeem Israel
from all its iniquities. ℟.

Desde lo hondo a ti grito, Señor;
Señor, escucha mi voz;
estén tus oídos atentos
a la voz de mi súplica. ℟.

Si llevas cuentas de los delitos, Señor,
¿quién podrá resistir?
Pero de ti procede el perdón,
y así infundes respeto. ℟.

Mi alma espera en el Señor,
espera en su palabra;
mi alma aguarda al Señor,
más que el centinela la aurora. ℟.

Porque del Señor viene la misericordia,
la redención copiosa;
y él redimirá a Israel
de todos sus delitos. ℟.

THIRD SCRUTINY

During Lent, the elect (those catechumens who have been called to prepare for baptism at Easter) are called to come before the community for exorcisms and prayers. This takes place after the liturgy of the word on the Third, Fourth, and Fifth Sundays of Lent. These rites are intended to purify the hearts and minds of the elect, to strengthen them against

TERCER ESCRUTINIO

Durante la Cuaresma, se pide a los elegidos (esos catecúmenos que han sido llamados a prepararse para el bautismo durante la Pascua) que se presenten ante la comunidad para los exorcismos y las oraciones. Esto tiene lugar después de la liturgia de la palabra el domingo tercer, cuarto y quinto de Cuaresma. Estos ritos son para purificar el corazón y la mente temptation, to help them progress in the love of God.

The presider asks the assembly to pray in silence for the elect, then to join in intercessions for them. The presider lays hands on each of the elect and prays that the elect be delivered from the power of evil and become witnesses to the gospel. A song or psalm may be sung, then the elect are dismissed as usual and the faithful continue with the liturgy of the eucharist.

de los elegidos, para fortalecerlos contra la tentación, para ayudarles a progresar en el amor de Dios.

El sacerdote pide a la asamblea que oren en silencio por los elegidos, luego que se unan intercediendo por ellos. El sacerdote impone las manos sobre cada uno de los elegidos y ora para que los elegidos estén libres del poder del maligno y lleguen a ser testigos del evangelio. Se puede entonar un canto o salmo, luego se despide a los elegidos como es costumbre y los fieles continúan con la liturgia de la eucaristía.

Fifth Sunday of Lent / B — Quinto Domingo de Cuaresma / B 841

Psalm / Salmo 51:3–4, 12–13, 14–15 / 35

Or:

Have mercy on me, O God,
according to your merciful love;
according to your great compassion,
blot out my transgressions.
Wash me completely from my iniquity,
and cleanse me from my sin. ℟.

Create a pure heart for me, O God;
renew a steadfast spirit within me.
Do not cast me away from your presence;
take not your holy spirit from me. ℟.

Restore in me the joy of your salvation;
sustain in me a willing spirit.
I will teach transgressors your ways,
that sinners may return to you. ℟.

Misericordia, Dios mío, por tu bondad,
por tu inmensa compasión borra mi
culpa;
lava del todo mi delito,
limpia mi pecado. ℟.

Oh Dios, crea en mí un corazón puro,
renuévame por dentro con espíritu
firme;
no me arrojes lejos de tu rostro,
no me quites tu santo espíritu. ℟.

Devuélveme la alegría de tu salvación,
afiánzame con espíritu generoso:
enseñaré a los malvados tus caminos,
los pecadores volverán a ti. ℟.

THIRD SCRUTINY

See no. 840

TERCER ESCRUTINIO

Véase núm. 840

842 Fifth Sunday of Lent / C — Quinto Domingo de Cuaresma / C

Psalm / Salmo 126:1–2ab, 2cd–3, 4–5, 6 / 36

When the Lord brought back the exiles
of Sion,
we thought we were dreaming.
Then was our mouth filled with laughter;
on our tongues, songs of joy. ℟.

Then the nations themselves said,
"What great deeds
the Lord worked for them!"
What great deeds the Lord worked for
us!
Indeed, we were glad. ℟.

Bring back our exiles, O Lord,
as streams in the south.
Those who are sowing in tears
will sing when they reap. ℟.

They go out, they go out, full of tears,
bearing seed for the sowing;
they come back, they come back with
a song,
bearing their sheaves. ℟.

Cuando el Señor cambió la suerte de
Sión,
nos parecía soñar:
la boca se nos llenaba de risas,
la lengua de cantares. ℟.

Hasta los gentiles decían:
"El Señor ha estado grande con ellos."
El Señor ha estado grande con nosotros,
y estamos alegres. ℟.

Que el Señor cambie nuestra suerte,
como los torrentes del Negueb.
Los que sembraban con lágrimas
cosechan entre cantares. ℟.

Al ir, iban llorando,
llevando la semilla;
al volver, vuelven cantando,
trayendo sus gavillas. ℟.

THIRD SCRUTINY

See no. 840

TERCER ESCRUTINIO

Véase núm. 840

Palm Sunday of the Passion of the Lord / ABC

Domingo de Ramos en la Pasión del Señor / ABC 843

Passion or Palm Sunday is the last Sunday in Lent. Its closeness to the end of Lent has given this liturgy two distinct features: the procession with palms and the gospel reading of the Lord's passion. The blessing and carrying of palms celebrates Jesus' entrance into Jerusalem to accomplish his paschal mystery. The reading of the passion comes as a conclusion to all the gospel readings of the lenten Sundays: these scriptures yearly prepare catechumens and the faithful to approach the celebration of Christ's death and resurrection. That celebration takes place most especially in the sacraments of initiation at the Easter Vigil.

El Domingo de Ramos o de la Pasión del Señor es el último domingo de Cuaresma. Su proximidad con el fin de la Cuaresma ha marcado a esta liturgia con dos características distintivas: la procesión con las palmas y la lectura del Evangelio narrando la Pasión del Señor. La bendición y el llevar las palmas celebran la entrada de Jesús en Jerusalén para cumplir su misterio pascual. La lectura de la pasión es la conclusión de todas las lecturas del evangelio durante los domingos de cuaresma: estas lecturas bíblicas preparan anualmente a los catecúmenos y a los fieles para que se acerquen a la celebración de la muerte y resurrección de Cristo. Esa celebración tiene lugar especialmente en los sacramentos de iniciación durante la Vigilia Pascual.

COMMEMORATION OF THE LORD'S ENTRANCE INTO JERUSALEM

This rite may be very simple or may involve the entire assembly in a procession with the blessing of palms and the gospel reading of Jesus' entrance into Jerusalem. Depending on the local Church, then, some of the following hymns and psalms will be used.

CONMEMORACIÓN DE LA ENTRADA DEL SEÑOR EN JERUSALÉN

Este rito puede ser muy sencillo o puede involucrar a la asamblea entera en una procesión con la bendición de las palmas y la lectura del evangelio sobre la entrada de Jesús en Jerusalén. Según la Iglesia local, se usarán luego algunos de los siguientes himnos y salmos.

OPENING ANTIPHON

The following or another appropriate acclamation may be sung.

ANTÍFONA 844

Se puede cantar la siguiente aclamación u otra apropiada.

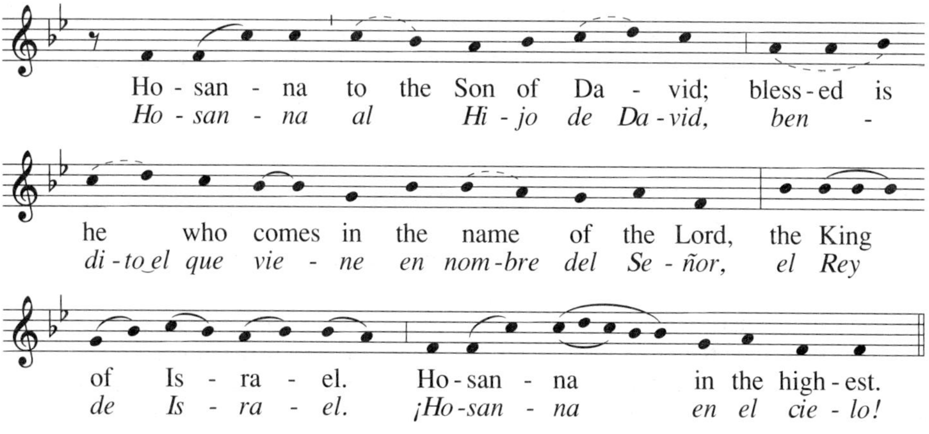

BLESSING OF BRANCHES

All hold branches as these are blessed. The branches may be of palm or from a tree that is native to the area. The green or flowering branches signify the victory of life.

BENDICIÓN DE LOS RAMOS

Todos tienen los ramos en las manos para la bendición. Los ramos pueden ser de palma o de un árbol que sea originario de esa área. Los ramos verdes o en flor significan la victoria de la vida.

GOSPEL

An account of Jesus' triumphal entry into Jerusalem is proclaimed.

EVANGELIO

Se lee uno de los relatos sobre la entrada triunfante de Jesús en Jerusalén.

845 **PROCESSION**

All join in the procession or at least in the song. Such a movement of people expresses the experience of Lent: the Church has been called to move on, to go ever further toward the paschal mystery of death and resurrection. A hymn (see nos. 417, 419, or 420) or another appropriate song, is sung.

This dialogue may be used:
Priest, deacon, or other minister:
Let us go forth in peace.

The commemoration of the Lord's entrance into Jerusalem, whether this is done in a simple or solemn manner, concludes with the opening prayer of the Mass.

PROCESIÓN

Todos se unen a la procesión o, por lo menos, en el canto. Tal movimiento del pueblo expresa la experiencia de Cuaresma: se ha llamado a la Iglesia a seguir adelante, a ir siempre más allá hacia el misterio pascual de la muerte y resurrección. Se canta un himno (véanse núms. 417, 419, o 420) u otro canto apropiado.

Se puede usar este diálogo:
Sacerdote, diácono, u otro ministro:
Pueden ir en paz.

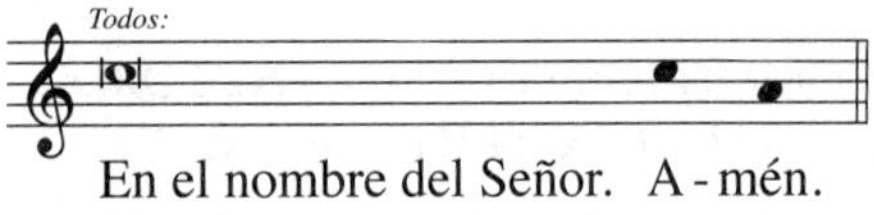

La conmemoración de la entrada del Señor en Jerusalén, bien sea si se lleva a cabo de una manera sencilla o solemne, concluye con la oración colecta de la Misa.

846 **LITURGY OF THE WORD**

LITURGIA DE LA PALABRA

Psalm / Salmo 22:8–9, 17–18a, 19–20, 23–24 / 38

Or:

All who see me deride me;
they curl their lips, they toss their heads:
"He trusted in the LORD, let him save him;
let him release him, for in him he
delights." ℟.

Al verme, se burlan de mí,
hacen visajes, menean la cabeza:
"Acudió al Señor, que lo ponga a salvo;
que lo libre, si tanto lo quiere." ℟.

For dogs have surrounded me;
a band of the wicked besets me.
They tear holes in my hands and my feet;
I can count every one of my bones. ℟.

They divide my clothing among them,
they cast lots for my robe.
But you, O Lord, do not stay afar off;
my strength, make haste to help me! ℟.

I will tell of your name to my kin,
and praise you in the midst of the assembly;
"You who fear the Lord, give him praise;
all descendants of Jacob, give him glory;
revere him, all you descendants of Israel." ℟.

Me acorrala una jauría de mastines,
me cerca una banda de malhechores;
me taladran las manos y los pies,
puedo contar mis huesos. ℟.

Se reparten mi ropa,
echan a suerte mi túnica.
Pero tú, Señor, no te quedes lejos;
fuerza mía, ven corriendo a ayudarme. ℟.

Contaré tu fama a mis hermanos,
en medio de la asamblea te alabaré.
Fieles del Señor, alábenlo;
linaje de Jacob, glorifíquenlo;
témanlo, linaje de Israel. ℟.

847 Paschal Triduum

"The Easter Triduum of the passion and resurrection of Christ is...the culmination of the entire liturgical year. What Sunday is to the week, the solemnity of Easter is to the liturgical year" (General Norms for the Liturgical Year, #18).

Lent ends quietly on Thursday afternoon. The Church enters the Triduum ("three days"). On Thursday night the Church begins a time of prayer and fasting, a time of keeping watch, that lasts into the great Vigil between Saturday and Sunday. The Church emphasizes that the fasting of Good Friday and, if possible, Holy Saturday is integral to the keeping of these days and the preparation for the sacraments of initiation celebrated at the Vigil. On Thursday night and on Friday afternoon or evening the Church gathers to pray and to remember the many facets of the single mystery.

Triduo Pascual

"El triduo santo pascual de la Pasión y Resurrección del Señor es el punto culminante de todo el año litúrgico. La preeminencia que tiene el domingo en la semana, la tiene la solemnidad de Pascua en el año litúrgico" (Normas Universales sobre el Año Litúrgico, #18).

La Cuaresma termina silenciosamente el jueves en la tarde. La Iglesia entra en el Triduo ("tres días"). El jueves en la noche la Iglesia empieza un período de oración y ayuno, un período de mantenerse en vigilia, que dura hasta la gran Vigilia entre el sábado y el domingo. La Iglesia hace hincapié en que el ayuno del Viernes Santo y, si es posible, del Sábado Santo es integral a la celebración de estos días y a la preparación para los sacramentos de iniciación celebrados durante la Vigilia. El jueves en la noche y el viernes en la tarde o al atardecer, la Iglesia se reúne para orar y recordar las muchas facetas de un solo misterio.

848 Thursday of the Lord's Supper: Evening Mass / ABC

Jueves Santo: Misa Vespertina de la Cena del Señor / ABC

On Thursday night Lent has ended and the Church, at this Mass of the Lord's Supper, enters into the Paschal Triduum. From the very first moment the all-embracing experience of these three days is proclaimed: "We should glory in the Cross of our Lord Jesus Christ, in whom is our salvation, life and resurrection, through whom we are saved and delivered." This is the whole of the great Triduum. On Thursday night, the liturgy draws us toward this through Scripture, through the mandatum or washing of feet, which is the direct expression of our service to one another and the world, and through the eucharistic banquet itself.

La Cuaresma ha terminado el jueves en la noche y la Iglesia, con esta Misa de la Cena del Señor, entra en el Triduo Pascual. Desde el primer momento se proclama la experiencia que abarca todos estos días: "Que nuestro único orgullo sea la cruz de nuestro Señor Jesucristo, porque en él tenemos la salvación, la vida y la resurrección, y por él hemos sido salvados y redimidos." Esto es todo el gran Triduo. El jueves en la noche, la liturgia nos atrae hacia esto por medio de las lecturas bíblicas, el "mandatum" o lavatorio de los pies, que es la expresión directa de nuestro servicio unos a otros y al mundo, y el mismo banquete eucarístico.

LITURGY OF THE WORD

LITURGIA DE LA PALABRA

Psalm / Salmo 116:12–13, 15 and 16bc, 17–18 / 39

For a bilingual refrain, sing the words in italics.

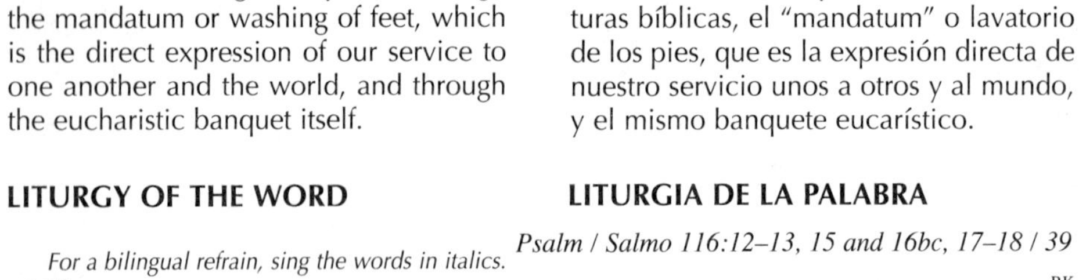

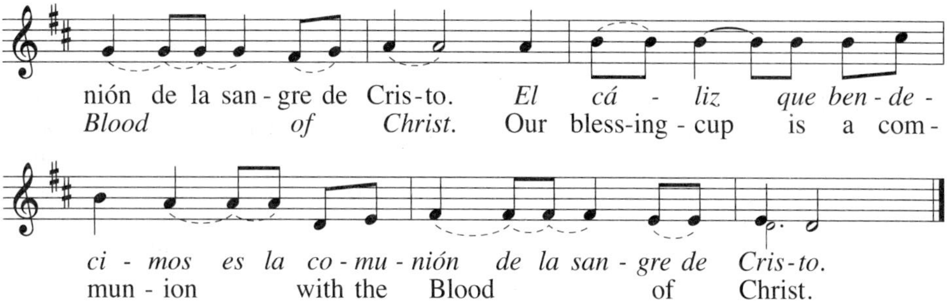

How can I repay the LORD
for all his goodness to me?
The cup of salvation I will raise;
I will call on the name of the LORD. ℟.

How precious in the eyes of the LORD
is the death of his faithful.
Your servant am I, the son of your
handmaid;
you have loosened my bonds. ℟.

A thanksgiving sacrifice I make;
I will call on the name of the LORD.
My vows to the LORD I will fulfill
before all his people. ℟.

¿Como pagaré al Señor
todo el bien que me ha hecho?
Alzaré la copa de la salvación,
invocando su nombre. ℟.

Mucho le cuesta al Señor
la muerte de sus fieles.
Señor, yo soy tu siervo, hijo de tu
esclava;
rompiste mis cadenas. ℟.

Te ofreceré un sacrificio de alabanza,
invocando tu nombre, Señor.
Cumpliré al Señor mis votos
en presencia de todo el pueblo. ℟.

WASHING OF FEET

The homily is followed by the washing of feet, the mandatum (from the Latin word for "command": "A new commandment I give to you..."). This is a simple gesture of humble service: the priest, assisted by other ministers, washes the feet of various members of the assembly. Such a gesture, with the song which accompanies it, speaks directly of the way of life Christians seek. (Appropriate songs are nos. 422, 424, and 425.)

The Mass continues with the Prayer of the Faithful.

LAVATORIO DE LOS PIES 849

Se sigue a la homilía con el lavatorio de los pies, el mandatum (de la palabra latina para "mandato": "Les doy un mandamiento nuevo..."). Es un gesto sencillo de servicio humilde: el sacerdote y otros ministros lavan los pies de varios miembros de la asamblea. Tal gesto, junto con el canto que lo acompaña, expresa directamente el estilo de vida que buscan los cristianos. (Cantos apropiados están en núms. 422, 424, y 425.)

La Misa continúa con la plegaria universal.

TRANSFER OF THE MOST BLESSED SACRAMENT

When the communion rite is concluded, the eucharistic bread that remains is solemnly carried from the altar to a specially prepared place of repose. The following hymn accompanies the procession.

TRASLACIÓN DEL SANTÍSIMO SACRAMENTO 850

Cuando ha terminado el rito de la comunión, el Pan eucarístico que queda se lleva solemnemente del altar hasta el sito especialmente preparado donde se le va a guardar. El siguiente himno acompaña la procesión.

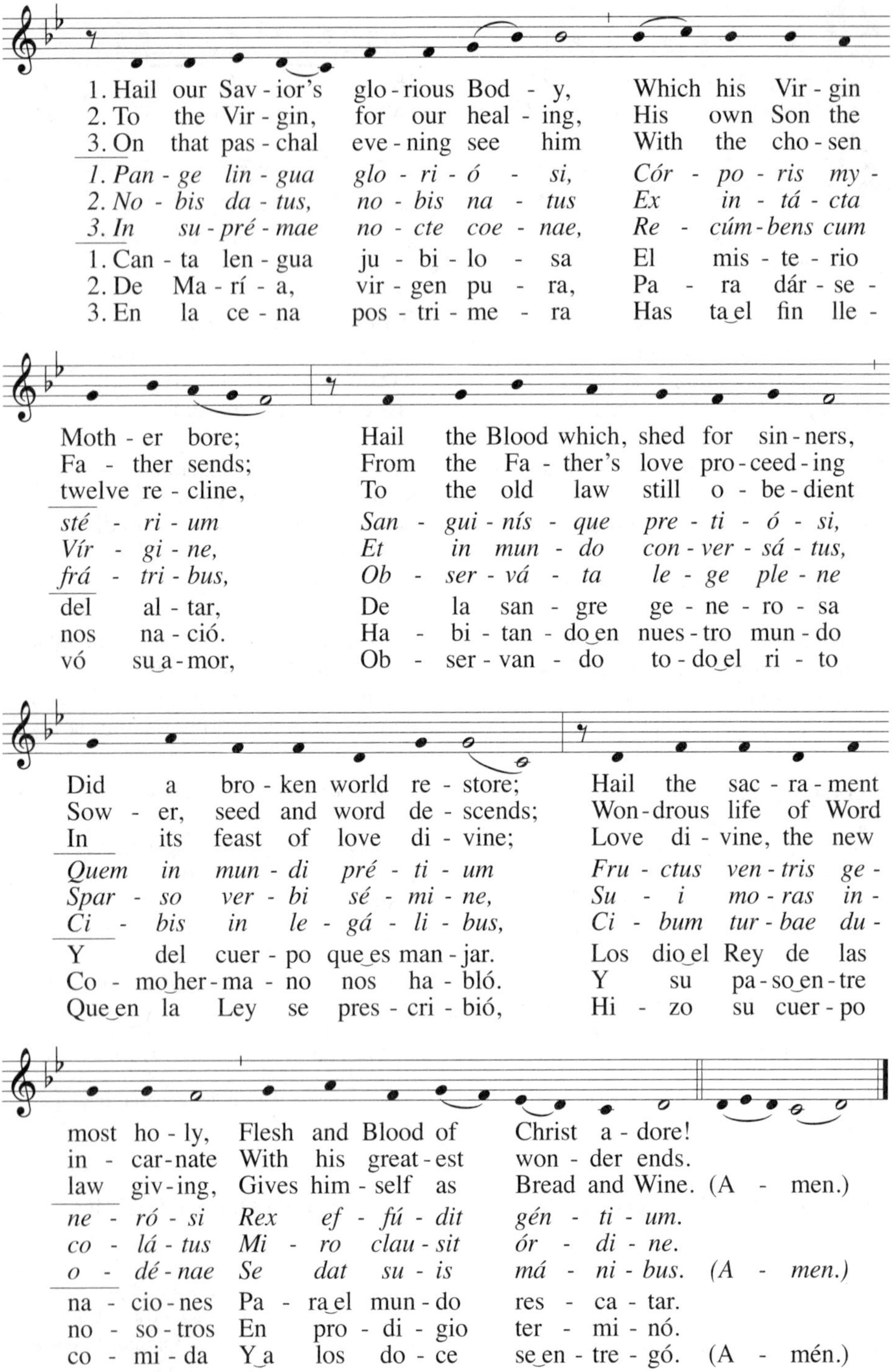
1. Hail our Sav - ior's glo - rious Bod - y, Which his Vir - gin
2. To the Vir - gin, for our heal - ing, His own Son the
3. On that pas - chal eve - ning see him With the cho - sen
1. Pan - ge lin - gua glo - ri - ó - si, Cór - po - ris my -
2. No - bis da - tus, no - bis na - tus Ex in - tá - cta
3. In su - pré - mae no - cte coe - nae, Re - cúm - bens cum
1. Can - ta len - gua ju - bi - lo - sa El mis - te - rio
2. De Ma - rí - a, vir - gen pu - ra, Pa - ra dár - se -
3. En la ce - na pos - tri - me - ra Has ta el fin lle -
Moth - er bore; Hail the Blood which, shed for sin - ners,
Fa - ther sends; From the Fa - ther's love pro - ceed - ing
twelve re - cline, To the old law still o - be - dient
sté - ri - um San - gui - nís - que pre - ti - ó - si,
Vír - gi - ne, Et in mun - do con - ver - sá - tus,
frá - tri - bus, Ob - ser - vá - ta le - ge ple - ne
del al - tar, De la san - gre ge - ne - ro - sa
nos na - ció. Ha - bi - tan - do en nues - tro mun - do
vó su a - mor, Ob - ser - van - do to - do el ri - to
Did a bro - ken world re - store; Hail the sac - ra - ment
Sow - er, seed and word de - scends; Won - drous life of Word
In its feast of love di - vine; Love di - vine, the new
Quem in mun - di pré - ti - um Fru - ctus ven - tris ge -
Spar - so ver - bi sé - mi - ne, Su - i mo - ras in -
Ci - bis in le - gá - li - bus, Ci - bum tur - bae du -
Y del cuer - po que es man - jar. Los dio el Rey de las
Co - mo her - ma - no nos ha - bló. Y su pa - so en - tre
Que en la Ley se pres - cri - bió, Hi - zo su cuer - po
most ho - ly, Flesh and Blood of Christ a - dore!
in - car - nate With his great - est won - der ends.
law giv - ing, Gives him - self as Bread and Wine. (A - men.)
ne - ró - si Rex ef - fú - dit gén - ti - um.
co - lá - tus Mi - ro clau - sit ór - di - ne.
o - dé - nae Se dat su - is má - ni - bus. (A - men.)
na - cio - nes Pa - ra el mun - do res - ca - tar.
no - so - tros En pro - di - gio ter - mi - nó.
co - mi - da Y a los do - ce se en - tre - gó. (A - mén.)

4. By his word the Word almighty
Makes of bread his flesh indeed;
Wine becomes his very lifeblood;
Faith God's living Word must heed!
Faith alone may safely guide us
Where the senses cannot lead.

5. Come, adore this wondrous presence;
Bow to Christ, the source of grace!
Here is kept the ancient promise
Of God's earthly dwelling place.
Sight is blind before God's glory,
Faith alone may see his face.

6. Glory be to God the Father,
Praise to his coequal Son,
Adoration to the Spirit,
Bond of love, in Godhead one.
Blest be God by all creation
Joyously while ages run! Amen.

4. Verbum caro, panem verum
Verbo carnem éfficit:
Fitque sanguis Christi merum,
Et si sensus déficit,
Ad firmándum cor sincérum
Sola fides súfficit.

5. Tantum ergo Sacraméntum
Venerémur cérnui:
Et antíquum documéntum
Novo cedat rítui;
Praestet fides suppleméntum
Sénsuum deféctui.

6. Genitóri, Genitóque
Laus et jubilátio,
Salus, honor, virtus quoque
Sit et benedíctio:
Procedénti ab utróque
Compar sit laudátio. Amen.

4. Con palabra poderosa
El Verbo, Hijo de Dios,
En su cuerpo y‿en su sangre,
Pan y vino transformó.
Los sentidos no lo‿entienden,
Mas la fe lo recibió.

5. A tan alto Sacramento
Demos, pues, veneración;
Ceda‿el Viejo Testamento
A la nueva‿institución;
A‿este nuevo suplemento
Demos fe y devoción.

6. Gloria‿al Padre‿omnipotente,
Gloria‿al Hijo Redentor;
Y‿al que de‿ambos procedente
Es el Vínculo de‿Amor;
Tributemos igualmente
Alabanza, prez y‿honor. Amén.

The liturgy has no concluding rite, no dismissal. Rather, the Church continues to watch and pray throughout the Triduum.

La liturgia no tiene rito de conclusión, ni despedida. Al contrario, la Iglesia continúa guardando vigilia y orando durante todo el Triduo.

851 Good Friday: Celebration of the Passion of the Lord / ABC

In Good Friday's liturgy of the word and adoration of the cross there is great solemnity as the Church ponders the "mystery of faith": the passion, death and resurrection of our Lord Jesus Christ. Fasting and praying during these days, the catechumens and the baptized assemble on Good Friday in the afternoon or evening for the Passion liturgy, which begins in silence.

Viernes Santo: Celebración de la Pasión del Señor / ABC

El Viernes Santo, la liturgia de la palabra y la adoración de la cruz se celebran con gran solemnidad: la Iglesia medita el "misterio de nuestra fe," la pasión, muerte y resurrección de nuestro Señor Jesucristo. En ayunas y en oración durante estos días, los catecúmenos y los bautizados se reúnen el Viernes Santo en la tarde o al atardecer para celebrar la Pasión del Señor, que empieza en silencio.

LITURGY OF THE WORD

LITURGIA DE LA PALABRA

Psalm / Salmo 31:2 and 6, 12–13, 15–16, 17 and 25 / 40

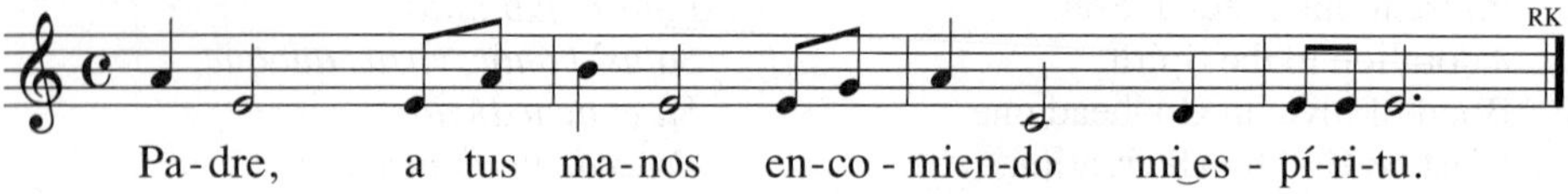

Or:

In you, O Lord, I take refuge.
Let me never be put to shame.
In your justice, set me free.
Into your hands I commend my spirit.
You will redeem me, O Lord,
O faithful God. ℟.

Because of all my foes
I have become a reproach,
an object of scorn to my neighbors
and of fear to my friends.
Those who see me in the street
flee from me.
I am forgotten, like someone dead,
and have become like a broken
vessel. ℟.

But as for me, I trust in you, O Lord;
I say, "You are my God.
My lot is in your hands, deliver me
from the hands of my enemies
and those who pursue me. ℟.

A ti, Señor, me acojo:
no quede yo nunca defraudado;
tú, que eres justo, ponme a salvo.
A tus manos encomiendo mi espíritu:
tú, el Dios leal, me librarás. ℟.

Soy la burla de todos mis enemigos,
la irrisión de mis vecinos,
el espanto de mis conocidos;
me ven por la calle, y escapan de mí.
Me han olvidado como a un muerto,
me han desechado como a un cacharro
inútil. ℟.

Pero yo confío en ti, Señor,
te digo: "Tú eres mi Dios."
En tu mano están mis azares:
líbrame de los enemigos que me
persiguen. ℟.

"Let your face shine on your servant.
Save me in your merciful love."
Be strong, let your heart take courage,
all who hope in the LORD. ℟.

PASSION OF OUR LORD JESUS CHRIST

SOLEMN INTERCESSIONS

As at Sunday liturgy, the word service concludes with prayers of intercession. Today these prayers take a more solemn form as the Church lifts up to God its own needs and those of the world.

ADORATION OF THE HOLY CROSS

An ancient liturgical text reads: "See here the true and most revered Tree. Hasten to kiss it and to cry out with faith: You are our help, most revered Cross." For many centuries the Church has solemnly venerated the relic or image of the cross on Good Friday. It is not present as a picture of suffering only but as a symbol of Christ's passover, where "dying he destroyed our death and rising restored our life." It is the glorious, the life-giving cross that the faithful venerate with song, prayer, kneeling and a kiss.

As the cross is shown to the assembly, the following is sung.

Priest or deacon:
Behold the wood of the Cross,
on which hung the salvation of the world.

As the assembly comes forward to venerate the cross, appropriate chants and hymns may be sung. See nos. 426–429 and 722–723.

HOLY COMMUNION

This liturgy concludes with a simple communion rite. All recite the Lord's Prayer and receive Holy Communion. There is no concluding rite or dismissal for the Church continues to be at prayer throughout the Triduum.

Haz brillar tu rostro sobre tu siervo,
sálvame por tu misericordia.
Sean fuertes y valientes de corazón,
los que esperan en el Señor. ℟.

PASIÓN DE NUESTRO SEÑOR JESUCRISTO

ORACIÓN UNIVERSAL

Como en la liturgia dominical, la liturgia de la palabra concluye con preces universales de intercesión. En este día estas oraciones tienen una forma más solemne cuando la Iglesia eleva a Dios sus propias necesidades y las de todo el mundo.

ADORACIÓN DE LA SANTA CRUZ 852

Un antiguo texto litúrgico dice: "Vean aquí el verdadero y más reverenciado Árbol. Apresúrense a besarlo y a exclamar con fe: Tú eres nuestra ayuda, reverendísima Cruz." Por muchos siglos la Iglesia ha venerado solemnemente la reliquia o la imagen de la cruz el Viernes Santo. No se presenta como un instrumento de sufrimiento solamente sino como un símbolo de la pascua de Cristo, quien "por su cruz y resurrección nos ha salvado." Es la cruz gloriosa, vivificadora que los fieles veneran con canto, oración, de rodillas y con un beso.

Cuando se muestra la cruz a la asamblea, se canta lo siguiente.

Sacerdote o diácono:
Mirad el árbol de la Cruz donde estuvo
clavado Cristo, el Salvador del mundo.

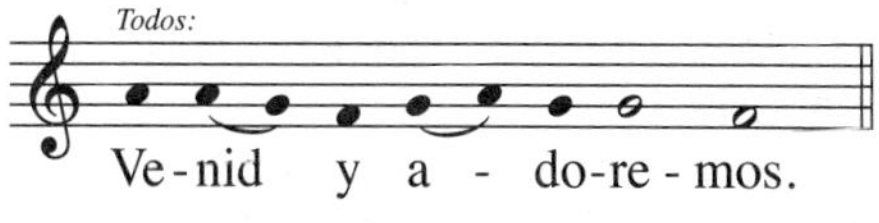

Mientras la asamblea se acerca a venerar la cruz, se pueden entonar cantos y himnos apropiados. Véanse núms. 426–429 y 722–723.

SAGRADA COMUNIÓN

Esta liturgia concluye con un rito sencillo de la Comunión. Todos rezan el Padrenuestro y reciben la Sagrada Comunión. No hay rito de conclusión ni despedida puesto que la Iglesia continúa en oración durante todo el Triduo.

853 Holy Saturday / Sábado Santo

The Church continues to fast and pray and to make ready for this night's great Vigil. Saturday is a day of great quiet and reflection. Catechumens, sponsors and some of the faithful may assemble during the day for prayer, the recitation of the Creed, and for the rite of Ephphetha (opening of ears and mouth).

La Iglesia continúa ayunando y orando y preparándose para la gran Vigilia de esta noche. El sábado es un día de gran silencio y reflexión. Los catecúmenos, los esponsores y algunos de los fieles pueden reunirse durante el día para orar, para la recitación del Credo, y para el rito de Effetá (abrir los oídos y la boca).

854 Easter Vigil in the Holy Night / ABC — Vigilia Pascual en la Noche Santa / ABC

The long preparation of the catechumens, the lenten disciplines and fast of the faithful, the vigiling and fasting and prayer that have gone on since Thursday night—all culminate in the great liturgy of this night. On this night the Church assembles to spend much time listening to Scripture, praying psalms, acclaiming the death and resurrection of the Lord. Only then are the catechumens called forward and prayed over, challenged to renounce evil and affirm their faith in God, led to the font and baptized in thev blessed water. The newly baptized are then anointed with chrism and the entire assembly joins in intercession and finally in the Eucharist.

La larga preparación de los catecúmenos, la disciplina cuaresmal y el ayuno de los fieles, el velar y ayunar y orar que se han practicado desde el jueves en la noche—todo culmina en la gran liturgia de esta noche. En esta noche la Iglesia se reúne para pasar mucho tiempo escuchando lecturas bíblicas, rezando salmos, aclamando la muerte y resurrección del Señor. Sólo entonces se convoca a los catecúmenos y se reza por ellos, se les reta a renunciar el mal y a afirmar su fe en Dios, se les lleva a la pila bautismal y se les bautiza en el agua bendita. Los recién bautizados son ahora ungidos con el crisma y la asamblea entera se une en la oración universal y finalmente en la eucaristía.

LUCERNARIUM

LUCERNARIO (O SOLEMNE COMIENZO DE LA VIGILIA)

BLESSING OF THE FIRE AND PREPARATION OF THE PASCHAL CANDLE

The night vigil begins with the kindling of new fire and the lighting of the paschal candle.

BENDICIÓN DEL FUEGO Y PREPARACIÓN DEL CIRIO PASCUAL

La vigilia nocturna empieza con encender el fuego nuevo y el cirio pascual.

PROCESSION

The ministers and assembly go in procession to the place where Scripture will be read. The following is sung during the procession.

PROCESIÓN

Los ministros y la asamblea van en procesión al lugar donde se proclamarán las lecturas bíblicas. Se puede cantar lo siguiente durante la procesión.

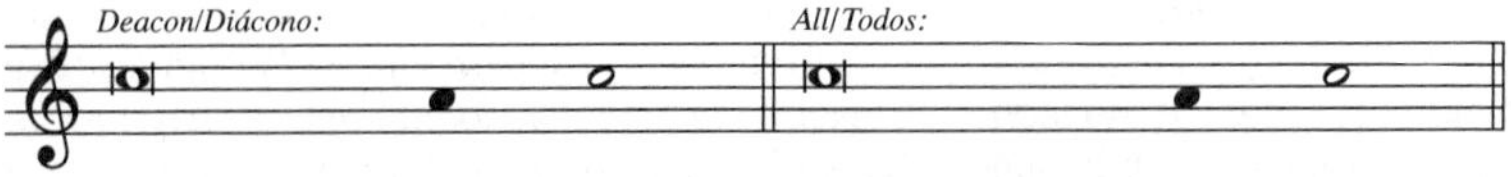

The Light of Christ. Thanks be to God.
Cristo, luz del mundo. Demos gracias a Dios.

EASTER PROCLAMATION: EXSULTET

In this ancient text the Church gives thanks and praise to God for all that is recalled this night: Adam's fall, the deliverance from Egypt, the passover of Christ, the wedding of earth and heaven, our reconciliation.

PREGÓN PASCUAL: EXSULTET

Con este texto antiguo la Iglesia da gracias y alabanzas a Dios por todo lo que se recuerda esta noche: la caída de Adán, la liberación de Egipto, la pascua de Cristo, la unión entre la tierra y el cielo, nuestra reconciliación.

LITURGY OF THE WORD

At the Vigil, the liturgy of the word is an extended time of readings, silence and the singing of psalms. On this night when the faithful know the death and resurrection of the Lord in baptism and eucharist, the Church needs first to hear these scripture readings, which are the foundation of our life together: the creation story, Abraham and Isaac, the dividing of the sea, the poetry of Isaiah and Baruch and Ezekiel, the proclamation of Paul to the Romans and the gospel account of Jesus' resurrection.

LITURGIA DE LA PALABRA

En la Vigilia, la liturgia de la palabra incluye un tiempo largo con lecturas, silencio y el canto de salmos. En esta noche cuando los fieles experimentan la muerte y resurrección del Señor en el bautismo y la eucaristía, la Iglesia necesita oír primero estas lecturas bíblicas que son la base de nuestra vida juntos: la historia de la creación, Abrahán e Isaac, el mar dividido, la poesía de Isaías y Baruc y Ezequiel, la proclamación de San Pablo a los romanos y el relato evangélico de la resurrección de Jesús.

READING / LECTURA I *Genesis 1:1—2:2 or 1:1, 26–31a / 41* 855

Psalm / Salmo 104:1–2a, 5–6, 10 and 12, 13–14, 24 and 35c

Bless the Lord, O my soul!
O Lord my God, how great you are,
clothed in majesty and honor,
wrapped in light as with a robe! ℟.

You set the earth on its foundation,
immovable from age to age.
You wrapped it with the depths like a
cloak;
the waters stood higher than the
mountains. ℟.

You make springs gush forth in the
valleys;
they flow in between the hills.
There the birds of heaven build their
nests;
from the branches they sing their
song. ℟.

Bendice, alma mía, al Señor,
¡Dios mío, qué grande eres!
Te vistes de belleza y majestad,
la luz te envuelve como un manto. ℟.

Asentaste la tierra sobre sus cimientos,
y no vacilará jamás;
la cubriste con el manto del océano,
y las aguas se posaron sobre las
montañas. ℟.

De los manantiales sacas los ríos,
para que fluyan entre los montes;
junto a ellos habitan las aves del cielo,
y entre las frondas se oye su canto. ℟.

From your dwelling you water the hills;
by your works the earth has its fill.
You make the grass grow for the cattle
and plants to serve mankind's need,
that he may bring forth bread from
the earth. ℟.

How many are your works, O LORD!
In wisdom you have made them all.
The earth is full of your creatures.
Bless the LORD, O my soul. ℟.

Desde tu morada riegas los montes,
y la tierra se sacia de tu acción fecunda;
haces brotar hierba para los ganados,
y forraje para los que sirven al
hombre. ℟.

Cuántas son tus obras, Señor,
y todas las hiciste con sabiduría;
la tierra está llena de tus criaturas.
¡Bendice, alma mía, al Señor! ℟.

Or:

Psalm / Salmo 33:4–5, 6–7, 12–13, 20 and 22

856 *For a bilingual refrain, sing the Spanish respuesta, followed by the English refrain.*

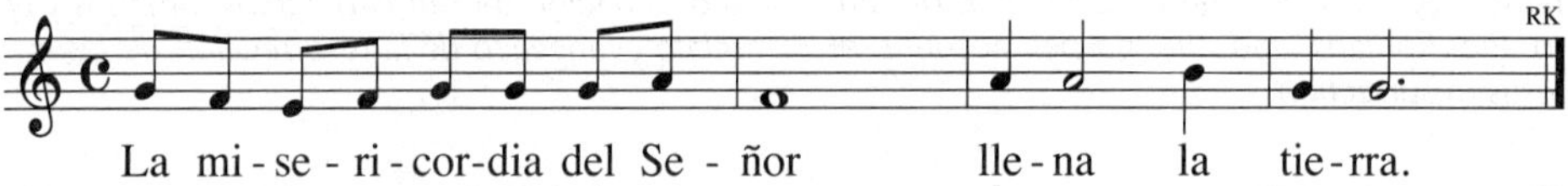

Or:

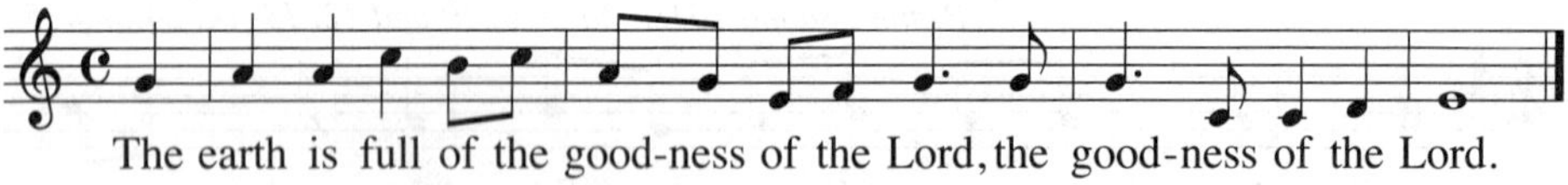

The word of the LORD is faithful,
and all his works to be trusted.
The LORD loves justice and right,
and his merciful love fills the earth. ℟.

By the word of the LORD the heavens
were made,
by the breath of his mouth all their
host.
As in a flask, he collects the waves of
the ocean;
he stores up the depths of the sea. ℟.

Blessed the nation whose God is the
LORD,
the people he has chosen as his
heritage.
From the heavens the Lord looks forth;
he sees all the children of men. ℟.

Our soul is waiting for the LORD.
He is our help and our shield.
May your merciful love be upon us,
as we hope in you, O LORD. ℟.

La palabra del Señor es sincera,
y todas sus acciones son leales;
él ama la justicia y el derecho,
y su misericordia llena la tierra. ℟.

La palabra del Señor hizo el cielo;
el aliento de su boca, sus ejércitos;
encierra en un odre las aguas marinas,
mete en un depósito el océano. ℟.

Dichosa la nación cuyo Dios es el
Señor,
el pueblo que él se escogió
como heredad.
El Señor mira desde el cielo,
se fija en todos los hombres. ℟.

Nosotros aguardamos al Señor:
él es nuestro auxilio y escudo.
Que tu misericordia, Señor, venga sobre
nosotros,
como lo esperamos de ti. ℟.

READING / LECTURA II

Genesis 22:1–18 or 22:1–2, 9a, 10–13, 15–18 857

Psalm / Salmo 16:5 and 8, 9–10, 11

The refrains may be sung simultaneously.

Or:

For a bilingual refrain, sing the first half in one language, and the second half in the other. 858

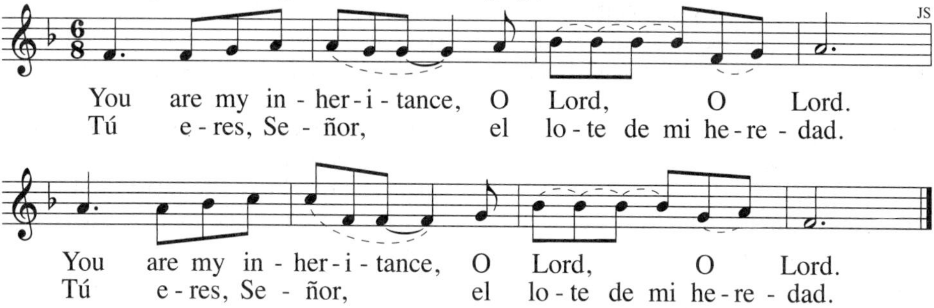

O Lord, it is you who are my portion
and cup;
you yourself who secure my lot.
I keep the Lord before me always;
with him at my right hand, I shall
not be moved. ℟.

And so, my heart rejoices, my soul is
glad;
even my flesh shall rest in hope.
For you will not abandon my soul to
hell,
nor let your holy one see corruption. ℟.

You will show me the path of life,
the fullness of joy in your presence,
at your right hand, bliss forever. ℟.

El Señor es el lote de mi heredad y mi
copa;
mi suerte está en tu mano.
Tengo siempre presente al Señor,
con él a mi derecha no vacilaré. ℟.

Por eso se me alegra el corazón,
se gozan mis entrañas,
y mi carne descansa serena.
Porque no me entregarás a la muerte,
ni dejarás a tu fiel conocer la
corrupción. ℟.

Me enseñarás el sendero de la vida,
me saciarás de gozo en tu presencia,
de alegría perpetua a tu derecha. ℟.

859 READING / LECTURA III

Exodus 14:15—15:1

Exodus 15:1–2, 3–4, 5–6, 17–18

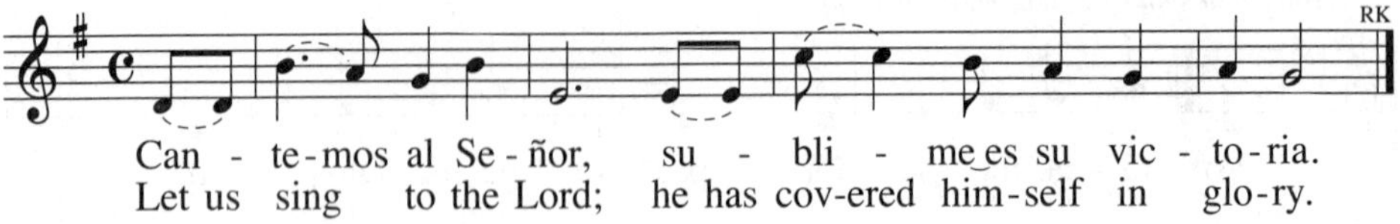

I will sing to the LORD, for he is
gloriously triumphant;
horse and chariot he has cast into the sea.
My strength and my courage is the LORD,
and he has been my savior.
He is my God, I praise him;
the God of my father, I extol him. ℟.

The LORD is a warrior,
LORD is his name!
Pharaoh's chariots and army he hurled
into the sea;
the elite of his officers were
submerged in the Red Sea. ℟.

The flood waters covered them,
they sank into the depths like a stone.
Your right hand, O LORD, magnificent
in power,
your right hand, O LORD, has
shattered the enemy. ℟.

You brought in the people you redeemed
and planted them on the mountain
of your inheritance—
the place where you made your seat, O
LORD,
the sanctuary, LORD, which your hands
established.
The LORD shall reign forever and ever. ℟.

Cantaré al Señor, sublime es su victoria,
caballo y carros ha arrojado en el mar.
Mi fuerza y mi poder es el Señor,
él fue mi salvación.
Él es mi Dios: yo lo alabaré;
el Dios de mis padres: yo lo
ensalzaré. ℟.

El Señor es un guerrero,
su nombre es "el Señor."
Los carros del Faraón los lanzó al mar,
ahogó en el mar Rojo a sus mejores
capitanes. ℟.

Las olas los cubrieron,
bajaron hasta el fondo como piedras.
Tu diestra, Señor, es fuerte y terrible,
tu diestra, Señor, tritura al enemigo. ℟.

Los introduces y los plantas en el monte
de tu heredad,
lugar del que hiciste tu trono, Señor;
santuario, Señor, que fundaron tus
manos.
El Señor reina por siempre jamás. ℟.

860 READING / LECTURA IV

Isaiah 54:5–14

Psalm / Salmo 30:2 and 4, 5–6, 11 and 12a and 13b

For a bilingual refrain, sing the words in italics.

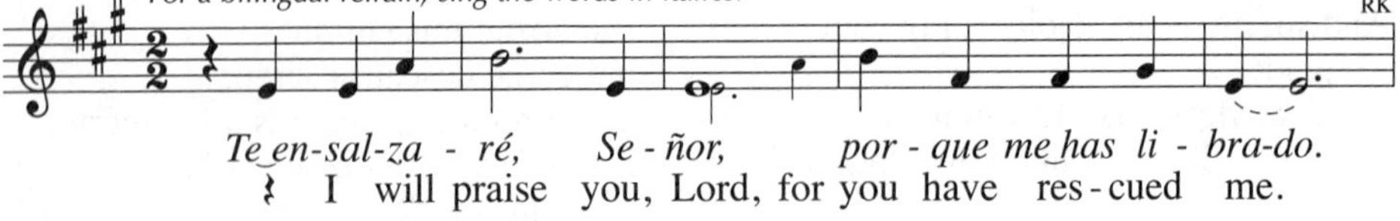

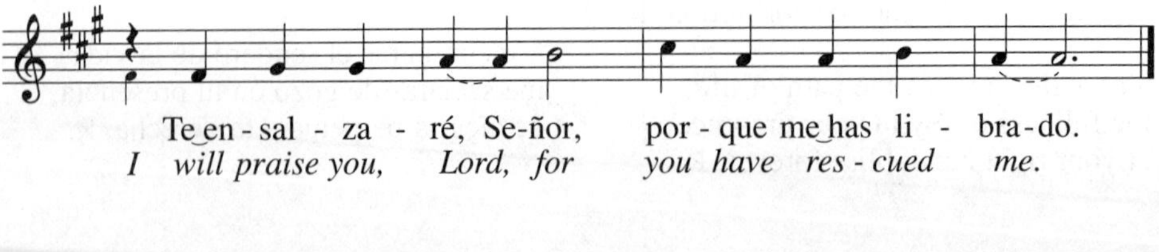

I will extol you, LORD, for you have raised me up,
and have not let my enemies rejoice over me.
O LORD, you have lifted up my soul from the grave,
restored me to life from those who sink into the pit. ℟.

Sing psalms to the LORD, you faithful ones;
give thanks to his holy name.
His anger lasts a moment; his favor all through life.
At night come tears, but dawn brings joy. ℟.

Hear, O LORD, and have mercy on me;
be my helper, O LORD.
You have changed my mourning into dancing.
O LORD my God, I will thank you forever. ℟.

Te ensalzaré, Señor, porque me has librado
y no has dejado que mis enemigos se rían de mí.
Señor, sacaste mi vida del abismo,
me hiciste revivir cuando bajaba a la fosa. ℟.

Tañan para el Señor, fieles suyos,
den gracias a su nombre santo;
su cólera dura un instante;
su bondad, de por vida;
al atardecer nos visita el llanto;
por la mañana, el júbilo. ℟.

Escucha, Señor, y ten piedad de mí;
Señor, socórreme.
Cambiaste mi luto en danzas.
Señor, Dios mío, te daré gracias por siempre. ℟.

READING / LECTURA V *Isaiah 55:1–11* 861

Isaiah 12:2–3, 4bcd, 5–6

RK

Or:

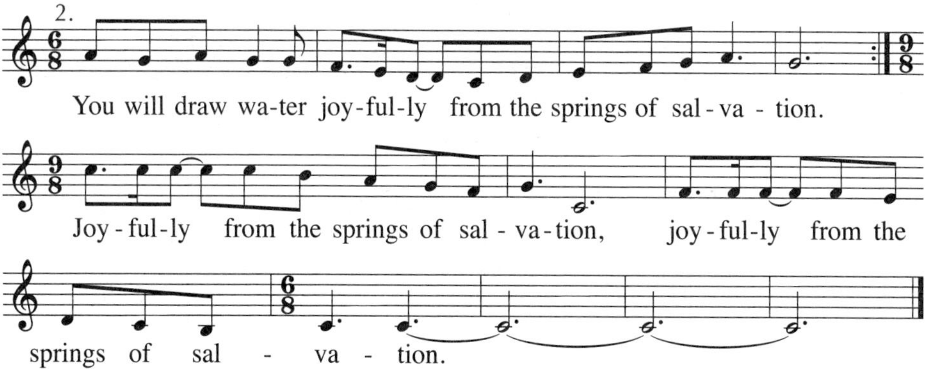

Or:

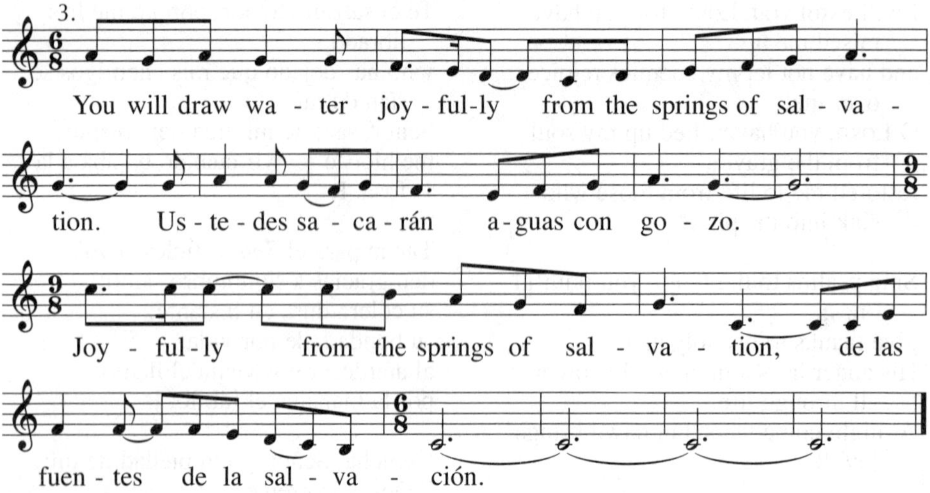

God indeed is my savior;
I am confident and unafraid.
My strength and my courage is the Lord,
and he has been my savior.
With joy you will draw water
at the fountain of salvation. ℟.

Give thanks to the Lord, acclaim his
name;
among the nations make known his
deeds,
proclaim how exalted is his name. ℟.

Sing praise to the Lord for his glorious
achievement;
let this be known throughout all the
earth.
Shout with exultation, O city of Zion,
for great in your midst is the Holy One
of Israel! ℟.

El Señor es mi Dios y Salvador:
confiaré y no temeré,
porque mi fuerza y mi poder es el
Señor,
él fue mi salvación.
Y ustedes sacarán aguas con gozo
de las fuentes de la salvación. ℟.

Den gracias al Señor,
invoquen su nombre,
cuenten a los pueblos sus hazañas,
proclamen que su nombre es excelso. ℟.

Tañan para el Señor, que hizo proezas,
anúncienlas a toda la tierra;
griten jubilosos, habitantes de Sión:
"Qué grande es en medio de ti el Santo
de Israel." ℟.

862 READING / LECTURA VI

Baruch 3:9–15, 32—4:4

Psalm / Salmo 19:8, 9, 10, 11

For a bilingual refrain, sing the words in italics.

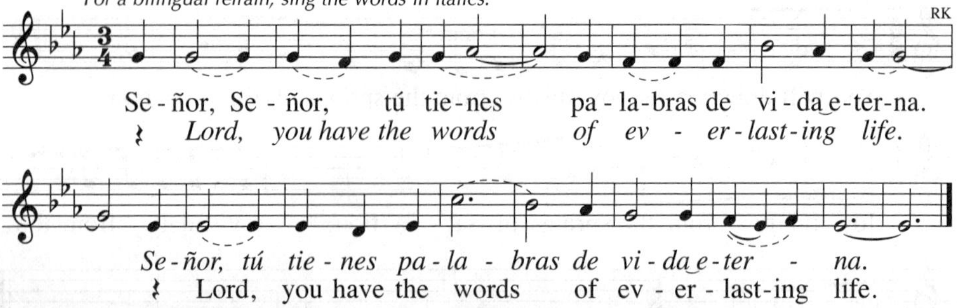

The law of the LORD is perfect;
it revives the soul.
The decrees of the LORD are steadfast;
they give wisdom to the simple. ℟.

The precepts of the LORD are right;
they gladden the heart.
The command of the LORD is clear;
it gives light to the eyes. ℟.

The fear of the LORD is pure,
abiding forever.
The judgments of the LORD are true;
they are, all of them, just. ℟.

They are more to be desired than gold,
than quantities of gold.
And sweeter are they than honey,
than honey flowing from the comb. ℟.

La ley del Señor es perfecta
y es descanso del alma;
el precepto del Señor es fiel
e instruye al ignorante. ℟.

Los mandatos del Señor son rectos
y alegran el corazón;
la norma del Señor es límpida
y da luz a los ojos. ℟.

La voluntad del Señor es pura
y eternamente estable;
los mandamientos del Señor son
verdaderos
y enteramente justos. ℟.

Más preciosos que el oro,
más que el oro fino;
más dulces que la miel
de un panal que destila. ℟.

READING / LECTURA VII

Ezekiel 36:16–17a, 18–28 863

Psalm / Salmo 42:3, 5bcd; 43:3, 4

For a bilingual refrain, sing the words in italics.

RK

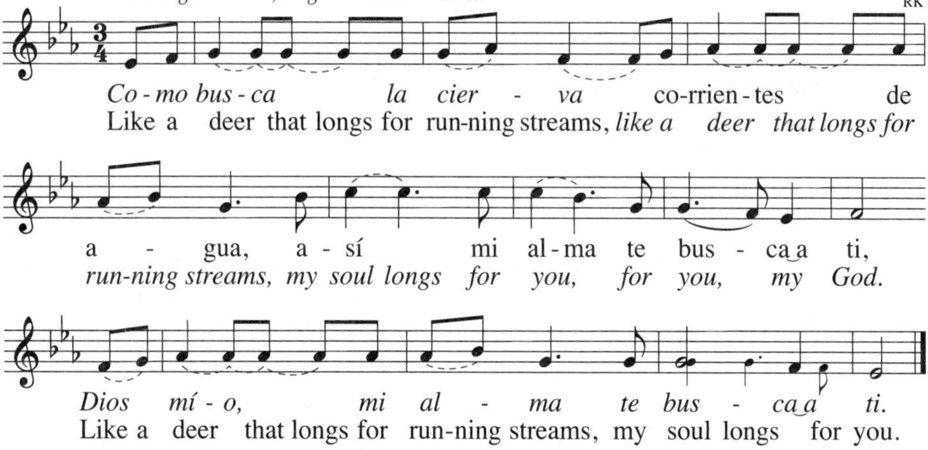

My soul is thirsting for God,
the living God;
when can I enter and appear
before the face of God? ℟.

For I would go to the place
of your wondrous tent,
all the way to the house of God,
amid cries of gladness and thanksgiving,
the throng keeping joyful festival. ℟.

Mi alma tiene sed de Dios,
del Dios vivo:
¿cuándo entraré a ver
el rostro de Dios? ℟.

Cómo marchaba a la cabeza del grupo,
hacia la casa de Dios,
entre cantos de júbilo y alabanza,
en el bullicio de la fiesta. ℟.

O send forth your light and your truth;
they will guide me on.
They will bring me to your holy
mountain,
to the place where you dwell. ℟.

Envía tu luz y tu verdad:
que ellas me guíen
y me conduzcan hasta tu monte santo,
hasta tu morada. ℟.

And I will come to the altar of God,
to God, my joy and gladness.
To you will I give thanks on the harp,
O God, my God. ℟.

Que yo me acerque al altar de Dios,
al Dios de mi alegría;
que te dé gracias al son de la cítara,
Dios, Dios mío. ℟.

Or: *Isaiah 12:2–3, 4bcd, 5–6*

See no. 861.

Véase num. 861.

Or: *Psalm / Salmo 51:12–13, 14–15, 18–19*

864

Or:

Create a pure heart for me, O God;
renew a steadfast spirit within me.
Do not cast me away from your
presence;
take not your holy spirit from me. ℟.

Oh Dios, crea en mí un corazón puro,
renuévame por dentro con espíritu
firme;
no me arrojes lejos de tu rostro,
no me quites tu santo espíritu. ℟.

Restore in me the joy of your salvation;
sustain in me a willing spirit.
I will teach transgressors your ways,
that sinners may return to you. ℟.

Devuélveme la alegría de tu salvación,
afiánzame con espíritu generoso:
enseñaré a los malvados tus caminos,
los pecadores volverán a ti. ℟.

For in sacrifice you take no delight;
burnt offering from me would not
please you.
My sacrifice to God, a broken spirit:
a broken and humbled heart,
O God, you will not spurn. ℟.

Los sacrificios no te satisfacen:
si te ofreciera un holocausto, no lo
querrías.
Mi sacrificio es un espíritu
quebrantado;
un corazón quebrantado y humillado, tú
no lo desprecias. ℟.

GLORIA

PRAYER

GLORIA

ORACIÓN

EPISTLE / EPÍSTOLA *Romans 6:3–11*

ALLELUIA PSALM **SALMO ALELUYA** 865

Psalm / Salmo 118:1–2, 16–17, 22–23

Or:

Or:

Give praise to the Lord, for he is good;
his mercy endures forever.
Let the house of Israel say,
"His mercy endures forever." ℟.

"The Lord's right hand has done mighty
deeds;
his right hand is exalted."
I shall not die, I shall live
and recount the deeds of the Lord. ℟.

The stone that the builders rejected
has become the cornerstone.
By the Lord has this been done,
a marvel in our eyes. ℟.

Den gracias al Señor porque es bueno,
porque es eterna su misericordia.
Diga la casa de Israel:
eterna es su misericordia. ℟.

La diestra del Señor es poderosa,
la diestra del Señor es excelsa.
No he de morir, viviré
para contar las hazañas del Señor. ℟.

La piedra que desecharon los
arquitectos
es ahora la piedra angular.
Es el Señor quien lo ha hecho,
ha sido un milagro patente. ℟.

GOSPEL **EVANGELIO**

866 BAPTISMAL LITURGY

After the homily the catechumens are called forward. The assembly chants the litany of the saints, invoking the holy women and men of all centuries. Patron saints of the Church and of the catechumens and the faithful may be included in the litany.

LITURGIA BAUTISMAL

Después de la homilía se llama a los catecúmenos para que vayan al frente. La asamblea canta la letanía de los santos, invocando a mujeres y hombres santos de todos los siglos. Se pueden incluir en la letanía a los santos patrones de la Iglesia local y de los catecúmenos y de los fieles.

Lord, have mer - cy. Lord, have mer - cy.
Christ, have mer - cy. Christ, have mer - cy.
Lord, have mer - cy. Lord, have mer - cy.

Se - ñor, ten pie - dad. Se - ñor, ten pie - dad.
Cris - to, ten pie - dad. Cris - to, ten pie - dad.
Se - ñor, ten pie - dad. Se - ñor, ten pie - dad.

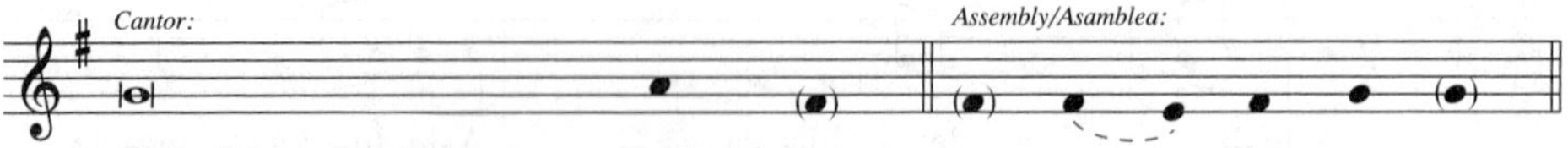

Holy Mary, Mother of God, pray for us.
Saint Mich - ael, pray for us.
Holy Angels of God, pray for us.
Saint John the Bap - tist, pray for us.

Santa María, Madre de Dios, rue - ga por no - so - tros.
San Mi - guel, rue - ga por no - so - tros.
Santos ángeles de Dios, rue - guen por no - so - tros.
San Juan Bau - tis - ta, rue - ga por no - so - tros.

Saint Jo - seph, pray for us.
Saint Peter and Saint Paul, pray for us.
Saint An - drew, pray for us.
Saint John, pray for us.

San Jo - sé, rue - ga por no - so - tros.
Santos Pedro y Pa - blo, rue - guen por no - so - tros.
San An - drés, rue - ga por no - so - tros.
San Juan, rue - ga por no - so - tros.

Saint Mary Mag - dalene, pray for us.
Saint Ste - phen, pray for us.
Saint Ignatius of An - tioch, pray for us.
Saint Law - rence, pray for us.

Santa María Magda - le - na, rue - ga por no - so - tros.
San Es - te - ban, rue - ga por no - so - tros.
San Ignacio de Antio - quí - a, rue - ga por no - so - tros.
San Lo - ren - zo, rue - ga por no - so - tros.

Saint Perpetua and Saint Fe - lic - ity, pray for us.
Saint Ag - nes, pray for us.
Saint Gre - gory, pray for us.
Saint Au - gus - tine, pray for us.

Santas Perpetua y Fe - lí - citas, rue-guen por no - so-tros.
Santa I - nés, rue - ga por no - so-tros.
San Gre - go - rio, rue - ga por no - so-tros.
San Agus - tín, rue - ga por no - so-tros.

Saint Atha - na - sius, pray for us.
Saint Ba - sil, pray for us.
Saint Mar - tin, pray for us.
Saint Ben - edict, pray for us.

San Ata - na - sio, rue - ga por no - so-tros.
San Ba - si - lio, rue - ga por no - so-tros.
San Mar - tín, rue - ga por no - so-tros.
San Be - ni - to, rue - ga por no - so-tros.

Saint Francis and Saint Dom - inic, pray for us.
Saint Francis Xa - vier, pray for us.
Saint John Vi - an - ney, pray for us.
Saint Catherine of Si - e - na, pray for us.
Saint Teresa of Je - sus, pray for us.

Santos Francisco y Do - min - go, rue - ga por no - so-tros.
San Francisco Ja - vier, rue - ga por no - so-tros.
San Juan María Vi - an - ney, rue - ga por no - so-tros.
Santa Catalina de Sie - na, rue - ga por no - so-tros.
Santa Teresa de Je - sús, rue - ga por-no - so-tros.

All holy men and women, Saints of God pray for us.
Santos y Santas de Dios, rue-guen por no - so-tros.

Lord, be mer - ci - ful, Lord, de - liv - er us, we pray.
From all e - vil, Lord, de - liv - er us, we pray.
From ev - 'ry sin, Lord, de - liv - er us, we pray.
From ev - er - last - ing death, Lord, de - liv - er us, we pray.

Mués - tra - te pro - pi - cio, Lí - bra-nos, Se - ñor.
De to - do mal, Lí - bra-nos, Se - ñor.
De to - do pe - ca - do, Lí - bra-nos, Se - ñor.
De la muer - te e - ter - na, Lí - bra-nos, Se - ñor.

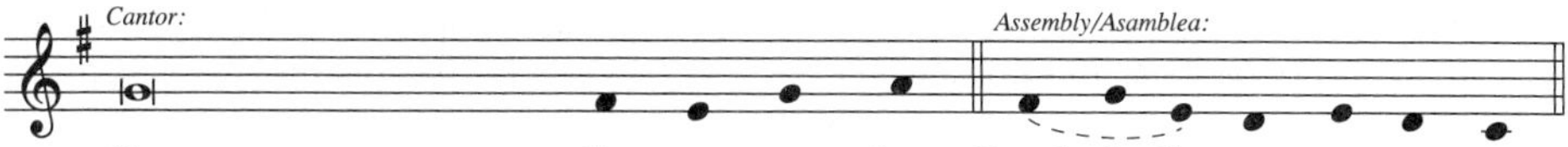

By your In - car - na - tion, Lord, de-liv - er us, we pray.
By your Death and Res - ur - rec - tion, Lord, de-liv - er us, we pray.
By the outpouring of the Ho - ly Spir - it, Lord, de-liv - er us, we pray.

Por tu en - car - na - ción, Lí - bra-nos, Se - ñor.
Por tu muerte y re - su - rrec - ción, Lí - bra-nos, Se - ñor.
Por el don del Espí - ri - tu San - to, Lí - bra-nos, Se - ñor.

Cantor:

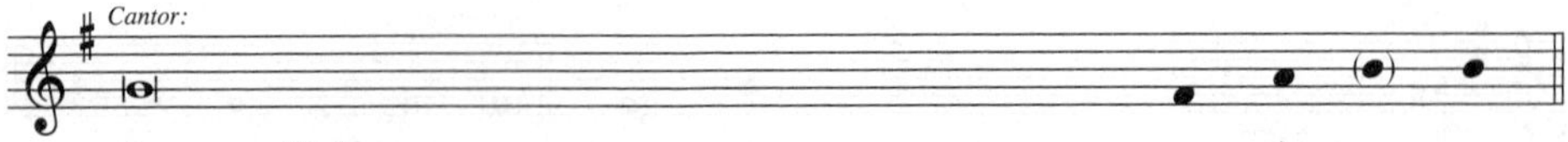

Be merciful to us sin - ners,
*Bring these chosen ones to new birth through the grace of bap-tism,
**Make this font holy by your grace for the new birth of your chil - dren,
Jesus, Son of the liv-ing God,

Nosotros, que somos pe - ca - do - res,
**Para que te dignes comunicar tu propia vida a quienes has llamado al bau - tis - mo,*
***Para que santifiques esta agua por la que renacerán tus nue - vos hi - jos,*
Jesús, Hijo de Dios vi - vo,

Assembly/Asamblea:

Lord, we ask you, hear our prayer.
Lord, we ask you, hear our prayer.
Lord, we ask you, hear our prayer.
Lord, we ask you, hear our prayer.

Te ro - ga - mos, ó - ye - nos.
Te ro - ga - mos, ó - ye - nos.
Te ro - ga - mos, ó - ye - nos.
Te ro - ga - mos, ó - ye - nos.

Cantor: / *Assembly/Asamblea:*

Christ, hear us. Christ, hear us.
Cris - to, ó - ye - nos. Cris - to, ó - ye - nos.

Cantor: / *Assembly/Asamblea:*

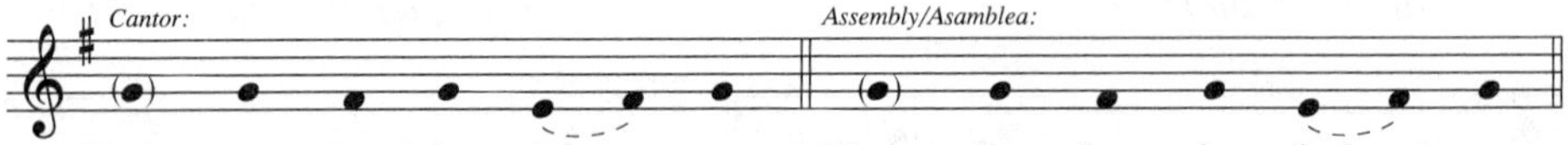

Christ, gra-cious-ly hear us. Christ, gra-cious-ly hear us.
Cris - to, es - cú - cha-nos. Cris - to, es - cú - cha-nos.

*If there are candidates to be baptized.
**If there are no candidates to be baptized.

*Si hay bautizados.
**Si no hay bautizados.

Text: English, *Litany of the Saints, Roman Missal*
Music: *Litany of the Saints, Roman Missal*

867 BLESSING OF WATER

BENDICIÓN DEL AGUA BAUTISMAL

The priest gives thanks and praise to God over the waters of baptism. This acclamation is sung by all.

El sacerdote da gracias y alabanzas a Dios por las aguas del bautismo. Todos cantan esta aclamación.

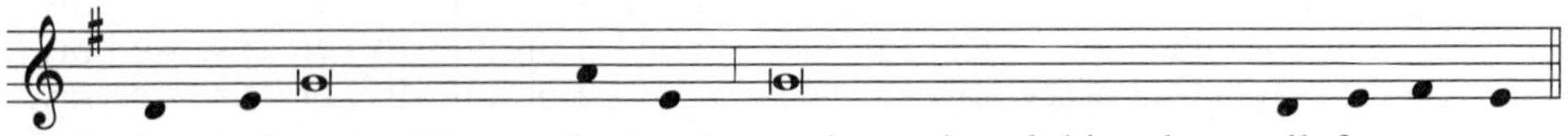

Springs of water, bless the Lord; praise and exalt him above all for ev - er.
Fuen - tes del Señor, bendigan al Se-ñor; alábenlo y glorifíquenlo por los si-glos.

Text: English, *Roman Missal*, © 2010, ICEL
Music: *Roman Missal*, © 2010, ICEL

RENUNCIATION OF SIN AND PROFESSION OF FAITH

Each candidate for baptism is asked to reject sin and the ways of evil and to testify to faith in Father, Son and Holy Spirit.

RENUNCIA AL PECADO Y PROFESIÓN DE FE 868

Se le pide a cada candidato para el bautismo que rechace el pecado y los caminos del maligno y que dé testimonio de su fe en el Padre, el Hijo y el Espíritu Santo.

THE BAPTISMS

One by one the candidates are led into the waters, or they bend over the font, and water is poured over them as the priest says: "N., I baptize you in the name of the Father, and of the Son, and of the Holy Spirit." After each baptism, the assembly sings an acclamation.

BAUTISMO 869

Se lleva a los candidatos uno por uno dentro del agua, o se inclinan en la pila bautismal, y se derrama agua sobre ellos mientras el que sacerdote dice: "N., yo te bautizo en el nombre del Padre, y del Hijo, y del Espíritu Santo." Después de cada bautismo, la asamblea canta una aclamación.

Text: ICEL, © 1969; tr. by Ronald F. Krisman, © 2006, GIA Publications, Inc.
Music: Howard Hughes, SM, © 1977, ICEL

Each of the newly baptized is then clothed in a baptismal garment.

Luego cada uno de los recién bautizados es revestido con la vestidura bautismal.

RECEPTION INTO FULL COMMUNION

Those who have been previously baptized are now called forward to profess their faith and to be received into the full communion of the Catholic Church.

RECEPCIÓN EN LA PLENA DE LA COMUNIÓN IGLESIA CATÓLICA 870

Ahora se llama a los que han sido previamente bautizados para que profesen su fe y para que se les reciba en la plena comunión de la Iglesia Católica.

CONFIRMATION

Infants who have been baptized are anointed with chrism. Children and adults are usually confirmed: the priest prays and lays hands on them, then anoints each of the newly baptized with chrism saying: "N., be sealed with the Gift of the Holy Spirit."

CONFIRMACIÓN 871

Los infantes que han sido bautizados se les unge con el crisma. Los niños y los adultos generalmente son confirmados: el sacerdote ora e impone las manos sobre ellos, luego unge a cada uno de los recién bautizados con el crisma diciendo: "N., recibe por esta señal el Don del Espíritu Santo."

872 RENEWAL OF BAPTISMAL PROMISES

All of the faithful repeat and affirm the rejection of sin made at baptism and profess faith in the Father, Son and Holy Spirit. The assembly is sprinkled with the baptismal water. The newly baptized then take their places in the assembly and, for the first time, join in the prayer of the faithful, the prayers of intercession.

RENOVACIÓN DE LAS PROMESAS BAUTISMALES

Todos los fieles repiten y afirman el rechazo del pecado hecho en el bautismo y profesan la fe en el Padre, Hijo y Espíritu Santo. Se rocía a la asamblea con el agua bautismal. Los recién bautizados luego van a sus lugares en la asamblea y, por primera vez, se unen a la plegaria universal, a las oraciones de intercesión.

873 LITURGY OF THE EUCHARIST

The gifts and table are prepared and the eucharist is celebrated in the usual way.

LITURGIA EUCARÍSTICA

Se preparan las ofrendas y el altar y la eucaristía se celebra en la forma acostumbrada.

874 CONCLUDING RITE

The dismissal is sung with "alleluia," and all respond.

RITO DE CONCLUSIÓN

Se canta la despedida con el "aleluya," y todos responden.

---

875 Easter Sunday: The Resurrection of the Lord / ABC

Domingo de Pascua de la Resurrección del Señor / ABC

Or: Alleluia.

Psalm / Salmo 118:1–2, 16–17, 22–23 / 42

The refrains may be sung simultaneously.

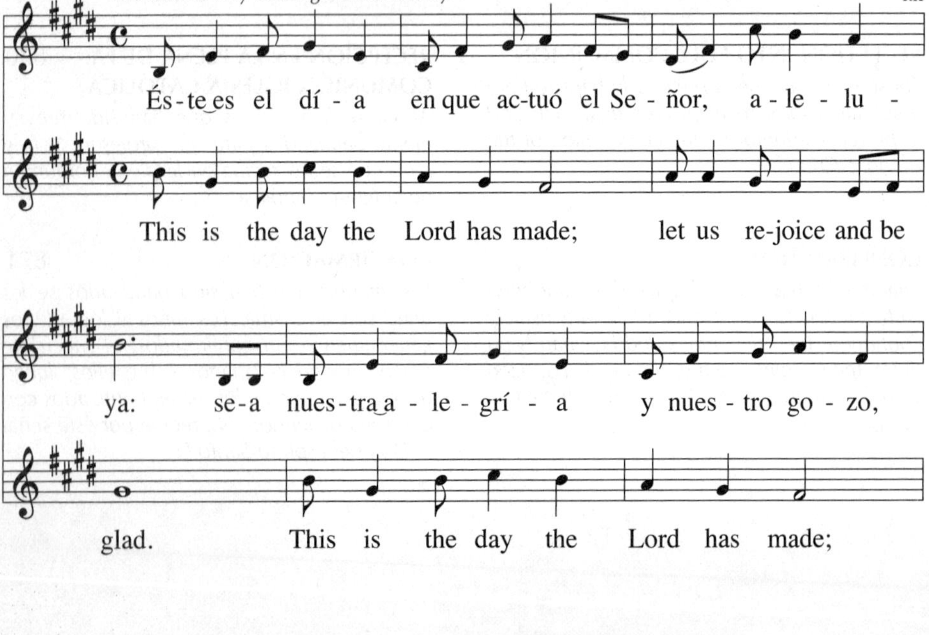

Give praise to the LORD, for he is good;
his mercy endures forever.
Let the house of Israel say,
"His mercy endures forever." ℟.

"The LORD's right hand has done mighty deeds;
his right hand is exalted."
I shall not die, I shall live
and recount the deeds of the LORD. ℟.

The stone that the builders rejected
has become the cornerstone.
By the LORD has this been done,
a marvel in our eyes. ℟.

Den gracias al Señor porque es bueno,
porque es eterna su misericordia.
Diga la casa de Israel:
eterna es su misericordia. ℟.

La diestra del Señor es poderosa,
la diestra del Señor es excelsa.
No he de morir, viviré
para contar las hazañas del Señor. ℟.

La piedra que desecharon los arquitectos
es ahora la piedra angular.
Es el Señor quien lo ha hecho,
ha sido un milagro patente. ℟.

SEQUENCE **SECUENCIA** 876

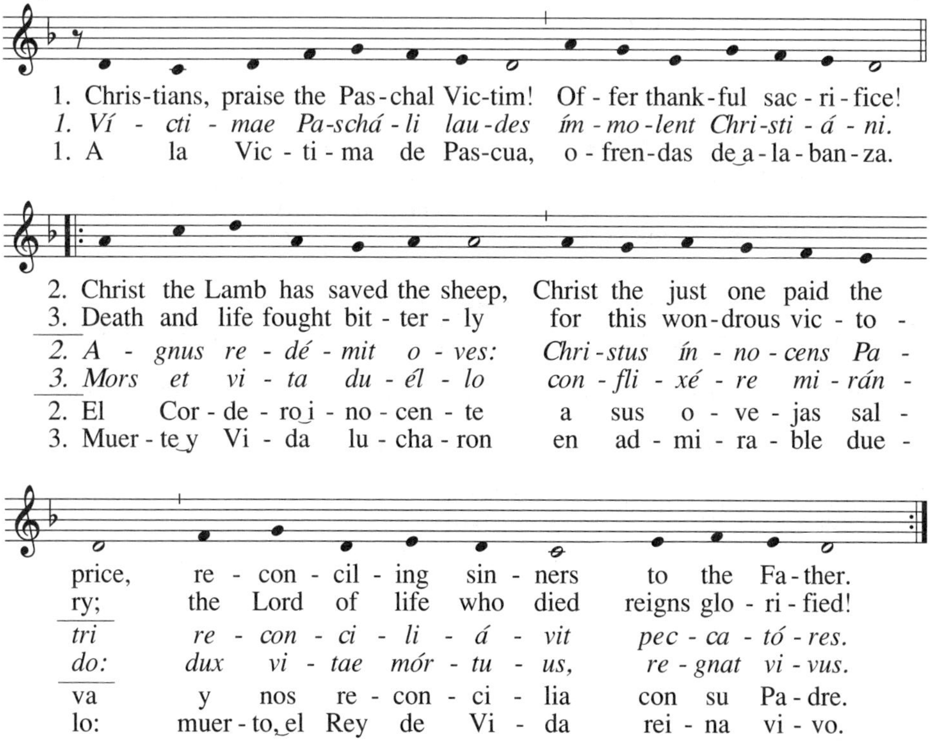

Text: *Victimae paschali laudes*, Sequence for Easter, ascr. to Wipo of Burgundy, d.1048; English tr. by Peter J. Scagnelli, b.1949, © 1983; Spanish tr. by Bernardo Velado Graña, 1922–2012
Tune: VICTIMAE PASCHALI LAUDES, Irregular; Mode I; acc. by Richard Proulx, 1937–2010, © 1975, GIA Publications, Inc.

Second Sunday of Easter / ABC — Segundo Domingo de Pascua / ABC 877

Or: Alleluia. *Psalm / Salmo 118:2–4, 13–15, 22–24 / 43, 44, 45*

**Optional*

Let the house of Israel say,
"His mercy endures forever."
Let the house of Aaron say,
"His mercy endures forever."
Let those who fear the Lord say,
"His mercy endures forever." ℟.

I was thrust down, thrust down and falling,
but the Lord was my helper.
The Lord is my strength and my song;
he was my savior.
There are shouts of joy and salvation
in the tents of the just. ℟.

The stone that the builders rejected
has become the cornerstone.
By the Lord has this been done,
a marvel in our eyes.
This is the day the Lord has made;
let us rejoice in it and be glad. ℟.

Diga la casa de Israel:
eterna es su misericordia.
Diga la casa de Aarón:
eterna es su misericordia.
Digan los fieles del Señor:
eterna es su misericordia. ℟.

Empujaban y empujaban para derribarme,
pero el Señor me ayudó;
el Señor es mi fuerza y mi energía,
él es mi salvación.
Escuchen: hay cantos de victoria
en las tiendas de los justos. ℟.

La piedra que desecharon los arquitectos
es ahora la piedra angular.
Es el Señor quien lo ha hecho,
ha sido un milagro patente.
Éste es el día en que actuó el Señor:
sea nuestra alegría y nuestro gozo. ℟.

Or:

Let the house of Israel say,
"His mercy endures forever."
Let the house of Aaron say,
"His mercy endures forever."
Let those who fear the LORD say,
"His mercy endures forever." ℟.

Diga la casa de Israel:
eterna es su misericordia.
Diga la casa de Aarón:
eterna es su misericordia.
Digan los fieles del Señor:
eterna es su misericordia. ℟.

The LORD's right hand has done mighty deeds;
his right hand is exalted.
I shall not die, I shall live
and recount the deeds of the LORD.
The Lord punished me, punished me severely,
but did not hand me over to death. ℟.

La diestra del Señor es poderosa,
la diestra del Señor es excelsa.
No he de morir, viviré
para contar las hazañas del Señor.
Me castigó, me castigó el Señor,
pero no me entregó a la muerte. ℟.

The stone that the builders rejected
has become the cornerstone.
By the LORD has this been done,
a marvel in our eyes.
This is the day the LORD has made;
let us rejoice in it and be glad. ℟.

La piedra que desecharon los arquitectos
es ahora la piedra angular.
Es el Señor quien lo ha hecho,
ha sido un milagro patente.
Éste es el día en que actuó el Señor:
sea nuestra alegría y nuestro gozo. ℟.

Or:

Let the house of Israel say,
"His mercy endures forever."
Let the house of Aaron say,
"His mercy endures forever."
Let those who fear the LORD say,
"His mercy endures forever." ℟.

Diga la casa de Israel:
eterna es su misericordia.
Diga la casa de Aarón:
eterna es su misericordia.
Digan los fieles del Señor:
eterna es su misericordia. ℟.

The stone that the builders rejected
has become the cornerstone.
By the LORD has this been done,
a marvel in our eyes.
This is the day the LORD has made;
let us rejoice in it and be glad. ℟.

La piedra que desecharon los arquitectos
es ahora la piedra angular.
Es el Señor quien lo ha hecho,
ha sido un milagro patente.
Éste es el día en que actuó el Señor:
sea nuestra alegría y nuestro gozo. ℟.

O LORD, grant salvation;
O LORD, grant success.
Blest is he who comes in the name of the LORD.
We bless you from the house of the LORD;
the LORD is God,
and has given us light. ℟.

Señor, danos la salvación;
Señor, danos prosperidad.
Bendito el que viene en nombre del Señor;
los bendecimos desde la casa del Señor;
el Señor es Dios,
él nos ilumina. ℟.

Third Sunday of Easter / A — Tercer Domingo de Pascua / A 878

Or: Alleluia. *Psalm / Salmo 16:1–2a and 5, 7–8, 9–10, 11 / 46*

The refrains may be sung simultaneously.

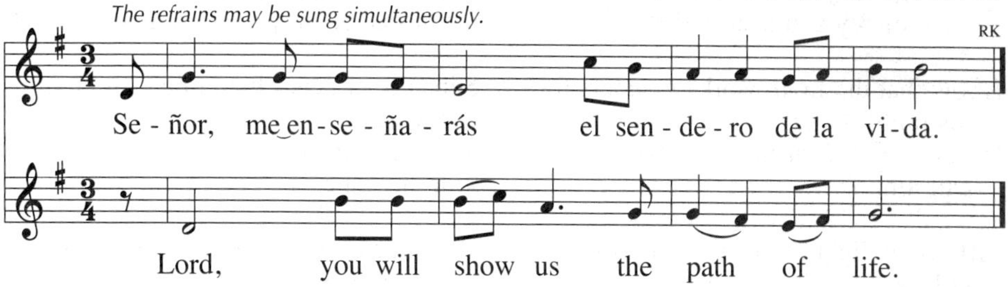

Preserve me, O God, for in you I take refuge.
I say to the LORD, "You are my Lord."
O LORD, it is you who are my portion and cup;
you yourself who secure my lot. ℟.

I will bless the LORD who gives me counsel,
who even at night directs my heart.
I keep the LORD before me always;
with him at my right hand, I shall not be moved. ℟.

And so, my heart rejoices, my soul is glad;
even my flesh shall rest in hope.
For you will not abandon my soul to hell,
nor let your holy one see corruption. ℟.

You will show me the path of life,
the fullness of joy in your presence,
at your right hand, bliss forever. ℟.

Protégeme, Dios mío, que me refugio en ti;
yo digo al Señor: "Tú eres mi bien."
El Señor es el lote de mi heredad y mi copa;
mi suerte está en tu mano. ℟.

Bendeciré al Señor, que me aconseja,
hasta de noche me instruye internamente.
Tengo siempre presente al Señor,
con él a mi derecha no vacilaré. ℟.

Por eso se me alegra el corazón,
se gozan mis entrañas,
y mi carne descansa serena.
Porque no me entregarás a la muerte,
ni dejarás a tu fiel conocer la corrupción. ℟.

Me enseñarás el sendero de la vida,
me saciarás de gozo en tu presencia,
de alegría perpetua a tu derecha. ℟.

Third Sunday of Easter / B — Tercer Domingo de Pascua / B 879

Or: Alleluia. *Psalm / Salmo 4:2, 4, 7b–8a, 9 / 47*

I called, the God of justice gave me
answer;
from anguish you released me,
have mercy and hear me! ℟.

Know that the LORD works wonders for
his faithful one;
the LORD will hear me whenever I
call him. ℟.

Lift up the light of your face on us,
O LORD.
You have put into my heart a greater
joy. ℟.

In peace I will lie down and fall asleep,
for you alone, O LORD, make me
dwell in safety. ℟.

Escúchame cuando te invoco, Dios,
defensor mío;
tú que en el aprieto me diste anchura,
ten piedad de mí y escucha mi oración. ℟.

Sépanlo: el Señor hizo milagros en mi
favor,
y el Señor me escuchará cuando
lo invoque. ℟.

Hay muchos que dicen: "¿Quién no hará
ver la dicha,
si la luz de tu rostro ha huido de
nosotros?" ℟.

En paz me acuesto y en seguida me
duermo,
porque tú solo, Señor, me haces vivir
tranquilo. ℟.

880 Third Sunday of Easter / C — Tercer Domingo de Pascua / C

Or: Alleluia. *Psalm / Salmo 30:2 and 4, 5–6, 11 and 12a and 13b / 48*

For a bilingual refrain, sing the words in italics.

RK

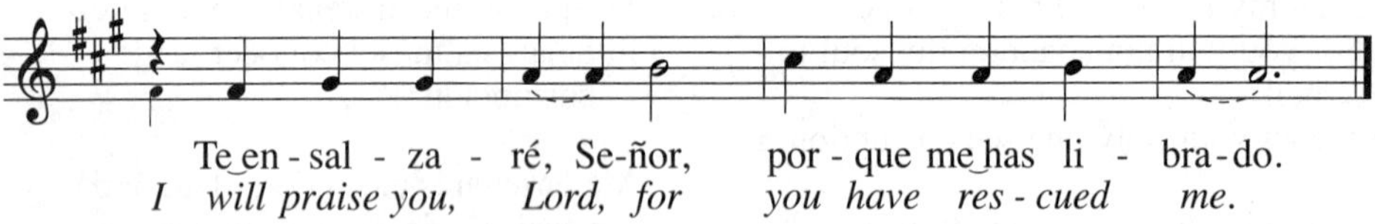

I will extol you, LORD, for you have
raised me up,
and have not let my enemies rejoice
over me.
O LORD, you have lifted up my soul
from the grave,
restored me to life from those who
sink into the pit. ℟.

Sing psalms to the LORD, you faithful
ones;
give thanks to his holy name.
His anger lasts a moment; his favor all
through life.
At night come tears, but dawn brings
joy. ℟.

Te ensalzaré, Señor, porque me has
librado
y no has dejado que mis enemigos se
rían de mí.
Señor, sacaste mi vida del abismo,
me hiciste revivir cuando bajaba a la
fosa. ℟.

Tañan para el Señor, fieles suyos,
den gracias a su nombre santo;
su cólera dura un instante;
su bondad, de por vida;
al atardecer nos visita el llanto;
por la mañana, el júbilo. ℟.

Hear, O Lord, and have mercy on me;
be my helper, O Lord.
You have changed my mourning into
dancing.
O Lord my God, I will thank you
forever. ℟.

Escucha, Señor, y ten piedad de mí;
Señor, socórreme.
Cambiaste mi luto en danzas.
Señor, Dios mío, te daré gracias por
siempre. ℟.

Fourth Sunday of Easter / A — Cuarto Domingo de Pascua / A 881

Or: Alleluia.

Psalm / Salmo 23:1–3a, 3b–4, 5, 6 / 49

The refrains may be sung simultaneously.

The Lord is my shepherd;
there is nothing I shall want.
Fresh and green are the pastures
where he gives me repose.
Near restful waters he leads me;
he revives my soul. ℟.

He guides me along the right path,
for the sake of his name.
Though I should walk in the valley of
the shadow of death,
no evil would I fear, for you are with me.
Your crook and your staff will give
me comfort. ℟.

You have prepared a table before me
in the sight of my foes.
My head you have anointed with oil;
my cup is overflowing. ℟.

El Señor es mi pastor, nada me falta:
en verdes praderas me hace recostar;
me conduce hacia fuentes tranquilas
y repara mis fuerzas. ℟.

Me guía por el sendero justo,
por el honor de su nombre.
Aunque camine por cañadas oscuras,
nada temo, porque tú vas conmigo:
tu vara y tu cayado me sosiegan. ℟.

Preparas una mesa ante mí,
enfrente de mis enemigos;
me unges la cabeza con perfume,
y mi copa rebosa. ℟.

Surely goodness and mercy shall
follow me
all the days of my life.
In the LORD's own house shall I dwell
for length of days unending. ℟.

Tu bondad y tu misericordia
me acompañan
todos los días de mi vida,
y habitaré en la casa del Señor
por años sin término. ℟.

882 Fourth Sunday of Easter / B — Cuarto Domingo de Pascua / B

Or: Alleluia. *Psalm / Salmo 118:1 and 8–9, 21–23, 26 and 21 and 29 / 50*

The refrains may be sung simultaneously.

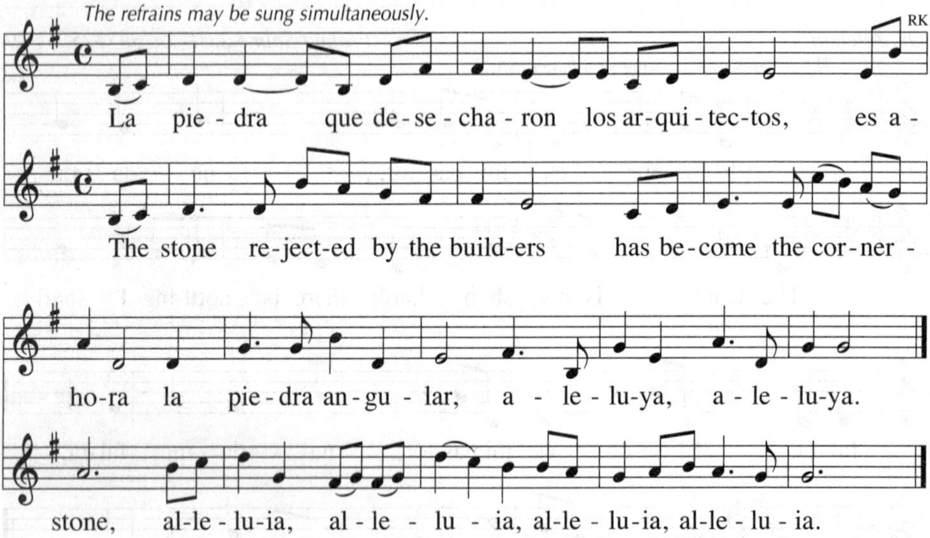

Give praise to the LORD, for he is good;
his mercy endures forever.
It is better to take refuge in the LORD
than to trust in man;
it is better to take refuge in the LORD
than to trust in princes. ℟.

I will thank you, for you have
answered,
and you are my savior.
The stone that the builders rejected
has become the cornerstone.
By the LORD has this been done,
a marvel in our eyes. ℟.

Blest is he who comes in the name of
the LORD.
We bless you from the house of the
LORD.
I will thank you, for you have answered,
and you are my savior.
Give praise to the LORD, for he is good;
his mercy endures forever. ℟.

Den gracias al Señor porque es bueno,
porque es eterna su misericordia.
Mejor es refugiarse en el Señor
que fiarse de los hombres,
mejor es refugiarse en el Señor
que fiarse de los jefes. ℟.

Te doy gracias, porque me escuchaste
y fuiste mi salvación.
La piedra que desecharon los arquitectos
es ahora la piedra angular.
Es el Señor quien lo ha hecho,
ha sido un milagro patente. ℟.

Bendito el que viene en nombre del
Señor,
los bendecimos desde la casa del Señor.
Tú eres mi Dios, te doy gracias;
Dios mío, yo te ensalzo.
Den gracias al Señor porque es bueno,
porque es eterna su misericordia. ℟.

Fourth Sunday of Easter / C — Cuarto Domingo de Pascua / C 883

Or: Alleluia. *Psalm / Salmo 100:1–2, 3, 5 / 51*

For a bilingual refrain, sing the words in italics.

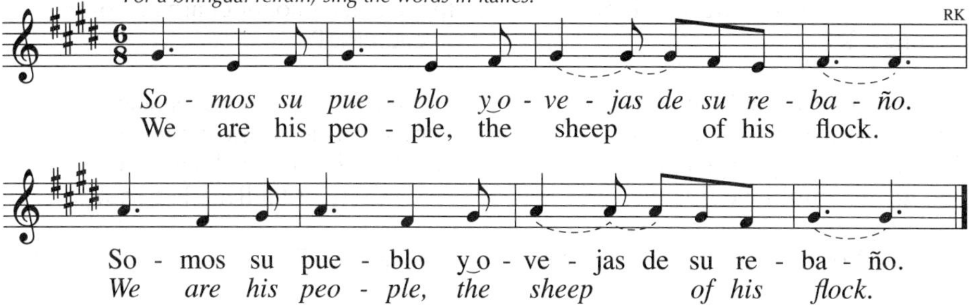

Cry out with joy to the LORD, all the earth.
Serve the LORD with gladness.
Come before him, singing for joy. ℟.

Know that he, the LORD, is God.
He made us; we belong to him.
We are his people, the sheep of his flock. ℟.

Indeed, how good is the LORD,
eternal his merciful love.
He is faithful from age to age. ℟.

Aclama al Señor, tierra entera,
sirvan al Señor con alegría,
entren en su presencia con vítores. ℟.

Sepan que el Señor es Dios:
que él nos hizo y somos suyos,
su pueblo y ovejas de su rebaño. ℟.

El Señor es bueno,
su misericordia es eterna,
su fidelidad por todas las edades. ℟.

Fifth Sunday of Easter / A — Quinto Domingo de Pascua / A 884

Or: Alleluia. *Psalm / Salmo 33:1–2, 4–5, 18–19 / 52*

Or:

Ring out your joy to the Lord, O you just;
for praise is fitting for the upright.
Give thanks to the Lord upon the harp;
with a ten-stringed lute sing him
songs. ℟.

For the word of the Lord is faithful,
and all his works to be trusted.
The Lord loves justice and right,
and his merciful love fills the earth. ℟.

Yes, the Lord's eyes are on those who
fear him,
who hope in his merciful love,
to rescue their souls from death,
to keep them alive in famine. ℟.

Aclamen, justos, al Señor,
que merece la alabanza de los buenos.
Den gracias al Señor con la cítara,
toquen en su honor el arpa de diez
cuerdas. ℟.

La palabra del Señor es sincera,
y todas sus acciones son leales;
él ama la justicia y el derecho,
y su misericordia llena la tierra. ℟.

Los ojos del Señor están puestos en
sus fieles,
en los que esperan en su misericordia,
para librar sus vidas de la muerte
y reanimarlos en tiempo de hambre. ℟.

885 **Fifth Sunday of Easter / B** **Quinto Domingo de Pascua / B**

Or: Alleluia. *Psalm / Salmo 22:26b–27, 28 and 30, 31–32 / 53*

My vows I will pay before those who
fear him.
The poor shall eat and shall have their
fill.
They shall praise the Lord, those who
seek him.
May their hearts live on forever and
ever! ℟.

All the earth shall remember and return
to the Lord,
all families of the nations worship
before him.
They shall worship him, all the mighty
of the earth;
before him shall bow all who go down
to the dust. ℟.

Cumpliré mis votos delante de sus
fieles.
Los desvalidos comerán hasta saciarse,
alabarán al Señor los que lo buscan:
viva su corazón por siempre. ℟.

Lo recordarán y volverán al Señor
hasta de los confines del orbe;
en su presencia se postrarán
las familias de los pueblos.
Ante él se postrarán las cenizas de la
tumba,
ante él se inclinarán los que bajan al
polvo. ℟.

And my soul shall live for him, my
descendants serve him.
They shall tell of the LORD to
generations yet to come,
declare his saving justice to peoples
yet unborn:
"These are the things the LORD has
done." ℟.

Me hará vivir para él, mi descendencia
le servirá,
hablarán del Señor a la generación
futura,
contarán su justicia al pueblo que ha
de nacer:
todo lo que hizo el Señor. ℟.

Fifth Sunday of Easter / C — Quinto Domingo de Pascua / C 886

Or: Alleluia. *Psalm / Salmo 145:8–9, 10–11, 12–13ab / 54*

For a bilingual refrain, sing the first half in English, and the second half in Spanish.

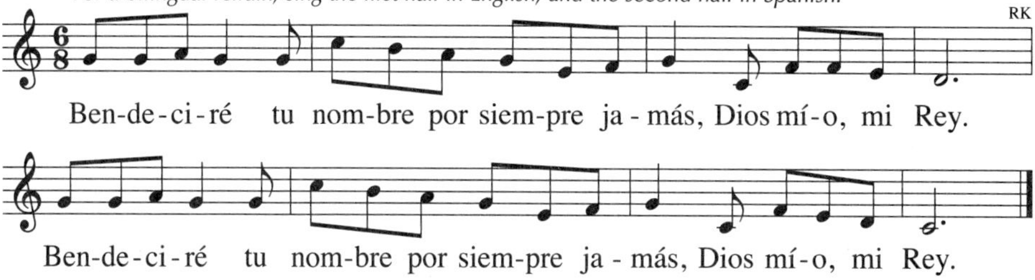

Or:

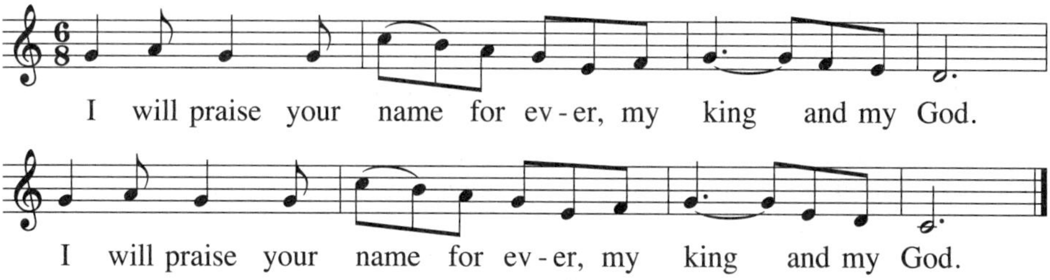

The LORD is kind and full of compassion,
slow to anger, abounding in mercy.
How good is the LORD to all,
compassionate to all his creatures. ℟.

El Señor es clemente y misericordioso,
lento a la cólera y rico en piedad;
el Señor es bueno con todos,
es cariñoso con todas sus criaturas. ℟.

All your works shall thank you, O LORD,
and all your faithful ones bless you.
They shall speak of the glory of your
reign,
and declare your mighty deeds. ℟.

Que todas tus criaturas te den gracias,
Señor,
que te bendigan tus fieles;
que proclamen la gloria de tu reinado,
que hablen de tus hazañas. ℟.

To make known your might to the
children of men,
and the glorious splendor of your reign.
Your kingdom is an everlasting kingdom;
your rule endures for all
generations. ℟.

Explicando tus hazañas a los hombres,
la gloria y majestad de tu reinado.
Tu reinado es un reinado perpetuo,
tu gobierno va de edad en edad. ℟.

887 Sixth Sunday of Easter / A — Sexto Domingo de Pascua / A

Or: Alleluia. — *Psalm / Salmo 66:1–3a, 4–5, 6–7a, 16 and 20 / 55*

For a bilingual refrain, sing the words in italics.

Cry out with joy to God, all the earth;
O sing to the glory of his name.
O render him glorious praise.
Say to God, "How awesome your
deeds! ℟.

"Before you all the earth shall bow
down,
shall sing to you, sing to your name!"
Come and see the works of God:
awesome his deeds among the
children of men. ℟.

He turned the sea into dry land;
they passed through the river on foot.
Let our joy, then, be in him;
he rules forever by his might. ℟.

Come and hear, all who fear God;
I will tell what he did for my soul.
Blest be God, who did not reject my
prayer,
nor withhold from me his merciful
love. ℟.

Aclamen al Señor, tierra entera;
toquen en honor de su nombre,
canten himnos a su gloria.
Digan a Dios: "Qué temibles son tus
obras." ℟.

Que se postre ante ti la tierra entera,
que toquen en tu honor, que toquen para
tu nombre.
Vengan a ver las obras de Dios,
sus temibles proezas en favor de los
hombres. ℟.

Transformó el mar en tierra firme,
a pie atravesaron el río.
Alegrémonos con Dios,
que con su poder gobierna
eternamente. ℟.

Fieles de Dios, vengan a escuchar;
les contaré lo que ha hecho conmigo.
Bendito sea Dios, que no rechazó mi
súplica
ni me retiró su favor. ℟.

888 Sixth Sunday of Easter / B — Sexto Domingo de Pascua / B

Or: Alleluia. — *Psalm / Salmo 98:1, 2–3ab, 3cd–4 / 56*

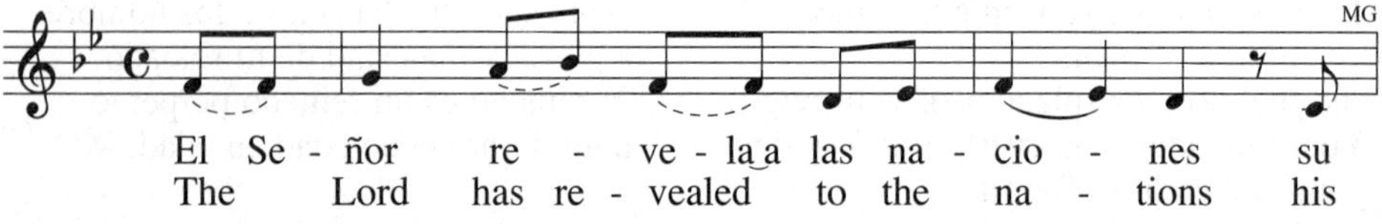

O sing a new song to the Lord,
for he has worked wonders.
His right hand and his holy arm
have brought salvation. ℟.

The Lord has made known his salvation,
has shown his deliverance to the nations.
He has remembered his merciful love
and his truth for the house of Israel. ℟.

All the ends of the earth have seen
the salvation of our God.
Shout to the Lord, all the earth;
break forth into joyous song,
and sing out your praise. ℟.

Canten al Señor un cántico nuevo,
porque ha hecho maravillas:
su diestra le ha dado la victoria,
su santo brazo. ℟.

El Señor da a conocer su victoria,
revela a las naciones su justicia:
se acordó de su misericordia y su fidelidad
en favor de la casa de Israel. ℟.

Los confines de la tierra han contemplado
la victoria de nuestro Dios.
Aclamen al Señor, tierra entera;
griten, vitoreen, toquen. ℟.

Sixth Sunday of Easter / C — Sexto Domingo de Pascua / C 889

Or: Alleluia.

Psalm / Salmo 67:2–3, 5, 6 and 8 / 57

O God, be gracious and bless us
and let your face shed its light upon us.
So will your ways be known upon earth
and all nations learn your salvation. ℟.

Let the nations be glad and shout for joy,
with uprightness you rule the peoples;
you guide the nations on earth. ℟.

Let the peoples praise you, O God;
let all the peoples praise you.
May God still give us his blessing
that all the ends of the earth may revere him. ℟.

El Señor tenga piedad y nos bendiga,
ilumine su rostro sobre nosotros;
conozca la tierra tus caminos,
todos los pueblos tu salvación. ℟.

Que canten de alegría las naciones,
porque riges el mundo con justicia,
riges los pueblos con rectitud
y gobiernas las naciones de la tierra. ℟.

Oh Dios, que te alaben los pueblos,
que todos los pueblos te alaben.
Que Dios nos bendiga;
que le teman hasta los confines del orbe. ℟.

890 Ascension of the Lord / ABC — Ascensión del Señor / ABC

Or: Alleluia. *Psalm / Salmo 47:2–3, 6–7, 8–9 / 58*

All peoples, clap your hands.
Cry to God with shouts of joy!
For the Lord, the Most High, is awesome,
the great king over all the earth. ℟.

God goes up with shouts of joy.
The Lord goes up with trumpet blast.
Sing praise for God; sing praise!
Sing praise to our king; sing praise! ℟.

God is king of all the earth.
Sing praise with all your skill.
God reigns over the nations.
God sits upon his holy throne. ℟.

Pueblos todos, batan palmas,
aclamen a Dios con gritos de júbilo;
porque el Señor es sublime y terrible,
emperador de toda la tierra. ℟.

Dios asciende entre aclamaciones,
el Señor, al son de trompetas;
toquen para Dios, toquen,
toquen para nuestro Rey, toquen. ℟.

Porque Dios es el rey del mundo;
toquen con maestría.
Dios reina sobre las naciones,
Dios se sienta en su trono sagrado. ℟.

891 Seventh Sunday of Easter / A — Séptimo Domingo de Pascua / A

Or: Alleluia. *Psalm / Salmo 27:1, 4, 7–8a / 59*

The Lord is my light and my salvation;
whom shall I fear?
The Lord is the stronghold of my life;
whom should I dread? ℟.

El Señor es mi luz y mi salvación,
¿a quién temeré?
El Señor es la defensa de mi vida,
¿quién me hará temblar? ℟.

There is one thing I ask of the Lord,
only this do I seek:
to live in the house of the Lord
all the days of my life,
to gaze on the beauty of the Lord,
to inquire at his temple. ℟.

O Lord, hear my voice when I call;
have mercy and answer me.
Of you my heart has spoken,
"Seek his face." ℟.

Una cosa pido al Señor, eso buscaré:
habitar en la casa del Señor por los días
de mi vida,
gozar de la dulzura del Señor,
contemplando su templo. ℟.

Escúchame, Señor, que te llamo;
ten piedad, respóndeme.
Oigo en mi corazón:
"Busquen mi rostro." ℟.

Seventh Sunday of Easter / B — Séptimo Domingo de Pascua / B 892

Or: Alleluia.

Psalm / Salmo 103:1–2, 11–12, 19–20ab / 60

For a bilingual refrain, sing the first half in one language, and the second half in the other.

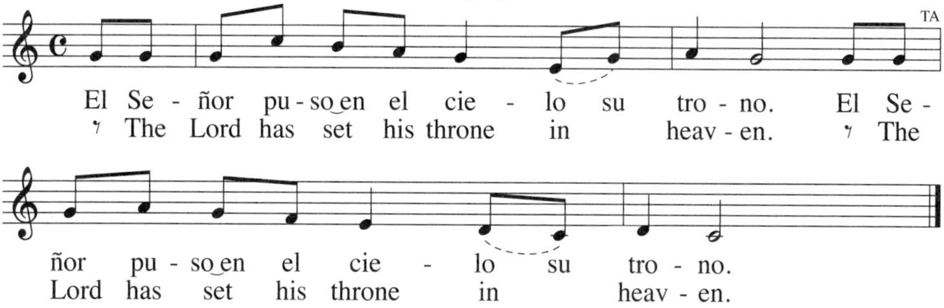

Bless the Lord, O my soul,
and all within me, his holy name.
Bless the Lord, O my soul,
and never forget all his benefits. ℟.

For as the heavens are high above the
earth,
so strong his mercy for those who
fear him.
As far as the east is from the west,
so far from us does he remove our
transgressions. ℟.

The Lord has fixed his throne in heaven,
and his kingdom is ruling over all.
Bless the Lord, all you his angels,
mighty in power, fulfilling his word. ℟.

Bendice, alma mía, al Señor,
y todo mi ser a su santo nombre.
Bendice, alma mía, al Señor,
y no olvides sus beneficios. ℟.

Como se levanta el cielo sobre la tierra,
se levanta su bondad sobre sus fieles;
como dista el oriente del ocaso,
así aleja de nosotros nuestros delitos. ℟.

El Señor puso en el cielo su trono,
su soberanía gobierna el universo.
Bendigan al Señor, ángeles suyos,
poderosos ejecutores de sus órdenes. ℟.

893 Seventh Sunday of Easter / C — Séptimo Domingo de Pascua / C

Or: Alleluia. *Psalm / Salmo 97:1 and 2b, 6 and 7c, 9 / 61*

Or:

The LORD is king, let earth rejoice;
let the many islands be glad.
Justice and right are the foundation
of his throne. ℟.

The skies proclaim his justice;
all peoples see his glory.
All you angels, worship him. ℟.

For you indeed are the LORD,
most high above all the earth,
exalted far above all gods. ℟.

El Señor reina, la tierra goza,
se alegran las islas innumerables.
Justicia y derecho sostienen su trono. ℟.

Los cielos pregonan su justicia,
y todos los pueblos contemplan su
gloria.
Ante él se postran todos los dioses. ℟.

Porque tú eres, Señor,
altísimo sobre toda la tierra,
encumbrado sobre todos los dioses. ℟.

894 Pentecost Sunday: Vigil Mass / ABC — Domingo de Pentecostés: Misa Vespertina de la Vigilia / ABC

Or: Alleluia. *Psalm / Salmo 104:1–2a, 24 and 35c, 27–28, 29bc–30 / 62*

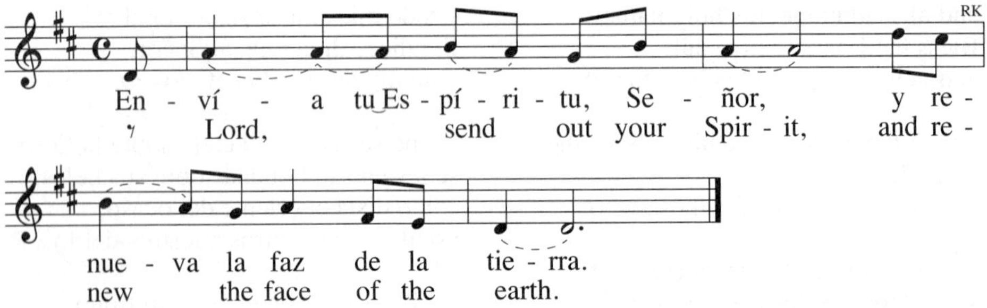

Bless the LORD, O my soul!
O LORD my God, how great you are,
clothed in majesty and honor,
wrapped in light as with a robe! ℟.

How many are your works, O LORD!
In wisdom you have made them all.
The earth is full of your creatures.
Bless the LORD, O my soul. ℟.

Bendice, alma mía, al Señor,
¡Dios mío, qué grande eres!
Te vistes de belleza y majestad,
la luz te envuelve como un manto. ℟.

Cuántas son tus obras, Señor,
y todas las hiciste con sabiduría;
la tierra está llena de tus criaturas.
¡Bendice, alma mía, al Señor! ℟.

All of these look to you
to give them their food in due season.
You give it, they gather it up;
you open wide your hand, they are
well filled. ℟.

You take away their breath, they die,
returning to the dust from which
they came.
You send forth your spirit, and they are
created,
and you renew the face of the earth. ℟.

Todas ellas aguardan
a que les eches comida a su tiempo:
se la echas, y la atrapan;
abres tu mano, y se sacian de bienes. ℟.

Les retiras el aliento, y expiran
y vuelven a ser polvo;
envías tu aliento, y los creas,
y repueblas la faz de la tierra. ℟.

Pentecost Sunday: Mass during the Day / ABC

Domingo de Pentecostés: Misa del Día / ABC 895

Or: Alleluia.

Psalm / Salmo 104:1ab and 24ac, 29bc–30, 31 and 34 / 63

Bless the Lord, O my soul!
O Lord my God, how great you are.
How many are your works, O Lord!
The earth is full of your creatures. ℟.

You take away their breath, they die,
returning to the dust from which
they came.
You send forth your spirit, and they are
created,
and you renew the face of the earth. ℟.

May the glory of the Lord last forever!
May the Lord rejoice in his works!
May my thoughts be pleasing to him.
I will rejoice in the Lord. ℟.

Bendice, alma mía, al Señor,
¡Dios mío, qué grande eres!
Cuántas son tus obras, Señor;
la tierra está llena de tus criaturas. ℟.

Les retiras el aliento, y expiran
y vuelven a ser polvo;
envías tu aliento, y los creas,
y repueblas la faz de la tierra. ℟.

Gloria a Dios para siempre,
goce el Señor con sus obras.
Que le sea agradable mi poema,
y yo me alegraré con el Señor. ℟.

896 SEQUENCE / SECUENCIA

Text: *Veni Sancte Spiritus*; attr. to Stephen Langton, ca. 1150–1228, et al.; English tr. by Peter J. Scagnelli, b.1949, after Edward Caswall, 1814–1878, © 1983; Spanish tr. by Ronald F. Krisman, b.1946, © 2012, GIA Publications, Inc.
Tune: VENI SANCTE SPIRITUS, 7 7 7; Dublin *Troper*, ca. 1360; Mode I; acc. by Adriaan Engels, 1906–2003, © Interkerkelijke Stichting voor het Kerklied Den Haag

897 Ordinary Time

When the Church assembles, time is always given to the reading of Scripture. This is the book the Church esteems: the Law and the prophets, the books of wisdom and psalms, the letters and writings of Paul and of the other apostles, the gospels themselves. Throughout the history of the Church the readings from Scripture have been arranged so that the various Sundays have their assigned texts. This book of assigned scripture readings is the lectionary. In the present Roman lectionary the readings are ordered according to a cycle of three years.

Most of each year is called "Ordinary Time" or "Sundays of the Year." These are the weeks between the Christmas season and Lent, and the long period between Pentecost (the conclusion of the Easter season) and Advent (usually the first Sunday in December). On the Sundays of Ordinary Time, the lectionary has us read through the letters of the New Testament and the gospels. In the first year of the cycle, the gospel of Matthew is read from beginning to end; in the second year, Mark; in the third, Luke. Likewise, each Sunday finds the Church picking up the reading of one of the letters of the New Testament roughly where the previous week's reading concluded. At present, the first reading at Sunday Mass in Ordinary Time is chosen from the Hebrew Scriptures; these texts show the richness and the continuity of faith.

Sunday by Sunday, year after year, the Church reads through its book in the weeks of Ordinary Time. Each Christian, each local Church, each generation listens and so finds its own life in God's word.

The Church assembles around Scripture and around the Lord's table on Sunday. This day is called by Christians the Lord's Day. Whether the Church is in Ordinary Time or in the seasons of Advent/Christmas or Lent/Easter, the Lord's Day is kept holy; it is the original feast day. The rhythm of the weekdays and the Sunday is the basic rhythm of life in Christian churches. The practices with which a Church keeps the Lord's Day vary, but always and every-

Tiempo Ordinario

Cuando la Iglesia se reúne, siempre hay tiempo para leer de la Sagrada Escritura. Este es el libro que la Iglesia aprecia: La Ley y los profetas, los libros sapienciales y los salmos, las cartas y los escritos de San Pablo y de los otros apóstoles, los evangelios mismos. Por toda la historia de la Iglesia, las lecturas bíblicas se han arreglado de tal manera que los diferentes domingos tengan sus textos asignados. Este libro con los textos bíblicos asignados es el leccionario. En el leccionario romano vigente, las lecturas están organizadas para leerlas según un ciclo de tres años.

La mayoría de cada año se llama "Tiempo Ordinario" o "Domingos del Año." Estas son las semanas entre el tiempo de Navidad y la Cuaresma, y el período largo entre Pentecostés (la conclusión del tiempo de Pascua) y Adviento (generalmente el primer domingo en diciembre). Para los domingos del Tiempo Ordinario, el leccionario nos da a leer las cartas del Nuevo Testamento y los evangelios. En el primer año del ciclo, se lee el evangelio según San Mateo del principio al fin; en el segundo año, San Marcos; en el tercero, San Lucas. Igualmente, cada domingo encuentra a la Iglesia escogiendo una lectura de una de las cartas en el Nuevo Testamento, aproximadamente donde concluyó la lectura de la semana previa. Al presente, la primera lectura en la Misa dominical en el Tiempo Ordinario se escoge de las Escrituras Hebreas; estos textos muestran la riqueza y la continuidad de la fe.

Domingo tras domingo, año tras año, la Iglesia lee todo su libro en las semanas del Tiempo Ordinario. Cada cristiano, cada Iglesia local, cada generación escucha y así encuentra su propia vida en la palabra de Dios.

La Iglesia se reúne el domingo alrededor de la Sagrada Escritura y de la mesa del Señor. Los cristianos llaman este día el Día del Señor. Bien sea que la Iglesia esté en Tiempo Ordinario o en los tiempos de Adviento/Navidad o Cuaresma/Pascua, el Día del Señor debe guardarse como santo; es el día de fiesta original. El ritmo de los días hábiles de la semana y el domingo es where Christians assemble on this day so that the Church may listen to God's word. Through the days of the week, the Sunday's scripture readings are to be for reflection and nourishment as they are repeated and pondered in the households of the assembly.

el ritmo básico de la vida en las Iglesias cristianas. Las prácticas con las que una Iglesia guarda el Día del Señor varían, pero siempre y en todo lugar en que se reúnen los cristianos este día la Iglesia escucha la palabra de Dios. Durante los días de la semana, las lecturas bíblicas del domingo deben usarse para la reflexión y alimento cuando se repiten y meditan en los hogares de la asamblea.

Most Holy Trinity / A — Santísima Trinidad / A 898

For a bilingual refrain, sing the words in italics.

Daniel 3:52, 53, 54, 55 / 164

Blessed are you, O Lord, the God of our fathers,
praiseworthy and exalted above all forever;
and blessed is your holy and glorious name,
praiseworthy and exalted above all for all ages. ℟.

Blessed are you in the temple of your holy glory,
praiseworthy and glorious above all forever. ℟.

Blessed are you on the throne of your kingdom,
praiseworthy and exalted above all forever. ℟.

Blessed are you who look into the depths from your throne upon the cherubim,
praiseworthy and exalted above all forever. ℟.

Bendito eres, Señor, Dios de nuestros padres:
alabado y exaltado eternamente.
Bendito tu nombre santo y glorioso:
alabado y exaltado por los siglos de los siglos. ℟.

Bendito eres en el templo de tu santa gloria:
alabado y glorificado eternamente. ℟.

Bendito eres sobre el trono de tu reino:
alabado y exaltado eternamente. ℟.

Bendito eres tú,
que sentado sobre querubines
sondeas los abismos:
alabado y exaltado eternamente. ℟.

Bendito eres en la bóveda del cielo:
alabado y glorificado eternamente. ℟.

899 Most Holy Trinity / B — Santísima Trinidad / B

Psalm / Salmo 33:4–5, 6 and 9, 18–19, 20 and 22 / 165

The word of the Lord is faithful,
and all his works to be trusted.
The Lord loves justice and right,
and his merciful love fills the earth. ℟.

By the word of the Lord the heavens
were made,
by the breath of his mouth all their host.
He spoke, and it came to be.
He commanded; it stood in place. ℟.

Yes, the Lord's eyes are on those who
fear him,
who hope in his merciful love,
to rescue their souls from death,
to keep them alive in famine. ℟.

Our soul is waiting for the Lord.
He is our help and our shield.
May your merciful love be upon us,
as we hope in you, O Lord. ℟.

La palabra del Señor es sincera,
y todas sus acciones son leales;
él ama la justicia y el derecho,
y su misericordia llena la tierra. ℟.

La palabra del Señor hizo el cielo;
el aliento de su boca, sus ejércitos;
porque él lo dijo, y existió,
él lo mandó, y surgió. ℟.

Los ojos del Señor están puestos en sus
fieles,
en los que esperan en su misericordia,
para librar sus vidas de la muerte
y reanimarlos en tiempo de hambre. ℟.

Nosotros aguardamos al Señor:
él es nuestro auxilio y escudo.
Que tu misericordia, Señor, venga
sobre nosotros,
como lo esperamos de ti. ℟.

900 Most Holy Trinity / C — Santísima Trinidad / C

Psalm / Salmo 8:4–5, 6–7, 8–9 / 166

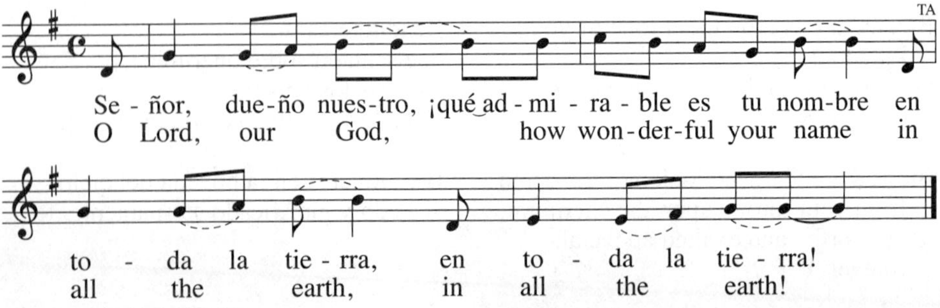

When I see the heavens, the work of
your fingers,
the moon and the stars which you
arranged,
what is man that you should keep him
in mind,
the son of man that you care for him? ℟.

Yet you have made him little lower
than the angels;
with glory and honor you crowned him,
gave him power over the works of your
hands:
you put all things under his feet. ℟.

All of them, sheep and oxen,
yes, even the cattle of the fields,
birds of the air, and fish of the sea
that make their way through the
waters. ℟.

Cuando contemplo el cielo, obra de tus
dedos,
la luna y las estrellas que has creado,
¿qué es el hombre, para que te acuerdes
de él,
el ser humano, para darle poder? ℟.

Lo hiciste poco inferior a los ángeles,
lo coronaste de gloria y dignidad,
le diste el mando sobre las obras de tus
manos,
todo lo sometiste bajo sus pies. ℟.

Rebaños de ovejas y toros,
y hasta las bestias del campo,
las aves del cielo, los peces del mar,
que trazan sendas por el mar. ℟.

Most Holy Body and Blood of Christ / A

Santísimo Cuerpo y Sangre de Cristo / A 901

Or: Alleluia.

Psalm / Salmo 147:12–13, 14–15, 19–20 / 167

The refrains may be sung simultaneously.

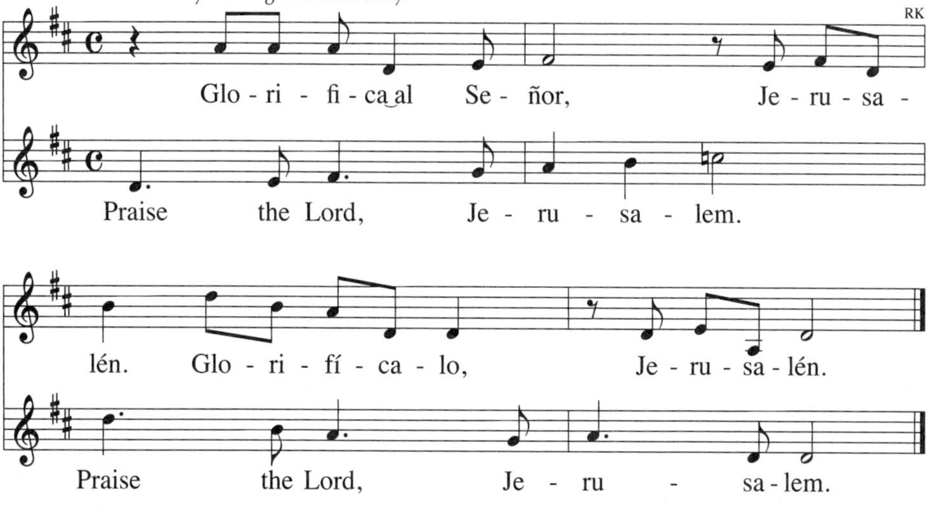

O Jerusalem, glorify the Lord!
O Sion, praise your God!
He has strengthened the bars of your
gates;
he has blessed your children within
you. ℟.

Glorifica al Señor, Jerusalén;
alaba a tu Dios, Sión:
que ha reforzado los cerrojos de tus
puertas,
y ha bendecido a tus hijos dentro de
ti. ℟.

He established peace on your borders;
he gives you your fill of finest wheat.
He sends out his word to the earth,
and swiftly runs his command. ℟.

He reveals his word to Jacob;
to Israel, his decrees and judgments.
He has not dealt thus with other nations;
he has not taught them his judgments. ℟.

Ha puesto paz en tus fronteras,
te sacia con flor de harina.
Él envía su mensaje a la tierra,
y su palabra corre veloz. ℟.

Anuncia su palabra a Jacob,
sus decretos y mandatos a Israel;
con ninguna nación obró así
ni les dio a conocer sus mandatos. ℟.

902 **Most Holy Body and Blood of Christ / B** — **Santísimo Cuerpo y Sangre de Cristo / B**

Or: Alleluia. *Psalm / Salmo 116:12–13, 15 and 16bc, 17–18 / 168*

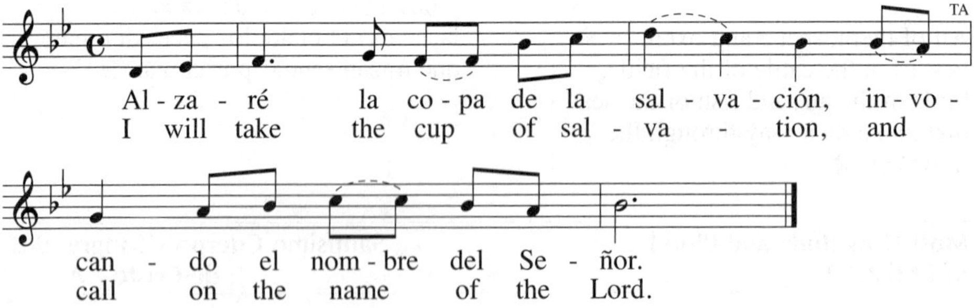

How can I repay the Lord
for all his goodness to me?
The cup of salvation I will raise;
I will call on the name of the Lord. ℟.

How precious in the eyes of the Lord
is the death of his faithful.
Your servant am I,
the son of your handmaid;
you have loosened my bonds. ℟.

A thanksgiving sacrifice I make;
I will call on the name of the Lord.
My vows to the Lord I will fulfill
before all his people. ℟.

¿Cómo pagaré al Señor
todo el bien que me ha hecho?
Alzaré la copa de la salvación,
invocando su nombre. ℟.

Mucho le cuesta al Señor
la muerte de sus fieles.
Señor, yo soy tu siervo,
rompiste mis cadenas. ℟.

Te ofreceré un sacrificio de alabanza,
invocando tu nombre, Señor.
Cumpliré al Señor mis votos,
en presencia de todo el pueblo. ℟.

903 **Most Holy Body and Blood of Christ / C** — **Santísimo Cuerpo y Sangre de Cristo / C**

Psalm / Salmo 110:1, 2, 3, 4 / 169

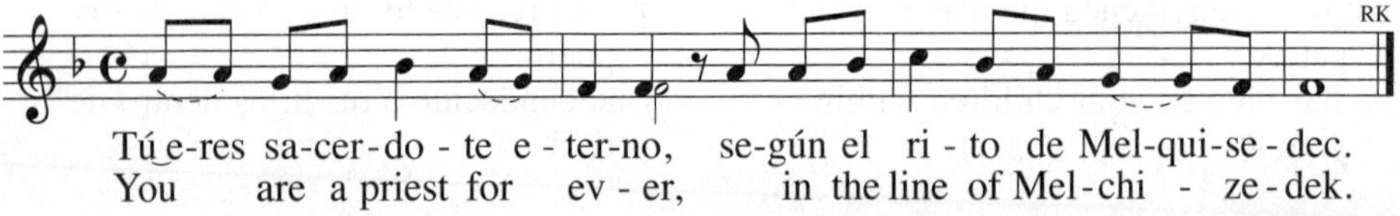

The LORD's revelation to my lord:
"Sit at my right hand,
until I make your foes your
footstool." ℟.

The LORD will send from Sion
your scepter of power:
rule in the midst of your foes. ℟.

With you is princely rule
on the day of your power.
In holy splendor, from the womb before
the dawn,
I have begotten you. ℟.

The LORD has sworn an oath he will not
change:
"You are a priest forever,
in the line of Melchizedek." ℟.

Oráculo del Señor a mi Señor:
"Siéntate a mi derecha,
y haré de tus enemigos estrado de tus
pies." ℟.

Desde Sión extenderá el Señor
el poder de tu cetro:
somete en la batalla a tus enemigos. ℟.

"Eres príncipe desde el día de tu
nacimiento,
entre esplendores sagrados;
yo mismo te engendré, como rocío,
antes de la aurora." ℟.

El Señor lo ha jurado y no
se arrepiente:
"Tú eres sacerdote eterno,
según el rito de Melquisedec." ℟.

Most Sacred Heart of Jesus / A — Sagrado Corazón de Jesús / A 904

Psalm / Salmo 103:1–2, 3–4, 6–7, 8 and 10 / 170

Bless the LORD, O my soul,
and all within me, his holy name.
Bless the LORD, O my soul,
and never forget all his benefits. ℟.

It is the Lord who forgives all your sins,
who heals every one of your ills,
who redeems your life from the grave,
who crowns you with mercy and
compassion. ℟.

The LORD does just deeds,
gives full justice to all who are
oppressed.
He made known his ways to Moses,
and his deeds to the children of Israel. ℟.

Bendice, alma mía, al Señor,
y todo mi ser a su santo nombre.
Bendice, alma mía, al Señor,
y no olvides sus beneficios. ℟.

Él perdona todas tus culpas
y cura todas tus enfermedades;
él rescata tu vida de la fosa
y te colma de gracia y de ternura. ℟.

El Señor hace justicia
y defiende a todos los oprimidos;
enseñó sus caminos a Moisés
y sus hazañas a los hijos de Israel. ℟.

The Lord is compassionate and
gracious,
slow to anger and rich in mercy.
He does not treat us according to our
sins,
nor repay us according to our faults. ℟.

El Señor es compasivo y
misericordioso,
lento a la ira y rico en clemencia.
No nos trata como merecen nuestros
pecados
ni nos paga según nuestras culpas. ℟.

905 Most Sacred Heart of Jesus / B — Sagrado Corazón de Jesús / B

Isaiah 12:2–3, 4bcd, 5–6 / 171

Or:

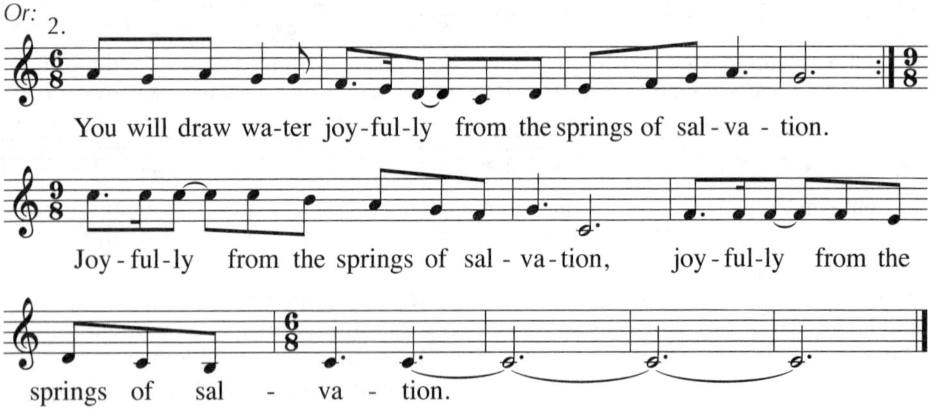

Or:

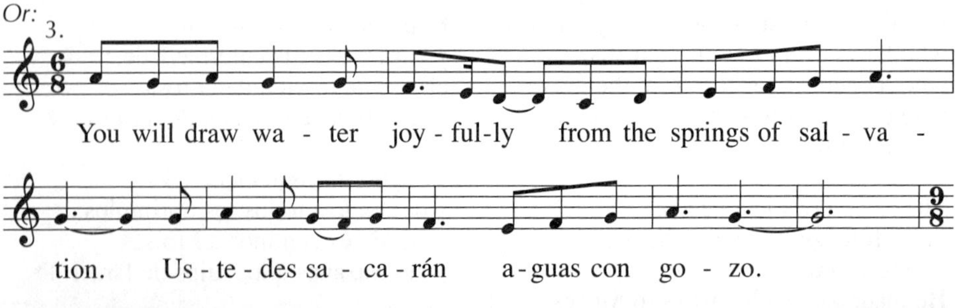

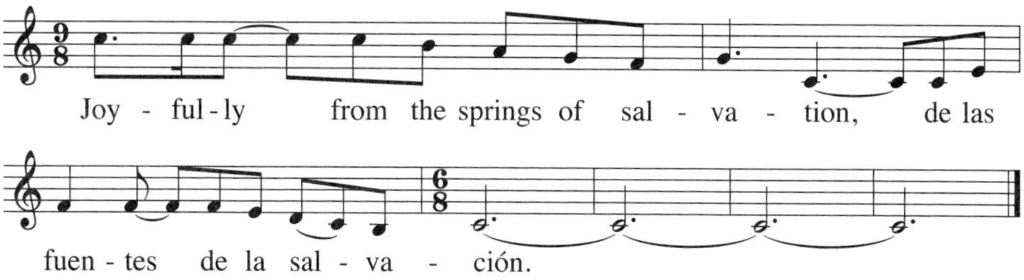

God indeed is my savior;
I am confident and unafraid.
My strength and my courage is the Lord,
and he has been my savior.
With joy you will draw water
at the fountain of salvation. ℟.

Give thanks to the Lord, acclaim his name;
among the nations make known his deeds,
proclaim how exalted is his name. ℟.

Sing praise to the Lord for his glorious achievement;
let this be known throughout all the earth.
Shout with exultation, O city of Zion,
for great in your midst is the Holy One of Israel! ℟.

El Señor es mi Dios y Salvador:
confiaré y no temeré,
porque mi fuerza y mi poder es el Señor,
él fue mi salvación.
Y ustedes sacarán aguas con gozo
de las fuentes de la salvación. ℟.

Den gracias al Señor,
invoquen su nombre,
cuenten a los pueblos sus hazañas,
proclamen que su nombre es excelso. ℟.

Tañan para el Señor, que hizo proezas,
anúncienlas a toda la tierra;
griten jubilosos, habitantes de Sión:
"Qué grande es en medio de ti el Santo de Israel." ℟.

Most Sacred Heart of Jesus / C — Sagrado Corazón de Jesús / C 906

The refrains may be sung simultaneously.

Psalm / Salmo 23:1–3a, 3b–4, 5, 6 / 172

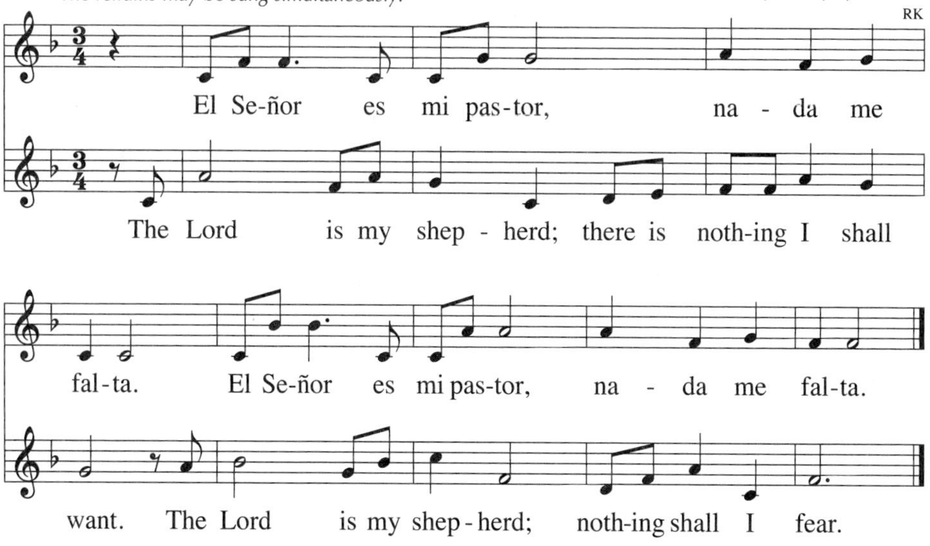

The LORD is my shepherd;
there is nothing I shall want.
Fresh and green are the pastures
where he gives me repose.
Near restful waters he leads me;
he revives my soul. ℟.

He guides me along the right path,
for the sake of his name.
Though I should walk in the valley of
the shadow of death,
no evil would I fear, for you are with me.
Your crook and your staff will give me
comfort. ℟.

You have prepared a table before me
in the sight of my foes.
My head you have anointed with oil;
my cup is overflowing. ℟.

Surely goodness and mercy shall follow
me
all the days of my life.
In the LORD's own house shall I dwell
for length of days unending. ℟.

El Señor es mi pastor, nada me falta:
en verdes praderas me hace recostar;
me conduce hacia fuentes tranquilas
y repara mis fuerzas. ℟.

Me guía por el sendero justo,
por el honor de su nombre.
Aunque camine por cañadas oscuras,
nada temo, porque tú vas conmigo:
tu vara y tu cayado me sosiegan. ℟.

Preparas una mesa ante mí,
enfrente de mis enemigos;
me unges la cabeza con perfume,
y mi copa rebosa. ℟.

Tu bondad y tu misericordia
me acompañan
todos los días de mi vida,
y habitaré en la casa del Señor
por años sin término. ℟.

907 2nd Sunday in Ordinary Time / AB — 2º Domingo del Tiempo Ordinario / AB

Psalm / Salmo 40:2 and 4ab, 7–8a, 8b–9, 10 / 64, 65

For a bilingual refrain, sing the words in italics.

I waited, I waited for the LORD,
and he stooped down to me; he heard
my cry.
He put a new song into my mouth,
praise of our God. ℟.

Yo esperaba con ansia al Señor;
él se inclinó y escuchó mi grito.
Me puso en la boca un cántico nuevo,
un himno a nuestro Dios. ℟.

You delight not in sacrifice and offerings,
but in an open ear.
You do not ask for holocaust and victim.
Then I said, "See, I have come." ℟.

In the scroll of the book it stands
written of me:
"I delight to do your will, O my God;
your instruction lies deep within me." ℟.

Your justice I have proclaimed
in the great assembly.
My lips I have not sealed;
you know it, O Lord. ℟.

Tú no quieres sacrificios ni ofrendas,
y, en cambio, me abriste el oído;
no pides sacrificio expiatorio,
entonces yo digo: "Aquí estoy." ℟.

Como está escrito en mi libro:
"Para hacer tu voluntad."
Dios mío, lo quiero,
y llevo tu ley en las entrañas." ℟.

He proclamado tu salvación
ante la gran asamblea;
no he cerrado los labios:
Señor, tú lo sabes. ℟.

2nd Sunday in Ordinary Time / C — 2º Domingo del Tiempo Ordinario / C 908

Psalm / Salmo 96:1–2a, 2b–3, 7–8a, 9–10a and c / 66

Or:

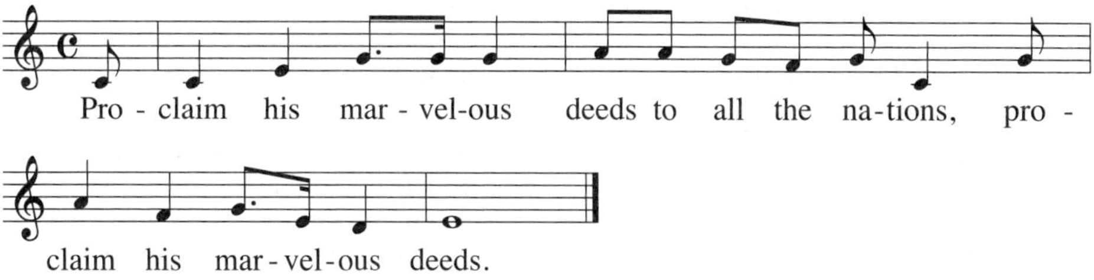

O sing a new song to the Lord;
sing to the Lord, all the earth.
O sing to the Lord; bless his name. ℟.

Proclaim his salvation day by day.
Tell among the nations his glory,
and his wonders among all the
peoples. ℟.

Give the Lord, you families of peoples,
give the Lord glory and power;
give the Lord the glory of his name. ℟.

Worship the Lord in holy splendor.
O tremble before him, all the earth.
Say to the nations, "The Lord is king."
He will judge the peoples in fairness. ℟.

Canten al Señor un cántico nuevo,
canten al Señor, toda la tierra;
canten al Señor, bendigan su nombre. ℟.

Proclamen día tras día su victoria.
Cuenten a los pueblos su gloria,
sus maravillas a todas las naciones. ℟.

Familias de los pueblos, aclamen al
Señor,
aclamen la gloria y el poder del Señor,
aclamen la gloria del nombre del
Señor. ℟.

Póstrense ante el Señor en el atrio
sagrado,
tiemble en su presencia la tierra toda.
Digan a los pueblos: "El Señor es rey,
él gobierna a los pueblos rectamente." ℟.

909 3rd Sunday in Ordinary Time / A — 3er Domingo del Tiempo Ordinario / A

Psalm / Salmo 27:1, 4, 13–14 / 67

For a bilingual refrain, sing the first half in one language, and the second half in the other.

The Lord is my light and my salvation;
whom shall I fear?
The Lord is the stronghold of my life;
whom should I dread? ℟.

There is one thing I ask of the Lord,
only this do I seek:
to live in the house of the Lord
all the days of my life,
to gaze on the beauty of the Lord,
to inquire at his temple. ℟.

I believe I shall see the Lord's
goodness
in the land of the living.
Wait for the Lord; be strong;
be stouthearted, and wait for the
Lord! ℟.

El Señor es mi luz y mi salvación,
¿a quién temeré?
El Señor es la defensa de mi vida,
¿quién me hará temblar? ℟.

Una cosa pido al Señor, eso buscaré:
habitar en la casa del Señor por los días
de mi vida;
gozar de la dulzura del Señor,
contemplando su templo. ℟.

Espero gozar de la dicha del Señor
en el país de la vida.
Espera en el Señor, sé valiente,
ten ánimo, espera en el Señor. ℟.

910 3rd Sunday in Ordinary Time / B — 3er Domingo del Tiempo Ordinario / B

Psalm / Salmo 25:4–5ab, 6–7bc, 8–9 / 68

Or:

O LORD, make me know your ways.
Teach me your paths.
Guide me in your truth, and teach me;
for you are the God of my salvation. ℟.

Remember your compassion, O LORD,
and your merciful love,
for they are from of old.
In your merciful love remember me,
because of your goodness, O LORD. ℟.

Good and upright is the LORD;
he shows the way to sinners.
He guides the humble in right judgment;
to the humble he teaches his way. ℟.

Señor, enséñame tus caminos,
instrúyeme en tus sendas:
haz que camine con lealtad;
enséñame, porque tú eres mi Dios y
Salvador. ℟.

Recuerda, Señor, que tu ternura
y tu misericordia son eternas.
Acuérdate de mí con misericordia,
por tu bondad, Señor. ℟.

El Señor es bueno y es recto,
y enseña el camino a los pecadores;
hace caminar a los humildes con
rectitud,
enseña su camino a los humildes. ℟.

3rd Sunday in Ordinary Time / C — 3er Domingo del Tiempo Ordinario / C 911

Psalm / Salmo 19:8, 9, 10, 15 / 69

The law of the LORD is perfect;
it revives the soul.
The decrees of the LORD are steadfast;
they give wisdom to the simple. ℟.

The precepts of the LORD are right;
they gladden the heart.
The command of the LORD is clear;
it gives light to the eyes. ℟.

The fear of the LORD is pure,
abiding forever.
The judgments of the LORD are true;
they are, all of them, just. ℟.

May the spoken words of my mouth,
the thoughts of my heart,
win favor in your sight, O LORD,
my rock and my redeemer! ℟.

La ley del Señor es perfecta
y es descanso del alma;
el precepto del Señor es fiel
e instruye al ignorante. ℟.

Los mandatos del Señor son rectos
y alegran el corazón;
la norma del Señor es límpida
y da luz a los ojos. ℟.

La voluntad del Señor es pura
y eternamente estable;
los mandamientos del Señor son
verdaderos
y enteramente justos. ℟.

Que te agraden las palabras de mi boca,
y llegue a tu presencia
el meditar de mi corazón,
Señor, roca mía, redentor mío. ℟.

912 4th Sunday in Ordinary Time / A — 4º Domingo del Tiempo Ordinario / A

Or: Alleluia.

Psalm / Salmo 146:6c–7, 8–9a, 9bc–10 / 70

Or:

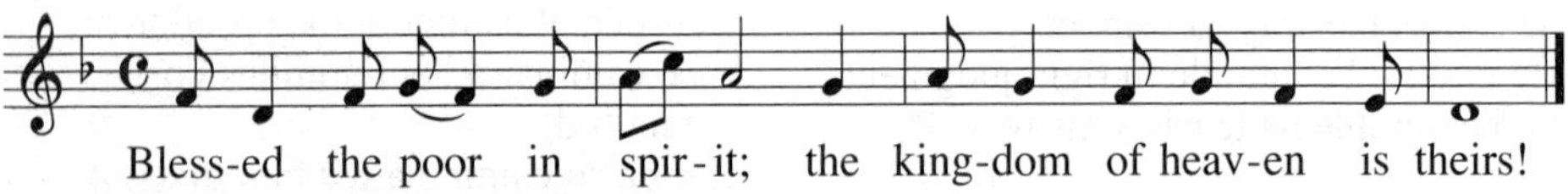

It is the LORD who preserves fidelity
forever,
who does justice to those who are
oppressed.
It is he who gives bread to the hungry,
the LORD who sets prisoners free. ℟.

The LORD who opens the eyes of the blind,
the LORD who raises up those who are
bowed down.
It is the LORD who loves the just,
the LORD who protects the stranger. ℟.

The LORD upholds the orphan and the
widow,
but thwarts the path of the wicked.
The LORD will reign forever,
the God of Sion from age to age.
Alleluia. ℟.

El Señor mantiene su fidelidad
perpetuamente,
hace justicia a los oprimidos,
da pan a los hambrientos.
El Señor liberta a los cautivos. ℟.

El Señor abre los ojos al ciego,
el Señor endereza a los que ya se
doblan,
el Señor ama a los justos,
el Señor guarda a los peregrinos. ℟.

El Señor sustenta al huérfano y a la
viuda
y trastorna el camino de los malvados.
El Señor reina eternamente,
tu Dios, Sión, de edad en edad. ℟.

913 4th Sunday in Ordinary Time / B — 4º Domingo del Tiempo Ordinario / B

Psalm / Salmo 95:1–2, 6–7c, 7d–9 / 71

For a bilingual refrain, sing through the first ending in English and repeat in Spanish.

Come, let us ring out our joy to the
Lord;
hail the rock who saves us.
Let us come into his presence, giving
thanks;
let us hail him with a song of praise. ℟.

O come; let us bow and bend low.
Let us kneel before the God who made
us,
for he is our God and we
the people who belong to his pasture,
the flock that is led by his hand. ℟.

O that today you would listen to his voice!
"Harden not your hearts as at Meribah,
as on that day at Massah in the desert
when your forebears put me to the test;
when they tried me, though they saw
my work." ℟.

Vengan, aclamemos al Señor,
demos vítores a la Roca que nos salva;
entremos a su presencia dándole
gracias,
aclamándolo con cantos. ℟.

Entren, postrémonos por tierra,
bendiciendo al Señor, creador nuestro.
Porque él es nuestro Dios,
y nosotros su pueblo, el rebaño que él
guía. ℟.

Ojalá escuchen hoy su voz:
"No endurezcan el corazón como en
Meribá,
como el día de Masá en el desierto;
cuando sus padres me pusieron a prueba
y me tentaron, aunque habían visto mis
obras." ℟.

4th Sunday in Ordinary Time / C — 4º Domingo del Tiempo Ordinario / C 914

Psalm / Salmo 71:1–2, 3–4a, 5–6ab, 15ab and 17 / 72

For a bilingual refrain, sing the words in italics.

In you, O Lord, I take refuge;
let me never be put to shame.
In your justice, rescue me, free me;
incline your ear to me and save me. ℟.

Be my rock, my constant refuge,
a mighty stronghold to save me,
for you are my rock, my stronghold.
My God, free me from the hand of
the wicked. ℟.

A ti, Señor, me acojo:
no quede yo derrotado para siempre;
tú que eres justo, líbrame y ponme a
salvo,
inclina a mí tu oído, y sálvame. ℟.

Sé tú mi roca de refugio,
el alcázar donde me salve,
porque mi peña y mi alcázar eres tú.
Dios mío, líbrame de la mano
perversa. ℟.

It is you, O Lord, who are my hope,
my trust, O LORD, from my youth.
On you I have leaned from my birth;
from my mother's womb, you have
been my help. ℟.

My mouth will tell of your justice,
and all the day long of your salvation.
O God, you have taught me from my
youth,
and I proclaim your wonders still. ℟.

Porque tú, Dios mío, fuiste mi esperanza
y mi confianza, Señor, desde mi juventud.
En el vientre materno ya me apoyaba
en ti,
en el seno tú me sostenías. ℟.

Mi boca contará tu auxilio,
y todo el día tu salvación.
Dios mío, me instruiste desde mi
juventud,
y hasta hoy relato tus maravillas. ℟.

915 5th Sunday in Ordinary Time / A — 5º Domingo del Tiempo Ordinario / A

Or: Alleluia.

Psalm / Salmo 112:4–5, 6–7, 8a and 9 / 73

A light rises in the darkness for the
upright;
he is generous, merciful, and just.
It goes well for the man who deals
generously and lends,
who conducts his affairs with justice. ℟.

He will never be moved;
forever shall the just be remembered.
He has no fear of evil news;
with a firm heart, he trusts in the
LORD. ℟.

With a steadfast heart he will not fear.
Openhanded, he gives to the poor;
his justice stands firm forever.
His might shall be exalted in glory. ℟.

En las tinieblas brilla como una luz
el que es justo, clemente y compasivo.
Dichoso el que se apiada y presta,
y administra rectamente sus asuntos. ℟.

El justo jamás vacilará,
su recuerdo será perpetuo.
No temerá las malas noticias,
su corazón está firme en el Señor. ℟.

Su corazón está seguro, sin temor.
Reparte limosna a los pobres;
su caridad es constante, sin falta,
y alzará la frente con dignidad. ℟.

5th Sunday in Ordinary Time / B — 5º Domingo del Tiempo Ordinario / B 916

Or: Alleluia.

Psalm / Salmo 147:1–2, 3–4, 5–6 / 74

How good to sing psalms to our God;
how pleasant to chant fitting praise!
The Lord builds up Jerusalem
and brings back Israel's exiles; ℟.

He heals the brokenhearted;
he binds up all their wounds.
He counts out the number of the stars;
he calls each one by its name. ℟.

Our Lord is great and almighty;
his wisdom can never be measured.
The Lord lifts up the lowly;
he casts down the wicked to the ground. ℟.

Alaben al Señor, que la música es buena;
nuestro Dios merece una alabanza armoniosa.
El Señor reconstruye Jerusalén,
reúne a los deportados de Israel. ℟.

Él sana los corazones destrozados,
venda sus heridas.
Cuenta el número de las estrellas,
a cada una la llama por su nombre. ℟.

Nuestro Señor es grande y poderoso,
su sabiduría no tiene medida.
El Señor sostiene a los humildes,
humilla hasta el polvo a los malvados. ℟.

5th Sunday in Ordinary Time / C — 5º Domingo del Tiempo Ordinario / C 917

Psalm / Salmo 138:1–2a, 2b–3, 4–5, 7c–8 / 75

For a bilingual refrain, sing through the first ending in one language and repeat in the other. The refrains may be sung simultaneously.

I thank you, LORD, with all my heart;
you have heard the words of my mouth.
In the presence of the angels I praise you.
I bow down toward your holy temple. ℟.

I give thanks to your name
for your merciful love and your
faithfulness.
You have exalted your name over all.
On the day I called, you answered me;
you increased the strength of my soul. ℟.

All earth's kings shall thank you,
O LORD,
when they hear the words of your
mouth.
They shall sing of the ways of the LORD,
"How great is the glory of the LORD!" ℟.

With your right hand you save me;
the LORD will accomplish this for me.
O LORD, your merciful love is eternal;
discard not the work of your hands. ℟.

Te doy gracias, Señor, de todo corazón,
porque has oído las palabras de mi boca.
Delante de los ángeles tañeré para ti,
me postraré hacia tu santuario. ℟.

Daré gracias a tu nombre:
por tu misericordia y tu lealtad,
porque tu promesa espera a tu fama.
Cuando te invoqué, me escuchaste,
acreciste el valor en mi alma. ℟.

Que te den gracias, Señor, los reyes de
la tierra,
al escuchar el oráculo de tu boca;
canten los caminos del Señor,
porque la gloria del Señor es grande. ℟.

Tu derecha me salva.
El Señor completará sus favores
conmigo:
Señor, tu misericordia es eterna,
no abandones la obra de tus manos. ℟.

918 6th Sunday in Ordinary Time / A — 6º Domingo del Tiempo Ordinario / A

Psalm / Salmo 119:1–2, 4–5, 17–18, 33–34 / 76

For a bilingual refrain, sing through the first ending in one language and repeat in the other.

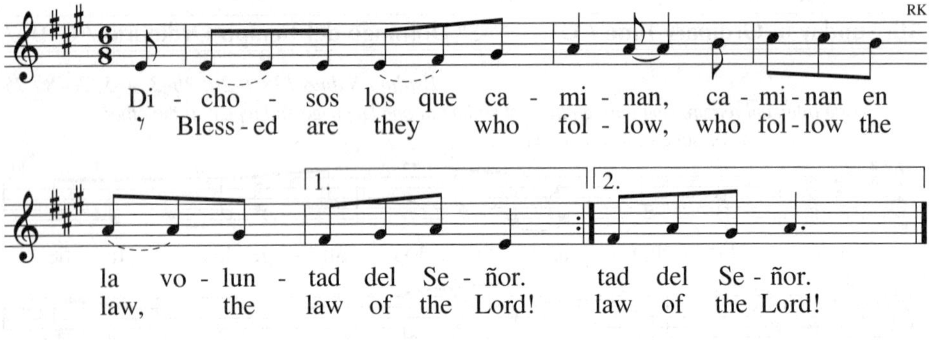

Blessed are those whose way is
blameless,
who walk in the law of the LORD!
Blessed are those who keep his decrees!
With all their hearts they seek him. ℟.

You have laid down your precepts
to be carefully kept.
May my ways be firm
in keeping your statutes. ℟.

Dichoso el que, con vida intachable,
camina en la voluntad del Señor;
dichoso el que, guardando sus
preceptos,
lo busca de todo corazón. ℟.

Tú promulgas tus decretos
para que se observen exactamente.
Ojalá esté firme mi camino,
para cumplir tus consignas. ℟.

Deal bountifully with your servant,
that I may live and keep your word.
Open my eyes, that I may see
the wonders of your law. ℟.

LORD, teach me the way of your statutes,
and I will keep them to the end.
Grant me insight that I may keep your law,
and observe it wholeheartedly. ℟.

Haz bien a tu siervo: viviré
y cumpliré tus palabras;
ábreme los ojos, y contemplaré
las maravillas de tu voluntad. ℟.

Muéstrame, Señor, el camino de tus leyes,
y lo seguiré puntualmente;
enséñame a cumplir tu voluntad
y a guardarla de todo corazón. ℟.

6th Sunday in Ordinary Time / B — 6º Domingo del Tiempo Ordinario / B 919

Psalm / Salmo 32:1–2, 5, 11 / 77

Or:

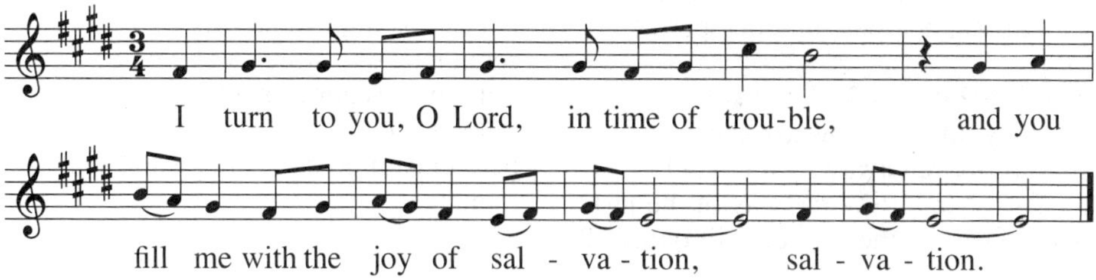

Blessed is he whose transgression is forgiven,
whose sin is remitted.
Blessed the man to whom the LORD imputes no guilt,
in whose spirit is no guile. ℟.

To you I have acknowledged my sin;
my guilt I did not hide.
I said, "I will confess my transgression to the LORD."
And you have forgiven the guilt of my sin. ℟.

Rejoice in the LORD; exult, you just!
Ring out your joy, all you upright of heart! ℟.

Dichoso el que está absuelto de su culpa,
a quien le han sepultado su pecado;
dichoso el hombre a quien el Señor
no le apunta el delito. ℟.

Había pecado, lo reconocí,
no te encubrí mi delito;
propuse: "Confesaré al Señor mi culpa,"
y tú perdonaste mi culpa y mi pecado. ℟.

Alégrense, justos, y gocen con el Señor;
aclámenlo, los de corazón sincero. ℟.

920 6th Sunday in Ordinary Time / C — 6º Domingo del Tiempo Ordinario / C

The refrains may be sung simultaneously.

Psalm / Salmo 1:1–2, 3, 4 and 6 / 78

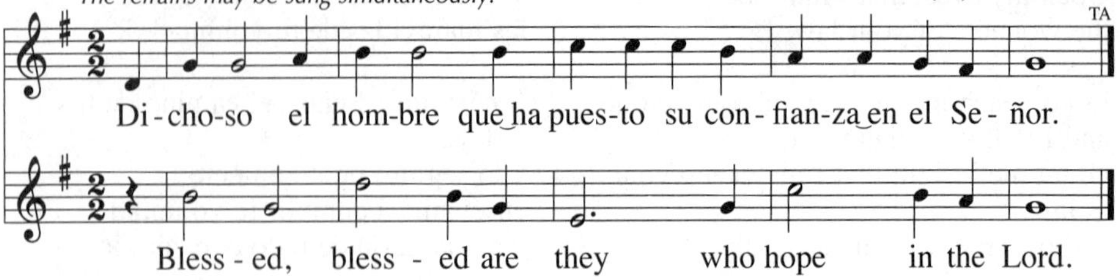

Blessed indeed is the man
who follows not the counsel of the
wicked,
nor stands in the path with sinners,
nor abides in the company of scorners,
but whose delight is the law of the LORD,
and who ponders his law day and
night. ℟.

He is like a tree that is planted
beside the flowing waters,
that yields its fruit in due season,
and whose leaves shall never fade;
and all that he does shall prosper. ℟.

Not so are the wicked, not so!
For they, like winnowed chaff,
shall be driven away by the wind;
for the LORD knows the way of the just,
but the way of the wicked will perish. ℟.

Dichoso el hombre que no sigue
el consejo de los impíos,
ni entra por la senda de los pecadores,
ni se sienta en la reunión de los cínicos;
sino que su gozo es la ley del Señor,
y medita su ley día y noche. ℟.

Será como un árbol plantado al borde de
la acequia:
da fruto en su sazón
y no se marchitan sus hojas;
y cuanto emprende tiene buen fin. ℟.

No así los impíos, no así;
serán paja que arrebata el viento.
Porque el Señor protege el camino de
los justos,
pero el camino de los impíos acaba
mal. ℟.

921 7th Sunday in Ordinary Time / A — 7º Domingo del Tiempo Ordinario / A

Psalm / Salmo 103:1–2, 3–4, 8 and 10, 12–13 / 79

The refrains may be sung simultaneously.

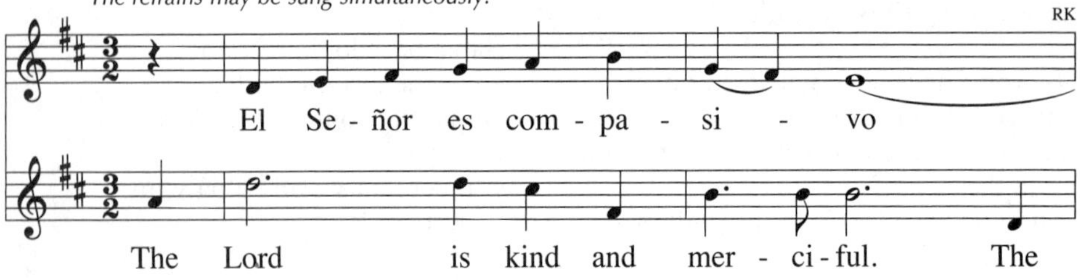

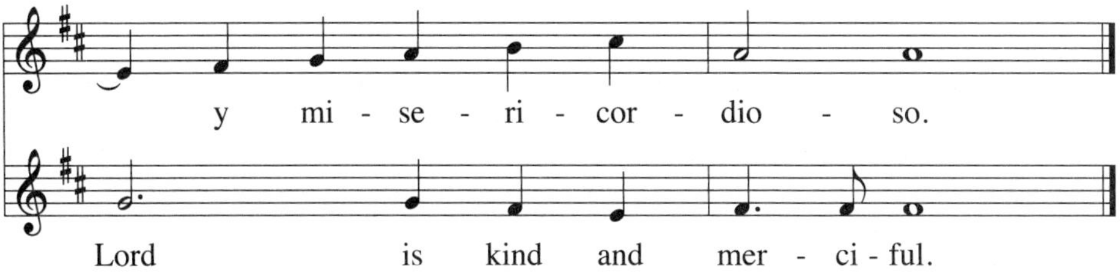

Bless the Lord, O my soul,
and all within me, his holy name.
Bless the Lord, O my soul,
and never forget all his benefits. ℟.

It is the Lord who forgives all your sins,
who heals every one of your ills,
who redeems your life from the grave,
who crowns you with mercy and compassion. ℟.

The Lord is compassionate and gracious,
slow to anger and rich in mercy.
He does not treat us according to our sins,
nor repay us according to our faults. ℟.

As far as the east is from the west,
so far from us does he remove our transgressions.
As a father has compassion on his children,
the Lord's compassion is on those who fear him. ℟.

Bendice, alma mía, al Señor,
y todo mi ser a su santo nombre.
Bendice, alma mía, al Señor,
y no olvides sus beneficios. ℟.

Él perdona todas tus culpas
y cura todas tus enfermedades;
él rescata tu vida de la fosa
y te colma de gracia y de ternura. ℟.

El Señor es compasivo y misericordioso,
lento a la ira y rico en clemencia.
No nos trata como merecen nuestros pecados
ni nos paga según nuestras culpas. ℟.

Como dista el oriente del ocaso,
así aleja de nosotros nuestros delitos.
Como un padre siente ternura por sus hijos,
siente el Señor ternura por sus fieles. ℟.

7th Sunday in Ordinary Time / B — 7º Domingo del Tiempo Ordinario / B 922

Psalm / Salmo 41:2–3, 4–5, 13–14 / 80

Blessed is he who has concern for the poor.
In time of trouble, the Lord will rescue him.
The Lord will guard him, give him life,
and make him blessed in the land,
not give him up to the will of his foes. ℟.

Dichoso el que cuida del pobre y desvalido;
en el día aciago lo pondrá a salvo el Señor.
El Señor lo guarda y lo conserva en vida,
para que sea dichoso en la tierra,
y no lo entrega a la saña de sus enemigos. ℟.

The Lord will help him on his bed of
pain;
you will bring him back from sickness
to health.
As for me, I said, "Lord, have mercy
on me;
heal my soul, for I have sinned against
you." ℟.

In my integrity you have upheld me,
and have set me in your presence
forever.
Blest be the Lord, the God of Israel,
from age to age. Amen. Amen. ℟.

El Señor lo sostendrá en el lecho del
dolor,
calmará los dolores de su enfermedad.
Yo dije: "Señor, ten misericordia,
sáname, porque he pecado contra
ti." ℟.

A mí, en cambio, me conservas la
salud,
me mantienes siempre en tu presencia.
Bendito el Señor, Dios de Israel,
ahora y por siempre. Amén, amén. ℟.

923 7th Sunday in Ordinary Time / C — 7º Domingo del Tiempo Ordinario / C

The refrains may be sung simultaneously.

Psalm / Salmo 103:1–2, 3–4, 8 and 10, 12–13 / 81

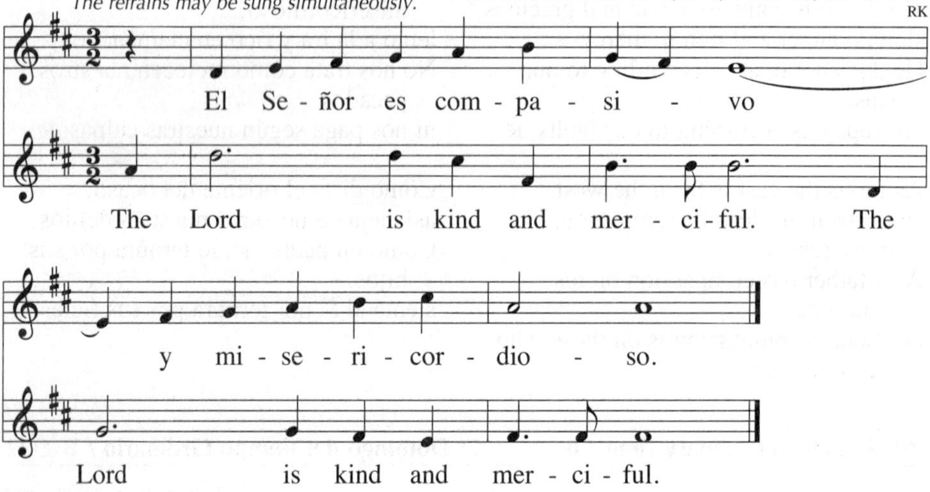

Bless the Lord, O my soul,
and all within me, his holy name.
Bless the Lord, O my soul,
and never forget all his benefits. ℟.

It is the Lord who forgives all your sins,
who heals every one of your ills,
who redeems your life from the grave,
who crowns you with mercy and
compassion. ℟.

Bendice, alma mía, al Señor,
y todo mi ser a su santo nombre.
Bendice, alma mía, al Señor,
y no olvides sus beneficios. ℟.

Él perdona todas tus culpas
y cura todas tus enfermedades;
él rescata tu vida de la fosa
y te colma de gracia y de ternura. ℟.

The LORD is compassionate and
gracious,
slow to anger and rich in mercy.
He does not treat us according to our sins,
nor repay us according to our faults. ℟.

As far as the east is from the west,
so far from us does he remove our
transgressions.
As a father has compassion on his
children,
the LORD's compassion is on those who
fear him. ℟.

El Señor es compasivo y
misericordioso,
lento a la ira y rico en clemencia.
No nos trata como merecen nuestros
pecados
ni nos paga según nuestras culpas. ℟.

Como dista el oriente del ocaso,
así aleja de nosotros nuestros delitos.
Como un padre siente ternura por sus
hijos,
siente el Señor ternura por sus fieles. ℟.

8th Sunday in Ordinary Time / A — 8º Domingo del Tiempo Ordinario / A 924

Psalm / Salmo 62:2–3, 6–7, 8–9ab / 82

For a bilingual refrain, sing the words in italics.

In God alone is my soul at rest;
my salvation comes from him.
He alone is my rock, my salvation,
my fortress; never shall I falter. ℟.

In God alone be at rest, my soul,
for my hope is from him.
He alone is my rock, my salvation,
my fortress; never shall I falter. ℟.

In God is my salvation and glory,
my rock of strength;
in God is my refuge.
Trust him at all times, O people.
Pour out your hearts before him. ℟.

Sólo en Dios descansa mi alma,
porque de él viene mi salvación;
sólo él es mi roca y mi salvación,
mi alcázar: no vacilaré. ℟.

Descansa sólo en Dios, alma mía,
porque él es mi esperanza;
sólo él es mi roca y mi salvación,
mi alcázar: no vacilaré. ℟.

De Dios viene mi salvación y mi gloria,
él es mi roca firme, Dios es mi refugio.
Pueblo suyo, confía en él,
desahoga ante él tu corazón. ℟.

925 8th Sunday in Ordinary Time / B — 8º Domingo del Tiempo Ordinario / B

Psalm / Salmo 103:1–2, 3–4, 8 and 10, 12–13 / 83

The refrains may be sung simultaneously.

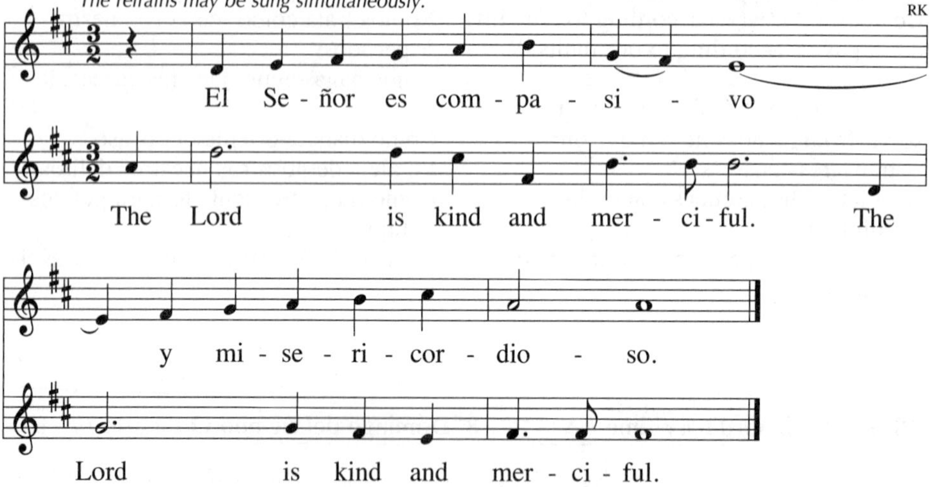

Bless the LORD, O my soul,
and all within me, his holy name.
Bless the LORD, O my soul,
and never forget all his benefits. ℟.

It is the Lord who forgives all your sins,
who heals every one of your ills,
who redeems your life from the grave,
who crowns you with mercy and
compassion. ℟.

The LORD is compassionate and
gracious,
slow to anger and rich in mercy.
He does not treat us according to our sins,
nor repay us according to our faults. ℟.

As far as the east is from the west,
so far from us does he remove our
transgressions.
As a father has compassion on his
children,
the LORD's compassion is on those who
fear him. ℟.

Bendice, alma mía, al Señor,
y todo mi ser a su santo nombre.
Bendice, alma mía, al Señor,
y no olvides sus beneficios. ℟.

Él perdona todas tus culpas
y cura todas tus enfermedades;
él rescata tu vida de la fosa
y te colma de gracia y de ternura. ℟.

El Señor es compasivo y
misericordioso,
lento a la ira y rico en clemencia.
No nos trata como merecen nuestros
pecados
ni nos paga según nuestras culpas. ℟.

Como dista el oriente del ocaso,
así aleja de nosotros nuestros delitos.
Como un padre siente ternura por sus
hijos,
siente el Señor ternura por sus fieles. ℟.

8th Sunday in Ordinary Time / C — 8º Domingo del Tiempo Ordinario / C 926

Psalm / Salmo 92:2–3, 13–14, 15–16 / 84

For a bilingual refrain, sing the first half in one language, and the second half in the other.

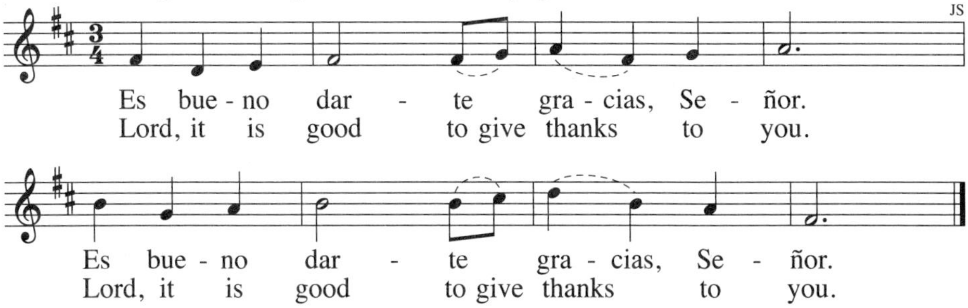

It is good to give thanks to the Lord,
to make music to your name,
O Most High,
to proclaim your loving mercy in the morning,
and your truth in the watches of the night. ℟.

The just will flourish like the palm tree,
and grow like a Lebanon cedar.
Planted in the house of the Lord,
they will flourish in the courts of our God. ℟.

Still bearing fruit when they are old,
still full of sap, still green,
to proclaim that the Lord is upright.
In him, my rock, there is no wrong. ℟.

Es bueno dar gracias al Señor
y tañer para tu nombre, oh Altísimo,
proclamar por la mañana tu misericordia
y de noche tu fidelidad. ℟.

El justo crecerá como una palmera,
se alzará como un cedro del Líbano:
plantado en la casa del Señor,
crecerá en los atrios de nuestro Dios. ℟.

En la vejez seguirá dando fruto
y estará lozano y frondoso,
para proclamar que el Señor es justo,
que en mi Roca no existe la maldad. ℟.

9th Sunday in Ordinary Time / A — 9º Domingo del Tiempo Ordinario / A 927

Psalm / Salmo 31:2–3a, 3bc–4, 17 and 25 / 85

For a bilingual refrain, sing the words in italics.

In you, O Lord, I take refuge.
Let me never be put to shame.
In your justice, set me free;
incline your ear to me, and speedily rescue me. ℟.

A ti, Señor, me acojo:
no quede yo nunca defraudado;
tú, que eres justo, ponme a salvo,
inclina tu oído hacia mí;
ven aprisa a librarme. ℟.

Be a rock of refuge for me,
a mighty stronghold to save me.
For you are my rock, my stronghold!
Lead me, guide me, for the sake of
your name. ℟.

Let your face shine on your servant.
Save me in your merciful love.
Be strong, let your heart take courage,
all who hope in the LORD. ℟.

Sé la roca de mi refugio,
un baluarte donde me salve,
tú que eres mi roca y mi baluarte;
por tu nombre dirígeme y guíame. ℟.

Haz brillar tu rostro sobre tu siervo,
sálvame por tu misericordia.
Sean fuertes y valientes de corazón,
los que esperan en el Señor. ℟.

928 9th Sunday in Ordinary Time / B — 9º Domingo del Tiempo Ordinario / B

Psalm / Salmo 81:3–4, 5–6ab, 6c–8a, 10–11b / 86

For a bilingual refrain, sing the first half in one language, and the second half in the other.

Raise a song and sound the timbrel,
the sweet-sounding harp and the lute;
blow the trumpet at the new moon,
when the moon is full, on our feast. ℟.

For this is a statute in Israel,
a command of the God of Jacob.
He made it a decree for Joseph,
when he went out from the land of
Egypt. ℟.

A voice I did not know said to me:
"I freed your shoulder from the burden;
your hands were freed from the
builder's basket.
You called in distress and I delivered
you." ℟.

"Let there be no strange god among you,
nor shall you worship a foreign god.
I am the LORD your God,
who brought you up from the land of
Egypt." ℟.

Acompañen, toquen los panderos,
las cítaras templadas y las arpas;
toquen la trompeta por la luna nueva,
por la luna llena, que es nuestra
fiesta. ℟.

Porque es una ley de Israel,
un precepto del Dios de Jacob,
una norma establecida para José
al salir de Egipto. ℟.

Oigo un lenguaje desconocido:
"Retiré sus hombros de la carga,
y sus manos dejaron la espuerta.
Clamaste en la aflicción, y te libré." ℟.

"No tendrás un dios extraño,
no adorarás un dios extranjero.
Yo soy el Señor, Dios tuyo,
que te saqué del país de Egipto." ℟.

9th Sunday in Ordinary Time / C — 9º Domingo del Tiempo Ordinario / C 929

Or: Alleluia.

Psalm / Salmo 117:1, 2 / 87

For a bilingual refrain, sing the words in italics.

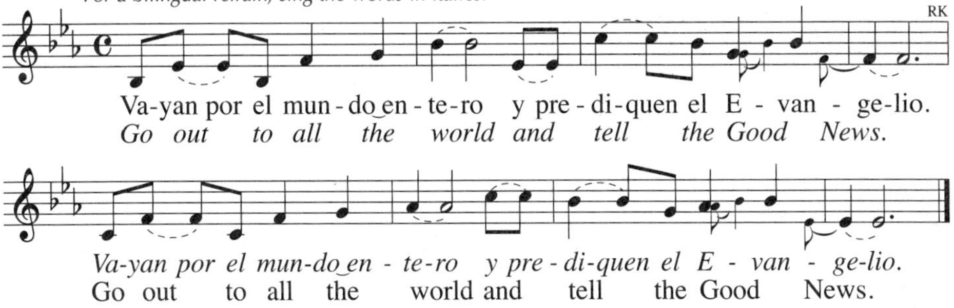

O praise the Lord, all you nations;
acclaim him, all you peoples! ℟.

For his merciful love has prevailed
over us;
and the Lord's faithfulness endures
forever. ℟.

Alaben al Señor, todas las naciones,
aclámenlo, todos los pueblos. ℟.

Firme es su misericordia con nosotros,
su fidelidad dura por siempre. ℟.

10th Sunday in Ordinary Time / A — 10º Domingo del Tiempo Ordinario / A 930

Psalm / Salmo 50:1 and 8, 12–13, 14–15 / 88

The God of gods, the Lord,
has spoken and summoned the earth,
from the rising of the sun to its setting.
"I do not rebuke you for your sacrifices;
your offerings are always before me." ℟.

"Were I hungry, I would not tell you,
for the world and its fullness is mine.
Do I eat the flesh of bulls,
or drink the blood of goats?" ℟.

"Give your praise as a sacrifice to God,
and fulfill your vows to the Most High.
Then call on me in the day of distress.
I will deliver you and you shall honor
me." ℟.

El Dios de los dioses, el Señor habla:
convoca la tierra de oriente a occidente.
"No te reprocho tus sacrificios,
pues siempre están tus holocaustos ante
mí." ℟.

"Si tuviera hambre, no te lo diría;
pues el orbe y cuanto lo llena es mío.
¿Comeré yo carne de toros,
beberé sangre de cabritos?" ℟.

"Ofrece a Dios un sacrificio
de alabanza,
cumple tus votos al Altísimo
e invócame el día del peligro:
yo te libraré, y tú me darás gloria." ℟.

931 10th Sunday in Ordinary Time / B — 10º Domingo del Tiempo Ordinario / B

Psalm / Salmo 130:1–2, 3–4, 5–6ab and 7a, 7b–8 / 89

For a bilingual refrain, sing through the first ending in one language and repeat in the other.

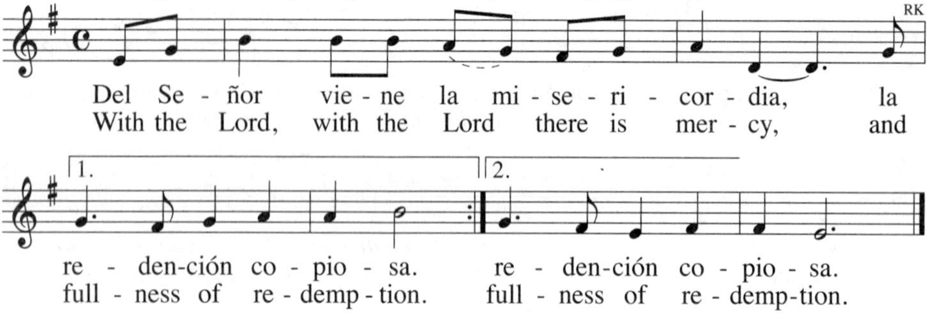

Out of the depths I cry to you, O Lord;
Lord, hear my voice!
O let your ears be attentive
to the sound of my pleadings. ℟.

If you, O Lord, should mark iniquities,
Lord, who could stand?
But with you is found forgiveness,
that you may be revered. ℟.

I long for you, O Lord,
my soul longs for his word.
My soul hopes in the Lord
more than watchmen for daybreak. ℟.

Let Israel hope for the Lord.
For with the Lord there is mercy,
in him is plentiful redemption.
It is he who will redeem Israel
from all its iniquities. ℟.

Desde lo hondo a ti grito, Señor;
Señor, escucha mi voz;
estén tus oídos atentos
a la voz de mi súplica. ℟.

Si llevas cuentas de los delitos, Señor,
¿quién podrá resistir?
Pero de ti procede el perdón,
y así infundes respeto. ℟.

Mi alma espera en el Señor,
espera en su palabra;
mi alma aguarda al Señor,
más que el centinela la aurora. ℟.

Porque del Señor viene la misericordia,
la redención copiosa;
y él redimirá a Israel
de todos sus delitos. ℟.

932 10th Sunday in Ordinary Time / C — 10º Domingo del Tiempo Ordinario / C

Psalm / Salmo 30:2 and 4, 5–6, 11 and 12a and 13b / 90

For a bilingual refrain, sing the words in italics.

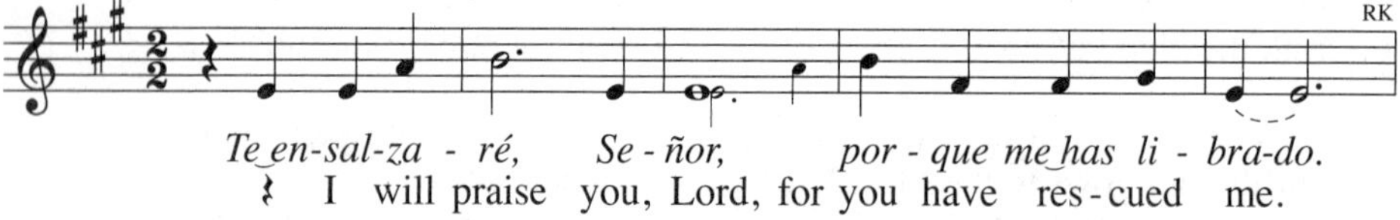

I will extol you, Lord, for you have
raised me up,
and have not let my enemies rejoice
over me.
O Lord, you have lifted up my soul
from the grave,
restored me to life from those who
sink into the pit. ℟.

Sing psalms to the Lord, you faithful
ones;
give thanks to his holy name.
His anger lasts a moment; his favor all
through life.
At night come tears, but dawn brings
joy. ℟.

Hear, O Lord, and have mercy on me;
be my helper, O Lord.
You have changed my mourning into
dancing.
O Lord my God, I will thank you
forever. ℟.

Te ensalzaré, Señor, porque me has
librado
y no has dejado que mis enemigos se
rían de mí.
Señor, sacaste mi vida del abismo,
me hiciste revivir cuando bajaba a la
fosa. ℟.

Tañan para el Señor, fieles suyos,
den gracias a su nombre santo;
su cólera dura un instante;
su bondad, de por vida;
al atardecer nos visita el llanto;
por la mañana, el júbilo. ℟.

Escucha, Señor, y ten piedad de mí;
Señor, socórreme.
Cambiaste mi luto en danzas.
Señor, Dios mío, te daré gracias por
siempre. ℟.

11th Sunday in Ordinary Time / A 11° Domingo del Tiempo Ordinario / A 933

Psalm / Salmo 100:1–2, 3, 5 / 91

For a bilingual refrain, sing the words in italics.

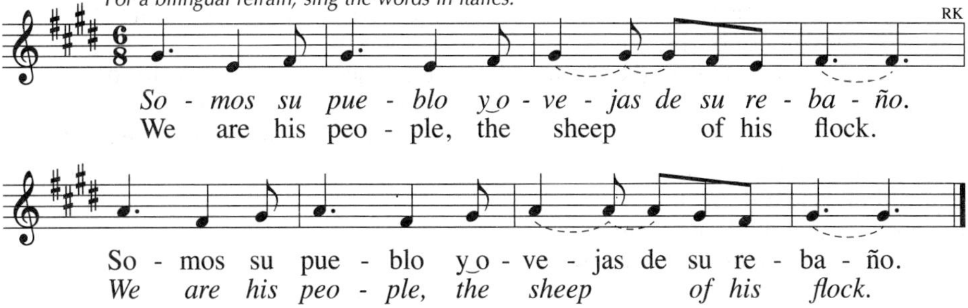

Cry out with joy to the Lord, all the
earth.
Serve the Lord with gladness.
Come before him, singing for joy. ℟.

Aclama al Señor, tierra entera,
sirvan al Señor con alegría,
entren en su presencia con vítores. ℟.

Know that he, the Lord, is God.
He made us; we belong to him.
We are his people, the sheep of his
flock. ℟.

Indeed, how good is the Lord,
eternal his merciful love.
He is faithful from age to age. ℟.

Sepan que el Señor es Dios:
que él nos hizo y somos suyos,
su pueblo y ovejas de su rebaño. ℟.

El Señor es bueno,
su misericordia es eterna,
su fidelidad por todas las edades. ℟.

934 11th Sunday in Ordinary Time / B — 11º Domingo del Tiempo Ordinario / B

Psalm / Salmo 92:2–3, 13–14, 15–16 / 92

For a bilingual refrain, sing the first half in one language, and the second half in the other.

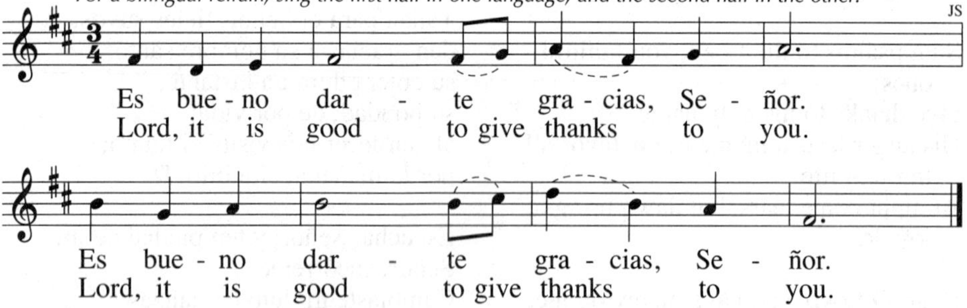

It is good to give thanks to the Lord,
to make music to your name, O Most
High,
to proclaim your loving mercy in the
morning,
and your truth in the watches of the
night. ℟.

The just will flourish like the palm tree,
and grow like a Lebanon cedar.
Planted in the house of the Lord,
they will flourish in the courts of our
God. ℟.

Still bearing fruit when they are old,
still full of sap, still green,
to proclaim that the Lord is upright.
In him, my rock, there is no wrong. ℟.

Es bueno dar gracias al Señor
y tañer para tu nombre, oh Altísimo,
proclamar por la mañana tu
misericordia
y de noche tu fidelidad. ℟.

El justo crecerá como una palmera,
se alzará como un cedro del Líbano:
plantado en la casa del Señor,
crecerá en los atrios de nuestro Dios. ℟.

En la vejez seguirá dando fruto
y estará lozano y frondoso,
para proclamar que el Señor es justo,
que en mi Roca no existe la maldad. ℟.

11th Sunday in Ordinary Time / C 11º Domingo del Tiempo Ordinario / C 935

Psalm / Salmo 32:1–2, 5, 7, 11 / 93

For a bilingual refrain, sing the first half in one language, and the second half in the other.

Blessed is he whose transgression is
forgiven,
whose sin is remitted.
Blessed the man to whom the LORD
imputes no guilt,
in whose spirit is no guile. ℟.

To you I have acknowledged my sin;
my guilt I did not hide.
I said, "I will confess my transgression
to the LORD."
And you have forgiven the guilt of my
sin. ℟.

You are a hiding place for me;
you keep me safe from distress;
you surround me with cries of
deliverance. ℟.

Rejoice in the LORD; exult, you just!
Ring out your joy, all you upright of
heart! ℟.

Dichoso el que está absuelto de su
culpa,
a quien le han sepultado su pecado;
dichoso el hombre a quien el Señor
no le apunta el delito. ℟.

Había pecado, lo reconocí,
no te encubrí mi delito;
propuse: "Confesaré al Señor mi
culpa,"
y tú perdonaste mi culpa y mi
pecado. ℟.

Tú eres mi refugio,
me libras del peligro,
me rodeas de cantos de liberación. ℟.

Alégrense, justos,
y gocen con el Señor;
aclámenlo, los de corazón sincero. ℟.

936 12th Sunday in Ordinary Time / A — 12º Domingo del Tiempo Ordinario / A

Psalm / Salmo 69:8–10, 14 and 17, 33–35 / 94

The refrains may be sung simultaneously.

It is for you that I suffer taunts,
that shame has covered my face.
To my own kin I have become an
 outcast,
a stranger to the children of my mother.
Zeal for your house consumes me,
and taunts against you fall on me. ℟.

But I pray to you, O Lord,
for a time of your favor.
In your great mercy, answer me, O God,
with your salvation that never fails.
Lord, answer, for your mercy is kind;
in your great compassion, turn toward
 me. ℟.

The poor when they see it will be glad,
and God-seeking hearts will revive;
for the Lord listens to the needy,
and does not spurn his own in their
 chains.
Let the heavens and the earth give him
 praise,
the seas and everything that moves in
 them. ℟.

Por ti he aguantado afrentas,
la vergüenza cubrió mi rostro.
Soy un extraño para mis hermanos,
un extranjero para los hijos de mi
 madre;
porque me devora el celo de tu templo,
y las afrentas, con que te afrentan, caen
 sobre mí. ℟.

Pero mi oración se dirige a ti, Dios mío,
el día de tu favor;
que me escuche tu gran bondad,
que tu fidelidad me ayude.
Respóndeme, Señor, con la bondad de
 tu gracia;
por tu gran compasión, vuélvete hacia
 mí. ℟.

Mírenlo, los humildes, y alégrense,
busquen al Señor, y revivirá su corazón.
Que el Señor escucha a sus pobres,
no desprecia a sus cautivos.
Alábenlo el cielo y la tierra,
las aguas y cuanto bulle en ellas. ℟.

12th Sunday in Ordinary Time / B 12º Domingo del Tiempo Ordinario / B 937

Or: Alleluia. *Psalm / Salmo 107:23–24, 25–26, 28–29, 30–31 / 95*

For a bilingual refrain, sing through the first ending in one language and repeat in the other.

Some went down to the sea in ships,
to trade on the mighty waters.
These have seen the deeds of the Lord,
the wonders he does in the deep. ℟.

For he spoke and raised up the
storm-wind,
tossing high the waves of the sea
that surged to heaven and dropped to
the depths.
Their souls melted away in their
distress. ℟.

Then they cried to the Lord in their
need,
and he rescued them from their distress.
He stilled the storm to a whisper,
and the waves of the sea were
hushed. ℟.

They rejoiced because of the calm,
and he led them to the haven they
desired.
Let them thank the Lord for his mercy,
his wonders for the children of men. ℟.

Los que entraron en naves por el mar,
comerciando por las aguas inmensas.
Contemplaron las obras de Dios,
sus maravillas en el océano. ℟.

Él habló y levantó un viento
tormentoso,
que alzaba las olas a lo alto:
subían al cielo, bajaban al abismo,
el estómago revuelto por el mareo. ℟.

Pero gritaron al Señor en su angustia,
y los arrancó de la tribulación.
Apaciguó la tormenta en suave brisa,
y enmudecieron las olas del mar. ℟.

Se alegraron de aquella bonanza,
y él los condujo al ansiado puerto.
Den gracias al Señor por su
misericordia,
por las maravillas que hace con los
hombres. ℟.

938 12th Sunday in Ordinary Time / C — 12º Domingo del Tiempo Ordinario / C

Psalm / Salmo 63:2, 3–4, 5–6, 8–9 / 96

O God, you are my God; at dawn I
seek you;
for you my soul is thirsting.
For you my flesh is pining,
like a dry, weary land without water. ℟.

I have come before you in the sanctuary,
to behold your strength and your glory.
Your loving mercy is better than life;
my lips will speak your praise. ℟.

I will bless you all my life;
in your name I will lift up my hands.
My soul shall be filled as with a
banquet;
with joyful lips, my mouth shall praise
you. ℟.

For you have been my strength;
in the shadow of your wings I rejoice.
My soul clings fast to you;
your right hand upholds me. ℟.

Oh Dios, tú eres mi Dios, por ti
madrugo,
mi alma está sedienta de ti;
mi carne tiene ansia de ti,
como tierra reseca, agostada, sin
agua. ℟.

¡Cómo te contemplaba en el santuario
viendo tu fuerza y tu gloria!
Tu gracia vale más que la vida,
te alabarán mis labios. ℟.

Toda mi vida te bendeciré
y alzaré las manos invocándote.
Me saciaré como de enjundia y de
manteca,
y mis labios te alabarán jubilosos. ℟.

Porque fuiste mi auxilio,
y a la sombra de tus alas canto con
júbilo;
mi alma está unida a ti,
y tu diestra me sostiene. ℟.

939 13th Sunday in Ordinary Time / A — 13er Domingo del Tiempo Ordinario / A

The refrains may be sung simultaneously.

Psalm / Salmo 89:2–3, 16–17, 18–19 / 97

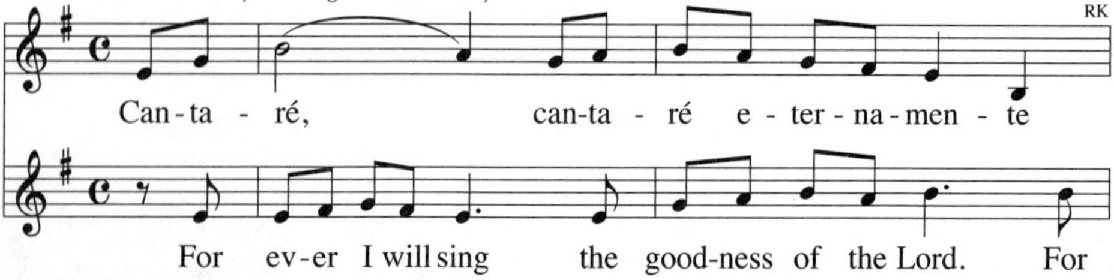

I will sing forever of your mercies,
O LORD;
through all ages my mouth will
proclaim your fidelity.
I have declared your mercy is
established forever;
your fidelity stands firm as the
heavens. ℟.

How blessed the people who know your
praise,
who walk, O LORD, in the light of your
face,
who find their joy every day in your
name,
who make your justice their joyful
acclaim. ℟.

For you are the glory of their strength;
by your favor it is that our might is
exalted.
Behold, the LORD is our shield;
he is the Holy One of Israel, our king. ℟.

Cantaré eternamente las misericordias
del Señor,
anunciaré tu fidelidad por todas las
edades.
Porque dije: "Tu misericordia es un
edificio eterno,
más que el cielo has afianzado tu
fidelidad." ℟.

Dichoso el pueblo que sabe aclamarte:
caminará, oh Señor, a la luz de tu
rostro;
tu nombre es su gozo cada día,
tu justicia es su orgullo. ℟.

Porque tú eres su honor y su fuerza,
y con tu favor realzas nuestro poder.
Porque el Señor es nuestro escudo,
y el Santo de Israel nuestro rey. ℟.

13th Sunday in Ordinary Time / B   13er Domingo del Tiempo Ordinario / B 940

Psalm / Salmo 30:2 and 4, 5–6, 11 and 12a and 13b / 98

For a bilingual refrain, sing the words in italics.

I will extol you, LORD, for you have
raised me up,
and have not let my enemies rejoice
over me.
O LORD, you have lifted up my soul
from the grave,
restored me to life from those who
sink into the pit. ℟.

Sing psalms to the LORD, you faithful
ones;
give thanks to his holy name.
His anger lasts a moment; his favor all
through life.
At night come tears, but dawn brings
joy. ℟.

Hear, O LORD, and have mercy on me;
be my helper, O LORD.
You have changed my mourning into
dancing.
O LORD my God, I will thank you
forever. ℟.

Te ensalzaré, Señor, porque me has
librado
y no has dejado que mis enemigos se
rían de mí.
Señor, sacaste mi vida del abismo,
me hiciste revivir cuando bajaba a la
fosa. ℟.

Tañan para el Señor, fieles suyos,
den gracias a su nombre santo;
su cólera dura un instante;
su bondad, de por vida;
al atardecer nos visita el llanto;
por la mañana, el júbilo. ℟.

Escucha, Señor, y ten piedad de mí;
Señor, socórreme.
Cambiaste mi luto en danzas.
Señor, Dios mío, te daré gracias por
siempre. ℟.

941 13th Sunday in Ordinary Time / C — 13er Domingo del Tiempo Ordinario / C

Psalm / Salmo 16:1–2a and 5, 7–8, 9–10, 11 / 99

For a bilingual refrain, sing the first half in one language, and the second half in the other.

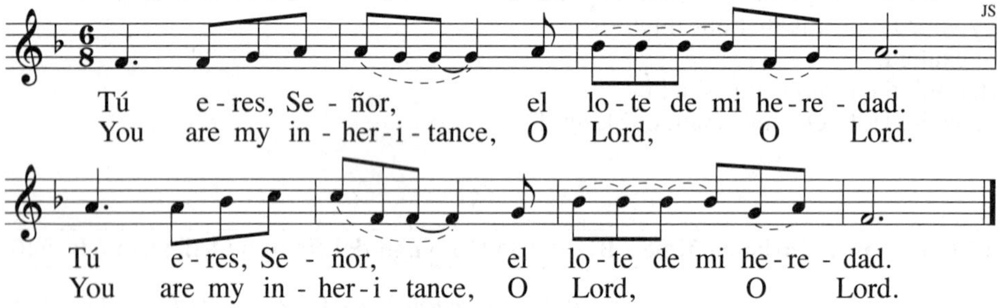

Preserve me, O God, for in you I take
refuge.
I say to the LORD, "You are my Lord."
O LORD, it is you who are my portion
and cup;
you yourself who secure my lot. ℟.

I will bless the LORD who gives me
counsel,
who even at night directs my heart.
I keep the LORD before me always;
with him at my right hand, I shall not
be moved. ℟.

Protégeme, Dios mío, que me refugio
en ti;
yo digo al Señor: "Tú eres mi bien."
El Señor es el lote de mi heredad y mi
copa;
mi suerte está en tu mano. ℟.

Bendeciré al Señor, que me aconseja,
hasta de noche me instruye
internamente.
Tengo siempre presente al Señor,
con él a mi derecha no vacilaré. ℟.

And so, my heart rejoices, my soul is
glad;
even my flesh shall rest in hope.
For you will not abandon my soul to
hell,
nor let your holy one see corruption. ℟.

You will show me the path of life,
the fullness of joy in your presence,
at your right hand, bliss forever. ℟.

Por eso se me alegra el corazón,
se gozan mis entrañas,
y mi carne descansa serena.
Porque no me entregarás a la muerte,
ni dejarás a tu fiel conocer la
corrupción. ℟.

Me enseñarás el sendero de la vida,
me saciarás de gozo en tu presencia,
de alegría perpetua a tu derecha. ℟.

14th Sunday in Ordinary Time / A — 14º Domingo del Tiempo Ordinario / A 942

Or: Alleluia.

Psalm / Salmo 145:1–2, 8–9, 10–11, 13cd–14 / 100

For a bilingual refrain, sing the first half in English, and the second half in Spanish.

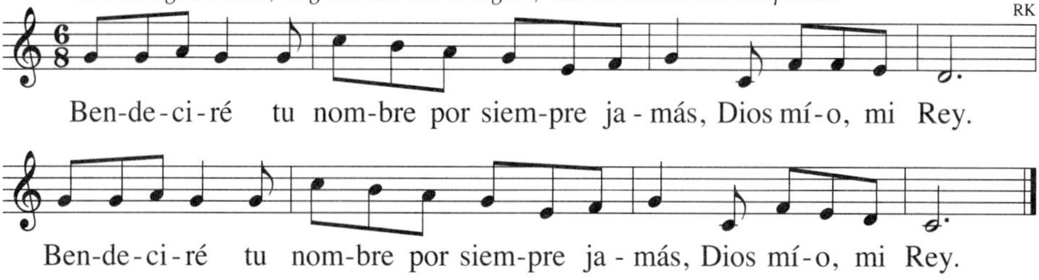

Or:

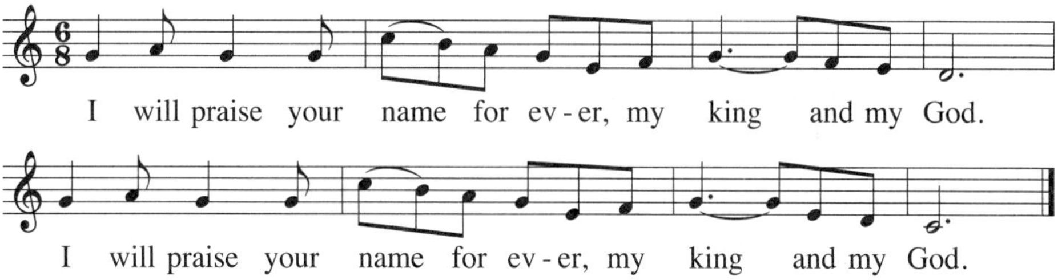

I will extol you, my God and king,
and bless your name forever and ever.
I will bless you day after day,
and praise your name forever and ever. ℟.

The Lord is kind and full of compassion,
slow to anger, abounding in mercy.
How good is the Lord to all,
compassionate to all his creatures. ℟.

All your works shall thank you, O Lord,
and all your faithful ones bless you.
They shall speak of the glory of your
reign,
and declare your mighty deeds. ℟.

Te ensalzaré, Dios mío, mi rey;
bendeciré tu nombre por siempre jamás.
Día tras día, te bendeciré
y alabaré tu nombre por siempre
jamás. ℟.

El Señor es clemente y misericordioso,
lento a la cólera y rico en piedad;
el Señor es bueno con todos,
es cariñoso con todas sus criaturas. ℟.

Que todas tus criaturas te den gracias,
Señor,
que te bendigan tus fieles;
que proclamen la gloria de tu reinado,
que hablen de tus hazañas. ℟.

The LORD is faithful in all his words,
and holy in all his deeds.
The LORD supports all who fall,
and raises up all who are bowed
down. ℟.

El Señor es fiel a sus palabras,
bondadoso en todas sus acciones.
El Señor sostiene a los que van a caer,
endereza a los que ya se doblan. ℟.

943 14th Sunday in Ordinary Time / B — 14º Domingo del Tiempo Ordinario / B

Psalm / Salmo 123:1–2a, 2bcd, 3–4 / 101

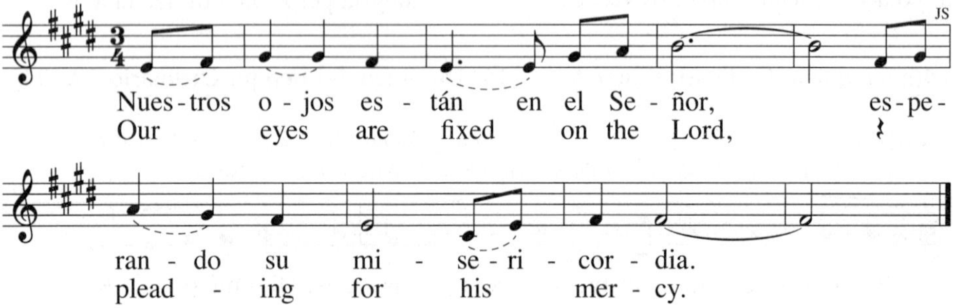

To you have I lifted up my eyes,
you who dwell in the heavens.
Behold, like the eyes of slaves
on the hand of their lords. ℟.

Like the eyes of a servant
on the hand of her mistress,
so our eyes are on the LORD our God,
till he show us his mercy. ℟.

Have mercy on us, LORD, have mercy.
We are filled with contempt.
Indeed, all too full is our soul
with the scorn of the arrogant,
the disdain of the proud. ℟.

A ti levanto mis ojos,
a ti que habitas en el cielo.
Como están los ojos de los esclavos
fijos en las manos de sus señores. ℟.

Como está los ojos de la esclava
fijos en las manos de su señora,
así están nuestros ojos en el Señor,
Dios nuestro,
esperando su mi sericordia. ℟.

Misericordia, Señor, misericordia,
que estamos saciados de desprecios;
nuestra alma está saciada
del sarcasmo de los satisfechos,
del desprecio de los orgullosos. ℟.

944 14th Sunday in Ordinary Time / C — 14º Domingo del Tiempo Ordinario / C

Psalm / Salmo 66:1–3a, 4–5, 6–7a, 16 and 20 / 102

For a bilingual refrain, sing the words in italics.

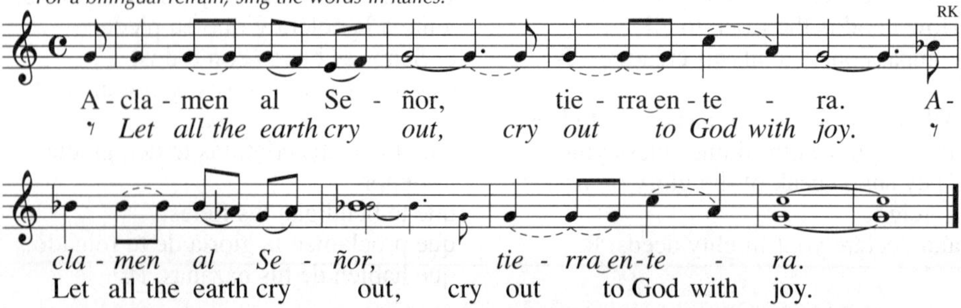

Cry out with joy to God, all the earth;
O sing to the glory of his name.
O render him glorious praise.
Say to God, "How awesome your
deeds! ℟.

"Before you all the earth shall bow
down,
shall sing to you, sing to your name!"
Come and see the works of God:
awesome his deeds among the children
of men. ℟.

He turned the sea into dry land;
they passed through the river on foot.
Let our joy, then, be in him;
he rules forever by his might. ℟.

Come and hear, all who fear God;
I will tell what he did for my soul.
Blest be God, who did not reject my
prayer,
nor withhold from me his merciful
love. ℟.

Aclamen al Señor, tierra entera;
toquen en honor de su nombre,
canten himnos a su gloria.
Digan a Dios: "Qué temibles son tus
obras." ℟.

Que se postre ante ti la tierra entera,
que toquen en tu honor, que toquen
para tu nombre.
Vengan a ver las obras de Dios,
sus temibles proezas en favor de los
hombres. ℟.

Transformó el mar en tierra firme,
a pie atravesaron el río.
Alegrémonos con Dios,
que con su poder gobierna
eternamente. ℟.

Fieles de Dios, vengan a escuchar;
les contaré lo que ha hecho conmigo.
Bendito sea Dios, que no rechazó mi
súplica
ni me retiró su favor. ℟.

15th Sunday in Ordinary Time / A 15º Domingo del Tiempo Ordinario / A 945

Psalm / Salmo 65:10abcd, 10e–11, 12–13, 14 / 103

You visit the earth, give it water;
you fill it with riches.
God's ever-flowing river brims over
to prepare the grain. ℟.

And thus you provide for the earth:
you drench its furrows;
you level it, soften it with showers;
you bless its growth. ℟.

You crown the year with your bounty.
Abundance flows in your pathways;
in pastures of the desert it flows.
The hills are girded with joy. ℟.

Tú cuidas de la tierra, la riegas
y la enriqueces sin medida;
la acequia de Dios va llena de agua,
preparas los trigales. ℟.

Riegas los surcos,
igualas los terrenos,
tu llovizna los deja mullidos,
bendices sus brotes. ℟.

Coronas el año con tus bienes,
tus carriles rezuman abundancia;
rezuman los pastos del páramo,
y las colinas se orlan de alegría. ℟.

The meadows clothed with flocks.
The valleys are decked with wheat.
They shout for joy; yes, they sing! ℟.

Las praderas se cubren de rebaños,
y los valles se visten de mieses,
que aclaman y cantan. ℟.

946 15th Sunday in Ordinary Time / B — 15º Domingo del Tiempo Ordinario / B

Psalm / Salmo 85:9ab and 10, 11–12, 13–14 / 104

The refrains may be sung simultaneously.

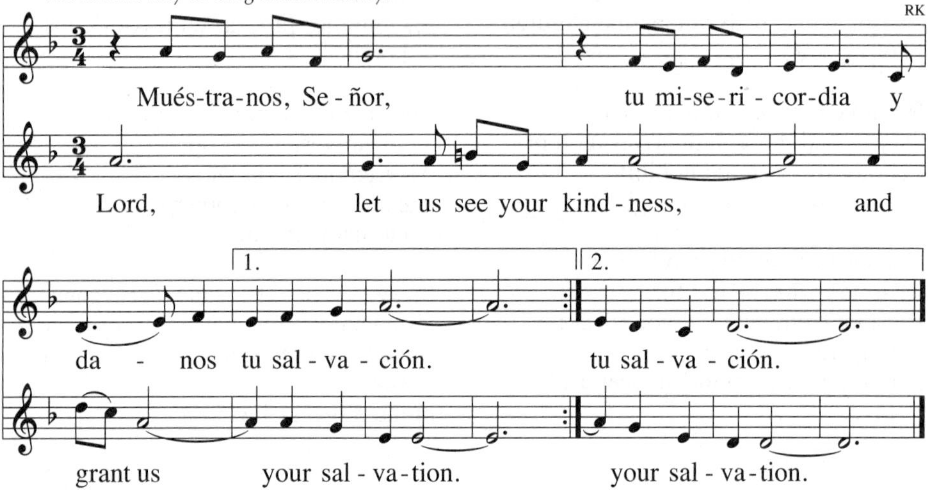

I will hear what the Lord God speaks;
he speaks of peace for his people and
his faithful.
His salvation is near for those who fear
him,
and his glory will dwell in our land. ℟.

Merciful love and faithfulness have met;
justice and peace have kissed.
Faithfulness shall spring from the earth,
and justice look down from heaven. ℟.

Also the Lord will bestow his bounty,
and our earth shall yield its increase.
Justice will march before him,
and guide his steps on the way. ℟.

Voy a escuchar lo que dice el Señor:
Dios anuncia la paz a su pueblo y a sus
amigos.
La salvación está ya cerca de sus fieles,
y la gloria habitará en nuestra tierra. ℟.

La misericordia y la fidelidad se
encuentran,
la justicia y la paz se besan;
la fidelidad brota de la tierra,
y la justicia mira desde el cielo. ℟.

El Señor nos dará la lluvia,
y nuestra tierra dará su fruto.
La justicia marchará ante él,
la salvación seguirá sus pasos. ℟.

15th Sunday in Ordinary Time / C — 15º Domingo del Tiempo Ordinario / C

947

Psalm / Salmo 69:14 and 17, 30–31, 33–34, 36ab and 37 / 105

The refrains may be sung simultaneously.

I pray to you, O Lord,
for a time of your favor.
In your great mercy, answer me, O God,
with your salvation that never fails.
Lord, answer, for your mercy is kind;
in your great compassion, turn toward
me. ℟.

As for me in my poverty and pain,
let your salvation, O God, raise me up.
Then I will praise God's name with a
song;
I will glorify him with thanksgiving. ℟.

The poor when they see it will be glad,
and God-seeking hearts will revive;
for the Lord listens to the needy,
and does not spurn his own in their
chains. ℟.

For God will bring salvation to Sion,
and rebuild the cities of Judah.
The children of his servants shall
inherit it;
those who love his name shall dwell
there. ℟.

Mi oración se dirige a ti, Dios mío,
el día de tu favor;
que me escuche tu gran bondad,
que tu fidelidad me ayude.
Respóndeme, Señor, con la bondad de
tu gracia;
por tu gran compasión, vuélvete
hacia mí. ℟.

Yo soy un pobre malherido;
Dios mío, tu salvación me levante.
Alabaré el nombre de Dios con cantos,
proclamaré su grandeza con acción de
gracias. ℟.

Mírenlo, los humildes, y alégrense,
busquen al Señor, y revivirá su
corazón.
Que el Señor escucha a sus pobres,
no desprecia a sus cautivos. ℟.

El Señor salvará a Sión,
reconstruirá las ciudades de Judá.
La estirpe de sus siervos la heredará,
los que aman su nombre vivirán en
ella. ℟.

Or:

948

Psalm / Salmo 19:8, 9, 10, 11

The law of the Lord is perfect;
it revives the soul.
The decrees of the Lord are steadfast;
they give wisdom to the simple. ℟.

La ley del Señor es perfecta
y es descanso del alma;
el precepto del Señor es fiel
e instruye al ignorante. ℟.

The precepts of the Lord are right;
they gladden the heart.
The command of the Lord is clear;
it gives light to the eyes. ℟.

Los mandatos del Señor son rectos
y alegran el corazón;
la norma del Señor es límpida
y da luz a los ojos. ℟.

The fear of the Lord is pure,
abiding forever.
The judgments of the Lord are true;
they are, all of them, just. ℟.

La voluntad del Señor es pura
y eternamente estable;
los mandamientos del Señor son
verdaderos
y enteramente justos. ℟.

They are more to be desired than gold,
than quantities of gold.
And sweeter are they than honey,
than honey flowing from the comb. ℟.

Más preciosos que el oro,
más que el oro fino;
más dulces que la miel
de un panal que destila. ℟.

949 **16th Sunday in Ordinary Time / A** — **16º Domingo del Tiempo Ordinario / A**

Psalm / Salmo 86:5–6, 9–10, 15–16 / 106

O Lord, you are good and forgiving,
full of mercy to all who call to you.
Give ear, O Lord, to my prayer,
and attend to my voice in
supplication. ℟.

Tú, Señor, eres bueno y clemente,
rico en misericordia con los que
te invocan.
Señor, escucha mi oración,
atiende a la voz de mi súplica. ℟.

All the nations you have made shall
come;
they will bow down before you, O Lord,
and glorify your name,
for you are great and do marvelous
deeds,
you who alone are God. ℟.

Todos los pueblos vendrán a postrarse
en tu presencia, Señor;
bendecirán tu nombre:
“Grande eres tú, y haces maravillas;
tú eres el único Dios.” ℟.

But you, O God, are compassionate and
gracious,
slow to anger, O Lord, abundant in
mercy and fidelity;
turn and take pity on me.
O give your strength to your servant. ℟.

Pero tú, Señor,
Dios clemente y misericordioso,
lento a la cólera, rico en piedad y leal,
mírame, ten compasión de mí. ℟.

16th Sunday in Ordinary Time / B   16º Domingo del Tiempo Ordinario / B 950

Psalm / Salmo 23:1–3a, 3b–4, 5, 6 / 107

RK

The refrains may be sung simultaneously.

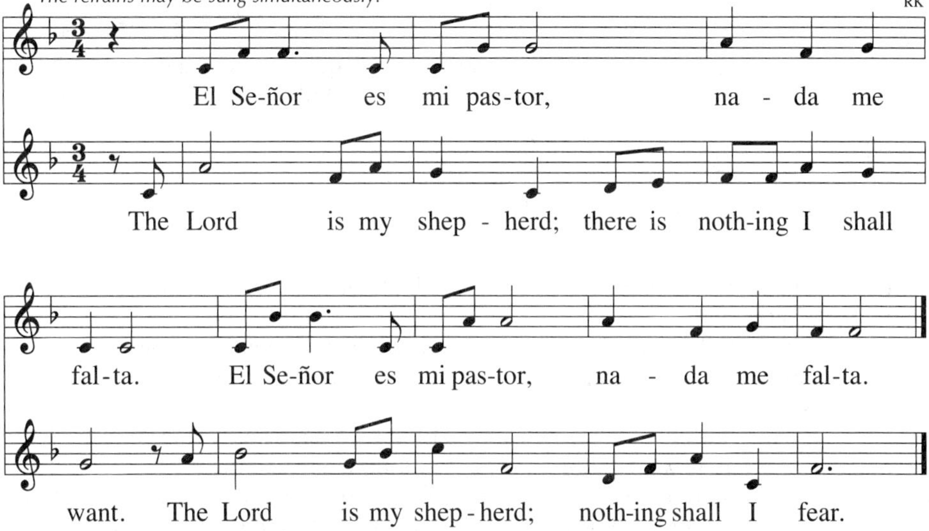

The Lord is my shepherd;
there is nothing I shall want.
Fresh and green are the pastures
where he gives me repose.
Near restful waters he leads me;
he revives my soul. ℟.

He guides me along the right path,
for the sake of his name.
Though I should walk in the valley of
the shadow of death,
no evil would I fear, for you are with
me.
Your crook and your staff will give me
comfort. ℟.

You have prepared a table before me
in the sight of my foes.
My head you have anointed with oil;
my cup is overflowing. ℟.

El Señor es mi pastor, nada me falta:
en verdes praderas me hace recostar;
me conduce hacia fuentes tranquilas
y repara mis fuerzas. ℟.

Me guía por el sendero justo,
por el honor de su nombre.
Aunque camine por cañadas oscuras,
nada temo, porque tú vas conmigo:
tu vara y tu cayado me sosiegan. ℟.

Preparas una mesa ante mí,
enfrente de mis enemigos;
me unges la cabeza con perfume,
y mi copa rebosa. ℟.

Surely goodness and mercy shall
follow me
all the days of my life.
In the LORD's own house shall I dwell
for length of days unending. ℟.

Tu bondad y tu misericordia me
acompañan
todos los días de mi vida,
y habitaré en la casa del Señor
por años sin término. ℟.

951 16th Sunday in Ordinary Time / C — 16º Domingo del Tiempo Ordinario / C

Psalm / Salmo 15:2–3a, 3bc–4ab, 5 / 108

Whoever walks without fault;
who does what is just,
and speaks the truth from his heart;
whoever does not slander with his
tongue. ℟.

Who does no wrong to a neighbor,
who casts no slur on a friend,
who looks with scorn on the wicked,
but honors those who fear the LORD. ℟.

Who lends no money at interest,
and accepts no bribes against the
innocent.
Such a one shall never be shaken. ℟.

El que procede honradamente
y practica la justicia,
el que tiene intenciones leales
y no calumnia con su lengua. ℟.

El que no hace mal a su prójimo
ni difama al vecino,
el que considera despreciable al impío
y honra a los que temen al Señor. ℟.

El que no presta dinero a usura
ni acepta soborno contra el inocente.
El que así obra
nunca fallará. ℟.

952 17th Sunday in Ordinary Time / A — 17º Domingo del Tiempo Ordinario / A

Psalm / Salmo 119:57 and 72, 76–77, 127–128, 129–130 / 109

For a bilingual refrain, sing the first half in one language, and the second half in the other.

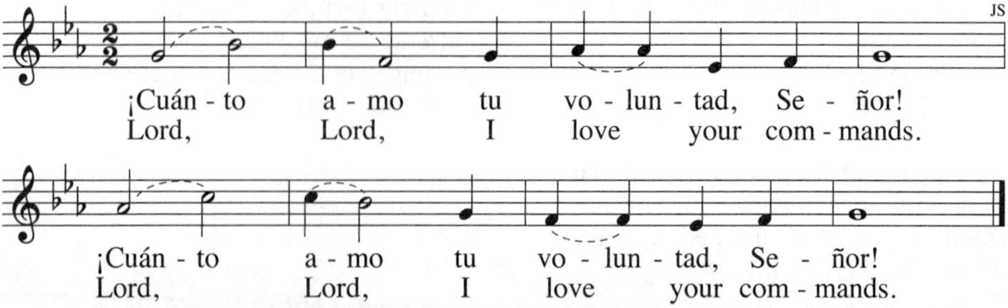

I have said, "O Lord, my portion
is to obey your words."
The law from your mouth means more
to me
than large quantities of silver and
gold. ℟.

Let your merciful love console me
by your promise to your servant.
Show me compassion, that I may live,
for your law is my delight. ℟.

That is why I love your commands
more than finest gold,
why I rule my life by your precepts,
and hate false ways. ℟.

Your decrees are wonderful indeed;
therefore my soul obeys them.
The unfolding of your word gives light,
and understanding to the simple. ℟.

Mi porción es el Señor;
he resuelto guardar tus palabras.
Más estimo yo los preceptos de tu boca
que miles de monedas de oro y plata. ℟.

Que tu voluntad me consuele,
según la promesa hecha a tu siervo;
cuando me alcance tu compasión,
viviré,
y mis delicias serán tu voluntad. ℟.

Yo amo tus mandatos
más que el oro purísimo;
por eso aprecio tus decretos
y detesto el camino de la mentira. ℟.

Tus preceptos son admirables,
por eso los guarda mi alma;
la explicación de tus palabras ilumina,
da inteligencia a los ignorantes. ℟.

17th Sunday in Ordinary Time / B 17º Domingo del Tiempo Ordinario / B 953

Psalm / Salmo 145:10–11, 15–16, 17–18 / 110

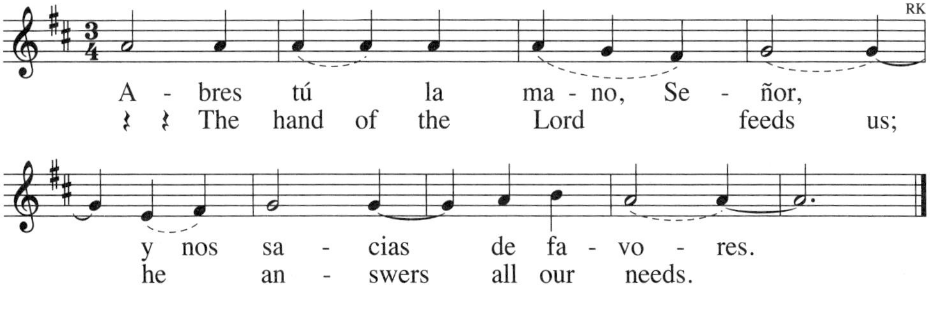

All your works shall thank you,
O Lord,
and all your faithful ones bless you.
They shall speak of the glory of your
reign,
and declare your mighty deeds. ℟.

The eyes of all look to you,
and you give them their food in due
season.
You open your hand and satisfy
the desire of every living thing. ℟.

Que todas tus criaturas te den gracias,
Señor,
que te bendigan tus fieles;
que proclamen la gloria de tu reinado,
que hablen de tus hazañas. ℟.

Los ojos de todos te están aguardando,
tú les das la comida a su tiempo;
abres tú la mano,
y sacias de favores a todo viviente. ℟.

The LORD is just in all his ways,
and holy in all his deeds.
The LORD is close to all who call him,
who call on him in truth. ℟.

El Señor es justo en todos sus caminos,
es bondadoso en todas sus acciones;
cerca está el Señor de los que lo
invocan,
de los que lo invocan sinceramente. ℟.

954 17th Sunday in Ordinary Time / C — 17º Domingo del Tiempo Ordinario / C

Psalm / Salmo 138:1–2a, 2bcd–3, 6–7ab, 7c–8 / 111

For a bilingual refrain, sing the words in italics.

I thank you, LORD, with all my heart;
you have heard the words of my mouth.
In the presence of the angels I praise you.
I bow down toward your holy temple. ℟.

I give thanks to your name
for your merciful love and your
faithfulness.
You have exalted your name over all.
On the day I called, you answered me;
you increased the strength of my
soul. ℟.

The LORD is high, yet he looks on the
lowly,
and the haughty he knows from afar.
You give me life though I walk amid
affliction;
you stretch out your hand against the
anger of my foes. ℟.

With your right hand you save me;
the LORD will accomplish this for me.
O LORD, your merciful love is eternal;
discard not the work of your hands. ℟.

Te doy gracias, Señor, de todo corazón,
porque has oído las palabras de mi boca.
Delante de los ángeles tañeré para ti,
me postraré hacia tu santuario. ℟.

Daré gracias a tu nombre:
por tu misericordia y tu lealtad.
Cuando te invoqué, me escuchaste,
acreciste el valor en mi alma. ℟.

El Señor es sublime, se fija en el
humilde,
y de lejos conoce al soberbio.
Cuando camino entre peligros, me
conservas la vida;
extiendes tu brazo contra la ira de mi
enemigo. ℟.

Tu derecha me salva.
El Señor completará sus favores
conmigo:
Señor, tu misericordia es eterna,
no abandones la obra de tus manos. ℟.

18th Sunday in Ordinary Time / A — 18º Domingo del Tiempo Ordinario / A 955

Psalm / Salmo 145:8–9, 15–16, 17–18 / 112

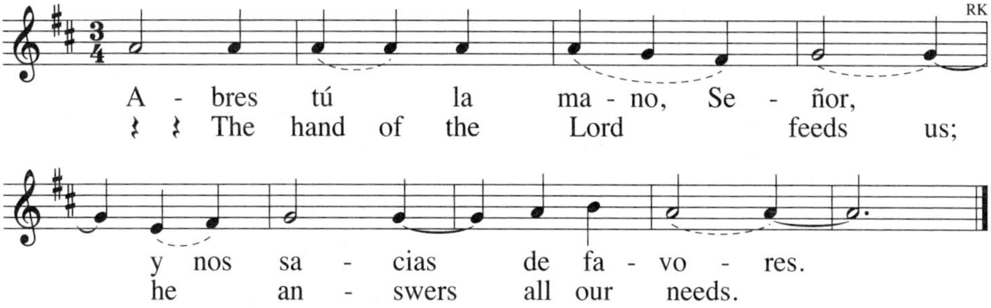

The Lord is kind and full of compassion,
slow to anger, abounding in mercy.
How good is the Lord to all,
compassionate to all his creatures. ℟.

The eyes of all look to you,
and you give them their food in due season.
You open your hand and satisfy
the desire of every living thing. ℟.

The Lord is just in all his ways,
and holy in all his deeds.
The Lord is close to all who call him,
who call on him in truth. ℟.

El Señor es clemente y misericordioso,
lento a la cólera y rico en piedad;
el Señor es bueno con todos,
es cariñoso con todas sus criaturas. ℟.

Los ojos de todos te están aguardando,
tú les das la comida a su tiempo;
abres tú la mano,
y sacias de favores a todo viviente. ℟.

El Señor es justo en todos sus caminos,
es bondadoso en todas sus acciones;
cerca está el Señor de los que lo invocan,
de los que lo invocan sinceramente. ℟.

18th Sunday in Ordinary Time / B — 18º Domingo del Tiempo Ordinario / B 956

Psalm / Salmo 78:3 and 4bc, 23–24, 25 and 54 / 113

For a bilingual refrain, sing the first half in one language, and the second half in the other.

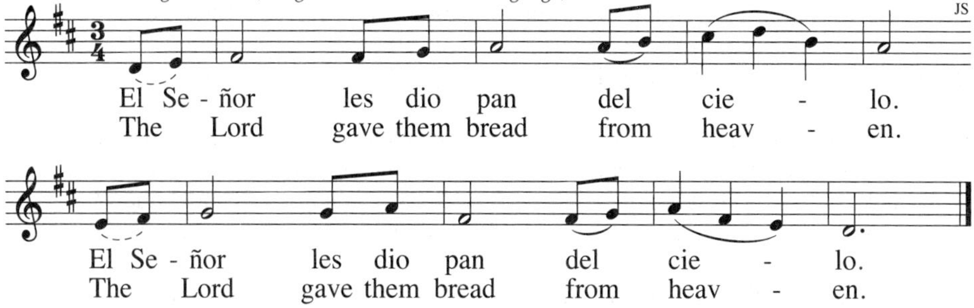

The things we have heard and understood,
the things our fathers have told us,
we will tell to the next generation:
The glories of the Lord and his might,
and the marvelous deeds he has done. ℟.

Lo que oímos y aprendimos,
lo que nuestros padres nos contaron,
lo contaremos a la futura generación:
Las alabanzas del Señor, su poder,
las maravillas que realizó. ℟.

He commanded the clouds above,
and opened the gates of heaven.
He rained down manna to eat,
and gave them bread from heaven. ℟.

Man ate the bread of angels.
He sent them abundance of food.
So he brought them to his holy land,
to the mountain his right hand had
won. ℟.

Dio orden a las altas nubes,
abrió las compuertas del cielo:
hizo llover sobre ellos maná,
les dio pan del cielo. ℟.

El hombre comió pan de ángeles,
el Señor les mandó provisiones hasta la
hartura.
Los hizo entrar por las santas fronteras,
hasta el monte que su diestra había
adquirido. ℟.

957 18th Sunday in Ordinary Time / C — 18º Domingo del Tiempo Ordinario / C

Psalm / Salmo 90:3–4, 5–6, 12–13, 14 and 17 / 114

For a bilingual refrain, sing through the first ending in one language and repeat in the other.

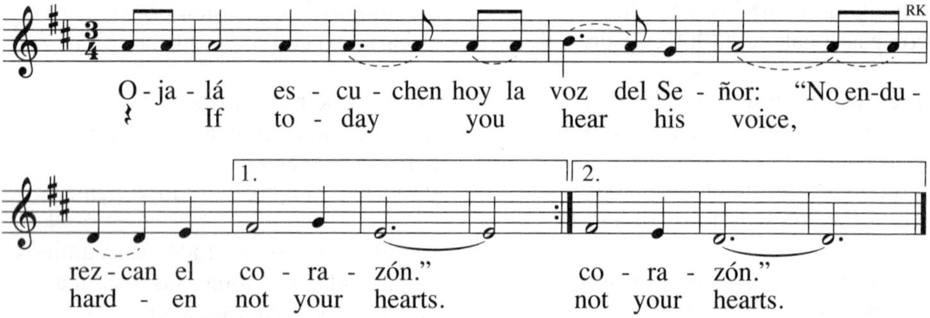

You turn man back to dust,
and say, "Return, O children of men."
To your eyes a thousand years
are like yesterday, come and gone,
or like a watch in the night. ℟.

You sweep them away like a dream,
like grass which is fresh in the morning.
In the morning it sprouts and is fresh;
by evening it withers and fades. ℟.

Then teach us to number our days,
that we may gain wisdom of heart.
Turn back, O LORD! How long?
Show pity to your servants. ℟.

At dawn, fill us with your merciful love;
we shall exult and rejoice all our days.
Let the favor of the Lord our God be
upon us;
give success to the work of our hands.
O give success to the work of our
hands. ℟.

Tú reduces el hombre a polvo,
diciendo: "Retornen, hijos de Adán."
Mil años en tu presencia
son un ayer, que pasó,
una vela nocturna. ℟.

Los siembras año por año,
como hierba que se renueva:
que florece y se renueva por la mañana,
y por la tarde la siegan y se seca. ℟.

Enséñanos a calcular nuestros años,
para que adquiramos un corazón sensato.
Vuélvete, Señor, ¿hasta cuándo?
Ten compasión de tus siervos. ℟.

Por la mañana sácianos de tu
misericordia,
y toda nuestra vida será alegría y
júbilo.
Baje a nosotros la bondad del Señor
y haga prósperas las obras de nuestras
manos. ℟.

19th Sunday in Ordinary Time / A — 19º Domingo del Tiempo Ordinario / A 958

Psalm / Salmo 85:9ab and 10, 11–12, 13–14 / 115

The refrains may be sung simultaneously.

I will hear what the Lord God speaks;
he speaks of peace for his people and
his faithful.
His salvation is near for those who fear
him,
and his glory will dwell in our land. ℟.

Merciful love and faithfulness have met;
justice and peace have kissed.
Faithfulness shall spring from the earth,
and justice look down from
heaven. ℟.

Also the Lord will bestow his bounty,
and our earth shall yield its increase.
Justice will march before him,
and guide his steps on the way. ℟.

Voy a escuchar lo que dice el Señor:
Dios anuncia la paz a su pueblo y a sus
amigos.
La salvación está ya cerca de sus fieles,
y la gloria habitará en nuestra tierra. ℟.

La misericordia y la fidelidad se
encuentran,
la justicia y la paz se besan;
la fidelidad brota de la tierra,
y la justicia mira desde el cielo. ℟.

El Señor nos dará la lluvia,
y nuestra tierra dará su fruto.
La justicia marchará ante él,
la salvación seguirá sus pasos. ℟.

959 19th Sunday in Ordinary Time / B — 19º Domingo del Tiempo Ordinario / B

Psalm / Salmo 34:2–3, 4–5, 6–7, 8–9 / 116

For a bilingual refrain, sing the first half in one language, and the second half in the other.

I will bless the LORD at all times;
praise of him is always in my mouth.
In the LORD my soul shall make its boast;
the humble shall hear and be glad. ℟.

Glorify the LORD with me;
together let us praise his name.
I sought the LORD, and he answered me;
from all my terrors he set me free. ℟.

Look toward him and be radiant;
let your faces not be abashed.
This lowly one called; the LORD heard,
and rescued him from all his distress. ℟.

The angel of the LORD is encamped
around those who fear him, to rescue
them.
Taste and see that the LORD is good.
Blessed the man who seeks refuge in
him. ℟.

Bendigo al Señor en todo momento,
su alabanza está siempre en mi boca;
mi alma se gloría en el Señor:
que los humildes lo escuchen y
se alegren. ℟.

Proclamen conmigo la grandeza del
Señor,
ensalcemos juntos su nombre.
Yo consulté al Señor, y me respondió,
me libró de todas mis ansias. ℟.

Contémplenlo, y quedarán radiantes,
su rostro no se avergonzará.
Si el afligido invoca al Señor, él
lo escucha
y lo salva de sus angustias. ℟.

El ángel del Señor acampa
en torno a sus fieles, y los protege.
Gusten y vean qué bueno es el Señor,
dichoso el que se acoge a él. ℟.

960 19th Sunday in Ordinary Time / C — 19º Domingo del Tiempo Ordinario / C

Psalm / Salmo 33:1 and 12, 18–19, 20 and 22 / 117

Ring out your joy to the Lord, O you just;
for praise is fitting for the upright.
Blessed the nation whose God is the Lord,
the people he has chosen as his heritage. ℟.

Yes, the Lord's eyes are on those who fear him,
who hope in his merciful love,
to rescue their souls from death,
to keep them alive in famine. ℟.

Our soul is waiting for the Lord.
He is our help and our shield.
May your merciful love be upon us,
as we hope in you, O Lord. ℟.

Aclamen, justos, al Señor,
que merece la alabanza de los buenos.
Dichosa la nación cuyo Dios es el Señor,
el pueblo que él se escogió como heredad. ℟.

Los ojos del Señor están puestos en sus fieles,
en los que esperan en su misericordia,
para librar sus vidas de la muerte
y reanimarlos en tiempo de hambre. ℟.

Nosotros aguardamos al Señor:
él es nuestro auxilio y escudo.
Que tu misericordia, Señor, venga sobre nosotros,
como lo esperamos de ti. ℟.

20th Sunday in Ordinary Time / A — 20º Domingo del Tiempo Ordinario / A 961

Psalm / Salmo 67:2–3, 5, 6 and 8 / 118

O God, be gracious and bless us
and let your face shed its light upon us.
So will your ways be known upon earth
and all nations learn your salvation. ℟.

Let the nations be glad and shout for joy,
with uprightness you rule the peoples;
you guide the nations on earth. ℟.

El Señor tenga piedad y nos bendiga,
ilumine su rostro sobre nosotros;
conozca la tierra tus caminos,
todos los pueblos tu salvación. ℟.

Que canten de alegría las naciones,
porque riges el mundo con justicia,
riges los pueblos con rectitud
y gobiernas las naciones de la tierra. ℟.

Let the peoples praise you, O God;
let all the peoples praise you.
May God still give us his blessing
that all the ends of the earth may revere
him. ℟.

Oh Dios, que te alaben los pueblos,
que todos los pueblos te alaben.
Que Dios nos bendiga;
que le teman hasta los confines del
orbe. ℟.

962 20th Sunday in Ordinary Time / B — 20º Domingo del Tiempo Ordinario / B

Psalm / Salmo 34:2–3, 4–5, 6–7 / 119

For a bilingual refrain, sing the first half in one language, and the second half in the other.

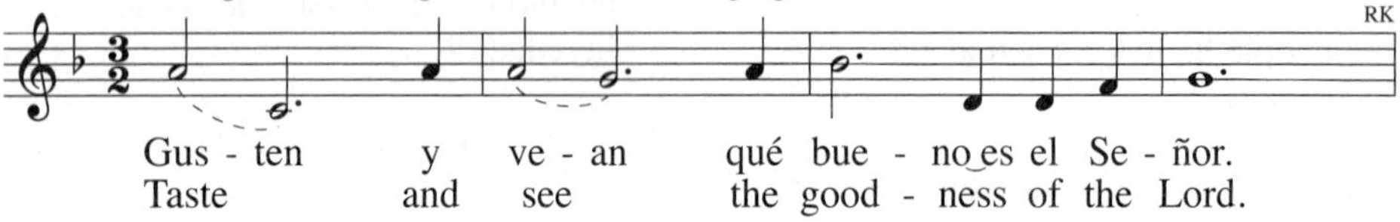

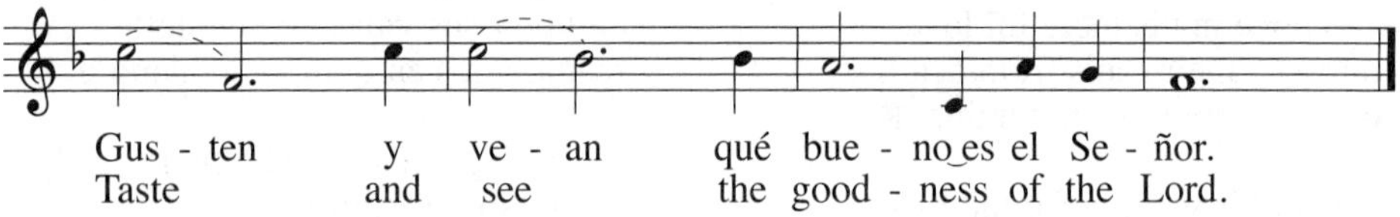

I will bless the Lord at all times;
praise of him is always in my mouth.
In the Lord my soul shall make its boast;
the humble shall hear and be glad. ℟.

Glorify the Lord with me;
together let us praise his name.
I sought the Lord, and he answered me;
from all my terrors he set me free. ℟.

Look toward him and be radiant;
let your faces not be abashed.
This lowly one called; the Lord heard,
and rescued him from all his distress. ℟.

Bendigo al Señor en todo momento,
su alabanza está siempre en mi boca;
mi alma se gloría en el Señor:
que los humildes lo escuchen y
se alegren. ℟.

Proclamen conmigo la grandeza del
Señor,
ensalcemos juntos su nombre.
Yo consulté al Señor, y me respondió,
me libró de todas mis ansias. ℟.

Contémplenlo, y quedarán radiantes,
su rostro no se avergonzará.
Si el afligido invoca al Señor, él
lo escucha
y lo salva de sus angustias. ℟.

963 20th Sunday in Ordinary Time / C — 20º Domingo del Tiempo Ordinario / C

Psalm / Salmo 40:2, 3, 4, 18 / 120

For a bilingual refrain, sing the first half in one language, and the second half in the other.

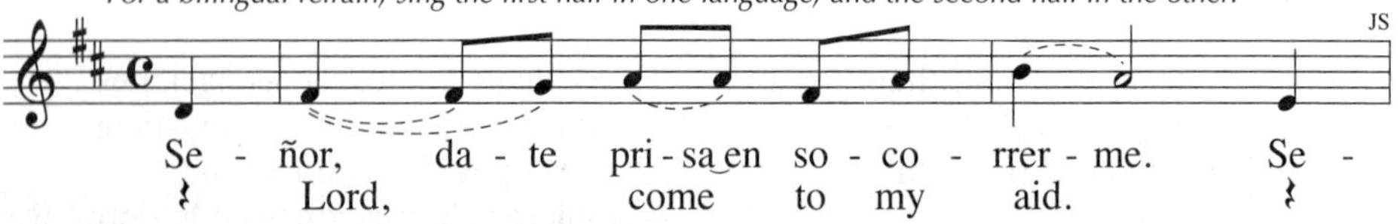

I waited, I waited for the Lord,
and he stooped down to me;
he heard my cry. ℟.

He drew me from the deadly pit,
from the miry clay.
He set my feet upon a rock,
made my footsteps firm. ℟.

He put a new song into my mouth,
praise of our God.
Many shall see and fear
and shall trust in the Lord. ℟.

Wretched and poor though I am,
the Lord is mindful of me.
You are my rescuer, my help;
O my God, do not delay. ℟.

Yo esperaba con ansia al Señor;
él se inclinó y escuchó mi grito. ℟.

Me levantó de la fosa fatal,
de la charca fangosa;
afianzó mis pies sobre roca,
y aseguró mis pasos. ℟.

Me puso en la boca un cántico nuevo,
un himno a nuestro Dios.
Muchos, al verlo, quedaron
  sobrecogidos
y confiaron en el Señor. ℟.

Yo soy pobre y desgraciado,
pero el Señor se cuida de mí;
tú eres mi auxilio y mi liberación:
Dios mío, no tardes. ℟.

21st Sunday in Ordinary Time / A — 21er Domingo del Tiempo Ordinario / A 964

Psalm / Salmo 138:1–2a, 2bc and 3, 6 and 8bc / 121

For a bilingual refrain, sing the first half in English and the second half in Spanish.

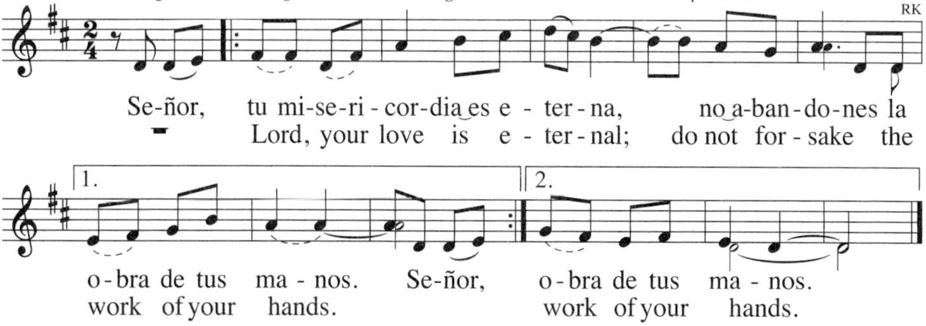

I thank you, Lord, with all my heart;
you have heard the words of my mouth.
In the presence of the angels I praise you.
I bow down toward your holy temple. ℟.

I give thanks to your name
for your merciful love and your
  faithfulness.
On the day I called, you answered me;
you increased the strength of my soul. ℟.

Te doy gracias, Señor, de todo corazón,
porque has oído las palabras de mi
  boca.
Delante de los ángeles tañeré para ti,
me postraré hacia tu santuario. ℟.

Daré gracias a tu nombre:
por tu misericordia y tu lealtad.
Cuando te invoqué, me escuchaste,
acreciste el valor en mi alma. ℟.

The Lord is high, yet he looks on the
lowly,
and the haughty he knows from afar.
O Lord, your merciful love is eternal;
discard not the work of your hands. ℟.

El Señor es sublime, se fija en el
humilde,
y de lejos conoce al soberbio.
Señor, tu misericordia es eterna,
no abandones la obra de tus manos. ℟.

965 21st Sunday in Ordinary Time / B

21er Domingo del Tiempo Ordinario / B

Psalm / Salmo 34:2–3, 16–17, 18–19, 20–21, (22–23) / 122

For a bilingual refrain, sing the first half in one language, and the second half in the other.

I will bless the Lord at all times;
praise of him is always in my mouth.
In the Lord my soul shall make its boast;
the humble shall hear and be glad. ℟.

The Lord turns his eyes to the just,
and his ears are open to their cry.
The Lord turns his face against the
wicked
to destroy their remembrance from
the earth. ℟.

When the just cry out, the Lord hears,
and rescues them in all their distress.
The Lord is close to the brokenhearted;
those whose spirit is crushed he will
save. ℟.

Many are the trials of the just man,
but from them all the Lord will
rescue him.
He will keep guard over all his bones;
not one of his bones shall be broken. ℟.

Bendigo al Señor en todo momento,
su alabanza está siempre en mi boca;
mi alma se gloría en el Señor:
que los humildes lo escuchen y se
alegren. ℟.

Los ojos del Señor miran a los justos,
sus oídos escuchan sus gritos;
pero el Señor se enfrenta con los
malhechores,
para borrar de la tierra su memoria. ℟.

Cuando uno grita, el Señor lo escucha
y lo libra de sus angustias;
el Señor está cerca de los atribulados,
salva a los abatidos. ℟.

Aunque el justo sufra muchos males,
de todos lo libra el Señor;
él cuida de todos sus huesos,
y ni uno solo se quebrará. ℟.

La maldad da muerte al malvado,
y los que odian al justo serán
castigados.
El Señor redime a sus siervos,
no será castigado quien se acoge a él. ℟.

21st Sunday in Ordinary Time / C 21er Domingo del Tiempo Ordinario / C 966

Or: Alleluia. *Psalm / Salmo 117:1, 2 / 123*

For a bilingual refrain, sing the words in italics.

O praise the LORD, all you nations;
acclaim him, all you peoples! ℟.

For his merciful love has prevailed
over us;
and the LORD's faithfulness endures
forever. ℟.

Alaben al Señor, todas las naciones,
aclámenlo, todos los pueblos. ℟.

Firme es su misericordia con nosotros,
su fidelidad dura por siempre. ℟.

22nd Sunday in Ordinary Time / A 22º Domingo del Tiempo Ordinario / A 967

Psalm / Salmo 63:2, 3–4, 5–6, 8–9 / 124

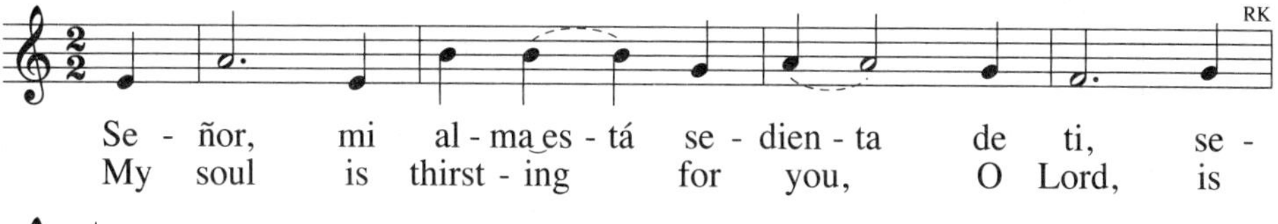

O God, you are my God; at dawn I
seek you;
for you my soul is thirsting.
For you my flesh is pining,
like a dry, weary land without water. ℟.

I have come before you in the sanctuary,
to behold your strength and your glory.
Your loving mercy is better than life;
my lips will speak your praise. ℟.

Oh Dios, tú eres mi Dios, por ti
madrugo,
mi alma está sedienta de ti;
mi carne tiene ansia de ti,
como tierra reseca, agostada, sin agua. ℟.

¡Cómo te contemplaba en el santuario
viendo tu fuerza y tu gloria!
Tu gracia vale más que la vida,
te alabarán mis labios. ℟.

I will bless you all my life;
in your name I will lift up my hands.
My soul shall be filled as with a banquet;
with joyful lips, my mouth shall praise you. ℟.

For you have been my strength;
in the shadow of your wings I rejoice.
My soul clings fast to you;
your right hand upholds me. ℟.

Toda mi vida te bendeciré
y alzaré las manos invocándote.
Me saciaré como de enjundia y de manteca,
y mis labios te alabarán jubilosos. ℟.

Porque fuiste mi auxilio,
y a la sombra de tus alas canto con júbilo;
mi alma está unida a ti,
y tu diestra me sostiene. ℟.

968 22nd Sunday in Ordinary Time / B — 22º Domingo del Tiempo Ordinario / B

Psalm / Salmo 15:2–3a, 3bc–4ab, 5 / 125

Whoever walks without fault;
who does what is just,
and speaks the truth from his heart;
whoever does not slander with his tongue. ℟.

Who does no wrong to a neighbor,
who casts no slur on a friend,
who looks with scorn on the wicked,
but honors those who fear the Lord. ℟.

Who lends no money at interest,
and accepts no bribes against the innocent.
Such a one shall never be shaken. ℟.

El que procede honradamente
y practica la justicia,
el que tiene intenciones leales
y no calumnia con su lengua. ℟.

El que no hace mal a su prójimo
ni difama al vecino,
el que considera despreciable al impío
y honra a los que temen al Señor. ℟.

El que no presta dinero a usura
ni acepta soborno contra el inocente.
El que así obra
nunca fallará. ℟.

969 22nd Sunday in Ordinary Time / C — 22º Domingo del Tiempo Ordinario / C

Psalm / Salmo 68:4–5ac, 6–7ab, 10–11 / 126

Or:

The just shall rejoice at the presence
of God;
they shall exult with glad rejoicing.
O sing to God; make music to his name.
The LORD is his name. ℟.

Father of orphans, defender of widows:
such is God in his holy place.
God gives the desolate a home to dwell
in;
he leads the prisoners forth into
prosperity. ℟.

You poured down, O God, a generous
rain;
when your people languished, you
restored their inheritance.
It was there that your flock began to
dwell.
In your goodness, O God, you provided
for the poor. ℟.

Los justos se alegran, gozan en la
presencia de Dios,
rebosando de alegría.
Canten a Dios, toquen en su honor,
su nombre es el Señor. ℟.

Padre de huérfanos, protector de
viudas,
Dios vive en su santa morada.
Dios prepara casa a los desvalidos,
libera a los cautivos y los enriquece. ℟.

Derramaste en tu heredad, oh Dios, una
lluvia copiosa,
aliviaste la tierra extenuada;
y tu rebaño habitó en la tierra
que tu bondad, oh Dios, preparó para
los pobres. ℟.

23rd Sunday in Ordinary Time / A — 23er Domingo del Tiempo Ordinario / A 970

Psalm / Salmo 95:1–2, 6–7c, 7d–9 / 127

For a bilingual refrain, sing through the first ending in one language and repeat in the other.

Come, let us ring out our joy to the
LORD;
hail the rock who saves us.
Let us come into his presence, giving
thanks;
let us hail him with a song of praise. ℟.

O come; let us bow and bend low.
Let us kneel before the God who
made us,
for he is our God and we
the people who belong to his pasture,
the flock that is led by his hand. ℟.

O that today you would listen to his
voice!
"Harden not your hearts as at Meribah,
as on that day at Massah in the desert
when your forebears put me to the test;
when they tried me, though they saw
my work." ℟.

Vengan, aclamemos al Señor,
demos vítores a la Roca que nos salva;
entremos a su presencia dándole
gracias,
aclamándolo con cantos. ℟.

Entren, postrémonos por tierra,
bendiciendo al Señor, creador nuestro.
Porque él es nuestro Dios,
y nosotros su pueblo, el rebaño que él
guía. ℟.

Ojalá escuchen hoy su voz:
"No endurezcan el corazón como en
Meribá,
como el día de Masá en el desierto;
cuando sus padres me pusieron a
prueba
y me tentaron, aunque habían visto mis
obras." ℟.

971 23rd Sunday in Ordinary Time / B — 23er Domingo del Tiempo Ordinario / B

Or: Alleluia. *Psalm / Salmo 146:6c–7, 8–9a, 9bc–10 / 128*

For a bilingual refrain, sing the first half in one language, and the second half in the other.

It is the LORD who preserves fidelity
forever,
who does justice to those who are
oppressed.
It is he who gives bread to the hungry,
the LORD who sets prisoners free. ℟.

The LORD who opens the eyes of the
blind,
the LORD who raises up those who
are bowed down.
It is the LORD who loves the just,
the LORD who protects the stranger. ℟.

El Señor mantiene su fidelidad
perpetuamente,
hace justicia a los oprimidos,
da pan a los hambrientos.
El Señor liberta a los cautivos. ℟.

El Señor abre los ojos al ciego,
el Señor endereza a los que ya se
doblan,
el Señor ama a los justos,
el Señor guarda a los peregrinos. ℟.

The LORD upholds the orphan and the
widow,
but thwarts the path of the wicked.
The LORD will reign forever,
the God of Sion from age to age.
Alleluia. ℟.

El Señor sustenta al huérfano y a la
viuda
y trastorna el camino de los malvados.
El Señor reina eternamente,
tu Dios, Sión, de edad en edad. ℟.

23rd Sunday in Ordinary Time / C — 23er Domingo del Tiempo Ordinario / C 972

Psalm / Salmo 90:3–4, 5–6, 12–13, 14 and 17 / 129

You turn man back to dust,
and say, "Return, O children of men."
To your eyes a thousand years
are like yesterday, come and gone,
or like a watch in the night. ℟.

You sweep them away like a dream,
like grass which is fresh in the morning.
In the morning it sprouts and is fresh;
by evening it withers and fades. ℟.

Then teach us to number our days,
that we may gain wisdom of heart.
Turn back, O LORD! How long?
Show pity to your servants. ℟.

At dawn, fill us with your merciful love;
we shall exult and rejoice all our days.
Let the favor of the Lord our God be
upon us;
give success to the work of our hands.
O give success to the work of our
hands. ℟.

Tú reduces el hombre a polvo,
diciendo: "Retornen, hijos de Adán."
Mil años en tu presencia
son un ayer, que pasó,
una vela nocturna. ℟.

Los siembras año por año,
como hierba que se renueva:
que florece y se renueva por la mañana,
y por la tarde la siegan y se seca. ℟.

Enséñanos a calcular nuestros años,
para que adquiramos un corazón sensato.
Vuélvete, Señor, ¿hasta cuándo?
Ten compasión de tus siervos. ℟.

Por la mañana sácianos de tu
misericordia,
y toda nuestra vida será alegría y júbilo.
Baje a nosotros la bondad del Señor
y haga prósperas las obras de nuestras
manos. ℟.

973 24th Sunday in Ordinary Time / A — 24º Domingo del Tiempo Ordinario / A

Psalm / Salmo 103:1–2, 3–4, 9–10, 11–12 / 130

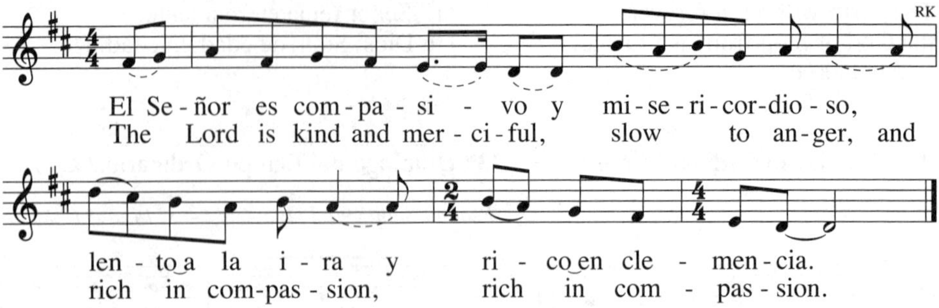

Bless the Lord, O my soul,
and all within me, his holy name.
Bless the Lord, O my soul,
and never forget all his benefits. ℟.

It is the Lord who forgives all your sins,
who heals every one of your ills,
who redeems your life from the grave,
who crowns you with mercy and
compassion. ℟.

He will not always find fault;
nor persist in his anger forever.
He does not treat us according to our
sins,
nor repay us according to our faults. ℟.

For as the heavens are high above the
earth,
so strong his mercy for those who fear
him.
As far as the east is from the west,
so far from us does he remove our
transgressions. ℟.

Bendice, alma mía, al Señor,
y todo mi ser a su santo nombre.
Bendice, alma mía, al Señor,
y no olvides sus beneficios. ℟.

Él perdona todas tus culpas
y cura todas tus enfermedades;
él rescata tu vida de la fosa
y te colma de gracia y de ternura. ℟.

No está siempre acusando
ni guarda rencor perpetuo.
No nos trata como merecen nuestros
pecados
ni nos paga según nuestras culpas. ℟.

Como se levanta el cielo sobre la tierra,
se levanta su bondad sobre sus fieles;
como dista el oriente del ocaso,
así aleja de nosotros nuestros
delitos. ℟.

24th Sunday in Ordinary Time / B — 24º Domingo del Tiempo Ordinario / B 974

Or: Alleluia. *Psalm / Salmo 116:1–2, 3–4, 5–6, 8–9 / 131*

The refrains may be sung simultaneously.

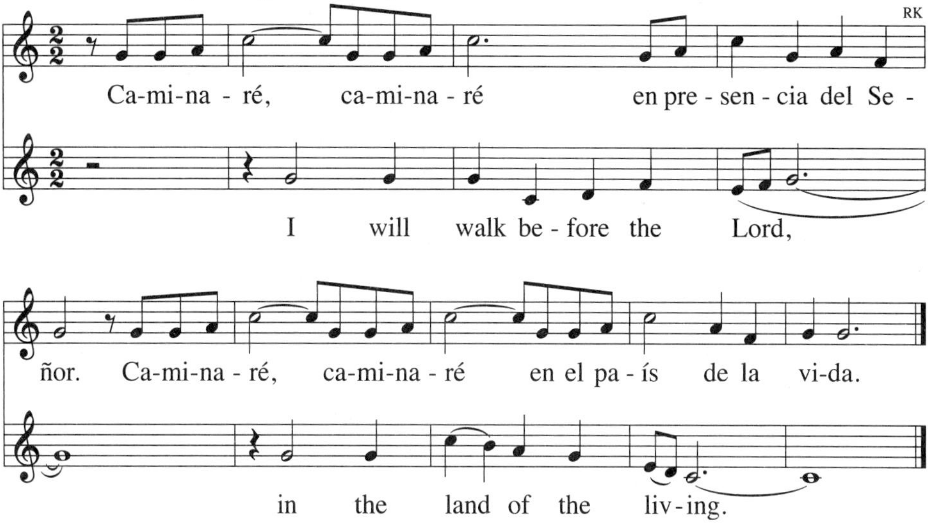

I love the LORD, for he has heard
my voice, my appeal;
for he has turned his ear to me
whenever I call. ℟.

They surrounded me, the snares of death;
the anguish of the grave has found me;
anguish and sorrow I found.
I called on the name of the LORD:
"Deliver my soul, O LORD!" ℟.

How gracious is the LORD, and just;
our God has compassion.
The LORD protects the simple;
I was brought low, and he saved me. ℟.

He has kept my soul from death,
my eyes from tears, and my feet from
stumbling.
I will walk in the presence of the LORD
in the land of the living. ℟.

Amo al Señor, porque escucha
mi voz suplicante,
porque inclina su oído hacia mí
el día que lo invoco. ℟.

Me envolvían redes de muerte,
me alcanzaron los lazos del abismo,
caí en tristeza y angustia.
Invoqué el nombre del Señor:
"Señor, salva mi vida." ℟.

El Señor es benigno y justo,
nuestro Dios es compasivo;
el Señor guarda a los sencillos:
estando yo sin fuerzas, me salvó. ℟.

Arrancó mi alma de la muerte,
mis ojos de las lágrimas, mis pies de la
caída.
Caminaré en presencia del Señor
en el país de la vida. ℟.

975 24th Sunday in Ordinary Time / C — 24º Domingo del Tiempo Ordinario / C

Psalm / Salmo 51:3–4, 12–13, 17 and 19 / 132

Have mercy on me, O God,
according to your merciful love;
according to your great compassion,
blot out my transgressions.
Wash me completely from my iniquity,
and cleanse me from my sin. ℟.

Create a pure heart for me, O God;
renew a steadfast spirit within me.
Do not cast me away from your
presence;
take not your holy spirit from me. ℟.

O Lord, open my lips
and my mouth shall proclaim your
praise.
My sacrifice to God, a broken spirit:
a broken and humbled heart,
O God, you will not spurn. ℟.

Misericordia, Dios mío, por tu bondad,
por tu inmensa compasión borra mi
culpa;
lava del todo mi delito,
limpia mi pecado. ℟.

Oh Dios, crea en mí un corazón puro,
renuévame por dentro con espíritu
firme;
no me arrojes lejos de tu rostro,
no me quites tu santo espíritu. ℟.

Señor, me abrirás los labios,
y mi boca proclamará tu alabanza.
Mi sacrificio es un espíritu
quebrantado;
un corazón quebrantado y humillado,
tú no lo desprecias. ℟.

976 25th Sunday in Ordinary Time / A — 25º Domingo del Tiempo Ordinario / A

Psalm / Salmo 145:2–3, 8–9, 17–18 / 133

For a bilingual refrain, sing the first half in one language, and the second half in the other.

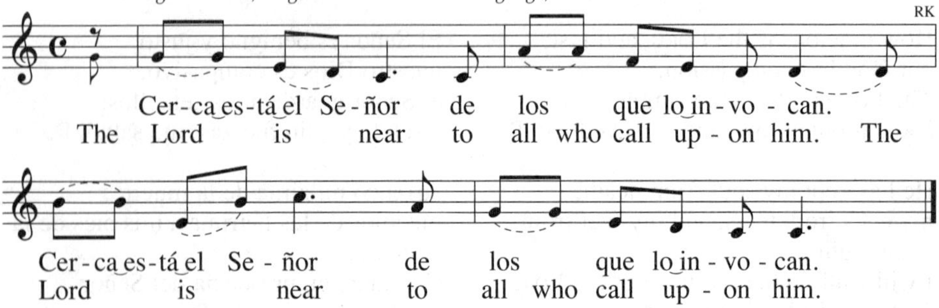

I will bless you day after day,
and praise your name forever and ever.
The Lord is great and highly to be
praised;
his greatness cannot be measured. ℟.

Día tras día te bendeciré,
y alabaré tu nombre por siempre jamás.
Grande es el Señor, merece toda
alabanza,
es incalculable su grandeza. ℟.

The LORD is kind and full of compassion,
slow to anger, abounding in mercy.
How good is the LORD to all,
compassionate to all his creatures. ℟.

The LORD is just in all his ways,
and holy in all his deeds.
The LORD is close to all who call him,
who call on him in truth. ℟.

El Señor es clemente y misericordioso,
lento a la cólera y rico en piedad;
el Señor es bueno con todos,
es cariñoso con todas sus criaturas. ℟.

El Señor es justo en todos sus caminos,
es bondadoso en todas sus acciones;
cerca está el Señor de los que
lo invocan,
de los que lo invocan sinceramente. ℟.

25th Sunday in Ordinary Time / B — 25° Domingo del Tiempo Ordinario / B 977

Psalm / Salmo 54:3–4, 5, 6 and 8 / 134

O God, save me by your name;
by your power, defend my cause.
O God, hear my prayer;
give ear to the words of my mouth. ℟.

For the proud have risen against me,
and the ruthless seek my life.
They have no regard for God. ℟.

See, I have God for my help.
The Lord sustains my soul.
I will sacrifice to you with willing heart,
and praise your name, for it is good. ℟.

Oh Dios, sálvame por tu nombre,
sal por mí con tu poder.
Oh Dios, escucha mi súplica,
atiende a mis palabras. ℟.

Porque unos insolentes
se alzan contra mí,
y hombres violentos me persiguen a
muerte
sin tener presente a Dios. ℟.

Pero Dios es mi auxilio,
el Señor sostiene mi vida.
Te ofreceré un sacrificio voluntario
dando gracias a tu nombre, que es
bueno. ℟.

25th Sunday in Ordinary Time / C — 25° Domingo del Tiempo Ordinario / C 978

Or: Alleluia.

Psalm / Salmo 113:1–2, 4–6, 7–8 / 135

Praise, O servants of the LORD,
praise the name of the LORD!
May the name of the LORD be blest
both now and forevermore! ℟.

High above all nations is the LORD,
above the heavens his glory.
Who is like the LORD, our God,
who dwells on high,
who lowers himself to look down
upon heaven and earth? ℟.

From the dust he lifts up the lowly,
from the ash heap he raises the poor,
to set them in the company of princes,
yes, with the princes of his people. ℟.

Alaben, siervos del Señor,
alaben el nombre del Señor.
Bendito sea el nombre del Señor,
ahora y por siempre. ℟.

El Señor se eleva sobre todos los pueblos,
su gloria sobre el cielo.
¿Quién como el Señor, Dios nuestro,
que se eleva en su trono
y se abaja para mirar al cielo y a la tierra? ℟.

Levanta del polvo al desvalido,
alza de la basura al pobre,
para sentarlo con los príncipes,
los príncipes de su pueblo. ℟.

979 26th Sunday in Ordinary Time / A — 26º Domingo del Tiempo Ordinario / A

Psalm / Salmo 25:4–5, 6–7, 8–9 / 136

O LORD, make me know your ways.
Teach me your paths.
Guide me in your truth, and teach me;
for you are the God of my salvation. ℟.

Remember your compassion, O LORD,
and your merciful love,
for they are from of old.
Do not remember the sins of my youth,
nor my transgressions.
In your merciful love remember me,
because of your goodness, O LORD. ℟.

Good and upright is the LORD;
he shows the way to sinners.
He guides the humble in right judgment;
to the humble he teaches his way. ℟.

Señor, enséñame tus caminos,
instrúyeme en tus sendas:
haz que camine con lealtad;
enséñame, porque tú eres mi Dios y Salvador,
y todo el día te estoy esperando. ℟.

Recuerda, Señor, que tu ternura
y tu misericordia son eternas;
no te acuerdes de los pecados
ni de las maldades de mi juventud;
acuérdate de mí con misericordia,
por tu bondad, Señor. ℟.

El Señor es bueno y es recto,
y enseña el camino a los pecadores;
hace caminar a los humildes con rectitud,
enseña su camino a los humildes. ℟.

26th Sunday in Ordinary Time / B 26º Domingo del Tiempo Ordinario / B 980

Psalm / Salmo 19:8, 10, 12–13, 14 / 137

The law of the Lord is perfect;
it revives the soul.
The decrees of the Lord are steadfast;
they give wisdom to the simple. ℟.

La ley del Señor es perfecta
y es descanso del alma;
el precepto del Señor es fiel
e instruye al ignorante. ℟.

The fear of the Lord is pure, abiding
forever.
The judgments of the Lord are true;
they are, all of them, just. ℟.

La voluntad del Señor es pura
y eternamente estable;
los mandamientos del Señor son
verdaderos
y enteramente justos. ℟.

So in them your servant finds
instruction;
great reward is in their keeping.
But who can detect their own errors?
From hidden faults acquit me. ℟.

Aunque tu siervo vigila
para guardarlos con cuidado,
¿quién conoce sus faltas?
Absuélveme de lo que se me oculta. ℟.

From presumption restrain your servant;
may it not rule me.
Then shall I be blameless,
clean from grave sin. ℟.

Preserva a tu siervo de la arrogancia,
para que no me domine:
así quedaré libre e inocente
del gran pecado. ℟.

26th Sunday in Ordinary Time / C 26º Domingo del Tiempo Ordinario / C 981

Or: Alleluia. *Psalm / Salmo 146:6c–7, 8–9a, 9bc–10 / 138*

For a bilingual refrain, sing the first half in one language, and the second half in the other.

It is the Lord who preserves fidelity
forever,
who does justice to those who are
oppressed.
It is he who gives bread to the hungry,
the Lord who sets prisoners free. ℟.

El Señor mantiene su fidelidad
perpetuamente,
hace justicia a los oprimidos,
da pan a los hambrientos.
El Señor liberta a los cautivos. ℟.

The LORD who opens the eyes of the blind,
the LORD who raises up those who are
bowed down.
It is the LORD who loves the just,
the LORD who protects the stranger. ℟.

The LORD upholds the orphan and the
widow,
but thwarts the path of the wicked.
The LORD will reign forever,
the God of Sion from age to age.
Alleluia. ℟.

El Señor abre los ojos al ciego,
el Señor endereza a los que ya se
doblan,
el Señor ama a los justos,
el Señor guarda a los peregrinos. ℟.

El Señor sustenta al huérfano y a la
viuda
y trastorna el camino de los malvados.
El Señor reina eternamente,
tu Dios, Sión, de edad en edad. ℟.

982 27th Sunday in Ordinary Time / A — 27º Domingo del Tiempo Ordinario / A

Psalm / Salmo 80:9 and 12, 13–14, 15–16, 19–20 / 139

You brought a vine out of Egypt;
you drove out the nations and planted it.
It stretched out its branches to the sea;
to the River it stretched out its shoots. ℟.

Then why have you broken down its
walls?
It is plucked by all who pass by the way.
It is ravaged by the boar of the forest,
devoured by the beasts of the field. ℟.

God of hosts, turn again, we implore;
look down from heaven and see.
Visit this vine and protect it,
the vine your right hand has planted,
the son of man you have claimed for
yourself. ℟.

And we shall never forsake you again;
give us life that we may call upon your
name.
O LORD God of hosts, bring us back;
let your face shine forth, and we shall
be saved. ℟.

Sacaste, Señor, una vid de Egipto,
expulsaste a los gentiles, y la
trasplantaste.
Extendió sus sarmientos hasta el mar,
y sus brotes hasta el Gran Río. ℟.

¿Por qué has derribado su cerca
para que la saqueen los viandantes,
la pisoteen los jabalíes
y se la coman las alimañas? ℟.

Dios de los ejércitos, vuélvete:
mira desde el cielo, fíjate,
ven a visitar tu viña,
la cepa que tu diestra plantó,
y que tú hiciste vigorosa. ℟.

No nos alejaremos de ti:
danos vida, para que invoquemos tu
nombre.
Señor, Dios de los ejércitos,
restáuranos,
que brille tu rostro y nos salve. ℟.

27th Sunday in Ordinary Time / B — 27º Domingo del Tiempo Ordinario / B 983

Psalm / Salmo 128:1–2, 3, 4–5, 6 / 140

Blessed are all who fear the LORD,
and walk in his ways!
By the labor of your hands you shall eat.
You will be blessed and prosper. ℟.

Your wife like a fruitful vine
in the heart of your house;
your children like shoots of the olive
around your table. ℟.

Indeed thus shall be blessed
the man who fears the LORD.
May the LORD bless you from Sion.
May you see Jerusalem prosper
all the days of your life! ℟.

May you see your children's children.
On Israel, peace! ℟.

Dichoso el que teme al Señor,
y sigue sus caminos.
Comerás del fruto de tu trabajo,
serás dichoso, te irá bien. ℟.

Tu mujer, como vid fecunda,
en medio de tu casa;
tus hijos, como renuevos de olivo,
alrededor de tu mesa. ℟.

Ésta es la bendición del hombre que
teme al Señor.
Que el Señor te bendiga desde Sión,
que veas la prosperidad de Jerusalén
todos los días de tu vida. ℟.

Que veas a los hijos de tus hijos.
¡Paz a Israel! ℟.

27th Sunday in Ordinary Time / C — 27º Domingo del Tiempo Ordinario / C 984

Psalm / Salmo 95:1–2, 6–7c, 7d–9 / 141

For a bilingual refrain, sing through the first ending in one language and repeat in the other.

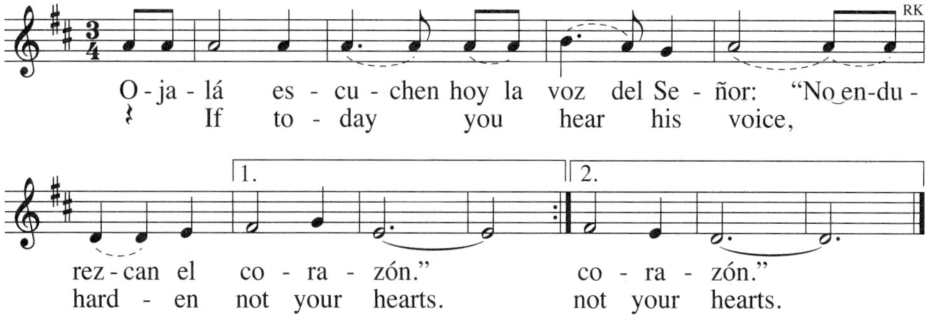

Come, let us ring out our joy to the LORD;
hail the rock who saves us.
Let us come into his presence, giving
thanks;
let us hail him with a song of praise. ℟.

Vengan, aclamemos al Señor,
demos vítores a la Roca que nos salva;
entremos a su presencia dándole
gracias,
aclamándolo con cantos. ℟.

O come; let us bow and bend low.
Let us kneel before the God who made
us,
for he is our God and we
the people who belong to his pasture,
the flock that is led by his hand. ℟.

O that today you would listen to his
voice!
"Harden not your hearts as at Meribah,
as on that day at Massah in the desert
when your forebears put me to the test;
when they tried me, though they saw
my work." ℟.

Entren, postrémonos por tierra,
bendiciendo al Señor, creador nuestro.
Porque él es nuestro Dios,
y nosotros su pueblo, el rebaño que él
guía. ℟.

Ojalá escuchen hoy su voz:
"No endurezcan el corazón como en
Meribá,
como el día de Masá en el desierto;
cuando sus padres me pusieron a
prueba
y me tentaron, aunque habían visto mis
obras." ℟.

985 28th Sunday in Ordinary Time / A — 28º Domingo del Tiempo Ordinario / A

Psalm / Salmo 23:1–3a, 3b–4, 5, 6 / 142

For a bilingual refrain, sing the words in italics.

The Lord is my shepherd;
there is nothing I shall want.
Fresh and green are the pastures
where he gives me repose.
Near restful waters he leads me;
he revives my soul. ℟.

He guides me along the right path,
for the sake of his name.
Though I should walk in the valley of
the shadow of death,
no evil would I fear, for you are with
me.
Your crook and your staff will give me
comfort. ℟.

El Señor es mi pastor, nada me falta:
en verdes praderas me hace recostar;
me conduce hacia fuentes tranquilas
y repara mis fuerzas. ℟.

Me guía por el sendero justo,
por el honor de su nombre.
Aunque camine por cañadas oscuras,
nada temo, porque tú vas conmigo:
tu vara y tu cayado me sosiegan. ℟.

You have prepared a table before me
in the sight of my foes.
My head you have anointed with oil;
my cup is overflowing. ℟.

Surely goodness and mercy shall follow
me
all the days of my life.
In the LORD's own house shall I dwell
for length of days unending. ℟.

Preparas una mesa ante mí,
enfrente de mis enemigos;
me unges la cabeza con perfume,
y mi copa rebosa. ℟.

Tu bondad y tu misericordia
me acompañan
todos los días de mi vida,
y habitaré en la casa del Señor
por años sin término. ℟.

28th Sunday in Ordinary Time / B — 28º Domingo del Tiempo Ordinario / B 986

Psalm / Salmo 90:12–13, 14–15, 16–17 / 143

Teach us to number our days,
that we may gain wisdom of heart.
Turn back, O LORD! How long?
Show pity to your servants. ℟.

At dawn, fill us with your merciful love;
we shall exult and rejoice all our days.
Give us joy for the days of our affliction,
for the years when we looked upon
evil. ℟.

Let your deed be seen by your servants,
and your glorious power by their
children.
Let the favor of the Lord our God be
upon us;
give success to the work of our hands.
O give success to the work of our
hands. ℟.

Enséñanos a calcular nuestros años,
para que adquiramos un corazón
sensato.
Vuélvete, Señor, ¿hasta cuándo?
Ten compasión de tus siervos. ℟.

Por la mañana sácianos de tu
misericordia,
y toda nuestra vida será alegría y
júbilo.
Dános alegría, por los días en que nos
afligiste,
por los años en que sufrimos
desdichas. ℟.

Que tus siervos vean tu acción
y sus hijos tu gloria.
Baje a nosotros la bondad del Señor
y haga prósperas las obras de nuestras
manos. ℟.

987 28th Sunday in Ordinary Time / C — 28º Domingo del Tiempo Ordinario / C

Psalm / Salmo 98:1, 2–3ab, 3cd–4 / 144

O sing a new song to the Lord,
for he has worked wonders.
His right hand and his holy arm
have brought salvation. ℟.

The Lord has made known his salvation,
has shown his deliverance to the nations.
He has remembered his merciful love
and his truth for the house of Israel. ℟.

All the ends of the earth have seen
the salvation of our God.
Shout to the Lord, all the earth;
break forth into joyous song,
and sing out your praise. ℟.

Canten al Señor un cántico nuevo,
porque ha hecho maravillas:
su diestra le ha dado la victoria,
su santo brazo. ℟.

El Señor da a conocer su victoria,
revela a las naciones su justicia:
se acordó de su misericordia y su
fidelidad
en favor de la casa de Israel. ℟.

Los confines de la tierra han
contemplado
la victoria de nuestro Dios.
Aclamen al Señor, tierra entera;
griten, vitoreen, toquen. ℟.

988 29th Sunday in Ordinary Time / A — 29º Domingo del Tiempo Ordinario / A

Psalm / Salmo 96:1 and 3, 4–5, 7–8, 9–10a and c / 145

For a bilingual refrain, sing the words in italics.

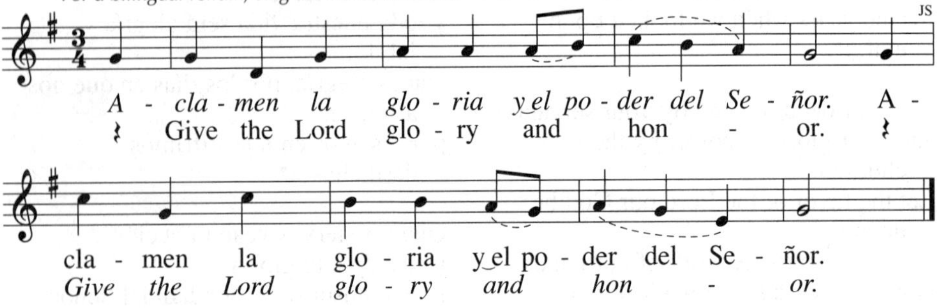

O sing a new song to the Lord;
sing to the Lord, all the earth.
Tell among the nations his glory,
and his wonders among all the
peoples. ℟.

Canten al Señor un cántico nuevo,
canten al Señor, toda la tierra.
Cuenten a los pueblos su gloria,
sus maravillas a todas las naciones. ℟.

For the LORD is great and highly to be praised,
to be feared above all gods.
For the gods of the nations are naught.
It was the LORD who made the heavens. ℟.

Give the LORD, you families of peoples,
give the LORD glory and power;
give the LORD the glory of his name.
Bring an offering and enter his courts. ℟.

Worship the LORD in holy splendor.
O tremble before him, all the earth.
Say to the nations, "The LORD is king."
He will judge the peoples in fairness. ℟.

Porque es grande el Señor, y muy digno de alabanza,
más temible que todos los dioses.
Pues los dioses de los gentiles son apariencia,
mientras que el Señor ha hecho el cielo. ℟.

Familias de los pueblos, aclamen al Señor,
aclamen la gloria y el poder del Señor,
aclamen la gloria del nombre del Señor,
entren en sus atrios trayéndole ofrendas. ℟.

Póstrense ante el Señor en el atrio sagrado,
tiemble en su presencia la tierra toda.
Digan a los pueblos: "El Señor es rey,
él gobierna a los pueblos rectamente." ℟.

29th Sunday in Ordinary Time / B — 29º Domingo del Tiempo Ordinario / B 989

Psalm / Salmo 33:4–5, 18–19, 20 and 22 / 146

Or:

The word of the LORD is faithful,
and all his works to be trusted.
The LORD loves justice and right,
and his merciful love fills the earth. ℟.

La palabra del Señor es sincera,
y todas sus acciones son leales;
él ama la justicia y el derecho,
y su misericordia llena la tierra. ℟.

Yes, the Lord's eyes are on those who
fear him,
who hope in his merciful love,
to rescue their souls from death,
to keep them alive in famine. ℟.

Our soul is waiting for the Lord.
He is our help and our shield.
May your merciful love be upon us,
as we hope in you, O Lord. ℟.

Los ojos del Señor están puestos en sus
fieles,
en los que esperan en su misericordia,
para librar sus vidas de la muerte
y reanimarlos en tiempo de hambre. ℟.

Nosotros aguardamos al Señor:
él es nuestro auxilio y escudo.
Que tu misericordia, Señor, venga sobre
nosotros,
como lo esperamos de ti. ℟.

990 **29th Sunday in Ordinary Time / C** **29º Domingo del Tiempo Ordinario / C**

Psalm / Salmo 121:1–2, 3–4, 5–6, 7–8 / 147

I lift up my eyes to the mountains;
from where shall come my help?
My help shall come from the Lord,
who made heaven and earth. ℟.

He will keep your foot from stumbling.
Your guard will never slumber.
No, he sleeps not nor slumbers,
Israel's guard. ℟.

The Lord your guard, the Lord your
shade
at your right hand.
By day the sun shall not smite you,
nor the moon in the night. ℟.

The Lord will guard you from evil;
he will guard your soul.
The Lord will guard your going and
coming,
both now and forever. ℟.

Levanto mis ojos a los montes:
¿de dónde me vendrá el auxilio?
El auxilio me viene del Señor,
que hizo el cielo y la tierra. ℟.

No permitirá que resbale tu pie,
tu guardián no duerme;
no duerme ni reposa
el guardián de Israel. ℟.

El Señor te guarda a su sombra,
está a tu derecha;
de día el sol no te hará daño,
ni la luna de noche. ℟.

El Señor te guarda de todo mal,
él guarda tu alma;
el Señor guarda tus entradas y salidas,
ahora y por siempre. ℟.

30th Sunday in Ordinary Time / A — 30º Domingo del Tiempo Ordinario / A 991

Psalm / Salmo 18:2–3a, 3bc–4, 47 and 51ab / 148

I love you, Lord, my strength;
O Lord, my rock, my fortress, my
savior. ℟.

My God, my rock where I take refuge;
my shield, my saving strength, my
stronghold.
I cry out, "Praised be the Lord!"
and see, I am saved from my foes. ℟.

The Lord lives, and blest be my Rock!
May the God of my salvation be exalted.
The Lord gives great victories to his king,
and shows merciful love for his
anointed. ℟.

Yo te amo, Señor;
tú eres mi fortaleza,
Señor, mi roca, mi alcázar, mi
libertador. ℟.

Dios mío, peña mía, refugio mío,
escudo mío,
mi fuerza salvadora, mi baluarte.
Invoco al Señor de mi alabanza
y quedo libre de mis enemigos. ℟.

Viva el Señor, bendita sea mi Roca,
sea ensalzado mi Dios y Salvador.
Tú diste gran victoria a tu rey,
tuviste misericordia de tu Ungido. ℟.

30th Sunday in Ordinary Time / B — 30º Domingo del Tiempo Ordinario / B 992

Psalm / Salmo 126:1–2ab, 2cd–3, 4–5, 6 / 149

For a bilingual refrain, sing the first two phrases in one language, and the last phrase in the other.

When the Lord brought back the exiles
of Sion,
we thought we were dreaming.
Then was our mouth filled with laughter;
on our tongues, songs of joy. ℟.

Cuando el Señor cambió la suerte de
Sión,
nos parecía soñar:
la boca se nos llenaba de risas,
la lengua de cantares. ℟.

Then the nations themselves said,
"What great deeds
the Lord worked for them!"
What great deeds the Lord worked for us!
Indeed, we were glad. ℟.

Bring back our exiles, O Lord,
as streams in the south.
Those who are sowing in tears
will sing when they reap. ℟.

They go out, they go out, full of tears,
bearing seed for the sowing;
they come back, they come back with a song,
bearing their sheaves. ℟.

Hasta los gentiles decían:
"El Señor ha estado grande con ellos."
El Señor ha estado grande con nosotros,
y estamos alegres. ℟.

Que el Señor cambie nuestra suerte,
como los torrentes del Negueb.
Los que sembraban con lágrimas
cosechan entre cantares. ℟.

Al ir, iban llorando,
llevando la semilla;
al volver, vuelven cantando,
trayendo sus gavillas. ℟.

993 30th Sunday in Ordinary Time / C — 30º Domingo del Tiempo Ordinario / C

Psalm / Salmo 34:2–3, 17–18, 19 and 23 / 150

I will bless the Lord at all times;
praise of him is always in my mouth.
In the Lord my soul shall make its boast;
the humble shall hear and be glad. ℟.

The Lord turns his face against the wicked
to destroy their remembrance from the earth.
When the just cry out, the Lord hears,
and rescues them in all their distress. ℟.

The Lord is close to the brokenhearted;
those whose spirit is crushed he will save.
The Lord ransoms the souls of his servants.
All who trust in him shall not be condemned. ℟.

Bendigo al Señor en todo momento,
su alabanza está siempre en mi boca;
mi alma se gloría en el Señor:
que los humildes lo escuchen y se alegren. ℟.

El Señor se enfrenta con los malhechores,
para borrar de la tierra su memoria.
Cuando uno grita, el Señor lo escucha
y lo libra de sus angustias. ℟.

El Señor está cerca de los atribulados,
salva a los abatidos.
El Señor redime a sus siervos,
no será castigado quien se acoge a él. ℟.

31st Sunday in Ordinary Time / A — 31er Domingo del Tiempo Ordinario / A 994

Psalm / Salmo 131:1, 2, 3 / 151

RK

Or:

O Lord, my heart is not proud,
nor haughty my eyes.
I have not gone after things too great,
nor marvels beyond me. ℟.

Truly, I have set my soul
in tranquility and silence.
As a weaned child on its mother,
as a weaned child is my soul within
me. ℟.

O Israel, wait for the Lord,
both now and forever. ℟.

Señor, mi corazón no es ambicioso,
ni mis ojos altaneros;
no pretendo grandezas
que superan mi capacidad. ℟.

Sino que acallo y modero mis deseos,
como un niño en brazos de su madre.
Como un niño que acaba de mamar,
así está mi alma en mí. ℟.

Espere Israel en el Señor
ahora y por siempre. ℟.

31st Sunday in Ordinary Time / B — 31er Domingo del Tiempo Ordinario / B 995

Psalm / Salmo 18:2–3a, 3bc–4, 47 and 51ab / 152

JS

I love you, Lord, my strength;
O Lord, my rock, my fortress, my
savior. ℟.

My God, my rock where I take refuge;
my shield, my saving strength, my
stronghold.
I cry out, "Praised be the Lord!"
and see, I am saved from my foes. ℟.

Yo te amo, Señor;
tú eres mi fortaleza,
Señor, mi roca, mi alcázar, mi
libertador. ℟.

Dios mío, peña mía, refugio mío,
escudo mío,
mi fuerza salvadora, mi baluarte.
Invoco al Señor de mi alabanza
y quedo libre de mis enemigos. ℟.

The LORD lives, and blest be my Rock!
May the God of my salvation be
exalted.
The LORD gives great victories to his king,
and shows merciful love for his
anointed. ℟.

Viva el Señor, bendita sea mi Roca,
sea ensalzado mi Dios y Salvador.
Tú diste gran victoria a tu rey,
tuviste misericordia de tu Ungido. ℟.

996 31st Sunday in Ordinary Time / C — 31er Domingo del Tiempo Ordinario / C

Psalm / Salmo 145:1–2, 8–9, 10–11, 13cd–14 / 153

For a bilingual refrain, sing the first half in English, and the second half in Spanish.

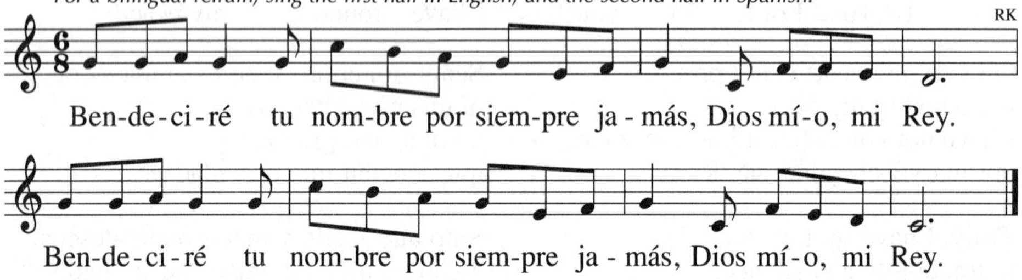

Or:

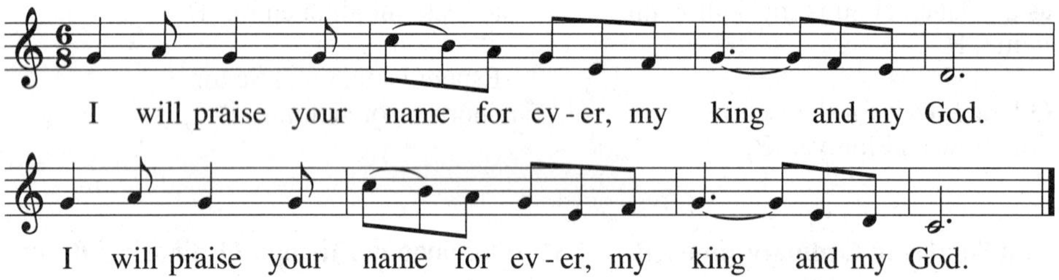

I will extol you, my God and king,
and bless your name forever and ever.
I will bless you day after day,
and praise your name forever and ever. ℟.

The LORD is kind and full of compassion,
slow to anger, abounding in mercy.
How good is the LORD to all,
compassionate to all his creatures. ℟.

All your works shall thank you, O LORD,
and all your faithful ones bless you.
They shall speak of the glory of your
reign,
and declare your mighty deeds. ℟.

The LORD is faithful in all his words,
and holy in all his deeds.
The LORD supports all who fall,
and raises up all who are bowed
down. ℟.

Te ensalzaré, Dios mío, mi rey;
bendeciré tu nombre por siempre jamás.
Día tras día, te bendeciré
y alabaré tu nombre por siempre
jamás. ℟.

El Señor es clemente y misericordioso,
lento a la cólera y rico en piedad;
el Señor es bueno con todos,
es cariñoso con todas sus criaturas. ℟.

Que todas tus criaturas te den gracias,
Señor,
que te bendigan tus fieles;
que proclamen la gloria de tu reinado,
que hablen de tus hazañas. ℟.

El Señor es fiel a sus palabras,
bondadoso en todas sus acciones.
El Señor sostiene a los que van a caer,
endereza a los que ya se doblan. ℟.

32nd Sunday in Ordinary Time / A — 32º Domingo del Tiempo Ordinario / A 997

Psalm / Salmo 63:2, 3–4, 5–6, 7–8 / 154

O God, you are my God; at dawn I seek
you;
for you my soul is thirsting.
For you my flesh is pining,
like a dry, weary land without water. ℟.

I have come before you in the sanctuary,
to behold your strength and your glory.
Your loving mercy is better than life;
my lips will speak your praise. ℟.

I will bless you all my life;
in your name I will lift up my hands.
My soul shall be filled as with a
banquet;
with joyful lips, my mouth shall praise
you. ℟.

When I remember you upon my bed,
I muse on you through the watches
of the night.
For you have been my strength;
in the shadow of your wings I rejoice. ℟.

Oh Dios, tú eres mi Dios, por ti
madrugo,
mi alma está sedienta de ti;
mi carne tiene ansia de ti,
como tierra reseca, agostada, sin
agua. ℟.

¡Cómo te contemplaba en el santuario
viendo tu fuerza y tu gloria!
Tu gracia vale más que la vida,
te alabarán mis labios. ℟.

Toda mi vida te bendeciré
y alzaré las manos invocándote.
Me saciaré como de enjundia y de
manteca,
y mis labios te alabarán jubilosos. ℟.

En el lecho me acuerdo de ti
y velando medito en ti,
porque fuiste mi auxilio,
y a la sombra de tus alas canto con
júbilo. ℟.

32nd Sunday in Ordinary Time / B — 32º Domingo del Tiempo Ordinario / B 998

Or: Alleluia. *Psalm / Salmo 146:6c–7, 8–9a, 9bc–10 / 155*

For a bilingual refrain, sing the first half in one language, and the second half in the other.

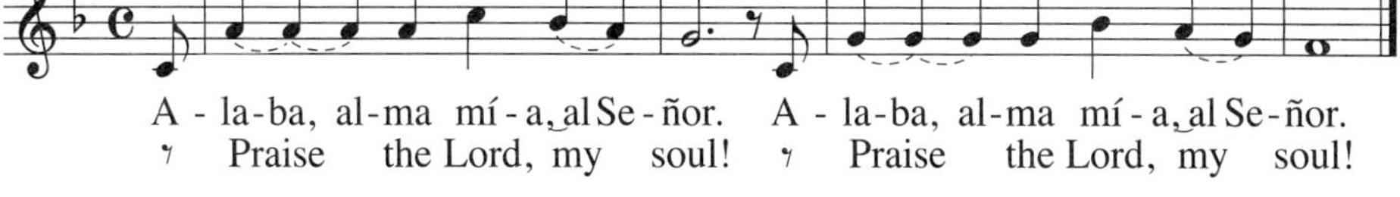

It is the Lord who preserves fidelity
forever,
who does justice to those who are
oppressed.
It is he who gives bread to the hungry,
the Lord who sets prisoners free. ℟.

The Lord who opens the eyes of the
blind,
the Lord who raises up those who are
bowed down.
It is the Lord who loves the just,
the Lord who protects the stranger. ℟.

The Lord upholds the orphan and the
widow,
but thwarts the path of the wicked.
The Lord will reign forever,
the God of Sion from age to age.
Alleluia. ℟.

El Señor mantiene su fidelidad
perpetuamente,
hace justicia a los oprimidos,
da pan a los hambrientos.
El Señor liberta a los cautivos. ℟.

El Señor abre los ojos al ciego,
el Señor endereza a los que ya se
doblan,
el Señor ama a los justos,
el Señor guarda a los peregrinos. ℟.

El Señor sustenta al huérfano y a la
viuda
y trastorna el camino de los malvados.
El Señor reina eternamente,
tu Dios, Sión, de edad en edad. ℟.

999 32nd Sunday in Ordinary Time / C — 32º Domingo del Tiempo Ordinario / C

Psalm / Salmo 17:1, 5–6, 8b and 15 / 156

For a bilingual refrain, sing the first half in one language, and the second half in the other.

O Lord, hear a cause that is just;
pay heed to my cry.
Turn your ear to my prayer:
no deceit is on my lips. ℟.

I kept my steps firmly in your paths.
My feet have never faltered.
To you I call; for you will surely heed
me, O God.
Turn your ear to me; hear my words. ℟.

Señor, escucha mi apelación,
atiende a mis clamores,
presta oído a mi súplica,
que en mis labios no hay engaño. ℟.

Mis pies estuvieron firmes en tus
caminos,
y no vacilaron mis pasos.
Yo te invoco porque tú me respondes,
Dios mío;
inclina el oído y escucha mis
palabras. ℟.

Guard me as the apple of your eye.
Hide me in the shadow of your wings.
As for me, in justice I shall behold your face;
when I awake I shall be filled with the vision of your presence. ℟.

Guárdame como a las niñas de tus ojos,
a la sombra de tus alas escóndeme.
Yo con mi apelación vengo a tu presencia,
y al despertar me saciaré de tu semblante. ℟.

33rd Sunday in Ordinary Time / A 33er Domingo del Tiempo Ordinario / A 1000

Psalm / Salmo 128:1–2, 3, 4–5 / 157

For a bilingual refrain, sing the first half in one language, and the second half in the other.

Blessed are all who fear the Lord,
and walk in his ways!
By the labor of your hands you shall eat.
You will be blessed and prosper. ℟.

Your wife like a fruitful vine
in the heart of your house;
your children like shoots of the olive
around your table. ℟.

Indeed thus shall be blessed
the man who fears the Lord.
May the Lord bless you from Sion.
May you see Jerusalem prosper
all the days of your life! ℟.

Dichoso el que teme al Señor,
y sigue sus caminos.
Comerás del fruto de tu trabajo,
serás dichoso, te irá bien. ℟.

Tu mujer como vid fecunda,
en medio de tu casa;
tus hijos, como renuevos de olivo,
alrededor de tu mesa. ℟.

Ésta es la bendición del hombre que teme al Señor.
Que el Señor te bendiga desde Sión,
que veas la prosperidad de Jerusalén
todos los días de tu vida. ℟.

33rd Sunday in Ordinary Time / B
33er Domingo del Tiempo Ordinario / B

1001 *The refrains may be sung simultaneously.*

Psalm / Salmo 16:5 and 8, 9–10, 11 / 158

Or:

1002 *For a bilingual refrain, sing the first half in one language, and the second half in the other.*

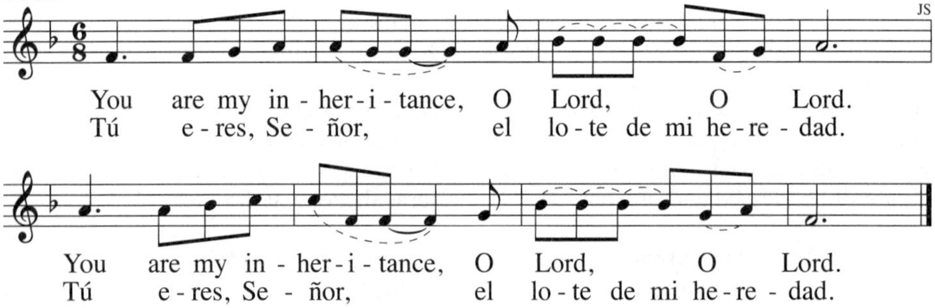

O Lord, it is you who are my portion
and cup;
you yourself who secure my lot.
I keep the Lord before me always;
with him at my right hand, I shall not
be moved. ℟.

And so, my heart rejoices, my soul is
glad;
even my flesh shall rest in hope.
For you will not abandon my soul to
hell,
nor let your holy one see corruption. ℟.

You will show me the path of life,
the fullness of joy in your presence,
at your right hand, bliss forever. ℟.

El Señor es el lote de mi heredad y mi
copa;
mi suerte está en tu mano.
Tengo siempre presente al Señor,
con él a mi derecha no vacilaré. ℟.

Por eso se me alegra el corazón,
se gozan mis entrañas,
y mi carne descansa serena.
Porque no me entregarás a la muerte,
ni dejarás a tu fiel conocer la
corrupción. ℟.

Me enseñarás el sendero de la vida,
me saciarás de gozo en tu presencia,
de alegría perpetua a tu derecha. ℟.

33rd Sunday in Ordinary Time / C   33er Domingo del Tiempo Ordinario / C 1003

Psalm / Salmo 98:5–6, 7–9a, 9bc / 159

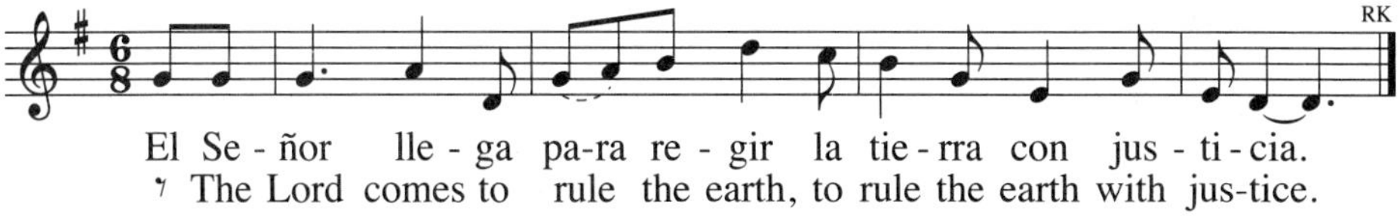

Sing psalms to the Lord with the harp,
with the harp and the sound of song.
With trumpets and the sound of the horn,
raise a shout before the King, the
Lord. ℟.

Let the sea and all within it thunder;
the world, and those who dwell in it.
Let the rivers clap their hands,
and the hills ring out their joy
at the presence of the Lord, for he
comes. ℟.

He comes to judge the earth.
He will judge the world with justice,
and the peoples with fairness. ℟.

Tañan la cítara para el Señor,
suenen los instrumentos:
con clarines y al son de trompetas,
aclamen al Rey y Señor. ℟.

Retumbe el mar y cuanto contiene,
la tierra y cuantos la habitan;
aplaudan los ríos,
aclamen los montes al Señor. ℟.

Al Señor, que llega
para regir la tierra.
Regirá el orbe con justicia
y los pueblos con rectitud. ℟.

Our Lord Jesus Christ, King of the Universe / A   Jesucristo, Rey del Universo / A 1004

Psalm / Salmo 23:1–2a, 2b–3, 5–6 / 160

The refrains may be sung simultaneously.

The Lord is my shepherd;
there is nothing I shall want.
Fresh and green are the pastures
where he gives me repose. ℟.

Near restful waters he leads me;
he revives my soul.
He guides me along the right path,
for the sake of his name. ℟.

You have prepared a table before me
in the sight of my foes.
My head you have anointed with oil;
my cup is overflowing. ℟.

Surely goodness and mercy shall follow
me
all the days of my life.
In the Lord's own house shall I dwell
for length of days unending. ℟.

El Señor es mi pastor,
nada me falta:
en verdes praderas
me hace recostar. ℟.

Me conduce hacia fuentes tranquilas
y repara mis fuerzas;
me guía por el sendero justo,
por el honor de su nombre. ℟.

Preparas una mesa ante mí,
enfrente de mis enemigos;
me unges la cabeza con perfume,
y mi copa rebosa. ℟.

Tu bondad y tu misericordia
me acompañan
todos los días de mi vida,
y habitaré en la casa del Señor
por años sin término. ℟.

1005 Our Lord Jesus Christ, King of the Universe / B

Jesucristo, Rey del Universo / B

Psalm / Salmo 93:1ab, 1c–2, 5 / 161

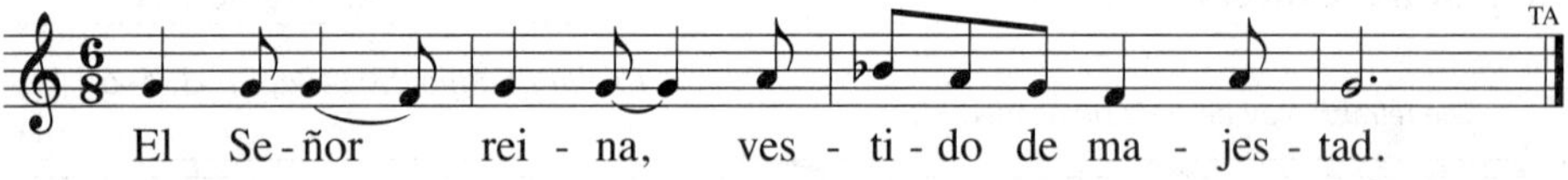

Or:

The Lord is king, with majesty enrobed.
The Lord has robed himself with might;
he has girded himself with power. ℟.

The world you made firm, not to be
moved;
your throne has stood firm from of old.
From all eternity, O Lord, you are. ℟.

Truly your decrees are to be trusted.
Holiness is fitting to your house,
O Lord, until the end of time. ℟.

El Señor reina,
vestido de majestad,
el Señor, vestido y ceñido de poder. ℟.

Así está firme el orbe y no vacila.
Tu trono está firme desde siempre,
y tú eres eterno. ℟.

Tus mandatos son fieles y seguros;
la santidad es el adorno de tu casa,
Señor,
por días sin término. ℟.

Our Lord Jesus Christ, King of the Universe / C

Jesucristo, Rey del Universo / C

1006

Psalm / Salmo 122:1–2, (3–4ab), 4cd–5 / 162

For a bilingual refrain, sing the words in italics, without repeats.

I rejoiced when they said to me,
"Let us go to the house of the Lord."
And now our feet are standing
within your gates, O Jerusalem. ℟.

Jerusalem is built as a city
bonded as one together.
It is there that the tribes go up,
the tribes of the Lord. ℟.

For Israel's witness it is
to praise the name of the Lord.
There were set the thrones for judgment,
the thrones of the house of David. ℟.

Qué alegría cuando me dijeron:
"Vamos a la casa del Señor."
Ya están pisando nuestros pies
tus umbrales, Jerusalén. ℟.

Allá suben las tribus, las tribus del
Señor,
según la costumbre de Israel, a celebrar
el nombre del Señor;
en ella están los tribunales de justicia,
en el palacio de David. ℟.

Other Feasts and Celebrations

Otras Fiestas y Celebraciones

1007 Feb. 2: Presentation of the Lord

2 de Febrero: Presentación del Señor

Forty days after the celebration of Christmas, this feast tells of how Mary and Joseph brought the child to the Temple. There the aged Simeon took the baby in his arms and proclaimed that Jesus would be "a light to the Gentiles, the glory of Israel." These words have been sung for centuries on February 2 as Christians have blessed and carried lighted candles in procession.

Cuarenta días después de la celebración de la Navidad, esta fiesta nos habla de cómo María y José llevaron al niño al Templo. Allí, el anciano Simeón tomó al niño en sus brazos y proclamó que Jesús sería "una luz para las naciones, la gloria de Israel." Por siglos se han cantado estas palabras el 2 de febrero cuando los cristianos bendicen las velas y las llevan encendidas durante la procesión.

BLESSING OF CANDLES AND PROCESSION

As the candles are lighted, this antiphon (with optional verses) may be sung:

BENDICIÓN DE LAS VELAS Y PROCESIÓN

Mientras se encienden las velas, se puede cantar la antífona (con las estrofas opcionales):

Antiphon / Antífona

Be - hold, our Lord will come with pow'r, to en - light - en
Nues - tro Se - ñor ven - drá con gran po - der. I - lu - mi - na -

the eyes of his ser - vants, al - le - lu - ia.
rá los o - jos de sus sier - vos, a - le - lu - ya.

Verses / Estrofas

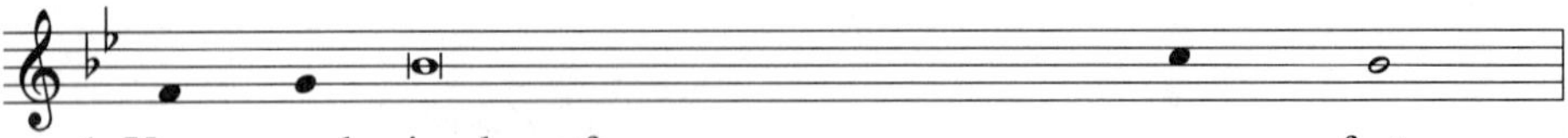

1. Your word is a lamp for my feet,
I have sworn an oath and af - firmed it,
2. I am deeply afflicted, O LORD;
Accept, LORD, my freely offered hom - age,
3. Your de - crees are my heritage for - ev - er,
I incline my heart to carry out your stat - utes

1. Lám - pa - ra es tu palabra para mis pa - sos,
Lo juro y lo cum - pli - ré:
2. ¡Es - toy tan afli - gi - do!
Acepta, Señor, los votos que pro - nun - cio,
3. Tus pre - ceptos son mi herencia per - pe - tua,
Inclino mi corazón a cumplir tus le - yes,

and a light for my path.
to obey your just judg - ments. ℟.
by your word, give me life.
and teach me your de - crees. ℟.
the joy of my heart.
for - ev - er, to the end. ℟.

luz en mi sen - de - ro.
guardaré tus justos man - da - mien - tos. ℟.
Señor, dame vida según tu pro - me - sa.
enséñame tus man - da - tos. ℟.
la alegría de mi co - ra - zón.
siempre y ca - bal - men - te. ℟.

When the candles have been blessed, the priest sings:

Después de bendecir las velas, el sacerdote canta:

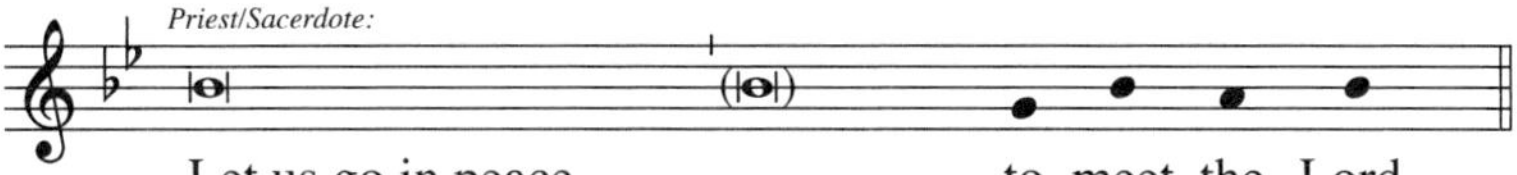

Let us go in peace to meet the Lord.
Vayamos ahora alegres al encuen - tro del Se - ñor.

Or/O:

Let us go forth in peace. In the name of Christ. A - men.
Pueden ir en paz. En el nombre del Señor. A - mén.

1008 *During the procession, the following may be sung:*

Durante la procesión, se puede cantar el siguiente:

Antiphon / Antífona

Verses / Estrofas

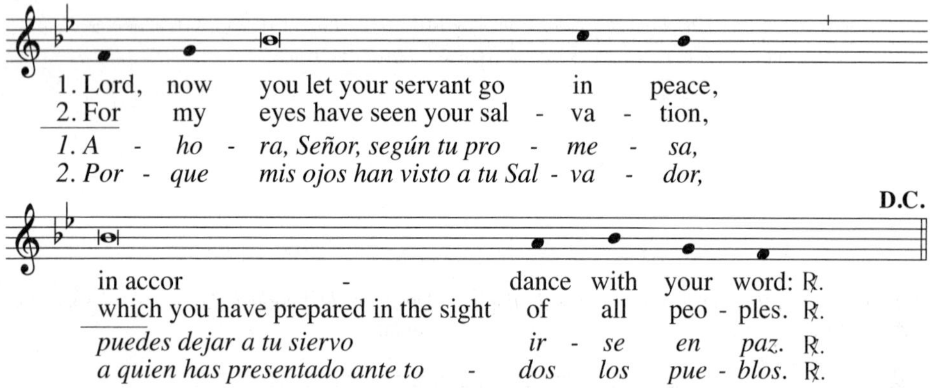

1009 LITURGY OF THE WORD

LITURGIA DE LA PALABRA

Psalm / Salmo 24:7, 8, 9, 10 / 524

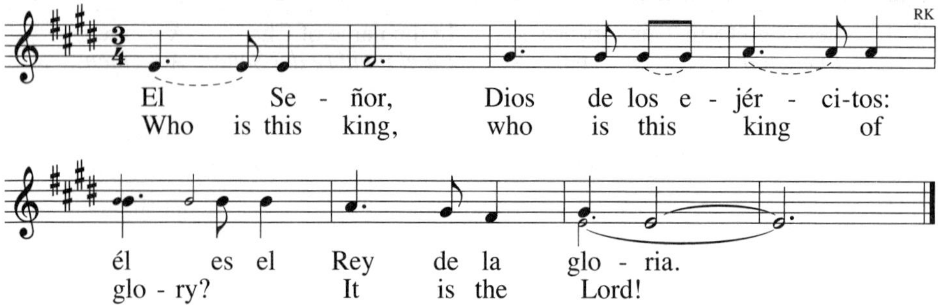

O gates, lift high your heads;
grow higher, ancient doors.
Let him enter, the king of glory! ℟.

¡Portones, alcen los dinteles,
que se alcen las antiguas compuertas:
va a entrar el Rey de la gloria! ℟.

Who is this king of glory?
The LORD, the mighty, the valiant;
the LORD, the valiant in war. ℟.

O gates, lift high your heads;
grow higher, ancient doors.
Let him enter, the king of glory! ℟.

Who is this king of glory?
He, the LORD of hosts,
he is the king of glory. ℟.

¿Quién es ese Rey de la gloria?
El Señor, héroe valeroso;
el Señor, héroe de la guerra. ℟.

¡Portones, alcen los dinteles,
que se alcen las antiguas compuertas:
va a entrar el Rey de la gloria! ℟.

¿Quién es ese Rey de la gloria?
El Señor, Dios de los ejércitos:
él es el Rey de la gloria. ℟.

March 19: Joseph, Husband of Mary

19 de Marzo: San José, Esposo de la Virgen María 1010

Psalm / Salmo 89:2–3, 4–5, 27 and 29 / 543

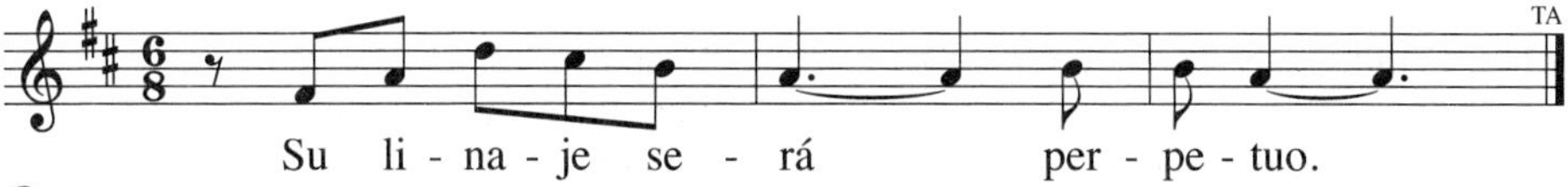

Or:

I will sing forever of your mercies,
O LORD;
through all ages my mouth will proclaim
your fidelity.
I have declared your mercy is
established forever;
your fidelity stands firm as the
heavens. ℟.

"With my chosen one I have made a
covenant;
I have sworn to David my servant:
I will establish your descendants forever,
and set up your throne through all
ages." ℟.

"He will call out to me, 'You are my
father,
my God, the rock of my salvation.'
I will keep my faithful love for him
always;
with him my covenant shall last." ℟.

Cantaré eternamente las misericordias
del Señor,
anunciaré tu fidelidad por todas las
edades.
Porque dije: "Tu misericordia es un
edificio eterno,
más que el cielo has afianzado tu
fidelidad." ℟.

"Sellé una alianza con mi elegido,
jurando a David, mi siervo:
Te fundaré un linaje perpetuo,
edificaré tu trono para todas las
edades." ℟.

"Él me invocará: 'Tú eres mi padre,
mi Dios, mi Roca salvadora.'
Le mantendré eternamente mi favor,
y mi alianza con él será estable." ℟.

1011 March 25: Annunciation of the Lord 25 de Marzo: Anunciación del Señor

Psalm / Salmo 40:7–8a, 8b-9, 10, 11 / 545

For a bilingual refrain, sing the words in italics.

You delight not in sacrifice and
offerings,
but in an open ear.
You do not ask for holocaust and
victim.
Then I said, "See, I have come." ℟.

In the scroll of the book it stands
written of me:
"I delight to do your will, O my God;
your instruction lies deep within me." ℟.

Your justice I have proclaimed
in the great assembly.
My lips I have not sealed;
you know it, O LORD. ℟.

Your saving help I have not hidden in
my heart;
of your faithfulness and salvation I
have spoken.
I made no secret of your merciful love
and your faithfulness to the great
assembly. ℟.

Tú no quieres sacrificios ni ofrendas,
y, en cambio, me abriste el oído;
no pides sacrificio expiatorio,
entonces yo digo: "Aquí estoy." ℟.

Como está escrito en mi libro:
"Para hacer tu voluntad."
Dios mío, lo quiero,
y llevo tu ley en las entrañas." ℟.

He proclamado tu salvación
ante la gran asamblea;
no he cerrado los labios:
Señor, tú lo sabes. ℟.

No me he guardado en el pecho tu
defensa,
he contado tu fidelidad y tu salvación,
no he negado tu misericordia y tu
lealtad
ante la gran asamblea. ℟.

Thursday of Holy Week: Chrism Mass — Jueves de la Semana Santa: Misa del Santo Crisma 1012

Psalm / Salmo 89:21–22, 25 and 27 / 260

The refrains may be sung simultaneously.

I have found my servant David,
and with my holy oil anointed him.
My hand shall always be with him,
and my arm shall make him strong. ℟.

My mercy and my faithfulness shall be with him;
by my name his might shall be exalted.
He will call out to me, "You are my father,
my God, the rock of my salvation." ℟.

Encontré a David, mi siervo,
y lo he ungido con óleo sagrado;
para que mi mano esté siempre con él
y mi brazo lo haga valeroso. ℟.

Mi fidelidad y misericordia lo acompañarán,
por mi nombre crecerá su poder.
Él me invocará: "Tú eres mi padre,
mi Dios, mi Roca salvadora." ℟.

June 24: Nativity of St. John the Baptist: Vigil Mass — 24 de Junio: Natividad de San Juan Bautista: Misa Vespertina de la Vigilia 1013

Psalm / Salmo 71:1–2, 3–4a, 5–6ab, 15ab and 17 / 586

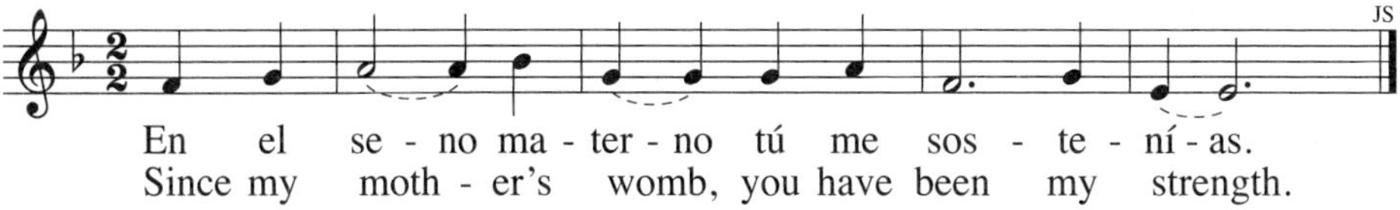

In you, O Lord, I take refuge;
let me never be put to shame.
In your justice, rescue me, free me;
incline your ear to me and save me. ℟.

A ti, Señor, me acojo:
no quede yo derrotado para siempre;
tú que eres justo, líbrame y ponme a salvo,
inclina a mí tu oído, y sálvame. ℟.

Be my rock, my constant refuge,
a mighty stronghold to save me,
for you are my rock, my stronghold.
My God, free me from the hand of the
wicked. ℟.

It is you, O Lord, who are my hope,
my trust, O LORD, from my youth.
On you I have leaned from my birth;
from my mother's womb, you have
been my help. ℟.

My mouth will tell of your justice,
and all the day long of your salvation.
O God, you have taught me from my
youth,
and I proclaim your wonders still. ℟.

Sé tú mi roca de refugio,
el alcázar donde me salve,
porque mi peña y mi alcázar eres tú.
Dios mío, líbrame de la mano perversa. ℟.

Porque, tú, Dios mío, fuiste mi
esperanza
y mi confianza, Señor, desde mi juventud.
En el vientre materno ya me apoyaba
en ti,
en el seno tú me sostenías. ℟.

Mi boca contará tu auxilio,
y todo el día tu salvación.
Dios mío, me instruiste desde mi
juventud,
y hasta hoy relato tus maravillas. ℟.

1014 June 24: Nativity of St. John the Baptist: Mass during the Day / 24 de Junio: Natividad de San Juan Bautista: Misa del Día

Psalm / Salmo 139:1–3, 13–14ab, 14c–15 / 587

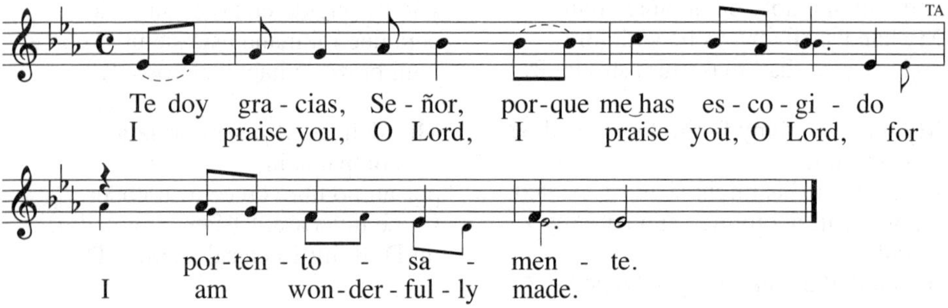

O LORD, you search me and you know me.
You yourself know my resting and my
rising;
you discern my thoughts from afar.
You mark when I walk or lie down;
you know all my ways through and
through. ℟.

For it was you who formed my inmost
being,
knit me together in my mother's womb.
I thank you who wonderfully made me;
how wonderful are your works,
which my soul knows well! ℟.

My frame was not hidden from you,
when I was being fashioned in secret
and molded in the depths of the earth. ℟.

Señor, tú me sondeas y me conoces;
me conoces cuando me siento o me
levanto,
de lejos penetras mis pensamientos;
distingues mi camino y mi descanso,
todas mis sendas te son familiares. ℟.

Tú has creado mis entrañas,
me has tejido en el seno materno.
Te doy gracias, porque me has escogido
portentosamente,
porque son admirables tus obras. ℟.

Conocías hasta el fondo de mi alma.
No desconocías mis huesos.
Cuando, en lo oculto, me iba formando,
y entretejiendo en lo profundo de la
tierra. ℟.

June 29: Sts. Peter and Paul, Apostles: Vigil Mass / 29 de Junio: San Pedro y San Pablo, Apóstoles: Misa Vespertina de la Vigilia 1015

Psalm / Salmo 19:2–3, 4–5 / 590

Or:

The heavens declare the glory of God,
and the firmament proclaims the work
of his hands.
Day unto day conveys the message,
and night unto night imparts the
knowledge. ℟.

No speech, no word, whose voice goes
unheeded;
their sound goes forth through all the
earth,
their message to the utmost bounds of
the world. ℟.

El cielo proclama la gloria de Dios,
el firmamento pregona la obra de sus
manos:
el día al día le pasa el mensaje,
la noche a la noche se lo susurra. ℟.

Sin que hablen, sin que pronuncien,
sin que resuene su voz,
a toda la tierra alcanza su pregón
y hasta los límites del orbe su
lenguaje. ℟.

June 29: Sts. Peter and Paul, Apostles: Mass during the Day / 29 de Junio: San Pedro y San Pablo, Apóstoles: Misa del Día 1016

Psalm / Salmo 34:2–3, 4–5, 6–7, 8–9 / 591

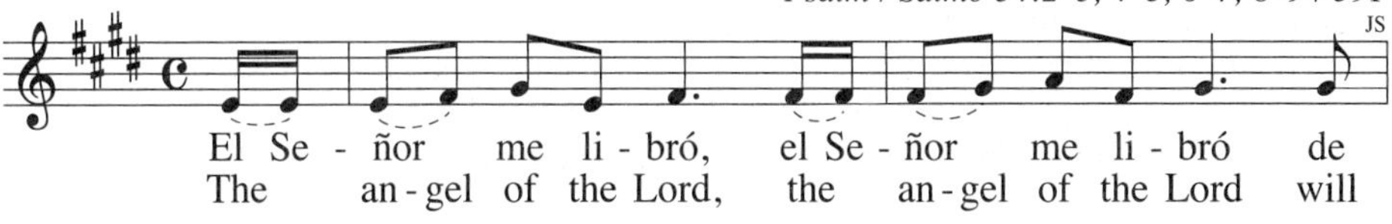

I will bless the Lord at all times;
praise of him is always in my mouth.
In the Lord my soul shall make its boast;
the humble shall hear and be glad. ℟.

Bendigo al Señor en todo momento,
su alabanza está siempre en mi boca;
mi alma se gloría en el Señor:
que los humildes lo escuchen y
se alegren. ℟.

Glorify the Lord with me;
together let us praise his name.
I sought the Lord, and he answered me;
from all my terrors he set me free. ℟.

Look toward him and be radiant;
let your faces not be abashed.
This lowly one called; the Lord heard,
and rescued him from all his distress. ℟.

The angel of the Lord is encamped
around those who fear him, to rescue
them.
Taste and see that the Lord is good.
Blessed the man who seeks refuge in
him. ℟.

Proclamen conmigo la grandeza del
Señor,
ensalcemos juntos su nombre.
Yo consulté al Señor, y me respondió,
me libró de todas mis ansias. ℟.

Contémplenlo, y quedarán radiantes,
su rostro no se avergonzará.
Si el afligido invoca al Señor, él lo
escucha
y lo salva de sus angustias. ℟.

El ángel del Señor acampa
en torno a sus fieles y los protege.
Gusten y vean qué bueno es el Señor;
dichoso el que se acoge a él. ℟.

1017 **July 4: Independence Day** / **4 de Julio: Día de la Independencia**

Psalm / Salmo 85:9ab and 10, 11–12, 13–14 / 884

I will hear what the Lord God speaks;
he speaks of peace for his people and
his faithful.
His salvation is near for those who fear
him,
and his glory will dwell in our land. ℟.

Merciful love and faithfulness have met;
justice and peace have kissed.
Faithfulness shall spring from the earth,
and justice look down from heaven. ℟.

Also the Lord will bestow his bounty,
and our earth shall yield its increase.
Justice will march before him,
and guide his steps on the way. ℟.

Voy a escuchar lo que dice el Señor:
Dios anuncia la paz a su pueblo y a sus
amigos.
La salvación está ya cerca de sus fieles,
y la gloria habitará en nuestra tierra. ℟.

La misericordia y la fidelidad se
encuentran,
la justicia y la paz se besan;
la fidelidad brota de la tierra,
y la justicia mira desde el cielo. ℟.

El Señor nos dará la lluvia,
y nuestra tierra dará su fruto.
La justicia marchará ante él,
la salvación seguirá sus pasos. ℟.

1018 **August 6: Transfiguration of the Lord** / **6 de Agosto: Transfiguración del Señor**

Psalm / Salmo 97:1–2, 5–6, 9 / 614

Or:

The Lord is king, let earth rejoice;
let the many islands be glad.
Cloud and darkness surround him;
justice and right are the foundation of
his throne. ℟.

The mountains melt like wax
before the face of the Lord,
before the face of the Lord of all the earth.
The skies proclaim his justice;
all peoples see his glory. ℟.

For you indeed are the Lord,
most high above all the earth,
exalted far above all gods. ℟.

El Señor reina, la tierra goza;
se alegran las islas innumerables.
Tiniebla y nube lo rodean,
justicia y derecho sostienen su trono. ℟.

Los montes se derriten como cera
ante el dueño de toda la tierra;
los cielos pregonan su justicia,
y todos los pueblos contemplan su
gloria. ℟.

Porque tú eres, Señor,
altísimo sobre toda la tierra,
encumbrado sobre todos los dioses. ℟.

August 15: Assumption of Mary: Vigil Mass / 15 de Agosto: Asunción de la Virgen María: Misa Vespertina de la Vigilia 1019

Psalm / Salmo 132:6–7, 9–10, 13–14 / 621

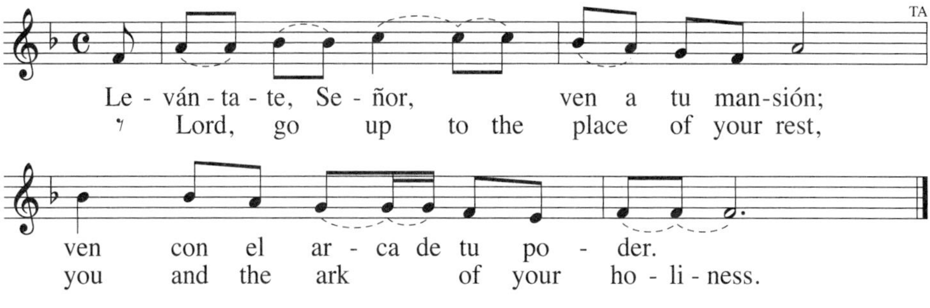

At Ephrata we heard of it;
we found it in the plains of Yearim.
"Let us go to the place of his dwelling;
let us bow down at his footstool." ℟.

Your priests shall be clothed with justice;
your faithful shall ring out their joy.
For the sake of David your servant,
do not reject your anointed. ℟.

For the Lord has chosen Sion;
he has desired it for his dwelling:
"This is my resting place from age to
age;
here have I chosen to dwell." ℟.

Oímos que estaba en Efrata,
la encontramos en el Soto de Jaar:
entremos en su morada,
postrémonos ante el estrado de sus
pies. ℟.

Que tus sacerdotes se vistan de gala,
que tus fieles vitoreen.
Por amor a tu siervo David,
no niegues audiencia a tu Ungido. ℟.

Porque el Señor ha elegido a Sión,
ha deseado vivir en ella:
"Ésta es mi mansión por siempre;
aquí viviré, porque lo deseo." ℟.

1020 August 15: Assumption of Mary: Mass during the Day / 15 de Agosto: Asunción de la Virgen María: Misa del Día

Psalm / Salmo 45:10, 11, 12ab, 16 / 622

For a bilingual refrain, sing the first two phrases in one language, and the last phrase in the other.

The daughters of kings are those whom
  you favor.
On your right stands the queen in gold
  of Ophir. ℟.

Listen, O daughter; pay heed and give ear:
forget your own people and your
  father's house. ℟.

So will the king desire your beauty.
He is your lord, pay homage to him. ℟.

They are escorted amid gladness and
  joy;
they pass within the palace of the king. ℟.

Hijas de reyes salen a tu encuentro;
de pie a tu derecha está la reina,
enjoyada con oro de Ofir. ℟.

Escucha, hija, mira: inclina el oído,
olvida tu pueblo y la casa paterna. ℟.

Prendado está el rey de tu belleza:
póstrate ante él, que él es tu señor. ℟.

Las traen entre alegría y algazara,
van entrando en el palacio real. ℟.

1021 First Monday in September: Labor Day / Primer Lunes de Septiembre: Día del Trabajo

Psalm / Salmo 90:2, 3–4, 12–13, 14 and 16 / 909

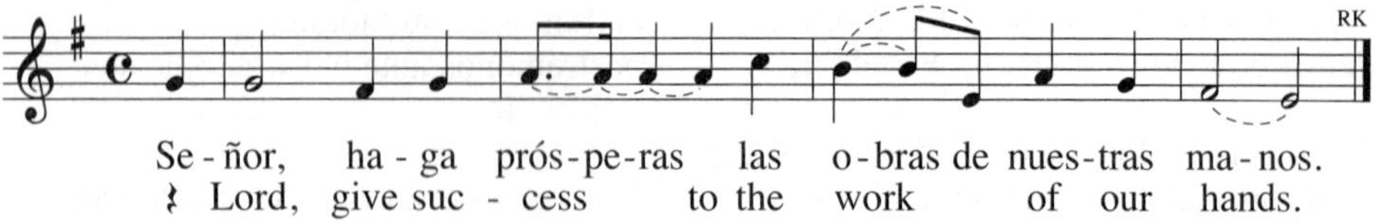

Before the mountains were born,
or the earth or the world were brought
  forth,
you are God, from age to age. ℟.

Antes que naciesen los montes
o fuera engendrado el orbe de la tierra,
desde siempre y por siempre tú eres
  Dios. ℟.

You turn man back to dust,
and say, "Return, O children of men."
To your eyes a thousand years
are like yesterday, come and gone,
or like a watch in the night. ℟.

Then teach us to number our days,
that we may gain wisdom of heart.
Turn back, O LORD! How long?
Show pity to your servants. ℟.

At dawn, fill us with your merciful love;
we shall exult and rejoice all our days.
Let your deed be seen by your servants,
and your glorious power by their
children. ℟.

Tú reduces el hombre a polvo,
diciendo: "Retornen, hijos de Adán."
Mil años en tu presencia
son un ayer, que pasó;
una vela nocturna. ℟.

Enséñanos a calcular nuestros años,
para que adquiramos un corazón sensato.
Vuélvete, Señor, ¿hasta cuando?
Ten compasión de tus siervos. ℟.

Por la mañana sácianos de tu
misericordia,
y toda nuestra vida será alegría y júbilo.
Que tus siervos vean tu acción
y sus hijos tu gloria. ℟.

September 14: Exaltation of the Holy Cross

14 de Septiembre: Exaltación de la Santa Cruz 1022

Psalm / Salmo 78:1–2, 34–35, 36–37, 38 / 638

For a bilingual refrain, sing the first half in one language, and the second half in the other.

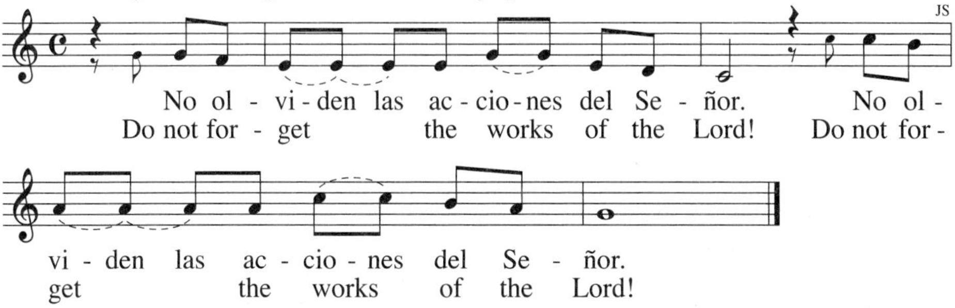

Give ear, my people, to my teaching;
incline your ear to the words of my
mouth.
I will open my mouth in a parable
and utter hidden lessons of the past. ℟.

When he slew them, then they sought
him,
repented and earnestly sought God.
They would remember that God was
their rock,
God the Most High their redeemer. ℟.

Yet they deceived him with their mouths;
they lied to him with their tongues.
For their hearts were not steadfast
toward him;
they were not faithful to his covenant. ℟.

Escucha, pueblo mío, mi enseñanza,
inclinen el oído a las palabras de mi boca:
que voy a abrir mi boca a las sentencias,
para que broten los enigmas del
pasado. ℟.

Cuando los hacía morir, lo buscaban,
y madrugaban para volverse hacia Dios;
se acordaban de que Dios era su roca,
el Dios Altísimo su redentor. ℟.

Lo adulaban con sus bocas,
pero sus lenguas mentían:
su corazón no era sincero con él,
ni eran fieles a su alianza. ℟.

Yet he who is full of compassion
forgave them their sin and spared them.
So often he held back his anger,
and did not stir up all his rage. ℟.

Él, en cambio, sentía lástima,
perdonaba la culpa y no los destruía:
una y otra vez reprimió su cólera,
y no despertaba todo su furor. ℟.

1023 November 1: All Saints / 1 de Noviembre: Todos los Santos

Psalm / Salmo 24:1–2, 3–4ab, 5–6 / 667

For a bilingual refrain, sing the first half in one language, and the second half in the other.

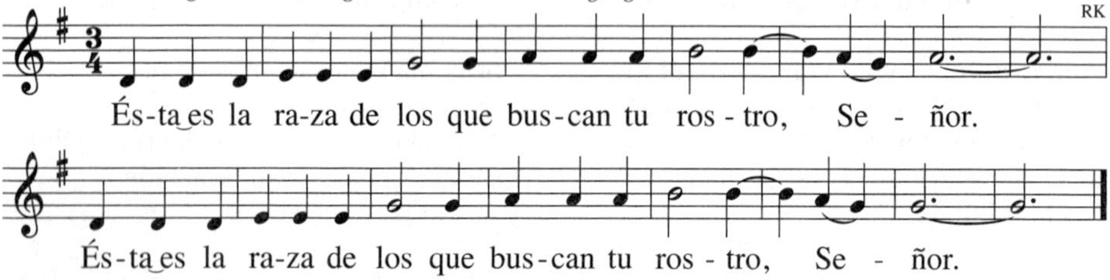

Or:

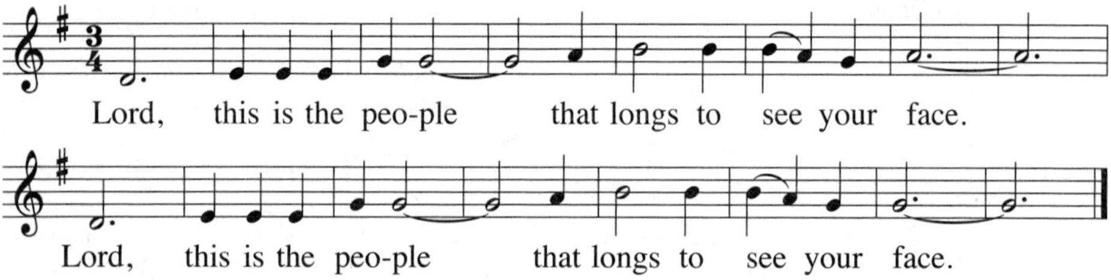

The Lord's is the earth and its fullness,
the world, and those who dwell in it.
It is he who set it on the seas;
on the rivers he made it firm. ℟.

Who shall climb the mountain of the
Lord?
Who shall stand in his holy place?
The clean of hands and pure of heart,
whose soul is not set on vain things. ℟.

Blessings from the Lord shall he receive,
and right reward from the God who
saves him.
Such are the people who seek him,
who seek the face of the God of
Jacob. ℟.

Del Señor es la tierra y cuanto la llena,
el orbe y todos sus habitantes:
él la fundó sobre los mares,
él la afianzó sobre los ríos. ℟.

¿Quién puede subir al monte del
Señor?
¿Quién puede estar en el recinto sacro?
El hombre de manos inocentes y puro
corazón,
que no confía en los ídolos. ℟.

Ése recibirá la bendición del Señor,
le hará justicia el Dios de salvación.
Ésta es la raza de los que buscan al
Señor,
que vienen a tu presencia, Dios de
Jacob. ℟.

November 2: All Souls' Day

2 de Noviembre: Commemoración de Todos los Fieles Difuntos

1024

Psalm / Salmo 23:1–3a, 3b–4, 5, 6 / 668

The refrains may be sung simultaneously.

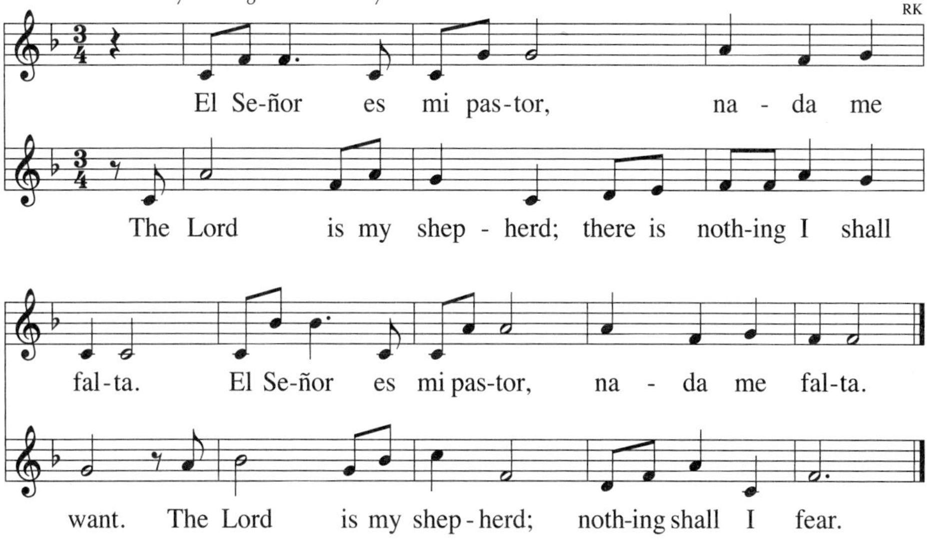

or:

For a bilingual refrain, sing the words in italics.

1025

The Lord is my shepherd;
there is nothing I shall want.
Fresh and green are the pastures
where he gives me repose.
Near restful waters he leads me;
he revives my soul. ℟.

El Señor es mi pastor, nada me falta:
en verdes praderas me hace recostar;
me conduce hacia fuentes tranquilas
y repara mis fuerzas. ℟.

He guides me along the right path,
for the sake of his name.
Though I should walk in the valley of
the shadow of death,
no evil would I fear, for you are with
me.
Your crook and your staff will give me
comfort. ℟.

You have prepared a table before me
in the sight of my foes.
My head you have anointed with oil;
my cup is overflowing. ℟.

Surely goodness and mercy shall follow
me
all the days of my life.
In the LORD's own house shall I dwell
for length of days unending. ℟.

Me guía por el sendero justo,
por el honor de su nombre.
Aunque camine por cañadas oscuras,
nada temo, porque tú vas conmigo:
tu vara y tu cayado me sosiegan. ℟.

Preparas una mesa ante mí,
enfrente de mis enemigos;
me unges la cabeza con perfume,
y mi copa rebosa. ℟.

Tu bondad y tu misericordia me
acompañan
todos los días de mi vida,
y habitaré en la casa del Señor
por años sin término. ℟.

1026
Or:

Psalm / Salmo 25:6 and 7bc, 17–18, 20–21

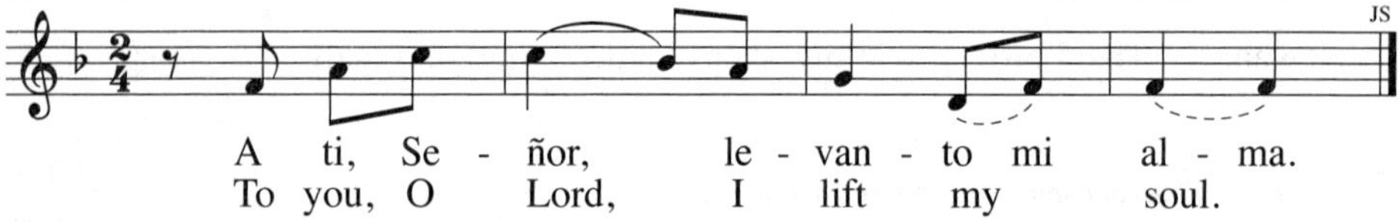

or:
1027

Remember your compassion, O LORD,
and your merciful love,
for they are from of old.
In your merciful love remember me,
because of your goodness, O LORD. ℟.

Relieve the anguish of my heart,
and set me free from my distress.
See my lowliness and suffering,
and take away all my sins. ℟.

Preserve my life and rescue me.
Let me not be put to shame, for in you
I trust.
May integrity and virtue protect me,
for I have hoped in you, O LORD. ℟.

Recuerda, Señor, que tu ternura
y tu misericordia son eternas;
acuérdate de mí con misericordia,
por tu bondad, Señor. ℟.

Ensancha mi corazón oprimido
y sácame de mis tribulaciones.
Mira mis trabajos y mis penas
y perdona todos mis pecados. ℟.

Guarda mi vida y líbrame,
no quede yo defraudado de haber
acudido a ti.
La inocencia y la rectitud me
protegerán,
porque espero en ti. ℟.

1028

Or: *Psalm / Salmo 27:1, 4, 7 and 8b and 9a, 13–14*

For a bilingual refrain, sing the first half in one language, and the second half in the other.

or: 1029

The LORD is my light and my salvation;
whom shall I fear?
The LORD is the stronghold of my life;
whom should I dread? ℟.

There is one thing I ask of the LORD,
only this do I seek:
to live in the house of the LORD
all the days of my life,
to gaze on the beauty of the LORD,
to inquire at his temple. ℟.

O LORD, hear my voice when I call;
have mercy and answer me.
It is your face, O LORD, that I seek;
hide not your face from me. ℟.

I believe I shall see the LORD's goodness
in the land of the living.
Wait for the LORD; be strong;
be stouthearted, and wait for the
LORD! ℟.

El Señor es mi luz y mi salvación,
¿a quién temeré?
El Señor es la defensa de mi vida,
¿quién me hará temblar? ℟.

Una cosa pido al Señor, eso buscaré:
habitar en la casa del Señor por los días
de mi vida;
gozar de la dulzura del Señor,
contemplando su templo. ℟.

Escúchame, Señor, que te llamo;
ten piedad, respóndeme.
Tu rostro buscaré, Señor,
no me escondas tu rostro. ℟.

Espero gozar de la dicha del Señor
en el país de la vida.
Espera en el Señor, sé valiente,
ten ánimo, espera en el Señor. ℟.

1030 November 9: Dedication of the Lateran Basilica / 9 de Noviembre: Dedicación de la Basílica de Letrán

Psalm / Salmo 46:2–3, 5–6, 8–9 / 671

God is for us a refuge and strength,
an ever-present help in time of distress:
so we shall not fear though the earth
should rock,
though the mountains quake to the
heart of the sea. ℟.

The waters of a river give joy to God's
city,
the holy place, the dwelling of the
Most High.
God is within, it cannot be shaken;
God will help it at the dawning of the
day. ℟.

The Lord of hosts is with us:
the God of Jacob is our stronghold.
Come and behold the works of the Lord,
the awesome deeds he has done on the
earth. ℟.

Dios es nuestro refugio y nuestra fuerza,
poderoso defensor en el peligro.
Por eso no tememos aunque tiemble la
tierra,
y los montes se desplomen en el mar. ℟.

El correr de las acequias alegra la
ciudad de Dios,
el Altísimo consagra su morada.
Teniendo a Dios en medio, no vacila;
Dios la socorre al despuntar la aurora. ℟.

El Señor de los ejércitos está con
nosotros,
nuestro alcázar es el Dios de Jacob.
Vengan a ver las obras del Señor,
las maravillas que hace en la tierra. ℟.

Thanksgiving Day / Día de Acción de Gracias

1031

Psalm / Salmo 67:2–3, 5, 6 and 8 / 919

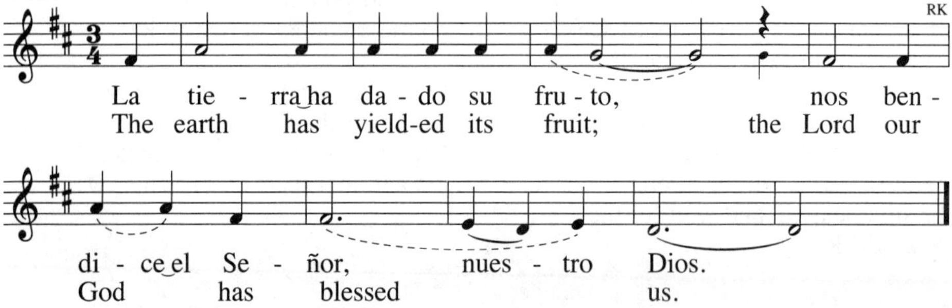

or: 1032

O God, be gracious and bless us
and let your face shed its light upon us.
So will your ways be known upon earth
and all nations learn your salvation. ℟.

Let the nations be glad and shout for joy,
with uprightness you rule the peoples;
you guide the nations on earth. ℟.

Let the peoples praise you, O God;
let all the peoples praise you.
May God still give us his blessing
that all the ends of the earth may revere him. ℟.

El Señor tenga piedad y nos bendiga,
ilumine su rostro sobre nosotros;
conozca la tierra tus caminos,
todos los pueblos tu salvación. ℟.

Que canten de alegría las naciones,
porque riges el mundo con justicia,
riges los pueblos con rectitud
y gobiernas las naciones de la tierra. ℟.

Oh Dios, que te alaben los pueblos,
que todos los pueblos te alaben.
Que Dios nos bendiga;
que le teman hasta los confines del orbe. ℟.

December 8: Immaculate Conception / 8 de Diciembre: Inmaculada Concepción de Santa María Virgen 1033

Psalm / Salmo 98:1, 2–3ab, 3cd–4 / 689

Or:

O sing a new song to the Lord,
for he has worked wonders.
His right hand and his holy arm
have brought salvation. ℟.

Canten al Señor un cántico nuevo,
porque ha hecho maravillas:
su diestra le ha dado la victoria,
su santo brazo. ℟.

The LORD has made known his salvation,
has shown his deliverance to the nations.
He has remembered his merciful love
and his truth for the house of Israel. ℟.

All the ends of the earth have seen
the salvation of our God.
Shout to the LORD, all the earth;
break forth into joyous song,
and sing out your praise. ℟.

El Señor da a conocer su victoria,
revela a las naciones su justicia:
se acordó de su misericordia y su fidelidad
en favor de la casa de Israel. ℟.

Los confines de la tierra han
contemplado
la victoria de nuestro Dios.
Aclamen al Señor, tierra entera;
griten, vitoreen, toquen. ℟.

1034 Our Lady of Guadalupe / Common of the Blessed Virgin Mary
Nuestra Señora de Guadalupe / Común de Santa María Virgen

Luke / Lucas 1:46–47, 48–49, 50–51, 52–53, 54–55 / 709-5

Or:

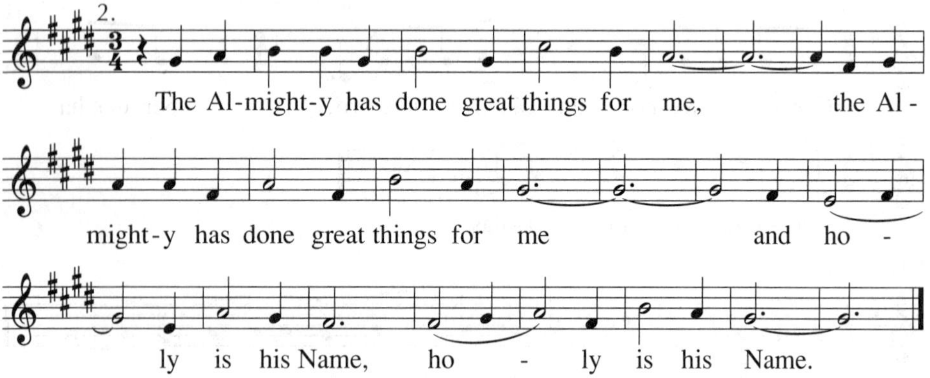

Or:

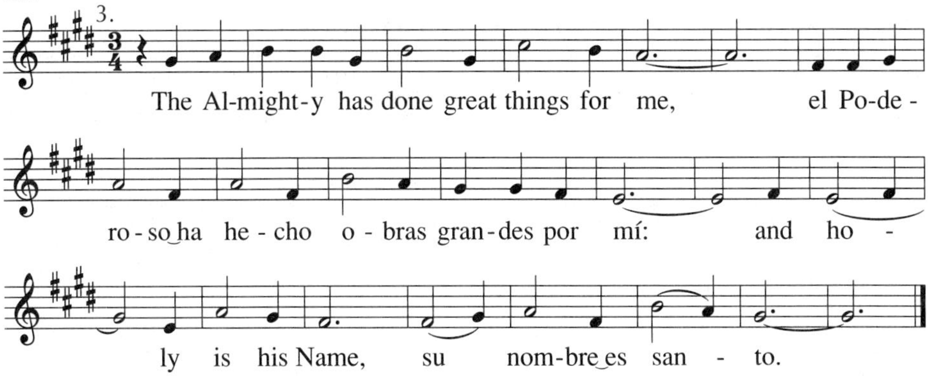

My soul proclaims the greatness of the Lord,
my spirit rejoices in God my Savior. ℟.

For he has looked with favor on his lowly servant.
From this day all generation will call me blessed:
the Almighty has done great things for me
and holy is his Name. ℟.

He has mercy on those who fear him
in every generation.
He has shown the strength of his arm,
he has scattered the proud in their conceit. ℟.

He has cast down the mighty from their thrones,
and has lifted up the lowly.
He has filled the hungry with good things,
and the rich he has sent away empty. ℟.

He has come to the help of his servant Israel
for he has remembered his promise of mercy,
the promise he made to our fathers,
to Abraham and his children for ever. ℟.

Proclama mi alma la grandeza del Señor,
se alegra mi espíritu en Dios, mi salvador. ℟.

Porque ha mirado la humillación de su esclava.
Desde ahora me felicitarán todas las generaciones.
Porque el Poderoso ha hecho obras grandes por mí:
su nombre es santo. ℟.

Y su misericordia llega a sus fieles
de generación en generación.
Él hace proezas con su brazo:
dispersa a los soberbios de corazón. ℟.

Derriba del trono a los poderosos
y enaltece a los humildes;
a los hambrientos los colma de bienes
y a los ricos los despide vacíos. ℟.

Auxilia a Israel, su siervo,
acordándose de la misericordia
—como lo había prometido a nuestros padres—
en favor de Abrahán y su descendencia por siempre. ℟.

1035 Acknowledgments / Agradecimientos

SERVICE MUSIC / MÚSICA PARA LA MISA Y OTROS RITOS

All music found at nos. 1–350 is copyright or administered by GIA Publications, Inc., with the exception of those items specified below. Please refer to these numbers for exact copyright dates. For more complete information regarding copyrights of ICEL and other entities, please see the copyright page at the beginning of this edition. The composers of lectionary psalm refrains are identified by their initials. They are: Michel Guimont (MG), Ronald F. Krisman (RK), John Schiavone (JS), Tony Alonso (TA), and Kelly Dobbs Mickus (KDM).

Toda la música que se encuentra en los núms. 1–350 tiene derechos de autor o es administrada por GIA Publicactions, Inc., exceptuando aquellos elementos que se especifican más abajo. Favor de referirse a estos números para las fechas exactas de los derechos de autor. Para una información más completa sobre lo que se refiere a derechos de autor de ICEL, y de otras entidades favor de ver la página de derechos de autor al principio de esta edición. Los compositores de las antífonas de los salmos en el leccionario son identificados por sus iniciales. Ellos son: Michel Guimont (MG), Ronald F. Krisman (RK), John Schiavone (JS), Tony Alonso (TA), y Kelly Dobbs Mickus (KDM).

4 Text: © David Higham Assoc., Ltd.; tr., © 1987, David Higham Assoc., Ltd.

13 Text: English tr., © William G. Storey

23 Psalm Tone: © 1987, ICEL

39 © 1978, 1990, tr. © 2012, John B. Foley, SJ, and OCP. 5536 NE Hassalo, Portland, OR 97213. All rights reserved. Used with permission.

41 Music: © 2007, Les Presses de Taizé, GIA Publications, Inc., agent

46 Verses adapt.: © 1970, Confraternity of Christian Doctrine, Inc.

59 Engish verses: © 1970, Confraternity of Christian Doctrine, Inc.

84 Estrofas en inglés: © 1970, Confraternity of Christian Doctrine, Inc.

85 © 1998, Les Presses de Taizé, GIA Publications, Inc., agent

86 © 1974, tr. © 2012, Alejandro Mejía y San Pablo Communicación, SSP. Agente exclusiva en EE. UU.: OCP. 5536 NE Hassalo, Portland, OR 97213. Todos los derechos reservados. Usado con permiso.

88 © 2007, Les Presses de Taizé, GIA Publications, Inc., agent

91 Tonada: © 1987, ICEL

93 English verses: © 1970, Confraternity of Christian Doctrine, Inc.

96 Tr.: © 1991, USCCB

97 Tr.: © 1991, USCCB

99 Tr.: © 1991, USCCB. Music: © 1991, MorningStar Music Publishers

100 Music: © 1998, Les Presses de Taizé, GIA Publications, Inc., agent

102 Tr.: © 1991, USCCB

108 Music: © 1977, ICEL

109 Verses tr.: © 1991, USCCB

120 Engish tr.: © 1969, James Quinn, SJ. Selah Publishing Co., Inc., North American agent. www.selahpub.com

132 Verses music: © L. J. Carey and Co., Ltd.

221 © 2005, World Library Publications, Franklin Park, IL wlpmusic.com 800-566-6150. All rights reserved. Used by permission.

222 Music: © 2005, World Library Publications, Franklin Park, IL wlpmusic.com 800-566-6150. All rights reserved. Used by permission.

223 Music: © 1998, 2010, World Library Publications, Franklin Park, IL wlpmusic.com 800-566-6150. All rights reserved. Used by permission.

224 Música: © 1998, World Library Publications, Franklin Park, IL wlpmusic.com 800-566-6150. All rights reserved. Used by permission.

225 Spanish Lenten refrain and music: © 1998, 2005, World Library Publications, Franklin Park, IL wlpmusic.com 800-566-6150. All rights reserved. Used by permission.

226 Music: © 2005, World Library Publications, Franklin Park, IL wlpmusic.com 800-566-6150. All rights reserved. Used by permission.

227 Music: © 1998, 2010, World Library Publications, Franklin Park, IL wlpmusic.com 800-566-6150. All rights reserved. Used by permission.

228 Music: © 2010, World Library Publications, Franklin Park, IL wlpmusic.com 800-566-6150. All rights reserved. Used by permission.

229 Music: © 2010, World Library Publications, Franklin Park, IL wlpmusic.com 800-566-6150. All rights reserved. Used by permission.

230 Music: © 2010, World Library Publications, Franklin Park, IL wlpmusic.com 800-566-6150. All rights reserved. Used by permission.

231 Music: © 2010, World Library Publications, Franklin Park, IL wlpmusic.com 800-566-6150. All rights reserved. Used by permission.

232 Music: © 1998, 2010, World Library Publications, Franklin Park, IL wlpmusic.com 800-566-6150. All rights reserved. Used by permission.

233 Music: © 1998, 2005, World Library Publications, Franklin Park, IL wlpmusic.com 800-566-6150. All rights reserved. Used by permission.

234 Music: © 1998, World Library Publications, Franklin Park, IL wlpmusic.com 800-566-6150. All rights reserved. Used by permission.

276 Arr.: © 1990, Iona Community, GIA Publications, Inc., agent

287 Music: © 1984, Les Presses de Taizé, GIA Publications, Inc., agent

293 Music: © 1999, MorningStar Music Publishers

303 Music: © 1980, Les Presses de Taizé, GIA Publications, Inc., agent

305 Music: © 1994, World Library Publications, Franklin Park, IL wlpmusic.com 800-566-6150. All rights reserved. Used by permission.

308 Music: © 1998, Les Presses de Taizé, GIA Publications, Inc., agent

320 Music adapt.: © 1980, Church Pension Fund

351 Spanish vss. 1, 4, 5: © 1964, Publicaciones El Escudo; vss. 2, 7 © 1962, Federico J. Pagura; vss. 3, 6: © 2012, Editorial Avance Luterano. Acc.: © 1975, GIA Publications, Inc.

352 © 1993, 1995, Centro de Pastoral Litúrgica Barcelona. Admin. por OCP. 5536 NE Hassalo, Portland, OR 97213. Todos los derechos reservados. Usado con permiso.

353 Tr.: © 1989, Editorial Avance Luterano. Arr.: © 1994, GIA Publications, Inc.

354 Tr. y arm.: © 2012, GIA Publications, Inc.

355 Tr.: © David Andrés Álvarez

356 © 1981, 1982, tr. © 2012, Jan Michael Joncas Trust. Published by OCP. 5536 NE Hassalo, Portland, OR 97213. All rights reserved. Used with permission.

357 Letra y música: © 1979, Order of Saint Benedict, admin. por Liturgical Press; Tr.: © 2012, GIA Publications, Inc.

358 Tr. y arm.: © 2009, GIA Publications, Inc.

Agradecimientos / Acknowledgments

359 Spanish tr.: © 2005, GIA Publications, Inc. Harm.: © 1958, The Basilian Fathers, assigned to Ralph Jusko Publications, Inc.

360 © 1982, tr. © 2005, GIA Publications, Inc.

361 Text: ©, tr. © 2012, David Higham Assoc. Ltd. Harm.: © 1928, Oxford University Press, from *The Oxford Book of Carols*. Reproduced by permission. All rights reserved.

362 © 1989, 1990, tr. © 2012, OCP. 5536 NE Hassalo, Portland, OR 97213. Todos los derechos reservados. Usado con permiso.

363 © 1984, Les Presses de Taizé, GIA Publications, Inc., agent.

364 Tr. y arm.: © 2005, GIA Publications, Inc.

365 © 1976, tr. © 2012, Robert J. Dufford, SJ, and OCP. 5536 NE Hassalo, Portland, OR 97213. All rights reserved. Used with permission.

366 © 1983, tr. © 2012, GIA Publications, Inc.

367 Letra: estrofas: © 1982, Obra Nacional de la Buena Prensa; estribillo, tr. y música: © 2011, GIA Publications, Inc.

368 English tr.: © 1985, The Church Pension Fund; Spanish tr.: © 2008, GIA Publications, Inc. Ref., acc. and ref. music: © 2003, GIA Publications, Inc.

369 Spanish tr.: © 1989, Editorial Avance Luterano

370 Tr. y arm.: © 2012, GIA Publications, Inc.

371 Spanish tr.: © 2012, Editorial Avance Luterano

372 Tr.: © Anita González. Harm.: © 1995, GIA Publications, Inc.

374 Tune: © 1979, 1988, Les Presses de Taizé, GIA Publications, Inc., agent

376 © 1989, GIA Publications, Inc.

377 © 1984, tr. © 2008, GIA Publications, Inc.

379 Text: © 1994, tr. © 1997, Hope Publishing Co., Carol Stream, IL 60188. All rights reserved. Used by permission. Tune: © 2003, GIA Publications, Inc.

381 Harm.: © 1994, GIA Publications, Inc.

383 Spanish tr.: sts. 1, 3, 4, © 1962, Federico J. Pagura; sts. 2, 5, © Estate of Skinner Chávez-Melo. Acc.: © 1985, GIA Publications, Inc.

384 Tr. y arm.: © 2012, GIA Publications, Inc.

385 Tr. y arm.: © 2003, Augsburg Fortress

386 Text and tune: © 1945, Boosey and Co., Ltd.; Copyright Renewed. Reprinted by permission of Boosey & Hawkes, Inc. Acc.: © 1993, Spanish tr.: © 2012, GIA Publications, Inc.

387 Letra: © Osvaldo Catena, SSS; tr. y arm.: © 2012, GIA Publications, Inc.

388 English tr.: © 1997, Andrew Donaldson; Spanish tr.: © 1996, Abingdon Press (Administered by The Copyright Company, Nashville, TN) All rights reserved. International copyright secured. Used by permission. Harm.: © 1989, The United Methodist Publishing House (Administered by The Copyright Company, Nashville, TN) All rights reserved. International copyright secured. Used by permission.

389 Tr. y arm.: © 2005, GIA Publications, Inc.

390 Tr.: © 2012, GIA Publications, Inc. Harm.: © Bristol Churches Housing Assoc., Ltd.

391 Tr.: © David Andrés Álvarez

392 Tr.: © Evelyn Robert-Olivieri

394 Tr.: © 1989, Editorial Avance Luterano

396 Tr. y arm.: © 2012, GIA Publications, Inc.

397 Text: © 1980, tr. © 1996, Hope Publishing Co., Carol Stream, IL 60188. All rights reserved. Used by permission.

398 Tr.: © Evelyn Robert-Olivieri. Harm.: © 1986, GIA Publications, Inc.

399 Text: © 1989, tr. © 1997, Hope Publishing Co., Carol Stream, IL 60188. All rights reserved. Used by permission. Tune: © 2012, GIA Publications, Inc.

400 English tr.: © 1975, 2011, Peter J. Scagnelli; Spanish tr.: © 2012, GIA Publications, Inc.

401 Tr.: © 2012, GIA Publications, Inc.

402 English tr.: © 1980, ICEL. Acc.: © 1973, GIA Publications, Inc.

403 Tr. y arm.: © 2005, GIA Publications, Inc.

404 © 1994, tr. © 2012, GIA Publications, Inc.

405 Tr. y arm.: © 2012, GIA Publications, Inc.

406 © 1990, 1991, tr. © 2005, GIA Publications, Inc.

407 English tr.: © Oxford University Press; Spanish tr.: © 1998, Augsburg Fortress (North America) © 1998, Oxford University Press (outside North America). Used by permission. All rights reserved. Harm.: © 2011, GIA Publications, Inc.

408 Tr. y arm.: © 2012, GIA Publications, Inc.

409 © 1984, tr. © 2012, GIA Publications, Inc.

410 Tr.: Sts. 1–3, 5 © 2012, Editorial Avance Luterano; St. 4 tr.: © 2012, GIA Publications, Inc.

411 © 1990, tr. © 2012, GIA Publications, Inc.

412 Text: © 1994, tr. © 2012, World Library Publications, Franklin Park, IL wlpmusic.com 800-566-6150. All rights reserved. Used by permission.

413 Text and tune: © 1972, 1980, The Benedictine Foundation of the State of Vermont, Inc.; Tr.: © 2012, GIA Publications, Inc.

414 Text: Refrain English and Spanish tr., © 2011, GIA Publications, Inc.; vss., © 2010, Conception Abbey and The Grail, admin. by GIA Publications, Inc.; Spanish vss., © 1970, Conferencia Episcopal Española. Acc.: © 1986, GIA Publications, Inc.

415 Text: © 2003, tr. © 2008, GIA Publications, Inc.; ref.: © 1973, ICEL. Tune: © 2003, GIA Publications, Inc.

416 English tr.: © 1971, Faber Music, Ltd., London, WC1B 3DA. Reprinted from *New Catholic Hymnal* by permission of the publishers; Spanish tr., sts. 4, 7, 9, 11, © 2001, Coeditores Litúrgicas. Harm.: © 1986, GIA Publications, Inc.

418 © 1997, tr. © 2005, GIA Publications, Inc.

419 Letra: © 1962, Federico J. Pagura; Estrofas 1–3 tr.: © 1996, Abingdon Press (Administrado por The Copyright Company, Nashville, TN) Todos los derechos reservados. Derecho de autor internacional asegurado. Usado con permiso; Estrofa 4 tr.: © 2001, General Board of Global Ministries, GBGMusik. Música: © 1996, Raquel Mora Martínez

420 © 1972, 1989, The United Methodist Publishing House (Administrado por The Copyright Company, Nashville, TN) Todos derechos reservados. Derecho de autor internacional asegurado. Usado con permiso.

421 © 1984, 2011, Les Presses de Taizé, GIA Publications, Inc., agent

422 © 1998, tr. © 2012, GIA Publications, Inc.

423 © 1984, Les Presses de Taizé, GIA Publications, Inc., agent

424 Tr. y acomp.: © 2012, GIA Publications, Inc.

425 Text and tune: © 1969, and arr. © 1982, Hope Publishing Co. Spanish tr.: © Hope Publishing Co., Carol Stream, IL 60188. All rights reserved. Used by permission.

427 Tr. y arm.: © 2005, GIA Publications, Inc.

428 Spanish tr.: Vss. 1, 2, 4, 5, © Federico J. Pagura; vs. 3 tr., © 1970, Lois Kroehler. Harm.: © 1987, GIA Publications, Inc.

429 © 2007, 2011, Les Presses de Taizé, GIA Publications, Inc., agent

430 Tr. y arm.: © 2012, GIA Publications, Inc.

431 Letra y música: © 1979, 1990, The Benedictine Foundation of the State of Vermont, Inc.; Tr.: © 2012, GIA Publications, Inc.

432 © 1972, 1988, Francisco (Kiko) Gómez Argüello y Editiones Musical PAX-PPC. Adminstradora exclusiva in EE. UU.: OCP. 5536 NE Hassalo, Portland, OR 97213. Todos derechos reservados. Usado con permiso.

433 Text: © Oxford University Press; Tr.: © 1989, Oxford University Press. Used by permission. All rights reserved. Harm.: © 1986, GIA Publications, Inc.

Acknowledgments / Agradecimientos

434 Tr.: © 1991, Concordia Publishing House, d/b/a Editorial Concordia.
435 © 1973, desc.: © 1979, International Liturgy Publications, PO Box 50476, Nashville, TN 37205. www.ILPmusic.org
436 © 1974, tr. y arr.: © 2012, Luis Bojos. Obra publicada por OCP. 5536 NE Hassalo, Portland, OR 97213. Todos los derechos reservados. Usado con permiso.
437 Tr. y arm.: © 2005, GIA Publications, Inc.
438 © 1983, tr. y arm.: © 2006, GIA Publications, Inc.
441 Spanish tr.: © 1962, Federico J. Pagura. Acc.: © 1975, GIA Publications, Inc.
442 © 1975, 1979, tr. © 2012, Robert J. Dufford, SJ and OCP. 5536 NE Hassalo, Portland, OR 97213. All rights reserved. Used with permission.
443 Tr.: © 2010, GIA Publications, Inc.
444 Text: English and Spanish trs., © 2011, 2012, GIA Publications, Inc. Tune: © 2011, GIA Publications, Inc.
445 Letra: © Editorial Bonum; Tr. y acomp.: © 2011, GIA Publications, Inc.
446 Text: © 1978, *Lutheran Book of Worship*, admin. by Augsburg Fortress. Tr.: © 2012, GIA Publications, Inc. Tune: © 1975, 1988, Richard Hillert
447 Tr.: © 2012, GIA Publications, Inc.
448 Text: © 1975, 1987, 1995, Hope Publishing Co., Carol Stream, IL 60188. All rights reserved. Used by permission. Tune: © 2003, GIA Publications, Inc.
449 Spanish tr.: © 2012, Editorial Avance Luterano
450 Spanish tr.: © 2012, GIA Publications, Inc.
451 Text: Vs. 5, © 1992, The Pilgrim Press; vss. 1, 2, 4 tr., © 1962, Federico J. Pagura; vss. 3, 5, 6 tr., © 2012, GIA Publications, Inc.
452 Text: © 1991, tr. © 2012, GIA Publications, Inc.
453 © 1969, 1982, tr. © 1997, Hope Publishing Co., Carol Stream, IL 60188. All rights reserved. Used by permission.
454 Spanish tr.: © 2008, GIA Publications, Inc. Harm.: © 1986, GIA Publications, Inc.
455 © 1976, tr. © 1987, Fred Bock Music Co.
456 © 1981, 1982, 1987, tr. © 2005, GIA Publications, Inc.
457 © 1998, Les Presses de Taizé, GIA Publications, Inc., agent
458 Letra: © 1979, Editorial Bonum. Tr.: © 1993, The Pilgrim Press. Arm.: © 1991, Concordia Publishing House, d/b/a Editorial Concordia.
459 Acc.: © 1975, GIA Publications, Inc.
460 Letra: © 1952, Editorial Losada; Tr. y música: © 2009, GIA Publications, Inc.
461 © 1979, Les Presses de Taizé, GIA Publications, Inc., agent
462 Tr.: © 1989, Editorial Avance Luterano
464 English tr.: © 1959, 1977, Order of Saint Benedict, admin. Liturgical Press; Spanish tr.: © 2012, GIA Publications, Inc. Harm.: © 1958, Ralph Jusko Publications, Inc.
465 © 2002, 2003, tr. © 2012, GIA Publications, Inc.
466 English tr.: © 1982, ICEL. Acc.: © 1986, GIA Publications, Inc.
467 Tr.: © 2006, GIA Publications, Inc. Arm.: © 2005, GIA Publications, Inc.
468 Tr. y arm.: © 2012, GIA Publications, Inc.
469 Tr. y arm.: © 2012, GIA Publications, Inc.
470 Tr. y acomp.: © 2012, GIA Publications, Inc.
471 Harm.: © 1975, GIA Publications, Inc.
472 Text: © 1941, Irene C. Mueller; Tr.: © 1967, San Ignacio Music Co. Harm.: © 1986, GIA Publications, Inc.
473 Tr.: Sts. 1, 2, © 2012, GIA Publications, Inc.
474 Text: © 1966, 1982, Willard F. Jabusch. Administered by OCP. 5536 NE Hassalo, Portland, OR 97213. All rights reserved. Used with permission. Harm.: © 1986, GIA Publications, Inc.
476 Tr. y acomp.: © 2012, GIA Publications, Inc.
477 Text: © 1931 Oxford University Press; Tr.: © 2013, Oxford University Press. Used by permission. All rights reserved.
478 Tr.: St. 4, © 2012, GIA Publications, Inc.
479 Spanish tr.: © 1996, Abingdon Press (Administered by The Copyright Company, Nashville, TN) All rights reserved. International copyright secured. Used by permission. Acc.: © 1993, Iona Community, GIA Publications, Inc., agent
480 © 1976, tr. y arm. © 2005, OCP. 5536 NE Hassalo, Portland, OR 97213. Derechos reservados. Con las debidas licensias.
481 Tr.: © 1978, Casa Bautista de Publicaciones
482 © 1980, tr. © 2007, GIA Publications, Inc.
483 © 1949, 1953, The Stuart Hine Trust. All rights in the U.S.A. except print rights administered by EMI CMG. U.S.A. print rights administered by Hope Publishing Co., Carol Stream, IL 60188. All rights reserved. Used by permission.
484 Tr.: © 1995, The Pilgrim Press. Arm.: © 2005, GIA Publications, Inc.
485 Text: © 1983, tr. © 1996, Concordia Publishing House. Tune: © 1983, GIA Publications, Inc.
486 Letra y música: © 1977, Pablo Fernández-Badillo; Tr.: © 2003, Augsburg Fortress
487 © 1978, tr. © 2012, John B. Foley, SJ, and OCP. 5536 NE Hassalo, Portland, OR 97213. All rights reserved. Used with permission.
488 Tr.: © 2012, Editorial Avance Luterano
489 Tr.: © 2012, GIA Publications, Inc. Arr.: © 1997, Iona Community, GIA Publications, Inc., agent
490 © 1979, tr. © 2012, OCP. 5536 NE Hassalo, Portland, OR 97213. All rights reserved. Used with permission.
491 © 1986, tr. © 1987, Hope Publishing Co., Carol Stream, IL 60188. All rights reserved. Used by permission.
492 Text and tune: © 1970, 1975, Celebration. All Rights Reserved. International Copyright Secured. Used by permission. Acc.: © 1987, GIA Publications, Inc. Tr.: © 2012, GIA Publications, Inc.
493 © 1984, Peace of Music Publishing AB, admin. by Walton Music Corp.
494 Text and tune: © 1966, Vernacular Hymns Publishing Co. Tr.: © 2012, GIA Publications, Inc.
495 © 1993, 2000, tr. © 2012, Bernadette Farrell. Published by OCP. 5536 NE Hassalo, Portland, OR 97213. All rights reserved. Used with permission.
496 © 1998, Les Presses de Taizé, GIA Publications, Inc., agent
497 Letra: © 1980, Alberto B. Giacumbo; Tr.: © 2006, GIA Publications, Inc. Música: © 1980, GIA Publications, Inc.
498 Tr. y arm.: © 2011, GIA Publications, Inc.
499 © 1986, tr. © 2012, Bernadette Farrell. Published by OCP. 5536 NE Hassalo, Portland, OR 97213. All rights reserved. Used with permission.
500 Tr.: © David Andrés Álvarez. Harm.: © 1986, GIA Publications, Inc.
501 Tr. y acomp.: © 2012, GIA Publications, Inc.
502 © 1979, tr. y acomp. © 2011, Manuel José Alonso y José Pagán. Obra publicada por OCP. 5536 NE Hassalo, Portland, OR 97213. Todos los derechos reservados. Usado con permiso.
503 © 1979, 2011, Les Presses de Taizé, GIA Publications, Inc., agent
504 Letra y música: © 1998, Augsburg Fortress. Acomp.: © 2012, GIA Publications, Inc.
505 © 1979, Les Presses de Taizé, GIA Publications, Inc., agent
507 Tr. y arm.: © 2005, GIA Publications, Inc.

Agradecimientos / Acknowledgments

508 © 1984, Peace of Music Publishing AB, admin. by Walton Music Corp.
509 © 1981, tr. © 2012, Robert J. Dufford, SJ, and OCP. 5536 NE Hassalo, Portland, OR 97213. All rights reserved. Used with permission.
510 Text: © 1991, tr. © 2012, GIA Publications, Inc. Harm.: © 1986, GIA Publications, Inc.
511 Spanish tr.: © 2012, GIA Publications, Inc.
512 © 1976, tr. © 2012, Daniel L. Schutte and OCP. 5536 NE Hassalo, Portland, OR 97213. All rights reserved. Used with permission.
513 Arm.: © 1990, Iona Community, GIA Publications, Inc., agente
514 Tr.: © 1996, Abingdon Press (Administered by The Copyright Company, Nashville, TN) All rights reserved. International copyright secured. Used by permission.
515 © 1980, Les Presses de Taizé, GIA Publications, Inc., agent
516 © 1958, GIA Publications, Inc.
517 Tr.: Sts. 1–3, © 2012, Editorial Avance Luterano; st. 4, © 2012, GIA Publications, Inc.
518 Tr. y acomp.: © 2005, GIA Publications, Inc.
519 © 1965, tr. © 2012, World Library Publications, Franklin Park, IL wlpmusic.com 800-566-6150. All rights reserved. Used by permission.
520 Descant: © 1953, Novello & Company Limited. All rights reserved. International copyright secured. Reprinted by permission.
521 © 1972, tr. © 2012, OCP. 5536 NE Hassalo, Portland, OR 97213. All rights reserved. Used with permission.
522 © 1993, 1994, 2012, GIA Publications, Inc.
523 © 1998, Les Presses de Taizé, GIA Publications, Inc., agent
524 © 1981, tr. © 2012, Ernest Sands; Acc.: © 1986, Paul Inwood. Published by OCP. 5536 NE Hassalo, Portland, OR 97213. All rights reserved. Used with permission.
525 Tr. y acomp.: © 2012, GIA Publications, Inc.
526 Tr. y acomp.: © 2012, GIA Publications, Inc.
527 Tr. y arm.: © 2012, GIA Publications, Inc.
528 Text: © 1973, tr. © 2012, Hope Publishing Co., Carol Stream, IL 60188. Tune: © 1973, The Jubilate Group (admin. Hope Publishing Co., Carol Stream, IL 60188). All rights reserved. Used by permission.
529 Text: © 1972, tr. © Hope Publishing Co., Carol Stream, IL 60188. All rights reserved. Used by permission.
530 Letra: © 1970, Conferencia Episcopal Española; Tr. y música: © 1999, GIA Publications, Inc.
531 © 2007, 2011, Les Presses de Taizé, GIA Publications, Inc., agent
533 © 1973, 1990, tr. © 2012, Cesáreo Gabaráin. Obra publicada por OCP. 5536 NE Hassalo, Portland, OR 97213. Todos los derechos reservados. Usado con permiso.
534 Tr. y arm.: © 2012, GIA Publications, Inc.
535 Tr.: © 1962, Federico J. Pagura
536 © 1972, tr. © 2012, Cesáreo Gabaráin. Obra publicada por OCP. 5536 NE Hassalo, Portland, OR 97213. Todos los derechos reservados. Usado con permiso.
537 © 1982, 1991, 2011, Les Presses de Taizé, GIA Publications, Inc., agent
538 Text: © 1939, 1966, E. C. Schirmer Music Co., Boston Massachusetts; Tr.: © 1990, Editorial Avance Luterano. Harm.: © The Royal School of Church Music
539 © 1986, 1991, 2008, Les Presses de Taizé, GIA Publications, Inc., agent
541 English tr.: © 1940, The Church Pension Fund; Spanish tr.: © 2012, GIA Publications, Inc.
542 © 2008, GIA Publications, Inc.
543 Tr.: © Elida G. Falcón, Juanita R. de Balloch, and Luis Olivieri
544 Tr.: © 2012, GIA Publications, Inc. Harm.: © 1975, GIA Publications, Inc.
545 Tr: st. 3, © 1996, Abingdon Press (Administered by The Copyright Company, Nashville, TN) All rights reserved. International copyright secured. Used by permission.
546 Tr. adapt.: © 2012, GIA Publications, Inc.
547 © 1965, 1966, World Library Publications, Franklin Park, IL wlpmusic.com 800-566-6150. All rights reserved. Used by permission.
548 © 2007, 2011, Les Presses de Taizé, GIA Publications, Inc., agent
549 Tr. y arm.: © 2005, GIA Publications, Inc.
550 Letra y música: © 1979, Cesáreo Gabaráin. Obra publicada por OCP. 5536 NE Hassalo, Portland, OR 97213. Todos los derechos reservados. Usado con permiso. Tr.: © 1989, The United Methodist Publishing House (Administrado por The Copyright Company, Nashville, TN) Todos derechos reservados. Derecho de autor internacional asegurado. Usado con permiso. Arm.: © 1987, Juan Luis Garcia
551 © 2001, tr. © 2012, GIA Publications, Inc.
552 Tr.: © Evelyn Robert-Olivieri and Oscar Rodríguez. Acc.: © 1987, GIA Publications, Inc.
553 Text: © 1969, James Quinn, SJ. Used by permission of Selah Publishing Co., Inc., North American agent. www.selahpub.com; Tr.: © 2012, GIA Publications, Inc. Harm.: © Downside Abbey.
554 Text: © 1982, tr. © 2012, The Jubilate Group (admin. Hope Publishing Co., Carol Stream, IL 60188). All rights reserved. Used by permission. Tune: © 1986, GIA Publications, Inc.
555 © 1982, 2008, Les Presses de Taizé, GIA Publications, Inc., agent
556 Text: © 1931, Oxford University Press, from *Enlarged Songs of Praise*; Tr.: © 2013, Oxford University Press. Used by permission. All rights reserved. Harm.: © 1975, Hope Publishing Co., Carol Stream, IL 60188. All rights reserved. Used by permission.
557 © 1953, ren., arr. © 2011, tr. © 2012, Doris M. Akers, admin. Chappell & Co., Inc. All rights reserved. Used by permission of Alfred Music Publishing Co., Inc.
558 © 1988, 1998, 1999, Jesse Manibusan and Rufino Zaragoza, OFM; Bridge tr.: © 1970, Comisión Episcopal Española de Liturgia. Published by spiritandsong.com, a division of OCP. 5536 NE Hassalo, Portland, OR 97213. All rights reserved. Used with permission.
559 © 2009, GIA Publications, Inc.
560 © 1964 (ren), Appleseed Music, Inc.; Tr.: © Lutheran World Federation
561 © 2002, GIA Publications, Inc.
562 Tr. española: © 1988, tr. inglésa, © 2006, GIA Publications, Inc. Música: © 1988, GIA Publications, Inc.; Arm.: © Gordon Bär
563 Tr. y acomp.: © 2012, GIA Publications, Inc.
564 Text: Sts. 2–4: © 1981, Joseph R. Alfred; Tr.: © George P. Simmonds (ren.) 1978. Property of Elizabeth Donaldson.
565 © 1989, GIA Publications, Inc.
566 English tr.: © 1963, The Grail, GIA Publications, Inc., agent; ref.: © 1985, Paul Inwood; Spanish tr.: © 1989, OCP. Tune: © 1985, Paul Inwood. Published by OCP. 5536 NE Hassalo, Portland, OR 97213. All rights reserved. Used with permission.
567 Tr.: © 2012, GIA Publications, Inc. Tune: © 1984, GIA Publications, Inc.
568 Spanish tr.: © 1962, Federico J. Pagura
569 Letra: © Federico J. Pagura; Tr.: © 2012, GIA Publications, Inc. Música: © 1983, Homero R. Perera
570 Tr.: © 2012, harm. © 1988, GIA Publications, Inc.
571 English tr.: © 1978, *Lutheran Book of Worship*, admin. by Augsburg Fortress.

Acknowledgments / Agradecimientos

572 © 1990, 1998, Rufino Zaragoza, OFM. Obra publicada por OCP. Derechos reservados. 5536 NE Hassalo, Portland, OR 97213. Todos los derechos reservados. Usado con permiso.
573 Harm.: © 1975, GIA Publications, Inc.
574 © 1975, 1978, tr. © 2003, Robert J. Dufford, SJ, and OCP. 5536 NE Hassalo, Portland, OR 97213. All rights reserved. Used with permission.
575 © 1971, 1974, 1979, tr. © 2003, Daniel L. Schutte. Published by OCP. 5536 NE Hassalo, Portland, OR 97213. All rights reserved. Used with permission.
576 © 1972, Universal Music–Brentwood Benson Publishing (ASCAP) / Calvary Chapel Costa Mesa Inc., dba CCCM Music (ASCAP). All rights for the world on behalf of CCCM Music admin. by Universal Music - Brentwood Benson Publishing. (Admin. by Music Services) All rights reserved. Used by permission.
577 Tr.: © 1962, Federico J. Pagura
578 © 1979, tr. © 2003, OCP. 5536 NE Hassalo, Portland, OR 97213. All rights reserved. Used with permission.
579 Text and tune: © 1981, and arr. © 2011, Peermusic III, Ltd. and Savgos Music, Inc. All Rights Administered by Peermusic III, Ltd. International Copyright Secured. All Rights Reserved. Reprinted by permission of Hal Leonard Corporation. Tr.: © 2005, GIA Publications, Inc.
580 © 1976, 1979, tr. © 2012, Daniel L. Schutte and OCP. 5536 NE Hassalo, Portland, OR 97213. All rights reserved. Used with permission.
581 Tr. y arm.: © 2012, GIA Publications, Inc.
583 © 2007, 2011, Les Presses de Taizé, GIA Publications, Inc., agent
584 Tr. y arm.: © 2012, GIA Publications, Inc.
585 Text: English refrain tr., © 1975, 1986, GIA Publications, Inc.; Spanish refrain tr., © 2012, GIA Publications, Inc. Spanish vss tr., © Bernardo Velado Graña; Acc.: © 1986, GIA Publications, Inc.
586 Text: © 1985, 2012, Hope Publishing Co., Carol Stream, IL 60188. All rights reserved. Used by permission. Tune: © 1988, GIA Publications, Inc.
587 Tr. y arm.: © 2012, GIA Publications, Inc.
588 Tr. y arm.: © 2005, GIA Publications, Inc.
589 © 1979, 2009, 2011, Les Presses de Taizé, GIA Publications, Inc., agent
590 © 1988, tr. © 2012, GIA Publications, Inc.
591 © 1960, tr. © 1967, World Library Publications, Franklin Park, IL wlpmusic.com 800-566-6150. All rights reserved. Used by permission.
592 Harm.: © Downside Abbey
594 © 1986, 1991, Les Presses de Taizé, GIA Publications, Inc., agente
595 © 1982, tr. © 2005, GIA Publications, Inc.
596 © 1991, tr. © 2005, GIA Publications, Inc.
597 Tr. rev.: © 2012, GIA Publications, Inc. Harm.: © 1993, Iona Community, GIA Publications, Inc., agent
598 © 1991, Les Presses de Taizé, GIA Publications, Inc., agent
599 Letra y música: © Gilmer Torres Ruiz; Tr.: © 1998, Augsburg Fortress. Acomp.: © 2012, GIA Publications, Inc.
600 © 2008, GIA Publications, Inc.
601 © 1985, tr. © 2005, GIA Publications, Inc.
602 Text: © 1973, Alexander Scott; Tr.: © 2012, GIA Publications, Inc.
603 © 1986, tr. © 2007, GIA Publications, Inc.
604 Transcr.: © Swedish Youth Exchange Project; English tr.: © 2002, Iona Community, GIA Publications, Inc., agent; Spanish tr.: © 2012, GIA Publications, Inc.
606 © 1981, 1999, J. Pedro Martins y San Pablo Comunicación, SSP. Derechos reservados. Administradora exclusiva en EE. UU.: OCP. 5536 NE Hassalo, Portland, OR 97213. Todos los derechos reservados. Usado con permiso.
607 Spanish tr.: © 2012, GIA Publications, Inc.
608 Text: © 1992, tr. © 2008, GIA Publications, Inc. Harm.: © 1978, *Lutheran Book of Worship*, admin. by Augsburg Fortress.
609 © 1979, 1999, tr. © 2012, Cesáreo Gabaráin. Obra publicada por OCP. 5536 NE Hassalo, Portland, OR 97213. Todos los derechos reservados. Usado con permiso.
610 © 1994, Jaime Cortez. Obra publicada por OCP. 5536 NE Hassalo, Portland, OR 97213. Todos los derechos reservados. Usado con permiso.
611 © 1977, Universal Music—Brentwood Benson Publishing. All Rights Reserved. Used By Permission. Tr.: © 2012, GIA Publications, Inc.
612 Tr.: Estrofa 1, © 2004, GIA Publications, Inc.; estrofas 2–4, © 1983, 2004, Abingdon Press (Administrado por The Copyright Company, Nashville, TN) Todos derechos reservados. Derecho de autor internacional asegurado. Usado con permiso. Arm.: © 2004, GIA Publications, Inc.
613 Tr.: © 2010, Gaylord E. Smith and Raquel Mora Martínez. Acc.: © 1984, Margaret W. Mealy
614 Tr. y arr.: © 2012, GIA Publications, Inc.
615 © 2003, 2011, Les Presses de Taizé, GIA Publications, Inc., agent
616 Tr. y arm.: © 2012, GIA Publications, Inc.
617 Tr.: © 2012, GIA Publications, Inc.
618 Tr.: © 2012, GIA Publications, Inc. Harm.: © 1983, Hope Publishing Co., Carol Stream, IL 60188. All rights reserved. Used by permission.
619 © 1977, 2003, Emilio Vicente Matéu y Ediciones Musical PAX-PPC. Derechos reservados. Administradora exclusiva en EE. UU.: OCP. 5536 NE Hassalo, Portland, OR 97213. Todos los derechos reservados. Usado con permiso.
620 © 1983, tr. © 2012, GIA Publications, Inc.
621 © 1981, tr. © 2012, GIA Publications, Inc.
622 Text: © 1991, tr. © 2012, GIA Publications, Inc.
623 Text and arr.: © 1987, Iona Community, GIA Publications, Inc., agent; Tr.: © 2007, GIA Publications, Inc.
624 © 1973, tr. © 2012, Emilio Vicente Matéu y Ediciones Musical PAX-PPC. Derechos reservados. Administradora exclusiva en EE. UU.: OCP 5536 NE Hassalo, Portland, OR 97213. Todos los derechos reservados. Usado con permiso.
625 Text: © 1986, tr. © 2012, GIA Publications, Inc. Tune: © 1970, GIA Publications, Inc.
626 © 1983, tr. © 2012, GIA Publications, Inc.
627 Letra y música: © 1979, Cesáreo Gabaráin, obra publicada por OCP; Tr.: © 1982, Willard Francis Jabusch, admin. por OCP. 5536 NE Hassalo, Portland, OR 97213. Todos los derechos reservados. Usado con permiso.
628 © 2003, GIA Publications, Inc.
629 Text and harm.: © 1963, tr. © 1997, Stainer & Bell, Ltd. (admin. Hope Publishing Co., Carol Stream, IL 60188). All rights reserved. Used by permission.
630 © 1997, tr. © 2008, GIA Publications, Inc.
631 © 1980, tr. © 2012, Cesáreo Gabaráin. Obra publicada por OCP. 5536 NE Hassalo, Portland, OR 97213. Todos los derechos reservados. Usado con permiso.
632 © 1983, tr. © 2012, Bernadette Farrell. Published by OCP. 5536 NE Hassalo, Portland, OR 97213. All rights reserved. Used with permission.
633 Tr. y arm.: © 2012, GIA Publications, Inc.
634 Text: Refrain, © 2005, GIA Publications, Inc.; verses, © 1963, 1993, The Grail, GIA Publications, Inc., agent; tr., © 2010, GIA Publications, Inc. Tune: Refrain and vss. arr., © 2005, GIA Publications, Inc.; vss. melody, © 1963, The Grail, GIA Publications, Inc., agent.
635 Tr.: Sts. 1, 2, © 2010, Raquel Mora Martínez; st. 3, © 2012, GIA Publications, Inc. Harm.: © 1992, Horace Clarence Boyer

Acknowledgments / Agradecimientos

696 Tr. y arm.: © 2005, GIA Publications, Inc.
697 Text: © 1974, tr. © 2012, Hope Publishing Co., Carol Stream, IL 60188. All rights reserved. Used by permission. Tune: © 1985, GIA Publications, Inc.
698 Text: © 1985, 1994, tr. © 2012, GIA Publications, Inc. Harm.: © 1985, GIA Publications, Inc.
699 Tr.: St. 3, © 2012, Editorial Avance Luterano
700 Text: © 1988, tr. © 1989, Oxford University Press. Used by permission. All rights reserved. Harm.: © The Trustees of Downside Abbey, Bath BA3 4RH, UK.
701 Tr.: © Evelyn Robert-Olivieri. Arr.: © 1990, Melva Costen
702 Tr.: © 2005, 2006, GIA Publications, Inc. Arm.: © 2005, GIA Publications, Inc.
703 Tr.: © 2012, Editorial Avance Luterano
704 Text and tune: © 1976, Crouch Music/Bud John Songs, admin. at EMICMGPublishing.com. All rights reserved. Used by permission. Tr.: © 2012, GIA Publications, Inc.
705 Harm.: © 1938, ren., The H. W. Gray Company. Used by permission of Alfred Publishing Co., Inc.
706 © 1981, 2005, Les Presses de Taizé, GIA Publications, Inc., agent
707 Tr. española: © 1992, Celebremos/Libros Alianza; Tr. inglésa y arr.: © 2012, GIA Publications, Inc.
708 Tr. alt.: © 2012, GIA Publications, Inc.
709 Acc.: © 1986, GIA Publications, Inc.
710 Letra y música: © 1987, Estate of Skinner Chávez-Melo. Tr.: © 2005, GIA Publications, Inc.
711 © 1973, tr. © 2011, Juan A. Espinosa. Obra publicada por OCP. Derechos reservados. 5536 NE Hassalo, Portland, OR 97213. Todos los derechos reservados. Usado con permiso.
712 © 1975, 1978, tr. © 2003, Carey Landry. Published by OCP. 5536 NE Hassalo, Portland, OR 97213. All rights reserved. Used with permission.
713 Tr.: © 1994, 2011, GIA Publications, Inc.
714 Tr. y acomp.: © 2012, GIA Publications, Inc.
715 Tr. y acomp.: © 2012, GIA Publications, Inc.
716 © 2012, GIA Publications, Inc.
717 Tr. y arm.: © 2012, GIA Publications, Inc.
718 Tr.: © 1989, Editorial Avance Luterano
719 Text: English tr., © 1954, GIA Publications, Inc.; Spanish tr., © Editorial Claret. Acc.: © 1986, GIA Publications, Inc.
720 Spanish tr.: © 2012, GIA Publications, Inc. Harm.: © Willis Music Co.
721 © 1974, tr. © 1997, Hope Publishing Co., Carol Stream, IL 60188. All rights reserved. Used by permission.
722 Tr.: Estrofa 3, © 2012, GIA Publications, Inc. Arm.: © 1986, GIA Publications, Inc.
724 Tr.: © 1962, Federico J. Pagura
726 Text: Sts. 2–7, © 1971, Faber Music Ltd.
727 Tr. y arm.: © 2005, GIA Publications, Inc.
728 Tr. y arm.: © 2012, GIA Publications, Inc.
729 Letra: Tr. española, © 1962, M. Gutiérrez Marín y Federico J. Pagura; Tr. inglésa, © 1987, Faith Alive Christian Resources. Música: © 2012, GIA Publications, Inc.
730 Vs. 1, tr., and tune: © 1935, 1963, 1996, Birdwing Music, admin. at EMICMGPublishing.com. All rights reserved. Used by permission. Vs. 2: © 1982, tr. © 2012, Hope Publishing Co., Carol Stream, IL 60188. All rights reserved. Used by permission.
731 © 1984, 2007, Les Presses de Taizé, GIA Publications, Inc., agent
732 Tr.: © 1962, Cántico Nuevo. Harm.: © Downside Abbey
733 Text: © 1982, tr. © 2012, The Jubilate Group (admin. Hope Publishing Co., Carol Stream, IL 60188). All rights reserved. Used by permission. Acc.: © 1999, GIA Publications, Inc.
734 Refrain text: © 1984, ICEL; vss. text and music: © 2012, GIA Publications, Inc.
735 Letra y música: © 1953, ren. 1981, New Spring Publishing (ASCAP). Todos los derechos reservados. Usado con permiso de Benson Music Group, Inc. (BMG). Tr. y arm.: © 2007, GIA Publications, Inc.
736 © 1990, Colleen Fulmer y Rufino Zaragoza, OFM. Obra publicada por OCP. 5536 NE Hassalo, Portland, OR 97213. Todos los derechos reservados. Usado con permiso.
737 © 1989, 1990, tr. © 2012, OCP. 5536 NE Hassalo, Portland, OR 97213. Todos los derechos reservados. Usado con permiso.
738 © 1992, 2003, Raquel Mora Martínez
739 © 1979, tr. y acomp. © 2012, Joaquín Madurga y San Pablo Comunicatión, SSP. Derechos reservados. Administradora exclusiva en EE. UU.: OCP. 5536 NE Hassalo, Portland, OR 97213. Todos los derechos reservados. Usado con permiso.
740 © 1980, tr. © 2009, GIA Publications, Inc.
741 © 1983, tr. © 2005, GIA Publications, Inc.
742 Text: © 1971, 1995, tr. © 2012, Hope Publishing Co., Carol Stream, IL 60188. All rights reserved. Used by permission. Harm.: © 1989, The United Methodist Publishing House (Administered by The Copyright Company, Nashville, TN) All rights reserved. International copyright secured. Used by permission.
743 © 1995, John Schiavone. Obra publicada por OCP. 5536 NE Hassalo, Portland, OR 97213. Todos los derechos reservados. Usado con permiso.
744 Tr.: Sts. 1, 3, 4, © David Andrés Álvarez
745 Text: Vss. 1–3, 5–9 English and all Spanish tr., © 2011, 2012, GIA Publications, Inc. Harm.: © 1986, GIA Publications, Inc.
746 Tr. y arm.: © 2005, GIA Publications, Inc.
747 © 1975, 1988, tr. © 2012, Carlos Rosas. Obra publicada por OCP. 5536 NE Hassalo, Portland, OR 97213. Todos los derechos reservados. Usado con permiso.
748 © 1984, tr. © 2005, Les Presses de Taizé, GIA Publications, Inc., agent
749 Text: © Alison O. Carter; sts. 1, 2, 4 tr., © George Lockwood and Luis Olivieri; st. 3 tr., © 2012, GIA Publications, Inc. Tune: © Jean Mathurin; Harm.: © 2012, GIA Publications, Inc.
750 © 1966, 1970, 1986, 1993, tr. © 2005, GIA Publications, Inc.
751 © 1985, tr. © 2012, Carmelo Erdozáin (EMLO). Derechos reservados. Administradora exclusiva: OCP. 5536 NE Hassalo, Portland, OR 97213. Todos los derechos reservados. Usado con permiso.
752 © 1990, tr. © 2012, GIA Publications, Inc.
753 Englsih text and tune: © 1984, Bob Hurd. Revised English text: © 1987, Bob Hurd and Michael Downey. Spanish text: © 1989, OCP. Acc.: © 1984, OCP. Published by OCP. 5536 NE Hassalo, Portland, OR 97213. All rights reserved. Used with permission.
754 Tr. y arm.: © 2012, GIA Publications, Inc.
755 Tr.: © 2012, GIA Publications, Inc. Harm.: © 1986, GIA Publications, Inc.
756 © 1978, 1996, tr. © 2003, John B. Foley, SJ, and OCP. 5536 NE Hassalo, Portland, OR 97213. All rights reserved. Used with permission.
757 Verses text: © 1989, James Quinn, SJ. Used by permission of Selah Publishing Co., Inc., North American agent. www.selahpub.com; Refrain text: © 1989, all tr. © 2012, GIA Publications, Inc. Tune: © 1989, GIA Publications, Inc.
758 Letra y música: © 1988, Bob Hurd y Pia Moriarty; Acomp.: © 1988, OCP. Obra publicada por OCP. 5536 NE Hassalo, Portland, OR 97213. Todos los derechos reservados. Usado con permiso.

759 © 1964, tr. y acomp. © 2012, Eduardo de Zayas. Obra publicada por OCP. 5536 NE Hassalo, Portland, OR 97213. Todos los derechos reservados. Usado con permiso.

760 Letra y música: © 1973, Cesáreo Gabaráin; Tr.: © 2003, OCP. Obra publicada por OCP. 5536 NE Hassalo, Portland, OR 97213. Todos los derechos reservados. Usado con permiso.

761 Text and tune: © 1977, Archdiocese of Philadelphia. Published by International Liturgy Publications, PO Box 50476, Nashville, TN 37205. www.ILPmusic.org; Tr.: © 2012, GIA Publications, Inc.

762 Tr.: © 1962, Federico J. Pagura. Harm.: © 1986, GIA Publications, Inc.

763 Tr.: © 2012, GIA Publications, Inc.

764 © 2001, GIA Publications, Inc.

765 © 2008, tr. © 2012, GIA Publications, Inc.

766 Tr. y arm.: © 2005, GIA Publications, Inc.

767 Tr. y música: © 2007, GIA Publications, Inc.

768 © 1989, tr. © 2004, GIA Publications, Inc.

769 Text: © 1991, tr. © 2012, GIA Publications, Inc. Tune: © 1993, GIA Publications, Inc.

770 © 1988, 1996, 2012, GIA Publications, Inc.

771 Tr. española de las estrofas: © 1964, Publicaciones "El Escudo," admin. Augsburg Fortress; tr. inglésa: © 1978, 1998, *Lutheran Book of Worship*, admin. por Augsburg Fortress. Música: © Evy Lucío Cordova.

772 Letra: Estribillo, © 2008, GIA Publications, Inc.; estrofas, © 1963, 2000, The Grail, GIA Publications, Inc., agente; tr. española, © 1970, 1972, Conferencia Episcopal Española. Música: © 2008, 2010, GIA Publications, Inc.

773 © 2008, tr. © 2012, GIA Publications, Inc.

774 © 2009, tr. © 2012, Sumerset Recordings and GIA Publications, Inc.

776 Tr. y arm.: © 2012, GIA Publications, Inc.

777 Letra y música: © 1969, Juan Romero; Tr. y arr.: © 2012, GIA Publications, Inc.

778 © 1987, tr. © 2012, GIA Publications, Inc.

779 Text: ©, tr. © 2013, Oxford University Press. Used by permission. All rights reserved. Harm.: © The Royal School of Church Music.

780 Text and tune: © 1978, Damean Music. Distributed by GIA Publications, Inc.; Tr.: © 2012, GIA Publications, Inc.

781 Text: © 1965, tr. © 2012, GIA Publications, Inc. Harm.: © 1986, GIA Publications, Inc.

782 Tr.: © 1992, The Pilgrim Press. Todos los derechos reservados. Música: © 1988, GIA Publications, Inc.

783 Tr. y arm.: © 2011, GIA Publications, Inc.

784 © 1965, 1966, 1968, 1973, World Library Publications, Franklin Park, IL wlpmusic.com 800-566-6150. All rights reserved. Used by permission.

785 Tr. y arm.: © 2012, GIA Publications, Inc.

786 © 1965, 1966, 1973, World Library Publications, Franklin Park, IL wlpmusic.com 800-566-6150. All rights reserved. Used by permission.

787 English tr. revision and tune: © 2012, GIA Publications, Inc.

788 Text: © 1982, tr. © 2012, Hope Publishing Co., Carol Stream, IL 60188. All rights reserved. Used by permission. Arr.: © 1989, Iona Community, GIA Publications, Inc., agent

789 © 1938, (renewed), arr. © 1994, tr. © 2012, Warner-Tamerlane Publishing Corp. All rights reserved. Used by permission of Alfred Music Publishing Co., Inc.

790 Text and tune: © 1972, 1981, The Benedictine Foundation of the State of Vermont, Inc.; Tr.: © 2012, GIA Publications, Inc.

791 © 1989, tr. © 2012, GIA Publications, Inc.

792 © 1983, tr. © 2012, Hope Publishing Co., Carol Stream, IL 60188. All rights reserved. Used by permission.

793 Text: © 1989, Iona Community, GIA Publications, Inc., agent; tr., © 2012, GIA Publications, Inc. Harm.: © 1975, Hope Publishing Co., Carol Stream, IL 60188. All rights reserved. Used by permission.

795 Text: © 1970, ICEL; tr., © 2007, GIA Publications, Inc. Music: © 1977, ICEL

796 Text: English, © 1981, Dennis C. Smolarski, SJ; Spanish, © 2012, GIA Publications, Inc.

797 Text: English tr., © 1989, 1985, ICEL; Spanish tr., © 1989, Comisión Episcopal Española de Liturgia. Tune: © 2012, GIA Publications, Inc.

798 Text: English tr., © 1986, GIA Publications, Inc.; Spanish tr., © 2012, GIA Publications, Inc. Acc.: © 1986, GIA Publications, Inc.

800 Tr.: © 2012, GIA Publications, Inc.

844 Acc.: © 1985, 2011, GIA Publications, Inc.

850 Text: English tr., © 1969, James Quinn, SJ. Used by permission of Selah Publishing Co., Inc., North American agent. www.selahpub.com. Acc.: © 1964, GIA Publications, Inc.

869 Text: © 1969, music, © 1977, ICEL; Tr.: © 2006, GIA Publications, Inc.

876 Text: Engish tr., © 1983, Peter J. Scagnelli. Acc.: © 1975, GIA Publications, Inc.

896 Text: English tr., © 1983, Peter J. Scagnelli; Spanish tr., © 2012, GIA Publications, Inc. Acc.: © Interkerkelijke Stichting voor het Kerklied Den Haag

1036 Scripture Passages Related to Hymns

Pasajes Bíblicos Relacionados con los Himnos

Scripture Passages Related to Hymns

MARK

Pasajes Bíblicos Relacionados con los Himnos

Scripture Passages Related to Hymns

Scripture Passages Related to Hymns

1 PETER

2 PETER

1 JOHN

REVELATION

Psalms and canticles found in the hymnal apart from the lectionary section, arranged according to liturgical use.

Index of Psalms and Canticles

ADDITIONAL LITURGICAL USE

PROCESSIONAL CHANTS FROM THE SIMPLE GRADUAL AND THE ROMAN MISSAL

Entrance

Presentation of Gifts

Communion

ALTERNATE RESPONSORIAL PSALMS

Psalm and canticles which may be used as alternates to responsorial psalms in the lectionary section, arranged according to the numbering of the Lectionary for Mass.

Index of Psalms and Canticles

METRICAL PSALMS AND CANTICLES

ADDITIONAL PSALMS AND CANTICLES NOT LISTED ELSEWHERE

GOOD FRIDAY / VIERNES SANTO

EASTER VIGIL / VIGILIA PASCUAL

See also / véase también Easter Season

EASTER SEASON / TIEMPO DE PASCUA

ASCENSION OF THE LORD / ASCENSIÓN DEL SEÑOR

PENTECOST SUNDAY / DOMINGO DE PENTECOSTÉS

SOLEMNITIES OF THE LORD / SOLEMNIDADES DEL SEÑOR

MOST HOLY TRINITY / SANTÍSIMA TRINIDAD

MOST HOLY BODY AND BLOOD OF CHRIST / SANTÍSIMO CUERPO Y SANGRE DE CRISTO

See also / véase también Eucharist

MOST SACRED HEART OF JESUS / SAGRADO CORAZÓN DE JESÚS

CHRIST THE KING / JESUCRISTO, REY DEL UNIVERSO

Liturgical Index / Índice Litúrgico

CONFIRMATION / CONFIRMACIÓN

EUCHARIST / EUCARISTÍA

PENANCE / PENITENCIA

PASTORAL CARE OF THE SICK / CUIDADO PASTORAL DE LOS ENFERMOS

MARRIAGE / MATRIMONIO

Liturgical Index / Índice Litúrgico

Topical Index / Índice Temático

ALIANZA / COVENANT

ALIENACIÓN / ALIENATION

ALIMENTO / FOOD

AMISTAD / FRIENDSHIP

AMOR DE DIOS PARA NOSOTROS / LOVE OF GOD FOR US

AMOR PARA DIOS / LOVE FOR GOD

AMOR PARA OTROS / LOVE FOR OTHERS

Topical Index / Índice Temático

Topical Index / Índice Temático

Topical Index / Índice Temático

Topical Index / Índice Temático

Índice Temático / Topical Index

Topical Index / Índice Temático

FAITHFULNESS OF GOD / FIDELIDAD DE DIOS

FAMILY LIFE / VIDA DOMÉSTICA

FASTING *See Ayuno*

FE *Véase Faith*

FEAR / MIEDO

FEAST / FIESTA

FIDELIDAD DE DIOS *Véase Faithfulness of God*

FIESTA *Véase Feast*

FOOD *See Alimento*

FORGIVENESS *See Mercy, Reconciliación*

FORTALEZA / STRENGTH

Topical Index / Índice Temático

Topical Index / Índice Temático

Topical Index / Índice Temático

Topical Index / Índice Temático

Topical Index / Índice Temático

Topical Index / Índice Temático

Topical Index / Índice Temático

Topical Index / Índice Temático

Índice de Compositores, Autores, Traductores y Fuentes 1040
Index of Composers, Authors, Translators and Sources

Index of Composers, Authors, Translators and Sources

Índice de Compositores, Autores, Traductores y Fuentes

Index of Composers, Authors, Translators and Sources

Índice de Compositores, Autores, Traductores y Fuentes

Index of Composers, Authors, Translators and Sources

Metrical Index / Índice Métrico

Índice Métrico / Metrical Index

Metrical Index / Índice Métrico

Índice Métrico / Metrical Index

Tune Index / Índice de Tonadas

Índice de Tonadas / Tune Index

Tune Index / Índice de Tonadas

Settings with Languages besides English and Spanish

Índice de Otra Música para la Misa

Index of Service Music

Índice de Otra Música para la Misa

1045 Psalm Refrains Set to Music

Psalm Refrains Set to Music

Psalm Refrains Set to Music

Antífonas Musicalizadas para los Salmos

Psalm Refrains Set to Music

Índice de Primeras Frases y Títulos Comunes

Index of First Lines and Common Titles

Índice de Primeras Frases y Títulos Comunes

Index of First Lines and Common Titles

Index of First Lines and Common Titles

Índice de Primeras Frases y Títulos Comunes

Index of First Lines and Common Titles

Índice de Primeras Frases y Títulos Comunes

Index of First Lines and Common Titles

Index of First Lines and Common Titles

Índice de Primeras Frases y Títulos Comunes

Index of First Lines and Common Titles

Índice de Primeras Frases y Títulos Comunes

Index of First Lines and Common Titles